Von P. zum
7. Juni 2000!

Jan Lauts Karoline Luise von Baden

Jan Lauts

Karoline Luise von Baden

Ein Lebensbild aus der Zeit der Aufklärung

2., durchgesehene Auflage

Verlag C. F. Müller Karlsruhe

Umschlagbild: Jean-Etienne Liotard, Bildnis der Prinzessin Karoline Luise vor der Staffelei, 1745 – Karlsruhe, Staatliche Kunsthalle

Bildnachweis:

Badisches Generallandesarchiv Karlsruhe: 7, 14, 57, 58, 59, 65 – Badisches Landesmuseum Karlsruhe: 5, 6 – Bayerische Staatsbibliothek München: 46 – Bulloz, Paris: 24, 39, 42 – Giraudon, Paris: 62 – Herzog-Anton Ulrich-Museum Braunschweig: 3 – Dr. G. Kircher, Karlsruhe: 1, 9, 52 – Kunstakademie Kopenhagen: 33, 34 – Staatliche Kunsthalle Karlsruhe: 2, 4, 12, 13, 15–23, 25–28, 30–32, 35–37, 44, 45, 54, 55, 63, 64 – Landesdenkmalamt Baden-Württemberg, Außenstelle Karlsruhe: 10, 38, 47, 48 – The Linnean Society London: 56 – National Gallery of Art, Washington D.C.: 29 – W. Schmidt, Karlsruhe: 8, 11, 51, 60 – A. Schwarzmann, Karlsruhe: 49, 50 – The Wallace Collection, London: 41 – Wien, Kunsthistorisches Museum: 61 – Dr. J. Wille, Zürich: 53

CIP-Titelaufnahme der Deutschen Bibliothek

Lauts, Jan:
Karoline Luise von Baden: ein Lebensbild aus der Zeit der Aufklärung / Jan Lauts. – 2. Aufl. – Karlsruhe: Müller, 1990
ISBN 3-7880-9770-1

Druck: Greiser-Druck, Rastatt
Buchbinderische Verarbeitung: Großbuchbinderei Josef Spinner, Ottersweier

ISBN 3-7880-9770-1

Inhaltsverzeichnis

Vorwort

Im Jahre 1751 heiratete der dreiundzwanzigjährige Markgraf Karl Friedrich von Baden-Durlach die um fünf Jahre ältere Prinzessin Karoline Luise von Hessen-Darmstadt. Wie es die Umschrift einer Medaille sagt, welche anläßlich der Hochzeit geprägt wurde, ging der Braut damals der Ruf einer »hessischen Minerva« voraus, also einer Frau von hoher Bildung. Dreißig Jahre später rühmt Kaspar Riesbeck, Journalist und Schriftsteller in Zürich, sie als ». . . die Prinzessin, welche im Reiche der Unsterblichkeit einst an der Seite der Semiramiden und einer Sophie Charlotte von Hannover blühen wird«. Sein Vergleich mit der aus Hannover stammenden preußischen Königin und Freundin des Philosophen Leibniz ist nicht zu hoch gegriffen, denn mit Fug und Recht darf Karoline Luise einen Platz im Kreise der bedeutendsten deutschen Frauengestalten des 18. Jahrhunderts beanspruchen, wenn auch ihr Name außerhalb Badens heute nur wenig bekannt ist.

Im Jahre 1723 geboren, gehört sie zur Generation der großen Enzyklopädisten, Philosophen und Wissenschaftler dieser Epoche der Aufklärung in Europa; von Voltaire bewundert, war sie ihnen auch eine Schwester im Geiste. Grundzug des Wesens dieser intellektuell ebenso wie musisch vielseitig begabten Fürstin war ein durchdringender, auf Logik, Ordnung und geistige Disziplin gerichteter Verstand; »fast männlich« nennt ihn ein Zeitgenosse bewundernd. Literatur sowie alte und neue Geschichte standen zunächst im Mittelpunkt ihrer Interessen; später, seit Beginn des fünften Lebensjahrzehnts, widmete sie sich mit großer Intensität dem Studium der Medizin sowie der Naturwissenschaften, mit denen sie sich auch früher schon beschäftigt hatte. Besondere Kenntnisse, durch welche sie sogar ausgewiesene Fachleute in Erstaunen setzte, erwarb sie sich vor allem auf den Gebieten von Mineralogie und Botanik. Linné hat der Markgräfin seinen Respekt dadurch bezeigt, daß er eine neu entdeckte Pflanze nach ihr benannte; mit Balthasar-Georges Sage, Frankreichs bedeutendstem Chemiker dieser Zeit, führte sie jahrelang eine Korrespondenz über wissenschaftliche Probleme seiner Disziplin.

Ein warmherzig spontanes, aufgeschlossenes Wesen bewahrte Karoline Luise bei all dem vor Pedanterie und trockener Gelehrsamkeit. Wissen erstrebte sie nicht um seiner selbst willen, sondern wollte es, ihrer aktiven Natur entsprechend, im Sinne der pädagogischen Ideale dieser Epoche immer auch nutzbar machen. So brachte sie in zwanzigjähriger Bemühung ein umfangreiches, systematisch aufgebautes Naturalienkabinett zusammen, das auch der Öffentlichkeit zu Studium und Belehrung zugänglich sein sollte; aus ihm erwuchsen im Laufe des 19. Jahrhunderts die jetzigen Landessammlungen für Naturkunde in Karlsruhe.

Die Verbindung von Intellekt und tätiger Bemühung, welche ihre Beschäftigung mit den Wissenschaften kennzeichnet, bestimmte auch Karoline Luises Verhältnis zur Kunst. Als leidenschaftliche und begehrliche Sammlerin trug sie innerhalb eines Jahrzehnts ein schließlich mehr als zweihundert Gemälde umfassendes »Malereikabinett« zusammen, dessen Werke – meist von der Hand niederländischer und französischer Künstler – großenteils heute noch zum Grundbestand der Staatlichen Kunsthalle Karlsruhe gehören. Diese Schätze unverbindlich passiv zu genießen, lag nicht in ihrer Natur; auch auf künstlerischem Gebiet ging es ihr darum, sich zu wirklich fundierter Kennerschaft zu erziehen. Begabte Dilettantin im besten Sinne des Wortes, zeichnete und malte sie gern, eignete sich als Schülerin Jean-Etienne Liotards auch ein beachtenswertes Können in der Technik der Pastellmalerei an. Es gibt sehr ansprechende Porträtzeichnungen von ihrer Hand, doch war sie sich selbst gegenüber kritisch genug, um zu wissen, daß ihr wirklich schöpferische Begabung auf künstlerischem Gebiet versagt war. Daher begnügte sie sich in der Regel damit, durch eingehendes Studium der Maltechnik ebenso wie durch Kopieren von Werken solcher Meister, welche sie besonders schätzte, rational analysierend den künstlerischen Gestaltungsprozeß nachzuvollziehen.

Neben all diesen Beschäftigungen und zahlreichen Repräsentationspflichten fand sie noch Zeit, sich erfolgreich auch als Geschäftsfrau und Unternehmerin in Landwirtschaft, Seidenzucht und Krapphandel zu betätigen. Ihre Leistung mutet um so erstaunlicher an, als sie einem von Jugend auf durch mancherlei Leiden und Krankheiten geschwächten Körper abzuringen war.

Trotz aller Bewunderung der Zeitgenossen für die badische Markgräfin ist deren Gestalt in der späteren Geschichtsschreibung hinter der des Gatten zurückgetreten, der als Vorbild eines Regenten der Epoche des aufgeklärten Absolutismus weit über Deutschlands Grenzen hinaus Achtung genoß. Eingeweihte wußten zwar, daß Karoline Luise auch in allen Staatsangelegenheiten Karl Friedrichs »geheimste Beraterin« war, doch wollte sie niemals selbst eine politische Rolle spielen, sondern hielt sich bewußt im Hintergrunde, um dem Gatten, dem sie in sehr glücklicher Ehe verbunden war, allein die Ehre zu lassen.

Im Laufe der letzten Jahrzehnte ist eine Reihe von Studien zu verschiedenen Fragen der Biographie Karoline Luises sowie ihrer Interessen und Tätigkeiten veröffentlicht worden. Schon zwischen 1902 und 1908 behandelte Karl Obser etwa ihre Beziehungen zum Maler François Boucher, Voltaires Besuch in Karlsruhe und ein von der Fürstin geplantes botanisches Sammelwerk; einem größeren Publikum sind diese Arbeiten heute jedoch kaum mehr gegenwärtig. Gerda Kircher kommt das Verdienst zu, in einem 1933 erschienenen Buch erstmals die auf Karoline Luises Kunstsammlung bezüglichen Dokumente mit einem kurzen Lebensabriß zusammengestellt zu haben. In mehreren Büchern und Aufsätzen lieferte die Autorin seitdem mit Forschungen vor allem zur Geschichte des Karlsruher Schlosses und dessen Einrichtung sowie zur Bildnismalerei am badischen Hofe weitere wichtige Bausteine auch für eine Biographie der Markgräfin selbst. Seit 1955 schließlich publiziert Gaston Mayer in zahlreichen Aufsätzen den umfangreichen Briefwechsel, welchen Karoline Luise mit Sammlern und Tauschpartnern für ihr Naturalienkabinett unterhielt. Für das, was hier nur in großen Zügen zusammenfassend über das »Cabinet d'histoire naturelle« gesagt werden kann, bilden die genannten Beiträge eine wichtige Ergänzung. All das und weitere Forschungsergebnisse, welche der Verfasser dieses Buches während der letzten Jahre zu einzelnen Fragen veröffentlicht hat, findet der Leser im Literaturverzeichnis aufgeführt.

Daß kein Biograph bisher die ungewöhnliche Persönlichkeit der badischen Markgräfin in größerem Zusammenhang zu schildern versucht hat, verwundert um so mehr, als nahezu unerschöpfliches und bisher großenteils noch unpubliziertes Material für eine solche Aufgabe zur Verfügung steht. Allein der im Großherzoglichen Familienarchiv zu Karlsruhe bewahrte schriftliche Nachlaß der Fürstin, welchen alle vorgenannten Autoren bereits für ihre Arbeiten genutzt haben, umfaßt nicht weniger als 154 umfangreiche Bände. Diese enthalten mehrere Tausend an Karoline Luise gerichtete Briefe aus aller Welt – unter den etwa 750 Korrespondenten erscheinen auch Maria Theresia, Voltaire und Linné, um nur einige zu nennen –, dazu an 2500 Konzepte für Antwortschreiben, weiter sorgfältig geführte Ausgabenbücher, Reisenotizen, Lesefrüchte, Exzerpte aus wissenschaftlichen Werken und vieles andere mehr. Ergänzende Quellen bilden Korrespondenzbände der nahen Angehörigen und zahlreiche Aktenfaszikel des Badischen Generallandesarchivs. Hinzu kommt noch eine Reihe von Schriftstücken des Hessischen Familienarchivs in Darmstadt, welche interessantes Material zur Geschichte der Jugendjahre bieten. In ihrer Gesamtheit bilden diese Dokumente das Fundament der vorliegenden Darstellung.

Aus Gründen besserer Übersicht schien es geboten, von einer streng chronologischen, allein durch die zeitliche Abfolge der Ereignisse bedingten Erzählung abzugehen und dafür eine Gliederung nach größeren Zeiträumen und bestimmten Themen zu wählen. Aus dem behandelten Stoff ergibt sie sich mehr oder weniger von selbst. Denn im Laufe der drei Jahrzehnte, welche Karoline Luise in Karlsruhe verbracht hat, trat von den vielen Wissensgebieten, mit welchen sie sich ständig befaßte, wechselnd das eine oder andere in den Vordergrund.

Ausführliche Behandlung hat der Aufbau des Malereikabinetts erfahren, denn gerade dieser Aufgabe widmete sich die Fürstin mit besonderem Engagement. Auch hält ein Teil der damals erworbenen Gemälde in der Staatlichen Kunsthalle zu Karlsruhe heute noch sinnfällig das Gedenken an die Sammlerin wach. Ihre sehr umfangreiche, sich über mehr als ein Jahrzehnt hinziehende Korrespondenz mit Malern, Agenten und Kunstfreunden vermittelt dazu nicht nur ein anziehendes Bild von der Persönlichkeit Karoline Luises, sondern spiegelt reizvoll auch Geschmack und Stil der Epoche.

Die meisten der an die Markgräfin gerichteten Briefe sowie ihre Antwortkonzepte sind in französischer Sprache abgefaßt. Sie werden hier mit wenigen Ausnahmen in deutscher Übersetzung zitiert. Gedichte, welche der Gatte und Voltaire an Karoline Luise gerichtet haben, sind dagegen im originalen französischen Wortlaut abgedruckt, denn sie leben allein aus dem Charme der sprachlichen Formung; eine Übersetzung findet sich jeweils in den nach Möglichkeit kurz gehaltenen Anmerkungen. Bei deutschen Texten wurden Orthographie und Interpunktion der Zeit beibehalten.

Während der Vorbereitung dieser Arbeit hat der Verfasser von vielen Seiten Rat und Hilfe erfahren. Sein Dank dafür gilt insbesondere S.K.H. Markgraf Max von Baden für die Erlaubnis zur Durchsicht und Benutzung der im Großherzoglichen Familienarchiv bewahrten Papiere sowie den Direktoren des Generallandesarchivs in Karlsruhe und des Hessischen Staatsarchivs in Darmstadt, den Herren Dr. H.G. Zier und Prof. Dr. E. Franz. Auf Grund von Berichten und Schilderungen, welche Karoline Luise den von ihr konsultierten auswärtigen Ärzten zukommen ließ, sowie des 1783 nach ihrem Tode in Paris verfaßten Protokolls der Obduktion hat Herr Dr. med. A. Schwartzkopf in Karlsruhe Leiden und Krankheiten der Markgräfin zu diagnostizieren unternommen, soweit dies möglich war; ihm sei auch an dieser Stelle herzlich für sein Interesse und seine Hilfe gedankt. Ferner gilt der Dank des Verfassers Frau Dr. Rosemarie Stratmann vom Badischen Landesmuseum Karlsruhe für wertvolle Hinweise auf Ausstattung und Einrichtung der Appartements Karoline Luises im Schloß, Herrn Bibliotheksamtmann Klaus Häfner von der Badischen Landesbibliothek Karlsruhe für Auskünfte über die Musik am Karlsruher Hofe und Herrn Dr. Jürg Wille in Zürich; er machte dem Verfasser freundlicherweise zahlreiche Kunstwerke aus Karoline Luises Nachlaß zugänglich, welche durch Erbgang in seinen und seiner weit verzweigten Familie Besitz gekommen sind. Fräulein Dr. Gerda Franziska Kircher, der auch an dieser Stelle für ihr Entgegenkommen herzlich gedankt sei, stellte Vorlagen für die Abbildungen 1, 9 und 53 dieses Buches zur Verfügung.

Jan Lauts

Prinzessin aus dem Hause Hessen-Darmstadt

Aus »hocherfreutem Gemüth« gab Ernst Ludwig, Landgraf zu Hessen-Darmstadt, am 12. Juli 1723 seinem »freundlich geliebten Herrn Vetter«, dem Markgrafen Karl Wilhelm von Baden-Durlach, davon Kenntnis[1], daß seines »frl. geliebten Sohnes und Erb Printzen Landgraff Ludwigs Liebd. Frau Gemahlin« tags zuvor, an einem Sonntag, »ihrer Bißhero getragenen Fürst Ehelichen Leibsbürde in Gnaden entbunden worden« sei und das Haus Hessen-Darmstadt »mit einer jungen Wohlgestalten Prinzeßin gesegnet und erfreuet habe«. In der Taufe, die alsbald vorgenommen worden sei, habe man dem Kinde den Namen Caroline Louise gegeben. »Die sonderbahre zu Ew Liebden tragende confidence und die Erwegung dero Unß und Unßerm Fürstl. Haus jederzeit bezeigte Hohe Affection«, so schreibt Ernst Ludwig weiter, habe ihn dazu bewogen, nebst anderen fürstlichen Verwandten auch dem badischen Herrn Vetter diese »junge Prinzeßin zu einer Tauff Pathin zu offeriren«; und da er überzeugt gewesen sei, der Markgraf werde sich der Bitte nicht versagen und die ihm angebotene Patenschaft gern übernehmen, habe er ihn auch gleich bei dem »Christlichen Tauff Actu« vertreten. Markgraf Karl Wilhelm konnte damals nicht ahnen, daß dieses ihm so überraschend angetragene Patenkind dermaleinst, achtundzwanzig Jahre später, als seines Enkels und Nachfolgers Karl Friedrich Gemahlin ihren Einzug in die Karlsruher Residenz halten sollte. Noch weitere Mitglieder der markgräflichen Familie übernahmen Patenstelle an dem Kinde, etwa Karl Wilhelms Gemahlin Magdalene Wilhelmine, die getrennt von ihm im Schloß zu Durlach lebte, sowie zwei Tanten des Markgrafen. Karoline von Brandenburg-Ansbach, als Gemahlin des englischen Thronfolgers damals Princess of Wales, war eine der Patinnen aus der Familie der Mutter des Kindes.

Der 1717 geschlossenen Ehe des hessischen Erbprinzen Ludwig und seiner Gemahlin Charlotte, Tochter des Grafen Johann Reinhard III. von Hanau-Lichtenberg, waren vorher schon drei Kinder entsprossen: der 1719 geborene Ludwig – als der Neunte seines Namens später Landgraf von Hessen-Darmstadt – und drei Jahre nach ihm Prinz Georg Wilhelm; eine Tochter starb bereits im Alter von vier Monaten. Zwei Jahre nach Karoline Luises Geburt gab die Erbprinzessin einem weiteren Mädchen das Leben, Luise Auguste Magdalene.

Das letzte Kind, der 1726 geborene Johann Friedrich Karl, kostete seine Mutter das Leben. Sechs Schwangerschaften und schwere Geburten innerhalb von nur neun Jahren hatten die ohnehin geringen, durch mancherlei Krankheiten in der Jugend bereits geschwächten Kräfte ihres Körpers früh aufgezehrt. Erst sechsundzwanzig

Jahre alt, starb sie am 1. Juli 1726. Die Ehe war glücklich gewesen, denn noch auf dem Sterbebett sagte die Erbprinzessin ihrem Gatten »tausendfältigen Dank für die Ihr bis an das nun herangetretene Lebensende gezeigte Liebe und Treue. Sie weiß, wie herzlich er sie geliebt hat und er ihr davon noch so vielfache und noch kurz während ihrer Krankheit ganz untrügliche Beweise gegeben.« Da der Großvater seit langem verwitwet war – erst im folgenden Jahre ging er eine zweite, morganatische Ehe ein – und es in Darmstadt keine nahe Verwandte gab, welche bei den Kindern Mutterstelle hätte vertreten können, vertraute der Erbprinz die Aufsicht über seine beiden Töchter zunächst den Damen an, welche zum Hofstaat seiner verstorbenen Gemahlin gehört hatten, der Hofmeisterin von Rodenhausen und der Hofdame Fräulein von Strowitz.

Die Kinder wuchsen im engen Kreise einer höfischen Welt auf, in deren Mittelpunkt der Großvater Landgraf Ernst Ludwig stand[2]. Im Jahre 1669 geboren, gehörte er zu den für diese Epoche des späten Barock in Deutschland so bezeichnenden Vertretern eines fürstlichen Absolutismus, dem Ludwig XIV. in Frankreich das bewunderte Vorbild bot. Der Versuch, die glanzvolle äußere Darstellung des Gottesgnadentums nachzuahmen, mit welcher der Hof zu Versailles ganz Europa blendete, stürzte Ernst Ludwig ebenso wie die meisten der anderen deutschen Duodezfürsten seiner Generation in unabsehbare, drückende Schulden. Als er nach dem frühen Tode seines Vaters, dann seines ältesten Bruders und nach der ein Jahrzehnt währenden Regentschaft seiner Mutter im Alter von einunzwanzig Jahren 1688 die Herrschaft übernahm, fand er ein kleines Land vor, das sich gerade erst von den Folgen des Dreißigjährigen Krieges zu erholen begann. Die alsbald einsetzenden französischen Raubkriege machten alles wieder zunichte, was bis dahin mühsam erarbeitet worden war. Französische Truppen verheerten weithin hessisches Gebiet. Viele Orte, auch Darmstadt, wurden gebrandschatzt; für Jahre mußte der Hof Zuflucht in Gießen suchen. Kaum war das Schlimmste überwunden, brach 1701 der fünfzehn Jahre währende Spanische Erbfolgekrieg aus; er setzte ganz Europa von neuem in Flammen. Immer wieder waren es die Lande am Ober- und Mittelrhein, die unter den blutigen Auseinandersetzungen zu leiden hatten, sei es als Kriegsschauplatz oder als Aufmarschgebiet befreundeter und feindlicher Heere. Brandschatzungen und Plünderungen zehrten die Vorräte und Steuerkräfte des Landes ebenso auf wie der drückende Zwang, fremde Armeen versorgen zu müssen, ihnen über Monate hinweg Winterquartiere im Lande zu bieten. Am Ende des Spanischen Erbfolgekrieges, 1716, waren die offenen Schulden der Landgrafschaft auf etwa zweieinhalb Millionen Gulden gestiegen. Das bedeutete für diese Zeit eine riesige Summe, bedenkt man, daß die Gesamteinnahmen des Landes im selben Jahre nur um 345 000 Gulden betrugen und daß man bei äußerster Sparsamkeit für die dringendsten öffentlichen Ausgaben nicht weniger als 465 000 Gulden benötigte. Das Defizit wuchs demnach von Jahr zu Jahr und mit erschreckender Schnelligkeit, vor allem durch die Wucherzinsen für ständig neu aufgenommene Kapitalien.

Ungeachtet dieser ausweglosen finanziellen Misere hielt Ernst Ludwig seinen Anspruch auf repräsentative Selbstdarstellung fürstlicher Autorität aufrecht. Als ein

Brand im Jahre 1715 Teile des Schlosses vernichtete und andere, Sitz des Fürsten und der Behörden, stark in Mitleidenschaft zog, sah der Landgraf eine seit langem gewünschte Gelegenheit gekommen, den gesamten, aus mittelalterlichen Ursprüngen erwachsenen Baukomplex des Altschlosses überhaupt abzureißen, um an dessen Stelle einen großen Palast im Geschmack der Zeit zu setzen[3]. Der Architekt Charles de Lafosse, den Ernst Ludwig durch dessen Werke für die Kasseler Vettern in Wilhelmshöhe und das für den Kurfürsten von Hannover errichtete Landständehaus kannte, lieferte verschiedene Entwürfe für eine aufwendige Anlage von klassisch französischem Regelmaß, dreistöckig um vier Innenhöfe gelagert. Gegen den Widerstand der Baubehörden, welche den völligen Abbruch des alten Schlosses in Hinsicht auf die prekäre Finanzlage des Landes ablehnten, setzte sich der Landgraf doch so weit durch, daß von dem großen Projekt wenigstens der nach Westen gerichtete Flügel mit der Einfahrt als Schauseite des Ganzen und der westliche Teil des anschließenden, zum Markt gerichteten Flügels in Angriff genommen wurden. Bald waren aber die Mittel, welche die Landstände für diese Unternehmung gewährt hatten, völlig erschöpft. Der Rohbau konnte wohl noch vollendet werden, für die Einrichtung reichte es nicht mehr. Einzig im Erdgeschoß fanden während des späteren 18. Jahrhunderts Amtsräume, Archiv und Apotheke Platz, alles andere blieb liegen. Die Fenster des oberen Stockwerks wurden mit Brettern verschlagen, und nur mit großer Mühe gelang es, wenigstens die Dächer instandzuhalten. Erst im frühen 19. Jahrhundert sind diese beiden Flügel, Fragment maßlos übersteigerten Ehrgeizes, vollendet und im Inneren ausgebaut worden. Ernst Ludwig selbst hat seit dem Brand, welcher das ganze Areal des Schlosses auf viele Jahre hinaus in einen großen Bauplatz verwandelte, den von ihm niemals geliebten Altbau nicht mehr bewohnt, sondern ihn anderen Mitgliedern der Familie und den Behörden überlassen. Er selbst bezog ein bürgerliches Palais am benachbarten Marktplatz. Ein anderes Haus ebendort, 1721 in fürstlichen Besitz gekommen, diente dem erbprinzlichen Paare als Residenz; hier dürfte Karoline Luise zur Welt gekommen sein.

Ernst Ludwigs Bemühungen blieben im übrigen nicht nur auf sein neues Schloß beschränkt, sondern galten auch der Erweiterung und wirtschaftlichen Förderung der Stadt, welche durch die Kriegsläufte stark gelitten hatte. Eine neue Vorstadt wurde 1698 nach eingehender Planung begonnen, der Zuzug neuer Bürger begünstigt; Handel und Gewerbe erfuhren Förderung. Entsprechend dem Vorbild, das Versailles und andere große Höfe boten, suchte der Landgraf auch die Künste in seine fürstliche Lebenshaltung einzubeziehen. Zu Anfang des Jahres 1711 wurde ein kleines Theater eingerichtet, in dem eine französische Truppe einige Jahre lang Werke von Racine und Molière aufführte, bis die schlechte finanzielle Lage ihre Entlassung erforderlich machte. Opernaufführungen bestritt man weiterhin noch mit eigenem Personal und mit Hilfe einer reich besetzten Kapelle, die auch Kirchen- und Kammermusikkonzerte zu geben hatte. Ernst Ludwig war ein großer Freund der Musik, komponierte selbst und soll in seinen jungen Jahren, wie es heißt, »galant auf der Laute« gespielt haben. Die bildende Kunst fand ebenfalls Vertretung am Darmstädter Hofe. Als tüchtiger Porträtist wurde 1724 Johann Christian Fiedler aus Pirna in Sachsen angestellt, während Christian Ludwig von Löwenstern zur Ausschmückung der Schlösser das Genre der Schlachten- und Pferdebilder, Zacharias Sonntag vor allem die Landschaft mit Jagdszenen pflegte.

Die Jagd war Ernst Ludwigs große Leidenschaft; er teilte sie mit fast allen Fürsten seiner Zeit[4]. Dieser Passion frönte er hemmungslos, ohne jede Rücksicht auf die immensen Summen, welche der dafür benötigte Apparat an Jagdhäusern in allen Teilen des Landes, an Personal, Pferden, Gerät und Futterkosten forderte, ohne Rücksicht auch auf die schweren Flurschäden, welche den Bauern vor allem durch die Parforcejagden entstanden. Bei diesem aus Frankreich übernommenen Sport hetzte die berittene Jagdgesellschaft den aufgescheuchten Hirsch bedenkenlos über Äcker, Felder und Wiesen, wobei man die mühsame Arbeit des Landmanns, der sich dagegen nicht wehren konnte, immer wieder zunichte machte; oft blieb diesem nicht einmal mehr Saatgut für das kommende Jahr übrig. Dazu wurden die Bauern noch zu Treiber- und anderen Diensten gezwungen, von den Jagdfunktionären des Hofes und den Förstern rauh behandelt und geringer Vergehen wegen häufig streng gestraft. Solches Treiben in einer Zeit, da sich das Land durch die Kriegsläufte ohnehin in schwerer Bedrängnis befand, erregte in der Bevölkerung großen Unmut und veranlaßte zahlreiche Bauern zur Auswanderung. Selbst von den Kanzeln wurden anklagende Worte dagegen gesprochen. Schließlich sah sich der Landgraf 1718 widerwillig genötigt, wenigstens diese besonders anstößige und verderbliche Form seiner jagdlichen Vergnügungen einzustellen.

Merkwürdige Widersprüche beherrschten das Wesen dieses Fürsten: einerseits gläubiger und frommer Christ streng lutherischer Observanz, überließ er sich gleichwohl abergläubischen Ängsten, überzeugt vom Wirken guter und böser Geister aller Art. Zum großen Ärger der protestantischen Geistlichkeit ließ er einmal einen solchen Geist, der angeblich in seinem Schlafzimmer umging, durch einen katholischen Pater vertreiben. Demnach nimmt es nicht wunder, ihn auch als leidenschaftlichen Anhänger der Alchemie zu finden, die damals an vielen Höfen betrieben wurde. In seinem Haus am Markt unterhielt der Landgraf ein Laboratorium, wo er selbst Versuche unternahm, jene geheimen Elixiere zu finden, welche fähig sein sollten, unedle Metalle in reines Gold oder Silber zu verwandeln und ihm dadurch aus seinen Schulden zu helfen. So wurde er zur leichten Beute der zahlreichen Adepten und Goldmacher, welche mit ihm in Verbindung zu kommen suchten und ihm für ihre Experimente immer wieder hohe Geldbeträge zu entlokken verstanden. Verschuldet wie er war, mußte Ernst Ludwig sich diese von allen Seiten gegen hohe Zinsen und ständig prolongierte Wechsel verschaffen; und all das heimlich, ohne Wissen seiner Minister und Landstände sowie des Erbprinzen, dem derlei Dinge ein Greuel waren. Zwei Jahre vor seinem Tode, 1737, kam das Ganze durch den Druck der Gläubiger schließlich doch an den Tag; der Landgraf mußte sich zu seinen Verpflichtungen bekennen. Nicht nur hatten die Staatsschulden inzwischen eine Höhe von drei Millionen Gulden erreicht, es waren dazu auch noch weitere zwei Millionen privater Kabinettsschulden entstanden. Das geringe Steueraufkommen des durch Kriege geschwächten Landes und der hohe Zinsendienst der

1 Landgraf Ludwig VIII. von Hessen-Darmstadt – Gemälde von J. Chr. Fiedler, 1734 – Privatbesitz

Landesschulden ergaben bei sparsamster Wirtschaft immer noch ein jährliches Defizit von 120 000 Gulden. Die meisten Forderungen an den Landgrafen waren von den Erstgläubigern weit unter Preis an einige Frankfurter Bankiers verkauft worden, die nun Klage beim Reichshofrat in Wien erhoben. Staatsbankrott und Reichsexekution, also Zwangsverwaltung durch kaiserliche Kommissare, rückten in bedrohliche Nähe. Ehe es zum Schlimmsten kam, starb Ernst Ludwig am 12. September 1739. Sein Sohn und Nachfolger Ludwig VIII., Karoline Luises Vater, wandte sich umgehend an Kaiser Karl VI., um unter Berufung auf unredliche Machenschaften beim Verkauf der Schuldforderungen an die Bankiers und auf deren unerhörte Wucherzinsen die Niederschlagung der gegen ihn angestrengten Prozesse zu erbitten. Eine Annullierung der Verfahren erreichte er zwar nicht, doch gelang es ihm schließlich, mit Hilfe der Landstände wenigstens halbwegs Ordnung in die Verwaltung zu bringen und einen Schuldendienst einzurichten. Trotzdem blieb die finanzielle Lage Hessen-Darmstadts auch während der Regentschaft Ludwigs VIII. prekär, denn von der kostspieligen Jagdpassion ließ dieser ebensowenig wie sein Vater vor ihm. Meist hielt er sich in dem von ihm bevorzugten Jagdschloß Kranichstein auf, das er nur ungern und immer nur auf möglichst kurze Zeit mit dem wenig geliebten Darmstadt vertauschte. Mehr als einmal drohte der Reichshofrat in Wien auch ihm mit der Zwangsverwaltung. Hätte Maria Theresia, welcher Ludwig VIII. in Verehrung ergeben war und die ihn als den »letzten Kavalier«

hochschätzte, nicht kategorisch entschieden: »Solange der alte Mann lebt, soll ihm nichts geschehen«, wäre es wohl doch noch zu diesem äußersten Schritt gekommen.

Neben Vater und Großvater in Darmstadt waren es die Eltern der Mutter, bei denen Karoline Luise und ihre Geschwister während früher Jugendjahre etwas wie eine zweite Heimat fanden: Graf Johann Reinhard III. von Hanau-Lichtenberg und seine Gemahlin Dorothea Friederike aus dem Hause Brandenburg-Ansbach. Die Großmutter, welche als einzige den Kindern die verlorene Mutter hätte ersetzen können, starb jedoch schon früh, als Karoline Luise erst acht Jahre alt war.

Großvater Johann Reinhard III. war der letzte männliche Sproß des alten Geschlechts der Grafen von Hanau-Lichtenberg. Als junger Mann hatte der 1665 Geborene sich mit seinem um ein Jahr älteren Bruder zunächst den ererbten Besitz teilen müssen; dabei fielen ihm die im heutigen badischen Gebiet sowie im Unterelsaß gelegenen Ämter mit ihrer Hauptstadt Buchsweiler zu, welche vor Zeiten als Erbe des erloschenen Hauses der Grafen von Lichtenberg an das Geschlecht gekommen waren. Sein Bruder regierte die um Hanau gelegenen Stammlande. Seit 1712, als dieser kinderlos gestorben war, vereinigte Johann Reinhard das gesamte Territorium der reichsunmittelbaren Grafschaft in seiner Hand. Zwar hielt er sich des öfteren auch in Buchsweiler oder Hanau auf, residierte jedoch am liebsten in seinem von prächtigen Gärten umgebenen Schloß Philippsruhe bei Hanau. Wie sein Generationsgenosse Ernst Ludwig in Darmstadt ist auch er ein echter Barockfürst und passionierter Bauherr gewesen. Noch während der ersten Hälfte der dreißiger Jahre etwa ließ er sich an der Stelle eines alten Hofes, den die Lichtenberger Grafen in Straßburg besaßen, durch Joseph Massol ein aufwendiges Palais errichten; während der Großen Revolution Ende des 18. Jahrhunderts ist es in den Besitz der Stadt gekommen, der es heute als Rathaus dient.

Ein kurzer Blick ist noch auf die merkwürdigen staatlichen Verhältnisse dieser Grafschaft Hanau-Lichtenberg während des 18. Jahrhunderts zu werfen, denn deren elsässische Ämter spielen im späteren Leben Karoline Luises und ihrer Geschwister eine nicht unwichtige Rolle[5]. Nachdem Ludwig XIV. im Verfolg der Reunionskriege das Elsaß erobert hatte, sah sich Graf Johann Reinhard in schwieriger Lage: einerseits mit dem um Hanau gelegenen Besitz reichsunmittelbarer Fürst und als solcher dem Kaiser als seinem Lehnsherrn pflichtig, stand er andererseits mit den Besitzungen im Elsaß nun unter der Souveränität des französischen Königs. In dessen Namen regierte ein in Straßburg residierender Intendant die Provinz; als oberstes Gericht tagte in Colmar der französische »Conseil souverain«. Mit einer für das 18. Jahrhundert bezeichnenden, den Kompromiß suchenden Diplomatie bemühten sich Kaiser und König, solchen Schwebezustand, in den auch noch andere Reichsfürsten mit elsässischem Besitz geraten waren, für alle Teile halbwegs annehmbar zu gestalten. Frankreich verlieh dem Elsaß den Status einer »province effectivement étrangère«, die zwar mit allen Konsequenzen rechtlicher und militärischer Art Teil des französischen Königreichs war, doch nicht zu dessen Zollgebiet gehörte. Warenverkehr mit Frankreich unterlag in beiden Richtungen dem Zoll, zum Reich hin dagegen nicht. Und soweit sich die im Elsaß begüterten, ehemals unabhänigen deutschen Reichsfürsten dem König freiwillig unterworfen hatten und seine Souveränität anerkannten – die Grafen von Hanau-Lichtenberg gehörten zu diesen –, verpflichtete sich der König zur Respektierung zahlreicher Rechte und Privilegien, welche sie vorher besessen hatten. Lag ihr ständiger Wohnsitz außerhalb Frankreichs, galten sie persönlich nicht als Untertanen des Königs, unterstanden mit ihrer Person also auch nicht dessen Jurisdiktion. Ihre elsässischen Residenzen sowie die von ihnen im Elsaß selbst bewirtschafteten Güter besaßen Steuerfreiheit und manch andere Vorrechte. Ein gewisser Druck blieb freilich immer spürbar, und bei der Besetzung von Beamtenstellen für die Verwaltung oder bei der Berufung protestantischer Geistlicher durch das eigene Konsistorium in Buchsweiler tat man gut daran, auf persönliche Wünsche des Intendanten Rücksicht zu nehmen. Dem machtlosen Deutschen Reich blieb nichts, als dieses Arrangement mit der Hoffnung auf bessere Zeiten schweigend zu dulden. Für alle Eventualitäten hatte Graf Johann Reinhard sich 1716 die Beibehaltung dieses Zustandes auf unbestimmte Zeit aber durch den Kaiser ausdrücklich genehmigen lassen.

Die Konstruktion des kleinen Hanau-Lichtenbergischen Staatswesens im Elsaß war um so eher gefährdet, als es sich nicht um ein zusammenhängendes Territorium, sondern um eine Gruppe von dreizehn größeren und kleineren, wie Inseln voneinander getrennten Landstücken handelte; das größte von diesen schloß die alte Stammburg Lichtenberg und die Hauptstadt Buchsweiler ein, andere die Orte Wörth und Kutzenhausen, Brumath, Wolfisheim und Westhofen. Drei weitere zugehörige Inseln lagen in naher Nachbarschaft bereits auf Reichsgebiet: im Norden Pirmasens mit Lemberg, dann Burgalben, dazu entlang des östlichen Rheinufers ein Streifen, der von Willstädt und Kehl bis nach Lichtenau südlich Rastatt reichte. Sich diesen ganzen Besitz ungeschmälert und unangefochten zu erhalten, lag dem Grafen Johann Reinhard um so mehr am Herzen, als er der Tochter und deren Kindern nur diesen Teil des Hanauischen Erbes hinterlassen konnte; ein Vertrag aus dem Jahre 1643 hatte nämlich festgelegt, daß die um Hanau gelegenen Lande, das sogenannte Münzenbergische Erbe, nach Erlöschen des Mannesstamms der gräflichen Familie an Hessen-Kassel fallen sollten. Da nach überliefertem Recht auch für die Lichtenbergischen Lande das ausschließlich männliche Nachfolgerecht galt, hatte der alte Graf, um einem drohenden Heimfall dieses Gebiets an die französische Krone zuvorzukommen, noch große finanzielle Aufwendungen machen müssen, um von dieser die Genehmigung zur Umwandlung des Manneslehns in ein Weiberlehen zu erhalten. Als Johann Reinhard 1717 sein Testament aufsetzte, das mit Genehmigung Ludwigs XV. die einzige Tochter und deren Kinder zu Erben und Nachfolgern einsetzte, konnte er beruhigt sein, nach menschlichem Ermessen alles für die Zukunft auf das beste geregelt und gesichert zu haben. Und in der Tat hat diese Konstruktion, wenn auch nicht für die erhoffte Ewigkeit, so doch bis zum Ende des 18. Jahrhunderts gehalten. Dann kamen die Armeen der französischen Revolution, welche eine neue Situation schufen, und schließlich zwang Napoleons Wille der Landkarte Europas ein völlig verändertes Aussehen auf.

Immer wieder hielten sich Karoline Luise und ihre Geschwister für längere Zeit bei den mütterlichen Großeltern auf, nicht nur in Hanau, sondern auch in Buchsweiler. Dem Großvater war sehr daran gelegen, die Enkel gerade mit diesem Teil der Grafschaft vertraut zu machen, der ihnen als Erbe bestimmt war. Auch den zukünftigen Untertanen sollte dadurch Gelegenheit gegeben werden, sich schon früh an ihre Prinzen zu gewöhnen. Als Sitz der Regierung die eigentliche Hauptstadt des Landes, heute noch reizvoll durch seine malerischen, von Fachwerkhäusern des 17. und 18. Jahrhunderts gesäumten Gassen und kleinen Plätze, war Buchsweiler damals mit etwa 3000 Einwohnern eine gepflegte Residenz eher ländlichen Charakters. Ihren Mittelpunkt bildete das hufeisenförmig angelegte, im Anfang des 18. Jahrhunderts ausgebaute alte Schloß. Von ihm steht heute nichts mehr, denn die Armeen der Revolution haben es bis auf seine Grundmauern zerstört. Ein gleiches Schicksal befiel die schönen, terrassenförmig am Hang eines Hügels angelegten Gärten, einst ein besonderer Ruhm der Stadt. Am großen Platz, auf den das Schloß sich öffnete, erheben sich noch einige alte Gebäude der ehemaligen Hofhaltung und Regierung, etwa die um die Mitte des 17. Jahrhunderts errichtete Kanzlei, welche heute als Rathaus dient, neben ihr die Rentkammer. Weiter finden sich Reste des Marstalls, einer Orangerie und der Schloßkapelle. Goethe, der von Straßburg aus im Sommer 1770 mit zwei Freunden das noch unversehrte Städtchen besuchte, das er »den bedeutenden Mittelpunkt eines sehr schönen und wünschenswerten fürstlichen Besitzes« nennt, beschreibt seinen Eindruck im zehnten Buch von »Dichtung und Wahrheit«: »Wir vergaßen leicht die ungleichen Straßen, die unregelmäßige Bauart des Orts, wenn wir heraustraten, um das alte Schloß und die an einem Hügel vortrefflich angelegten Gärten zu beschauen. Mancherlei Lustwäldchen, eine zahme und wilde Fasanerie und die Reste ähnlicher Anstalten zeigten, wie angenehm diese kleine Residenz ehemals müsse gewesen sein. Doch alle diese Betrachtungen übertraf der Anblick, wenn man von dem nahegelegenen Bastberg die völlig paradiesische Gegend überschaute.«

Graf Reinhard hielt sich während seiner letzten Lebensjahre meist zurückgezogen in seinem Schloß Philippsruhe auf. Da er befürchtete, das elsässische Erbe und die Einkünfte daraus möchten trotz aller Verträge durch den Kriegszustand bedroht werden, welcher zwischen Frankreich und dem Reich in Sachen der polnischen Thronfolge eingetreten war, bat er 1735 den französischen Außenminister Kardinal Fleury, einen der Enkel an seiner Statt in Buchsweiler residieren zu lassen. Der Darmstädter Großvater Ernst Ludwig, welcher als regierender Landgraf bei der Erziehung der Kinder ein gewichtiges Wort mitzusprechen hatte, schloß sich dieser Bitte nicht nur an, sondern wünschte sogar, alle drei Enkelsöhne dorthin schicken zu können und sie später in Straßburg studieren zu lassen. Erwägungen politischer Nützlichkeit werden bei diesem Wunsch eine Rolle gespielt haben, vor allem aber finanzielle Gründe. Auf diese Weise ließ sich nämlich die kostspielige Erziehung der jungen Prinzen wenigstens zum Teil aus den elsässischen Revenuen bezahlen. Nachdem sowohl der französische König als auch der kaiserliche Hof in Wien ihre Genehmigung erteilt hatten, übersiedelten Karoline Luises Brüder im Sommer 1735 mit Lehrern und Dienerschaft für mehrere Jahre ins Elsaß. Nach dem Tode des Hanauer Großvaters trat der siebzehnjährige Ludwig 1737 als ältester der Geschwister und in deren Namen die Herrschaft über das Erbe an. Praktisch stand er als minderjährig zunächst noch unter der Vormundschaft seines Vaters, der jedoch keine eigenen Ansprüche auf die Regierungsgewalt geltend machen durfte, denn nach dem Erbvertrag behielt das Territorium der Grafschaft seine überlieferte Selbständigkeit und durfte nicht mit der Landgrafschaft Hessen-Darmstadt vereinigt werden. Wie vorgesehen, absolvierten die Brüder bis 1740 ihre Studien in Buchsweiler und Straßburg und traten dann die obligate, ein Jahr währende Bildungsreise nach Frankreich an.

Die beiden Schwestern blieben während dieser Jahre in Darmstadt zurück. Sie hatten dort ihren eigenen kleinen Hofstaat, dem nach der Pensionierung der Hofmeisterin von Rodenhausen seit 1732 als Nachfolgerin die verwitwete Frau Sophia von Hutten vorstand[6]. Von Anfang an scheint es in der Kinderstube mit spartanischer Strenge und Einfachheit zugegangen zu sein. Darüber erfahren wir einiges aus einer Schilderung, welche Karoline Luise in viel späteren Jahren einmal einem auswärtigen Arzt übersandte, den sie konsultieren wollte; darin erzählt sie ausführlich sowohl von ihrer körperlichen Konstitution als auch von allen Krankheiten, welche sie seit ihrer frühesten Kindheit gehabt hatte.[7] Bis zu ihrem achten Lebensjahr, so schreibt sie, sei sie an sich recht gesund und eigentlich niemals unpäßlich gewesen, doch immer sehr blaß und »aufgedrunßen von Leib, selbstens aber beständig dick und starck, doch vestes und gesundes Fleisch«. Alle Speisen konnte sie vertragen, mit Ausnahme stark blähender wie Kohl, Rüben, »sehr waßrichtem Obst u. dgl.«; solche bereiteten ihr jedesmal starke Beschwerden. Doch »man gedachte die Natur zu forciren und ließe sie nichts desto weniger, um sie robust zu machen, alle Hülßenfrüchte, Weiße Kraut und übrige Sachen mit Gewalt eßen, ohngeachtet letztere jedesmahl erbrechen verursachten. Diesem Uebel nun zuvorzukommen, gabe man ihr öfters, ja fast täglich, allerley fremde Weine als Tokayer, Burgunder, auch andere frantzösische Weine und Liqueurs bey dem Confect zu trincken; sonsten aber ware ihr ordinairer Tranck eine tisane von Sarsaparill, Süß-Holtz, Saßafras, Fenchel, Anis und noch mehr als viererley dergleichen ingredientzien, nach jeder Mahlzeit aber ein Stengel-Glas Rhein-Wein, und diese fremde Weine noch außerdem zur Zugabe.« Mit einem Anflug von Bitterkeit bemerkt sie dazu, ihre Gesundheit sei bis in das achte Jahr »keines Medici Sorgfalt ausgesetzet worden, sondern einiger alter Frauen«. Die uns heute für ein Kind solchen Alters barbarisch anmutende Ernährungsweise hat vermutlich den Grund zu jenen chronischen Magenbeschwerden gelegt, mit denen Karoline Luise zeit ihres Lebens zu kämpfen hatte. Auch sonst versuchten die Erzieherinnen alles, um das kleine Mädchen abzuhärten: »Täglich ließe man sie ausgehen oder fahren, es mochte regnen, schneyen, frieren oder Wetter seyn wie es wolte: der gantze Nachmittag war hierzu ausgesetzet.« Erst nachdem die Großmutter in Hanau gestorben war – von ihr waren vermutlich die Direktiven ausgegangen –, nahm sich ein Arzt des nun siebenjährigen Mädchens an und verordnete als erstes eine vernünftigere Diät.

Im Frühjahr 1733 waren Karoline Luise und kurz nach ihr auch die beiden jüngeren Brüder an den »Kinder-Blattern« erkrankt, den gefürchteten Pocken, welche damals noch als Volksseuche in Europa wüteten und alljährlich ungezählte Opfer forderten. Der älteste Bruder hatte sie bereits hinter sich gebracht. Karoline Luise mußte sie in ihrer schwersten Form erleiden: ». . . man konte über ihrem Leib und Gesicht nicht einer Steck-Nadel Spitze stecken, wo nicht eine Blatter ware . . .« Nach der Krise am dritten Tage mit einem sechsunddreißig Stunden währenden Delirium fiel sie in einen ebenso lang dauernden tiefen Schlaf, womit zunächst die unmittelbare Lebensgefahr gebannt war. Während des Krankenlagers war sie kaum fähig, Nahrung zu sich zu nehmen. Als man sie dann nach vier Wochen, sehr geschwächt, schließlich wieder aufstehen ließ, gab es keinerlei Schonung mehr, denn nun »mußte sie zwischen 7 und 8 Uhr schon aus dem Bette und konte sich vor 10 Uhr des Abends nicht legen, um ihren krancken Geschwistern zu assistiren«.

Bereits in diesen frühen Jahren machte sich ihre Patentante Karoline Gedanken darüber, wie die finanziell so schlecht gestellten Darmstädter Prinzessinnen wohl am günstigsten zu versorgen seien. In den ersten Novembertagen des Jahres 1733 erhielt Karoline Luise – damals zehn Jahre alt – einen Brief der Patin und Großtante, die als Gemahlin Georgs II. inzwischen Königin von England geworden war. Darin teilte diese mit, der König, der als Kurfürst von Hannover gleichzeitig auch zu den deutschen Reichsfürsten gehörte, könne dem evangelischen Damenstift zu Quedlinburg am Harz ein adliges Mädchen zur Aufnahme als Kanonikerin empfehlen; der Großvater in Hanau möge mitteilen, ob er sie oder ihre Schwester dafür bestimmen wolle.[8] Einige Wochen später dankte der Großvater ergebenst und mit barocker Umständlichkeit, sagte aber weder Ja noch Nein, sondern wollte alles der Entscheidung des Königs anheimstellen. Dabei blieb es dann, bis Karoline Luises Vater im Sommer 1735, als die Finanzlage in Darmstadt wieder einmal äußerst gespannt war, den Vorschlag von neuem aufgriff und durch den Burghauptmann von Riedesel, einen hannoverschen Mittelsmann, Erkundigungen über den Stand der Angelegenheit einziehen ließ. Die Auskunft, welche dieser erhielt, war wenig befriedigend. Die Wohnungen im Stift sind klein, hieß es, die Revenuen wegen der schlechten Finanzlage gering. Jeder Dame ist nur ein einziges Mädchen als Bedienung gestattet, und ein Avancement wäre erst nach dem Tode der Äbtissin möglich. Wolle man die Sache ernsthaft betreiben, müsse man alles über diese laufen lassen, denn sie besitze das alleinige Vorschlagsrecht für die aufzunehmenden Damen. Zudem müsse dies ganz geheim bleiben, sonst gebe es Ärger mit Berlin. Die Oberhoheit über das Stift lag nämlich beim preußischen König, der mit der Äbtissin nicht auf bestem Fuße stand. Der gewichtigste Einwand gegen eine Kandidatur Karoline Luises war allerdings ihr noch zu kindliches Alter. Das Projekt wurde ohne besonderen Nachdruck noch bis in das Jahr 1736 hinein weitergeschleppt und scheint dann endgültig ad acta gelegt worden zu sein, zum Glück für die Betroffene. Denn in der Enge und Beschränktheit dieses Kreises adliger Stiftsdamen mit ihren Querelen und Eifersüchteleien hätten Karoline Luises Talente sich kaum entfalten können.

2 Karoline Luise im Alter von zehn Jahren, 1734
Gemälde von J. Chr. Fiedler – Privatbesitz

Als das englische Angebot kam, war gerade erst mit einem geregelten Unterricht für die beiden Prinzessinnen begonnen worden. Zu Anfang des Jahres 1733 hatte der Hanauer Großvater einen Hauslehrer – »Informator«, wie man ihn damals nannte – für die Mädchen ausgesucht und mit Rücksicht auf die schwierige finanzielle Lage des Darmstädter Hofes auch die Kosten für dessen Gehalt übernommen. Der damals zwanzigjährige junge Mann hieß Johann Peter Job, stammte aus Traben an der Mosel und war im Jahre vor seinem Engagement noch an der Universität Gießen als Kandidat der Theologie immatrikuliert. Die Wahl hat sich als äußerst glücklich erwiesen, denn Job war nicht nur recht vielseitig gebildet und interessiert, sondern offenbar auch umgänglich und pädagogisch begabt; fast acht Jahre hat er sein Amt als Erzieher ausgeübt und ist der jungen Karoline Luise in dieser Zeit ein wirklicher Freund geworden[9].

Vom Aussehen seiner Schülerin gibt übrigens ein Porträt in Halbfigur Aufschluß, das der Darmstädter Hofmaler Fiedler im Jahre 1734 als Teil einer alle Mitglieder der erbprinzlichen Familie umfassenden Folge gemalt hat. In der eleganten Pose und Bewegung entsprechen diese Bildnisse höfischer Konvention der Zeit; Kinder tragen nicht nur die Tracht der Erwachsenen, sondern gebärden sich auch wie diese. Der etwas biedere Fiedler war jedoch ein guter Beobachter und hat zum Glück die Individualität des Gesichts nicht unterdrückt, Charakteristisches nicht dem herrschenden Schönheitsideal zum Opfer gebracht. Er schildert die Zehnjährige als ein zwar sympathisches, doch nicht sonderlich hübsch zu nennendes kleines Mädchen mit etwas vollen Wangen, dicklicher Nase und stark vorgewölbter Unterlippe, diese ein väterliches Erbteil. Die Augen blicken lebhaft, und der Beschauer gewinnt den Eindruck, ein aufgewecktes, intelligentes Kind vor sich zu haben.

Lesen und Schreiben hatten die Mädchen offenbar schon in der Kinderstube gelernt, ehe Job sein Amt übernahm. Sicher ist, daß Karoline Luise mit der französischen Sprache, in welcher sich die höfische ebenso wie die gebildete bürgerliche Welt dieser Epoche auszudrücken liebte, damals bereits vertraut war. Sie hat sich ihrer zeitlebens mit Vorliebe bedient. Im Umgang mit Geschwistern und Angestellten sprach sie allerdings Deutsch und dies in offenbar betont hessischem Dialekt. Aussprache und Orthographie des Hochdeutschen bereiteten ihr, wie Schulhefte mit Korrekturen des Lehrers zu erkennen geben, jedenfalls einige Schwierigkeiten. Als Resümee einer Unterrichtsstunde notierte sie darin einmal: »Man muß im Teutschen die Wörter schreiben, wie sie nach der hoch teutschen Mund Art ausgesprochen werden. Daher kan man auch durch die Aussprache diejenige Wörter welche fast einerley Laut haben, unterscheiden.« Dann folgen lange Listen solcher im Dialekt leicht zu verwechselnden Wörter, deren Bedeutung bezeichnenderweise auf Französisch angegeben wird, etwa »das Dach – le toit« und »der Tag – le jour«, oder »Grentze – frontière« und »Kräntze – couronnes de fleurs«. Die Kenntnis der französischen Sprache, in welcher die Kinder für den Alltagsgebrauch gewandt zu parlieren verstanden, wurde im Unterricht weiterhin systematisch vertieft. Durch entsprechend ausgewählte Lektüre versuchte der Lehrer gleichzeitig, seine Schülerinnen mit Problemen moralisch-philosophischer Natur bekannt zu machen: sie lasen die pädagogisch nützlichen Fabeln La Fontaines und Boileaus »Epîtres«, Versepisteln nach horazischem Vorbild, in denen lebensphilosophische Fragen behandelt und in sprachlich prägnanter Formulierung moralische Nutzanwendungen geboten werden. Ein umfangreiches Album, das sich die Dreizehnjährige 1736 in bemühter Schönschrift angelegt hat, enthält auf Französisch als Frucht ihrer Lektüre eine Blütenlese beherzigenswerter Sentenzen und Lebensregeln, vor allem solche, die sich auf Verhalten und Pflichten fürstlicher Personen beziehen; da heißt es etwa: »Besteht Euer Verdienst nur in dem Namen, den Ihr tragt, und in der Familie, welcher ihr entstammt, dann werden wohl Eure Ahnen Euch zur Ehre gereichen, Ihr ihnen aber nicht.« Oder: »Der größte Mut eines guten Fürsten besteht darin, sich wahre Freunde zu suchen, die ihn auf seine Fehler aufmerksam machen können.« Viele dieser Maximen entstammen einem Werk, das sich während des ganzen 18. Jahrhunderts in immer neuen Auflagen und zahlreichen Übersetzungen einer europäischen Berühmtheit ohnegleichen erfreut hat, nämlich Fénelons »Aventures de Télémaque«. Der Autor, Bischof von Cambrai, hat dieses Opus für den Duc de Bourgogne verfaßt, Ludwigs XIV. Enkel, dessen Erziehung ihm anvertraut war. Darin berichtet er von den Abenteuern Telemachs, den die Suche nach seinem verschollenen Vater Odysseus in viele fremde Länder verschlägt, in gefahrvolle Situationen bringt und vor mancherlei schwierige Entscheidungen und moralische Probleme stellt. Athena, die sich der Gestalt seines Mentors und

Begleiters Idomenes bedient, möchte ihn durch solche Erfahrungen und die Erkenntnisse, welche sie ihm vermitteln, zu einem wahren Friedensfürsten und Beglücker seines Volkes erziehen. Lange Erörterungen und Gespräche, die mit der Erzählung aufregender Begebnisse abwechseln, sollen den Jüngling Telemach und mit ihm natürlich den Leser zum Nachdenken anregen und ihm helfen, aus dem Erlebten die richtige Nutzanwendung zu ziehen. So heißt es hier über die Pflichten des Herrschers: »Nicht um seiner selbst willen haben die Götter ihn als König eingesetzt. Er ist es, um der Mann des Volkes zu sein; dem Volke schuldet er all seine Zeit, all seine Mühen, all seine Zuneigung; und er ist des Königtums nur in dem Maße würdig, als er sich selbst vergißt und sich dem allgemeinen Wohl zum Opfer bringt . . .« Das Ganze ist eine kaum verhüllte herbe Kritik an Ludwigs XIV. Eroberungen und Gewaltpolitik, am System des unbeschränkten fürstlichen Absolutismus überhaupt, der auf das Glück des Einzelnen keine Rücksicht nimmt. Ludwig XIV. hat das wohl verstanden, die Veröffentlichung verboten und den Autor von seinem Hofe verbannt. Den weltweiten Erfolg von dessen Werk hat er damit nicht verhindern können, denn dank der Indiskretion eines Kopisten erschien es schon 1699 im Druck. Fénelons »Télémaque« steht am Beginn des Zeitalters der Aufklärung, und die darin verkündete Idee vom Fürsten, der seine Macht zwar durch göttliche Berufung empfangen hat und ausübt, in Wahrheit aber nur Diener seines Volkes ist und sich als solcher vor Gott verantwortlich zu fühlen hat, ist für die Erziehung einer ganzen Generation bestimmend gewesen. Bei Karoline Luise sind solche Ideen auf fruchtbaren Boden gefallen, sie hat sich ihr Leben lang zu ihnen bekannt. Die schlimme Lage, in welche des Großvaters autokratisches Regiment sein Land gebracht hatte, stand ihr in früher Jugend bereits als warnendes Beispiel vor Augen; dies um so mehr, als sie, wie zu zeigen sein wird, von den finanziellen Folgen selbst stark betroffen war.

Neben den eigentlichen Wissensfächern wird bereits in diesen frühen Jahren auch das Musische gepflegt. Einige Zeichenhefte, von denen eines auf der Innenseite des Umschlags das Datum 1733 trägt, bedeuten den Anfang; sie enthalten zahlreiche in Bleistift angelegte, dann mit der Feder übergangene und lavierte Darstellungen von Blumen und Pflanzen, vermutlich Kopien nach Illustrationen botanischer Werke; andere sind voll von Köpfen in verschiedenen Haltungen, Wiedergaben einzelner Glieder wie Ohren, Nasen, Augen, Hände und Beine, vermutlich auch aus Lehrbüchern abgezeichnet. Einige kleine Buketts und einzelne Blumen in Rötel auf Bleistiftvorzeichnung könnten dagegen erste eigene Versuche nach der Natur sein. In einem später zu nennenden Wochenplan finden sich mehrere Stunden für Zeichenunterricht eingesetzt. Offenbar hat Karoline Luise in diesem Fach rasche Fortschritte gemacht, denn in einem Brief ihrer Kusine und späteren Schwägerin Henriette Karoline von Pfalz-Zweibrücken heißt es bereits 1738: ». . . j'ay vu de votre peinture qui est très bien la plus jolie chose du monde[10]«. Vielleicht hat der bereits genannte Maler Fiedler der jungen Prinzessin die künstlerischen Anfangsgründe beigebracht.

Seit Anfang des Jahres 1736 gibt ein »Kammer-Secretarius« Johann Samuel Endler den beiden fürstlichen Enkelinnen täglich jeweils eine Stunde Musikunterricht, und dies, wie es in einer Eingabe der Hofmeisterin einmal heißt, »nicht ohne Nutzen«. Karoline Luise erntete später bewundernden Beifall für ihre Fertigkeit auf dem Clavecin. Von selbst versteht sich, daß die beiden Mädchen Tanz- und Anstandsunterricht erhielten, denn dieser bildete immer einen wichtigen Teil höfischer Erziehung.

Der Umfang des Wissensstoffs, den Job seinen Schülerinnen zu vermitteln unternahm, steigerte sich von Jahr zu Jahr. Zwei Pläne mit Angabe der täglichen Unterrichtsstunden und kurzen Hinweisen auf die jeweils dabei verwendeten Lehr- und Lesebücher sind in den Papieren Karoline Luises erhalten geblieben, interessante Dokumente für das höfische Erziehungswesen jener Zeit. Leider tragen sie kein Datum, doch läßt sich gewissen Angaben – etwa dem Erscheinungsjahr 1737 für eines der im Unterricht verwendeten Bücher – entnehmen, daß sie in die Jahre zwischen 1737/38 und 1739/40 zu setzen sind, also für die etwa fünfzehn- bis siebzehnjährige Prinzessin gedacht waren. Der erste Plan sieht insgesamt 23 Wochenstunden vor; er dürfte dem anderen, der nicht weniger als 52 enthält, vorangehen, da letzterer um einige vorher noch nicht genannte Fächer erweitert ist.

Deutsch steht mit vier, später fünf Wochenstunden zu Buch. Davon sind zwei für Epistolographie, also die während des 18. Jahrhunderts und für eine Dame hohen Ranges so wichtige Kunst des Briefschreibens vorgesehen. Die anderen gelten der Poesie, wobei als Lektüre hier Gottsched und Canitz genannt werden. Karoline Luises ausführliche Aufzeichnungen über ihre Lektüre und allerlei Exzerpte geben zu erkennen, daß Gottscheds 1730 erschienener, trockener und pedantisch moralisierender »Versuch einer Critischen Dichtkunst vor die Deutschen« gemeint ist; dessen Untertitel macht die ihm zugrundeliegende Absicht deutlich: »darinnen erstlich die allgemeinen Regeln der Poesie, hernach alle besonderen Gattungen der Gedichte abgehandelt und mit Exempeln erläutert werden, überall aber gezeigt wird, daß das wahre Wesen der Poesie in einer Nachahmung der Natur bestehe.« Canitz, ein preußischer Adliger und Diplomat, weit gereist und gebildet, ist einer der Vorläufer jener Aufklärungsbewegung des 18. Jahrhunderts gewesen, zu deren frühen Vertretern Gottsched gehört. Schon gegen Ende des 17. Jahrhunderts – er ist 1699 gestorben – hat er sich vom wuchernden Sprachbarock seiner Zeit abgewendet, um im Sinne eines eher klassisch französischen Maßes eine »vergleichsweise nüchterne Klarheit und Temperiertheit des Gefühls und Ausdrucks« zu suchen. In die gleiche Richtung lehrhaft moralisierender Dichtung weist auch der Name Triller. Hier geht es um die beiden umfangreichen, 1725 und 1737 erschienenen Bände dieses Autors mit dem Titel »Poetische Betrachtung über verschiedene aus der Natur- und Sittenlehre hergenommene Materien«, die sich damals großer Beliebtheit erfreuten. Daniel Wilhelm Triller, kein originales Talent, verehrte Gottsched und den Hamburger Berthold Heinrich Brockes, dessen religiös erbauliche Naturschilderungen er als sein Vorbild ansah; das gibt der Zusatz zum Titel seiner oben genannten eigenen Poesie zu erkennen: »zur Bewahrung der Wahrheit christlicher Religion, denen Atheisten und Naturalisten entgegengesetzet.«

Die Spielregeln höfisch gesellschaftlichen Lebens verlangen in dieser Epoche, daß man bei passenden Gelegenheiten auch mit eigenen, nach geltenden poetischen Regeln und Formen komponierten Reimereien als anmutigen Freundschaftsgaben aufzuwarten versteht. Eine Wochenstunde des Deutschunterrichts gilt also der Pflege solcher gesellschaftlichen Talente; die Beschäftigung damit mag man als so unnütz nicht ansehen, wenn man sie als Mittel zur Schulung sprachlichen Ausdrucks verstehen will. Von den mancherlei leichtgewichtigen Produktionen Karoline Luises sei als Beispiel ein kleines Gedicht zitiert, das sie schrieb, als ihr Lehrer Job 1740 Darmstadt verließ, um nach Dornheim zu gehen:

»Nichts macht gewiß mir mehrer Pein,
als, werther Freund, dein baldig Scheiden,
doch da ja kans nicht anders seyn,
als daß ich den Verlust soll leiden,
so wünsch ich dir gewiß vor allen,
daß Dirs in Dornheim mag gefallen.«

Was das Französische betrifft, so beherrschte die junge Prinzessin es bereits so weit, daß anfangs nur eine einzige Wochenstunde für Übersetzungen in die fremde Sprache als genügend erachtet wurde; später werden es dann zwei, eine für Wiederholung der Regeln, eine für Epistolographie. Gerade in dieser hat Karoline Luise später eine außerordentliche Gewandtheit besessen. Ihre zu vielen Hunderten erhaltenen französischen Konzepte, die sie oft auf alte Briefumschläge oder die Rückseite unwichtiger Korrespondenz skizzierte, geben mit ihren vielfachen Korrekturen und Umstellungen zu erkennen, wie sehr sie um eine möglichst elegante, geschliffene Form sprachlichen Ausdrucks bemüht war. In ihren Papieren finden sich auch noch einige französische Musterbriefe – mit Schulmädchenschrift geschrieben und daher wohl Ergebnisse ihrer Unterrichtsstunden. Dabei geht es um mehr oder weniger konventionelle Äußerungen für häufig wiederkehrende Anlässe: allgemeine Versicherungen aufrichtiger Freundschaft oder Ergebenheit, Beileidsbezeugungen, Dankschreiben für Einladungen und was es derartiger Dinge sonst noch gibt.

Das Lateinische spielt im Unterrichtsplan mit zuerst zwei, dann sogar vier Wochenstunden eine wichtige Rolle; anfangs geht es nur um Vokabeln und Deklination, im zweiten Plan kommen dann »adagia«, also Spruchweisheit, und zwei Stunden Grammatik. In späteren Jahren beherrschte Karoline Luise dank dieses gründlichen Unterrichts das Latein in erstaunlichem Maße. Daß ihr solche Kenntnisse nicht ohne Bemühung und Ausdauer zugekommen sind, geben schon die frühen Schulhefte zu erkennen: sie enthalten unter anderem lange Listen von Vokabeln und Konjugationsformen, nach den Texten erst lateinisch hingeschrieben, dann anschließend mit roter Tinte durch die in Lexikon und Grammatik nachgeschlagenen deutschen Entsprechungen ergänzt. Ihre von Job korrigierten Übersetzungen vom Deutschen ins Lateinische zeigen, daß sie etwa für den richtigen Gebrauch des AcI mit den gleichen Schwierigkeiten zu kämpfen hatte wie Generationen von anderen Lateinschülern vor und nach ihr auch.

Das Fach Geschichte erscheint zuerst mit drei Stunden, in denen wohl ein erster großer Überblick gesucht wurde. Später ging man dann mehr ins Einzelne und Spezielle; da werden bei fünf Wochenstunden eine der Universalgeschichte, je zwei der deutschen und der Geschichte Hessens gewidmet. Als Nebenfach zur Geschichte gibt es zwei Stunden Genealogie, im zweiten Plan noch um eine Stunde Heraldik erweitert. Eine Prinzessin aus reichsfürstlichem Hause hatte gerade in diesen Materien firm zu sein, denn die unzähligen größeren und kleineren Fürstenhäuser der Epoche waren durch ständige gegenseitige Heiraten derartig kompliziert miteinander verwandt und verschwägert, daß man sich als eine einzige große europäische Familie fühlen durfte.

Besondere Bedeutung besitzt das Fach Religion; in beiden Plänen sind dafür jeweils zwei Wochenstunden eingesetzt, ergänzt noch durch zwei Stunden Kirchengeschichte. Dazu gehören in weiterem Sinne auch die beiden Stunden »Ethik« des zweiten Plans; heute würde man sie vermutlich unter dem Titel Philosophie oder Moralphilosophie führen. Als weitere Unterrichtsfächer werden Geographie mit anfangs zwei, dann vier Stunden genannt, im zweiten Plan dann sogar Rechtsgelehrtheit – zwei Stunden Jus publicum, eine Jus civile –, Rechnen, Physik. Interessant und für das 18. Jahrhundert bezeichnend, daß eine Wochenstunde jeweils der Mythologie gilt. Götter und Helden der Griechen und Römer gehörten damals noch zum lebendigen Besitz aller Gebildeten in Europa; ihre Taten wurden an Wänden und Decken der Schlösser und öffentlichen Bauten sowie in den Gemälden und Skulpturen der großen Meister ebenso oft behandelt wie in der Literatur und im Schauspiel, gar nicht zu reden von den Libretti der Opern, deren überwiegende Mehrzahl solchen Themen gewidmet ist. Zum gleichen Wissensgebiet gehören auch die in der Kunst des 18. Jahrhunderts so beliebten allegorischen Gestalten, Verkörperungen von Tugenden, Lastern, menschlichen Charaktereigenschaften, religiösen und philosophischen Begriffen, für die es seit langem überlieferte Darstellungsschemata gab. Karoline Luise hat sich eine lange Liste der wichtigsten und am häufigsten vorkommenden angelegt; dafür nur ein Beispiel: »begierde wird alß nackichte geflügelte Person mit zugebundenen Augen abgebildet«.

Die genannten Lehrpläne, insbesondere der zweite mit seinen 52 Wochenstunden, füllten die Tage von Montag bis Samstag voll aus. Jeden Morgen begann es um acht Uhr mit einer Stunde Lektüre, vermutlich einer Art Vorbereitung auf kommende Lektionen; nach der zweistündigen Mittagspause ging es ohne Unterbrechung weiter bis um acht Uhr. Im Grunde ist der Stoff, bei dessen Auswahl und Anordnung Vater und Großvater vermutlich mitsprachen, nicht so sehr verschieden von dem, was man den Söhnen bot. Für diese kamen freilich noch körperliche Exerzitien wie Reiten und Fechten hinzu, auch eine gewisse militärische Erziehung, und ihre Ausbildung zog sich auch über einen längeren Zeitraum hin. Denn sie schickte man mit ihren Lehrern und zugehöriger Dienerschaft ja auf eine oft mehrere Jahre währende Bildungsreise in fremde Länder, in die Schweiz, nach Italien, Frankreich, oft auch in die Niederlande. Während dieser Aufenthalte studierten sie dann mit mehr oder weniger Fleiß und Erfolg Verwaltungswissenschaften und Rechtsgelehrtheit an fremden Universitäten. Der wesentliche Zweck war dabei jedoch, ihnen eine unmittelbare Anschauung fremder Länder und Höfe zu vermitteln, Kenntnis der internationalen Gesellschaft und eine gewisse Sicherheit weltmännischen Auftretens und Benehmens. Den Mädchen wurden diese Möglichkeiten nicht geboten, sie mußten ihre Ausbildung bis zum heiratsfähigen Alter – also bis zum 18. oder 20. Lebensjahr – im wesentlichen zu Hause abgeschlossen haben, um für eine repräsentative Rolle als Gemahlin eines Fürsten gerüstet zu sein. In dieser Epoche dynastischer Kabinettspolitik mit ihren ständig wechselnden Allianzen stellte das »emplacement« einer Prinzessin, die dabei um ihre eigene Meinung kaum je gefragt wurde, einen wichtigen Posten im politischen Kalkül dar. Auf Grund ihrer Herkunft aus altadlig reichsfürstlichem Hause besaßen hessische Prinzessinnen unmittelbare Anwartschaft auf die Throne aller protestantischen Königs- und Fürstenhäuser Europas. Daher war es wichtig, sie frühzeitig nicht nur durch eine vollkommene Beherrschung höfischer Form, sondern auch durch eine möglichst umfassende Bildung im Sinne der Zeit auf ihre Aufgaben vorzubereiten.

Karoline Luise war eine wache und aus unmittelbarer Wißbegier fleißige Schülerin, die sich durch den umfangreichen Stoff, den man ihr bot, nicht überfordert fühlte und das Lernen ganz offenbar auch nicht als Zwang empfand. Sie legte sich ausführliche, zu unmittelbarem Gebrauch gedachte Exzerpte aus den zum Unterricht verwendeten Lehrbüchern an, Geschichtstabellen für alle europäischen Länder von deren Anfängen bis zur Gegenwart, auch über die wichtigsten geographischen Fakten, ferner Aufzeichnungen zu Algebra, Physik, Zoologie, Botanik. Ihre Rechenhefte enthalten nicht nur Aufstellungen aller Grundoperationen, sondern im Hinblick auf spätere praktische Nutzanwendung auch Muster für Quittungen, Obligationen, Anweisungen und Wechselbriefe, dazu die für Zins- und Zinseszinsberechnung übliche Methode. Wie ein teilweise erhaltenes Tagebuch zu erkennen gibt, fertigte sie sogar Resümees einzelner Unterrichtsstunden mit genauer Angabe aller darin behandelten einzelnen Gegenstände. Schon in diesen Jahren fällt das lebhafte Interesse des jungen Mädchens für alle Zweige exakter Wissenschaften auf, in denen sie später als Markgräfin von Baden durch fundierte Kenntnisse Bewunderung erregte. In ihrer Natur liegt ein gewisser Hang zu Gründlichkeit und Systematik, zum Sachlichen und klar Geordneten.

Selbst ihre Religiosität erscheint durch solche Charakterzüge geprägt. Fest im evangelischen Glauben lutherischer Observanz stehend, von einer unmittelbaren, wohl kaum je in Frage gestellten Frömmigkeit beseelt, lehnte sie zeitlebens alles Mystisch-Schwärmerische ebenso wie Fanatismus jedweder Färbung ab; schon in frühen Jahren ist sie von Ideen der Aufklärung durchdrungen, die das Wesentliche der religiösen Tradition zu erhalten, aber durch »vernünftiges« Denken zu erfahren und zu rechtfertigen bestrebt war. Bezeichnend für diese Gesinnung sind schon die beiden Werke, auf Grund derer in Karoline Luises Wochenplan Probleme der Moralphilosophie behandelt wurden: es ist einmal Conrad Mels 1733 in Marburg erschienene »Deutsche Physik« mit dem aufschlußreichen Untertitel »oder Schaubühne der Wunder Gottes in den Werken der Natur«, dann Christian Wolffs

»Ethik«. Engstirniger Fanatismus der theologischen Fakultät hatte diesen berühmten Gelehrten 1729 von der preußischen Universität Halle vertrieben. Er entfaltete dann in Marburg eine weithin wirkende Lehrtätigkeit, bis Friedrich der Große ihn nach seinem Regierungsantritt 1740 nach Halle zurückholte. Wolff vertrat eine von der Vormundschaft der Theologie emanzipierte, im Geiste der Aufklärung auf Vernunft und Wissenschaft gegründete Philosophie; Kant rühmt von ihr später, sie sei es, die den Geist der Gründlichkeit in Deutschland geschaffen habe.

Stark beeinflußt war das junge Mädchen während dieser Jahre durch Johann Philipp Fresenius, den Landgraf Ernst Ludwig 1736 als Hofdiakon nach Darmstadt berufen hatte; er blieb hier sechs Jahre und ging dann nach Gießen, später nach Frankfurt[11]. Zahlreiche Bleistiftnotizen, von Karoline Luise auf kleine Zettel gekritzelt, deuten darauf hin, daß sie Fresenius' Predigten mitschrieb, unter Angabe der ihnen zugrundegelegten Schriftstellen. Diese Aufzeichnungen arbeitete sie dann aus, möglicherweise in der Absicht, sich einen ganzen Zyklus von Predigten zusammenzustellen. Fresenius, den Goethe später in seine »Bekenntnisse einer schönen Seele« als Hofprediger eingeführt hat, war zu seiner Zeit ein geschätzter Kanzelredner und Verfasser zahlreicher religiöser Erbauungsschriften. Noch 1755 schickte er seiner früheren Schülerin ein von ihm herausgegebenes Buch mit »heilsamen Betrachtungen über die Sonntagsepisteln« und schrieb ihr dazu, sie habe ihn »vor etlichen Jahren etlichemal huldreichst ermahnt«, seinem Buch über die Sonntagsevangelien auch ein solches über die Episteln folgen zu lassen; mit der »großen Reichsfürstin«, von welcher er in der Vorrede zu seinem neuen Werke schreibe, sei sie gemeint, habe sie ihn doch zur Herausgabe veranlaßt.

Fresenius war es auch, der am 30. Dezember 1739 zusammen mit zwei Amtsbrüdern Karoline Luises Konfirmation und die dieser voraufgehende, volle drei Stunden dauernde öffentliche mündliche Prüfung vornahm[12]. Wir erfahren darüber aus einem Bericht, den die Geistlichen an den Vater schickten. Dieser hatte der Feier nicht beigewohnt, sondern war in seinem Jagdschloß Kranichstein geblieben. Die Konfirmandin hatte sich ihren Spruch aus Psalm 86,11 selbst ausgesucht: »Weise mir, Herr, deinen Weg, daß ich wandle in deiner Wahrheit: erhalte mein Herz bei dem einen, daß ich deinen Namen fürchte.« Die Prüfer sind des Lobes voll für ihre Examinandin; sie war imstande, ihr vorgelegte Thesen aus dem biblischen Grundtext zu eruieren, dann aus der Kirchengeschichte aufzuzeigen, was für Irrtümer nach und nach aufgekommen und wie diese nach Gottes Wort zu widerlegen seien. Wie Ernst Ludwig von Gemmingen, ein anderer Teilnehmer an dieser Handlung, dem Landgrafen schrieb, wußte sie sich »ohne sich wie sonst wohl gewöhnlich, an gewisse Formeln oder erlernte Redensarten zu binden, auf alle Ihro vorgelegte Fragen, nicht allein aufs verständigste und mit Anführung derer bewährtesten Schriftstellen zu verantworten, sondern auch die von sämtlichen Geistlichen movirte verschiedene Controversien aufs bündigste zu resolvieren, daneben von anderen besitzenden Wissenschaften, so viel davon hieher applicabel war, zur freudvollen Verwunderung aller Anwesenden, außnehmende Proben darzulegen«. Für ein sechzehnjähriges Mädchen dürfte es in der Tat eine überraschende Leistung gewesen sein. Freilich hatte sie sich mit der ihr eigenen Gründlichkeit auch auf diese Prüfung vorbereitet. Das bezeugen wiederum zahlreiche Niederschriften und Ausarbeitungen über die Prinzipien christlichen Glaubens, immer mit Verweisung auf entsprechende Bibelstellen, dazu ein alphabetisches Register der einzelnen Gegenstände und Begriffe. Ein anderes, sehr ausführliches Manuskript von ihrer Hand trägt den Titel: »Kurtzer Auszug der vornehmsten Stücke worinnen die Reformirten und 2tens die Papisten sich von uns unterscheiden nebst einer Erklärung ihrer Symbol Bücher.«

In den Jahren, als Karoline Luise und ihre jüngere Schwester heranwuchsen, dürften sie in Darmstadt nur wenig von der Konzentration auf ihre Studien abgelenkt worden sein. Die drei Brüder lebten seit Jahren im Elsaß und kamen nur gelegentlich zu kurzem Besuch; Großvater und Vater hielten sich meist in ihren Jagdschlössern auf. Ein reges gesellschaftliches Leben, wie es von anderen Höfen überliefert ist, fand kaum statt, schon weil die prekäre Finanzlage jeden überflüssigen Aufwand verbot; die Kosten für die jagdlichen Vergnügungen wurden freilich nicht dazu gerechnet. Mit der Besoldung des Hofstaats der Prinzessinnen stand es 1736 so schlecht, daß das Geheimratskollegium, also die Ministerkonferenz, dem Landgrafen vorschlug, auch die beiden Schwestern mit ihrem gesamten Hofstaat in das elsässische Buchsweiler zu verlegen. Dagegen wehrte sich nun der Vater ganz energisch und gab zu wissen, die Mädchen seien schließlich keine Hanauer, sondern Hessen-Darmstädtische Prinzessinnen und sollten dementsprechend auch in Darmstadt bleiben; und hier möge man ihnen das nötige Geld anweisen. Freilich war das leichter gefordert als getan. Als regierender Landgraf ersuchte der Großvater seine Kammerräte um Vorschläge; er wünschte, daß am 15. März des kommenden Jahres ein Betrag von dreitausend Gulden für die Prinzessinnen zur Verfügung gestellt werde. Das stieß aber auf die größten Schwierigkeiten, denn mehrere Ämter des Landes, auf welche diese Summe umgelegt werden sollte, erklärten sich anderer dringender Schulden wegen für außerstande, den von ihnen geforderten Betrag zu leisten. Schon im Oktober hatte auch Job dem Landgrafen vorgestellt, er sei vor nun fast vier Jahren durch den Grafen Johann Reinhard von Hanau als Informator für die Prinzessinnen bestellt worden und habe seit dessen Tod am 1. April, also vor einem halben Jahr, überhaupt kein Gehalt mehr bekommen. Noch schlechter stand es in den Jahren 1738/39. Der Hofstaat der beiden jungen Mädchen, dem außer Frau von Hutten und dem Lehrer Job je drei Kammermädchen, Wäschemädchen und Lakaien, also insgesamt elf Personen angehörten, mußte damals schon seit langem auf sein Geld warten. Am 30. Januar 1738 bitten die Lakaien, man möge ihnen doch wenigstens freies Brennholz liefern, denn sie hätten von der versprochenen Besoldung immer noch nichts erhalten; auch Lederhosen brauchten sie, weil ihre Garderobe nicht ausreiche und bei den Reisen der Prinzessinnen zu sehr strapaziert werde. Die finanzielle Kalamität blieb ein Dauerzustand. Als Kammerrat Koch von der Verwaltung in Buchsweiler Karoline Luise im Januar zur Konfirmation gratulierte[13], schrieb er ihr, er freue sich, daß den Prinzessinnen »justice gethan und nunmehro ein Standesmäßiges Tractament gegeben« werde. Doch zwei Jahre später richtete Frau von Hutten eine Eingabe an das Ministerium[14] – zwar von ihr unterschrieben, doch, wie die Handschrift des Entwurfs zeigt, von Karoline Luise aufgesetzt –, worin sie darauf aufmerksam macht, daß die der Prinzessin für ihren Hofstaat zustehenden Gelder immer noch nicht bezahlt worden seien und die Bedienten seit nunmehr sechs Jahren kein Gehalt bekommen hätten. Die Stellung einer Prinzessin aus fürstlichem Hause verlangte einen gewissen Aufwand an Personal, Garderobe, Schmuck und allgemeiner Lebenshaltung, ohne den sie praktisch ihren sozialen Rang in den Augen der Welt verloren hätte. War man gezwungen, sich einzuschränken, so hatte das möglichst diskret zu geschehen, damit das Gesicht gewahrt blieb. Später hat Karoline Luise stets größten Wert auf geregelte finanzielle Verhältnisse und eine peinlich genaue, fast pedantische Buchführung gelegt. Man wird das allgemein als Ausdruck ihrer Ordnungsliebe verstehen können, doch gewiß auch als Reaktion auf die unerfreulichen Erfahrungen, welche sie in dieser Hinsicht während ihrer Jugendjahre machen mußte.

Mit der Vollendung ihres siebzehnten Lebensjahres im Juli 1740 scheint der reguläre Unterricht für Karoline Luise und ihre Schwester sein Ende gefunden zu haben, denn im Herbst des Jahres ist Job bereits als Pfarrer in Dornheim installiert, halbwegs zwischen Darmstadt und Mainz gelegen. Als er dort am 16. Mai des folgenden Jahres die Bürgerstochter Margaretha Philippina Ebert heiratete, fand die Trauung »in Gegenwart der beyden durchlauchtigsten Prinzessinnen und vieler adlicher Personen beyderlei Geschlechts« statt, wie das Kirchenbuch vermerkt. Karoline Luises Papiere enthalten eine genaue Beschreibung der Trauung und sogar noch einen Zettel mit der Sitzordnung für die vierzehn Teilnehmer an der Hochzeitstafel.[15] Lehrer und Schülerin blieben auch weiter in enger Verbindung miteinander. Einmal wöchentlich, meist am Donnerstag, pflegte der Pfarrer nach Darmstadt zu kommen, erledigte für Karoline Luise auch Besorgungen in Frankfurt, wohin ihn Dienstgeschäfte des öfteren führten. An allem, was die Prinzessin betraf, nahm er weiterhin lebhaften Anteil.

Im September 1739 war Landgraf Ernst Ludwig gestorben, der Vater als Ludwig VIII. sein Nachfolger in der Regierung der Landgrafschaft geworden. Als älteste Prinzessin war Karoline Luise nun ranghöchste Dame am Darmstädter Hofe und hatte in der Folge mancherlei Pflichten offizieller Repräsentation zu übernehmen.

Kaiser, Könige und Freier

Am 20. Oktober des Jahres 1740 starb in Wien Kaiser Karl VI. Sein Tod rief die großen Mächte wiederum zum Kampf um die Hegemonie in Europa auf[1]. Ein vom Kaiser bereits 1713 erlassenes Erbfolgegesetz, die sogenannte Pragmatische Sanktion, hatte für die Nachfolge seinen Kindern, auch den Töchtern, Vorrang vor den beiden Töchtern Kaiser Josephs gegeben, seines Bruders und Vorgängers auf dem Thron. Da Karl VI. ohne den erhofften männlichen Erben geblieben war, fiel die Herrschaft über die österreichischen Erblande nun an Maria Theresia. Nur durch langwierige diplomatische Verhandlungen und dank mancher politischer Zugeständnisse war es Karl VI. seinerzeit gelungen, das Placet der europäischen Mächte für seine Erbregelung zu erwirken. Auch Kurfürst Max Emanuel von Bayern, dessen Sohn und präsumptiver Nachfolger mit Kaiser Josephs Tochter Maria Amalia vermählt war, hatte die Pragmatische Sanktion anerkannt, seine Schwiegertochter feierlich auf alle ihre Rechte verzichtet. Trotzdem erhob sein Sohn Karl Albert, inzwischen selbst Kurfürst von Bayern, nun Anspruch auf die Nachfolge in Österreich ebenso wie auf die Kaiserkrone, welche Karl VI. dem Gemahl Maria Theresias, Franz Stephan von Lothringen, Großherzog der Toskana, zugedacht hatte. Auch die übrigen Mächte wollten, kaum hatte der Kaiser die Augen geschlossen, die von ihnen eingegangenen Verpflichtungen nicht mehr als bindend anerkennen. Der junge Preußenkönig Friedrich redete nicht, sondern schritt sofort zur Tat. Überraschend, ohne jede Vorankündigung, rückten seine Armeen in die österreichische Provinz Schlesien ein, auf die er Ansprüche zu besitzen vorgab. Nach der Eroberung Breslaus und weiteren Erfolgen verbündete er sich mit Frankreich, das seinerseits eine Gelegenheit gekommen sah, die Vormacht des Hauses Habsburg im Deutschen Reich zu brechen. Es nahm Partei für Kurfürst Karl Albert von Bayern und trat zusammen mit Sachsen, dessen König August III. mit der zweiten Tochter Kaiser Josephs vermählt war, in einen Krieg gegen das nun völlig isolierte Österreich ein. Böhmen war das erste Ziel der Verbündeten. Nachdem Prag in die Hände der Angreifer gefallen war, huldigten vierhundert Reichsstände Karl Albert von Bayern als neuem König von Böhmen und rechtmäßigem Erben Karls VI. Bearbeitet durch den Marschall de Belle-Isle, Frankreichs Gesandten, beeinflußt auch durch den preußischen König, wählten die Kurfürsten ihn im Jahre 1742 zum Kaiser.

Karoline Luises Vater, Landgraf Ludwig VIII., geriet dadurch in eine schwierige Situation. Wenngleich protestantisch, war das Haus Hessen-Darmstadt doch seit Generationen kaiserlich gesinnt und dem Hause Habsburg ergeben. Vier der Onkel Ludwigs VIII., jüngere Brüder des Landgrafen Ernst Ludwig, für die angesichts der schlechten Finanzen ihres Hauses nur eine militärische Laufbahn in der Fremde übrig geblieben war, hatten sich in der kaiserlichen Armee zu höchsten Würden emporgedient, waren sogar katholisch geworden. Ludwig VIII. selbst, seit 1722 Feldmarschall-Leutnant der österreichischen Armee und 1741 von Maria Theresia durch die Ernennung zum Marschall ausgezeichnet, blieb der Tradition seines Hauses treu. Nun, da der gewählte Kaiser als oberster Lehnsherr Hessen-Darmstadts kein Habsburger mehr war, ja sogar Krieg gegen Österreich führte, sah sich Ludwigs VIII. Loyalität einem kaum lösbaren Konflikt ausgesetzt; dieser gewann im folgenden Jahre noch dadurch an Schärfe, daß auch der eigene Sohn und Erbprinz auf seiten der Gegner Maria Theresias ins Feld zog.

Erst im März 1741 war der Erbprinz von der Bildungsreise, welche ihn mit seinen Brüdern für fast ein Jahr durch Frankreich geführt hatte, in seine elsässische Residenz Buchsweiler zurückgekehrt und auf seinen dringenden Wunsch hin mit Genehmigung des französischen Königs für großjährig erklärt worden. Umgehend und ohne den darüber recht verstimmten Vater vorher zu benachrichtigen, heiratete er seine Kusine Karoline Henriette von Pfalz-Zweibrücken, mit der er sich seit drei Jahren versprochen fühlte. Der hochgebildeten und geistreichen Frau, deren Charakter und Talente ihr später den Beinamen einer »Großen Landgräfin« eingebracht haben, war an der Seite des zwar begabten, doch unruhigen, schroffen und heftigen Mannes kein leichtes Leben beschieden. Sein ganzes Interesse galt dem Militärwesen. Uniformen, Exerzieren, militärischer Drill haben ihn mehr als alles andere beschäftigt. Schon in diesem Sommer 1741 stellte der zweiundzwanzigjährige Prinz die erste Kompanie einer eigenen Leibgrenadier-Garde mit 37 Mann und 2 Offizieren auf, ließ sie nach seinen Entwürfen einkleiden und in Pirmasens Quartier nehmen. Diesen kleinen Platz baute er in der Folge zu seiner eigentlichen Residenz und Garnisonsstadt aus. Im Jahre 1742 trat er dann in die Dienste des französischen Königs, der ihm das Regiment »Royal Allemand« übertrug; mit ihm stand er auf seiten der Gegner Österreichs in Prag, sehr zum Mißfallen seines Vaters.

Am 2. Februar 1742 sollte Kurfürst Karl Albert von Bayern als Karl VII. in Frankfurt zum Kaiser gekrönt werden. An der mit Prunk und Pomp gefeierten Zeremonie nahm auch Karoline Luise als Zuschauerin von der Damentribüne aus teil. Für sie bedeutete dieses Ereignis den ersten Schritt in die große Welt. Aus München kommend, hatte sich die kurfürstliche Familie Ende Januar zuerst nach Mannheim begeben, um einer Doppelhochzeit von Mitgliedern des bayerischen und pfälzischen Hauses beizuwohnen, und war dann am 30. Januar nach Darmstadt weitergereist; dort blieb die illustre Gesellschaft über Nacht. In seinem französisch abgefaßten Tagebuch schreibt Karl Albert darüber: »Dieser Fürst wie auch seine Familie empfingen mich mit großer Höflichkeit und Ergebenheit und bezeugten mir vollkommene Verbundenheit. Der französische Gesandte Marschall de Belle-Isle erwies mir die Aufmerksamkeit, dorthin zu kommen, um mich über alles ins Bild zu setzen, was in Frankfurt geschehen war.« Dieser Marschall war es, der im Interesse Frankreichs den von dessen Hilfe völlig abhängigen bayerischen Fürsten im großen Spiel gegen Habsburg als Figur benutzte.

Tags darauf fand der Einzug des gewählten Kaisers in Frankfurt mit einer Prachtentfaltung statt, wie man sie bis dahin noch nicht erlebt hatte. Die feierliche Krönung selbst mußte indessen auf den 12. Februar verschoben werden, denn Karl Albert sah sich durch Nierenkoliken und schwere Anfälle von Gicht ans Bett gefesselt. Gerade während dieser Tage nahm der Krieg eine dramatische Wendung gegen ihn, denn Österreichs Armee hatte sich inzwischen gesammelt und zu einem Gegenschlag ausgeholt, dessen Ziel nicht Böhmen, sondern Bayern war. Am Krönungstag fühlte sich der Kaiser so elend, daß er alle Kraft zusammennehmen mußte, um überhaupt aufstehen und den schweren Ornat anlegen zu können. Stehend hatte er zu warten, dann die Cour der Reichsfürsten abzunehmen und schließlich die lange kirchliche Zeremonie über sich ergehen zu lassen, während derer sein Bruder, der Kurfürst-Erzbischof von Köln, ihm Karls des Großen Krone aufs Haupt setzte. Seinem Tagebuch vertraute der neue Herrscher an, gerade in diesen Augenblicken irdischer Größe sei er sich mehr denn je bewußt gewesen, nur ein gebrechlicher Mensch zu sein, mehr als irgend jemand sonst den Leiden einer Welt ausgesetzt, die doch bereit zu sein schien, sich ihm zu unterwerfen. Unter dem Jubel des Volkes ging es nach der Krönung in feierlichem Zuge zum Römer, wo der Kaiser mehrere Male am Fenster erscheinen mußte. Dann fand das zeremonielle Mahl statt; dabei »servierte der junge Prinz von Darmstadt« – wohl Karoline Luises jüngster, damals sechzehnjähriger Bruder Johann Friedrich – »und alle Reichsgrafen trugen die Schüsseln herbei«. Dann erst durfte der Leidende sich zurückziehen, »ganz erschöpft von der Krankheit, welche mir der Allmächtige zu einer Zeit geschickt hatte, da ich mehr denn je vollkommener Gesundheit bedurft hätte«. Am selben Tage, da man ihm die Krone aufsetzte, eroberte und brandschatzte der ungarische Reitergeneral Menzel mit seinen Panduren München, gerieten zehntausend Mann französischer und bayerischer Truppen in Gefangenschaft, fiel der größte Teil der bayerischen Stammlande in österreichische Hand. An seinen Vertrauten, den Grafen Törring, schrieb der neue Kaiser: ». . . krank, ohne Land, ohne Geld, kann ich mich wahrlich mit Hiob, dem Mann der Schmerzen, vergleichen, kann meine Hoffnung nur auf Gott setzen, auf ihn, der dieses Unheil zuließ, auf ihn, der uns auch wieder Rettung senden kann.« Völlig auf die Gnade französischer Gelder angewiesen, lebte er in Frankfurt wie im Exil.

Die Landgrafen von Hessen-Darmstadt besaßen dort auf der Zeil ein eigenes Palais, in dem sich auch Karoline Luise nach der Krönung anscheinend noch einige Zeit aufgehalten hat, um am gesellschaftlichen Leben des Hofes teilzunehmen. Am 12. März berichtete sie jedenfalls dem Vater ausführlich von einer Einladung dahin[2]: ». . . Gestern abend hatte ich die Ehre, mit dem Kaiser Karten zu spielen, denn es war ›appartement‹ bei Hofe. S. Majestät war überaus gütig und sprach viel mit mir, vor allem über die Jagd, die er in Ew. Hoheit Landen so wohl bestellt gefunden hatte; und wenn ich wüßte – das waren seine eigenen Worte –, der Landgraf wollte es mir erlauben, von Zeit zu Zeit einmal den Hirsch bei ihm zu jagen, so würde ich mich ihm sehr verpflichtet fühlen; denn das ist das einzige Mittel, mich wieder zu kurieren.« Der Kaiser hatte sogar schon seine Hunde, Piqueure und Jagdwagen nach Frankfurt beordert, alles unter der Voraussetzung, der Landgraf werde seiner

Bitte entsprechen. »Und Sie, liebe Prinzessin, sagte mir der Kaiser, werden immer mit von der Partie sein und der Jagd mit der Kaiserin zusammen in der Kutsche folgen.« Den Vater hätte es gewiß gefreut, meint Karoline Luise, all das zu hören, auch all die schmeichelhaften Bemerkungen, welche die Majestät in Gegenwart von Hunderten von Personen über ihn machte. Im Jagdschloß Kranichstein bei Darmstadt befindet sich noch das Bildnis eines Hirsches, von dem die Beschriftung sagt, er sei »von Seiner Kaiserlichen Majestät Karl VII., als er zum ersten Mal im Forst Mitteldick pirschte, am 30. Juni 1742 geschossen worden« [3]. Demnach dürfte der Kaiser des öferen die hessischen Reviere besucht haben. Politische Gegnerschaft schloß im 18. Jahrhundert gesellschaftliche Courtoisie und das Gefühl verwandtschaftlicher Verbundenheit nicht aus; auch erhob die Krone Karls des Großen den Gegner mit der Weihe des höchsten weltlichen Amtes über alles persönlich Trennende.

Doch der Glanz, welcher von dieser Krone ausstrahlte, kann nicht verbergen, daß der Kaiser – erst fünfundvierzig Jahre alt –, ein leidender, vom Unglück verfolgter Mann, seinem hohen Amt in keiner Weise gewachsen war. Zwei Wochen nach dem von Karoline Luise berichteten Empfang traf ihn ein neuer Schlag: seine sehr geliebte siebzehnjährige Tochter Theresia Benedicta und eine junge Nichte starben beide in Frankfurt an den Pocken. Im Tagebuch heißt es: ». . . unmöglich, den schrecklichen Zustand zu beschreiben, in den mich der Verlust versetzt hat. Kein Unglück war bisher imstande, mich niederzuschlagen, doch diesem konnte ich nicht widerstehen, kein schlimmeres wird mir zustoßen können.«

Im Sommer desselben Jahres 1742 schloß der preußische König einen Sonderfrieden mit Maria Theresia, die ihm Schlesien und die Grafschaft Glatz überließ, um nun die Hände frei zum Kampf gegen Frankreich und Bayern zu haben. Eine Eroberung Bayerns hätte für sie nicht nur den Verlust Schlesiens kompensiert, sondern auch das Übergewicht Habsburgs im Reich entscheidend gefestigt. Am 2. Januar kapitulierten die letzten noch in Prag verbliebenen französischen Truppen; wiederum wurde Bayern von Österreich besetzt, und Kaiser Karl, der für nur wenige Wochen in sein München hatte zurückkehren können, mußte noch einmal Zuflucht in Frankfurt suchen.

Freund Österreichs und entschiedener Gegner Frankreichs, griff nun Englands König Georg II., als Kurfürst von Hannover deutscher Reichsfürst, in die Auseinandersetzungen ein. Im Frühjahr rückte seine durch Bundesgenossen verstärkte »pragmatische« Armee auf dem rechten Rheinufer nach Süden, um die Franzosen zu stellen, welche mit ihren Truppen aus dem Elsaß dem Kaiser in Frankfurt zu Hilfe kommen wollten. Vom 11. bis zum 16. Juni lag deren Armee unter dem Kommando des Duc de Noailles zu Groß-Gerau in Quartier, für Darmstadt in bedrohliche Nähe gerückt. Doch fand das entscheidende Treffen weiter ostwärts statt, bei Dettingen, zwischen Aschaffenburg und Hanau am Main gelegen. Dank einer Unvorsichtigkeit ihrer Gegner errangen die Engländer hier am 27. Juni einen glänzenden Sieg, den Händel durch sein »Dettinger Tedeum« verherrlicht hat. Vergeblich bemühte sich König Georg während der folgenden Wochen in Hanau, wo er seine Residenz aufschlug, zwischen Maria Theresia und Kaiser Karl VII. zu vermitteln. Sein Plan war es, diesen von Frankreich zu lösen, ihn zum Verzicht auf Bayern und die Kaiserkrone zu bewegen und dafür dann mit der Toskana, die Österreich zum Tausch angeboten hatte, zu entschädigen.

Während dieser Wochen intensiver diplomatischer Verhandlungen erschien bei ihrem königlichen Großonkel in Hanau als bescheidene Nebenfigur auch Karoline Luise mit einem ganz privaten Problem auf dem weltgeschichtlichen Schauplatz. Schon seit dem Beginn des Jahres 1743 führte der hannoversche Minister von Münchhausen geheime Verhandlungen mit dem Darmstädter Premierminister von Minnigerode über eine geplante Heirat der Prinzessin mit dem Duke of Cumberland, König Georgs drittem Sohn[4]. Als Vermittler zwischen beiden Parteien fungierte wieder Minister und Burggraf von Riedesel aus Friedberg, der solche Rolle zehn Jahre früher schon einmal gespielt hatte, als es um das Kanonikat in Quedlinburg ging. Königin Karoline, die jenes Projekt betrieben hatte, war inzwischen gestorben, doch ging der Heiratsplan vielleicht noch auf einen Gedanken von ihr zurück. Der junge Herzog, nur zwei Jahre älter als Karoline Luise, stand 1743 am Beginn einer bedeutenden militärischen Karriere. Riedesel war im Mai in Hannover gewesen und dort sowohl mit dem König als auch mit dem Prinzen zusammengetroffen, von dem er einen guten Eindruck gewonnen hatte. Zunächst blieb alles in der Schwebe. Als König Georg sich jedoch nach der Schlacht bei Dettingen, an der auch der Herzog von Cumberland mit Auszeichnung teilgenommen hatte, für längere Zeit in Hanau aufhielt, ließ er durch Riedesel mitteilen, er würde sich freuen, die Prinzessin begrüßen zu können; unter dem Vorwand, die dort befindliche Armee zu besichtigen, könne sie diesen Besuch in Hanau unternehmen, ohne Aufsehen zu erregen. Aus Gründen der Diskretion solle sie jedoch nicht im Schlosse wohnen, sondern im Edelsheimischen Hause absteigen. Am 24. Juli fand die Audienz tatsächlich statt, und Riedesel schrieb anderntags nach Darmstadt, die Prinzessin sei vom König »auf eine sehr gracieuse und distinguirte Art empfangen und tractirt worden«; sie habe, vor allem bei den Engländern, auch eine »generale approbation gefunden« und sei inzwischen selbst »vollkommen vergnügt« wieder nach Frankfurt zurückgefahren. Am 27. Juli berichtete Riedesel noch einmal vom König, es habe diesem ein besonderes Vergnügen gemacht, Karoline Luise kennenzulernen; sie sei charmant, und er habe in ganz Deutschland noch keine so wohlerzogene und vollkommene Fürstin wie sie gefunden. Obgleich man nach Riedesels Mitteilung bei den Engländern schon überall davon redete, daß die darmstädtische Prinzessin die Braut ihres Herzogs von Cumberland sei – auch im Hause Edelsheim war man der Meinung –, kamen die Verhandlungen nicht recht voran. Anfang August ließ Riedesel von sich hören, der König werde im September in Hannover sein; vielleicht ergebe sich dann eine Möglichkeit, die Sache zu fördern. Er, Riedesel, habe auch darauf hingewiesen, »daß wir ständig von anderer Seite bedrängt werden«. Diese Bemerkung bezieht sich auf den Erbprinzen Johann Friedrich von Schwarzburg-Rudolstadt, der bereits seit einiger Zeit seine Werbung um Karoline Luise betrieb. Noch einmal schreibt Riedesel am 17. August aus

Mainz, wo er König Georg im Feldlager aufgesucht hatte, die Majestät habe ihm wiederholt, Karoline Luise sei die besterzogene und vollkommenste Prinzessin, die er kenne, »mithin meritire sie vor anderen ein glückliches Sort; das Glück, wenn man es anders so nennen könte, so der Princesse mit dem Printzen von Rudolstadt bevorstunde, ware weniger als mediocre an zu sehen. Als aber ich wußte in Teutschland keine würdigere und convenablere Partie vor dieselbe, bekame zur Antwort, es dependire zwar alles von höchstgedachter Prinzessin eigenem Willen und affection. Schade aber würde es seyn, wenn Sie nicht nach Ihren gantz außerordentlichen meriten placirt werden solte.« Offensichtlich wollte man sich von englischer Seite im Augenblick noch nicht festlegen und machte Ausflüchte. Ob dem vorgesehenen Bräutigam die ihm zugedachte Prinzessin nicht gefiel, ob diese selbst Einwände hatte? Riedesel schreibt, er müsse fast glauben, was Herr von Münchhausen ihm in Hannover schon einmal gesagt habe, daß man nämlich den Herzog von Cumberland »aus einem puren principio von oeconomie nicht verheiraten« wolle. Jedenfalls wurden die Verhandlungen nicht weitergeführt; der Herzog ist unvermählt geblieben.

Nachdem nun aus der englischen Heirat nichts geworden war, scheint Landgraf Ludwig dem Erbprinzen von Schwarzburg-Rudolstadt gewisse Hoffnungen gemacht zu haben. Karoline Luise selbst empfand allerdings von vornherein Widerwillen gegen die Partie, nachdem der Bevollmächtigte des Freiers, Geheimrat Hertenstein, sie incognito in Darmstadt aufgesucht hatte. Mit dessen Bedingungen wollte sie sich absolut nicht einverstanden erklären und schrieb dem Vater am 1. September 1743, er hätte diesen Hertenstein nur hören sollen: ». . . tant de médiocrités!« Dabei ging es im wesentlichen um die Höhe der Handgelder und um die Stelle eines Kammerjunkers, den sie außer zwei »Fräuleins« und einem Hofmeister mit Geheimratscharakter noch für sich beanspruchte. Nur aus Respekt und Gehorsam des Vaters Befehlen gegenüber habe sie der Partie überhaupt zugestimmt, doch »um Gottes willen, Monseigneur, machen Sie mich nicht unglücklich, unterstützen Sie meine Forderungen und genehmigen Sie meine Heirat nur unter diesen Bedingungen. Was mich betrifft, so verlange ich nichts, als mich vor einer Sklaverei zu bewahren, in die ich unweigerlich ohne die Möglichkeiten fallen würde, welche diese Bedingungen für mich einschließen. Ich weiß, Monseigneur, Sie sind nicht imstande, irgend jemanden auf dieser Welt, wer es auch sei, ins Unglück zu stoßen, am wenigsten aber eine Tochter, die Sie ehrt, Sie achtet, Sie anbetet. Ja, ich wage es, mir zu schmeicheln, daß Ew. Hoheit mich liebt und aus diesem Gefühl die Bitte erhören wird, welche ich Ihnen mit Tränen in den Augen vortrage . . .«

Drei Wochen später wiederholte sie noch einmal die Forderungen, bei welchen sie »vest und ferme« bleiben wollte: das sind sechstausend Gulden Handgelder, neuntausend Gulden Wittumsgelder, dazu zweitausend, auf eine bestimmte Stelle angewiesene, in Naturalien, die beiden Fräulein, der Hofmeister und der Kammerjunker. Sie ist der Ansicht, ihre Forderungen seien keineswegs überzogen, denn was sie verlange, erhalte man sogar an den kleinsten Höfen. Und den Kavalier wünscht sie nur, weil sie doch einmal in ihrem Leben die Möglichkeit haben möchte, auf der

Stelle Gutes zu tun, so sich die Gelegenheit biete. Denn der Schwarzburger Hof lehne es ab, von ihr in dieser Hinsicht Empfehlungen entgegenzunehmen. Offenbar wollte man sie dort von jeder Einflußnahme fernhalten. Sie müsse vorsichtig sein, schreibt sie, denn nun lege sie sich ja für ihr ganzes Leben fest, und deswegen möchte sie auch durch einen vom Prinzen signierten Kontrakt allen Streitigkeiten zuvorkommen. Der Vater muß das einsehen; wenn die Leute dort nämlich jetzt schon solche Schwierigkeiten machen, wie wird es erst sein, wenn sie ihnen »à leur discrétion« ausgeliefert ist und nicht mehr zurück kann? Schwarzburg wollte nur fünftausend anstatt der verlangten sechstausend Gulden geben. Auf diesen bestand übrigens auch Ludwig VIII., denn seine Schwiegertochter bekomme die gleiche Summe, schrieb er, und es sei eben allgemein so üblich. Am 4. Dezember antwortete Hertenstein, die sechstausend Gulden könne man auf keinen Fall geben, schon weil das einen Präzedenzfall darstelle, auf den andere sich später berufen würden. Am Ende kommt er mit einer versteckten Drohung: man solle in Darmstadt bedenken, »welchem Fürstlichen Theile die Schuld davon mit Recht beygemeßen werden möchte, wenn die jetzt vorliegenden Umstände bekannt werden sollten«. Als der Landgraf diesen Brief zu Gesicht bekam, war er sehr aufgebracht und ergriff nun ganz die Partei seiner Tochter. Hier, wo es das »junge« Haus Schwarzburg – das erst 1697 in den Reichsfürstenstand erhoben worden war – mit dem »alten« Hause Hessen zu tun hat, ärgert es ihn, daß man sich um tausend Gulden so anstellt; er empfindet das als pure »chicane«. In Rudolstadt verfolgte man den Plan trotzdem beharrlich weiter, und Anfang Januar 1744 schrieb Hertenstein wieder, als sei überhaupt nichts gewesen, er wolle nun gern zum definitiven Abschluß der Verhandlungen nach Darmstadt kommen.

Nun wurde Karoline Luise dem Vater gegenüber ganz deutlich. Am 31. Januar schickte sie ihm einen Brief, den sie vom Erbprinzen erhalten hatte und der ihm zeigen sollte, wie wenig Entgegenkommen sie sich von diesem Hof erhoffen könne; dann fährt sie fort: ». . . ich habe eine unüberwindliche Abneigung gegen diese Partie. Je mehr ich mit mir zu Rate gehe, desto weniger Neigung finde ich in mir dazu. Ein Abgrund von Traurigkeit tut sich vor meinen Augen auf. Alles in allem, ich könnte mich nicht dafür entscheiden, ohne mich damit zur unglücklichsten Person auf dieser Welt zu machen; diese Gefühle habe ich im übrigen auch niemals verheimlicht.« Sie verläßt sich ganz auf des Vaters bewährte Güte und hofft, er wird keine weiteren Vorschläge mehr von Schwarzburg entgegennehmen.

Daraufhin zeigte sich Ludwig VIII. bereit, die Verhandlungen abzubrechen, schlug dem Geheimratskollegium aber vor, man solle die Prinzessin doch noch einmal fragen und ihr gegebenenfalls auch noch eine gewisse Bedenkzeit anheimstellen. Der Kanzler Schwartzenau, federführend in der Angelegenheit, ließ den Landgrafen drei Tage später wissen, er habe mit Karoline Luise gesprochen. Sie betrachte ihre Erklärung als definitiv, brauche und wolle keine Bedenkzeit mehr; dem Kollegium überlasse sie es, wie die Absage zu formulieren sei. Damit war der Landgraf einverstanden und antwortete dem Kanzler umgehend, er wolle nicht am Unglück seiner Tochter schuld sein, da sei Gott vor. Und was die Absage angehe, so habe er nicht anders prozedieren können, selbst wenn es sich um eine königliche Partie gehandelt hätte. Das Kollegium fand für den nicht gerade leicht aufzusetzenden Brief an den Schwarzburger Geheimrat die etwas unbestimmte Formulierung, die Prinzessin beharre mit väterlicher Genehmigung auf ihrem Beschluß »sich nicht zu vermählen«, und damit müßten nun die Verhandlungen, möglichst ohne weitere Publizität, beendet sein. Ludwig VIII. billigte das Schreiben, dankte seinem Kanzler für dessen Bemühungen und bekräftigte noch einmal: »Ich will keines Meiner Kinder zwingen, sich zu verheiraten, vor allem nicht gegen deren Neigung. Die Vernunft wird dabei immer für uns sprechen.« Soviel Verständnis für berechtigte Wünsche der Töchter kann man in fürstlichen Häusern der Epoche nicht immer voraussetzen. Wir wissen nicht, ob Karoline Luises Widerwillen gegen die Schwarzburger Partie auf einer persönlichen Abneigung gegen den Prinzen beruhte, den sie vielleicht einmal in Frankfurt getroffen hat, oder ob es nicht doch die Beengtheit und Provinzialität der Verhältnisse im thüringischen Rudolstadt waren, vor denen sie zurückschreckte. Die Verhandlungen wegen der englischen Heirat und das Lob, das König Georg ihr gespendet hatte, dürften ihr Selbstbewußtsein nachdrücklich gestärkt haben. Im übrigen hat der abgewiesene Freier den Korb, den man ihm erteilte, nicht allzu tragisch genommen, denn bereits im November desselben Jahres heiratete er eine Tochter des Herzogs von Sachsen-Weimar; und unter den vielen, welche Karoline Luise 1751 zu ihrer Hochzeit mit Karl Friedrich von Baden gratulierten, ist auch er mit einem artigen Glückwunschschreiben vertreten.

Wir haben die Erzählung der militärisch-politischen Ereignisse unterbrochen, als Karoline Luise in Hanau auftrat, um uns für eine Weile ihren persönlichen Problemen zuzuwenden, müssen jedoch noch kurz andeuten, was während der folgenden anderthalb Jahre geschah, während derer der Krieg um die österreichische Erbfolge sich weiterhin im Westen Deutschlands abspielte. Kurz nach dem Treffen in Hanau war der englische König an den Rhein gezogen und hatte in Mainz Quartier genommen. Im September fand die österreichisch-englische Allianz neue Bekräftigung durch einen in Worms geschlossenen Vertrag, dem auch der König von Sardinien beitrat; mit Aussicht auf Landgewinn wollte dieser die französischen Bourbonen in Italien bekriegen. Der Vertrag richtete sich zwar nicht unmittelbar gegen Preußen, doch fühlte König Friedrich sich bedroht, als er ihn kennenlernte, zumal auch Sachsen-Polen und Rußland der antifranzösischen Koalition beigetreten waren. Diese versuchte weiterhin, Kaiser Karl VII. zugunsten von Franz Stephan, Maria Theresias Gemahl, zum Rücktritt zu veranlassen; für den Verlust Bayerns sollte er mit einer Herrschaft im Süden abgefunden werden; Sizilien war dabei nun im Gespräch. Aus Sorge, Österreich werde beim Gelingen solcher Kombinationen zu mächtig und könne ihm Schlesien wieder entreißen, trat Friedrich mit überraschendem Frontwechsel plötzlich auf die Seite des Kaisers und schloß zu dessen Unterstützung im Sommer 1744 erneut ein Bündnis mit Frankreich. Dies vor allem, weil nun Karl von Lothringen, Maria Theresias Schwager, ein starkes Heer über den Rhein hinweg führte, um das durch die Pragmatische Sanktion seinem Hause verloren gegangene Stammland Lothringen wieder zu erobern. König Friedrich nahm die Gelegenheit wahr und fiel zur Sicherung seines schlesischen Besitzes erneut in Böhmen ein. Daraufhin brachen die Österreicher ihren erfolgreichen Feldzug im Westen ab, Karl führte die Armee aus Lothringen zurück nach Böhmen. Die Franzosen folgten ihnen nicht, sondern blieben am Rhein stehen, nur mehr auf Verteidigung, allenfalls leichte Erweiterung ihrer Grenzen bedacht; sie ließen ihren preußischen Verbündeten fallen. In eine schwierige Lage geraten, räumte Friedrich Böhmen von neuem und zog sich vor Einbruch des Winters nach Schlesien zurück.

Von all dem, was diese ständigen Bewegungen der französischen, englischen und österreichischen Truppen durch Deutschland und das Elsaß für die Bevölkerung an Bedrängnissen und blanker Not mit sich brachten, vermag man sich nur schwer einen Begriff zu machen. Furcht und Schrecken verbreitete im Elsaß vor allem die österreichische Armee mit ihren aus den slawischen Kronländern der Monarchie stammenden wilden und beutegierigen Panduren. Unter ihrem General Nádasty hausten sie schrecklich in der am 31. Juli eroberten Stadt Zabern, wo es nach den Worten des Stadtschreibers Bähr »ein Geschrey und Elend wie am jüngsten Tag« gab. Karoline Luises Bruder Fritz, achtzehnjährig bereits Oberst und Kommandeur eines Kürassierregiments, war mit seinen Truppen an der Einnahme der Stadt beteiligt und hat der Schwester ausführlich darüber berichtet. Sie freute sich zwar mit ihm seines Ruhmes, wie sie schrieb, hätte sich natürlich von ihm auch nichts anderes erwartet, sei aber doch erleichtert, daß er alles ohne Schaden und Verwundung hinter sich gebracht habe[5].

Leiden und Sorgen des kleinen Mannes klingen in den Briefen an, welche Job seiner früheren Schülerin während dieser Kampagne aus Dornheim schrieb.[6] In vielen Dörfern hatten die Bewohner beim Nahen der Truppen all ihre Habe im Stich gelassen und sich nach Darmstadt geflüchtet, ohne zu wissen, was sie bei der Rückkehr wiederfinden würden. Manche Detachements fouragierten wohl ordnungsmäßig und zahlten auch, mähten dann jedoch das gesamte Getreide ab, so daß den Bauern nichts mehr blieb, und nahmen diesen dazu noch ihre für die Landwirtschaft unentbehrlichen Pferde. Doch gab es auch Marodeure, die plünderten und alles raubten, was nicht niet- und nagelfest war. Französische Einquartierung lag den ganzen Winter von November 1744 bis zum Frühjahr 1745 in den Dörfern, mußte untergebracht und verpflegt werden. Wohl hatte der Offizier versprochen, für Ordnung zu sorgen, doch gleich dazu gesagt, Dragoner seien keine Kapuziner. Es zeigte sich, wie recht er damit gehabt hatte.

Der erste Monat des Jahres 1745 brachte ein für die weitere Entwicklung der Dinge entscheidendes Ereignis. Nach schwerer Krankheit starb am 20. Januar in München plötzlich Kaiser Karl VII. Drei Monate vorher war er noch unter dem Jubel des Volkes in seine Hauptstadt zurückgekehrt, da sich die österreichische Besatzungsarmee auf Grund der veränderten Kriegslage in Böhmen aus Bayern wieder hatte zurückziehen müssen. Seinem hohen Amte nicht gewachsen, krank und ohne Geld, war er ein Opfer seines Ehrgeizes, eine Marionette Frankreichs in dessen Kampf um die Macht gegen Habsburg gewesen. Friedrichs des Großen scharf beobachtende Schwester Wilhelmine von Bayreuth charakterisiert ihn in ihren Memoiren so[7]:

». . . Er hätte ein besseres Los verdient; er war milde, leutselig und human und wußte sich die Herzen zu gewinnen. Von ihm durfte man sagen: Einer, der an höchster Stelle versagt, kann an zweiter glänzen. Sein Ehrgeiz war größer als sein Geist. Er war klug; doch Klugheit allein genügt nicht, um ein bedeutender Mann zu werden. Seiner Lage war er nicht gewachsen, hatte zu seinem Unglück auch niemanden zur Seite, der fähig gewesen wäre, seine mangelnden Talente zu ersetzen.«

Der Tod des Kaisers schuf eine völlig neue Lage. Sein Sohn und Nachfolger in Bayern, Maximilian III. Joseph, verzichtete freiwillig auf die Kaiserkrone und schloß im April einen Sonderfrieden mit Österreich; gegen Aufgabe aller Ansprüche auf das habsburgische Erbe ebenso wie auf das Bündnis mit Frankreich und Preußen erhielt er sein Land ungeschmälert zurück und versprach außerdem, bei der Kaiserwahl dem Gemahl Maria Theresias die bayerische Kurstimme zu geben. König Friedrich stand nun in Schlesien ohne Verbündete allein. Die beiden großen Siege, welche seine Armeen in diesem Jahre bei Hohenfriedberg und Kesselsdorf über die Österreicher errangen, gaben Maria Theresia jedoch die Gewißheit, sie werde Schlesien auf diesem Wege nicht wiedergewinnen können. Daher kam es am Weihnachtstage 1745 zum Friedensschluß zwischen beiden Kontrahenten in Dresden. Friedrich behielt Schlesien, erkannte Maria Theresias Gemahl Franz I. als Kaiser an und gab ihm noch nachträglich die preußische Kurstimme. Die Krönung des neuen Kaisers hatte bereits am 13. September in Frankfurt stattgefunden. Ehe wir uns diesem Ereignis zuwenden, das auch für Karoline Luise eine gewisse Bedeutung gewonnen hat, werfen wir noch einen Blick zurück auf ihr Leben in Darmstadt während der ersten Jahre des großen Krieges.

Abgesehen von gelegentlichen kurzen Reisen führte die junge Prinzessin damals ein verhältnismäßig zurückgezogenes, auch durch die kriegerischen Ereignisse nicht unmittelbar gestörtes Leben. Am Pfingstsonntag des Jahres 1742 starb, siebzehnjährig erst, die jüngere Schwester Luise Auguste Magdalene[8]. Von ihr wissen wir kaum mehr, als daß sie immer schwach und kränklich gewesen war. In den Sterbeakten heißt es, schon seit Jahren habe das junge Mädchen an Auszehrung gelitten, die sich während der letzten neun Monate schließlich zu einer »hitzigen Brustkrankheit« verschlimmerte. Ihr geistlicher Mentor Fresenius rühmte in einem langen Brief an den Vater den »durchdringenden Verstand« der Prinzessin, »welcher mit einer seltenen Beredsamkeit verknüpft war«. Ihre Glaubensfestigkeit habe ihr geholfen, dem Tode in sicherer Hoffnung auf die Gnade Gottes gefaßt entgegenzusehen. Kurz nach den Trauerfeierlichkeiten verließ Fresenius Darmstadt, um ein neues Amt in Gießen zu übernehmen. Johann Peter Job, der vertraute Lehrer aus Kindertagen, hatte schon anderthalb Jahre vorher den Hof mit seiner Pfarre in Dornheim vertauscht. Karoline Luise war nun also ganz auf sich gestellt. Auch ohne Lehrer blieb sie nicht müßig, sondern setzte mit Eifer jene »stille Education« fort, welche Fresenius so lobenswert gefunden hatte. Immer mehr erweitert sich der Kreis ihrer Interessen, eine Art enzyklopädischer Wißbegier scheint sie ergriffen zu haben. Kennzeichnend dafür ist ein Briefwechsel, den die Neunzehnjährige mit Fresenius noch im Jahre 1742 führte. In der Absicht, sich eine möglichst umfassende Referenzbibliothek für alle Gebiete aufzubauen, bat sie den geistlichen Herrn, der nun in einer Universitätsstadt lebte, ihr die wichtigsten Nachschlagewerke für diesen Zweck anzugeben[9]. Fresenius beriet sich mit einem Dr. Neubauer, der »hier der stärkste Bücherkenner ist«, und dem Buchhändler Brieger und ließ sich von beiden die gewünschten Publikationen »spezifizieren«. Eine Liste von neunzehn solcher »Lexica«, welche die beiden Herren ihm namhaft gemacht hatten, fügte er seiner Antwort bei. Jedes Werk wird kurz nach Inhalt und Qualität charakterisiert. An erster Stelle steht ein großes Konversationslexikon, das in Leipzig und Halle erschien, im Augenblick bis zum S oder T gediehen war und bereits dreißig Folianten umfaßte; nach Meinung der Fachleute sei es das beste und umfassendste seiner Art, wenn auch etwas umständlich zu benutzen. Darauf folgt gleich Pierre Bayles berühmter »Dictionnaire historique et critique«. Dieses Werk, aus dem die führenden Köpfe des Zeitalters der Aufklärung ihre geistigen Waffen bezogen haben, hielt Neubauer für dringend erforderlich; die Bemerkung, es sei zwar eines der wichtigsten, aber auch eines der an Irrtümern reichsten und an vielen Stellen mit sehr schädlichen »Sorten verderblicher Critique« angefüllt, spiegelt gewiß nicht die Meinung des genannten Bücherkenners, sondern die des konservativen Theologen Fresenius. Andere Nachschlagewerke betreffen Theologie, Kirchengeschichte, Jura, Bergbau und weitere Zweige technischer Wissenschaften. Für Kräuter- und Heilmittelkunde werden verschiedene Titel zur Auswahl aufgeführt. Dieses Gebiet scheint Karoline Luise besonders interessiert zu haben, auch aus persönlichen Gründen; denn man laborierte immer noch mit ständig wechselnden Tees und Pflanzenextrakten an ihren chronischen Magenbeschwerden herum.

Job blieb weiterhin bemüht, die Studien seiner ehemaligen Schülerin durch guten Rat und Vorschläge für geeignete Lektüre zu fördern, vor allem auf den Gebieten von Philosophie und Altertumswissenschaft. Am 22. Februar 1743 schickte er Karoline Luise die Theodizee von Leibniz, die er für sie in Frankfurt besorgt hatte: ». . . cum grano salis zu lesen. Finden sich darin manche wichtige und schwehre nodi gordii, so können solche doch durch einen Evangelischen Glauben und erleuchtete Einsicht in den Zusammenhang derer Göttlichen Wahrheiten weit leichter als durch das Schwerd Alexandri aufgelöset werden.Geduld und Nachdenken wird dazu auch erfordert, und da Ew. Hochfürstl. Durchlaucht es an keinem fehlt, so werden Höchstdieselbe desto besser reußiren können . . .« Zwei Monate später, am 25. April, entschuldigte er sich, daß er nicht selbst kommen könne – im allgemeinen erschien er ja wöchentlich einmal in Darmstadt –, weil er sich noch zu sehr von einem gerade überstandenen Fieber geschwächt fühlte, doch werde es der Prinzessin nicht viel ausmachen, da sie ja inzwischen genügend Lesestoff von ihm erhalten habe: ». . . Inzwischen werden E.H.D. den Thomas a Kempis mit Vergnügen absolviren. Daß aber Höchstderoselben unter den auctoribus classicis den Curtium zu choisiren gnädigst geruhen, kan ich, sit venia verbo, so schlechterdings nicht approbiren. Denn er gehört mit unter diejenige, welche nach allen andern pflegen tractirt zu werden, und ob er ex aureo saeculo seye, wollen einige gar zweiflen, doch behält er seine merita. Cornelius Nepos und Julius Caesar wie auch darauf die epistolae Ciceronis können mit mehrerem Nutzen vor dem Curtio gelesen werden. Hat man aber sein Absehen mit auf die historie und Politic, so hat Tacitus, davon ich 2 editiones besitze, den Vorzug, und Plinius in der Physic und Moral. Ich möchte nur darauf sehen, daß E.H.D. nicht degoutirt würden, und, wie bey den meisten auctoribus classicis geschieht, vieles in spem futurae oblivionis lernen dürften. Alles aber überlaße Höchstdero erleuchteter Einsicht und ersterbe in submissester Ehrfurcht . . .«

Karoline Luise ist seinen Ratschlägen anscheinend gefolgt, denn unter ihren vielen Vokabellisten findet sich auch eine, welche die Überschrift »Hanibal XIII« trägt und eine Reihe von Wörtern und Verbformen zum Nachschlagen enthält, die in des Cornelius Nepos 13. Kapitel über Hannibal in derselben Reihenfolge erscheinen[10]. Und in den Aufzeichnungen über ihre Lektüre, die Karoline Luise gewissenhaft fortsetzte[11], werden auch die Werke des Tacitus – Annalen, Historien, Germania – in einer Straßburger Ausgabe von 1648 mit der Bemerkung genannt: »Dieses Buch ist für das beste, was man von alten Zeiten hat, gehalten und ist dabey schön Latein.«

Aufmerksam verfolgte sie alle wichtigen Neuerscheinungen, welche für die verschiedensten Wissensgebiete in Deutschland, Frankreich, England und Holland herauskamen, und ließ in ihren Aufzeichnungen den Titeln der gelesenen Werke oft kritische Anmerkungen folgen. Von des Jesuitenpaters Noël Regnault 1742 in Paris erschienenem Buch »L'art de trouver la vérité en logique«, einem Traktat über Logik in Dialogform, schreibt sie in einer ausführlich referierenden Rezension: »Dieser kleine Abriß der Logik gefällt mir sehr gut, ich finde ihn besser als den Essai von Crousaz über Logik. Crousaz ist zu lang, zu ausgebreitet für einen Essai, dabei zu detailliert für einen Abriß. In diesem steht kein Wort mehr als absolut nötig . . .« Selbstverständlich las sie auch jedes neue Werk von Voltaire, dazu noch vieles an Memoiren, Klatschgeschichten, Theaterstücken, was für den Tag geschrieben war und mit ihm auch wieder vergangen ist; solche Dinge werden kurz und meist abfällig kritisiert: »fort mal raisonné« oder »rien d'extraordinaire«. In ihren Listen überwiegen jedoch bei weitem seriöse Titel verschiedenster Art.

Ende der dreißiger Jahre schon hatte Karoline Luise übrigens auch mit dem Studium der italienischen Sprache begonnen, die ihr Lehrer Job ausgezeichnet beherrschte. Mit gewohnter Ausdauer und Systematik setzte sie diese Studien mit Vokabellisten und Übersetzungsversuchen jahrelang fort. Im Dezember 1744 gratulierte Job ihr für einen zum ersten Mal in italienischer Sprache an ihn gerichteten Brief mit einer lateinischen Epistel und kleidete seine Anerkennung in ein leicht abgewandeltes Zitat der berühmten Worte Caesars: »Vidi, legi, plausi, misi.« In späteren Jahren schrieb er ihr des öfteren italienisch abgefaßte Briefe nach Karlsruhe; vermutlich hatte sie selbst den Wunsch danach geäußert, um nicht aus der Übung zu kommen.

Die eingehende Beschäftigung mit philosophischen, wissenschaftlichen und literarischen Gegenständen fand ihre Ergänzung in der Pflege musischer Interessen, in Klavierspiel und Zeichnen. Da der Vater sich im wesentlichen seinen jagdlichen

Unternehmungen widmete und ihm an höfisch gesellschaftlichem Leben offenbar nicht viel gelegen war, lebte das junge Mädchen ungestört in seiner eigenen Welt. Ihre zarte Konstitution und die immer wieder auftretenden Magenbeschwerden empfahlen sowieso Schonung und Zurückhaltung. Auch das Emser Wasser, das man sie trinken ließ, und die ein um das andere Jahr verordnete dreiwöchige Kur in Bad Ems selbst brachten keine wirkliche Hilfe. In dem bereits genannten Bericht, welchen Karoline Luise in späteren Jahren über ihre Krankheiten verfaßt hat, sagt sie dazu: ». . . der einzige Effect, so sie von diesen Curen gehabt, war daß sie das Aufdrunßen des Gesichts und die blaße Farbe völlig verlohren, die Beschwehrlichkeit aber bei dem ordinair, die Disposition zu dicken Backen, zu Coliquen und Erbrechen bliebe nach wie vor . . .«

Nach wie vor unverändert blieb auch die bedrängte finanzielle Lage, welche zu Einschränkungen zwang. Ihrem Bruder Fritz berichtete Karoline Luise im Sommer 1744 von einer Hofrobe nach Pariser Modell aus weißer Seide mit eingewebten goldenen Blumensträußen, die sie bestellt hatte[12]. Sie fand sie schön, für den verlangten Preis von tausend Reichstalern aber doch wieder nicht schön genug. Deshalb wollte sie das Kleid wieder abstoßen, zumal sie für das ganze kommende Jahr keine Gelegenheit sah, zu welcher sie es tragen könnte. Da ihr erzählt worden war, die Herzogin von Württemberg suche eine Robe solcher Art, hatte sie ihr diese unter der Hand zu etwas billigerem Preise anbieten lassen. In Darmstadt, so schrieb sie dem Bruder, wisse ohnehin niemand davon, denn sie habe überall erzählt, der Stoff sei noch gar nicht eingetroffen. Damals konnte sie noch nicht wissen, daß ihr das kommende Jahr mit der Krönung Franz' I. in Frankfurt doch noch einen wichtigen Anlaß zur Entfaltung höfischer Eleganz bringen und damit erhebliche »extra Depensen« verursachen sollte.

Auch während des ganzen Jahres 1745 nahm der Krieg in Schlesien seinen Fortgang. Der zweite Schauplatz verlagerte sich damals jedoch vom Südwesten des Reiches in die Niederlande, wo Ludwig XV. mit einigem Erfolg gegen die österreichisch-englische Koalition operierte. Truppen der Verbündeten standen wohl noch im Pfälzischen, doch mehr zum Schutz der Grenzen gegen Frankreich. Österreichs diplomatischem Geschick war es gelungen, trotz der noch andauernden Kampfhandlungen und gegen den anfänglichen Widerstand Preußens und der Kurpfalz die Wahl von Maria Theresias Gatten Franz Stephan, Großherzog der Toskana, zum Deutschen Kaiser durchzusetzen. Da das Ergebnis der Wahl, welche offiziell erst am 13. September in Frankfurt stattfand, bereits einige Zeit vorher ausgehandelt worden war, hatte man alle Vorbereitungen zur feierlichen Krönung längst getroffen. Sie sollte am 4. Oktober, dem Namenstag des neu Gewählten, stattfinden. Maria Theresia wünschte dem feierlichen Akt zwar beizuwohnen, hatte es aber im Hinblick auf eine weit fortgeschrittene Schwangerschaft abgelehnt, sich – wie es die Tradition verlangte – auch selbst zur Kaiserin krönen zu lassen. Manche äußerten die Vermutung, »sie wolle nicht nur als Gemahlin des Kaisers und daher im Range ihm nachstehend mit einer bloß einen leeren Titel verleihenden Krone geschmückt werden, während sie selbst schon zwei Kronen trug, die von Böhmen und Ungarn, welche sie zu einem der mächtigsten Herrscher Europas machten«. Trotz der enormen Kosten, welche die Reise von Wien nach Frankfurt verursachte – sie waren auf fast drei Millionen Gulden veranschlagt worden –, wollte Maria Theresia unbedingt an diesem Ehrentag ihres Gatten teilnehmen, nachdem das so lange umkämpfte Ziel endlich erreicht worden war. Am 15. September verließ sie mit großer Kavalkade Wien, traf Franz Stephan nach neun Tagesreisen in Aschaffenburg und fuhr dann mit ihm zu Schiff den Main hinab bis nach Schloß Philippsruhe bei Hanau. Dort übernachtete das Paar zum letzten Male vor dem Einzug des Gewählten in Frankfurt. Maria Theresia fuhr dem Gatten am 25. September früh voraus, um sich vom Balkon des Gasthauses zum Römischen Kaiser aus seine feierliche Ankunft in der Krönungsstadt anzusehen.

Wenige Tage zuvor hatte Karoline Luise bereits von ihrem Vater Anweisung erhalten, umgehend alle Vorbereitungen für eine Reise nach Frankfurt zur Teilnahme an den Festlichkeiten zu treffen. Am 22. September ließ sie ihn jedenfalls wissen, sie habe seinen Wunsch »mit um so größerem Eifer erfüllt, als es darum geht, einer Königin meine Aufwartung zu machen, die durch ihre Person noch verehrungswürdiger ist als durch ihren hohen Rang«. Die Tochter verspricht, sie werde weder Geld noch Mühe scheuen, »pour faire éclater les Sentimens respectueux que j'ai pour Elle«[13] . Mit Mut und Standhaftigkeit war Maria Theresia in fast aussichtsloser Lage unbeirrt bei ihrem Anspruch auf die Krone geblieben; das hatte ihr in Europa ebenso viel Bewunderung eingetragen wie die Liebenswürdigkeit ihres Wesens, mit der sie alle, die ihr begegneten, zu gewinnen verstand.

Vor den eigentlichen Krönungsfeierlichkeiten reiste das hohe Paar am 27. September von Frankfurt aus erst noch nach Heidelberg, um dort eine große Parade aller österreichischen und verbündeten Truppen abzunehmen; aus ihren Standorten an den Grenzen waren sie zu diesem Anlaß dort zusammengezogen worden. Der venezianische Gesandte Erizzo berichtete seiner Signorie ausführlich über das farbenprächtige Schauspiel, zu dem sich auch viele Zuschauer aus den umliegenden Städten und Ortschaften eingefunden hatten: ». . . Als die Königin in ihrem Wagen an den in Formation aufgestellten Truppen vorbeifuhr, befand sich der König zu Pferd mit gezogenem Degen an deren Spitze. Freigebig, wie sich die Fürstin immer zeigt, ließ sie jedem Soldaten einen Goldgulden mit ihrem Bildnis übergeben und weitere, im Verhältnis entsprechend, den Unteroffizieren. Unglaublich waren die Freudenkundgebungen, mit denen man Ihre Majestäten empfangen hat. Zum Schluß schoß die Artillerie aus allen Rohren Salut, und dies mit solcher Präzision, daß man glaubte, nur einen einzigen Schuß zu hören.« Wie es dann weiterging, berichtet Heinrich Wilhelm Buri im dickleibigen Folianten seines offiziellen Krönungs-Diariums. Nach der Parade begaben sich Maria Theresia und Franz Stephan zu einem Pavillon, der im Mittelpunkt des Geländes aufgerichtet worden war: ». . . Nachdem Ihro Maj. die Königin unter eines der Gezelte, so um den Pavillon standen, getreten und den Staub von Dero Kleidern abschütteln lassen, so kehrten Allerhöchst Dieselbe nach dem Pavillon, worin man ein großes Mittags-Mahl zubereitet hatte. Ihro Maj. die Königin nahmen an der Tafel zur Rechten des

3 Kaiserin Maria Theresia, 1744 – Pastell von J. E. Liotard – Braunschweig, Herzog-Anton-Ulrich-Museum

Römischen Königs Ihren Platz, und an Dero Seite saßen Ihro Durchl. die Prinzessin von Hessen-Darmstadt, der Prinz von Baaden aber in der Uniform seines Regiments dem Römischen König zur Linken.« Weitere Tische waren für die Damen, Minister und General-Lieutenants reserviert. Es mögen diese Stunden gewesen sein, in welchen sich eine über bloß gesellschaftliche Konvention hinausgehende freundschaftliche Beziehung zwischen der damals zweiundzwanzigjährigen Karoline Luise und der nur um sechs Jahre älteren Königin und Kaiserin anbahnte. Der zur Linken Franz Stephans sitzende Prinz von Baden war übrigens der junge Markgraf Christoph von Baden-Durlach, der den Rang eines Oberstwachtmeisters in der österreichischen Armee einnahm, ein Onkel jenes Markgrafen Karl Friedrich, dem Karoline Luise wenige Jahre später als Gemahlin nach Karlsruhe folgen sollte.

Auf Ihrer Rückreise von Heidelberg nach Frankfurt langten die Majestäten am Nachmittag des 29. September vor dem Neuen Tor zu Darmstadt an, wo sie vom Landgrafen Ludwig VIII., dem ergebenen Verehrer der jungen Königin, »mit verschiedenen Erfrischungen bedient und fast drey Viertel Stund unter halten wurden«.

Mit dem gewohnten feierlichen Zeremoniell fand dann am 4. Oktober die Krönung statt, an welcher Maria Theresia nur als Zuschauerin teilnahm. Der bereits genannte venezianische Gesandte weiß zu berichten, auf all die vielen hochgestellten Persönlichkeiten, welche von nah und fern gekommen waren, dem kaiserlichen Paar ihre Reverenz zu erweisen, habe dessen entgegenkommendes und leutseliges Benehmen den besten Eindruck gemacht; überall habe es sich Vertrauen und Zuneigung erworben. Zu den zahlreichen Festen und Empfängen, welche die folgenden Tage füllten, war auch die junge Prinzessin aus Darmstadt des öfteren geladen. Es heißt, bei einer dieser Veranstaltungen in kleinerem Kreise sei sie aufgefordert worden, der Gesellschaft etwas auf dem Clavecin vorzuspielen, womit ihr Applaus und Anerkennung von höchster Seite zuteil wurde. Karoline Luise scheint in diesen Tagen eine Art schwärmerischer Verehrung für Maria Theresia gefaßt zu haben; man spürt es immer wieder in den Briefen der späteren Jahre. Die Kaiserin behielt ihrerseits die gebildete und charmante Prinzessin von diesen Begegnungen her in freundlichster Erinnerung.

Gräfin Fuchs, Maria Theresias alte Erzieherin und Oberhofmeisterin, von ihr wie eine zweite Mutter zärtlich geliebt, war nicht weniger vom »bon cœur« Karoline Luises angetan und dankte ihr, als die Majestäten wieder nach Wien zurückgekehrt waren, noch einmal für die Güte, mit der sie den »Gebrechen ihres hohen Alters« behilflich gewesen sei, erzählte auch von der freundlichen Aufnahme, welche die kaiserliche Familie und sie selbst während der Rückreise bei der Herzogin von Württemberg und der Äbtissin von Münsterfelden gefunden hatten. Dann fährt sie fort: ». . . doch weder die eine noch die andere konnte die charmante Prinzessin von Darmstadt ausstechen, die keine Gefahr läuft, von denen vergessen zu werden, welche einmal das Glück hatten, sie zu sehen. Ihre Majestät die Kaiserin spricht sehr oft und mit aller nur möglichen Hochachtung von den ›belles qualités‹ Ew. Hoheit und wünscht sich nichts Besseres, als viele Gelegenheiten zu finden, Ew. Hoheit von ihrer Zuneigung, Wertschätzung und Freundschaft zu überzeugen.«[15]

Eine solche Gelegenheit fand sich in der Tat fünf Jahre später. Im Herbst des Jahres 1750 schickte Landgraf Ludwig VIII. dem Kaiserpaar eine sehr kostbare, heute noch in Wien erhaltene Standuhr zum Geschenk. Der Darmstädter Maler Johann Christian Fiedler, der zusammen mit einem anderen Hofbeamten den Transport nach Wien und die Aufstellung der Uhr dort geleitet hatte, brachte auch für Karoline Luise einen vom 6. November datierten Brief der Kaiserin mit zurück[16], in dem diese ihrer »Très Chère Princesse« sagt, sie habe die Gelegenheit nicht vorübergehen lassen wollen, ihr erneut die freundschaftlichen Gefühle zum Ausdruck zu bringen, von welchen sie erfüllt sei; auch die Trennung habe diese nicht mindern können. Lange habe sie mit den beiden Herren, welche die wundervolle Uhr überbrachten, gesprochen, ». . . und Sie dürfen mir glauben, daß Sie in diesen Unterhaltungen eine große Rolle gespielt haben. Ich habe mich erkundigt, wie Sie Ihre Zeit verbringen, und da ich weiß, daß Sie musizieren, meinte ich, es sei nicht unangebracht, Ihnen einige in gutem Geschmack verfertigte Kompositionen des Meisters zu schicken, welcher die Erzherzoginnen meine Töchter unterrichtet.« Sollten diese Abschriften bis zur Abreise der Darmstädter Herren fertig sein, würden diese sie mitbringen, andernfalls wolle man sie bei der ersten sich bietenden Gelegenheit schicken. Es ist Georg Christoph Wagenseil, auf den die Kaiserin hier anspielt; er hatte am Hofe die Stelle eines Musiklehrers inne und gilt als ein wichtiger Vorläufer der klassischen Wiener Schule. Daß die in Aussicht gestellte Gabe wirklich eingetroffen ist, gibt ein undatiertes Briefkonzept Karoline Luises zu erkennen[17]. Darin dankt sie überschwänglich für das großartige Geschenk, das sie stundenlang, ohne müde zu werden, bewundert habe. Erst als sie das Buch wieder wegstellen wollte, sei ihr darin aber, unter einem roten Band versteckt, noch ein Bildnis der Kaiserin in die Augen gefallen: ». . . Ich war so überwältigt vor Freude, daß ich eine Zeitlang völlig reglos dastand, ohne ein Wort sagen zu können.« Von der kostbaren Hülle dieser Gabe können wir uns noch eine gewisse Vorstellung bilden, denn sie wird 1784 im Nachlaßinventar Karoline Luises beschrieben[18]: »Ein Music Buch worin allerley Musicalien vom Wagenseil aus Wien, mit einer schwarzen, mit Gold-Blumen lackirten Decke, welche dem Ansehen nach mit Gold beschlagen. In der vorderen Clausur ist eine Öffnung, worin vermutlich ein kostbarer Stein gestanden. Das Buch selbst liegt in einem Holzenen eingelegten Futeral mit Silber beschlagen nebst einem simpelen Tannenen Über-Futeral.« Den nicht ganz leicht verständlichen Worten Karoline Luises nach könnte sich in einer Vertiefung auf der Vorderseite des Deckels unter einer Tafel aus geschliffenem Bergkristall eine Bildnisminiatur der Kaiserin befunden haben; vielleicht war es jene, welche als Einzelstück ebenfalls im Nachlaß genannt wird.

Während der Wochen festlichen Trubels in Frankfurt, die erst mit der Abreise des kaiserlichen Paares am 16. Oktober ihr Ende fanden, begegnete die junge Prinzessin vielen Menschen, fürstlichen Verwandten ebenso wie den Gesandten der fremden Mächte, hohen Offizieren und allen denen, welche eine Rolle im gesellschaftlichen Leben spielten. Keine dieser Begegnungen ist für sie jedoch so entscheidend geworden wie die mit einem ungewöhnlichen Maler, der im Gefolge der Majestäten aus Wien mit in die Krönungsstadt gekommen war, mit dem Schweizer Jean-Etienne Liotard[19]. Selbst in der bunten internationalen Gesellschaft, welche damals Frankfurts Straßen füllte, muß seine pittoreske Gestalt Aufsehen erregt haben; trug er doch die malerische Tracht der Türken, an die er sich während eines langjährigen Aufenthalts in Konstantinopel gewöhnt hatte, dazu einen mächtig wallenden graumelierten Bart. Aus der Moldau kommend, war er 1743 in Wien aufgetaucht und hatte sich dort durch seine Begabung als Porträtist rasch die Gunst der Gesellschaft, dann des Hofes errungen; auch Maria Theresia und ihr Gemahl ließen sich von ihm malen. Karoline Luise lernte den damals vierundvierzigjährigen Künstler vermutlich durch eine in ihren Diensten stehende Genfer Dame, Mademoiselle Cardoini, kennen; jedenfalls unterhielt deren Familie, wie spätere Korrespondenz zeigt, freundschaftliche Beziehungen zu Liotard. Der temperamentvolle und bizarre, von einem exotischen Hauch aus Tausend-und-einer-Nacht umwehte Maler scheint auch ein interessanter Unterhalter gewesen zu sein. Lebhaft wußte er von den orientalischen Ländern zu erzählen, für welche man sich damals in Europa so sehr interessierte. Was ihn für Karoline Luise vor allem bedeutsam machte, war jedoch seine Meisterschaft in der Technik des Pastells, jener trockenen Malerei mit farbigen Kreiden, welche sich seit den zwanziger Jahren des 18. Jahrhunderts bei Künstlern und Kunstfreunden steigender Beliebtheit erfreute. Karoline Luise hatte sich damals offenbar schon selbst in ihr versucht und bat nun Liotard, ihr Porträt zu malen. Bei dieser Gelegenheit ließ sie sich von ihm gleich in dieser Technik eingehend unterweisen. Im Spätherbst und frühen Winter hat der Künstler sich einige Wochen, wenn nicht noch länger, mit ihrem Bildnis befaßt. Das belegt ein Brief, welchen Karoline Luise in den ersten Tagen des Januar 1746 von ihrer in Buchsweiler lebenden Schwägerin erhielt und in dem es heißt: ». . . Ich bewundere Eure Geduld, sechs Wochen lang täglich einem Maler Modell gesessen zu haben.« Offenbar begann Liotard die Arbeit in Frankfurt und folgte der Prinzessin dann nach Darmstadt, wo er sein Werk vollendete. Die endgültige Fassung des Porträts befindet sich noch heute im Besitz des markgräflich badischen Hauses. Erst vor wenig mehr als dreißig Jahren wurde ein zweites Exemplar bekannt, das inzwischen seinen Platz in der Staatlichen Kunsthalle Karlsruhe gefunden hat. Nicht ganz so ausgewogen in der Komposition und weniger ausführlich in der Schilderung verschiedener dekorativer Details, stellt es den ersten Entwurf des Künstlers dar, den dieser für sich behielt. Markgraf Karl Friedrich von Baden, Karoline Luises späterer Gemahl, hat ihn noch im Jahre 1775 im Atelier des Künstlers gesehen, als er während einer Reise durch die Schweiz Liotard in Genf einen Besuch abstattete. Jedenfalls notierte sich sein Begleiter, der Karlsruher Professor Johann Lorenz Böckmann damals, Liotard habe ihnen »das Original Portrait unserer Markgräfin gezeigt, welches er 1745 bei der Krönung Franz I. gemacht hat«. Ohne Zweifel ist dieses erste Pastell nicht nur das künstlerisch bedeutendste, sondern auch reizvollste und menschlich anziehendste Bildnis, das uns von der Fürstin überhaupt überliefert worden ist, ein ganz persönliches Dokument, frei von aller höfischen Konvention. Ein junges, elegant gekleidetes Mädchen sitzt auf niedrigem Taburett vor ihrer Staffelei, Malstock und Stift in Händen. Als habe eine Frage oder ein Anruf sie für einen Augenblick von ihrer Tätigkeit abgelenkt, wendet sie den Kopf zur Seite und blickt mit freundlicher Aufmerksamkeit den Betrachter an. Der mit rosa Seide bezogene, wie zufällig an seinem Platz neben ihr stehende Sessel, über den die Malerin achtlos den kurzen Mantel aus blauem, hermelinbesetztem Samt geworfen hat, betont die Stimmung des Zwanglos-Momentanen, Intimen. Wäre nicht die elegante Tracht – ein Kleid aus weißer Seide, der Rock am unteren Rande mit farbigen Blumengirlanden bestickt, die Corsage mit rotem Rüschenband ausgeziert–, könnte man an ein bürgerliches Interieur denken, an eine Atelierszene, wie sie uns in der holländischen Malerei des 17. Jahrhunderts begegnet: ein Künstler malt seine junge Schülerin. Liotard war ein großer Verehrer der Holländer und wollte wie diese in seinen Werken getreu die Wirklichkeit schildern. So gibt er uns hier ein lebendiges, offenbar wirklich ähnliches Porträt seiner hohen Schülerin mit den etwas vollen Wangen und der leicht vorgeschobenen Unterlippe. Die damals im dreiundzwanzigsten Lebensjahr stehende Prinzessin scheint von eher kleiner Statur zu sein; früh schon neigte sie zu einer gewissen Rundlichkeit. Aus einem in ihren

4 Karoline Luise an der Staffelei, 1745 – Pastell von J. E. Liotard – Karlsruhe, Staatliche Kunsthalle

Papieren erhaltenen Wiegezettel für die Mitglieder des Darmstädter Hofes, am 15. Oktober 1744 ausgestellt, erfahren wir übrigens, daß »Ihro Hochfürstl. Durchlaucht die gnädigste prinzeß« damals 128 Pfund wog. Über die äußere Ähnlichkeit hinaus hat der Künstler aber auch etwas von ihrer entgegenkommenden, herzlich offenen Wesensart erfaßt, von jenem Charme, durch den sie die Menschen für sich einzunehmen wußte. In der zweiten, für die Prinzessin bestimmten Fassung des

Porträts, die in den dekorativen Details stärker durchgearbeitet ist, hat der Künstler das Individuelle im Sinne höfischer Konvention ein wenig »geschönt«; dadurch wirkt es distanzierter, kühler. Etwas von der Unmittelbarkeit und Lebensfülle des ersten Entwurfs ist dabei verlorengegangen.

Liotard hat die Prinzessin in späteren Jahren immer als seine Schülerin bezeichnet. Daß er ihr in der Tat Unterricht erteilte, bestätigt das Protokoll einer solchen Lektion, in dem sich Karoline Luise mit fliegender Feder und vielen stenographischen Kürzeln Anweisungen notierte, wie und in welcher Reihenfolge der einzelnen Arbeitsgänge ein Selbstporträt technisch aufzubauen sei, mit welchen Farbtönen man Gesicht, Haare, Hände, Spitzen, Atlas, Juwelen und andere Dinge grundieren, schattieren und auflichten müsse. Auf Grund dieser Angaben hat sie offenbar auch ein Selbstbildnis angefertigt, das sie dann ihrem Meister schenkte. Aus Liotards Nachlaß stammend, wird das heute leider verschollene Werk noch zu Ende des vergangenen Jahrhunderts im Besitz der Nachkommen des Meisters genannt. Auf der Rückseite trug es von seiner eigenen Hand die Aufschrift: »peint par la princesse de Hesse-Darmstadt, present. Princ. de Bade et donné à Liotard en 1746.« Es wird beschrieben als das 26 : 21 Zentimeter große Bildnis einer von vorn gesehenen jungen Dame, welche die Arme auf die Balustrade eines steinernen Balkons stützt. Sie trägt gepudertes Haar, einen Mantel aus blauem Samt – wir kennen ihn bereits aus Liotards Pastell –, Ärmel mit Spitzengarnitur, eine spitz zulaufende Corsage; den Hals schmückt ein schwarzes Band, die Hände stecken in einem roten Muff. Daß die Prinzessin eine kompositionell und zeichnerisch so anspruchsvolle Aufgabe zu lösen verstand, deutet darauf hin, daß sie die Grundlagen künstlerischer Gestaltung, möglicherweise auch der Pastelltechnik, bereits vor der Begegnung mit Liotard in Darmstadt erlernt hatte, daß es ihr jetzt also im wesentlichen darauf ankam, sich zu vervollkommnen, von einem Meister des malerischen Handwerks Ratschläge für die Lösung spezieller Probleme einzuholen, seine aus der Erfahrung gewonnenen Tricks zu lernen. Ihr Interesse für alle Fragen des künstlerischen Metiers blieb immer lebhaft und hat in späteren Jahren auch weitgehend den Aufbau ihres »Mahlerey-Cabinets« beeinflußt.

Übrigens erwarb sie damals für ihre Sammlung und als Vorbilder für eigenes Schaffen schon zwei weitere, heute nicht mehr nachweisbare Pastelle Liotards, einen »Marienkopf« und »Ein Frauenzimmer in venezianischer Maske, in der rechten Hand einen Sonnenfächer haltend«. Diese beiden Werke sind noch in ihrem Nachlaßinventar genannt und erst im Laufe des 19. Jahrhunderts verschollen.

Durch das lange Zusammensein mit Liotard und die Unterhaltungen mit ihm, der sehr persönliche und eigenwillige Ansichten darüber hatte, welche Maler die besten seien und was man überhaupt unter guter Malerei zu verstehen habe, sind Karoline Luises Anschauungen über Kunst, ihre Vorlieben und Abneigungen wesentlich bestimmt worden; davon wird im Einzelnen noch zu sprechen sein. Kunst und das Sammeln von Kunst sind während ihres ganzen späteren Lebens ihre große Passion gewesen; daher dürfen wir die Begegnung mit Liotard auch als eines der entscheidenden Erlebnisse ihrer jungen Jahre ansehen.

Nachdem die großen Feste in Frankfurt verrauscht waren und auch die im anregenden Umgang mit Liotard verbrachten Wochen ihr Ende gefunden hatten, setzte Karoline Luise das zurückgezogene Leben im kleinen Kreise ihres Hofstaates und einiger Freunde fort. Die alte, seit Kindertagen vertraute Hofmeisterin Frau von Hutten war schon im Sommer 1745 plötzlich gestorben; eine Nachfolgerin scheint nicht mehr bestellt worden zu sein. Den nächsten Umgang bildeten die beiden Hofdamen Fräulein von Pretlack und Fräulein von Geismar; einen Vertrauensposten als Gesellschafterin nahm offenbar die bereits genannte Mademoiselle Cardoini aus Genf ein, während Jungfer Weinrichin das Amt einer Kammerfrau versah.

Der älteste Bruder, Erbprinz Ludwig, quittierte nach dem für die französischen Truppen unglücklichen Ausgang des böhmischen Feldzugs den Dienst, um nun in die Armee des von ihm bewunderten preußischen Königs einzutreten; als Oberst des Regiments Selchow stand er zu Prenzlau in der Uckermark in Garnison, während seine Gemahlin stellvertretend für ihn die Regierung im elsässischen Buchsweiler führte. Auch der zweite Bruder, Georg Wilhelm, war preußischer Offizier geworden. Als Parteigänger des Hauses Habsburg bemühte sich der Vater, beide Söhne aus ihren Verpflichtungen zu lösen und zurückzurufen, doch gab Friedrich der Große sie erst nach den schlesischen Feldzügen von 1744 und 1745 frei. Der Erbprinz ließ sich danach für fünf Jahre in seiner Garnison Pirmasens nieder, ohne allerdings seine Zugehörigkeit zur preußischen Armee aufzugeben. Georg Wilhelm dagegen, seit Januar 1746 Major der hessischen Infanterie, gleichzeitig Generalwachtmeister bei der Reichsarmee im Oberrheinischen Kreis, kehrte nach Darmstadt zurück und heiratete dort im März 1748 die neunzehnjährige Tochter Maria des Grafen Christian von Leiningen-Dagsburg. Der Vater überließ ihm in der Folge ein gut Teil der Regierungs- und Repräsentationspflichten. Der jüngste der Brüder, Johann Friedrich, erlag am 26. Januar 1746, erst zwanzig Jahre alt, einem »hitzigen Brustfieber«, wohl einer Lungenentzündung.

Karoline Luise widmete sich weiter ihren literarischen und geschichtlichen Studien und gewann dafür einen neuen Berater in dem 1693 geborenen Georg Wilhelm Fleischmann[20]. Aus einer alten Beamtenfamilie der Grafschaft Hanau-Lichtenberg stammend, stand er nach dem Studium von Jurisprudenz und Philosophie seit 1735 im Justizdienst der Stadt Straßburg; 1761 wurde er zum hessen-darmstädtischen Geheimen Rat ernannt und vertrat die Interessen des landgräflichen Hauses im Elsaß ebenso wie zeitweise auch in Paris. Karoline Luise scheint ihn gegen Ende des Jahres 1745 kennengelernt zu haben, möglicherweise durch den Kammerrat Johann Heinrich Koch, der die Verwaltung ihrer Hanau-Lichtenbergischen Besitzungen leitete und mit einer Schwester Fleischmanns verheiratet war. In seinen Neujahrswünschen für 1746 nennt Fleischmann sich jedenfalls den »wenn auch neuesten, so doch treuesten ihrer Diener«. Es entstand nun ein lebhafter Briefwechsel, der sich über zwei Jahrzehnte bis zum Tode Fleischmanns im Jahre 1767 fortsetzte und während der ersten Zeit im wesentlichen literarische Fragen betraf. Durch seine Korrespondenten in Paris verschaffte Fleischmann der lesehungrigen Prinzessin die von ihr gewünschten Neuerscheinungen, insbesondere das, was an neuen Theaterstücken damals über die Bühnen der französischen Hauptstadt ging. Schon 1746 besorgte er ihr auch ein Abonnement des »Mercure de France«, weil man sich durch die darin publizierten Kritiken »vollkommen über Wert und Unwert« der ständig neu produzierten Werke auf dem Laufenden halten könne. Diese seit 1672 erscheinende Halbmonatsschrift verfolgte das ehrgeizige Ziel, die Kenner in ganz Europa über alle Fortschritte in Literatur und bildender Kunst zuverlässig zu informieren; mit einer Auflage von etwa siebentausend Exemplaren gehörte sie zu den führenden Zeitschriften der »République des Lettres«, der internationalen geistigen Elite Europas. Noch heute bilden ihre Nummern eine unschätzbare Quelle für unsere Kenntnis des kulturellen Lebens dieser Epoche. Daß Karoline Luise sich nicht ausschließlich mit Literatur und Kunst befaßte, sondern auch an Fragen der Politik Interesse nahm, bezeugen recht ausführliche Berichte solcher Art, welche verschiedene Korrespondenten ihr während der vierziger Jahre in regelmäßigen Abständen aus London und Den Haag zukommen ließen[21].

Abgesehen von gelegentlichen gesellschaftlichen Ereignissen, etwa der Krönung Franz Stephans in Frankfurt oder eines Besuchs der sächsischen Königstochter Maria Josepha, die auf ihrer Reise nach Paris zur Hochzeit mit dem Dauphin zu Beginn des Jahres 1747 kurzen Aufenthalt in Darmstadt nahm, flossen die Tage des Jahrfünfts von 1744 bis 1748 für Karoline Luise in ruhigem Gleichmaß dahin. Von neuen Heiratsplänen ist keine Rede; alles erweckt den Anschein, als werde sie unvermählt im Kreise der Familie und des Darmstädter Hofes ein stilles, musischen Interessen gewidmetes Leben führen. Doch gegen Ende des Jahres 1748 tritt plötzlich die große Wende ein: Karl Friedrich, der junge Markgraf von Baden-Durlach, bewirbt sich um ihre Hand.

Der junge Markgraf von Baden-Durlach

Markgraf Karl Friedrich von Baden-Durlach ist als einer der bedeutendsten Vertreter der Epoche des aufgeklärten Absolutismus und als einer der fortschrittlichsten deutschen Fürsten seiner Zeit in die Geschichte eingegangen. Ernst und Verantwortungsgefühl, mit denen er sich seinen Aufgaben als Regent und Volkserzieher widmete, unablässige Bemühung um die Förderung von Sicherheit und Wohlstand seines Landes haben ihm Ansehen und die Anerkennung der Besten seiner Zeit eingetragen. Als er 1811 nach einer Regierungszeit von fünfundsechzig Jahren starb – damals hatten die französische Revolution und Napoleon bereits ein neues Zeitalter heraufgeführt –, galt er als einer der Patriarchen unter den deutschen Reichsfürsten. Dem Zwanzigjährigen, welcher der um fünf Jahre älteren hessischen Prinzessin 1748 gegenübertrat, hätte man eine solche Zukunft nicht ohne weiteres voraussagen mögen. Wohl besaß er damals ein gewisses Maß an weltmännischem Auftreten und verbindlichen Umgangsformen, wie man sie von jedem Aristokraten erwartete, doch hatte seine höfische Erziehung außer einer gewissen Vorliebe für Musik ernsthafte geistige Interessen in ihm kaum zu erwecken vermocht. Der junge Prinz war ein noch mehr oder weniger unbeschriebenes Blatt.

Karl Friedrich ist der Enkel des Markgrafen Karl Wilhelm von Baden-Durlach, welcher 1715 die Stadt Karlsruhe gründete und wie Karoline Luises Großvater Ernst Ludwig von Hessen-Darmstadt zu jenen deutschen Fürsten gehörte, deren Anspruch auf absolute Macht durch Ludwigs XIV. Vorbild bestimmt war. Der Nachwelt ist dieser vollblütige Autokrat mehr durch zahlreiche amoureuse Abenteuer, durch seine Sängerinnen und »Tulpenmädchen« im Gedächtnis geblieben als durch die ihm eigenen soldatischen Fähigkeiten und Regententugenden. Jedenfalls hat er sein kleines Land ohne größere Einbußen durch alle Fährnisse der internationalen Auseinandersetzungen gebracht, welche gerade den Südwesten des Reiches während der ersten Jahrzehnte des 18. Jahrhunderts so stark in Mitleidenschaft zogen. Wirtschaft und Finanzen der Markgrafschaft, durch die Franzosenkriege völlig zerrüttet, kamen unter seiner Regierung wieder in eine gewisse Ordnung.

Aus Karl Wilhelms Ehe mit der württembergischen Prinzessin Magdalene Wilhelmine waren zwei Söhne entsprossen, von denen der erste schon im Alter von elf Jahren starb. Der 1703 geborene zweite Sohn und Erbprinz Friedrich heiratete 1727 die damals siebzehnjährige Anna Charlotte Amalie aus dem Hause Oranien. Ihr Vater war der schon 1711 verstorbene Johann Wilhelm Friso, Statthalter der niederländischen Provinz Friesland, ihre Mutter Marie Luise eine Tochter des

Landgrafen von Hessen-Kassel. Erbprinz Friedrich und Anna Charlotte Amalie sind die Eltern des am 22. November 1728 geborenen Karl Friedrich[1] und seines um vier Jahre jüngeren Bruders, Wilhelm Ludwig.

Unmittelbar nach der langwierigen, durch allerlei Komplikationen erschwerten Geburt des zweiten Kindes kam bei der jungen Mutter eine geistige Erkrankung zu heftigem Ausbruch[2]. Anzeichen des Leidens waren bereits viel früher aufgetreten, ohne daß man sie nach dem damaligen Stand medizinischer Wissenschaft als solche hätte erkennen können. Schon wenige Monate nach der Hochzeit etwa ermahnte Marie Luise ihre Tochter: ». . . Über alles und gegen alle geratet Ihr in Wut, über mich ebenso wie über jeden, der sich Euch nähert; ohne jede Ordnung wollt Ihr leben, macht die Nacht zum Tage, steigert Eure Launen ins Grenzenlose . . .« Sie soll doch gewisse Regeln befolgen, schreibt die Mutter, die Zeiten des Gottesdienstes einhalten, soll sich dem Gatten gegenüber freundlich und entgegenkommend erzeigen, den Schwiegereltern gehorsam sein, soll Ordnung in Lebensführung und Finanzen halten. Nach der Geburt des zweiten Kindes wurde die junge Frau plötzlich von religiösen Wahnvorstellungen befallen; Zustände höchster Exaltation und Aggressivität wechselten mit tödlicher Schwäche und nur seltenen Momenten geistiger Klarheit. Die Angehörigen in Karlsruhe und in Holland waren tief betroffen, die Ärzte völlig ratlos. Diese versuchten, den Zustand der Kranken durch Mineralwasser-Kuren zu beheben; man machte sich sogar Gedanken darüber, ob hier überhaupt »eine Krankheit oder ein geflissentlicher Vorsatz unterlaufe oder was man sonsten hierunter vor Gedanken nehmen solle«. Markgraf Karl Wilhelm schrieb am 10. März 1732 an Wilhelm IV. von Oranien, den Bruder seiner Schwiegertochter, es sei alles getan worden, die Kranke »ihrem Zustande der Verwirrung zu entreißen«, doch habe man nichts erreicht; vielleicht könnten »kräftige Vorstellungen und dem Zustande ihres Geistes noch entsprechende Vorwürfe sie auf den rechten Weg zurückführen«. Kaum drei Wochen später erlag der junge Ehemann Erbprinz Friedrich unerwartet einer »heftigen Brustkrankheit«, wohl einer Lungenentzündung. Unter den gegebenen Umständen war an ein dauerndes Verbleiben der Erbprinzessin in Karlsruhe nicht zu denken. Man richtete ihr eine Wohnung im Durlacher Schloß und umgab sie mit einem eigenen Hofstaat von zwanzig Personen. Tief umnachteten Geistes hat die Kranke dort noch fünfundvierzig Jahre, bis 1777, gelebt.

Die verwaisten Kinder kamen in die Obhut der Großmutter Magdalene Wilhelmine[3]. Getrennt von ihrem Gatten, durch dessen ausschweifendes Leben sie sich brüskiert fühlte, residierte sie ebenfalls in Durlach, ganz wohltätigen Werken und der Förderung des evangelischen Glaubens zugewandt. Auch für die Enkel stand religiöse Unterweisung im Mittelpunkt der Erziehung; schon 1732 wurde für den erst vierjährigen Karl Friedrich der Hofdiakon Samuel Brodhag als Informator bestellt, um ihm ersten Unterricht im lutherischen Katechismus zu erteilen. E.W. Drais berichtet in seiner 1816 erschienenen Biographie Karl Friedrichs, dieser habe ihm selbst erzählt, daß seine fromme Großmutter ihn und den jüngeren Bruder oft zweimal des Tages in die Schloßkapelle geführt habe, wo sie zu feierlichem öffentlichem Gebet niedergekniet seien: »So habe sie ihre Nachkommen dem Herrn mit unauslöschlichen Zügen geweiht.« Diese Eindrücke aus frühen Kinderjahren haben für Karl Friedrich im Alter wieder prägende Kraft gewonnen.

Als er das siebte Lebensjahr erreicht hatte, wurde sein Erzieher Hofrat Johann Justus Lüdecken, der ein solches Amt bereits bei drei Onkeln seines neuen Zöglings innegehabt hatte. Drais berichtet, in späteren Jahren habe Karl Friedrich oft mit dankbarer Achtung von dem sanften Geist dieses Lehrers und dem weiten Umfang seines Wissens gesprochen.

Der alte Markgraf Karl Wilhelm, der seit dem Tode seines Erbprinzen die Trauerkleidung nicht mehr abgelegt hatte, starb am 12. Mai 1738 und hinterließ die Herrschaft dem ältesten, nunmehr zehnjährigen Enkel Karl Friedrich. Entsprechend den Bestimmungen, welche der Verstorbene in seinem Testament getroffen hatte, sollte zunächst Markgräfin Magdalene Wilhelmine als Großmutter des Thronerben bis zu dessen Volljährigkeit die Regierungsgeschäfte führen, unterstützt durch den jeweils ältesten Agnaten des Hauses. Das war zunächst Markgraf Karl August; später, als die Großmutter gestorben war, übernahm dessen jüngerer Bruder Markgraf Karl Wilhelm Eugen das Amt des zweiten Vormunds. Beide waren Neffen des alten Markgrafen. Als eigentlich entscheidendes Gremium stand ihnen das Geheimratskollegium zur Seite, der Ministerrat als oberste Regierungsbehörde also, an dessen Stimmenmehrheit sich die fürstlichen Vormünder in ihren Entscheidungen durch das Testament gebunden sahen. Als Präsident des Kollegiums war Geheimrat Friedrich Emich Johann von Üxküll für die Erziehung des Knaben persönlich verantwortlich; er sollte insbesondere dafür Sorge tragen, daß der Thronfolger nach und nach in die Geschäfte eingeführt werde.

Lüdecken behielt die Leitung des Unterrichts bei, doch gab man ihm 1738 noch einen weiteren Informator mit dem Pfarramtskandidaten Ehregott Renatus Förderer an die Seite. Als Karl Friedrich 1740 das zwölfte Lebensjahr vollendet hatte, hielt man es schließlich für geboten, den Brüdern einen Hofmeister zu geben, dessen wesentliche Aufgabe es sein sollte, den älteren der beiden auf seine Regentenpflichten vorzubereiten. Reinhard von Gemmingen, als Kammermeister eines der Mitglieder des Geheimratskollegiums, arbeitete ein Memorandum aus, mit dem er für dieses Amt einen von der verwitweten Herzogin von Württemberg vorgeschlagenen königlich dänischen Legationsrat von Hoff empfahl. Sein Gutachten ist deshalb von Interesse, weil es nicht nur eine ausführliche Definition aller jener Forderungen enthält, welche die Vormünder an Person und Charakter eines solchen Prinzenerziehers stellten, sondern auch die Grundsätze nennt, nach denen dieser sein Amt führen sollte, ebenso die Ziele, welche es zu erreichen galt. Als ganz besonders wichtig erschien es auch jetzt wieder, in den Zöglingen die Prinzipien des evangelischen Glaubens als unverrückbares Fundament aller Erziehung zu befestigen. Denn nachdem das Haus Württemberg zum Katholizismus übergetreten war, blieb das Haus Baden-Durlach im Schwäbischen Kreise das einzige, »auf welches sich die Augsburgischen Confessions-Verwandten stützen können«. Ist es die Aufgabe der Informatoren, beiden Prinzen in ihren Lektionen den nötigen Wissensstoff zu vermitteln, so soll der Hofmeister sie zu anständigen Sitten und sicherem gesellschaftlichen Auftreten erziehen, ihnen das richtige Benehmen im Umgang mit Höheren, Gleichgestellten und Angehörigen geringerer Stände beibringen. Daher kommt alles darauf an, daß er selbst einen vorbildlichen Lebenswandel führt und charakterlich einwandfrei ist. Im Umgang mit den ihm anvertrauten Knaben sowohl als auch mit den Subalternen in deren Umgebung soll er »viel Gelassenheit, Douceur und Moderation« bezeigen, niemand brüskieren, »am wenigsten aber vor denen Printzen einiges emportement blicken lassen«. Sehr genau hat er ihre »oeconomiam privatam« im Auge zu behalten, »damit nichts übersehen und alles in guter Ordnung gehalten« werde. Ein allzu betonter Gelehrter darf er ebenso wenig sein wie ein bloßer »bon vivant«, der seine Charge nicht ernst nimmt. Ständen für einen Hofmeister zwei Kandidaten zur Wahl, von denen der eine zwar gelehrt oder halb gelehrt wäre, doch die übrigen moralischen Qualitäten nicht besäße, welche man für ein solches Amt brauche, der andere dagegen ein Soldat oder Hofmann ohne Gelehrsamkeit, der aber »belebt ist, honnette sentiments hat und eine anständige Conduitte führet«, so besteht kein Zweifel, daß letzterer der Richtige wäre.

Nachdem das Kollegium der Wahl des Herrn von Hoff zugestimmt hatte, wurde für diesen der Entwurf einer in alle Einzelheiten gehenden Instruktion auf Grund der vorher besprochenen Prinzipien aufgesetzt. Da heißt es unter anderem, es sei darauf zu achten, daß »der Printz nicht müßig gehen, sondern beständig sich mit etwas anständigem nützlich occupiren möge«, daß beide Zöglinge dauernd unter Aufsicht sein sollten, auch während der »Recreationen«, und sich nicht mit den Lakaien familiär machen dürften.

Herr von Hoff, der sein Amt im Juni 1740 übernommen hatte, starb bereits wenige Monate später. Nachdem ein Herr von Wallbrunn, der seine Nachfolge antreten sollte, abgesagt hatte, bemühten sich die Vormünder zunächst nicht weiter, sondern ließen den alten, schon lange als ungenügend befundenen Zustand für mehr als ein Jahr einfach weiter bestehen. Offensichtlich entsprach die Praxis der Erziehung während dieser Zeit durchaus nicht den vorher so wohl formulierten Absichten; beide Knaben wußten sich der großmütterlichen Aufsicht ebenso wie ihren Informatoren mit Geschick zu entziehen und legten ein wenig erfreuliches Benehmen an den Tag. Jedenfalls gab Herr von Üxküll in einem Memorandum, das er gegen Ende des Jahres 1741 oder zu Beginn des folgenden abgefaßt hat, seiner Besorgnis über diesen Zustand recht unverblümt Ausdruck. Er findet, es sei nun höchste Zeit, endlich einen richtigen Hofmeister für die Prinzen zu finden und die beiden vor allem aus Durlach wegzubringen, am besten nach Straßburg oder Basel: ». . . In moribus sind sie ja so rohe, daß Ihnen kein reputirlicher Bürgers Sohn beykommt. Und weiß derselbe einem Fremden weder ein obligeantes Wort zu sagen, noch einen rechten Reverenz zu machen. Ich sollte mich fast schämen, dergleichen Umstände Selbsten anzuführen, da mir die Direction derer Printzen Erziehung aufgetragen.« Doch, so schreibt er weiter, er sieht sie ja nur einmal in der Woche am »referats-Tag«, und auch da nur für kurze Zeit; zudem ist er in Dienstgeschäften des öfteren abwesend. Deshalb kann er sich auch nur an das erinnern, was ihm bei solchen

Gelegenheiten auffiel oder angezeigt wurde. Viele Fehler nimmt er zwar wahr, muß sie aber gehen lassen, denn in Durlach kann man sie einfach nicht abstellen. Weiter heißt es: »In der frantzösischen Sprache, welche Ihnen fast nöthiger als Ihre Mutter Sprache ist, kan zwar der Herr Land Printz sich ziemlich expliciren, der jüngste aber weiß fast nichts davon. Indeßen da jener schon in das 14te Jahr gehet, so ist es die höchste Zeit, daß man Ihnen dasjenige beybringe, was Sie nach Ihrem Stand wißen sollen«, zumal der verstorbene Markgraf ausdrücklich gewünscht habe, man solle den Landprinzen so früh wie möglich in die Regierungsgeschäfte einführen. Man gibt ja sonst Geld genug aus und wird hoffentlich nicht gerade an der Erziehung der Prinzen sparen wollen, die doch für das fürstliche Haus und das ganze Land solche Bedeutung besitzt. Nachdem Üxküll mit dieser offenen Kritik nun den fürstlichen Vormündern und dem Kollegium die weitere Verantwortung zugeschoben und sich selbst entlastet hat, schreibt er erleichtert am Schluß: »Dixi et salvavi animam meam.«

Trotzdem dauerte es noch einige Monate, bis man endlich im Mai 1742 einen Herrn von Lindemann als Hofmeister für die Prinzen verpflichten konnte. Ein halbes Jahr später, am 30. Oktober, starb die Großmutter, so daß die Prinzen in Durlach nun allein in Gesellschaft ihrer Erzieher lebten. Lüdecken lieferte den Vormündern kurz darauf eine Übersicht über die Tageseinteilung der Zöglinge und deren Lektionen. Bei Morgengrauen wird aufgestanden. Nach dem ersten Gebet und anschließendem Frühstück liest jeder vor dem eigentlichen Unterricht für sich ein Kapitel aus der Bibel. Um acht Uhr beginnnt dann der Unterricht. Zuerst wird wieder aus der Bibel gelesen, dann repetiert der Informator mit seinen Zöglingen ein Hauptstück aus Luthers Katechismus »oder catechisirt dieselben über die Ordnung und Schätze des Heyls«. Bis halb zwölf Uhr folgen weitere Fächer, wobei die Lehrer wechseln. Da Wilhelm Ludwig um vier Jahre jünger als Karl Friedrich war, mußten die Prinzen einzeln unterrichtet werden. Nachmittags gab es noch einmal drei Stunden, von vierzehn bis siebzehn Uhr. Unterrichtsfächer waren alte und neue Geschichte, Geographie, Französisch, Latein und Mathematik; zweimal wöchentlich wurde eine Stunde Klavierunterricht gegeben, zweimal jeweils zwei Stunden Reiten. Den Abschluß der Lektionen bildete wieder eine Betstunde. Dann ging man bei gutem Wetter bis zur Abendtafel spazieren, während die Prinzen bei schlechtem Wetter den Damen des Hofes Gesellschaft zu leisten hatten. Vom Geiste einer neuen Zeit ist in diesem ganz der Tradition verhafteten, durch eine strenge Religiosität lutherischer Prägung bestimmten Erziehungsprogramm noch nichts zu spüren. Inhalte und Formen sind die des vorigen Jahrhunderts. Karoline Luise ist dagegen in wesentlich »modernerem« Sinne erzogen worden.

Dem vierzehnjährigen Karl Friedrich gefiel es naturgemäß im engen Durlach, das sich von den schweren Zerstörungen des pfälzischen Krieges noch kaum wieder erholt hatte, und in der Nachbarschaft des freudlosen Hofstaats seiner kranken Mutter schon lange nicht mehr. Gern hätte er eine Einladung der Großmutter mütterlicherseits nach Holland angenommen. Marie Luise lebte in Leeuwarden am Hofe ihres Sohnes Wilhelm von Oranien, der seinem Vater als Statthalter der

Provinz Friesland im Amt nachgefolgt war. Eine solche Reise sah das Kollegium zwar auch als nützlich für die Ausbildung der Prinzen an, war jedoch der Meinung, zur Erlernung der französischen Sprache sei ein Aufenthalt in Lausanne zunächst wichtiger. Zu den Schweizer Eidgenossen bestanden von jeher enge Verbindungen. Mehr als einmal hatten badische Markgrafen in Kriegszeiten Zuflucht in ihrem Palais zu Basel suchen müssen und in dieser Stadt immer freundschaftliche Aufnahme gefunden. Von allen familiären Ereignissen – Geburten, Hochzeiten, Todesfällen – wurden die Eidgenossenschaft sowohl als auch die Städte Basel, Bern und Zürich stets offiziell in Kenntnis gesetzt. Lausanne empfahl sich für einen Studienaufenthalt aus verschiedenen Gründen. Einer der wichtigsten war, daß hier seit 1537 die erste protestantische Hochschule innerhalb des französischen Sprachgebiets der Schweiz bestand. Ursprünglich nur als Ausbildungsstätte für Theologen gegründet, war sie später um Lehrstühle für Geschichte und Rechtswissenschaft erweitert worden. Markgraf Karl Wilhelm war hier bereits seinen Studien nachgegangen, ebenso Karl Friedrichs früh verstorbener Vater, über dessen Ausbildung Üxküll damals als Hofmeister zweieinhalb Jahre gewacht hatte. In Lausanne waren auch die beiden Onkel Karl Friedrichs gewesen, zusammen mit ihrem Lehrer Lüdecken. Bei der so sehr traditionsbestimmten Haltung des badischen Hofes lag es nahe, daß die Wahl nun wieder auf Lausanne fiel, zumal die führenden Kreise der Stadt – sie zählte damals nur 7200 Einwohner – streng protestantisch dachten; auch war hier die Möglichkeit geboten, sich inmitten einer Französisch sprechenden Gesellschaft in der Beherrschung dieser für das Europa des 18. Jahrhunderts wichtigsten Sprache zu vervollkommnen.

Die gründliche Vorbereitung für eine Übersiedlung der Prinzen nahm einige Monate in Anspruch. Da der Hofmeister von Lindemann mit Rücksicht auf häusliche Verhältnisse von seinem Amt zurücktrat, wurde ein Johann Friedrich Christoph von Rothberg an seiner Statt engagiert und erhielt wie alle Vorgänger ausführliche Instruktionen. Vorweg und mit besonderem Nachdruck wird darin wieder auf die Wichtigkeit religiöser Erziehung verwiesen: ». . . aller Religions-Indifferentismus« ist zu vermeiden, in Gegenwart der Prinzen dürfen keine »anstößige oder auf einen Indifferentismus oder Libertinismus hinausgehende, noch weniger aber abergläubische oder gar atheistische noch andere ärgerliche Diskurse« geführt, »am wenigsten aber das unnütze, schandliche und verdammliche Fluchen geduldet« werden. Der Unterricht soll zwar regelmäßig, doch nicht von ermüdendem Gleichmaß sein und der Aufnahmefähigkeit der Zöglinge entsprechend abwechslungsreich gestaltet werden. Sehr wichtig ist die Beherrschung der französischen Sprache. Auf das Latein kommt es weniger an. Zwar sollen die Prinzen es lernen, wenn sie Lust dazu zeigen; wenn nicht, genügt das Wichtigste, damit sie später wenigstens die Termini von Jus und Philosophie verstehen können. Karl Friedrich soll als zukünftiger Landesherr so viel wie möglich von der Historie des eigenen Hauses, der »Einrichtung von Dero Landen« und ihrer Regierungsform, von der Gerechtsame des Fürstenhauses und »desselben Status politici et oeconomici« lernen.

Eigentlicher Zweck der Reise ist es, den Prinzen Lebensart beizubringen und sie in die Welt einzuführen. Was man im besonderen darunter verstand, gibt ein Passus der Reiseinstruktion vom 19. August 1743 für den Hofmeister zu erkennen. Der Weg wird über Basel und Bern führen; in beiden Städten sollen sich die Prinzen einige Tage aufhalten, Besuche empfangen und erwidern: ». . . und weil auch überhaupt in der Schweitz, Frankreich, Holland und dergl. Ländern man einer freyen und ungebundenen Lebens Art gewohnt ist, und ein gezwungen Ceremoniel, dergl. an den mehrsten Teutschen Höfen hergebracht, Bey sothanen Nationen nicht angehet, weil sie diejenige Personen, welche dergl. Beybehalten wollen, leichtlich zu meiden und ihren Umgang zu evitiren suchen, so wird besonders darauf zu sehen seyn, daß deren Printzen Lbden Lbden zu einer populairen Conversation angewöhnt und erinnert werden, die Schritte nicht abzuzehlen und dero Grandeur in einem andern zur Verkleiner- und Verachtung Gelegenheit gebenden Umgang zu suchen, vielmehr seynd dieselbig anzuweyßen, alles Ceremoniel zu evitiren und jedermänniglich mit Höflichkeit zuvorzukommen, auch allen Honoratioribus und Leuthen von Distinction oder Geburth die empfangene Visite wiederum zurück zu geben, und sowohl zu Bern als Lausanne samtl. sich einfindende honoratiores alsogleich niedersitzen zu laßen.« Der gravitätisch barocke Formalismus, wie er im Zeremoniell und Briefstil der deutschen Höfe damals noch weithin üblich war, wird in den Zentren Europas längst als veraltet und lächerlich empfunden; daher müssen die jungen Leute die geschmeidigeren und eleganteren Umgangsformen erlernen, welche durch die französische Gesellschaft des Rokoko zu allgemeiner Geltung gebracht worden sind.

Hofrat Lüdecken fuhr schon einige Zeit vorher nach Lausanne, um in dem dort gemieteten Hause alles einzurichten, weitere für die Suite erforderliche Unterkünfte zu suchen, Domestiken zu engagieren und mit Wäschern, Bäckern und Metzgern Vereinbarungen zu treffen. Die Aufgabe war nicht einfach, denn die Begleitung der Prinzen umfaßte einunddreißig Personen: den Hofmeister, die beiden Informatoren Lüdecken und Förderer – letzterer versah auch das Amt des Reisepredigers –, zwei Ärzte, je zwei Edelknaben und Kammerjunker, Küchenpersonal, Vorreiter und Reitknechte. In Lausanne sollten dazu noch fünf weitere Bediente angenommen werden, darunter eine »Silber-Spülerin«.

Am 24. September reiste man schließlich »unter Paradierung der Schloßwache und samtlicher Bürgerschaft der Stadt« aus Karlsruhe ab, bis Grünwinkel von einem im Lande liegenden österreichischen Husarendetachement und dessen Kommandeur begleitet. Nach kurzen Aufenthalten in Basel und Bern, wo man die Spitzen der Regierung besuchte und zum Gegenbesuch empfing, sowie an Gastereien und offiziellen Bällen teilnahm, traf die Gesellschaft schließlich am 11. Oktober in Lausanne ein, auch hier von Deputationen des Magistrats und der Universität sowie von zahlreichen Privatleuten begrüßt. Wenn auch erst fünfzehn Jahre alt und noch unter Vormundschaft stehend, gehörte Karl Friedrich als zukünftiger Landesherr doch zu den bedeutenderen reichsunmittelbaren Fürsten Deutschlands und hatte nach dem diplomatischen Protokoll der Zeit Anspruch auf solche Ehrungen.

Mehr als zwei Jahre sollten die Prinzen nun in Lausanne bleiben. Der Hofmeister war gehalten, den beiden Markgrafen Vormündern in Karlsruhe regelmäßig Berichte zu schicken. Was Karl Friedrich angeht, so lauten diese im allgemeinen zufriedenstellend; weniger erfreulich waren dagegen die Leistungen des jüngeren Bruders. Über diesen heißt es am 6. November 1744: ». . . Ihre Lectiones und Stunden sind noch wie in letzterer Ordnung gemeldet worden, und profitiren solche bey des Printzen Wilhelm Durchl. sehr wenig, indeme nicht die geringste attention bey Ihme zu spüren ist.« Im August des folgenden Jahres erschien überraschend Geheimrat von Üxküll selbst, um sich von den Fortschritten der Zöglinge zu überzeugen. Er fand sie wohl aussehend und zu ihrem Vorteil verändert. Karl Friedrich, so berichtete er, sei recht »aufgemuntert« und suche alle zu ihm kommenden Fremden zu »beleben«. Jedermann sei zufrieden mit ihm, denn er wisse die gute Mitte zwischen einer »anständigen politesse und einer verächtlichen familiariät« zu halten. Soweit man vom Äußeren auf das Innere schließen könne, dürften das fürstliche Haus ebenso wie das Land sich von seinem späteren Regiment »Vergnügliches« erhoffen; vorausgesetzt sei dabei allerdings, daß er das Glück habe, gleich in gute Hände zu kommen und redlich »ohninteressirte« Ratschläge zu erhalten.

Da Karl Friedrich schon zu Anfang des Jahres geschrieben hatte, er fühle keine große Lust, länger als unbedingt erforderlich in Lausanne zu bleiben, erlaubten die Vormünder den Prinzen nun die von vornherein vorgesehene Fortsetzung der Reise. Nach einer Rundfahrt durch die französischen Provinzen sollten sie für sechs bis acht Wochen in Paris Station machen. Die von Ludwig XV. ausgestellten Pässe trafen im September ein, und man machte sich mit kleinerem Gefolge nun auf den Weg. Über Genf ging es nach Grenoble, dann nach Lyon, Avignon, Toulon, Marseille, Nîmes, Montpellier, Narbonne, Toulouse, schließlich nach Bordeaux; von dort führte der Weg über Poitiers, Blois und Orléans nach Paris, wo die Gesellschaft Ende Januar eintraf. Hier gab es das übliche Programm für hochgestellte Fremde: Teilnahme am Lever des Königs in Versailles, Vorstellung beim Herzog von Chartres aus dem Hause Orléans, ein Essen beim Außenminister, ein Besuch beim Kriegsminister. Hofmeister von Rothberg berichtet von Empfängen und Einladungen bei der Duchesse de Maine und Mademoiselle de Sens; so höflich sich diese beiden Damen aus dem Hause Bourbon-Condé zeigten, so frostig war der Empfang bei der Herzogin von Orléans. Deutsche Prinzen zählten damals in Paris nicht eben viel. Rothberg meint, die Etikette habe sich sehr zum Nachteil seit jener Zeit verändert, als die Prinzessin, welche Fremden die höchsten Ehren erwies, eine Deutsche war, nämlich Liselotte von der Pfalz; diese habe eben noch gewußt, was man Prinzen ihrer Nation schuldig sei. Jetzt fühle sich ein souveräner regierender Fürst aus dem Ausland in Paris »très déplacé«. Eine gute Note bekommen Kardinal de Rohan und Prinz Karl von Lothringen, »Grand Ecuyer de France«, die den Badenern manche Freundlichkeiten erwiesen. Dem Hofmeister fiel es unangenehm auf, und die Vormünder werden es auch nicht gern gehört haben, daß nach allen Soupers, zu denen man geladen war, um Geld gespielt wurde. Freilich, so fügte Rothberg beruhigend hinzu, sei das Spiel in der Stadt nicht mit dem bei Hof zu vergleichen, wo man leicht fünf- bis sechstausend Louisdors an einem Abend verlieren könne. Am Gründonnerstag besuchten die Prinzen noch einmal Versailles, um der traditionellen Zeremonie zuzusehen, wie König und Königin einigen ausgesuchten Armen die Füße wuschen und sie nachher bei der Tafel bedienten. Nach Ostern ging die Reise über Senlis, Cambrai und Valenciennes nach Brüssel, wo man sich einige Tage aufhielt, dann weiter zu den oranischen Verwandten nach Holland. Dort hatte die Reisegesellschaft einen gefährlichen Unfall zu bestehen. Auf dem Wege nach Gorkum stürzte der Wagen, in welchem die Prinzen mit ihrem Hofmeister und einem Kammerjunker reisten, von der auf einem Damm hoch gelegenen Straße ab, sich dreimal überschlagend. Die Prinzen und der junge Begleiter kamen mit leichten Verletzungen und einigen Beulen davon, Rothberg dagegen wurde bewußtlos aus dem Wagen getragen und starb nach einem Krankenlager von drei Wochen an schweren inneren Verletzungen.

In Leeuwarden lernten die Prinzen endlich ihre Großmutter und den Onkel Wilhelm von Oranien kennen, der damals noch Erbstatthalter der Provinz Friesland war. Im Jahr darauf erhob ihn eine Volksbewegung als Wilhelm IV. zum Statthalter der Staaten von Holland, zum Generalkapitän und Generaladmiral. Der Onkel versuchte, den beiden Neffen eine angenehme Zeit zu bereiten und ließ ihnen die wichtigsten Sehenswürdigkeiten des Landes zeigen. Wie Lüdecken nach Hause schrieb, schien es dem Onkel Oranien jetzt jedoch an der Zeit zu sein, die Brüder voneinander zu trennen. Daher schlug er den Vormündern vor, den jüngeren in Holland zu lassen, wo der Onkel sich um dessen weitere Erziehung kümmern wolle. An der Leeuwarden benachbarten Universität Franeker könne Wilhelm Ludwig Studien betreiben und dabei gleichzeitig vom Onkel beaufsichtigt werden.

Geheimrat von Üxküll, der im September aus Karlsruhe gekommen war, zeigt sich in seinem Bericht nicht so sehr zufrieden mit dem Aufenthalt der Prinzen in Holland. Ihr ganzer Zeitvertreib bestehe darin, schreibt er, daß sie um ein Uhr mittags den württembergischen Gesandten aufsuchten, wo man sich unterhalte oder ein Spiel mache. Hinterher wüßten sie dann oft nicht, was sie aus lauter Langeweile anfangen sollten. In Lausanne oder an der Universität Utrecht hätten sie ihre Zeit bestimmt nützlicher verbringen können. Karl Friedrich wäre gern noch nach England gereist, doch äußerten die Vormünder dagegen Bedenken, denn zur Zeit machten Kaperschiffe den Ärmelkanal wegen der Streitigkeiten zwischen England und Holland unsicher. Lüdecken erhielt Weisung, mit Karl Friedrich Ende September nach Karlsruhe zurückzukehren, während der Bruder dem Vorschlag Oraniens folgen und weiter in Leeuwarden bleiben solle. Inzwischen werde man von Karlsruhe aus den Kaiser bitten, Karl Friedrich für volljährig zu erklären, damit er offiziell die Herrschaft übernehmen könne.

Den Gedanken, auf der Rückreise die vornehmsten Höfe Deutschlands zu besuchen, wie Üxküll vorgeschlagen hatte, um »als nächstens regierender Landesherr die connoissance und Freundschaft Teutscher Fürsten Sich zu erwerben«, ließ man wieder fallen, denn in Hinsicht auf die späte Jahreszeit und die Kosten wollte der

Prinz dies jetzt nicht gerne unternehmen. Lieber wäre er nach Italien gefahren, doch ging man auf seinen Wunsch nicht ein.

Am 13. Oktober reiste er aus Holland ab. Üxküll hatte sich bereit erklärt, ihn während der Heimkehr zu begleiten, »nicht zu seinem eigenen plaisir«, wie er dem Karlsruher Kollegium mitteilte, sondern aus Pflichtgefühl, obgleich er sich mit seinen sechzig Jahren durch die Reisestrapazen beschwert fühle. Auf dem Wege nach Karlsruhe wollte man dem Großonkel in Kassel und dem Hof in Darmstadt einen Besuch abstatten. Bei dieser Gelegenheit sind Karl Friedrich und Karoline Luise einander zum ersten Mal begegnet.

Am 5. November 1746 schließlich zog der junge Fürst nach nunmehr vierjähriger Abwesenheit unter Glockenklang und Jubel der Bürgerschaft in seine zukünftige Residenz ein, wo die Volljährigkeitserklärung aus Wien bereits eingetroffen war. Am 22. dieses Monats, dem achtzehnten Geburtstag des Prinzen, trat der Vormund Markgraf Karl August von seinem Amt als Regent zurück, und Karl Friedrich übernahm die Herrschaft.

Von dem langen Ausflug in die große Welt ist der junge Markgraf vermutlich nur ungern in seine kleine Residenz Karlsruhe zurückgekehrt. Zwar war er nun volljährig und damit von der ständigen Aufsicht durch Vormünder und Lehrer ebenso wie von der frommen Zucht befreit, in welche man ihn seit Kindertagen genommen hatte. Doch banden ihn nun neue Pflichten unter der Aufsicht des Geheimratskollegiums. Als Fürst souverän, doch noch ohne jede praktische Erfahrung und politische Übersicht, war er ganz von jenem Gremium erfahrener Männer abhängig, in deren Händen seit langem die Regierungsgeschäfte lagen. Manche von ihnen hatten schon seinem Großvater in solchen Ämtern gedient, insbesondere der Präsident des Kollegiums, Geheimrat von Üxküll. Er stellte nun für den jungen Markgrafen eine Art väterlicher Autorität dar und wußte sie auch ungescheut zu Gehör zu bringen. Mit der loyalen Gesinnung all dieser erprobten Berater konnte Karl Friedrich rechnen, wird aber auch die kritischen Blicke nicht übersehen haben, mit denen sie den Neuling betrachteten.

Der alte Lehrer Lüdecken, dessen erzieherische Aufgabe mit der Volljährigkeit Karl Friedrichs beendet war, scheint seinen Zögling in diesen ersten Monaten mit gewisser Sorge beobachtet zu haben. Jedenfalls setzte er einen längeren, an ihn gerichteten Brief auf, den er schließlich nicht zu Ende führte und auch nicht abgeschickt hat. Erst nach seinem Tode soll man ihn gefunden und dem Markgrafen übergeben haben; Karl Friedrich hat ihn unter seinen persönlichen Papieren bewahrt[4]. Der Entwurf trägt kein Datum, ist aber wohl in den ersten Monaten des Jahres 1747 geschrieben worden. Immer habe er sich bemüht, so beginnt Lüdecken, seinem Schüler das beizubringen, was ein guter Regent besitzen müsse, nämlich Menschenkenntnis und Selbsterkenntnis. Daher will er ihm auch sagen, welches Bild er von seinem Charakter gewonnen hat, damit Karl Friedrich das Gute weiter pflegen, Fehlerhaftes dagegen korrigieren könne. Als positive Eigenschaften findet Lüdecken in ihm »jugement bon, conception heureuse, mémoire excellente«. Gott hat ihn mit diesen wichtigen Qualitäten begabt, damit er durch sie sein Volk regieren und ihm helfen könne. Doch bemerkt Lüdecken auch eine gewisse Trägheit in ihm, einen Mangel an Konzentrationsfähigkeit, die man allenfalls einem Gelehrten oder Weisen, niemals jedoch einem Fürsten nachsehen kann; diesem würde man sie als Hochmut und Menschenverachtung auslegen. Weiter ist Karl Friedrich zu gehemmt und zaghaft, verläßt sich zu wenig auf seine eigenen Geisteskräfte, macht sich zu abhängig von der Meinung anderer Menschen. Daher rührt seine Unentschlossenheit, die sich sehr schädlich auf alle Angelegenheiten auswirkt, welche prompte Erledigung verlangen. Von einem Fürsten fordert man aktives Verhalten, und da »l'indolence« eine schlimme Krankheit der Seele ist, wird Karl Friedrich versuchen müssen, von dieser loszukommen. Anstatt sich mit frivolen Dingen zu amüsieren, soll er die Zeit dazu verwenden, seine Talente zu pflegen und seinen Untertanen Gerechtigkeit widerfahren zu lassen. Dazu muß man sich früh an Ordnung gewöhnen und jede Stunde des Tages einer bestimmten Aufgabe widmen, gleich ob es sich um ernsthafte Angelegenheiten oder um entspannende Tätigkeiten handelt; dadurch entgeht man auch am sichersten der Langeweile. Jeder, der Karl Friedrich kennt, wird ihm ein »bon cœur« zuerkennen; ohne ein solches würden sowieso alle anderen Eigenschaften, auch die positivsten, an Wert verlieren. Doch Güte muß etwas Bewußtes sein und sich auf Überlegung gründen; als bloße Temperamentsäußerung bedeutet sie überhaupt nichts, sondern degeneriert leicht zu Schwäche. Karl Friedrichs Güte soll daher stets vom Lichte der Vernunft erhellt sein, damit er ebenso gut abzulehnen wie zu gewähren fähig werde; andernfalls könnte er solchen Menschen, die mit frecher Stirn Unrechtes von ihm verlangen, zur leichten Beute fallen. Ein weiterer, nicht mehr vollendeter Absatz gilt der für einen Fürsten wichtigen Tugend der »générosité«; das ist Freigebigkeit, die sich auf der Grundlage von Gerechtigkeit über die reine Pflicht erhebt. Man muß sie mit Unterscheidungsvermögen ausüben, denn sie darf einzig nur wahrem Verdienst zukommen. Nur wenige Menschen besitzen eine richtige Vorstellung von ihr, denn man verwechselt sie leicht mit »prodigalité«, einer Verschwendungssucht, deren Quelle der Eitelkeit entspringt.

Vermutlich wollte Lüdecken in seinem Fragment gebliebenen Brief auch manches andere noch zur Sprache bringen, was ihm an der Aufführung seines ehemaligen Zöglings mißfiel. Man beobachtete und redete darüber, daß Karl Friedrich als Mittelpunkt eines Kreises lebenslustiger junger Leute aus seiner Umgebung ein Leben lockerer Sitten zu führen begann, daß er sich vor allem leidenschaftlich waghalsigem Kartenspiel mit hohen Einsätzen ergeben hatte. Bei einer Partie mit dem Herzog von Württemberg wäre ihm einmal fast der Forst Hagenschieß, der zum Einsatz stand, verloren gegangen, hätte nicht sein Kammerdiener Schambach noch rechtzeitig bemerkt, daß der Herzog durch einen Blick in den Spiegel die Karten in der Hand seines Partners erkennen konnte.

Von solchen Dingen erfuhr natürlich auch Wilhelm von Oranien, der aus der Ferne aufmerksam die ersten selbständigen Schritte des Neffen in Karlsruhe beobachtete[5]. Was den Onkel noch mehr beunruhigte als die an den Höfen der Zeit verbreitete Spielleidenschaft, war ein Gerücht, welches Kaiser Karls VII. bigotte Witwe in

München verbreitete, daß nämlich der junge Markgraf von Baden nach Rom gehen werde, um dort zum Katholizismus überzutreten. Oranien, der in einem Brief vom 10. Februar 1747 darauf zu sprechen kam, meinte zwar, er kenne Karl Friedrichs Ehrgefühl, Tugend und Frömmigkeit zu gut, um jemals an ihm zu zweifeln; trotzdem müsse er ihm darüber schreiben, damit der Neffe versuchen könne, den Urheber so unverschämter Gerüchte ausfindig zu machen.

Nachdem auf diesen Brief sechs Wochen später noch keine Antwort in Leeuwarden eingetroffen war, griff der verärgerte Onkel noch einmal zur Feder und wurde nun deutlicher. Von verschiedenen Seiten habe er erfahren, der Neffe sei durch schlechte Gesellschaft auf Abwege geraten. Unter dem Vorwand, ihm gefällig sein zu wollen, hätten Leute, die sich nicht schämten, auf gewisse Weise den Leidenschaften ihres jungen Herrn Vorschub zu leisten, verderblichen Einfluß auf ihn und die Unschuld seiner Sitten gewonnen, so daß er begonnen habe, seiner Neigung zu sinnlichen Vergnügungen nachzugeben. »Ich bin kein solcher Pedant, mein lieber Neffe, Ihnen hier etwa strenge Moral predigen zu wollen und Ihrem Alter nicht eine plötzliche flüchtige Leidenschaft zuzugestehen. Doch halte ich es für meine Pflicht, Sie darauf hinzuweisen, daß es Ihre Aussichten auf eine gute Partie sehr beeinträchtigt, wenn Sie sich jetzt an Ihre Passionen verlieren. Denn eine wohlgeborene und wohlerzogene Prinzessin wird sich nicht leicht einem Fürsten geben wollen, der für einen ›goût déterminé pour la débauche‹ bekannt wäre. Sie wissen genau, lieber Neffe, zu welch traurigen Folgen das in Ihrem Hause geführt hat, und Gott möge Sie davor bewahren, den Katalog der Anklagen noch zu verlängern, welche ehrenhafte Leute in Ihrem Lande darüber vorgebracht haben und noch vorbringen!« Erhält sich Karl Friedrich den Ruf, ein guter, vernünftiger und bescheidener Fürst zu sein, ein sanfter, mildtätiger und gottesfürchtiger Charakter, dann wird man ihn im ganzen Reiche achten, und jede Prinzessin, aus welchem Hause auch immer sie kommen möge, wird sich glücklich schätzen, ihm ihre Hand zu reichen. »Ihr eigenes Wohl und das Wohl Ihrer Untertanen dulden keinen Aufschub. Ich beschwöre Sie, reiflich darüber nachzudenken. Das dürfte für Sie nützlicher und vorteilhafter als eine Reise nach Italien sein, denn eine solche würde nur den Verdacht all jener Leute bestärken, welche meinen, Sie wollten die Religion wechseln.« Auf diese Philippika hin scheint der junge Markgraf sich endlich zu einer Antwort aufgerafft zu haben, denn am 22. April schreibt ihm der Onkel, er habe seinen Brief bekommen und sei erleichtert über die Bestätigung, daß es mit den von der Kaiserin-Witwe ausgestreuten Gerüchten nichts auf sich habe. Allerdings wünscht Oranien sich, Karl Friedrich hätte seine Mahnung, an eine passende Heirat zu denken, nicht mit Stillschweigen übergangen. Sie wäre gut für ihn, und außerdem ist er sie auch seinen Untertanen schuldig. Daher kommt der Onkel noch einmal auf diesen Punkt zurück.

Das Problem wurde schon im folgenden Monat akut. Geheimrat von Üxküll, der zu einer Tagung des Schwäbischen Kreises nach Ulm gereist war, teilte dem Markgrafen am 3. Mai mit[6], der württembergische Minister von Wallbrunn, der gleichzeitig auch den dänischen Hof beim Ständigen Reichstag zu Regensburg vertrat, habe ihn wissen lassen, in Kopenhagen würde man es begrüßen, wenn Karl Friedrich die

»Princesse Royale«, König Friedrichs V. Schwester, zur Frau nähme; damit ließe sich ein neuer Zweig des Königshauses in einem protestantischen deutschen Hause begründen. Karl Friedrich solle sich rasch entscheiden, ob er wolle oder nicht, denn bei solchem Angebot dürfe man nicht mit der Antwort zögern. Hat er ein »penchant« für diese Prinzessin? Wenn ja, will er sich dann, was Schönheit, Figur und Charme betrifft, nur auf ein Porträt und Beschreibungen von Leuten verlassen, welche das Mädchen kennen? Soll man Erkundigungen über sie einziehen? Wenn Karl Friedrich nicht mag, muß man die Sache sofort abblasen, wobei freilich zu bedenken bleibt, daß es sich um eine höchst ehrenvolle Partie handelt.

Im Juni traf Üxküll den dänischen Minister von Bernstorff in Augsburg und erhielt weitere Informationen. Der König, dessen Thronfolger vor kurzem gestorben war, möchte seine Schwester mit einem deutschen Prinzen verheiraten, damit sein Land bei Fehlen eines männlichen Erben nicht an das nächstverwandte Sachsen oder an Holstein fallen müsse. Die Prinzessin selbst habe dem Plan zugestimmt. Üxküll schreibt, er habe inzwischen auf Zeit gespielt; der Markgraf fühle sich durch das Anerbieten geschmeichelt, erbitte vor einer Bindung jedoch noch genauere Auskünfte; das Königspaar sei ja noch jung und könne noch zahlreiche Kinder bekommen. Heiraten solcher Art würden auch oft eine starke finanzielle Belastung wegen des »grand entretien« bedeuten, der für eine Prinzessin so hohen Ranges nötig sei; Karl Friedrich könne nicht über das in Karlsruhe Übliche hinausgehen. Daraufhin hieß es, die Prinzessin werde aus Kopenhagen eine so hohe Revenue beziehen, daß sie damit ihre persönlichen Ausgaben bestreiten könne.

Karl Friedrich war unschlüssig, gab keine feste Antwort und entzog sich einer Entscheidung erst einmal durch eine längere Reise nach Holland, die er im Juli 1747 antrat. Üxküll geriet dadurch in eine peinliche Lage, denn der dänische Minister drängte auf Entscheidung – »il me presse extraordinairement«, heißt es in einem Brief von 11. August – und war beunruhigt darüber, daß Karl Friedrich die angebotene Braut erst sehen wollte. Am 1. September schrieb Üxküll nach Holland, wenn der Onkel Oranien, wie er gehört habe, die Partie gutheiße, dann solle Karl Friedrich doch nicht nach England fahren, wie er beabsichtigte, sondern nach Dänemark. Will er die Partie aber nicht, dann soll er es jetzt endlich sagen. Niemand will ihn zwingen, doch eine Entscheidung muß getroffen werden, damit man noch auf gute Art von der Sache zurücktreten kann, ohne sich dem in Europa sehr einflußreichen König gegenüber zu kompromittieren.

Ohne eine Entscheidung getroffen zu haben, fuhr Karl Friedrich weiter nach England. Im Oktober schrieb Üxküll ihm dorthin, Kopenhagen habe sich nicht sehr geschickt verhalten, denn nun seien die deutschen Zeitungen bereits voll von der Sache, und dies in einer für Karl Friedrich nicht angenehmen Weise. Wenn überhaupt noch etwas nötig gewesen wäre, den jungen Markgrafen endgültig von der Partie abzuschrecken, dann war es ein Schreiben Üxkülls vom 16. Oktober, in dem es heißt: ». . . vor zwei Tagen habe ich einen Brief gelesen, in dem man bemerkt, die Prinzessin leide am Übel Mosis und habe einen sehr schweren

Sprachfehler; wenn dem wirklich so ist, dann müßte Ew. Hoheit auf eine der größten Annehmlichkeiten ehelicher Gemeinsamkeit verzichten, nämlich auf Konversation und Unterhaltung, die als Begleitung zu einem schönen Gesicht gehören.« Ende Dezember heißt es in einem weiteren Brief Üxkülls, er betrachte das Projekt der dänischen Heirat nun als endgültig erledigt.

Inzwischen war schon eine zweite Kandidatin ins Gespräch gebracht worden, nämlich Juliane, die jüngere Schwester des Herzogs von Braunschweig-Wolfenbüttel. »Sie soll schön wie ein Engel sein«, schrieb Üxküll, »auch den allerbesten Charakter besitzen. Den Herzog von Piemont hat sie abgewiesen, weil sie absolut nicht katholisch werden wollte. Freilich weiß ich nicht, ob sie nicht auch an dem in ihrer Familie erblichen Übel des Stotterns leidet.« Für diese Partie bezeigte Karl Friedrich offensichtlich ebensowenig Lust wie für die dänische; jedenfalls ist davon weiterhin nicht mehr die Rede. Beide Damen fanden im übrigen noch ihr »Etablissement«. Die dänische Prinzessin wurde Gemahlin des Herzogs von Sachsen-Hildburghausen, während die Braunschweigerin, deren älteste Schwester Friedrich dem Großen vermählt worden war, 1752 als zweite Frau König Friedrichs V. den dänischen Thron bestieg.

In England, wohin Karl Friedrich sich um den 20. September herum eingeschifft hatte, blieb er drei Monate, bewegte sich im gesellschaftlichen Leben des Hofes und nahm an der Eröffnung des Parlaments teil, scheint sich aber auch außerhalb Londons umgesehen zu haben. Am 21. Januar 1748 kehrte er wieder zu seinen holländischen Verwandten zurück. Obgleich Üxküll ihn ausdrücklich gewarnt hatte, sich durch den Onkel Oranien nicht etwa auf die Seite der Seemächte und des Wiener Hofes gegen Frankreich ziehen zu lassen, gab Karl Friedrich Lord Chesterfield, dem Staatssekretär des Äußeren in London, doch ein solches Versprechen. Üxküll schrieb ihm am 10. Januar nach Den Haag, er habe zu seiner größten Überraschung von diesem Schritt erfahren: ». . . In dieser Sache, Monseigneur, geht es doch nicht um eine bloße Gefälligkeit, sondern um die Erhaltung Ihrer Person und Ihres Landes.« Ist dieses einmal ruiniert, kann er auf keinerlei Hilfe mehr hoffen. Üxküll zweifelt sehr, ob sich in solchem Falle, »quelqu'un assez charitable« finden würde, ihn zu unterstützen. Seine Vorfahren haben in dieser Hinsicht jedenfalls schlechte Erfahrungen gemacht. Dann bittet er Karl Friedrich, dem Herrn Onkel Statthalter zu sagen, ohne sich zu Hause vorher genau informiert zu haben, könne er keine Versprechungen machen; natürlich werde er alles versuchen, dem Kaiser und dessen Verbündeten gefällig zu sein, doch nur soweit es die Verfassung des Reiches und des Schwäbischen Kreises gestatteten; letzterer hatte sich jedoch erst kurz zuvor für eine Neutralität gegenüber Frankreich ausgesprochen. Leicht beeinflußbar und noch ohne rechten Überblick, unternahm der junge Fürst einen ersten Schritt in die große Politik, ohne sich von dessen möglicherweise schädlichen Folgen eine Vorstellung machen zu können. Als Regierungschef sah Üxküll sich nun vor die Aufgabe gestellt, den Frontwechsel seines Herrn vor dem Schwäbischen Kreise zu vertreten und doch gleichzeitig vor den Augen der genau beobachtenden Mächte Europas nach Möglichkeit wieder herunterzuspielen.

Ein zögernder Bräutigam

Ehe der junge Markgraf aus Holland nach Karlsruhe zurückkehrte, mußte er offenbar seinem Onkel versprechen, sich nun ernstlich nach einer Frau umzusehen. Vermutlich war es auch Oranien, der ihn auf die hessische Prinzessin Karoline Luise als die am besten geeignete Kandidatin verpflichtete. Nur so läßt sich ein Brief erklären, den diese am 5. März 1748 ihrem Vater schrieb[1]: ». . . Ew. Hochfürstliche Durchlaucht möge es mir verzeihen, daß ich mir die Freiheit nehme, Ihnen einliegenden Brief des Grafen von Wartensleben zu übersenden . . . Ew. Hochfürstliche Durchlaucht hat mir bei allen Gelegenheiten bewiesen, daß Sie mir ein verehrungswürdiger Vater und – mit Verlaub zu sagen – ein gnädiger Freund sind, was mir aufrichtiges Vertrauen einflößt. Deshalb wage ich es, Ihnen eine Neuigkeit im selben Augenblick mitzuteilen, da ich sie bekomme; ich bin sicher, Sie werden mich darum nicht als unbesonnen schelten. Sollte mein Schicksal von dem gnädigen Empfang abhängen, welchen Ew. Hoheit dem Markgrafen gewähren wird, ist mein Glück besiegelt, und es wird mir darum nur um so willkommener sein . . .«

Der Schreiber des Briefes, um den es hier geht, war vermutlich Generalmajor Graf Karl Friedrich von Wartensleben[2], der seit langem in holländischem Militärdienst stand und des öfteren auch schon auf diplomatische Mission geschickt worden war. Sein Brief ist zwar nicht erhalten geblieben, doch steht zu vermuten, daß er die Frage enthielt – sei es im Namen Wilhelms IV. von Oranien für seinen Neffen, sei es im Auftrag Karl Friedrichs selbst –, ob ein Besuch des Markgrafen und eine Werbung um die Hand der Prinzessin in Darmstadt mit günstiger Aufnahme rechnen könne oder nicht.

Der Bescheid muß positiv ausgefallen sein, doch geschah zunächst nichts. Erst am 30. Mai hört man wieder von dieser Sache, als Baron Reischach auf Nußdorf, Oberforstmeister des hessischen Landgrafen[3], an seinen Herrn schrieb, der Markgraf, bei dem er sich mehr als zwei Wochen in Karlsruhe und während der Jagd auf dem Dobel aufgehalten habe, werde ihm bald selbst den Grund dieses langen Aufenthalts erklären: ». . . die bewußte Sache stehet auch noch biß dato auf ziemlich guthem Fuß.« Man solle aber alles vertraulich behandeln, denn bis jetzt könne er noch nichts wirklich Positives berichten. Bei Hof und in der Kanzlei sind jedoch »alle für uns«. Reischach selbst wird tun, was in seinen Kräften steht, um die Sache zu fördern. Das wichtigste Problem bestand darin, Karl Friedrich nun endlich zu einem Entschluß zu bewegen. Wieder schob er eine Entscheidung vor sich her, sagte nicht Ja und nicht Nein, nahm zwar Einladungen an den Hof nach Darmstadt und zu Jagden an, erklärte sich aber nicht. Natürlich konnte auf die Dauer nicht geheim bleiben, was da gespielt wurde; es gab Redereien und Gerüchte, welche schließlich für die Prinzessin peinlich zu werden begannen. So ging es acht Monate lang. Am 2. Februar 1749 berichtete Reischach, der weiter für Darmstadt die Verhandlungen führte, General von Geusau und Herr von Üxküll, die als einzige in Karlsruhe offiziell von der Sache wußten, seien so krank gewesen, daß die beiden Schreiben – das eine an den Landgrafen, das andere an die Prinzessin – noch nicht hätten aufgesetzt werden können. Inzwischen habe er endlich, wenn auch nur mit größter Mühe, Karl Friedrich dazu bringen können, diese Briefe selbst zu verfassen. Freilich ist Reischach im Zweifel, ob ». . . sich der H. Marggrav wegen allzugroßer Schamhaftt- und Blödigkeit allso gegen Ew. Drchl. wird genugsam explicirt haben, daß Sie vollkommen davon Satisfait seyn werden; das ist einmahl gewiß, was etwan an der Schreibart fehlet, der Wille und guthe Meinung vollkommen wieder ersezt. Ich schließe hier mit auch ein Schreiben an Ihre Drchl. die Princesse mit bey und hoffe, er wird sich besser gegen derselben als gegen Ew. Drchl. expliciert haben. Ich wollte nur wünschen, die Anstalten gesehen zu haben, biß er mir die zwey brieff gegeben, Sie hätten gewiß von Herzen gelacht. Wann Hr. Gen. von Geissau nicht wäre so miserable krank gelegen, so wäre alles in forma gewiß durch ein Canzleyschreiben geschehen; so bald er wieder besser nebst Herrn Präsidenten, so wird er sich alle Mühe geben, alles nach Ew. Drchl. intention zu bewerckstelligen.«

Nachdem Ludwig VIII. den ihm durch General von Geusau überreichten Brief empfangen hatte, dankte er dem Markgrafen am 6. Februar dafür, daß dieser seine Tochter als Gattin vielen anderen vorgezogen habe[4]. Er empfinde es als eine »vraye gloire«, nun seine eigene Familie und Verwandtschaft durch die »Chère Personne« Karl Friedrichs vergrößern zu können, und stimme der Proposition freudig zu, werde sie aber, Karl Friedrichs Wunsch entsprechend, noch so lange streng geheim halten, bis er aus Karlsruhe ein Zeichen zur Veröffentlichung empfangen habe. Karoline Luise antwortete auf den Antrag des Markgrafen am 7. Februar mit einem Brief, dessen Text sie lange überlegt und dem Vater vor der Reinschrift noch zur Billigung und eventuellen Korrektur gezeigt hatte[5]: »Monsieur, Zu geehrt und geschmeichelt durch die Gefühle, welche Ew. Hoheit mir eröffnen, fühle ich kein anderes Verlangen, als mich so zu verhalten, daß Sie keinen Grund finden möchten, sie jemals zu bedauern. Das wird für mein ganzes Leben Ziel meiner Aufmerksamkeit sein. Auf diese Weise hoffe ich, Ihre Gefühle zu verdienen und Ew. Hoheit jene vollkommene Hochschätzung zu beweisen, mit welcher ich die Ehre habe zu sein, Monsieur, Ew. Hoheit ganz ergebene Dienerin Caroline.«

Mit den Briefen des Landgrafen und der Prinzessin kehrte Reischach, der an der Überreichung der Schreiben Karl Friedrichs in Darmstadt teilgenommen hatte, nach Karlsruhe zurück. Erst drei Wochen später, am 2. März, antwortete der Markgraf, der die Verzögerung mit einer Reise nach Stuttgart entschuldigte[6]: ». . . Es sind, Madame, Ihre allgemein geschätzten Tugenden und Verdienste, welche die Gefühle in mir erweckten, welche Ihnen zu erklären ich mir die Freiheit genommen habe. Erstes Ziel wird es in meiner zukünftigen Ehe für mich immer sein, glücklich und zufrieden zu leben; und da Ew. Hoheit dasselbe Ziel verfolgen, kann unsere Verbindung nur vollkommen sein. Sie werden es mir gestatten, Madame, daß ich Ihnen beigefügt ein kleines Zeichen meiner Verbundenheit überreiche. Es soll mich bei Ihnen in Erinnerung halten, bis ich Ihnen überzeugendere Beweise dafür bieten kann. Indem ich Sie bitte, dessen gewiß zu sein, daß man nicht mit mehr Zärtlichkeit und Verehrung das sein kann, als was ich die Ehre habe, mich für immer zu erklären, Madame, nämlich Ew. Hoheit ganz ergebenen und gehorsamen Diener Charles Frédéric, Markgraf von Baden.«

Man wird kaum erwarten dürfen, in solchen Schreiben, die alle klingen, als seien sie nach einem Briefsteller aufgesetzt, mehr als den höflichen Ausdruck konventioneller Gefühle zu finden. Die Verlobten kannten einander kaum und hatten bis dahin wohl auch nur konventionelle Redensarten miteinander gewechselt. Was Karoline Luise angeht, so dürfte ihr der junge Markgraf nicht unsympathisch gewesen sein, denn der Vater hätte niemals gegen ihren Willen entschieden. Für Karl Friedrich bedeutete die Heirat eine ungeliebte Pflicht, die zu erfüllen ihn Amt und Stellung zwangen. Nun war er gebunden, schob aber die Erfüllung seines Versprechens erst einmal wieder für unbestimmte Zeit auf. Hinter seinem Bedürfnis nach Freiheit stand auch der lang gehegte Wunsch, Italien zu sehen, eines der großen Ziele aller jungen Aristokraten dieser Zeit.

Zunächst mußte er sich jedoch in die Verwaltungs- und Regierungsgeschäfte einarbeiten, die ihm während der Sitzungen des Geheimratskollegiums nahegebracht wurden. Daß diese Materien dem Einundzwanzigjährigen kein spontanes Interesse abgewinnen konnten, ist leicht zu verstehen, wenn man sich die Titel der im Jahre 1749 erlassenen Gesetze vergegenwärtigt: da gibt es etwa »Erste Gründung eines Fonds zur Verbesserung der Schulbesoldungen«, dann »Inquisitorisches Verfahren gegen den Verdacht muthwilliger Bankeroute« oder »Statuirung außergerichtlicher Unterpfands-Verschreibungen und Conventionalhypotheken über die Fahrniß«. Sollte er bei solchen Beratungen in die von Lüdecken gerügte Geistesabwesenheit verfallen sein, wird man es ihm vielleicht nicht allzu sehr verübeln wollen.

Im Sommer 1749 begannen dann zwischen dem darmstädtischen Kanzler von Schwartzenau als Beauftragtem des Landgrafen und Geheimrat von Üxküll die Verhandlungen über den Ehepakt[7]. Für diesen ließ man sich in Karlsruhe aus den Akten Kopien jener Verträge anfertigen, welche Vater und Großvater Karl Friedrichs aus Anlaß ihrer Heirat aufgesetzt hatten; diese sollten als Muster für den jetzt zu erstellenden dienen. Einige Briefe gingen noch hin und her, doch gelangte man, nachdem eine Reihe besonderer Wünsche der Braut berücksichtigt worden war, Ende Oktober zu einer beide Seiten befriedigenden Lösung. Die Verlobten selbst tauschten in dieser Zeit höfliche Briefe und kleine Geschenke, wie es dem Brauch entsprach.

Während die Verhandlungen im Gange waren, gab Karl Friedrich in Karlsruhe noch einmal zu einigem »embarras« und Ärger Anlaß, wie einem Brief Üxkülls vom 26. August zu entnehmen ist.[8] Offenbar hatte er, dessen Verlobung ja noch als Geheimnis behandelt wurde, sein Herz plötzlich an eine Dame verloren, die von seinem Engagement angeblich nichts wußte, und suchte nun nach einer Möglichkeit, sich aus seinen Verpflichtungen Karoline Luise gegenüber wieder zu lösen; ein Gerücht darüber war anscheinend auch nach Darmstadt gedrungen. Üxküll, dessen Besuch man dort erwartete, war mit Recht schockiert und gab seinem Unmut deutlich Ausdruck. Karl Friedrich kann nun nicht mehr zurück, nachdem er in aller Form um die Hand der Prinzessin angehalten und von ihr eine schriftliche Zusage bekommen hat: ». . . Es geht nur darum, die ersten ›mouvements‹ und die Leidenschaft, welche sie verursacht hat, zu besiegen, den Wert des einen und des anderen Gegenstandes miteinander zu vergleichen und sich für den zu entscheiden, der uns zuerst an sich gebunden hat. Ich bin ganz sicher, daß die andere Seite, wenn sie erst von den bereits eingegangenen Verpflichtungen, welche sie anscheinend ahnt, erfahren sollte, der ganzen Sache keine Aufmerksamkeit mehr schenken und nicht noch einmal eine Szene in der Öffentlichkeit machen würde.« Der Name dieser Dame wird nicht genannt. Sollte Karl Friedrich ernstlich daran gedacht haben, ihretwegen seine Verlobung zu lösen, müßte sie fürstlichen Geblüts gewesen sein. Elise Barbara Schlutter kann kaum damit gemeint sein. Mit diesem Mädchen einfachen Standes hatte Karl Friedrich im Frühjahr 1749 ein Verhältnis angefangen, das nicht ohne Folgen blieb. Am 18. Dezember des Jahres gebar sie ihm in Badenweiler einen Sohn, der den Namen Karl Friedrich Hermann erhielt. Solche Verbindungen betrachtete man damals mit Nachsicht. Den Gepflogenheiten der Zeit und dem fürstlichen Stande des Vaters entsprechend wurde die Sache rasch und ohne großes Aufsehen dadurch aus der Welt geschafft, daß man das Mädchen aussteuerte und es am 21. Januar 1750, also kaum vier Wochen nach der Geburt des Kindes, dem markgräflichen Oberjäger Johannes Mono in Oberweiler antraute. Karl Friedrich hat diesen natürlichen Sohn, von dem später noch die Rede sein wird, nicht verleugnet, sondern sich um dessen Ausbildung gekümmert und später für eine militärische Laufbahn gesorgt.

Elise Schlutter war anscheinend nicht das einzige Mädchen, welchem der junge Landesherr in dieser Zeit seine Gunst zuwandte, denn am 25. Mai schrieb Geheimrat Üxküll ihm nach Italien: ». . . durch Kammerdiener Schambach haben Sie mich Ihre Absichten in Sachen des Schneiders Goos und seiner Tochter wissen lassen. Ich werde die beiden mit der Faust erledigen und ihnen den Mund verstopfen wie allen anderen, welche sich so indiskret über ihren Herrn verbreiten.«

Um den Markgrafen Abstand von all den Verwicklungen und in neuen Umgebungen neue Eindrücke gewinnen zu lassen, hatten die Geheimräte seinem lange gehegten Wunsch nach einer Italienreise nun keinen Widerstand mehr entgegengesetzt und ihn am 16. Januar 1750 mit seiner Suite gern in den Süden fahren lassen[9]. Acht Tage später traf die Gesellschaft in Verona ein, wo man am Abend noch die Oper und tags darauf das römische Amphitheater besuchte. Dann ging es über Vicenza nach Padua, von dort zu Schiff nach Venedig. Drei Wochen lang genossen alle hier die musikalischen und anderen Vergnügungen des Karnevals. Am 7. Februar schrieb Üxküll, aus Darmstadt habe man sich nach des Markgrafen Gesundheit erkundigt: ». . . Ein Zeichen von Aufmerksamkeit und Höflichkeit wäre es, wenn Ew. Hoheit sich die Mühe machen wollten, der Prinzessin ein paar Worte zu schreiben.« Später mahnte er noch einmal, Karl Friedrich solle nur das nötigste Personal mitnehmen, wenn die Reise jetzt nach Rom gehe, um »embarras« und Kosten zu sparen. Ein paar Tage darauf folgt ein weiterer Brief, jetzt schon nach Rom adressiert. Seit zwei Wochen ist keine Nachricht mehr nach Karlsruhe gekommen: ». . . da Sie genug Müßiggänger mit sich führen, die nichts anderes zu tun haben als zu essen, zu trinken und zu schlafen, bin ich der Meinung, einer von diesen hätte sich wohl die Mühe machen können, mir ein paar Worte zu schreiben.« Diese Spitze richtete sich wohl vor allem gegen Üxkülls eigenen Sohn, der den Markgrafen als Kammerjunker auf der Reise begleitete. In den Briefen des Geheimrates wird immer wieder zu Sparsamkeit aufgerufen und vor unpassendem Umgang gewarnt: ». . . diese berühmte Stadt Rom wird viele der Besichtigung würdige Dinge bieten, doch heißt es, vor drei Sachen müsse man sich in Acht nehmen: vor Priestern, Kurtisanen und Juden.« Üxküll wünscht, Karl Friedrich möge keinem von den dreien in die Hände fallen. Es beunruhigte ihn, von Spielschulden zu hören, wegen derer der Markgraf Sicherheiten habe geben müssen. Üxküll bittet ihn inständig, doch seine Ausgaben einzuschränken, denn innerhalb von drei Monaten habe er bereits zwanzigtausend Taler verbraucht. Was die Priester betrifft, so gab es von neuem Gerüchte, der Markgraf wolle katholisch werden. Sogar Zeitungen schrieben schon darüber, so daß man sich in Karlsruhe veranlaßt sah, ein Dementi in die holländische Gazettte de Leyde zu setzen. Oder, so fragt Üxküll, stimmt es etwa doch, daß Karl Friedrich an katholischen Zeremonien teilgenommen, ja dabei sogar gekniet hat? Er muß sich klar darüber sein, daß seine Untertanen entsetzt sind, wenn sie so etwas hören; solche Sachen sind unbedingt zu unterlassen.

Nach einem Ausflug zur Besichtigung Neapels ging die Reise dann nach Turin, wo Karl Friedrich an der Hochzeit des Prinzen von Piemont mit einer spanischen Infantin teilzunehmen wünschte. Er hatte gebeten, für sein Gefolge vierzehn neue Livreen nach Turin schicken zu lassen, was Üxküll ernstlich bemängelte. Der Rat, den man Karl Friedrich gegeben habe, in Turin offiziell als Markgraf von Baden aufzutreten, sei schlecht, denn für einen Fürsten führe er zu wenig Gefolge mit sich, für das Incognito, unter dem er als Graf von Baden reiste, aber zuviel. Dieses Incognito sollte gerade in Turin, und hier noch mehr als andernorts, gewahrt werden, denn am savoyischen Hofe sei inzwischen die spanische Etikette eingeführt worden. Das bedeute, Karl Friedrich könne weder mit dem König speisen noch privat von ihm empfangen werden; nicht einmal der Prinz von Carignan werde ihm die Hand reichen, schrieb Üxküll. Als regierender Markgraf habe er aber auf seinen Rang schon im Interesse der anderen Reichsfürsten zu achten. Als einfacher Privatmann reise er wesentlich angenehmer und erspare sich und anderen peinliche Situationen, werde auch wesentlich höflicher und zuvorkommender behandelt werden. Außerdem müsse der badische Hof wirklich sparen, denn diese Reise mit so großem Gefolge koste ohnehin viel Geld. In einem Brief nach Turin bringt der Geheimrat auch die Darmstädter Braut wieder einmal in Erinnerung: ». . . die Prinzessin ist nach Bad Ems gefahren. Ew. Hoheit wird selbst der Meinung sein, daß man von Ihnen ›un petit compliment‹ dazu erwartet und daß es sich auch gehört, ihr einige Kleinigkeiten aus Italien mitzubringen, vor allem seidene Blumen«; diese stellte man in Mailand als geschätzte Modeartikel her.

Als Karl Friedrich seine Rückkehr immer weiter hinausschob, wurde Üxküll allmählich ungeduldig. Regierungsgeschäfte von mancherlei Art waren aufgelaufen, die er allein nicht entscheiden konnte und wollte. Dann heißt es deutlich: ». . . wenn man alles gesehen hat, muß man schließlich auch daran denken, zu den heimischen Penaten zurückzukehren. Ein regierender Fürst sollte kein größeres Vergnügen kennen, als seinen Staat gut zu regieren und für das Glück seines Volkes zu arbeiten, denn das ist seine Bestimmung.«

Im Juli kam dann endlich die Nachricht, der Markgraf sei zur Heimreise aufgebrochen. Üxküll nahm bereits Ende des Monats Urlaub für eine Kur in Bad Schwalbach, um die gute Jahreszeit nicht vorübergehen zu lassen, erinnerte seinen Herrn auch noch einmal daran, das Geschenk für die Braut ja nicht zu vergessen und gleich nach seiner Rückkehr einen Edelmann nach Darmstadt zu schicken, um dem Landgrafen und der Prinzessin diese Nachricht überbringen zu lassen. Am 27. August schreibt er dann, mit Vergnügen habe er von der überraschenden Rückkehr des Markgrafen vernommen und werde sich beeilen, wieder in Karlsruhe zu erscheinen. Um dieselbe Zeit kehrte auch Karoline Luise von ihrer Emser Kur nach Darmstadt zurück.

Während der Jahre 1749 und 1750 blieb der Braut nichts übrig, als zu warten, bis es dem Markgrafen gefallen würde, die Verlobung bekanntzugeben und den Termin der Hochzeit zu bestimmen. Sie führte also ihr gewohntes, den Wissenschaften und der Kunst gewidmetes Leben fort. Im Sommer 1749 besorgte Job ihr Lockes »Essay concerning human understanding«, jenes berühmte philosophische Werk, von dem man gesagt hat, es »stehe an der Wende der Wege Europas, die einem neuen Zeitalter entgegenführen«[10]. Karoline Luise las es zwar in der französischen Ausgabe von 1729, lieh sich zur selben Zeit von Job aber auch ein englisches Lexikon, da das von ihr bestellte noch nicht eingetroffen war. Offenbar bemühte sie sich, ihre Sprachkenntnisse aufzubessern, weil sie von des Markgrafen Interesse für England und englisches Wesen wußte.

Ein sorgfältig geführtes Ausgabenbuch dieser Jahre[11] eröffnet Einblick in die vielen kleinen Begebenheiten ihres Alltags. Fast täglich, oft sogar zwei- bis dreimal an einem Tage, werden Zuwendungen an Arme und Bedürftige genannt, meist allgemein »vor ein Armes«, gelegentlich auch genauer bezeichnet, etwa »für arme Offiziere«; der Aachener Friede, welcher 1748 den Österreichischen Erbfolgekrieg beendet hatte, dürfte viele von ihnen brotlos gemacht haben. Die Gärtner erhalten Trinkgelder, wenn sie Obst oder Blumen aus den herrschaftlichen Gärten bringen; dem Maler Fiedler bezahlte sie im Mai 1749 acht Gulden für »6 Häute Pergament«, vermutlich für ihre Pastellmalereien gedacht. Kupferstiche werden gekauft, Gemälde zur Ansicht bestellt und wieder zurückgeschickt. Einmal erwarb sie auch vier Schlachtenbilder eines namentlich nicht genannten Künstlers; möglicherweise waren es Werke des in Darmstadt tätigen Christian Ludwig von Löwenstern, der sich auf dieses Gebiet spezialisiert hatte. Mehrmals erscheinen im Jahre 1750 Beträge für eine Sänfte, »die Sängerin nach Hauß zu tragen«; ob es Hauskonzerte gab oder ob Karoline Luise Gesangsunterricht nahm? Ihr »clafir« wird ebenfalls ein paarmal in dem Büchlein genannt: man transportiert es hin und her; ein andermal wird Seide gekauft, mit der es bezogen werden soll. Den meisten Raum unter den Ausgaben nehmen aber Modeartikel ein, Stoffe, Hauben, Bänder, Spitzen und Besätze.

Im Oktober 1749 schickte der Frankfurter Goldschmied Franz Albrecht Westphal der Prinzessin auf ihre Bitte hin »Desseins zur Tabatier«[12]. Drei solcher Zeichungen liegen im selben Bande wie der Brief, zu dem sie wohl gehören. Es sind Entwürfe verschiedener Art und Form für Tabaksdosen, rechteckig oder mit rocailleartig geschwungenem Umriß, mit Figuren oder einem leeren, hochovalen, von einem Fürstenhut gekrönten Feld auf dem Deckel, wohl zur Aufnahme eines Porträts gedacht. Die fehlende Nr. I mag als Vorlage für eine Bestellung zurückgeschickt worden sein; vielleicht sollte die Tabatiere ein Geschenk für den Verlobten zu dessen Geburtstag am 22. November sein.

Nachdem Karl Friedrich Ende August 1750 aus Italien zurückgekehrt war, gab es für ihn keinen schicklichen Grund mehr, die Hochzeit noch viel weiter hinauszuschieben. Sie wurde nun auf den 28. Januar des kommenden Jahres festgesetzt, als »Karlstag« beider Brautleute Namensfest. Schon seit längerem hatte sich Karoline Luise auch um ihre Aussteuer bemüht, an die ihrem hohen Range gemäß gewisse Ansprüche zu stellen waren. Für diesen Zweck war wohl gedacht »Eine complete, Silberne, reich vergülte Toillete, von extra schöner getriebener Franzößischer Arbeit, mit Muschelwerck geziert«, welche der Augsburger Silberschmied Johann Friedrich Billmann auf der Ostermesse 1750 anbot[12]. In den großen, mit rotem Korduanleder ausgeschlagenen Holzkasten war ein reiches Ensemble aus fünfundvierzig Einzelstücken eingepaßt, darunter eine Schüssel mit Kanne, ein Spiegel, weiter Kästchen, Schälchen und Flakons allerlei Art und Form, auch ein komplettes Tafel-, Kaffee- und Teeservice, die Kaffeetassen von Dresdner Porzellan und vergoldet. Das Ganze kostete 1195 Gulden.

Ende 1750 erbat die Prinzessin von dem mit der Verwaltung der Hanau-Lichtenbergischen Besitzungen im Elsaß betrauten Kammerrat Binninger eine Aufstellung der Aktiva und Passiva und den Betrag, der ihr als Miterbin nach der Eheschließung jährlich daraus zur Verfügung stehen würde[13]; es waren sechshundert Gulden Reichswährung, siebenhundertundfünfzig französischen Livres entsprechend. Diese elsässischen Einkünfte, in ihrer Höhe je nach Ertragslage wechselnd, wurden in den folgenden Jahrzehnten ein wichtiger Posten ihres Budgets und später die finanzielle Grundlage zahlreicher Bilderkäufe.

Im November ließ Karl Friedrich seiner Braut zwei kostbare Stoffe für Hofroben aus Paris schicken[14]. Der eine, »riche or et argent«, war wohl für die Hochzeitszeremonie bestimmt; seine zweiundzwanzig Ellen kosteten nicht weniger als 762 Gulden, eine sehr hohe Summe. Der Preis des anderen, Strohgelb und Silber, betrug nur die Hälfte des ersten, doch die zugehörige »garniture« in Silberspitze mit den weiteren »agréments« belief sich allein schon auf 356 Gulden. Auf eigene Kosten bezog die Prinzessin Ende Dezember noch einen dritten aufwendigen Stoff, diesmal smaragdfarben mit Gold. Beide Sendungen hatte Pierre Philippe Maelrondt in Paris besorgt, dessen Name bei dieser Gelegenheit zum ersten Mal in Karoline Luises Papieren auftaucht[15]. Er war einer jener Agenten und Kommissionäre, die in Paris für auswärtige Besteller, insbesondere auch für die deutschen Höfe, Aufträge aller Art übernahmen, literarische oder modische Neuheiten besorgten, für längere Besuche Wohnungen mieteten, Briefe beförderten und Verbindungen aller Art herstellten, kurz, alle Wünsche hochgestellter Auftraggeber zu befriedigen suchten. Zuverlässig, pünktlich und verschwiegen, ist Maelrondt im Laufe der Jahre eine Art Vertrauensperson für Karoline Luise geworden. Ihre Korrespondenz mit ihm erstreckt sich über einen Zeitraum von mehr als dreißig Jahren und enthält eine Fülle kulturgeschichtlich interessanter Einzelheiten, vor allem zur Geschichte der Mode dieser Zeit.

Der Ehevertrag, wichtigste juristische Grundlage fürstlicher Heiraten, war bereits am 27. Oktober 1749 in Darmstadt geschlossen worden[16], unterschrieben von den beiden Brautleuten und von Landgraf Ludwig VIII. als dem Vater der Braut. Der Vertrag beginnt mit den Verpflichtungen Hessen-Darmstadts, das »nach Verfließung eines Jahres nach gehaltenem ehelichem Beylager« zwanzigtausend Gulden zu Karoline Luises »Heiraths Guth und Aussteuer« zu zahlen hat; sollte sich diese Zahlung wider Vermuten verzögern – die chronische Finanznot Hessen-Darmstadts mag solche Klausel für die Badener nahegelegt haben –, wäre die Summe mit fünf Prozent zu verzinsen. Laut Testament des Großvaters mütterlicherseits sollte die Braut aus dem Hanau-Lichtenbergischen Erbe bei der Hochzeit »in augmentationem dotis« noch eine Summe von fünfzehntausend Gulden elsässischer Währung bekommen, entweder in bar oder ebenfalls in jährlichen Zinsen von fünf Prozent. Zur Ausstattung im herkömmlichen Sinne mit Schmuck, Kleidern, Kleinodien, Silbergeschirr und anderem wird ihr die hessische Rentkammer zehntausend Gulden anweisen.

Für den Fall, daß Karoline Luise kinderlos vor Karl Friedrich sterben sollte, bliebe dieser zu seinen Lebzeiten im Genuß der Einkünfte aus der Mitgift, die nach seinem Tode dann an das Haus Hessen zurückfallen sollte. Karoline Luise wird vor der Heirat, wie es allgemein üblich ist, auf alle Erbansprüche an das Haus Hessen verzichten. Nur falls dieses im Mannesstamme erlöschen sollte, würden ihr die nach dem hessischen Brauch für eine Erbtochter üblichen Forderungen zustehen.

Karl Friedrich verpflichtete sich dagegen, seiner Gemahlin nach vollzogenem Beilager eine Morgengabe in Höhe von zehntausend Gulden anzuweisen; diese sollte »quartaliter« mit 125 Gulden vom Tag des Beilagers an »gleich einer jährlichen Leibrente« zu zahlen sein. Dazu kommen noch die Juwelen, welche er ihr bereits geschenkt hat oder am Tage nach dem Beilager noch schenken wird. Zur freien Verfügung soll sie während ihrer Ehe ein jährliches Handgeld von zweitausend Gulden bekommen, vierteljährlich in Raten auszuzahlen. In einer dem Pakt beiliegenden Zusatzerklärung erhöht Karl Friedrich diese Summe auf das Doppelte, weil der ursprüngliche Betrag »nicht hinlänglich seye, die nach der heutigen Lebens Arth vorfallenden Ausgaben davon zu bestreiten«. Doch wird gleich eine vorsichtige Einschränkung gemacht, solche »von Uns aus besonderer affection Unserer künfftigen Gemahlin Lbden geschöpfte Vermehrung dürfe künftig im Hause Baden zu keiner Regel oder Konsequenz führen«. Nach dem Herkommen seines Hauses übernahm Karl Friedrich auch Besoldung, Livree und Unterhalt aller männlichen und weiblichen Bediensteten seiner Gemahlin, dazu die »ansehnlichen Hochzeits-, Kinds-, Tauf- und andere außerordentliche Präsente«.

Es folgen ausführliche Bestimmungen für den Fall, daß der Markgraf vor seiner Gemahlin sterben sollte. Wären die Kinder dann noch minderjährig, hätte Karoline Luise deren Vormundschaft ebenso wie Regierung und Administration des Landes zu übernehmen, unter der Bedingung allerdings, daß dem Geheimratskollegium die vormundschaftliche Regierung zukomme. Für den Wittumsfall soll ihr »eine convenable Fürstliche Wohnung mit standesmäßigen meubles, Silber und Weißzeug eingerichtet werden«, wobei das alles nach ihrem Tode wieder an das markgräfliche Haus zurückzufallen hat.

Was das Personal ihres Hofstaats betrifft, so konnte die Prinzessin ihre Wünsche zwar nicht vollständig, aber doch sehr weitgehend verwirklichen. Da sie zu erkennen gegeben hatte, sie sähe gern drei Damen in ihren Diensten, läßt sich Karl Friedrich dies »auch gefallen« und akkordiert jeder der Damen anstatt der bisherigen Gagen von 75 Gulden die doppelte Summe. Die Stelle des Hofmeisters wird Herr von Leutrum übernehmen und die gleiche Gage dafür erhalten, die er in eben dieser Eigenschaft bei Karl Friedrichs Mutter zur Zeit bezog, nämlich 855,40 Gulden. Ein Page, »deme nebst der Livree und HofCost das gewöhnliche für die kleine Montur gereichet wird«, erhält 75 Gulden, die beiden Kammerjungfern der Markgräfin jede 40, die drei in gleicher Funktion bei den Hofdamen beschäftigten jede 30 Gulden. Dann gibt es noch »ein paar Garderobbe Mädlen« mit Kost und jährlichem Lohn von 20 Gulden. Alle Personen werden nach hierarchischer Ordnung gewertet und entsprechend bezahlt. Ein Leibschneider etwa, »mit dem Namen eines Kammerdieners oder Kammerlakaien«, soll das übliche »Kammerlakaien-Traktament« erhalten. Dieses besteht aus einer Besoldung von 50 Gulden und einem Kostgeld von 26 Gulden; dazu kommen noch, wie es für Angestellte solcher Art allgemein üblich war, Naturalien aus den markgräflichen Gütern: zweieinhalb Malter Roggen, fünf Malter Dinkel und fünf Ohm Wein sind vorgesehen. Für die Naturalien ist ein Barwert von 28 Gulden und 45 Kreuzern angesetzt. Zur persönlichen Aufwartung werden Karoline Luise zwei Lakaien zugesprochen, drei weitere sind für die drei Damen bestimmt. Für Ausfahrten und Reisen stehen ein Leibkutscher, ein »Vorreuther« und »Beyläuffer« zur Verfügung.

Das ergibt, alles in allem gerechnet, die stattliche Anzahl von mindestens zweiundzwanzig Personen für den persönlichen Hofstaat der Markgräfin; noch zwei mehr hatte sie in ihrem ursprünglichen Entwurf vorgesehen. »Über alle diese Hofstate

5 Hochzeitsmedaille Karl Friedrich und Karoline Luise, 1751 (Vorderseite) – Karlsruhe, Badisches Landesmuseum

reserviren sich der Prinzessin Dchl. ein absolutes pouvoir, daß Sie nach gnädigstem Gefallen abschaffen und annehmen können, so wie Sie es für gut finden.« Es war also ein reichlich bemessener Stellenplan, den voll auszunutzen ihr überlassen blieb.

Die bevorstehende Vermählung wurde von Karlsruhe aus allen Höfen Europas angesagt[17], dazu den deutschen Reichsfürsten, den süddeutschen Bischöfen und Äbten, den niederländischen Generalstaaten und der Schweizer Eidgenossenschaft, auch den Städten Basel, Bern, Zürich, Augsburg und Ulm. Die Entwürfe für all diese Anzeigen sind sorgfältig dem Rang des Adressaten entsprechend formuliert. Der französische König besaß als einziger Anspruch auf ein lateinisch abgefaßtes Schreiben. Herzlich antwortete der Onkel Oranien, Karl Friedrich habe ihm keine größere Freude bereiten können als die Mitteilung, daß er Karoline Luise nun heiraten wolle: ». . . ich habe die Ehre, diese Prinzessin zu kennen und habe mit äußerster Befriedigung ihre liebenswürdigen und schätzenswerten Eigenschaften bemerkt.« Unter den vielen formellen und familiären Antworten, welche der junge Markgraf erhielt, fällt noch Maria Theresias Schreiben durch seinen besonders freundlichen Ton auf: ». . . Gratulire hierzu beeden herzlich, und versichere dieSelbe des wahren Antheils, welchen an dem hier auß Ihnen zugehenden Vergnügen aufrichtigst nehme. Wonebst Deroselben mit Muhmlichem Willen, Kayserlichen Wünschen und allen guten beygethan verbleibe . . . Euer Liebden Gutwillige Muhm Maria Theresia.«

6 Rückseite der nebenstehenden Hochzeitsmedaille

Auch eine Gedächtnismedaille ließ man zur Erinnerung an diesen Tag in Karlsruhe prägen. Ihre Vorderseite zeigt eine als »Minerva Cattorum« bezeichnete Frau in antikischem Gewande. Nach Vorbildern auf römischen Kaisermünzen sind ihr Ölzweig und Füllhorn beigegeben, Symbole friedlichen, Segen bringenden Wirkens. »Nur diese war eines Ehebundes würdig«, sagt die lateinische Umschrift. Die Rückseite nimmt Badens und Hessens Wappen ein, unter einem Fürstenhut vereinigt, dazu die Jahreszahl 1751. »Solche Verbindung festigt den Ruhm eines erhabenen Hauses und die Wohlfahrt des Volkes«, lautet die lateinische Umschrift. Für das Ansehen, welches Karoline Luise als gebildete Freundin von Kunst und Wissenschaft genoß, ist es bezeichnend, daß man ihr schon hier den Titel einer »hessischen Minerva« zuspricht, mit dem ihr später immer wieder gehuldigt wurde.

Die Trauung wurde am Donnerstag, dem 28. Januar 1751, abends in der Kapelle des Schlosses zu Darmstadt vollzogen. Oberhofprediger Friedrich Wilhelm Berchelmann hielt seine Predigt über die Worte, welche Gott zu Josua sprach: »Ich will mit dir sein in allem, was du tust und fürnimmst«, ergänzt durch Gottes Worte an David im 31. Psalm: »Ich will dich mit meinen Augen selbst leiten[18].«

Auf alle, die am Zustandekommen dieser nun geschlossenen Ehe in irgendeiner Weise beteiligt gewesen waren, bei der Hochzeitszeremonie oder während des anschließenden Festmahls ein Amt ausgeübt hatten, sowie auf alle persönlichen Bediensteten ging von beiden Brautleuten ein Regen von Geschenken nieder, in ihrem Wert wieder wohl abgestuft nach Rang und Würden des Beschenkten. Geheimrat von Üxküll erhielt als Präsident der badischen Regierung von der jungen »Frau Marggräfin« eine Pariser Goldemaildose in Werte von vierhundert Reichstalern, ihr zukünftiger Hofmeister Baron von Leutrum eine »doppelte gantz goldne Dose« für 290 Taler, der Karlsruher Hofmarschall Baron von Gayling eine »goldne emaillirte Repetir-Uhr«, deren Wert mit 195 Talern zu Buch steht. Darüber hinaus verteilte man noch dreißig eigens geprägte Goldmedaillen, vierhundert Species-Dukaten und zwölf Silbermedaillen mit dem Bildnis Karoline Luises als Geschenke; sie gingen an die höheren Chargen ebenso wie an das Personal des Hofstaats der Prinzessin und an die persönlichen Bedienten, welche Karl Friedrich zur Hochzeit aus Karlsruhe mitgebracht hatte. Die Kanzlisten in Durlach wurden ebensowenig vergessen wie von den Angestellten der Darmstädter Kanzlei »diejenigen Persohnen, welche hierunter mit concipiren und Abschreiben gebraucht wurden[19]«.

Karl Friedrich seinerseits verschenkte goldene englische Uhren und Tabatieren an die hohen Würdenträger des Darmstädter Hofes, dazu Geldbeträge in verschiedener Höhe an alle anderen Angestellten und Bediensteten.[20]. Vierundzwanzig Dukaten, eine beträchtliche Summe, erhielt allein die »Cammerfrau der Prinzessin Dchl., die das Nachtzeug bringt«. All das war in Karlsruhe vorher wohl überlegt und in einer »Consignation der Präsente« genau festgelegt worden.

Die ersten Jahre in Karlsruhe

Auf den Landkarten des 18. Jahrhunderts nimmt sich das Heilige Römische Reich Deutscher Nation wie ein Fleckenteppich aus. Im Gewirr der vielen ineinander verschachtelten weltlichen und geistlichen Herrschaften bilden nur die österreichischen Erblande sowie die Kurfürstentümer Brandenburg-Preußen, Bayern, Sachsen und Hannover größere zusammenhängende Flächen. Die beiden Markgrafschaften Baden-Durlach und Baden-Baden im äußersten Südwesten wiederholen das große Bild noch einmal im Kleinen. Durch wiederholte Erbteilungen und wechselnde Besitzverhältnisse waren sie seit der Mitte des 16. Jahrhunderts aus dem Territorium entstanden, welches der 1515 verstorbene Markgraf Christoph I. seinen drei Söhnen hinterlassen hatte. Mit dem Frieden von Münster, durch den der Dreißigjährige Krieg 1648 sein Ende fand, haben auch die Markgrafschaften nach mancherlei Auseinandersetzungen friedlicher und kriegerischer Natur schließlich jene Form gewonnen, welche sie bis 1771 bewahren sollten. Dabei war Baden-Baden nach mehrmaligem Glaubenswechsel innerhalb eines Jahrhunderts endgültig beim Katholizismus geblieben, während sich Baden-Durlach weiter zur 1556 eingeführten Reformation bekannte.

Das gesamte Gebiet Baden-Durlachs umfaßte um 1750 nur etwa 2300 Quadratkilometer mit insgesamt etwa 87 000 Einwohnern, die sich auf verschiedene, weit voneinander getrennte Territorien verteilten. Das eigentliche Kernstück bildete die sogenannte Untere Markgrafschaft im nördlichen Teil des Landes mit den beiden Städten Pforzheim und Karlsruhe; von ihnen war Pforzheim nicht nur die ältere und größere, sondern durch Gewerbe und Waldbesitz auch reichere von beiden. Ehe man die fürstliche Residenz 1565 nach Durlach verlegte, war sie die Hauptstadt der ganzen Markgrafschaft gewesen; bis ins 19. Jahrhundert hinein ist daher aus alter Tradition Pforzheims Schloßkirche auch Grablege des Fürstenhauses geblieben. Die Grenzen dieser Unteren Markgrafschaft waren ziemlich eng gezogen. Das vor den Toren der neuen, 1715 gegründeten Hauptstadt Karlsruhe gelegene Ettlingen etwa gehörte bereits zum baden-badischen Gebiet, während im Norden das wenig mehr als zwanzig Kilometer entfernte Amt Graben die Grenze zur benachbarten Kurpfalz bildete. Das in gleicher Höhe weiter östlich gelegene Bruchsal war Teil des Bistums Speyer.

Von der Karlsruher Residenz durch die Markgrafschaft Baden-Baden getrennt lagen im Süden, umschlossen von vorderösterreichischen Gebieten um Freiburg, die badischen Oberlande. Zu ihnen gehörte die alte, aus verschiedenen kleinen Enklaven bestehende Markgrafschaft Hachberg mit Emmendingen sowie ein größerer, im Süden und Westen vom Rhein begrenzter, aus der Landgrafschaft Sausenburg und der Herrschaft Badenweiler bestehender Komplex; hinzu kam schließlich noch die kleine Enklave der Herrschaft Rötteln zwischen Grenzach und Basel.

Das Land war fruchtbar; Wein und Getreide, Viehzucht, Holzwirtschaft und Bergbau – dieser in den Oberlanden – bildeten die wesentlichen Erwerbsquellen seiner Bewohner. Freilich betrieb man Landwirtschaft nach wie vor in altüberlieferter Weise, noch ohne Kenntnis neuer, rationeller Methoden, wie sie während des 18. Jahrhunderts in England entwickelt wurden. Industrie nennenswerter Art gab es nicht, und auch der Handel war wenig entwickelt. Seit den Einfällen der Franzosen im Jahre 1689 mußte der deutsche Südwesten für ein halbes Jahrhundert immer wieder den Kriegsschauplatz zwischen Frankreich und dem Reich abgeben und sah sich dadurch in seiner wirtschaftlichen Entwicklung empfindlich behindert. Wenn auch Baden-Durlach schwer unter den Schäden und Lasten dieser Kriegsläufte zu leiden hatte, gelang es dem Markgrafen Karl Wilhelm doch, seinem Enkel Karl Friedrich einigermaßen geordnete Staatsfinanzen zu hinterlassen. Ein drückender Schuldenberg, welchen der Großvater bei seinem Regierungsantritt 1709 vorfand, war 1738 bereits bis auf wenig mehr als dreihunderttausend Gulden abgetragen. Diesem Rest standen immerhin ein Kassenbestand von mehr als einer Viertelmillion und etwa sechshunderttausend Gulden verzinslicher Aktiva gegenüber. Während der Unmündigkeit Karl Friedrichs setzte der Regentschaftsrat die positive Arbeit fort und legte damit den Grund zu einer fortschrittlichen, friedlichen Entwicklung des Landes.

Als Karoline Luise 1751 ihren Einzug in Karlsruhe hielt, war die neue Hauptstadt gerade erst sechsunddreißig Jahre alt[1]. Markgraf Karl Wilhelm hatte das alte Durlach aufgegeben, weil seine Absicht, sich eine große Residenz im Sinne der Zeit zu erbauen, auf Widerstand bei den Einwohnern stieß; auch stand das hügelige Gelände solchen Plänen entgegen. Karl Wilhelms Vater, Markgraf Friedrich VII., hatte zwar auch schon einen Neubau des während der Franzosenkriege 1689 niedergebrannten alten Schlosses geplant und nach den Plänen Domenico Egidio Rossis bis 1703 bereits einen Flügel errichten lassen, doch genügte dieses Projekt Karl Wilhelms Vorstellungen von einer großzügig repräsentativen Anlage mit Gärten und Parks nicht. So entschloß er sich wie viele andere Fürsten dieser Zeit, seine Residenz in die Ebene zu verlegen. Die Hardtwaldungen östlich des Rheins boten ihm dafür ein weites, noch kaum besiedeltes Areal, auf dem sich seine großartige Konzeption verwirklichen ließ. Was er dort geschaffen hat, ist als eine der originellsten architektonischen Schöpfungen des fürstlichen Absolutismus und barocker Stadtbaukunst in die Geschichte der abendländischen Architektur eingegangen.

Zwei 1739 entstandene Stiche Christian Thrans mit einem Blick aus der Vogelperspektive über das ganze Gebiet vermitteln die beste Vorstellung von der gesamten Anlage. Ein Kreis von etwa 2,2 Kilometern Durchmesser, umrundet von einer breiten, in den Wald geschlagenen Schneise, grenzt den Bezirk der Herrschaft mit

7 Christian Thran, Prospekt der Stadt Karlsruhe, 1739 (Ausschnitt) – Karlsruhe, Staatliche Kunsthalle

dem Schloß und dessen Nebenbauten, den Häusern der Behörden sowie den Wohnungen der höheren Hofbeamten und einer gewissen Anzahl von Bürgern von der eigentlichen Stadt ab. Im Mittelpunkt dieses Kreises steht innerhalb eines kleineren runden Platzes ein hoher Turm als Achse des Ganzen. In gleichmäßigem Abstand voneinander strahlen von hier aus zweiunddreißig breite Alleen sternförmig nach allen Himmelsrichtungen durch den umgebenden Wald in die Landschaft aus. Mit dem Turm durch eine dreistöckige offene Galerie verbunden, ist der Mittelbau des Schlosses an die Südseite dieses inneren Rundplatzes gesetzt. In stumpfem Winkel, dem Verlauf der Alleen entsprechend, schließen sich ihm die Seitenflügel an; deren Richtung führen die um eine Alleebreite herausgesetzten Nutzbauten der Stallungen im Osten und der Orangerien im Westen bis an die Peripherie des großen Kreises oder »Zirkels« weiter. An dieser Außenseite des Kreissegments schließt eine doppelte Reihe von Häusern, deren Fassaden auf das Schloß gerichtet sind, den Bezirk der Hofhaltung mit den im engeren Sinne zu ihr gehörenden Personen ab. In der so umgrenzten Fläche liegen vor dem Ehrenhof des Schlosses die großen, in den strengen Formen französischen Barocks gehaltenen Gärten mit ihren Blumenrabatten, Hecken, kleinen Alleen und Springbrunnen samt vier vertieft angelegten Gärten, in denen sich Treibhäuser und Pavillons verschiedener Art für Vögel und andere Tiere befanden.

Ein ungewöhnlicher, nur durch die Passion des Bauherrn für Blumenzucht und Botanik zu erklärender Gedanke war es, Anlagen solcher Art vor die Schloßfassade zu setzen, anstatt – wie es sonst üblich war – sie an die Rückseite zu verlegen. Damit entfiel die große, für den Schloßbau der Barockzeit sonst so bezeichnende und wichtige Auffahrtstraße zur »Cour d'Honneur« über die Mittelachse. An der

Rückseite umstanden vierundzwanzig hölzerne Pavillons unterschiedlicher Gestalt den kleinen Rundplatz, als Häuser für die Tiere der Menagerie und andere praktische Zwecke der Hofhaltung gebraucht. Im Westen der Anlage befand sich noch ein großer Holz- und Zimmerplatz und im weiteren Areal des großen Kreises das Fasanen- und Wildgehege. Neun der über den Schloßbezirk nach Süden ausstrahlenden Alleen schneiden nach kurzem Lauf die alte, von Ost nach West führende »Lange Straße«, welche in geradem Lauf die Orte Durlach und Mühlburg verband. Die vom Schloß auf sie führende Mittelachse endet hier in einem querrechteckigen Platz, an dessen Schmalseite sich das 1728 erbaute Rathaus und diesem gegenüber das aus Durlach hierher verlegte alte Gymnasium erhoben. In der Mitte der Langseite des Platzes bildete die evangelische Stadtkirche den Abschluß der großen Achse.

Im September 1715, etwa ein Vierteljahr nach der Grundsteinlegung des Schlosses, erließ Markgraf Karl Wilhelm einen Aufruf, mit dem er für die geplante neue Stadt Bewohner zu gewinnen suchte, um mit ihnen »verschiedene nutz- und ehrbare Gewerbe, Handtierungen und Manufakturen allda« einzuführen. Mancherlei Privilegien und Vergünstigungen steuerlicher Art wie auch bei der Belieferung mit billigem Baumaterial wurden ihnen in Aussicht gestellt. Es erschienen zahlreiche Interessenten, nicht nur aus dem benachbarten Durlach, sondern auch aus anderen deutschen Ländern, sogar aus Italien. 1719 zählte die Stadt bereits 1994 Einwohner und im Jahr darauf 135 Häuser. Die neuen Bürger wurden in den zwischen Zirkel und Langer Straße gelegenen Segmenten außerhalb des eigentlichen Schloßbezirks angesiedelt. Beim Bau ihrer Häuser hatten sie sich nach vorgegebenen Modellen zu richten, was Zahl und Höhe der Stockwerke sowie die Gliederung der Fassaden betraf; meist waren diese rot angestrichen, so daß Karlsruhe in Reisebeschreibungen der Zeit gelegentlich die »rote Stadt« genannt wird.

Außerhalb des eigentlichen Stadtbezirks lag am südöstlichen Rande noch die Siedlung Klein-Karlsruhe. Dort hatten sich Werkleute ansässig gemacht, welche mit den bei Gründung der Stadt zu Anfang anfallenden Arbeiten von Rodung und Planierung beschäftigt gewesen waren. In der Folge suchten in den rasch errichteten Baracken und einstöckigen Häusern dieses »Dörfles« zahlreiche Unbemittelte Unterkunft; niedere Hofchargen, verheiratete Soldaten, arme Juden siedelten sich hier an. Sie gehörten zwar zur Stadt, galten jedoch nicht als deren vollberechtigte Bürger, sondern bildeten eine Gemeinschaft für sich unter eigenen Obleuten. Da sie keine Schutzgelder an die Herrschaft zahlen konnten, mußten sie in Ablösung dafür wöchentlich einen Tag, später nur zwei Tage monatlich Fronarbeit leisten, meist in den markgräflichen Gärten. Die Zahl der Bewohner Karlsruhes wuchs nur sehr langsam und dürfte 1751 wenig mehr als zweitausend betragen haben; zwanzig Jahre später war das dritte Tausend noch nicht überschritten. Der schwedische Orientalist Jacob Jonas Björnståhl, der sich im Winter 1773/74 einige Wochen in Karlsruhe aufhielt, schreibt[2]: ». . . die Straßen sind noch nicht gepflastert; jetzt aber waren sie des Frostes wegen trocken. Inzwischen ist doch längs der Häuser ein kleiner gepflasterter Steig für die Fußgänger. Die größeren Gassen sind der Unreinlichkeit halber unbequem.« Alles in allem bot die Stadt einen bescheidenen Anblick.

Auch das Schloß, ein einfacher dreistöckiger Bau, war zu Anfang alles andere als prunkvoll[3]. Karl Wilhelm hatte ausdrücklich gewünscht, es solle im Hinblick auf die ständige Bedrohung der oberrheinischen Tiefebene durch kriegerische Verwicklungen und in Rücksicht auf die prekäre finanzielle Lage der Landeskinder einfach und billig ausgeführt werden. Durch die Rodung der Wälder stand viel Holz zur Verfügung, weshalb man den Bau auf einem Sockel von Stein großenteils aus Fachwerk errichtete und dann verputzte. Die Wohnung des Markgrafen befand sich im westlichen Flügel, der zunächst nur zu etwa einem Drittel seiner ursprünglich geplanten Länge ausgeführt wurde; Thran hat ihn auf seinem Stich dem Entwurf entsprechend ergänzt. Der östliche Flügel enthielt einen Ballsaal und das für den Opernfreund Karl Wilhelm unentbehrliche Theater. Als Residenz eines Landesfürsten mit repräsentativer Hofhaltung, wie die Zeit sie erwartete, war dieser erste Schloßbau kaum geeignet. Selbst wenn man in Betracht zieht, daß Markgräfin Magdalene Wilhelmine ihren Wohnsitz in Durlach behalten hatte, bot die neue Residenz bei weitem nicht genug Raum zur Unterbringung des nötigen Personals. Schon bald zeigten sich als Folge allzu großer Eile bei der Fertigstellung des Baus auch Schäden aller Art. Karl Friedrichs Onkel Karl August, Vormund und Administrator des Landes während der Jugend des Markgrafen, mußte aus diesem Grund seine Wohnung im oberen Stock des Mittelbaus 1743 räumen und in ein herrschaftliches Haus am Zirkel übersiedeln. Zwei Jahre später trat bei der systematischen Begehung des Schlosses durch eine Kommission von Sachverständigen das ganze Ausmaß der Schäden zutage. Im rechten Flügel ebenso wie im Mittelbau stieß man auf windschiefe Balken, reparaturbedürftige Holztreppen, schadhaft gewordene Kamine und Fußböden; das Dach befand sich in desolatem Zustand. Die Holzhäuschen auf dem Platz hinter dem Schlosse mußten wegen Baufälligkeit bereits 1748 abgebrochen werden.

Als Karl Friedrich im März desselben Jahres von seinen Studienreisen zurückgekehrt war, erwog man im Rat ernsthaft, ob es unter den gegebenen Umständen nicht doch besser sei, Karlsruhe aufzugeben und die Residenz wieder nach Durlach zurückzuverlegen. Aus Pietät dem verstorbenen Großvater gegenüber und in Rücksicht auf die neue Stadt, deren Weiterbestand vom Verbleiben des Hofes abhängig war, ließ Karl Friedrich diesen Plan jedoch wieder fallen.

Als einzige Alternative blieb ein völliger Neubau des Schlosses. In Stuttgart hatte der 1744 zur Regierung gekommene Vetter Herzog Karl Eugen von Württemberg nach den Plänen Leopoldo Rettis bereits mit dem Bau seines großen Neuen Schlosses im französischen Geschmack begonnen. Karl Friedrich, der das Projekt bei Gelegenheit eines Besuchs studieren konnte, ließ den Architekten Ende des Jahres zu einer vorbereitenden Besprechung nach Karlsruhe kommen und beauftragte ihn, Pläne für einen Neubau anzufertigen. Im Mai 1749 lieferte Retti seine Zeichnungen ab, einige Wochen später auch den Kostenvoranschlag. Seine Anlage setzte den vollständigen Abbruch des alten Schlosses voraus, wozu sich Karl Friedrich doch wieder nicht entschließen konnte. Während der nächsten anderthalb Jahre wurden neue Vorschläge Rettis und verschiedener anderer Architekten erwogen. Auch Philippe de la Guêpière, der seit 1752 am Stuttgarter Neuen Schloß arbeitete, beteiligte sich daran. Der berühmte Balthasar Neumann, den Karl Friedrich zur Begutachtung der ersten Entwürfe Rettis aufgefordert hatte, legte im Juni 1750 ein bedeutendes eigenes Projekt vor. Man fand es aber zu aufwendig und wollte es daher nicht akzeptieren. Im Februar des folgenden Jahres machte Neumann einen zweiten, bescheideneren Vorschlag, vier Monate später einen dritten. Dieser lief, im Ganzen gesehen, darauf hinaus, den äußeren Umfang des alten Bestandes zwar zu erhalten, die Raumeinteilung im Inneren jedoch in modernem Sinne zu ändern. Als bedeutsames neues Moment führte Neumann einen zu beiden Seiten zwischen Mittelteil und Flügeln eingeschobenen, zur Rückseite hin vorspringenden kurzen Querbau ein. Der Schloßturm sollte jedoch geopfert werden. Auf der Grundlage dieses Entwurfes, dessen wesentliche Gedanken Karl Friedrichs Beifall gefunden hatten, beauftragte dieser nun den Hofjunker und Leutnant Albrecht Friedrich von Keßlau im Frühjahr 1752 mit der Ausarbeitung der endgültigen Pläne. Karl Friedrich hatte den jungen Mann 1750 nach Paris geschickt, um ihn dort bei de la Guêpière die Zivilbaukunst studieren zu lassen. Keßlau änderte Neumanns Planung insofern, als er – dies gewiß auf besonderen Wunsch des Bauherrn – den Turm als Zentrum der gesamten Anlage beibehielt, ihn aber mit dem Mittelbau des Schlosses durch einen »Galeriebau« verband, also in das Schloß unmittelbar einbezog. Dadurch ergab sich die Möglichkeit, alle Fest- und Repräsentationsräume des oberen Stockwerks dem Geschmack der Zeit entsprechend in den Mittelpunkt der Gesamtanlage zu rücken und im Erdgeschoß ein großzügiges Vestibül mit Treppenhaus anzulegen. Neumanns Gedanke, eine Art Querriegel zwischen Corps de Logis und Flügel einzusetzen, fand in etwas abgewandelter Form Verwendung: an der Front wird dieser nun vor dem Ansatz der Flügel nur als leichter, die gesamte Fassade rhythmisierender Vorsprung sichtbar, an der zum Park gerichteten Rückseite erscheint er durch die beiden pavillonartig vorkragenden Anbauten stärker betont.

Die Konvention fürstlichen und adligen Wohnens sah für Ehegatten im 18. Jahrhundert getrennte Quartiere im oberen Stockwerk beiderseits der in der Mitte liegenden Repräsentationsräume vor. Solche Einteilung war ursprünglich auch für das Karlsruher Schloß gefordert, wie die Gliederung der beiden Stockwerkshälften erkennen läßt. Doch gab man die zeremonielle Trennung der Wohnquartiere bereits vor Vollendung des Umbaus zugunsten einer Lösung in mehr privatem, bürgerlich-familiärem Sinne auf. Karl Friedrich wird dann im Erdgeschoß des Westflügels sein Quartier unter dem seiner Gemahlin beziehen, mit diesem durch direkte innere Treppen verbunden. Neben den Wohnungen der Eltern fanden die der Kinder im westlichen Seitenflügel ihren Platz, während die Gemächer der östlichen Hälfte des Mittelbaus als Gasträume für hohe Besucher eingerichtet wurden. Einen großen Teil des Ostflügels nahm die Schloßkirche ein, die man aus dem Mittelbau dorthin verlegte.

Als Karl Friedrich im Februar 1751 seine junge Frau nach Karlsruhe führte, war es noch das bereits als unzulänglich erkannte Schloß Karl Wilhelms, das sie aufnahm.

Schäden hatte man inzwischen einigermaßen repariert, die Wohnquartiere wieder eingerichtet. Beratungen über den geplanten Neubau waren in vollem Gange; im selben Monat Februar noch legte Balthasar Neumann seinen zweiten Entwurf vor. Mit den praktischen Vorbereitungen sowie der Anfuhr von Holz und Steinen, die überall gestapelt lagen, hatte man bereits im Spätjahr 1749 begonnen. Inmitten einer großen Baustelle war Karoline Luise in Darmstadt groß geworden, ein Gleiches erwartete sie nun in Karlsruhe. Für mehr als zwei Jahrzehnte mußte sie sich in einem Schloß einrichten, das in all seinen Teilen von Grund auf umgestaltet wurde. Erst um die Mitte der siebziger Jahre, nach ihrer silbernen Hochzeit, durfte sie endlich Räume beziehen, welche ganz nach ihren Wünschen und Bedürfnissen eingeteilt und ausgestattet waren. Bis dahin folgte je nach dem Stande der Bauarbeiten ein mehr oder weniger bequemes Provisorium dem anderen. Kurze Erwähnungen in Briefen und Tagebüchern lassen ahnen, mit welchen Beschwerlichkeiten dieser Zustand vor allem während der ersten Jahre verbunden war. So notierte sich Karl Friedrich am 12. März 1753[4]: »Nachmittag wurden die oberen Zimmer im Corps de Logis geräumt und hingegen die unteren im Flügel oder neuen Bau von mir bezogen.« Und im Mai desselben Jahres, vier Wochen vor einer erwarteten Niederkunft Karoline Luises, heißt es in einem Besprechungsprotokoll über das Arrangement der Taufzeremonie[5]: ». . . da wegen vorwaltenden Bauwesens in dem Hochfürstl. Schlosse kein zulänglicher Raum vorhanden« sei, solle der Taufakt »ohne Solennitaeten« in Karoline Luises Audienz- oder Vorzimmer vor sich gehen. Die Folgen elegant dekorierter und möblierter Säle, Salons und Appartements, glanzvoller Schauplatz für die Darstellung fürstlichen Machtanspruchs in den europäischen Schlössern des Barock und Rokoko, fanden sich in Karlsruhe also zunächst nur auf Bauplänen als ein Versprechen für die Zukunft.

Seit der Verlegung der Residenz nach Karlsruhe, also seit mehr als fünfunddreißig Jahren, hatte keine regierende Fürstin mehr das gesellschaftliche Leben am Karlsruher Hofe bestimmt. Markgräfin Magdalene Wilhelmine war, getrennt von ihrem Gatten, in Durlach geblieben und hatte dort neben der in ihre unheilbare Krankheit versunkenen Erbprinzessin ein zurückgezogenes Leben geführt. Um so freudiger begrüßte man 1751 die Ankunft der jungen Prinzessin aus Hessen. Auch sie war in Darmstadt an einem frauenlosen Hofe aufgewachsen und mußte sich mit ihren neuen Aufgaben und Pflichten erst vertraut machen. Wie man ihre Stellung sah und was sich die Untertanen von der Gemahlin ihres Souveräns erhofften, sprach der Hof- und Stadtdiakon Johann Peter Commerell in einer Predigt aus, welche er am Sonntag »nach der Heimführung der Durchlauchtigsten Baaden-Durlachischen Landes Mutter Carolina Louisa« in der Schloßkirche hielt[6]. Als Vorbild einer »lieben christlichen Obrigkeit« sieht er darin Moses; denn diesem legte Gott die ganze Verantwortung für sein auserwähltes Volk auf, damit er es auf seinen Armen in das Gelobte Land trage. Und in der Nachfolge Mosis hat Gott nun die von ihm eingesetzte Obrigkeit als seinen Stellvertreter auf Erden bis zum Tage des Jüngsten Gerichts bestimmt: ». . . eine höhere Commission für einen bloßen Menschen kann nicht gedacht werden.« Möge er ihnen Herzen geben, die »ohngeachtet aller Hoheit doch väterlich und mütterlich sind und durch den äußerlichen Unterschied des Standes keine solch weitläufige Kluften befestigen lassen, die Eltern und Kinder verhindern, daß sie zusammenkommen können, sondern daß sie vielmehr mit freudiger Liebe denen Nothleidenden entgegenlaufen«. Bei der Erfüllung ihrer Pflichten wird Gott ihnen durch die Mitglieder der Regierung und die Beamten helfen, denn ehedem hatte er seinen Geist ja auch auf jene siebzig auserwählten Männer gelegt, welche er dem Moses als Helfer an die Seite gab. Vom Volke verlangt Gott dafür aber, daß es von sich aus den Weg der Ordnung suche, denn im Alten Testament heißt es, daß die »Unruhigen ausgerottet werden sollen, deren Herz immer den Irrweg will und die seine Wege nicht lernen wollen«. Vierzig Jahre vor der Französischen Revolution herrschte in Deutschland noch die unerschütterte Hierarchie eines patriarchalisch bestimmten Absolutismus, der sich auf die Bibel berufen und durch sie moralisch gerechtfertigt fühlen durfte. Rang und Pflichten, auch das Selbstverständnis des Fürsten ebenso wie seiner Untertanen, jedenfalls einer großen Mehrzahl von ihnen, waren weithin noch durch solche Anschauungen bestimmt. Während seiner mehr als sechs Jahrzehnte währenden Regierungszeit hat Karl Friedrich an ihnen festgehalten, die ihm »von Gottes Gnaden« verliehene Autorität freilich in ernster und uneigennütziger Bemühung immer als die eines für seine Untertanen verantwortlichen Vaters aufgefaßt und anzuwenden versucht.

Für Karoline Luise galt es zunächst, sich in der neuen Umgebung und unter neuen Menschen zurechtzufinden. Nur zwei Vertraute waren ihr aus Darmstadt gefolgt, ihre alte Kammerfrau, die Weinrichin, und Mademoiselle Cardoini. Die Hofdame Fräulein von Geismar war zwei Monate vor der Hochzeit der Prinzessin plötzlich gestorben. An deren Stelle traten nun zwei Karlsruher Damen. Von ihnen blieb Auguste von Geusau, eine Tochter des bereits genannten Generals, der bei den Heiratsverhandlungen eine Rolle gespielt hatte, dreiundzwanzig Jahre in Diensten der Markgräfin, bis 1774; die zweite, Christine Franziska von Üxküll, Tochter des Geheimrats und Regierungspräsidenten, hat ihr Amt sogar fast dreißig Jahre innegehabt. Sie begleitete Karoline Luise in späteren Jahren auf allen Reisen, stand ihr auch 1783 in der Todesstunde zur Seite und ist im hohen Alter von 94 Jahren erst 1816 gestorben.

Während der ersten Wochen war die junge Markgräfin beschäftigt, sich einzurichten, die Menschen ihrer Umgebung kennenzulernen, Cour zu halten, Audienzen zu erteilen und nicht zuletzt auch all jenen zu danken, welche ihr zur Vermählung gratuliert hatten. Im flüchtigen Konzept eines solchen Briefes an Johann Georg von Ponigkau, der als Gesandter Kursachsen beim Ständigen Reichstag zu Regensburg vertrat, entschuldigt sie sich, nicht mit eigener Hand zu schreiben; sie finde keine Zeit, die Feder selbst zu führen, denn ». . . seit meiner Ankunft hier sehe ich mich so beschäftigt, daß ich nur während der Toilette diktieren kann[7]«. Trotz der Fülle von Verpflichtungen bekam ihr alter Lehrer Job auf seine italienisch abgefaßten Briefe aber doch eine ebensolche Antwort[8]. Für ihre gewiß zahlreichen Fehler entschuldigte sich Karoline Luise von vornherein damit, daß sie noch ohne Lexikon sei. Ihre Gesundheit, so schreibt sie, sei zufriedenstellend, »das Volk bezeigt mir seine Liebe, und wenn ich erst meine Bücher wieder um mich habe, will ich ganz zufrieden sein. Oft wünsche ich mir, Sie hier zu sehen, denn daß die Freunde fehlen, mindert meine Zufriedenheit. Italienisch und Englisch zu lernen gibt es hier mehr Gelegenheit als in Darmstadt, für andere Wissenschaften nicht.«

Sie war zu diskret, irgendwo ein Wort darüber zu verlieren, daß sich die Ehe während der ersten Monate nicht gut anließ. Karl Friedrich begegnete seiner Frau offenbar kühl und ließ es sie fühlen, daß er sie nicht aus Neigung, sondern der Konvention wegen geheiratet hatte. Mit seinen dreiundzwanzig Jahren fühlte er sich der um fünf Jahre älteren und wesentlich gebildeteren Karoline Luise gegenüber offenbar auch unsicher.

Anfang Mai, drei Monate nach der Hochzeit, verließ er überraschend Karlsruhe, um seinen Onkel Oranien in Holland zu besuchen und dann nach England weiterzufahren. Es heißt, sein Interesse für die Staatswissenschaften, auch für die fortschrittlichen Methoden, nach denen man in England die Landwirtschaft betrieb, seien der Anlaß zu dieser Reise gewesen. Dem mag zum Teil so sein, doch wirkt sein abrupter Aufbruch eher wie eine Flucht aus ihn beengenden Verhältnissen. Karoline Luise, im vierten Monat schwanger, scheint von der Reise überhaupt erst im letzten Augenblick erfahren zu haben. Karl Friedrich hatte sich auch bei den holländischen Verwandten nicht angemeldet und verpaßte auf diese Weise den Onkel Statthalter, der gerade vor der Ankunft des Neffen im Haag seinerseits eine Reise angetreten hatte. Karl Friedrich mußte daher einige Zeit auf die Rückkehr Oraniens warten. Der Onkel dankte inzwischen mit einem Brief[9], etwas überrascht durch diesen unerwarteten Besuch, konnte eine kleine Rüge auch nicht unterdrücken: er fand es »pas trop galant«, daß Karl Friedrich seine junge liebenswürdige Frau so bald nach der Hochzeit allein in Karlsruhe zurückgelassen habe. Auch Geheimrat Üxküll scheint keine Gelegenheit mehr gefunden zu haben, sich mit seinem Herrn vor dessen Abreise noch zu besprechen. Jedenfalls sandte er ihm eilig einen Brief hinterher, um ihm zu sagen, falls er in Holland nicht incognito, sondern als Markgraf von Baden aufzutreten beabsichtige, müsse er sich im Interesse aller anderen deutschen Reichsfürsten davor hüten, irgendeinem der im Haag akkreditierten Gesandten europäischer Mächte den ersten Besuch abzustatten; denn diese würden daraus sofort Konsequenzen ziehen und Ansprüche für später ableiten. Reise er dagegen incognito, so sei er ganz frei. Solche Fragen des Vortritts und der Etikette spielten in der Politik des 18. Jahrhunderts gerade für die Selbstbehauptung der kleineren Fürsten des Reiches eine große Rolle.

Wenn sie es in ihren Briefen nach Holland auch nicht zu erkennen gab, fühlte sich Karoline Luise doch durch die abweisende Haltung des Gatten sehr verletzt. Üxkülls Briefe an Karl Friedrich[10] zeigen, wie verstört sie war. Er habe die Markgräfin aufgefordert, schrieb der Geheimrat, doch gelegentlich kleine Promenaden zu machen oder eine Einladung zum Essen anzunehmen, um sich ein wenig zu zerstreuen. Sie wolle aber nicht, solange sie nicht wisse, ob es dem Markgrafen recht sei. Gern ginge sie wohl einmal incognito auch nach Mannheim, das sie noch nicht kenne. Der Markgraf solle ihr doch mit ein paar Worten sagen, daß sie kleine

Ausflüge machen und sich amüsieren möge. Sie trage zwar eine gewisse »grandeur d'âme« zur Schau, könne aber nicht ganz verbergen, welchen Kummer ihr die Abwesenheit des Gatten bereite. ». . . Es kostet Sie doch so wenig, Monseigneur, ihr von Zeit zu Zeit einige freundliche Worte zu schreiben, welche während Ihrer Abwesenheit die ganze Seligkeit für sie bedeuten. Ich wage es, mir zu schmeicheln, daß Ew. Hoheit ihr solch unschuldige Satisfaktion nicht vorenthalten werden.« Prinz Christoph, einer der noch jungen Onkel Karl Friedrichs, hatte die Markgräfin wenigstens dazu bewegen können, seine Einladung zu einer kleinen »Promenade sur le Rhin« anzunehmen, worüber Karoline Luise dem Gatten am 15. Juni ausführlich berichtete. Mit der Kutsche war man bis Linkenheim gefahren, dann mit einem Boot weiter nach Schröck. Dort hatte Prinz Christoph inmitten des Flusses einen »pont volant« errichten lassen, eine Art Bootsinsel, auf welcher man an gedeckten Tischen das aus der Hofküche mitgebrachte Picknick einnahm.

Nachdem Karl Friedrichs Aufforderung zu weiteren Ausflügen solcher Art eingetroffen war, unternahm Karoline Luise Anfang Juli schließlich auch die Reise nach Mannheim, an der ihr so viel lag. Üxküll begleitete sie mit seiner Frau auf dieser Fahrt und berichtete dem Markgrafen, daß man anschließend noch zu kurzem Besuch nach Darmstadt weitergefahren sei. Überall wurde striktes Incognito gewahrt; während der ganzen Reise gab man Karoline Luise als des Geheimrats Tochter aus.

Ende August ließ Üxküll den Markgrafen wissen, man mache sich Sorgen um seine Gesundheit, denn seit längerem sei keinerlei Nachricht mehr von ihm gekommen, weder von ihm selbst noch von seinen Begleitern. Doch da befand sich Karl Friedrich bereits auf der Rückreise, denn ein Brief vom 28. August berichtet von glücklicher Landung nach dreitägiger Seefahrt und von baldiger Heimkehr. Im Haag, wo er einige Tage blieb, erhielt er am 30. August seine Bestallung als Generalleutnant der niederländischen Infanterie. Mitte September traf er schließlich wieder in Karlsruhe ein. An der Pforte des Schlosses, so heißt es, habe Karoline Luise ihn mit ausgebreiteten Armen freudig begrüßt; kein Wort eines Vorwurfs sei je über ihre Lippen gekommen.

Kaum eine Woche später, am 19. September, brachte sie einen toten Knaben zur Welt[11]. Trauer und Enttäuschung waren groß. Am folgenden Abend wurde der kleine Leichnam nach Pforzheim überführt. Sechs mittlere Hofchargen in zwei sechsspännigen, schwarz ausgeschlagenen Wagen bildeten den Trauerkondukt, ein Wachtmeister mit vier Dragonern gab militärisches Ehrengeleit. In der illuminierten Schloßkirche Pforzheims hatten sich die Angehörigen des fürstlichen Oberamts, alle Mitglieder des Rats und des Gerichtshofs sowie die geistlichen und weltlichen Bedienten versammelt. Nach überliefertem Brauch wurde der Sarg geöffnet, das tote Kind dem Volke gezeigt; dann verschloß man ihn wieder und setzte ihn in der Gruft bei. Im September des folgenden Jahres hatte Karoline Luise eine Fehlgeburt, möglicherweise als Folge der Röteln, an welchen sie im Sommer erkrankt gewesen war. Ein drittes Kind kam im Juni 1753 wiederum tot zur Welt.

Ihre von Kindheit an labile Gesundheit, durch diese drei unglücklichen Schwangerschaften nun noch mehr geschwächt, gab zu ernsten Besorgnissen Anlaß. Im August 1753 wandte sie sich dieserhalb an den königlich preußischen Hofmedikus Michael Mathias Ludolf in Berlin, dessen Ruf als Wissenschaftler und tüchtiger Praktiker auch nach Karlsruhe gedrungen zu sein scheint[12]. Vielleicht kannte Karoline Luise, die sich von früh auf für medizinische Fragen interessierte, sein 1734 erschienenes Lehrbuch »Anfangsgründe der Arzneiwissenschaft«. Ausführlich schilderte sie Ludolf ihr augenblickliches Befinden und die Beschwerden während der Schwangerschaften, gab dazu auch einen genauen Bericht über alle seit Kindertagen ausgestandenen Krankheiten und bat um Verhaltensmaßregeln. Ludolf antwortete am 3. September mit einem ausführlichen Gutachten. Ihre zahlreichen Blutungen, »öfftere Wallungen, Krämpfe, Kopfschmerzen, coliquen, Schwachheiten und Ohnmachten« deuten für ihn darauf hin, »daß da eine große Vollblütigkeit vorhanden ist, die Nerven und Gefäße aber sehr sensible und schwach sind«, so daß man alles vermeiden müsse, »was einige irritation und Wallungen« verursachen könnte. Daher rät er zu einem monatlichen Aderlaß am Arm, auch zu »lavements«, um die Verstopfung des Leibes zu beseitigen, die bei »Denselben auch schon eine alte Gewohnheit und Disposition« ist. Diät ist einzuhalten, keine stark gewürzten, geräucherten oder gesalzenen Speisen soll die Patientin essen, keinen Hasenbraten und keine Rebhühner und nichts, was von Kohl oder Gemüse »Ihnen weniger oder mehr incommodiren und indigestionen veranlaßen . . . Von Coffee werden Dieselben auch längst haben observiren können, ob er des Vor oder des Nachmittags Ihnen Wallungen machet oder nicht . . .« Irgendwelche »rote saure Tropfen«, die er vorschreibt und mitschickt, sollen regelmäßig mit Wasser genommen werden.

Als sich daraufhin keine Besserung der Beschwerden zeigte, wurde der Doktor noch einmal konsultiert und empfahl nun, den Aderlaß nur noch alle acht Wochen vorzunehmen, äußerte auch die Ansicht, die bereits genannten Symptome seien Folge des »schwächlichen, unordentlichen und krampfigten Zustands von Theilen des Unterleibs«; diesen müsse man daher stärken, gehörig bewegen und durch eine freie Zirkulation des Blutes zur Bewegung geschickt machen. Um das zu befördern, schickte Ludolf eine bittere Mixtur, von der zweimal des Tages jeweils ein halber Löffel zu nehmen sei. Man gewinnt den Eindruck, daß die Kenntnisse und Möglichkeiten ärztlicher Wissenschaft jener Tage doch recht begrenzt gewesen sind.

Während der drei ersten Jahre ihrer Ehe lebten die Gatten wohl eher höflich nebeneinander als herzlich miteinander[13]. Ein nur fragmentarisch erhaltenes Tagebuch Karl Friedrichs, das die Monate von November 1752 bis März 1753 umfaßt, vermittelt ein merkwürdig blasses Bild von seiner Person[14]. Er wirkt fast unreif, in der Handschrift ebenso wie im holprigen sprachlichen Ausdruck. Nur unerhebliche Ereignisse seines täglichen Lebens hat er zu vermerken: allmorgendliches Exerzieren mit den Soldaten in der Orangerie, Besuch des Marstalls, Reiten, mittags die Parade; dann Ausritte auf dem Leibpferd »Vigoureux« nach Durlach, um den Bruder zu besuchen oder mit diesem Ausflüge in die nähere Umgebung der Stadt zu machen; manchmal gibt es Jagdpartien oder einen Spaziergang durch Karlsruhe.

8 Markgraf Karl Friedrich im Harnisch, um 1750 – Gemälde von Ph. H. Kisling – Privatbesitz

Zweimal wöchentlich nimmt Karl Friedrich an den Sitzungen des Geheimen Rates teil, leistet in seinem Arbeitskabinett Unterschriften, liest und schreibt Briefe oder empfängt Besucher. Gelegentlich wird auch »meine Frau« erwähnt, etwa wenn es zum 28. Januar, dem gemeinsamen Namens- und Hochzeitstag, heißt: »Carls Tag. Ich habe meiner Frau eine Garnitur Porcelan zu namenstag gegeben.« Musische Interessen sind ihm gleichwohl nicht ganz fremd; des öfteren heißt es im Tagebuch, er habe Kammermusik gemacht oder am frühen Morgen die Flöte gespielt.

Um 1747, als Karl Friedrich seine Herrschaft antrat, oder 1750, nachdem er aus Italien zurückgekommen war, malte der baden-durlachische Hofmaler Philipp Heinrich Kisling ein Bildnis des jungen Markgrafen, ein offizielles »portrait d'apparat«, für das die Hofkunst von Versailles zur Zeit Ludwigs XIV. das immer noch gültige, wenn auch bereits zur Formel erstarrte Vorbild geschaffen hatte. Es zeigt den Herrscher als Feldherrn im ritterlichen Harnisch, den Kommandostab in der erhobenen Rechten; die Linke ruht auf dem abgelegten Helm mit großem Federbusch. Ein wallender Fürstenmantel aus rotem, hermelingefüttertem Samt ist dekorativ über die rechte Schulter drapiert; Säule und Vorhang im Hintergrund sind die für ein Bildnis solcher Art traditionellen Herrschaftssymbole. Merkwürdig kontrastiert das etwas theatralische Auftreten des Markgrafen mit seinem jugendlichen Gesicht. Die Gestalt ist schlank, fast zierlich zu nennen, das Gesicht schmal, mit hoher Stirn, kräftiger Nase, sinnlich voll geschwungenen Lippen und betontem Kinn. Unter hoch gewölbten Brauen blicken die Augen heiter, fast ein wenig ironisch auf den Betrachter. Die sympathischen, durch Geist und menschliche Erfahrungen freilich noch nicht geprägten Züge scheinen auf ein sanguinisches Temperament zu deuten.

Auch ein von Fiedler in Darmstadt anläßlich der Hochzeit gemaltes Bildnis Karoline Luises ist das Standesporträt einer regierenden Fürstin und eleganten Dame von Welt. Durch den Anflug eines Lächelns wird das dem Betrachter zugewandte Antlitz ein wenig belebt. Fiedler ist kein Künstler vom Range eines Liotard gewesen, der Geist und Charakter seiner Modelle unvergleichlich treffender zu erfassen wußte. Ohne Zweifel war Karoline Luise, als sie heiratete, nicht nur an Jahren die reifere Persönlichkeit, sondern auch gebildeter und geistig beweglicher als der Gatte. Es war ihre Überlegenheit, die ihn unsicher machte und in eine gewisse Reserve drängte. Sie, die von Anfang an weit mehr als bloße Sympathie für ihn empfand, war klug genug, ihn in seiner Zurückhaltung nicht zu bedrängen und nichts zu verlangen, was er seiner gehemmten Wesensart nach nicht zu geben bereit war. Mit stets gleichbleibender Freundlichkeit und unaufdringlicher Teilnahme an allem, was ihn interessierte und betraf, hat sie Karl Friedrichs Herz allmählich zu gewinnen verstanden. Seine Briefe lassen es spüren, denn mehr und mehr verlieren deren Schlußformeln ihren anfangs noch ganz konventionellen Charakter, werden persönlicher, bringen Vertrautheit, schließlich enge Verbundenheit zum Ausdruck. Als Karoline im Juni 1751 von ihrem Ausflug mit Prinz Christoph berichtete, schloß sie als »la personne du monde qui vous est la plus attachée avec respect, amitié et tendresse«, und unterschreibt zum ersten Male nur mit »Caroline« ohne die bis dahin übliche Floskel einer »obéissante servante«[15]. Als Karl Friedrich ihr dann im August seine Rückkehr aus Holland ankündigte, tat er es konventionell »avec l'attachement et la tendresse la plus parfaite«, behielt auch den »très humble serviteur le Marggrave de Baaden« noch bei. Zwei Jahre später, im September 1753, schickte er seiner Frau aus dem vor den Toren Karlsruhes gelegenen Jagdschlößchen Stutensee frühmorgens einen Läufer mit einem Briefchen, nur um zu fragen, ob sie gut geschlafen habe, ob der Aderlaß des vergangenen Tages erfolgreich gewesen sei und ob sie nicht selbst am nächsten Tage herauskommen wolle, ihn zu besuchen. »Je suis bien votre serviteur, ma chère«, heißt es nun. Im vierten Jahr der Ehe ist dann aus Respekt und Freundschaft wirkliche Liebe geworden. Am 2. Mai 1754 antwortet Karoline Luise auf ein Briefchen, das Karl Friedrich ihr von der Jagd geschickt hat: ». . . Vous êtes adorable, cher Cœur, et moi la plus heureuse femme du monde d'aimer un homme comme vous.« Hundertmal küßt sie seinen Brief, ist glücklich, etwas von einer Hand empfangen zu haben, die sie anbetet.

Als am 15. Februar 1755 endlich der ersehnte erste Sohn gesund zur Welt kam, war das eheliche Glück vollkommen[16]. Je zwölf Salutschüsse in Karlsruhe und Durlach gaben der Bevölkerung Kunde von der Geburt eines Thronerben; mit fünftausend gläsernen Ampeln wurde aus Anlaß dieses freudigen Ereignisses der Schloßgarten illuminiert. Geldgeschenke gingen an das fürstliche Waisenhaus in Pforzheim sowie an die »Hausarmen« in Karlsruhe und Durlach, und die Städte der Markgrafschaft erhielten je nach Größe ein ganzes oder ein halbes Fuder Wein sowie Brotlaibe entsprechend der Zahl der Bewohner, um mit ihrem Landesherrn fröhlich sein zu können.

Kuriere wurden eiligst ausgeschickt, den nächsten Verwandten in Deutschland und Holland die freudige Nachricht so rasch wie möglich zu überbringen. Auch am Hofe zu Leeuwarden fanden Festlichkeiten aus diesem Anlaß statt. Ein ausführlicher Bericht von dort schildert, wie die Notabeln und vornehmsten Vertreter Hollands der »ÜberGroßmutter« Prinzessin von Oranien ihre Aufwartung machten: ». . . die ältesten Dames vom ersten Rang hatten die Ehre, bei Ihrer Hochfürstlichen Durchlaucht zu speisen, und nach aufgehobener Tafel kamen die übrigen vornehmsten Dames dieses Landes, um Ihro Hoheit zu complimentiren.« An den folgenden Tagen erschienen dann noch die Vertreter der Behörden, die Offiziere der Garnison und weitere Persönlichkeiten der Gesellschaft.

Dem Knaben wurden in der Taufe die Namen Karl und Ludwig gegeben. Zu den vielen erlauchten Herrschaften, welche man um Übernahme einer Patenstelle gebeten hatte, gehörte auch das Kaiserpaar. Maria Theresia schrieb dazu am 16. März: »Mit besonderem Vergnügen nehme ich diese Stelle an, und erkenne das andurch Mir von Eure Liebden gegebene Merckmahl Dero Ergebenheit mit verbindlichem Danck . . .« Für die Einrichtung der »Kinderstube« und die Beschaffung des erforderlichen Personals hatte das zuständige Hofmarschallamt rechtzeitig gesorgt. Vermutlich richtete man sich dabei nach den Maßnahmen, welche bereits 1753 für einen solchen Fall schriftlich fixiert worden waren. Damals hatte Karl Friedrich zweihundert Gulden für diesen Zweck ausgesetzt und aus der eigenen Schatulle noch fünfzig Gulden für die Hebamme beigesteuert. Beim sogenannten »Hervorgang«, dem ersten öffentlichen Erscheinen der Wöchnerin, das man üblicherweise zwei Monate nach der Geburt eines Kindes mit einer Gala-Cour beging, wurden die Ärzte, das Personal der Kinderstube und Geheimrat von Üxküll als Präsident der Regierung von der Markgräfin mit namhaften Geschenken bedacht; sie hat diese alle in ihrem Ausgabenbuch genau vermerkt[17]. So erhielt Leibarzt Dr. Textor einen Saphirring und elf neue Louisdors, der Hofoperateur Dr. List eine silberne Kaffee- und Milchkanne, der Herr Präsident ein silbernes Kaffeeservice. Für die beiden Hofdamen gab es je einen Stoff zu einer Robe; das übrige Personal wurde mit Geld und Wein traktiert. Die »Saugamme« hatte aus der Privatschatulle Karl Friedrichs bereits hundert Taler bekommen.

Der junge Markgraf zeigte sich als stolzer und zärtlicher Vater. Aus seinen Briefen spricht nun auch eine ganz neue, von aller Reserve und Zurückhaltung befreite, gelöste Persönlichkeit. Die schönste Liebeserklärung an seine Frau enthält ein

9 Karoline Luise, um 1751 – Gemälde von J. Chr. Fiedler – Ehemals Darmstadt, Schloßmuseum

Schreiben, das er ihr um diese Zeit von einem Jagdausflug schickte. Bewegt und betroffen hat er während der abendlichen Lektüre von Racines Drama »Esther« zur Feder gegriffen und zehn Zeilen aus einer Szene des zweiten Aktes abgeschrieben, in welcher der persische König seiner Gemahlin Esther zu erklären versucht, warum er sie liebt[18]:

»Nur in Euch find' ich immer mit stillem Entzücken
eine Anmut, die allzeit mich weiß zu beglücken.
So hold und so machtvoll gibt Tugend sich kund:
In Esther sind Unschuld und Friede im Bund.
Sie vertreibt mir die Schatten der lästigsten Plagen,
Macht heitere Zeit aus den düstersten Tagen.
Was sag Ich? Seit Ihr mit mir teilt diesen Thron,
Ist die Furcht vor den feindlichen Sternen geflohn,
Und ich glaube, Ihr habt meine Krone umwunden
Mit Glanz, der die Achtung der Götter gefunden.«

Ohne weitere Anrede fährt Karl Friedrich fort: »Gäbe es wohl irgend jemanden, der nach der Lektüre dieser Verse nicht bereit wäre, alles auf der Welt hinzugeben, um einen solchen Schatz zu besitzen, wie er hier beschrieben wird? Nur einer, der absolut nicht glücklich sein wollte, könnte das sein; einer, der seine Zufriedenheit nicht in den Annehmlichkeiten einer guten Gemeinsamkeit suchen wollte (wenn man eine gute Freundin besitzt, kann man diese nicht verfehlen). Und die Liebe selbst, diese liebenswerte Leidenschaft, müßte keine Verlockung für einen Menschen bedeuten, der nicht glauben wollte, sein einziges Glück im Besitz dieses Himmelsgeschenks zu finden, von dem der Dichter spricht.

Muß ich mich nicht beglückwünschen, liebste Gattin, Euch zu besitzen? Ja, kein Zweifel kann darüber sein, niemand ließe sich finden, der diesem Porträt ähnlicher wäre als Ihr. Euch fehlt nur, daß Ihr die Gemahlin des größten Königs auf dieser Welt wäret, damit er diese Worte an Euch richten könnte, und er würde damit gewiß die Wahrheit sprechen. Doch da nun ich es bin, dessen Glück Ihr seid, lasse ich aus diesen Versen alles fort, was mit Thron und Krone zusammenhängt, und sage Gottes Güte Dank dafür, daß sie mir eine Gefährtin gegeben hat, welche mich zum glücklichsten aller Sterblichen macht. Karl.«

Markgraf Karl Friedrich als Regent

An der Seite des Gatten hat Karoline Luise in Karlsruhe mehr als drei Jahrzehnte lang ein durch die Zeitereignisse nur wenig gestörtes privates Leben führen können. Der Siebenjährige Krieg, welcher die europäischen Großmächte noch einmal in blutige Auseinandersetzungen trieb, ließ die Markgrafschaft Baden-Durlach, bedroht zwar und finanziell geschädigt, doch im Windschatten des großen Sturmes. Erst die Armeen der französischen Revolution haben sie 1796 – dreizehn Jahre nach Karoline Luises Tod – wieder zum Kriegsschauplatz werden lassen. Als Karl Friedrich nach der Rückkehr von seinen Studienreisen 1748 die Führung des Landes aus den Händen des Regentschaftsrates übernahm, lagen mehr als vierzig Jahre vor ihm, während derer er sich mit seinen Ministern dringenden Aufgaben einer inneren Konsolidierung und Entwicklung des Landes widmen konnte[1].

Die finanziellen Verhältnisse befanden sich zu dieser Zeit zwar in halbwegs befriedigender Ordnung, doch innere Organisation von Rechtspflege und Verwaltung des Landes ließen noch viele Wünsche offen; der Geschäftsbetrieb funktionierte nur schwerfällig und schleppend. Für die hohen Kollegien gab es keine klare Abgrenzung ihrer Kompetenzen, wodurch die Behandlung gleich gearteter Fälle häufig zu einander widersprechenden Entscheidungen führte. Vielfach fehlten Akten, oder sie waren unvollständig geführt; dazu erschwerte eine unzureichende Registratur jeden Überblick. Oberämter und Ämter im Lande kümmerten sich häufig nicht um Weisungen, welche aus Karlsruhe kamen, wenn diese mit örtlichen Verhältnissen nicht in Einklang zu bringen waren. Die Unsicherheit in der Verwaltung war groß, denn weder gab es eine gedruckte Sammlung aller geltenden Gesetze noch ein Register neu erlasssener Vorschriften. Erst seit 1756 wurden letztere zu allgemeiner Kenntnis im neu gegründeten »Carlsruher Wochenblatt« publiziert. Auch was das Strafrecht betrifft, lag vieles im Argen. Mit seiner »Malefizordnung«, welche sich an die bereits 1532 von Kaiser Karl V. erlassene Gesetzgebung anschloß, bildete das alte Landrecht immer noch die Grundlage der Rechtsordnung, obgleich veränderte Zeitverhältnisse und Anschauungen schon seit langem zu einer Praxis freier Auslegung dieser Gesetze und damit zu Willkür und allgemeiner Rechtsunsicherheit geführt hatten. Eine grundlegende Neufassung nicht nur der alten umständlichen Prozeßordnung, sondern der gesamten zivilen und Strafgesetzgebung wurde als dringend empfunden. Der junge Markgraf sah sich also schwierigen Aufgaben einer zeitgemäßen Aktivierung und Reform seiner Staatsverwaltung auf allen Gebieten gegenüber.

Vier kollegiale Gremien bildeten das Haupt dieser Verwaltung. An deren Spitze stand der Geheimerat; er war dem Fürsten, der an seinen Sitzungen teilnahm, unmittelbar untergeordnet und hatte die Oberaufsicht über alle Staatsgeschäfte inne. Sein Präsident stand auch dem zweiten Gremium vor, dem Hofrat, welcher die Funktionen eines Innenministeriums und obersten Gerichtshofes ausübte. Die beiden anderen waren die Rentkammer als Finanz- und Baubehörde sowie der Kirchenrat für alle geistlichen Angelegenheiten. Jedes dieser Kollegien besaß in der Residenz seinen obersten Leiter, der zugleich auch Mitglied des Geheimerats war. Bestellte Vertreter saßen in jedem Distrikt, jeder Stadt und jedem Dorf. Alle Einnahmen des Landes flossen in die Zentrale und wurden von dieser den Bedürfnissen entsprechend wieder verteilt. Fürst und Geheimerat bildeten zusammen die Landesregierung, wobei der Theorie nach der Souverän alle Macht im Staate besaß, während Verwaltung und eigentliche Ausübung der Macht in den Händen der Kollegien lag. Deren Vorstände entstammten in der Mehrzahl dem Adel. Mehrere der einflußreichsten Mitglieder dieser obersten Behörden gehörten jedoch einer Klasse von bürgerlich patrizischen Familien an, deren Vorfahren vielfach schon seit Generationen Dienst als Juristen, Geistliche, Professoren oder Fachleute der Verwaltung in den Bürokratien der alten Reichsstädte oder anderer fürstlicher Staaten geleistet hatten. Sie waren ihrer Fachkenntnisse wegen in die badische Verwaltung berufen worden. Die Initiative zu den meisten Reformen während der beiden ersten Jahrzehnte der Regierungszeit Karl Friedrichs ging naturgemäß von diesen bürgerlichen Geheimräten aus. Sie haben ihrem jungen, anfangs noch unerfahrenen Markgrafen, der neuen Ideen zwar nicht ablehnend gegenüberstand, doch öfters widerstrebte und auf seinen Prärogativen beharrte, auf Grund ihres Fachwissens eine Art »eingeschränkter Monarchie« aufgezwungen. Dabei hatte Karl Friedrich das Glück, immer wieder bedeutende Männer für seine Regierung verpflichten zu können, Männer, die ihm loyal mit Einsatz all ihrer Kräfte zu dienen bereit waren. Sein Verdienst war es, daß er sie zu halten verstand und ihre Überlegenheit in Sachfragen respektierte. Die bedeutendste Persönlichkeit unter diesen hohen Staatsbeamten der beiden ersten Jahrzehnte war Johann Jacob Reinhard[2]. Einer alten nassauischen Beamtenfamilie entstammend, wurde der glänzend begabte, vielseitig gebildete Jurist und Historiker bereits als Zweiundzwanzigjähriger 1743 in Wetzlar am Sitz des Reichskammergerichts für badische Interessen tätig. Drei Jahre später übersiedelte er mit der Besoldung eines Geheimen Hofrats nach Karlsruhe. Hier mußte er anfangs freilich seine Arbeit zu Hause verrichten, denn das damalige Regentschaftskollegium traute sich nicht, einem Angehörigen der reformierten Kirche vor den Augen der Öffentlichkeit einen so einflußreichen Posten in den Landeskollegien zu verleihen. Die offizielle Aufnahme in das Geheimeratskollegium ließ bis 1754 auf sich warten. Reinhards Persönlichkeit, sein durchdringender Geist und sein mit unermüdlicher Arbeitskraft verbundenes Engagement für die Sache stehen hinter allen wichtigen Entscheidungen der fünfziger und sechziger Jahre, auf dem Gebiet der inneren und äußeren Politik ebenso wie auf dem der Gesetzgebung und Justizverwaltung. Vermutlich ist er es auch gewesen, durch dessen Vorbild sich der nur um sieben Jahre jüngere Markgraf nach kurzer Anlaufszeit sozusagen in die

Pflicht genommen fühlte; und Reinhard war es wohl auch, der nicht nur Karl Friedrichs Interesse für die Details der anstehenden Probleme weckte, sondern ihn auch zu aktiver Teilnahme an den Regierungsgeschäften anzuregen vermocht hat.

Schon 1752 erschien die von Reinhard erarbeitete neue Hofgerichtsordnung, welche eine raschere und präzisere Erledigung der bisher geltenden umständlichen und schleppenden Verfahren garantieren sollte. Eine Fülle neuer Verordnungen und Gesetze, die nun erlassen wurden, verfolgte das Ziel, im Sinne der neuen humanitären und pädagogischen Hoffnungen dieses Zeitalters der Aufklärung überlebte Ordnungen zu ändern und veraltete Lebenszustände zu reformieren. Besonders intensiv nahm man sich der Förderung des Erziehungswesens für alle Klassen des Volkes an, verbunden damit der sozialen Hebung und Sicherung des Lehrerstandes. Die Organisation des bereits unter Karl Wilhelm errichteten Waisenhauses in Pforzheim erfuhr eine Neuordnung, auch das damit verbundene Zucht- und Arbeitshaus. Mit einer gewissen Neigung zur Schulmeisterei griff der Gesetzgeber dirigierend und bevormundend freilich auch in das private Leben und Verhalten der Bürger ein; so beschäftigte sich zum Beispiel ein Erlaß des Jahres 1757 mit der Abstellung »des unmäßigen Schwelgens bei Hochzeiten und Kindtaufen[3]«. Die Obrigkeit sah ihre Aufgabe als die eines rechtlichen und wohlmeinenden Familienvaters, der denkt, seine noch unmündigen und oft unvernünftigen Kinder auf den rechten Weg bringen zu müssen. Viele der in bester Absicht erlassenen Verordnungen erreichten ihr Ziel freilich nur halb oder scheiterten am Beharrungsvermögen von Verhältnissen, die sich in der Praxis nicht immer auf Grund eines Gesetzes verändern ließen. So dauerte es bis zum Jahre 1767, daß die barbarische Verhörmethode der Folter, welche Friedrich der Große bereits 1750 abgeschafft hatte, auch in Baden verboten wurde. Erst 1766 hatte Karl Friedrich nämlich durch seinen Vetter Wilhelm Eugen von Württemberg, einen jüngeren Bruder des regierenden Herzogs Karl Eugen, das Werk des Italieners Cesare Beccaria über »Verbrechen und Strafe« kennengelernt, das in dieser Hinsicht in ganz Europa einen epochemachenden Umschwung der Gesinnung bewirkte. Der Markgraf fühlte sich durch die Thesen des Autors tief berührt und setzte umgehend alles Erforderliche in Bewegung, um ein Gesetz zur Abschaffung der Tortur ausarbeiten zu lassen[4]. Damit war er immerhin der erste Fürst in Deutschland, der Friedrichs des Großen Beispiel folgte. Für einige besonders aufgeführte Fälle blieb die peinliche Befragung rechtlich zwar immer noch erlaubt, ist aber offenbar in der Praxis – wie es Karl Friedrichs Wunsch war – nicht mehr angewandt worden.

Für eine wirklich grundlegende und umstürzende Neuordnung aller Verhältnisse in Verfassung und Gesetzgebung war die Zeit im dritten Viertel des 18. Jahrhunderts in Deutschland anscheinend noch nicht reif. Erst die Erschütterungen, welche mit der großen Französischen Revolution und der folgenden napoleonischen Ära ein neues Europa entstehen ließen, haben den Grund dazu gelegt, immerhin noch zu Karl Friedrichs Lebzeiten. Bis dahin mußten alle noch so ernsten und wohlgemeinten Bemühungen, soviel Anerkennung sie verdienen und dem Fürsten auch eingebracht haben, doch Stückwerk bleiben.

Die Zeitgenossen haben den Markgrafen von Baden-Durlach schon früh als vorbildlichen Regenten verehrt, seine Gewissenhaftigkeit, Sorgfalt, Ordnungsliebe und Pflichttreue gerühmt; es waren dies Eigenschaften, welche ihn über die meisten Fürsten seiner Zeit emporhoben. Von aufrichtiger Frömmigkeit beseelt, hat er an der Verantwortung, welche ihm sein Amt auflud, schwer getragen. Ein schönes Zeugnis davon bringt Ernst Sigmund Herzog in seinen 1786 erschienenen »Briefen über die Verfassung der Markgrafschaft Baden«, wo er auf das Problem der Todesstrafe zu sprechen kommt[5]: »Nichts wird Ihm schwerer, als wenn Er einen Missetäther zu Tode verurtheilen soll. Alles muß aufgesucht werden, was dem armen Menschen das Leben retten könnte. Auch dann, wenn die Justification unvermeidlich ist, wird die Entscheidung derselben von einer Session zur andern aufgeschoben. Mit Zittern unterschreibt Karl Friedrich das Todesurtheil und schließt sich alsdann vor Wehmuth den ganzen Tag ein.« Selbstherrliche Eingriffe in gerichtliche Verfahren, wie sie in der Kabinettsjustiz dieser Zeit häufig vorkamen, hat Karl Friedrich fast immer abgelehnt, denn er wollte sich als obersten Diener des Staates und Gesetzes verstanden wissen. Doch wo er glaubte, es verantworten zu können, ließ er gern Milde walten, vor allem, wenn es um die damals so überaus harten Strafen gegen desertierte Soldaten ging. Als ein Oberst die Markgräfin einmal gebeten hatte, sich für zwei dieses Vergehens wegen durch das Kriegsgericht zum Tode verurteilte junge Männer bei Karl Friedrich als oberstem Gerichtsherrn zu verwenden, antwortete sie ihm, sie habe seinen Brief zwar zu spät erhalten, als daß sie daraufhin die Exekution durch ihre Verwendung noch hätte verhindern können[6], ». . . allein ich hatte mir diese beiden Deserteurs damals als ein Geschenk vom Markgrafen ausgebeten und erhalten, mithin wurde das Todesurteil in eine Regimentsstrafe verwandelt und anderen Tages gleich vollzogen. Es ist mir also um desto angenehmer, daß ich nicht allein für mich die Satisfaction gehabt, zwei armen Menschen das Leben zu retten, sondern dadurch auch dem Herrn Obristen etwas Angenehmes erweisen zu können«.

Daß Karoline Luise trotz ihrer Zurückhaltung nach außen hin doch sehr großen Einfluß auf die Entscheidungen des oft unentschlossenen und zögernden Gatten besaß, war allen Nahestehenden bekannt. E.W.G. Drais, der seit 1777 als Jurist in allen wichtigen Gremien der badischen Regierung tätig war und daher vieles aus eigener Anschauung, anderes aus Erzählungen der älteren Mitarbeiter kannte, schreibt in seiner 1816 erschienenen Biographie Karl Friedrichs dazu[7]: ». . . In wichtigen Staats- und Haus-Angelegenheiten wurde und blieb sie Sein geheimster Berather, weil sie einen durchdringenden und thätigen Geist mit einer Erhabenheit über eigene Herrschbegierde oder Nebenabsichten und mit dem treuen Streben, es möge nur S e i n e Würde und Befriedigung aus Allem hervorgehen, so bescheiden verband, daß ihr stiller Einfluß Wenigen bemerklich war. Man kann von ihr, wie von Carl Friedrich selbst sagen, daß ihre hohen Verhältnisse sie nicht von der Natur entfernten, indem immerhin die Hausmutter für den Gatten und die Kinder lebte. Wir sahen überhaupt in den inneren Schloßgemächern das häusliche Bürgerglück . . .«

Höfisches Leben in Karlsruhe

Zurückhaltung und Maß kennzeichnen den Lebensstil des Karlsruher Hofes während der zweiten Hälfte des 18. Jahrhunderts. Auf fürstliche Repräsentation und gesellschaftliche Kultur wurde Wert gelegt, doch hielt man sich bewußt im Rahmen der nur begrenzt verfügbaren Mittel, verzichtete auf Extravaganz und ein Schaugepränge, das so manchen kleinen Fürstenhof dieser Epoche an den Rand des finanziellen Ruins gebracht hat. Die gelegentlich etwas nüchterne Einfachheit in Karlsruhe ist einerseits Ausdruck ausgeprägt lutherisch-protestantischer Moral, andererseits einer in der Lebensführung überhaupt zum eher Bürgerlichen tendierenden Gesinnung. Nicht umsonst fühlte man sich hier aus Tradition den holländischen Generalstaaten ebenso wie den großbürgerlich regierten Schweizer Kantonen enger verbunden als vielen katholischen Höfen der süddeutschen Nachbarschaft.

Wie man Anspruch und Form auch in bescheidenen Verhältnissen zu behaupten und zu wahren bestrebt war, gibt eine »Hofordnung« zu erkennen, die Karl Friedrich im November 1750 als erweiterte und neu redigierte Fassung bereits geltender Bestimmungen drucken ließ[1]. Sie bildet gleichsam das Grundgesetz für den in sich geschlossenen kleinen Kosmos, als welchen sich ein Hof dieser Zeit verstand. Schon der erste Satz der Broschüre definiert die Person des Fürsten als den bewegenden Mittelpunkt des Ganzen, auf den sich alles ausrichtet, durch den alle Teile Sinn und Aufgabe empfangen: »Ernstlich gedencken Wir, ob dieser Unserer Fürstlichen Hof-Ordnung festiglich zu halten, übergeben auch die Inspection und Execution derselben Unserm Ober-Hof-Marschalln, Hof-Marschalln, jeweiligen Chefs und nachgesetzten Räthen bey Unserm Fürstlichen Marschalln-Amt, und gebieten mit allem Ernst, daß von allen und jeden Unsern verpflichteten Hof-Dienern, sowohl denen von Adel, als andern vom Höchsten bis auf den Geringsten, nicht allein allhier bey Unserer ordentlichen Hofhaltung, sondern auch an allen Orten, da Wir hinreisen, und Uns aufhalten genau nachgelebet werde . . .«

Der Fürst ist nicht nur weltlicher Regent, sondern weiß sich als Haupt der Kirche und damit als Stellvertreter Gottes auf Erden diesem auch verantwortlich für das Seelenheil seiner Untergebenen und damit für deren moralischen Lebenswandel. So heißt es im ersten, »Verwahrung zu allem Guten« überschriebenen Abschnitt weiter: ». . . Wir wollen und befehlen demnach, daß Unsere Fürstliche Diener und Hof-Gesind, Niemand ausgenommen, sich aller Gotteslästerung, auch ärgerlich und schändlichen Reden und Geberden, darzu des übermäßigen Zutrinckens, als aus welchem Laster allerhand Übel und GOttes Straf entspringen, gäntzlichen enthalten, darneben alle Sonntag und zu andern Festzeiten, desgleichen bey denen Betstunden, so viel es immer seyn kan, fleißig in der Kirchen erscheinen, mithin keinen GOttes-Dienst ohne erhebliche redliche Ursachen und Verhinderung versäumen sollen, sonderlich aber solle sich ein Jeder so viel möglich befleißigen, solch Gesind jedesmalen anzunehmen und zu halten, die sich zur Evangelisch-Augspurgischen Confession bekennen, und selbige zur Gottesfurcht anweisen, mithin hierdurch und mit selbst fleißiger Besuchung des GOttes-Diensts und Gebrauchung anderer zu seiner Seelen-Wohlfahrt ersprießlichen Heils-Mittel seinen guten Wandel bezeugen . . . Demnächst befehlen Wir ebenmäßig, sich gebührender Zucht, Erbar- und Keuschheit solcher Enden, sonderlich gegen Weibs-Personen, mit Worten, Geberden, vorderist aber mit Wercken und Thaten zu befleißigen . . .«

Wo auch immer der Herrscher sich aufhält, ist Burgfriede geboten; Duelle werden daher bei Androhung schwerer Strafen untersagt. Alle Zwistigkeiten sind vor das Hofmarschallamt zu bringen und werden von diesem entschieden, sofern es sich um Bagatellsachen handelt. Eine Appellation an das Hofrats-Kollegium als oberste juristische Behörde bleibt gleichwohl möglich. »In Criminalibus« nimmt das Hofmarschallamt nur eine »General-Information« und die »Captur« vor, hat dann den Fall zu weiterer Bearbeitung der Justiz zu übergeben.

Ausführliche Vorschriften regeln das Verhalten der zum Hofdienst berufenen Adligen. Täglich haben sie sich eine Stunde vor den Mahlzeiten im Vorraum des Fürsten einzufinden, soweit sie nicht ausdrücklich zu anderem Dienst eingeteilt sind, sollen auch nach der Abendtafel »beständig, wo Wir Uns aufhalten, zugegen seyn, bis Wir zu Bett seyn werden«. An der Tafel muß jeder ohne Widerspruch den Platz einnehmen, welchen ihm der Oberhofmarschall anweist. »Ingleichen wollen Wir auch, daß fürohin Unsere Cavaliers, wann Wir öffentliche Tafel halten, und Uns zur selbigen setzen wollen, so lang hinter Uns stehen bleiben, bis die Fürstliche Tafel besetzt, und Wir den ersten Trunck gethan haben, alsdann sie sich auch, wann sie von Unserem Hof-Marschalln erst angewiesen worden, an die Marschalls-Tafel setzen, diejenige aber, so die Aufwartung haben, sich ehender wieder von der Tafel begeben, und, wann das Confect aufgesetzt, zur Aufwartung hinter Uns sich stellen sollen, biß Wir aufstehen werden.« Pünktliches Erscheinen und zurückhaltendes Benehmen werden verlangt, lautes Reden und Disputieren bei Tisch untersagt. Wer aus irgendwelchen Gründen nicht an der Mahlzeit teilnehmen kann, hat sich vorher abzumelden und es den Fourier wissen zu lassen. Sobald die Tafel offiziell »aufgehoben« ist, darf niemand mehr etwas von dem nehmen, was übrig blieb, geschweige denn es nach Hause tragen. Alle Reste sollen ». . . wieder anderwärts zu Nutzen gebracht, oder je nachdem es von Unsern Hofs-Vorgesetzten gut befunden werden wird, an arme und bedürftige Personen abgegeben« werden. Auf sechzehn Seiten und in 61 Artikeln gibt diese Hofordnung für alle vorkommenden Fälle genaue Verhaltensmaßregeln.

Der Oberhofmarschall, höchster Vorgesetzter aller Bediensteten, trägt für das reibungslose Funktionieren des ganzen Apparats Verantwortung; eine eigene Instruktion definiert seine Aufgaben[2]. Vor allem hat er darauf zu sehen, daß alles

Nötige für den Fürsten gebührend besorgt und getan wird. Dreimal täglich und darüber hinaus so oft, wie es verlangt wird, hat er »in Unßeren Zimmern« zu erscheinen, um die Befehle des Souveräns entgegenzunehmen. Alle Hof-, Küchen-, Keller- und Silberkammer-Ordnungen soll er kennen und beieinander haben, ebenso alle schriftlichen Nachrichten über diejenigen Gewohnheiten und Zeremonien, welche »bey vorhergehenden Solennitaeten, Bewirthung vornehmer Standes-Personen, Empfahung ankommender Gesandtschaften nach eines jeden caractère zu beobachten . . .« »In neuen ohngewöhnlichen Vorfallenheiten«, für die sich keine Präzedenzfälle finden lassen, soll er »auf die Gewohnheiten anderer Altfürstlicher wohl eingerichteter Höfe sein Absehen führen.« Ferner hat er dafür zu sorgen, daß Möbelverwaltung, Keller, Silberkammer und Apotheke genaue Inventare in doppelter Ausfertigung führen; eine davon ist beim Hofmarschallamt zu hinterlegen. Sie sind alljährlich zu prüfen und in Zu- oder Abgang auf den neuesten Stand zu bringen. Sollte sich dabei ein Abgang nicht überzeugend erklären lassen oder mutwillig verursachter Schaden entstanden sein, ist der Verantwortliche zum Ersatz heranzuziehen. Genaueste Kontrolle wird auch für Küche und Keller verlangt: noch während des Essens hat man dem Hofmarschall von dort einen Zettel mit Aufstellung aller verbrauchten Materialien und gelieferten Gedecke vorzulegen; sofort nach dem Essen, noch am Tisch selbst, hat er ihn durchzusehen und zu prüfen. Die für jede Mahlzeit benötigten Bestecke, Platten, Schüsseln und Terrinen werden jeweils gegen Quittung von der Silberkammer übernommen und dieser nach Gebrauch zurückgegeben.

Instruktionen ähnlicher Art regeln die Tätigkeit des Oberschenken, der dem Oberhofmarschall nachgeordnet ist und diesen bei Gelegenheit zu vertreten hat, sowie aller weiteren Chargen. Unter diesen ist wichtig das Amt des Reisemarschalls, der den Fürsten und dessen Gefolge nach auswärts begleitet, um ». . . auf allen Jagden und Land-Reisen, wo Ihr ohne den Hof-Marschall zugegen seyn werdet, den Stab zu führen. Ansonsten, insbesondere darauf zu sehen, daß in Unsren Residenz-Schlössern und Jagd-Häusern die nöthige Reinlichkeit in denen Zimmern und denen Meubles erhalten werden . . .« Seine Pflicht ist es, stets und überall den Vorteil des Regenten im Auge zu haben und ihn vor Schaden zu bewahren; ». . . so habt Ihr solches auch insbesondere bey der Hof-Haußhaltung zu thun, jedoch mit der ausdrücklichen und wiederhohlten Verwahrung, daß Ihr auch hierdurch keineswegs, es sey entweder in Unserer Residenz oder auf dem Land und Jagden in die Führung der HofHausHaltung zu mischen, einige Bestellung ohne Unsren Expressen Befehl wegen mitzunehmenden Provisionen zu machen, sondern solches alles nach Unserem gnädigsten Willen gantz allein Unserm Hof-Cammerrath zu überlassen habt.«

In allen Bereichen der großen Verwaltung herrscht eine streng gegliederte Hierarchie der Beschäftigten mit genauer Aufteilung der Kompetenzen. Überall wird mit bürokratischer Genauigkeit Buch geführt, inventarisiert, kontrolliert und vor allem auf Sparsamkeit geachtet. Dafür sei nur ein Beispiel angeführt[3]: am Hofe der kranken Mutter Karl Friedrichs in Durlach hatte es des öfteren Ärger mit der

Waschfrau Winter gegeben, weil diese Bürgern der Stadt die Benutzung der fürstlichen Waschküche erlaubte. Als nun bei einer Überprüfung der Inventare 1749 einige Stücke vom Weißzeug der Erbprinzessin fehlten und die Winterin behauptete, sie als unbrauchbar weggeworfen zu haben, erhielt sie eine ernstliche Verwarnung: in Karlsruhe sei es üblich, alle abgehenden Stücke bei der Möbelverwaltung abzuliefern, die dann daraus Putzlumpen für Küche und Waschhaus oder Pflaster für die Apotheke anfertige.

Eine fürstliche Hofhaltung wie die Karlsruher umfaßte Schlösser und Gärten, Jagdhäuser und Menagerien, reich bestückte Stallungen mit großem Fuhrpark, dazu Werkstätten von mancherlei Art, weiter umfangreiche Bestände an Mobilien, Einrichtungsgegenständen und Geräten, Silber und Wäsche, Heizmaterial und Kerzen, um hier nur einiges für den täglichen Bedarf Bestimmte zu nennen. Dieser ganze komplizierte, schwer zu überschauende Betrieb mit seinen vielen, in verschiedensten Funktionen beschäftigten hohen und niederen Chargen hätte ohne bürokratische Kontrolle niemals die ihm zukommenden Aufgaben erfüllen können, jedenfalls nicht ohne dem Lande auf die Dauer eine drückende Schuldenlast aufzuladen. Beispiele für Unordnung und Mißwirtschaft an den Höfen lassen sich im Deutschland des 18. Jahrhunderts in großer Zahl finden. Was der benachbarte Hof der Baden-Badener Vettern in Rastatt in dieser Hinsicht leistete, dürfte Karl Friedrich mit Mißbilligung beobachtet haben.

Die Hofordnung wies nicht nur allen Angehörigen der höfischen Gesellschaft ihren festen Platz an, sondern bestimmte nach überliefertem Ritual auch die zeremoniellen Formen des Lebens, für den Alltag ebenso wie für die regelmäßigen geselligen Zusammenkünfte, für Staatsakte ebenso wie für festliche Begehungen aller Art.

Von der zweimal täglich gehaltenen Hoftafel war bereits die Rede. Fremde Besucher, die sich zur Vorstellung beim Fürsten hatten melden lassen und empfangen worden waren, wurden des öfteren dazu geladen, nicht nur um ihnen gebührende Ehre zu erweisen, sondern auch, weil man gern jede Gelegenheit wahrnahm, Neues aus aller Welt zu erfahren. Die Wachen an den Stadttoren waren gehalten, die Papiere aller einreisenden Fremden zu prüfen und wichtige Persönlichkeiten sofort bei Hofe zu melden, auch das Gasthaus oder die Privatadresse, wo diese abzusteigen gedachten. Adlige, Diplomaten, Offiziere, höhere Beamte aus anderen Ländern, Professoren, Gelehrte und Schriftsteller versäumten es sowieso selten, sich bei Gelegenheit einer Übernachtung in der badischen Residenz bei Hof vorzustellen. Logierten Besucher hohen Ranges im Gasthof, stellte man ihnen für die Dauer ihres Aufenthalts eine Kutsche aus dem markgräflichen Marstall sowie einen Lakaien zur Verfügung. Anderen schickte man einen Wagen, welcher sie für den Besuch im Schloß abholte und später wieder zurückbrachte. Zu den Mahlzeiten im großen Speisesaal waren zwei getrennte Tische gedeckt, einer für die fürstliche Familie, deren Verwandtschaft und andere hochgestellte Gäste, welche dazu gebeten wurden; ein zweiter, die sogenannte Marschallstafel, für die höheren Hofchargen, Kavaliere, Offiziere und andere Gäste, denen das Privileg der Teilnahme an der Tafel gewährt worden war. Björnståhl schreibt 1773 dazu[4]: ». . . diese beiden Tafeln sind in Einem Zimmer; denn der Fürst mag diejenigen, die sein Brod essen, gern vor Augen haben.« Der schottische Edelmann und Schriftsteller James Boswell, der im November 1764 eine Woche in Karlsruhe zubrachte, berichtet in seinem Tagebuch von der ersten Einladung zur Hoftafel: ». . . Kurz vor dem Essen trat der Markgraf ein. Ich wurde ihm vorgestellt. Er ist zurückhaltend, bescheiden, liebenswürdig. Herr von Stetten, der das Amt des Hofmarschalls versah und dessen Stab trug, stieß mit diesem zweimal kräftig auf den Boden. Die Gesellschaft sprach ein stilles Gebet, dann setzten wir uns alle zu Tisch, wo wir sehr gut bedient wurden. Nach dem Essen gibt der Marschall wieder das Zeichen mit dem Stock, ein Gebet wird gesprochen, der Fürst zieht sich auf einen Augenblick zurück, der Kaffee ist fertig, der Fürst kommt wieder herein und unterhält sich, so lange er Lust hat.« Wer von fremden Besuchern der Residenz einmal zur Teilnahme an der Hoftafel aufgefordert worden war, durfte ohne weitere Einladung während der ganzen Zeit seines Aufenthalts in Karlsruhe dazu erscheinen.

Zweimal wöchentlich wurde abends in den Gesellschaftsräumen »Cour« gehalten. Hierzu fanden sich die Mitglieder der markgräflichen Familie ein, höhere Hofchargen und Beamte, auch die Angehörigen des Hofstaats der Mutter Karl Friedrichs aus Durlach sowie fremde Gäste. Die Hofkapelle ließ sich hören, man machte Konversation und spielte Karten, wie es in dieser Zeit allgemein üblich war; zu später Stunde wurde noch ein Imbiß gereicht. Dazu blieb Karl Friedrich selbst nur selten; überhaupt erschien er bei diesen Veranstaltungen meist nur für kurze Zeit, denn das Kartenspiel, dem er in jungen Jahren eine Weile im Übermaß und mit hohen finanziellen Verlusten ergeben gewesen war, hatte er offenbar schon bald nach der Verheiratung vollständig aufgegeben. »Doch pflegte er«, wie sein Biograph Drais 1816 schreibt, »fast jede Cour mit seiner Erscheinung zu beehren.« Hoftagebücher aus der Zeit Karoline Luises haben sich leider nur fragmentarisch aus den Jahren 1779 bis 1783 erhalten, doch dürfte das dort Vermerkte in entsprechender Form auch für frühere Jahrzehnte gelten.

Der Musik kam am Karlsruher Hofe immer eine wichtige Rolle zu. Die große Kapelle des Stadtgründers und Opernfreundes Karl Wilhelm wurde 1733 allerdings aus Ersparnisgründen aufgelöst, als während des Polnischen Thronfolgekrieges wieder einmal französische Armeen im Kampf gegen Österreich und Sachsen die oberrheinischen Lande verheerten und der Markgraf für einige Jahre Zuflucht in Basel suchen mußte. Nur einige Trompeter und Pauker blieben im Amt, die man zur Mitwirkung bei gewissen Zeremonien brauchte. Auch der Kapellmeister Johann Melchior Molter, der bereits seit 1717 in markgräflichen Diensten stand, verließ den Hof, ging zurück in seine thüringische Heimat, dann 1738 für einige Jahre zu weiterem Studium nach Italien. Erst nachdem die Verhältnisse sich gebessert hatten, kehrte er 1741 oder 1742 wieder nach Karlsruhe zurück.

Als Karl Friedrich dann 1746 die Regierung übernahm, ließ er die Kapelle von neuem zusammenstellen und berief wiederum Molter zu ihrem Leiter. Dieser legte zu Anfang des Jahres 1747 einen Organisationsplan vor, den das Geheimratskollegium am 9. März billigte[5]. Vorgesehen sind darin ein Vokalquartett mit Sopran, Alt,

Tenor und Baß sowie 27 Instrumentalisten; unter diesen erscheint auch der durch seine Kompositionen bekannt gewordene Sebastian Bodinus als »Principal Violino«. Die Zahl der Musiker schwankte im Laufe der Jahre; 1761, während des Siebenjährigen Krieges, werden nur zehn genannt, 1770 sind es wieder zwanzig.

Bis zu seinem Tode im Januar 1765 hat Molter, ein begabter Komponist und Musiker, für den Gebrauch des Hofes zahlreiche, großenteils noch im Manuskript erhaltene Kompositionen geschaffen, vor allem für Kammermusik in kleiner Besetzung. Karoline Luise dürfte Werke von ihm bereits vor ihrer Heirat in Darmstadt kennengelernt haben, denn sie ließ Molter im September 1750 »ein schönes Present« zugehen, durch das sich der überraschte Meister »um so mehr in eine Ehrfurchtsvolle Verwunderung versetzet« fühlte, als er sich »solcher Gnaden Bezeigungen würdig zu machen noch keine Gelegenheit gehabt«[6].

Durch die zahlreichen musikalischen Veranstaltungen am Hof bestand ein großer Bedarf an neuen Werken, der von Molter selbst bei allem Fleiß nicht gedeckt werden konnte. Daher mußte er versuchen, sich immer wieder neues Material zu beschaffen. Auf seine Veranlassung geschah es denn wohl auch, daß Karl Friedrich 1750 bei dem mailändischen Komponisten Giovanni Battista Sammartini, den Molter vielleicht während seiner italienischen Wanderjahre kennengelernt hatte, sechs »concertini« bestellte[7]. Im November des Jahres schickte der Meister die Arbeiten nach Karlsruhe und schrieb dazu, für sich selbst habe er davon keine Abschriften behalten, so daß der Markgraf sich als alleinigen Besitzer der Originale betrachten könne. Zu einer Zeit, da Notendruck noch nicht so verbreitet war wie heute, bedeuteten Handschriften solcher Art einen begehrten und wohl gehüteten Schatz, waren dazu ein Pfund, mit dem man durch Tausch von Abschriften mit anderen Musikfreunden wohl auch zu wuchern versuchte.

Ein großer Freund der Musik und im besonderen der Kunst Sammartinis scheint Graf Leopold Neipperg auf Schwaigern bei Heilbronn gewesen zu sein, als Geheimrat, Kämmerer und bevollmächtigter Minister in kaiserlichen Diensten stehend. An diesen wandte sich Molter 1757 im Auftrag der Markgräfin mit einer Liste der in Karlsruhe vorhandenen Werke Sammartinis und der Bitte um Abschriften solcher Kompositionen des Meisters, welche sie noch nicht kenne. Der Graf antwortete liebenswürdig[8], schickte aus seiner Sammlung zunächst einmal Abschriften der Noten für drei Quartette und zehn Trios und schrieb, er habe Auftrag gegeben, darüber hinaus noch weitere neun Symphonien, sechs Notturni für vier Instrumente mit Flöte, vierzehn Trios, ein Solo und drei Duette für sie zu kopieren; all diese habe er nicht auf ihrer Liste gefunden, und sie seien »sehr schön«. Dazu wollte er noch sechs Symphonien eines Schülers von Sammartini geben, von dem man meine, er übertreffe seinen Meister sogar. All das war nur ein kleiner Teil der offenbar sehr großen Sammlung, welche man in Schwaigern besaß. In Karoline Luises Korrespondenz ist auch später noch des öfteren die Rede von solchen Bestellungen. So ließ sie sich im Januar 1772 durch Maelrondt aus Paris die Partituren zu Grétrys Opern »Les deux avares« und »Zémire et Azor« besorgen[9], und 1774 schickte ihr Leopold Mazzoni, einer der römischen Korrespondenten des Markgrafen, verschiedene

»bellissime arie«, welche während des vergangenen Karnevals im Teatro Argentina zu Rom großen Beifall gefunden hatten; zwei davon stammten aus Pasquale Anfossis Oper »La Giardiniera[10]«.

Außer Cour und abendlicher Kammermusik gab es am Hofe öfters festliche Gala und Bälle, etwa aus Anlaß von Namenstagen der markgräflichen Familie oder beim Besuch fürstlicher Verwandter. Die Onkel Karl Friedrichs, sein Bruder, auch die Minister und Kammerpräsidenten luden ihrerseits die Herrschaften zu Soupers und Bällen in ihre Häuser. Gern ließ man sich bei den abendlichen Reunions durch reisende Künstler unterhalten. In den Rechnungsbüchern, welche Karl Friedrich akkurat über die Verwendung seiner Handgelder führte[11], finden sich immer wieder Beträge für »Fremde, welche sich bei Hof in Künsten producirt haben«, hin und wieder auch genauer bezeichnet als »ein fremder Singer«, »zwey Taschenspieler« oder »Ein fremder Musicus der sich auf einer traversiere hören laßen«. Karoline Luise vermerkt ebenfalls gelegentliche Ausgaben solcher Art, etwa für den 4. Oktober 1757: »Jungfer Bürckerin für das Concert 4 Ducaten[12].«

Ein besonders beliebtes Vergnügen waren Maskenbälle, deren lange Reihe im Januar begann und zu denen jedermann ungefragt und unentgeltlich Zutritt hatte. Karoline Schulze, eine der am meisten gefeierten deutschen Schauspielerinnen des 18. Jahrhunderts, deren »warmes Fühlen und herzliches Sich-Geben« die zeitgenössische Kritik bewunderte, hat im Winter 1761/62 – damals erst sechzehn Jahre alt – als Angehörige der Ackermannschen Schauspieltruppe das Karlsruher Publikum einige Monate bezaubert und in ihren Memoiren recht lebendig einen solchen vergnügten Abend geschildert[13]. Karl Friedrichs vertrauter Mitarbeiter Baron von Edelsheim, damals ein Mann von schon vierundvierzig Jahren, doch nach Karoline Schulzes Worten »schön wie ein Engel«, hatte den Bruder der Schauspielerin vorher zu sich bitten lassen und ihm gesagt: »Der Fürst will mich künftigen Ball als Frauenzimmer sehen, und Sie mit Ihrer Mademoiselle Schwester sollen mich begleiten. Aber daß es ja vor allen verschwiegen bleibt, es weiß niemand was davon als der Markgraf.« So erschien denn Edelsheim am Abend mit den Geschwistern im Schloß, »in einem weißseidenen Damendomino, geschnürt und mit bloßem Hals und Brust, halber schwarzer Maske, auf welche eine Spitze von schwarzer Seide gesetzt war . . . Unsere verkleidete Dame war so schön, so reizend; man konnte nichts Angenehmeres sehen.« Die unbekannte Fremde erregte Aufsehen. Jeder bemühte sich, von den beiden Schauspielern, die keine Maske angelegt hatten, zu erfahren, wer sie denn sei. Diese gaben jedoch vor, die Dame nicht zu kennen, und behaupteten, sie erst auf der Treppe getroffen zu haben. Dort habe sie gebeten, sich den beiden jungen Leuten anschließen zu dürfen, denn sie sei ohne männliche Begleitung gekommen. Auch die Markgräfin zeigte sich lebhaft an der geheimnisvollen Schönen interessiert und versuchte, mit Hilfe Prinz Ludwigs deren Namen von den beiden jungen Leuten zu erfahren; vergeblich, diese spielten auch der Fürstin gegenüber ihre kleine Komödie weiter, wenn auch mit einigem Herzklopfen. Erst vier Stunden später kam der Spaß schließlich heraus. Karoline Luise war über das gelungene Quiproquo höchst amüsiert und nahm der Kleinen ihre Heimlichtuerei nicht übel: »Wer weiß, ob ich die Freude gehabt hätte, die mir mein Karl machen wollte, wenn ich den Baron gleich gekannt hätte. Und nun, lieber Karl, tanz mit meiner Schulzen hier vor Mir eine schöne Menuett! Und so legte sie meine Hand in die des Markgrafen, und wir tanzten.«

Die Ackermannsche Truppe, die auch Singspiele aufführte, war eine der seriösesten und künstlerisch anspruchsvollsten in Deutschland. Außer Karoline Schulze, die alle weiblichen Hauptrollen spielte, gehörte ihr damals auch ein junger Stiefsohn des Prinzipals an, Friedrich Ludwig Schröder, der später neben Konrad Ekhof als bester Schauspieler seiner Zeit bewundert wurde und als Theaterdirektor in Hamburg entscheidenden Einfluß auf die Entwicklung der deutschen Schauspielkunst gewonnen hat. Wie sein Biograph F.W.L. Meyer 1819 schrieb[14], hatten Direktor und Truppe es nicht erwartet, ganze fünf Monate in Karlsruhe bleiben zu können, auch nicht vorausgesehen, »daß der Markgraf so lange am Schauspiel Gefallen finden würde, welches freilich nicht der Kunst beizumessen war«. Was Karl Friedrich am Theater in diesem Falle so besonders interessierte, war die Frau eines der Mitglieder der Truppe, Madame Wolfram. Als Aktrice nur mittelmäßig, war sie eine schöne und leichtlebige Frau, um deren Gunst sich der Markgraf offenbar nicht vergeblich bemüht hat. Die Liaison konnte im kleinen Karlsruhe nicht verborgen bleiben und führte zu Gerede. Wie Meyer schreibt, nahmen die »Kunstgenossen« zwar keinen Anstoß daran, um so mehr aber der Prinzipal, ein aufrechter Mann von strengen Sitten. Er entließ das Ehepaar Wolfram und setzte dem Aufenthalt der Truppe in Karlsruhe ein Ende. Ohne Zweifel hatte dabei auch die Markgräfin ihre Hände im Spiel. Die letzte Vorstellung wurde auf den 28. Januar 1762 angesagt. Als Namens- und Hochzeitstag des markgräflichen Paares stellte er am Hofe alljährlich einen der gesellschaftlichen Höhepunkte des ganzen Jahres dar. Karoline Schulzes Beschreibung dieses Festes vermittelt ein reizvolles Bild von der Ungezwungenheit und Herzlichkeit des Tons, die hier herrschten: »Nun kam der 28. Januar 1762, der Namenstag des Fürsten wurde gefeiert. Und es war die letzte Komödie und nachher Ball. Schon um 4 Uhr ging die Komödie an. Ich hatte im Prolog zu tun. Das Trauerspiel war ›Die Trojanerinnen‹, wo ich die Kassandra machte. Und weil nicht das Ballett ›Die Maskerade‹ in Karlsruhe war gegeben worden, tanzte ich aus solchem das Pas de deux ›die 9 Charaktere‹ mit meinem Bruder, um, so gut wie wir konnten, dem Hof die letzte Freude zu machen, daß wir beide den Abend den Fürsten neu uns zu zeigen die Ehre haben wollten. 8 Uhr war alles aus, ich eilte nach Hause, kleidete mich ganz um und fuhr nach dem Schlosse, wo ich um 9 Uhr schon da stand und mit Leib und Seele tanzte. Wie die Uhr 1 war, trat ich zur Markgräfin und wollte mich beurlauben. ›Schon fort wollen Sie?‹ ›Ja, Ihro Durchlaucht! Morgen muß ich reisen.‹ ›Bei meiner Ungnade, wo Sie eher fortgehen wie ich.‹ Voll Ehrfurcht neigte ich mich, küßte ihre Hand und tanzte lustig fort. Tanzte bis 3 Uhr, und da hatte ich keine Sohlen mehr unter den Schuhen. – Das war Not, und ich wußte keine mehr zu bekommen; denn alles war gepackt. Nun sollte ich tanzen. Erst nahm ich die Ausflucht zur Müdigkeit, die denn niemand glaubte; denn, war ich im Tanzen zu ermüden? Endlich sagte ich die Ursach. ›Wie ist dem abzuhelfen?‹

– ›Ja, wenn Sie die Gnade hätten, und nur ein Spiel Tarockkarten wollten geben lassen!‹ – ›Gleich sollen Sie sie haben.‹ Ein Page brachte mir zwei Spiele. Ich hurtig hinter ein Fenster und schneide mir Sohlen, die in die Schuhe, und nun ging's wieder frisch darauf los! So tanzte ich fort, bis es morgens 7 Uhr geschlagen hatte, – meine Kartensohlen waren alle durchgetanzt. – Die Musik hörte auf. Nun sah ich, daß alles nur eine Zeitlang dauert. Ich trat zur Fürstin, konnte aber kein Wort reden; denn Tränen erstickten jedes Wort. Diese liebreiche Dame küßte mich, und das sind ihre letzten mir unvergeßlich gebliebenen Worte gegen mich: ›Mich freut es, daß es Ihnen hier so wohl gefallen und daß sie ungern wegreisen. Leben Sie wohl! Sie nehmen meine völlige Freundschaft und Achtung mit, wegen Ihrer guten Aufführung und Betragen.‹ Mit meinen Tränen benetzte ich Ihre Hände – wollte reden – konnte nicht – sah sie an und zeigte auf mein Herz. So ging ich von ihr, und in meinem Herzen flehte ich zu Gott: Segne diese herrliche Frau, ihren Gemahl, ihre Kinder und Kindeskinder für alle Liebe, die sie für mich hatten. Vergelten kann ich's nicht! – Alle Damen und Fräuleins hatten sich in einen runden Zirkel gestellt, und da mußte ich hineintreten. Eine nahm mich der anderen aus dem Arm und küßte mich, bis ich rundum war. Sie weinten – ich schluchzte. Alle Sprache war weg. Meinem Bruder liefen die Tränen aus den Augen, und holte mich; denn ich sah, ich hörte, ich fühlte nichts als meinen Schmerz, als die Bitterkeit des Abschieds. Und so schleppte er mich mehr, als daß ich ging aus dem Saal, und wir fuhren nach Hause . . .«

Maskerade, Musik und Tanz waren – abgesehen vom Kartenspiel – die wesentlichsten Vergnügungen der Höfe des 18. Jahrhunderts. In einer freundschaftlichen Korrespondenz, welche Karoline Luise über mehr als zwanzig Jahre mit dem Tänzer und Ballettmeister Claude Gardel und dessen Frau unterhielt, ist immer wieder davon die Rede[15]. Die Fürstin muß Gardel schon während der frühen vierziger Jahre in Darmstadt kennengelernt haben, als er noch am Hof Karl Theodors in Mannheim und Schwetzingen auftrat: seine Frau spielte dort französische Komödie. Während der fünfziger Jahre Ballettmeister am Hofe Stanislaus Lesczynskis in Nancy, erhielt Gardel dann einen Ruf nach Paris, wo er mit Erfolg als Lehrer und Festarrangeur für den Hof und die großen Adelshäuser tätig war. Sein Sohn Maximilien, ebenfalls Tänzer, gewann seiner virtuosen Technik wegen europäische Berühmtheit. In Fragen von Tanz und Mode ließ sich Karoline Luise gern von den Gardels beraten. So erhielt sie im April 1756 von Madame verschiedene Zeichnungen, die erläutern sollten, wie man eine »aigrette«, also ein modernes Gesteck aus Reiherfedern mit Bändern und Blumen, am besten im Haar befestigen könne. Dazu kam noch eine Liste mit Vorschlägen für Maskenkostüme, um die Karoline Luise gebeten zu haben scheint. Darin gibt es »habit de Sultane«, »Domino« und »à pastourelle«, schließlich »Troubadour avec la mandoline«, letzteres mit der Bemerkung: »Rien de si galand que cet habit pour le bal.« Als die Markgräfin sich im März 1765 nach etwaigen Neuigkeiten in Menuettschritten erkundigt hatte, antwortete Gardel ihr jedoch, nichts auf der Welt sei schwerer als wirklich gut Menuett zu tanzen. Zehn Seiten würde er brauchen, um es ihr zu erklären, und doch damit nicht zurechtkommen, denn man müsse es mit eigenen

Augen sehen, um es wirklich verstehen zu können: »Alles ist eine Frage des Geschmacks« – wir würden heute vielleicht des »Stils« sagen –, »es liegt in der Weichheit der Bewegungen, in der edlen, unaffektierten Haltung, in den unprätentiös anmutigen Bewegungen der Arme.« Schließlich kommt ihm eine Idee: seine nun vierzehnjährige Tochter Agathe, ebenfalls Tänzerin und der Liebling von ganz Paris, tanze »supérieurement« Menuett. Er könnte sie im Sommer einmal mit ihrer Mutter nach Karlsruhe schicken, dann würde Karoline Luise alles ganz genau erfahren. Aus diesem Plan scheint jedoch nichts geworden zu sein. Übrigens machte Agathe später ebenfalls Karriere; sie tanzte auch in Stuttgart, wo sie eine Zeitlang Favoritin des Herzogs war.

Eine als selbstverständlich akzeptierte Pflicht war es für Karoline Luise, ihren Rang als Gemahlin eines regierenden Fürsten und erste Dame des Landes auch durch ihre äußere Erscheinung in der Öffentlichkeit zum Ausdruck zu bringen; das heißt, Kostüm, Frisur, Schmuck und alle Accessoires hatten den letzten Forderungen der Mode zu entsprechen. Nach wie vor wurde das, was »man« trug, im exklusivsten Zirkel der Pariser Gesellschaft von einigen tonangebenden Damen formuliert, deren Kreationen dann ganz Europa begierig nachahmte. Um fern von der französischen Hauptstadt stets auf dem Laufenden zu sein, war es wichtig, dort einen aufmerksamen Korrespondenten mit Geschmack, schneiderischer Erfahrung und vor allem guten Beziehungen zu besitzen. Für die badische Markgräfin erfüllte der bereits genannte Monsieur Maelrondt diese Aufgabe eifrig und zuverlässig. Seine über drei Jahrzehnte währende Korrespondenz mit Karoline Luise stellt eine wahre Fundgrube für die Geschichte der französischen Mode zwischen 1750 und 1780 dar[16].

Die Zeit der großen Sparsamkeit in Darmstadt, als Karoline Luise sich Gedanken darüber machen mußte, eine teure Robe unter der Hand zu verkaufen, war für sie zum Glück vorbei. Dank ihrer Apanage und zusätzlicher eigener Mittel konnte sie sich nun alle Wünsche erfüllen. Zahlreich sind die Rechnungen aus den fünfziger Jahren für modische Artikel aller Art, für Stoffe, Hauben, Seiden- und Silberspitze, Tücher, Bänder, Handschuhe, Pomaden, Puder und Parfums. Vielfach kamen diese kleinen Dinge aus Straßburg, wo zahlreiche elegante Geschäfte enge Verbindung mit Paris hielten. In Karoline Luises Papieren findet sich eine ganze Sammlung gedruckter Firmenprospekte aus Straßburg und Paris, übrigens auch aus Colmar und Mannheim, in denen alle lieferbaren Waren ausführlich aufgezählt werden[17].

Entscheidendes Zentrum der Mode war jedoch immer die französische Hauptstadt. Grundformen und Schnitt der großen Roben änderten sich während dieser Zeit verhältnismäßig wenig; was dagegen ständig wechselte, meist zweimal jährlich, waren Farben und Muster der Stoffe sowie die »parements« und »agréments«, also der dekorative Ausputz durch Bänder, Rüschen, Spitzen, Troddeln. Oft schickte Maelrondt mehrere neue Garnituren verschiedener Art; dabei heißt es im Frühjahr 1752 einmal, die eine der beiden, aus polnischem Hermelin bestehend, sei zwar nicht ganz so schön wie die andere, doch »passable pour une dame de la première qualité«, weil die Herzogin von Villeroy eine ähnliche im vergangenen Winter getragen habe. Im Mai sandte er dann Proben eines »taffetas en argent« nach Karlsruhe, ganz neues

Modell, wie er dazu schrieb, am Tag vorher erst eingetroffen und nur bei einem einzigen Händler zu beziehen; dieser besitze nicht mehr als zwölf Stücke davon, so daß Karoline Luise sich rasch entscheiden müsse. In diesem Sommer trage man, wie im vergangenen, noch glänzenden einfarbigen Taft und garniere alles mit Silberspitzen und ausgeschnittenem Taft, was einen hübschen Effekt ergebe. Geflammter oder broschierter Taft komme für Damen ersten Ranges dagegen keinesfalls mehr in Frage, denn er werde bereits von Bürgerlichen getragen.

Zehn Tage später, am 18. Mai, antwortete er auf eine Bestellung Karoline Luises, den von ihr gewünschten blau-silbernen Taft habe er nirgendwo finden können; seit vier Tagen sei er ausverkauft, auch in den beiden anderen Schattierungen von Blau als der von ihr gewünschten. Er habe nun einen blau-silbern gestreiften bei einem Händler gefunden, doch reiche dieser Stoff nur noch für eine einzige Robe; die Dauphine habe nämlich tags zuvor davon gekauft, und der Stoff sei überhaupt nur für zwei Roben angefertigt worden. Sehr »embarassé«, habe er nicht gewußt, was er nun tun solle, denn der in Frage stehende Stoff sei ohne Zweifel »plus riche et de plus grand goût« als der von Karoline Luise gewünschte. Gern hätte er vorher ihre Meinung darüber eingeholt, doch als er noch darüber nachdachte, sei die Maréchale de Luxembourg im Laden erschienen, um den Rest eben jenes Stückes zu kaufen, von dem die Dauphine sich eine Robe bestellt hatte. Da Maelrondt nun gerade diesen Stoff in Händen hielt, habe sie ihn gefragt, für wen er ihn denn erwerben wolle. Da mußte er sagen, er sei für »Son Altesse Sérénissime la Margrave de Bade« bestimmt, die ihm den Auftrag dazu erteilt habe. Sie sei »charmée«, habe die Herzogin liebenswürdig erwidert, daß die Markgräfin den gleichen Geschmack habe wie sie und überlasse ihr das Stück gern. Sie habe dann ein anderes vom gleichen Dessin gekauft, nur grünsilbern gestreift. Für Maelrondt blieb nun nichts, als das blau-silberne zu nehmen, wie es war, vielleicht etwas knapp in den Abmessungen; eine Nachlieferung sei für dieses Jahr aber nicht mehr zu erwarten.

Einfarbiger Taft blieb auch im folgenden Sommer noch die große Mode. Man trug ihn in verschiedenen Nuancen von Rot – Kirsch-, Rosa-, Mohn- und Feuerrot –, doch auch in Lila, Blau und Türkis, immer mit Silber- oder Seidenspitze sowie den beliebten italienischen Seidenblumen ausgeziert. Vor einer Woche, so schrieb Maelrondt am 9. Juli 1753, habe er sich am Hofe von Versailles umgesehen und dort festgestellt, daß tatsächlich alle Damen, die sich etwas auf ihren Geschmack einbildeten, so gekleidet seien. Im Mai 1754 mahnt er dann an, Karoline Luise müsse jetzt unbedingt an ihre Sommergarderobe denken, teilt auch gleichzeitig mit, die Herzogin von Orléans habe die ihre bereits bestellt, »in gestreiftem Taft mit goldenen und silbernen Vierecken, die Garnitur mit Silberspitze und »fleurs d'Italie«. Diese Prinzessin, so meint er, könne man als die »Göttin des französischen Geschmacks« ansehen, denn sie gebe für den gesamten Hof den Ton an. Im Augenblick warte Paris nur darauf, bis sie von den Pocken geheilt sei und wieder in der Öffentlichkeit erscheinen könne. Im August schickte er dann ein Probestück des dunkel weinroten Tafts, in welchem die Herzogin sich seit vier Wochen zeigte und den inzwischen nun alle Damen bei Hof und in Paris tragen wollten.

Vorsichtigerweise fragte Karoline Luise im März 1756 einmal bei Maelrondt an, ob die »couleur de Pompadour« noch en vogue sei; man habe ihr einen besonders hübschen Taft dieses rosa Farbtons geschickt, den sie gern nehmen möchte. Doch sei ihr zu Ohren gekommen, »que cette Duchesse a changé de place«, und sie wolle auf keinen Fall etwas kaufen, was am Ende nicht mehr modern sei. Ihre Bemerkung zielt darauf, daß die Beziehungen der Marquise zum König seit einiger Zeit ganz offiziell den Charakter reiner Freundschaft angenommen hatten. Sie hatte kommuniziert, war zur Palastdame der Königin ernannt und damit respektabel geworden. In Karlsruhe konnte man natürlich nicht wissen, ob nicht etwa auch das Rosa, welches die Dame vor diesem Ereignis, also noch im Stande der Sünde, kreiert hatte, auch in Acht und Bann geraten war.

Jahr um Jahr gab es nicht nur neue Modefarben, sondern auch kleine Änderungen in der Art, wie man die Roben garnierte; so geringfügig diese sein mochten, jede Dame von Welt hatte sie zu beachten. Eine genaue Beschreibung solcher Details war recht schwierig und mußte letztlich auch unanschaulich bleiben. Deshalb ließ Maelrondt gelegentlich – so auch im Mai 1754 – durch Monsieur Duclos, den Schneider der Herzogin von Orléans und mehrerer anderer Prinzessinnen, eine Robe aus billigem gelben Leinen anfertigen, auf deren einer Hälfte eine aus Gaze hergestellte »garniture« angebracht war, um die schneiderische Verarbeitung im Einzelnen deutlich zu machen. Auch mit dem »valet de chambre coiffeur« der Herzogin war Maelrondt befreundet und erhielt dadurch genaue Auskunft über die Frisuren dieser einflußreichen Dame; ein sehr wichtiger Punkt war dabei immer, in welcher Form der Diamantschmuck im Haar angebracht und befestigt wurde; Zeichnungen dienten dazu, das im Einzelnen zu erläutern.

Gelegentlich erlaubte Maelrondt es sich, seine hohe Gönnerin auch einmal zu korrigieren, wenn ihm deren eigene Vorstellungen dem Diktat der Mode zu widersprechen schienen. So hatte er ihr im Herbst 1752 auf ihren Wunsch hin eine sehr schöne Garnitur aus Hermelin besorgt und deren Verarbeitung auch bereits in Auftrag gegeben, als er hörte, Karoline Luise wolle sie für eine Robe aus weißer Seide verwenden. Er nehme sich die Freiheit zu bemerken, schrieb er ihr am 6. Oktober, daß das absolut nicht üblich sei. Weiß sei wirklich die einzige Farbe, die zu solcher Garnitur nicht passe. Das ergebe nämlich keine Kontrastwirkung, und auf diesen »effect charmant« komme es doch gerade an. Er habe darüber auch mit dem Kürschner gesprochen, der »Mesdames de France«, die Töchter Ludwigs XV., und den gesamten Hof beliefere; dieser habe ihm ebenfalls gesagt, eine solche Garnitur sei auf Weiß »sans aucune grace«. Eine mit Hermelin garnierte Robe, welche man für die mit dem Herzog von Parma verheiratete älteste Tochter des Königs angefertigt habe, sei aus feuerrotem, ziseliertem Samt, eine andere, für die Herzogin von Orléans bestimmte aus gelber Seide. Zum kompletten »assortiment« einer solchen Robe gehöre im übrigen, wie Maelrondt noch zu bedenken gibt, auch eine große Mantille, welche mit Moskauer Hasenfellen gefüttert sein »müsse«; wenn diese wirklich »comme il faut« sein solle, koste sie aber 150 Gulden. Karoline Luise hatte inzwischen von anderer Seite eine billigere Hermelingarnitur bekommen und machte ihre Bestellung rückgängig, nicht gerade zum Vergnügen Maelrondts, der nun versuchen mußte, in der bereits vorgeschrittenen Jahreszeit – es war Ende Oktober – eine andere Kundin für das exklusive Stück zu finden. Für ihr weißes Kleid hatte die Markgräfin jedoch auf Maelrondts Rat hin eine Garnitur aus Zobel vorgesehen, die zweihundert Gulden kosten sollte. Zwar gebe es auch billigeren Zobel aus Kanada, hatte er geschrieben, doch »les personnes de distinction ne le portent point«. Im November schickte er wieder Modelle mit genauen Anweisungen für Schnitt und Dekor einer mit Hermelin und einer anderen mit Zobel ausgezierten Robe.

Mode bringt auf ihre Weise immer Geist und allgemeinen Stil einer Zeit zum Ausdruck. So nimmt es nicht wunder, daß sie in der ersten Hälfte der sechziger Jahre des 18. Jahrhunderts auch der neu erwachten Begeisterung für die Antike ihren Tribut zollen mußte. Des spielerischen, oberflächlichen und verschnörkelten Rokoko müde, fand man plötzlich neue Reize in den einfacheren und strengeren Formen einer römischen Antike, welche durch die neuen Ausgrabungen von Herkulaneum und Pompeji in das allgemeine Bewußtsein rückte. Im März 1764 schickte Maelrondt der Markgräfin einige Zeichnungen neuer Frisuren nach antiken Vorbildern und schrieb dazu: ». . . was die übrigen modischen Details für Damen betrifft, so ist heute alles ›à la grecque‹, Garnituren für Roben ebenso wie Frisuren, Tabatieren und alle anderen Dinge. Gleiches gilt für die Herren, deren Röcke und Litzen alle ›à la grecque‹ bestickt sind.« In seiner Korrespondenz hatte Grimm bereits im Jahr zuvor darauf hingewiesen. Obgleich er die Albernheiten dieser Mode tadelte, fand Grimm doch, sie sei auf jeden Fall dem Rokoko vorzuziehen, denn »wenn sich Mißbrauch schon nicht vermeiden läßt, ist es doch besser, man mißbraucht etwas Gutes als etwas Schlechtes[18]«.

Zwar war Karoline Luise bemüht, ihre Garderobe dem jeweils letzten Pariser Geschmack anzupassen, zumal wenn Besuch aus Straßburg oder gar aus der französischen Hauptstadt selbst ins Haus stand, doch fügte sie sich durchaus nicht immer widerspruchslos dem Diktat der großen Damen Frankreichs. Als Maelrondt ihr im Frühjahr 1758 einmal ein Stückchen grauen Seidenstoffs schickte, aus dem sich die Marquise de Pompadour eine Robe hatte schneidern lassen, schrieb sie zurück, diese Farbe gefalle ihr nun überhaupt nicht, selbst wenn sie damit »tout à la mode« gekleidet sein würde.

Ein nicht unwichtiges Problem höfischer Mode war übrigens auch die Trauerkleidung. In Karlsruhe war man nicht nur mit allen protestantischen Höfen Europas, sondern auch mit zahlreichen katholischen verwandt und verschwägert, so daß es jedes Jahr Anlässe genug gab, seiner Teilnahme an Todesfällen durch offizielle Hoftrauer Ausdruck zu geben. Für nahe Angehörige dauerte sie zwei bis sechs Monate, sechs Wochen für Könige, zwei Wochen für entfernte Verwandte. Im Jahre 1765 etwa, als Karl Friedrichs Großmutter in Leeuwarden gestorben war und sich noch weitere Todesfälle ereigneten, war man fast elf Monate lang gezwungen, Schwarz anzulegen. Im April dieses Jahres erkundigte sich Karoline Luise bei Maelrondt, welche Stoffe man in Paris während der Hoftrauer um den verstorbenen

Herzog von Parma trage, den Gatten von Ludwigs XV. Tochter Madame Elisabeth. Maelrondt erstattete genauen Bericht: die Trauer daure zwei Monate; während der ersten vier Wochen trügen die Damen einen aus Seide und Wolle gemischten Stoff mit schwarzer Garnitur und Kreppschleier, im zweiten Monat den leichteren »raz de St. Maur«, dazu Diamantschmuck, der während des ersten Monats verpönt sei. Als dann im August desselben Jahres auch Kaiser Franz I., Maria Theresias Gemahl, starb und man von neuem auf längere Zeit Hoftrauer anlegen mußte, berichtete Maelrondt, die Damen, welche nun für einige Zeit auf den so sehr geschätzten Diamantschmuck verzichten müßten, suchten nach Bijoux aller Art in Jet; deshalb könne eine vorschriftsmäßige Robe mit sämtlichem Zubehör bis zu tausend Livres kosten. In Karlsruhe gab es auch ähnliche Vorschriften für solche Gelegenheiten, doch trieb man hier weniger großen Aufwand in dieser Hinsicht.

Schmuck aus Brillanten und edlen Steinen war immer ein unabdingbarer Bestandteil des Kostüms fürstlicher und adliger Damen; ein Blick auf die Porträts dieser Epoche kann das deutlich machen. Karoline Luise hatte bereits aus dem Besitz ihrer Großmutter, der Gräfin von Hanau-Lichtenberg, sowie von ihrer Mutter einiges dieser Art geerbt[19]. Nach ihrer Vermählung im Februar 1751 erhielt sie auf Karl Friedrichs Veranlassung dazu noch das gesamte »Geschmuck«, welches seine Großmutter Magdalene Wilhelmine in ihrem Testament von 1733 zum Familien-Fideikommiß des Baden-Durlachischen Hauses bestimmt hatte[20]. Diese Stücke wurden Karoline Luise am 16. Februar 1751 offiziell durch Geheimrat von Üxküll überreicht; sie quittierte insgesamt 36 Posten. Am 8. März wurde dann zu Protokoll genommen, die Frau Markgräfin könne das meiste in der vorliegenden Form »nicht wohl gebrauchen«; es sei veraltet, man müsse die Steine anders fassen lassen. Da man sie dann sowieso hätte ausbrechen müssen, wünschte Karoline Luise, der gerade in Karlsruhe anwesende Frankfurter Edelsteinhändler Westphal solle sie »akkurat wägen« und neu katalogisieren. Das geschah dann auch unter den Augen verschiedener Zeugen. Viele von den insgesamt 1579 Steinen erwiesen sich beim »Rangiren« jedoch als gering oder fehlerhaft und wurden ausgeschieden, da sie für eine Neufassung nicht tauglich waren. Nachher quittierte Westphal schließlich nur 1478 Stück im Gesamtgewicht von 302 Karat »zur formirung des desseins zum neuen Brust-Stück«. Im August des folgenden Jahres erhielt Karoline Luise die modernisierte Arbeit, für welche dem Juwelier ein Honorar von 1500 Reichstalern gezahlt wurde, »zu deren Gebrauch auf Lebenszeit«. Sie hat diesen üppig schweren, an der Corsage zu befestigenden Brustschmuck von noch eher barockem Geschmack offenbar bei allen offiziellen Veranstaltungen getragen, ihn des öfteren auch auf Reisen mitgenommen.

Kleider, Frisuren, Juwelen und modische Accessoires aller Art waren für Karoline Luise so wichtig wie für jede anziehende junge Frau, die gefallen möchte. Ihre eigentlichen Interessen lagen jedoch auf ganz anderem Gebiet, sie galten der Literatur und Geschichte, den Wissenschaften und Künsten.

»Die Frau Markgräfin ist eine Minerva . . .«

Nachdem Karoline Luise sich mit ihren Büchern und vertrauten Dingen aus Darmstadt im Karlsruher Schloß eingerichtet hatte und die ersten Wochen voller Verpflichtungen hinter ihr lagen, nahm sie die gewohnten Studien wieder auf. Eine labile Gesundheit und die jedesmal mit starken Beschwerden verbundenen Schwangerschaften – nicht weniger als sechs während der ersten zehn Jahre – erlaubten von vornherein keine ausgreifenden Aktivitäten, allenfalls kurze Fahrten zum Besuch markgräflicher Schlösser in der näheren und weiteren Umgebung, dazu gelegentlich eine Reise nach Mannheim oder Darmstadt. Die meiste Zeit des ersten Jahrzehnts in Karlsruhe verbrachte sie im häuslichen Kreise.

Mit Energie verfolgte sie während dieser Jahre das seit langem ins Auge gefaßte Ziel, ihre Bibliothek für alle Wissensgebiete auszubauen. Theologie, Philosophie und Geschichte gehörten dazu ebenso wie Geographie, Physik, Zoologie und Botanik. Die »Vielwisserin und Vielfragerin von Baden«, wie Lavater die Markgräfin später einmal genannt hat, wollte möglichst alles und alles möglichst genau wissen. So wünschte sie nicht nur die bewährten Standard- und Nachschlagewerke sämtlicher Disziplinen zur Hand zu haben, sondern auch alle wichtigen Neuerscheinungen. Zu diesen gehörten sowohl die Schriften der Akademien ganz Europas als auch neue philosophische und theologische Traktate. Gleiche Pflege erfuhren die »Belles Lettres«. Sie vervollständigte die Klassiker der französischen Literatur des 17. und 18. Jahrhunderts in Roman, Drama, Dichtung und religiösem Schrifttum, verfolgte aufmerksam aber auch das Schaffen der deutschen Dichter ihrer Epoche.

Zum »Mercure de France«, den sie schon in Darmstadt bezogen hatte, traten nun weitere Periodika ähnlicher Art, etwa die »Année Littéraire« Frérons, später auch das »London Magazine«; sie alle informierten über das, was der europäische Buchmarkt an Novitäten bot. Vielfach notierte Karoline Luise sich auf alte Briefumschläge oder Zettel Titel, welche ihr bei der Lektüre der verschiedenen Zeitschriften als vielversprechend aufgefallen waren. Manche Buchhändler schickten auch ihrerseits Listen von Neuerscheinungen, Fontaine in Colmar etwa oder Eßlinger in Frankfurt[1]. In Paris behielt Maelrondt die literarische Szene Frankreichs im Auge und wurde des öfteren eingespannt, wenn es darum ging, besondere Bücherwünsche rasch zu erfüllen. Auch im kleinen Karlsruhe gab es bereits eine Buchhandlung, welche der Tübinger Verleger Cotta anfangs durch seinen Schwiegersohn Wirsum hatte führen lassen[2]; nach dessen Tod war sie 1750 an Michael Macklot gegangen, der später ein eigenes Geschäft aufmachte.

Einer der wichtigsten Berater Karolines Luises in Fragen der Literatur und beim Aufbau ihrer Bibliothek blieb während dieser Jahre Rat Fleischmann, Hessen-Darmstadts Bevollmächtigter in Straßburg. Sie hatte seine Belesenheit und umfassende Bildung schätzen gelernt und wandte sich immer wieder mit Fragen und Aufträgen an ihn. Als sie 1759 erfuhr, er sei dabei, einen Katalog seiner eigenen großen Bibliothek zu erstellen, bat sie ihn, ihr doch eine Kopie davon anfertigen zu lassen, denn: ». . . Ihr Geschmack ist so sicher, daß ich diesen Katalog als meine lehrreichste Lektüre ansehen würde[3].« Die Sache zog sich allerdings lange hin, denn erst im Februar 1761 konnte sie sich für das ihr übersandte Manuskript bedanken: ». . . Das ist ein wirkliches Geschenk für mich, denn ich finde darin eine sehr instruktive Auswahl von Büchern und Bemerkungen. Will man etwas lernen, so muß man sich glücklich schätzen, gute Anleitung gefunden zu haben; ein mittelmäßiges Buch bedeutet für mich nämlich nur Zeitverlust. Und dem werde ich nun mit Hilfe eines so guten Führers entgehen.«
Da die Markgräfin alle diese Anschaffungen aus ihren privaten Geldern zu bestreiten hatte, war sie darauf bedacht, nicht übervorteilt, sondern möglichst billig bedient zu werden. Verbindliche Preise für Bücher gab es damals kaum, man mußte sich nach den jeweils günstigsten Gelegenheiten umsehen. Fleischmann bemerkte einmal zu einer Liste mit Titeln, welche er im April 1759 schickte, die darin angegebenen Beträge seien die der »vente ordinaire«, also das, was man in den großen Pariser Läden verlange. Doch gebe es überall auch »cabinets«, kleine Bücherstuben, in denen alles um ein Drittel billiger zu haben sei: ». . . Michelet sagt ganz richtig, unsere Buchhändler seien Piraten. Doch glaube ich, die deutschen sind aus demselben Holze geschnitzt.« Für Karoline Luise verteuerten sich die Preise aller in Paris gekauften Objekte noch erheblich durch den Transport. Als sie 1755 durch Fleischmanns Vermittlung eine ziemlich umfangreiche Sendung erhalten hatte, konnte sie sich eine kleine Rüge hinsichtlich der hohen Porti nicht versagen. Eine so große Anzahl von Büchern, schrieb sie ihm, hätte sie niemals per »coche«, also mit der Passagier-Reisekutsche schicken lassen, denn diese verlange zu hohe Gebühren: ». . . vielleicht kämen sie unter der Adresse eines Straßburger Buchhändlers oder nach Gewicht mit einem Frachtfuhrmann verrechnet billiger. Mir eilt es ja nicht, die Bücher zu bekommen, und deshalb macht es mir auch nichts aus, wenn sie länger unterwegs sind. Hauptsache bleibt, das Porto verbilligt sich.« Sie war darüber genau informiert, denn Maelrondt hatte ihr schon 1752 Auskunft über die verschiedenen regelmäßigen Verbindungen zwischen Paris und Straßburg erteilt. Da gab es den schnellen »courrier«, der die französische Hauptstadt um vier Uhr nachmittags verließ und bereits im Laufe des dritten Tages in Straßburg eintraf; als Schnellpost verlangte er vierzig Gulden Fracht pro Zentner, eine sehr hohe Summe. Die »charrettes« verkehrten dagegen nur einmal wöchentlich und brauchten bis Straßburg zwanzig Tage, nahmen dafür aber auch nur vier Gulden für den Zentner; allerdings spedierten sie keine Kisten, sondern ausschließlich Pakete bis zu fünfzig Pfund Gewicht. In der Mitte lag die »carrosse«, die jeden Samstag abging; sie beförderte Waren aller Art, war zwölf Tage unterwegs und berechnete zehn Gulden für den Zentner.

Karoline Luise kaufte beim Buchhändler nach Möglichkeit »en feuille«, also ungebunden, allenfalls auch broschiert, weil sie ihre Bücher gern nach eigenem Geschmack binden ließ. In späteren Jahren benutzte sie, wie sie Maelrondt 1770 einmal schrieb, einen einheitlichen Einband für alle Werke ihrer Bibliothek. Dem Zeitgeschmack entsprechend, schätzte sie ein kleines, handliches Format und vermied nach Möglichkeit die unbequemen großformatigen Ausgaben. Einem Herrn, von dem sie sich einen solchen Wälzer einmal geliehen hatte, schrieb sie 1755 im Konzept ihres Dankbriefes[4]: ». . . es stimmt, daß Folio mich entsetzt, doch will ich mich ihm lieber fügen, als auf ein Werk verzichten, von dem man mir Gutes berichtet hat. Ich muß sehen, ob ich mich mit diesem Format, vor dem ich mich fürchte, befreunden kann.« Für ihre Exlibris[5] benutzte sie zwei Fassungen, eine in Französisch mit blumenumwundener Rahmung, eine andere in Deutsch, von einem Rokoko-Bilderrahmen eingefaßt. Übrigens besaß Karl Friedrich seine eigene Hand- und Arbeitsbibliothek; deren Bestände waren zum Teil die gleichen wie die seiner Frau. Auch hier achtete Karoline Luise genau auf getrennte Kasse. Anfang der siebziger Jahre wandte sie sich einmal an Maelrondt und bat ihn, eine größere Gesamtrechnung, die er geschickt hatte, noch einmal zu spezifizieren, denn einige der bestellten Bücher seien für den Markgrafen bestimmt, und sie möchte sich das Geld von dessen Kassenverwalter zurückerstatten lassen.

Karoline Luises Lesehunger war zwar groß, auf vielerlei und sehr verschiedenartige Kost gerichtet, doch las sie gründlich, machte sich Notizen, oft auch längere Textauszüge und schrieb häufig, wie sie es sich bereits in Darmstadt angewöhnt hatte, ein mehr oder weniger umfangreiches Resümee ihrer Eindrücke. Von allen französischen Autoren ihrer Zeit schätzte sie am höchsten Voltaire und suchte sich jedes von dessen neu erscheinenden Werken so rasch wie möglich zu beschaffen. Der kritische Rationalismus dieses »Anwalts der geistigen Aufklärung«, dessen Kunst treffender Formulierung sie bewunderte, entsprach durchaus ihrer eigenen Sinnesart. Daher reagierte sie zunächst auch mit Ablehnung auf die ersten Anzeichen eines neuen Stils der Empfindsamkeit, wie er sich seit den vierziger Jahren vor allem durch den sentimental moralisierenden englischen Familienroman in der Literatur bemerkbar zu machen begann. Nachdem sie zwei der größtes Aufsehen erregenden Werke dieser Richtung, Samuel Richardsons Briefromane »Pamela« und »Clarissa Harlowe«, in der französischen Übersetzung des Abbé Prévost gelesen hatte, notierte sie: »Der Charakter dieser Miss Harlowe ist noch simpler und einfältiger als der Pamelas. Die eine schreibt ebenso bedenkenlos wie die andere; mit soviel Kleinkram vollgestopft, sind diese Briefe sterbenslangweilig zu lesen.«

Aufmerksam verfolgte Karoline Luise auch, was deutsche Dichter während dieser fünfziger Jahre publizierten. In Gleims Fabeln etwa, um ein Beispiel zu nennen, findet sie »die Poesie fließend, den Vers rein«, wenn es ihr auch mißfällt, daß er oft mitten im Satzgefüge eine Zeile des bloßen Reimes wegen abbricht. Lobend äußert sie sich ebenfalls über des jungen Lessing »Kleinigkeiten«, eine im Stile Anakreons gehaltene, 1751 erstmals gedruckte Gedichtsammlung; einen »munteren und gewandten Geist« voll guter Einfälle sieht sie darin am Werke: »Ob aber Herr

Lessing dem Weine so ergeben, als er fast in allen piecen zu scheinen suchet, weiß ich nicht; ich halte mehr dafür, er hat den Anacreon gern nachahmen wollen, den er auch in allen Gelegenheiten preiset. Doch ist in der That mehr Reitz in dessen Kleinigkeiten als sonsten unsere Teutschen zu zeigen pflegen[6].«

Neben allen anderen Beschäftigungen betrieb sie auch ihre italienischen Studien weiter und suchte sich nach Möglichkeit in dieser Sprache zu vervollkommnen. Mit einem italienischen Literaten, G.G. Fontanesi[7], den sie bereits aus Darmstadt kannte und der ihr 1755 im Auftrag eines gemeinsamen Bekannten ein Rezept für Firnis übersandt hatte, begann sie eine längere Korrespondenz, da ihr sein eleganter Briefstil Eindruck gemacht hatte: ». . . der Reinheit Ihrer Sprache nach zu urteilen, bin ich gewiß, Sie haben nur Gutes gelesen.« Deshalb erbat sie sich von ihm gleich eine Liste neuerer italienischer Autoren, die seiner Meinung nach in gutem Stil geschrieben hätten. Unter denen, welche er ihr dann mit verschiedenen Titeln aufzählte, figurieren neben Muratoris »Annali d'Italia« und den Arbeiten des Marchese Maffei aus Verona vor allem Goldonis Komödien. Ehe Karoline Luise diese bestellte, ließ sie sich jedoch, gründlich wie sie war, erst genau darüber unterrichten, welche der verschiedenen Ausgaben denn nun wirklich die zuverlässigste sei, und schrieb dann einem Vertrauensmann nach Venedig[8], sie wolle die Bologneser Edition, »denn die von Venedig soll etwas viciös seyn«. Von allem wollte sie immer nur das Beste und scheute weder Mühe noch lange Korrespondenz, sich darüber zuverlässig zu informieren und es dann zu beschaffen.

Wer in Literatur und Philosophie, in Wissenschaft und Kunst auf dem Laufenden und auf der Höhe der Zeit zu sein wünschte, mußte den Blick nach Paris gerichtet halten, auf Europas geistiges Zentrum. Hier war nicht nur die Elite der französischen Denker, Wissenschaftler und Literaten versammelt, sondern auch eine gebildete, nach allem Neuen gierige internationale Gesellschaft. Von dem, was in Paris vorging, berichteten Zeitungen und Zeitschriften natürlich auch im Ausland, doch nicht immer zuverlässig und ausführlich und meist mit einiger Verspätung. Für den, der seine Hand wirklich am Puls des literarischen und künstlerischen Lebens zu haben und stets umgehend über das Neueste informiert zu sein wünschte, gab es die im 18. Jahrhundert beliebten literarischen Korrespondenten, deren berühmtester der Deutsche Melchior Grimm geworden ist; man könnte sie in etwa als Vorläufer der Feuilletonisten heutiger Wochenblätter bezeichnen. Gegen ein festes Honorar erstatteten sie ihren Klienten vierzehntägig in langen Briefen, die bis zu sechzehn Seiten umfassen, Bericht über alles, was an Interessantem in der Kapitale vor sich ging. Karoline Luise abonnierte sich 1757 auf eine solche Korrespondenz, welche der aus Arles stammende Pierre de Morand in Paris betrieb[9]; auch Friedrich der Große hat anderthalb Jahre lang dessen Berichte bezogen. Morand starb schon im August des Jahres. Sein Freund Antoine Maillet-Duclaison, der bereits während der letzten Krankheit des Verstorbenen dessen Obliegenheiten wahrgenommen hatte, erbot sich, die Korrespondenz weiterzuführen, und Karoline Luise ging gerne darauf ein. Sie gab ihm gleichzeitig zu wissen, was sie sich von seinen Briefen erwarte[10], nämlich einen kleinen »catalogue raisonné« aller Bücher und Broschüren, die erscheinen würden, weiter genaue Berichte über die »beaux-arts« und das Theater sowie »de petites historiettes plaisantes«, also amüsante Vorkommnisse und gehobenen Gesellschaftsklatsch. Dazu interessierten sie auch die Gedichte und Texte von Chansons, welche sich aus aktuellen Anlässen mit Windeseile in Paris mündlich oder durch Flugblätter verbreiteten. Was den vollständigen Katalog aller Neuerscheinungen betraf, so mußte Maillet-Duclaison die hochgespannten Erwartungen der Markgräfin allerdings ein wenig dämpfen[11]. Das sei bei der Schreibwut gegenwärtiger Autoren ein absolut unmögliches Unterfangen, ließ er sie wissen; Titel eines Buches, Name des Autors und zwei Zeilen über Gegenstand und Stil sei sowieso alles, was man für drei Viertel der modernen Produktion brauche. Ausführlicher wolle er ihr nur von solchen Werken sprechen, in denen er »quelques beautés« finden werde, und ihr dann die angeben, welche es wert seien, wirklich in die Bibliothek aufgenommen zu werden. Das würden wohl kaum mehr als drei oder vier pro Jahr sein.

Maillet-Duclaison war ein eher konservativer Geist, der den unüberbietbaren Höhepunkt aller Kultur in der vergangenen Ära Ludwigs XIV. sah und den Ansprüchen der Gegenwart mit einigem Mißtrauen gegenüberstand. »Heute . . . hält man sich für weiser und aufgeklärter«, schrieb er ihr am 1. Januar 1758[12], »weil man sich einen Ruhm daraus macht, weder der Religion noch überhaupt irgendeinem Prinzip zu folgen; man ist sein eigener Gesetzgeber, Führer und, so möchte ich sagen, sein eigener Gott. Das sind die Früchte der neuen Philosophie und unserer gelehrten Forschung. Jedenfalls ist das der Tenor, den uns das monströse Werk bietet, auf welches sich die Selbstverliebtheit unseres Jahrhunderts gründet, ich meine den ›Dictionnaire Encyclopédique‹. Es gibt eine Menge Anbeter, die durch ihre Ignoranz an die Füße dieses Monstrums gefesselt sind, andererseits eine kleine Schar von wirklich Weisen, welche diesem Sturmwind des Jahrhunderts nicht folgen wollen und eine mit dem scharfen Eisen der Satire bewaffnete Hand gegen das unförmige Werk richten.« Ausführlich referiert er dann über diese Satiren und die gegen Diderot und d'Alembert gerichtete Kritik. Trotz seines absprechenden Urteils bezog man in Karlsruhe natürlich dieses grundlegende Werk des Jahrhunderts; Karoline Luise, deren Interessen sich auf alle darin behandelten Wissensgebiete erstreckten, hat es aufmerksam und mit Gewinn studiert.

Eingehende Berichte über die neuesten Opern und Theaterstücke, meist mit längeren Textproben und einer Charakterisierung der führenden Darsteller, wechseln in der Korrespondenz mit Berichten über Literatur und Tagesklatsch. Darüber hinaus bringt Maillet-Duclaison gelegentlich auch interessante Stimmungsbilder der politischen und sozialen Lage, schildert die Not der Bevölkerung während des Siebenjährigen Krieges und den schrecklichen Zustand der Krankenhäuser, für welche nie genügend Geld da ist[13]. Hart geißelt er den Egoismus der führenden Gesellschaftsschichten: »Der aufmerksame Beobachter bemerkt, daß in unserem Verhalten alles nur auf den Einzelnen bezogen ist. Alles, was geschieht, wird durch private Interessen bestimmt, denn die Gesellschaft umfaßt keineswegs sämtliche Bürger, sondern nur die, welche ihr genehm sind. Es gibt einen Teil der Bevölkerung, welchen diese Gesellschaft duldet, weil sie ihn nicht vernichten kann. Ein ›bien général‹ gibt es in Paris nur, solange der, welcher sich dafür einsetzt, auch der erste ist, welcher daraus Nutzen ziehen kann.« Maillet-Duclaison ging 1766 als »Commissaire de la Marine« nach Holland und übergab seine Korrespondenz für etwas mehr als drei Jahre einem der beiden Brüder de Saint-Aubin – der Vorname wird leider nicht gesagt –; beide besaßen als Maler und Zeichner einen Namen. Diese Berichte enthalten manche Mitteilungen über Kunstwerke und Auktionen, woran Karoline Luise besonders interessiert war. Seit 1771 nahm dann der Abbé Jean-Louis Aubert diese Aufgabe wahr, ein angesehener Literat und geistreicher Kritiker, später Professor für französische Literatur am Collège Royal und Generaldirektor der Gazette de France. Seines scharfen Witzes wegen gefürchtet, hatte er unter seine Porträtbüste die Inschrift setzen lassen: »Geht vorbei, er beißt!« Die Korrespondenzen, welche in ihrem Nachlaß sieben umfangreiche Bände mit insgesamt mehr als zehntausend Seiten füllen, hat Karoline Luise bis an ihr Lebensende bezogen und daraus mancherlei Anregungen empfangen.

Schon während ihrer jungen Jahre hatte die Markgräfin sich auch viel mit Geschichte beschäftigt. Dieses Interesse ist ihr nicht nur geblieben, sondern hat sich später noch verstärkt und vertieft. Neue Anregungen empfing sie auf diesem Gebiet in Karlsruhe, nachdem sie hier mit dem berühmten Historiker Johann Daniel Schöpflin bekannt geworden war. Als Sohn eines badischen Beamten in Sulzburg geboren, hatte er zunächst das Durlacher Gymnasium besucht, dann in Basel Geschichte studiert. Der erst sechsundzwanzigjährige, glänzend begabte junge Mann wurde 1720 als »Professor historiarum et eloquentiae« an die Universität Straßburg berufen, wo er bald zu internationalem Ansehen gelangte. Seiner alten Heimat und deren markgräflichem Hause blieb Schöpflin sein Leben lang eng verbunden, hat im Auftrag Karl Friedrichs während der sechziger Jahre auch eine große, auf genauem Quellenstudium beruhende, lateinisch abgefaßte Historia Zaringo-Badensis in vier starken Bänden verfaßt. Von ihm erbat Karoline Luise sich 1753 Rat und Hilfe zu weiterer Vertiefung ihrer eigenen Studien, insbesondere zur Geschichte der Griechen und Römer[15]. Sie wollte wissen, welche Autoren sie vor allem lesen solle und welche Ausgaben von deren Werken zu empfehlen seien. Schöpflin stellte ihr ein ausführliches Verzeichnis zusammen, das die seiner Meinung nach besten und empfehlenswertesten neueren Werke zur Universalgeschichte ebenso wie für die verschiedenen Epochen griechischer und römischer Historie umfaßt. Er meinte, es mache ebenso viel Vergnügen, vor den späteren Zusammenfassungen die antiken Autoren selbst zu lesen, denn diese seien alle auch ins Französische übersetzt worden. Seinem »Mémoire« fügte er noch den Katalog der Biliothek des verstorbenen Herrn de Boze bei, die damals zum Verkauf stand, der schönsten Büchersammlung, die er in seinem Leben je gesehen habe. Jedes Werk sei in Form und Satz sehr gewählt; alle Bücher seien in verschiedenfarbiges Maroquinleder gebunden und von brillanter Wirkung. Offenbar hatte Schöpflin Karoline Luise unterschätzt und nicht erfaßt, worum es ihr eigentlich ging. Sie dankte ihm zwar für seine Bemühungen, bat ihn aber noch einmal, ihr doch genau zu sagen, welche Werke von welchen Autoren sie lesen solle und ihr die wissenschaftlich besten Textausgaben und Übersetzungen zu nennen. Leicht pikiert fährt sie dann fort: »... und mit der besten Ausgabe meine ich nicht etwa die am schönsten gedruckte und am brillantesten wirkende, sondern die ausführlichste, korrekteste und nützlichste.« Schöpflin verstand und verbesserte sich: bei den antiken Autoren der Bibliothek de Boze handle es sich fast durchgehend um gesuchte Editionen, »... doch eher um Pracht- als um Gebrauchswerke«. Sehr bequem und zur Erklärung der Texte dienlicher seien jene Ausgaben, welche man für den Unterricht des Grand Dauphin, Ludwigs XIV. Sohn, hergestellt habe. Von dieser Reihe schickte er ihr zur Ansicht den Cornelius Nepos aus seiner eigenen Bücherei, damit sie sich eine Vorstellung bilden könne. Gefalle ihr die Ausgabe, könne man versuchen, die inzwischen vergriffene und en bloc nicht mehr beziehbare Serie nach und nach zusammenzustellen; einige Nachdrucke seien inzwischen in Venedig und in Holland herausgekommen. So nahm Karoline Luise notgedrungen zunächst einmal mit den französischen Übersetzungen vorlieb: »... denn so werde ich wenigstens zum Teil mein Ziel erreichen, nicht ganz unwissend über die Schönheiten des Altertums zu bleiben«. Schöpflin meinte dazu, von Übersetzungen könne sie nehmen, was gerade in Paris oder in Holland zu haben sei.

Auch den bewährten und hilfsbereiten Fleischmann spannte sie dabei wieder ein; er sollte ihr die genannten Autoren besorgen[16]. Offenbar war es doch nicht ganz einfach, ihre Wünsche zu erfüllen, denn erst ein volles Jahr später, am 25. Januar 1755, konnte Fleischmann den Abgang der ersten Sendung ankündigen. Bei deren Zusammenstellung war ihm ein Pariser Buchhändler behilflich gewesen. Er selbst hielt sich damals auch für einige Monate in der französischen Hauptstadt auf, um dort Hessen-Darmstadt bei einem Prozeß zu vertreten. Das Bücherpaket enthielt Homers Ilias und Odyssee ebenso wie Anakreons Gedichte, die Tragödien des Sophokles und Euripides sowie des Aristophanes Komödien. Von antiken Historikern hatte Fleischmann die Römische Geschichte des Polybius in sechs Bänden aufgetrieben, ferner die Werke des Dionysius von Halikarnaß, den Schöpflin eigens empfohlen hatte; er hielt ihn für einen urteilsfähigen und angenehm zu lesenden Autor, in manchem sogar besser als Livius. Diodorus Siculus, Lukian und Julianus Apostata ergänzten die Reihe, welcher noch eine Ausgabe der Horazischen Gedichte beigefügt war. Insgesamt enthielt die Sendung vierunddreißig Bände. Xenophons Werke fehlten noch, man hatte sie nirgendwo in Paris auftreiben können. Doch hoffte der Buchhändler, mit seiner Suche in Holland Erfolg zu haben. Und über den Preis einer neuen Übersetzung der Jüdischen Historie des Josephus, die im Erscheinen war, wollte er sich erkundigen.

Auch für deutsche Geschichte bezeigte Karoline Luise Interesse. Schöpflin hatte ihr P. Barres »Histoire d'Allemagne« vorgeschlagen, die ihres einfachen und erzählenden Stiles wegen eine angenehme Lektüre für sie bilden werde; als Gesamtüberblick sei auch die elfbändige »Histoire Universelle« von de Thou zu empfehlen. Schöpflin behielt die Wünsche seiner Gönnerin gut im Kopf: sieben Jahre später, 1762, schickte er ihr leihweise aus dem Besitz eines seiner Freunde den Sallust in der bereits genannten lateinischen Ausgabe, die »in usum Delphini« gemacht worden war; eine französische Übersetzung hatte er bislang nirgendwo finden können. Karoline Luises Kenntnisse der lateinischen Sprache waren aber fundiert genug, daß ihr die Lektüre solcher Texte keine besonderen Schwierigkeiten bereitete.

Wie ernst sie es mit dem Studium der Geschichte nahm, gibt ein längeres Manuskript von ihrer Hand zu erkennen, in welchem sie sich darüber klar zu werden versucht, was sie von einem Historiker fordert[17]. Nicht alle Fakten sind ihr ohne Unterschied interessant, sondern nur solche, die sich auf Regierungsformen und Politik, auf Religion und Sitten beziehen. Rein Anekdotisches kommt ihr in einem Geschichtswerk lächerlich vor. Vom Autor verlangt sie, er müsse fähig sein, dem Leser die Zeit, welche er behandle, wirklich nahezubringen, dazu genug Urteilskraft besitzen, um den Charakter seines Helden aus dessen Taten zu entwickeln. Er muß verständlich machen, aus welchen Überlegungen heraus solche Taten geschahen, was sie bezweckten und warum ihnen Erfolg oder Mißerfolg beschieden war. Livius, so meint sie, stelle seine Helden alle so dar, wie sie seinem eigenen rechtschaffenen Charakter entsprechend hätten sein sollen, doch nicht so, wie sie wirklich gewesen seien. Das ergebe dann zwar eine gute und erbauliche Lektion, doch sei diese ohne Nutzen, weil sie den Leser von der Wahrheit ablenke. Den Stil eines Historikers wünscht sie sich lakonisch und klar, um dem Gedächtnis zu helfen, das ohnehin schon allzu sehr damit beschäftigt sei, die Fülle der Fakten zu behalten. Reflexionen schätzt sie, solange sie dem Thema angemessen sind. Nicht viel hält sie dagegen von solchen Autoren, die meinen, ein Werk der Geschichtsschreibung müsse uns auch an den Leidenschaften der darin behandelten Personen teilnehmen lassen. Das sieht sie als Aufgabe des Theaters an, wo der Autor seine Personen nach eigener Vorstellung gestalten, ihnen auch die von ihm gewünschten Tugenden verleihen darf. Für ein Werk ernsthafter Geschichtsschreibung bringt solche Behandlung Nachteile, denn ein Mensch ist nicht geradlinig, und Unbeständigkeit liegt in seiner Natur. Allenfalls könnte eine solche Darstellung da sinnvoll sein, wo Tugend triumphiert oder die Natur in den Herzen spricht. Doch wo bietet uns denn die Geschichte unserer Tage so schöne Vorbilder? Nur die römische könnte sich ihrer rühmen: »Ach, unsere Zeit ist zu entartet!« Dieser merkwürdig unvermittelt wirkende Ausruf, mit dem Karoline Luise ihre gegen Livius geäußerte und rational begründete Kritik sozusagen wieder zurücknimmt, zeigt sie bereits als Anhängerin jener sentimentalisch gefärbten, empfindsamen Verehrung der großen Männer Griechenlands und Roms, welche um die Mitte des 18. Jahrhunderts in Europa Platz zu greifen beginnt. Die strenge Moral und die hohen Tugenden der ernsten Staatsmänner, Krieger und Bürger, welche Livius und Plutarch in ihren Werken schildern, setzte man vor allem in Deutschland dem Materialismus und Leichtsinn, der Verspieltheit und Ironie des französischen Rokoko entgegen; seiner war man inzwischen müde geworden.

Geschichte sieht Karoline Luise in Übereinstimmung mit den Ansichten ihrer Zeit im Wesentlichen als ein durch Charakter und Taten bedeutender Persönlichkeiten bestimmtes Geschehen; daher ihr besonderes Interesse für psychologisch fundierte

Biographien. Es ist jedoch nicht nur die Geschichte längst vergangener Jahrhunderte, welche sie beschäftigt, des Altertums oder des christlichen Mittelalters, sondern ebenso sehr auch die der neueren und ihrer eigenen Zeit. Als Tochter eines der Geschlechter, das seit Jahrhunderten zum Herrschen berufen war, und als Gattin eines Souveräns aus ebenso altem und angesehenem reichsfürstlichem Hause gehörte sie ja selbst dem Kreise jener Familien zu, welche Geschichte machten, und war mit deren Protagonisten auf allen Thronen Europas in vielfacher Weise verwandt oder verschwägert.

Was eine Darstellung der Geschichte ihrer eigenen Zeit angeht, wünscht sie sich eine klare und ehrliche Wiedergabe der Tatsachen, aus denen sie ihre eigenen Schlüsse ziehen möchte. Im Grunde mißtraut sie jedoch aller von Zeitgenossen geschriebenen Historie, und die weit verbreitete Meinung, niemand sei geeigneter, über eine Sache zu sprechen als der, welcher sie selbst erlebt habe, erweckt ihr starke Bedenken. Denn erst aus zeitlichem Abstand kann man das Geschehen und die wahren Absichten der Handelnden mit einiger Objektivität erkennen; eigene Parteinahme und persönliche Abhängigkeit verstellen dem Historiker sonst den Blick, und durch das, was Schmeichelei behauptet oder Furcht verschweigt, trübt sich der Wahrheitsgehalt seiner Darstellung. Mit ähnlichen Vorbehalten und wacher Kritik las sie auch die seit dem 17. Jahrhundert immer mehr anschwellende Memoirenliteratur, an der sie gleichwohl lebhaft interessiert war.

Was sie dazu gebracht hat, ihre Überlegungen zur Geschichtsschreibung im allgemeinen und zu geschichtlichen Darstellungen der eigenen Zeit im besonderen so ausführlich für sich zu Papier zu bringen, mag der Ausbruch jenes Krieges gewesen sein, der seit 1756 Deutschland wiederum für sieben Jahre zum Schauplatz der Auseinandersetzungen zwischen Österreich, Frankreich und Preußen werden ließ.

Zu Literatur und Geschichte trat die Beschäftigung mit Kunst als eine der großen Passionen der jungen Markgräfin. Gemalt und gezeichnet hatte sie schon in Darmstadt, und diese Studien setzte sie nun in Karlsruhe fort. Da man als Grundlage allen systematischen Unterrichts nach Antiken oder Gipsabgüssen antiker Figuren zu zeichnen pflegte, ließ sie sich im Sommer 1752 zunächst einmal Vorlagen solcher Art in Paris besorgen. Im August schrieb Maelrondt ihr, er habe eine mehr als zwei Zentner schwere Kiste mit acht Gipsen und einem »portefeuille à dessiner« auf den Weg gebracht[18]. Außer zwei Figuren nach Werken des flämischen Barockbildhauers François Duquesnoy – Antinous und Bacchus – enthielt diese Sendung noch eine »figure écorchée« von Bouchardon, also einen jener sogenannten enthäuteten Muskelmänner, an denen man die Anatomie des menschlichen Körpers studierte, dann zwei Venusfiguren und drei Köpfe: eine Diana, die Venus von Medici und das Bildnis des Demosthenes. Der französische Pastellmaler Jean-Baptiste Perronneau hatte die Kollektion für Karlsruhe zusammengestellt. Fünf Jahre später ließ Karoline Luise durch Maelrondt noch weitere Figuren kommen, darunter wieder einige Kindergestalten und Gruppen Duquesnoys, ein Pferd und eine Reihe antiker Figuren: Polyphem, Milon von Kroton, Merkur, ein Gladiator. All diese Gipse waren kleineren Formats und sicher keine Abgüsse von original griechischen oder römischen Figuren, sondern von antikisierenden Bronzen französischer Bildhauer des späten 17. und des 18. Jahrhunderts; gerade bei diesen kommen die genannten Motive häufig vor. Der Architekt de la Guêpière, der seit seinen Entwürfen für das Schloß engere Verbindungen mit dem Karlsruher Hofe unterhielt und auch für den inneren Ausbau der neuen Residenz des öfteren als Berater zugezogen wurde, besorgte der Markgräfin 1753 aus Paris noch einen »mannequin«, eine jener beweglichen Gliederpuppen aus Holz, die man mit Stoffen zu drapieren und als Vorlagen für Gewandstudien zu benutzen pflegte. Maelrondt, der sich auch nach gutem Zeichenpapier und Pastellkreiden umtat, ließ auf Wunsch Karoline Luises zwei Jahre später noch einen weiteren Gliedermann schnitzen[19]; dessen Fertigstellung verzögerte sich, wie er schrieb, weil der trunksüchtige Bildhauer nur durch häufige Gaben von Alkoholika an der Arbeit zu halten war.

Ob Karoline Luise ihre künstlerischen Studien während der ersten Karlsruher Jahre für sich allein betrieb oder ob ihr vielleicht Philipp Heinrich Kisling, der biedere baden-durlachische Hofmaler und Porträtist, dabei Anleitung gab, ist nicht überliefert. Einen wirklich versierten Lehrer gewann sie erst 1755 mit Joseph Melling. Der junge, damals einunddreißigjährige Maler stammte aus einer im lothringischen St. Avold heimischen Künstlerfamilie. Sein Bruder Christoph war bereits seit 1748 als Bildhauer am Neubau des Karlsruher Schlosses und für die Ausschmückung der Gärten beschäftigt. Joseph, der bei Carle van Loo und Boucher in Paris eine gründliche Ausbildung erfahren hatte, ist anscheinend 1755 nach Karlsruhe übersiedelt. Hier erhielt er drei Jahre später den ehrenvollen Auftrag, für den Marmorsaal im ersten Stockwerk des Schlosses das große Deckenbild zu malen, eine Aufgabe, die er mit Bravour und dekorativem Geschick im Geschmack des Louis XV gelöst hat. Das 1944 leider zugrundegegangene Gemälde zeigte an der Schmalseite über dem Fenster das thronende Götterpaar Jupiter und Juno, zu deren Füßen die anderen Olympier und darüber in silbrigem Glanz aus dem Himmel herniederschwebend die von Genien und Amoretten getragene Venus; an den Rändern der großen rechteckigen Bildfläche waren Gestalten der vier Elemente gelagert, die blumenstreuende Flora mit ihren Gespielinnen, sowie Musen, Meeresgötter und Amoretten. Das Bild enthielt also den ganzen mythologischen Apparat, mit welchem das französische Rokoko seine Festräume so heiter zu dekorieren verstand. Auch die sechs Supraporten des Saales mit gefällig angeordneten Göttergestalten waren von Mellings Hand. Möglicherweise hatte Karoline Luise selbst den jungen Künstler für diese Aufgabe vorgeschlagen, denn von November 1755 an bis zum Ende des Jahres 1766 erscheint er in ihren Rechnungsbüchern regelmäßig mit wechselnden Beträgen, die sie ihm für »lectionen« zahlte[20]; demnach erteilte er ihr, später wohl auch den Kindern, Unterricht im Zeichnen und Malen. Darüber hinaus gewann Melling, der 1758 zum Hofmaler ernannt wurde, offenbar rasch eine Art Vertrauensstellung auch als künstlerischer Berater der Markgräfin. Durch seinen langen Aufenthalt in Paris mit den dortigen Verhältnissen vertraut und mit vielen Malern persönlich bekannt, konnte er seiner Gönnerin manche Anregungen vermit-

10 J. Melling, Ausschnitt aus dem Deckenbild des Marmorsaals im Karlsruher Schloß, um 1758/59 – 1944 zerstört

teln und hat offenbar auch ihr Interesse an den aktuellen künstlerischen Ereignissen in der französischen Hauptstadt zu wecken gewußt. Jedenfalls mußte Maelrondt ihr 1757 auf ausdrücklichen Wunsch hin alles schicken, was er von der gerade im Salon des Louvre stattfindenden Ausstellung ebenso wie von allen früheren dieser Art an Katalogen und Rezensionen noch hatte bekommen können.

Karoline Luises eigene Zeichnungen aus dieser Zeit, meist in Rötel ausgeführt, sind im wesentlichen Porträts naher Angehöriger und Freunde oder Selbstbildnisse. Ihr um 1760 entstandenes Bildnis des Gatten etwa, das ihn am Tisch sitzend in seine Lektüre vertieft zeigt, ist zweifellos recht ähnlich getroffen, auch in der plastischen, in Licht und Schatten fein gestuften Modellierung der Züge wohl gelungen. Die dunkle Folie freilich, welchen den Kopf vom Weiß des Hintergrundes abheben soll, auch die Schattenpartie auf der Lehne des Sessels stehen dann als etwas unbelebte Flächen unverhältnismäßig hart dagegen; Sessel und Tisch, nur flüchtig angedeutet, besitzen keinen rechten Bezug zur Figur, welcher der Unterkörper zu fehlen scheint. Doch sind das alles kleine Mißverständnisse, welche auf den ersten Blick kaum ins Auge fallen und den Charme des Blattes als eines »document humain« in keiner Weise mindern. Karoline Luise war klug genug zu wissen, daß ihr auf diesem

11 Karoline Luise, Bildnis Karl Friedrichs am Schreibtisch – Rötelzeichnung um 1760 – Privatbesitz

Gebiet die wirkliche schöpferische Begabung fehlte; daher besaß sie auch nicht den Ehrgeiz, mit Malern und Zeichnern von Profession in unmittelbare Konkurrenz zu treten. All ihren künstlerischen Tätigkeiten widmete sie sich als begabte Dilettantin, also im ganz ursprünglichen Sinne des Wortes aus Freude am Umgang mit Kunst und deren praktischer Ausübung. In der Malerei ging es ihr daher auch nicht so sehr um Verbildlichung eigener Erfindungen als darum, sich durch gewissenhaftes Kopieren die Grundlagen und technischen Mittel künstlerischer Formgebung anzueignen, um auf diese Weise ein sachlich vertieftes Verständnis für bestimmte, von ihr besonders geschätzte Meister und für künstlerische Qualität überhaupt zu gewinnen.

Während der fünfziger Jahre konnte sie noch keine weiten Kunstreisen unternehmen, wie sie später ihr größtes Vergnügen werden sollten. Daher fehlte es ihr im kleinen Karlsruhe an den Anregungen, welche die Betrachtung bedeutender Kunstwerke vermitteln kann. Frühere Generationen baden-durlachischer Markgrafen hatten wohl Bilder gesammelt, doch war alles, was sich davon einst im Durlacher

Schloß befand, beim Einfall der Franzosen 1688 in den Markgräfler Hof nach Basel geflüchtet worden und dort verblieben. Die einzige bedeutende Galerie in der Nachbarschaft Karlsruhes war die im Mannheimer Schloß bewahrte Sammlung des Kurfürsten Karl Theodor von der Pfalz, reich vor allem an Werken holländischer und flämischer Meister; Karoline Luise kannte sie von einigen Besuchen.

Im Jahre 1757 wandte sie sich an den Kurfürsten mit der Bitte, ihr doch auf kurze Zeit einige Bilder aus seiner Galerie zu genauem Studium und zum Kopieren leihweise zu überlassen. Sie wünschte sich dann je ein Gemälde von Frans van Mieris, Adriaen van de Velde und Jan von Huysum. Karl Theodor war einverstanden, und damit begann ein reger Leihverkehr, der sich noch über das ganze folgende Jahrzehnt hin erstreckt hat. Aus der Korrespondenz mit den Mannheimer Galeriebeamten[21] lassen sich unschwer an die dreißig Gemälde meist niederländischer Meister identifizieren, welche den Weg nach Karlsruhe nahmen, denn Karoline Luise bestellte sie im allgemeinen nach den Nummern eines 1756 im Druck erschienenen Katalogs der Galerie. Eine ganze Reihe dieser Werke gehört heute zum Besitz der Alten Pinakothek in München, wohin Karl Theodors Sammlung 1799 überführt worden ist. Einige der von Karoline Luise nach diesen Gemälden angefertigte Kopien haben sich noch in markgräflichem Besitz erhalten und bezeugen ein respektables handwerkliches Können.

Auf den Gedanken, sich eine eigene Gemäldesammlung zuzulegen, ist die Markgräfin nicht gekommen. Das heißt jedoch nicht, daß sie in ihren Wohnräumen ganz ohne Bilder gelebt hätte. Ein Inventar, welches 1784, ein Jahr nach ihrem Tode, in aller Ausführlichkeit die gesamte Hinterlassenschaft der Fürstin verzeichnet[22], nennt außer den zum Fideikommiß erklärten Bildern ihres späteren »Cabinets« noch mehr als 440 Gemälde, Pastelle und Miniaturen, welche in ihren Wohnräumen sozusagen zum täglichen Leben gehörten. Einiges Wertvolle befand sich darunter, was des an anderer Stelle aufbewahrten »Cabinets« nicht für würdig befunden worden war, doch offenbar auch vieles, was im Laufe der Jahrzehnte zusammengekommen war – ererbtes Gut, Geschenke oder Gelegenheitskäufe – und höheren Ansprüchen ebenfalls nicht genügte, doch für die Besitzerin einen gewissen Gefühlswert besaß.

Ihren Ausgabebüchern der fünfziger Jahre läßt sich entnehmen, daß Karoline Luise während dieser Zeit hin und wieder auch einmal ein Gemälde erwarb, doch geschah das ohne erkennbares System, und es ging dabei um weniger bedeutende, heute meist verschollene oder nicht mehr identifizierbare Werke. Bilder Kislings werden genannt, auch solche eines Malers Morell, der in Bayreuth als Galerieinspektor amtierte, schließlich Miniaturen der in Stuttgart tätigen Malerin Eleonora Remshard. Der Frankfurter Kunsthändler J.B. Ehrenreich[23], den Karoline Luise offenbar schon aus Darmstadt kannte, bot ihr im Januar 1756 einmal verschiedene Gemälde von Rembrandt, Eeckhout, Dou und Breughel an, scheint damit aber keinen Erfolg erzielt zu haben. Im Karlsruher Wochenblatt dieser Jahre werden übrigens unter den in der Stadt abgestiegenen Fremden öfters Kunsthändler genannt – 1757/58 etwa ein Meyer aus Augsburg und ein Christian Zörgler –, die mit ihrer Ware in

Deutschland herumreisten. Doch haben sie offenbar keine Verbindung zum Hof aufnehmen können.

Schon in Darmstadt erwarb Karoline Luise gelegentlich Bilder, wie ihre Aufzeichnungen erkennen lassen. Eines von diesen bekam später auch einen Platz im »Mahlerey-Cabinet«, nämlich das Pastellbildnis eines jungen Mädchens mit einer Katze im Arm von der Hand Jean-Baptiste Perronneaus. Es ist die eigenhändige, in delikater Farbigkeit gehaltene Wiederholung eines Werkes, das der Künstler im November 1749 geschaffen und 1750 im Salon ausgestellt hatte; diese erste Fassung befindet sich heute im Louvre. Die Papiere der Markgräfin enthalten noch Perronneaus Bestätigung vom 6. Juni 1750 darüber, daß er zehn Louisdors »pour un pastelle« empfangen habe. Zwei Jahre später, als er die Sendung der bereits genannten Gipsabgüsse für Karoline Luise zusammenstellte und ihr darüber berichtete, dankte er noch einmal in untertreibender Bescheidenheit dafür, daß sie seinem »kümmerlichen Werk« einen Platz in ihrer Sammlung gewährt habe. Auf welche Weise Karoline Luise an den Künstler gekommen ist, läßt sich ihren Papieren nicht entnehmen; vielleicht hat Liotard, der damals in Paris lebte, seine Schülerin auf den vielversprechenden jungen Meister aufmerksam gemacht[24]. Nach dem Tode der Markgräfin hat ihr Sohn Prinz Friedrich Perronneaus »Mädchen mit der Katze« bekommen; durch weiteren Erbgang gelangte das Pastell schließlich in schweizerischen Privatbesitz, aus dem es 1983 für die Staatliche Kunsthalle Karlsruhe erworben wurde.

Bei ihren mannigfaltigen Beschäftigungen und Interessen vernachlässigte Karoline Luise auch die Musik nicht, pflegte vor allem das Klavierspiel, mit dem sie in jungen Jahren schon Bewunderung erregt hatte. Eine Bemerkung im »Carlsruher Wochenblatt« vom 1. Juli 1757 kann damit vielleicht in Zusammenhang gebracht werden: unter den Fremden, welche in die Stadt gekommen waren, ist dort nämlich auch ein Herr Silbermann genannt, »der so sehr berühmte Orgelmacher von Straßburg, welcher ein vortreffliches Instrument, nemlich ein biano forte an hiesigen hochfürstlichen Hof gebracht«. Ein so kostbares Instrument war vermutlich nicht für den Gebrauch im Orchester, sondern eher für die Markgräfin persönlich gedacht.

Im Laufe weniger Jahre hat Karoline Luise es mit Intelligenz und Charme verstanden, ihren kleinen Karlsruher Hof zu einem wirklichen Sitz der Musen zu erheben. Bewundernd schrieb der hessische Hofrat und Prinzenerzieher Johann Joachim Ewald, als er 1757 auf einer Reise nach Straßburg zwei Tage in der badischen Residenz Station gemacht hatte, an einen Freund[25]: »Alle Künste wohnen zu Karlsruhe, und die Frau Markgräfin ist eine Minerva. Sie denkt, spricht, zeichnet, spielt den Flügel, man kann es nicht besser. Die neuen Zimmer in Karlsruhe sind von den Grazien angeordnet und von dem besten Schüler des Boucher gemalt worden. Sie gefallen mir mehr als alles, was ich zu Bonn und dort umher gesehen habe.«

Die Herrin von Kutzenhausen

Fremden Besuchern, welche die Markgräfin von Baden-Durlach als eine geistreiche, belesene, an allen Künsten und Wissenschaften interessierte Dame von Welt bewunderten, blieb es wahrscheinlich verborgen, daß sie dazu auch noch die praktischen Fähigkeiten einer tüchtigen Geschäftsfrau und Unternehmerin besaß. Durch die Hanau-Lichtenberger Erbschaft war sie mit ihren beiden Brüdern zusammen Besitzerin einiger Territorien im unteren Elsaß geworden, in denen ihr auch gewisse herrscherliche Rechte zustanden. An sich war der älteste Bruder Ludwig als Erbprinz von Hessen-Darmstadt für die Regierung der gesamten Grafschaft verantwortlich, doch hatten die drei Geschwister untereinander eine Abmachung getroffen, nach welcher Karoline Luise die selbständige Verwaltung der östlich von Wörth gelegenen, aus sieben Dörfern bestehenden Herrschaft Kutzenhausen mit deren Einnahmen zugesprochen wurde. Möglicherweise überließ man ihr gerade dieses Gebiet, weil es einst persönlicher Besitz ihrer Großmutter Dorothea Friederike von Hanau-Lichtenberg gewesen und bis zu deren Tode auch geblieben war[1]. Die Einkünfte aus Kutzenhausen beliefen sich in den frühen fünfziger Jahren den Abrechnungen nach auf eine Summe zwischen 4400 und 5500 Gulden jährlich. Auf diese Weise konnte Karoline Luise mit einer regelmäßigen sicheren Einnahme rechnen, deren Höhe sich auch kontrollieren ließ, und war dadurch unabhängig vom guten oder weniger guten Willen des Bruders sowie der Rechnungslegung von dessen Zentralverwaltung in Buchsweiler; dieser brachte sie offenbar kein großes Vertrauen entgegen. Als Zusatz zur Mitgift hatte Karoline Luise laut Testament des Großvaters bei der Eheschließung 1751 ein Kapital von 15 000 Gulden aus der Grafschaft zu erwarten. Da der Betrag sich damals aber nicht flüssig machen ließ, besaß sie einen Anspruch auf angemessene jährliche Verzinsung dieser Summe. Zu deren Ablösung überschrieb ihr der Bruder noch eine große Schäferei in Ingweiler, deren Betrieb ihr jährlich zwischen 900 und 1450 Gulden einbrachte. Die bessere oder schlechtere Verzinsung des ihr geschuldeten Kapitals hing also von ihrer eigenen geschäftlichen Tüchtigkeit ab.

Kammerrat Koch[2] von der Regierung in Buchsweiler, der schon seit dem Ende der dreißiger Jahre die persönlichen Interessen der jungen Prinzessin wahrnahm und ihr treu ergeben war, verlegte 1750 seinen Amtssitz in den Hanauer Hof nach Straßburg. Karoline Luise nahm die Gelegenheit wahr, die Verwaltung ihrer eigenen Güter nun ganz von der Regierung in Buchsweiler zu trennen und sie damit auch deren Kontrolle zu entziehen. Sie forderte Koch auf, Abschriften aller für die Kutzenhauser Herrschaft wichtigen Dokumente des Archivs in Buchsweiler anfertigen zu lassen, die gesamten Akten der laufenden Verwaltung mit nach Straßburg zu nehmen und sie dort auf jeden Fall unter sicherem Verschluß zu halten. Daß ihr Mißtrauen in Buchsweiler böses Blut erregen werde, sah sie voraus, kümmerte sich jedoch nicht weiter darum. Koch, dessen Treue und Tüchtigkeit sie immer dankbar anerkannte, konnte sein Amt nicht mehr lange ausüben; er starb bereits 1755. Karoline Luise setzte der Witwe, die eine Schwester des Straßburger Geheimrats Fleischmann war, eine Pension aus und sicherte durch Stipendien auch die Ausbildung der drei Söhne des Verstorbenen, von denen zwei damals in Straßburg studierten; ihre Lehrer beurteilten sie als begabte und fleißige junge Leute. Der 1737 geborene Christoph Wilhelm[3] wurde nach Ablegung seiner Examina Assistent Schöpflins und hat sich später als Historiker und Professor an der Straßburger Universität einen Namen gemacht.

Für die Verwaltung ihrer Güter fand Karoline Luise in dem ihr aus Buchsweiler bereits bekannten Rentmeister Binninger den geeigneten Nachfolger[4]. Ihm schrieb sie am 14. Oktober 1755: ». . . deßen dexterität ist mir so sattsam bekand, daß ich mich versichere in demselben eben diejenige qualitaeten gefunden zu haben, welche den Seel. Rath Koch so meritiret gemacht, dahin gegen derselbe an mir eine eben solche Freundin finden wird, die bereit willig ist, demselben in allen Vorfallenheiten werckthätig zu bezeugen, mit wie vieler aufrichtigkeit ich verbleibe deßen wohlaffectionirte Karolina MzB.«

Rat Barth in Buchsweiler übte als Vorstand der Hanau-Lichtenbergischen Kammer die juristische Oberaufsicht aus, dem Amtsschaffner Aulber oblag die praktische Bewirtschaftung der Güter nach den ihm erteilten Ordres. Karoline Luise legte Wert auf eine möglichst klare Abgrenzung aller Kompetenzen, dies auch im Hinblick auf den schwierigen, eigensinnigen und oft sprunghaften Bruder Ludwig, der zur Zeit in der preußischen Armee Dienst tat. Daher ließ sie durch Barth eine ausführliche, bis in die letzten Einzelheiten gehende Instruktion für alle Beschäftigten aufstellen, deren Entwurf sie durch eigene Zusätze noch erweiterte und korrigierte. Diese Formulierungen nahmen einige Zeit in Anspruch, denn sie wollte sicher gehen, daß der von ihr geschätzte Barth – der letzten Endes als ein Beamter des Bruders natürlich vor allem diesem verpflichtet war – eindeutig nur zur »observirung der jura«, Binninger jedoch »zur Mantenirung der oeconomie« bestellt worden sei und für diese ausschließlich die Anordnungen der Markgräfin auszuführen habe. Bis das erforderliche Placet des Erbprinzen zur Einstellung Binningers aus dem preußischen Prenzlau eingetroffen war, vergingen auch noch einmal Wochen. So lange bearbeitete die »verwittibte Räthin Koch« noch die Rechnungslegung, während Binninger nur die Aufsicht führte. Das genügte Karoline Luise zunächst, wie sie im Oktober schrieb, denn erst Ende des Jahres erwarte sie den Eingang einiger ausgeliehener Kapitalien, für deren neue Placierung man dann sorgen müsse. Auch ließe sich erst dann übersehen, wie die Weinernte ausgefallen sei und ob es nötig erscheine, noch Wein anzukaufen oder nicht.

Binninger unterrichtete die Markgräfin über alle, auch die kleinsten Vorkommnisse auf den Gütern; danach traf sie dann ihre Entscheidungen, sei es nun über notwendig gewordene Bauarbeiten an Schloß, Amtsgebäude oder Pfarrhaus von Kutzenhausen, sei es über einen Verkauf von Getreide und Wein oder andere die Verwaltung betreffende Probleme. Die Korrespondenz mit Binninger erstreckte sich in ungetrübtem Einvernehmen über mehr als siebenundzwanzig Jahre, bis zum Tode Karoline Luises. Einigermaßen vollständig sind davon in vier dicken Bänden nur ihre Briefe erhalten, welche Binninger später offenbar den Söhnen der verstorbenen Markgräfin als deren Erben in der Grafschaft Hanau-Lichtenberg übergeben hat. Sie vermitteln eine lebendige Vorstellung vom wirtschaftlichen Leben des 18. Jahrhunderts, von den Problemen und Sorgen, den Erfolgen und Rückschlägen eines großen landwirtschaftlichen Betriebes.

Binninger erwies sich als ein erfahrener und umsichtiger Verwalter, Karoline Luise nicht nur als kenntnisreiche und versierte Geschäftsfrau, sondern, wie sie es versprochen hatte, auch als eine freundschaftliche und vertrauensvolle Chefin. Immer wieder bedankte sie sich bei Binninger für dessen Loyalität und belohnte seine Anstrengungen großzügig mit Geschenken und regelmäßigen Gehaltserhöhungen. Lebhaft und herzlich nahm sie auch an allem teil, was ihn persönlich und seine Familie betraf. Sehr rasch bildete sich ein Vertrauensverhältnis zwischen beiden heraus, das auf gegenseitiger Anerkennung der Persönlichkeit beruhte und mit den Jahren zu einer gewissen Vertrautheit führte. In einem Brief aus dem Januar 1768 schreibt Karoline Luise einmal, sie bedaure, daß es mit Binningers Gesundheit nicht zum besten stehe; er solle deshalb nur das Nötigste schreiben. Und »laßen Sie inskünftige aber titulatur in denen Schreiben an mich hinweg, fangen Sie Ihr Schreiben gleich wie ich nur mit dem datum an, und melden mir nur mit ein paar Worte, wie die Sache ist, welche Sie mir zu melden haben. Den Herrn Cammer-Rath« – dazu war er inzwischen befördert worden – »bitte ich inständig, diesen Vorschlag zu befolgen und von mir versichert zu seyn, daß ich mit der aufrichtigsten Estime ersterbe . . .«

Ihr erklärtes Ziel war es, mit den Erträgnissen der Ländereien Geld zu verdienen, um dieses dann wieder nutzbringend anlegen zu können. Im April 1757 schrieb sie an Binninger, sie sei sehr zufrieden mit der Akkuratesse seiner Abrechnung und der Anlage ihrer Gelder, »denn da meine Revenuen haubtsächlich in Zinßen bestehen, so machet es eine ziemliche differenz aus, wenn die fällig gewordenen Capitalien nicht gleich wieder placiret werden. Da nun demselben deren Verfallzeit allemahl bekand ist, so kan der Herr Renthmeister jederzeit die Verfügung dahin thun, daß solche – wie derselbe biß hieher gethan – gleichsam nur von einer Hand in die Andere gehen.«

Als es infolge der Kriegszustände gegen Ende des Jahres 1758 immer schwerer wurde, Gelder gut anzulegen, entschloß sich Karoline Luise, wie sie Binninger zu wissen gab, eine ziemlich große Partie Rheinwein, »nemlich 100 Rheynische Ohm à 72 Maaß«, um einen sehr geringen Preis von einem in Not geratenen Edelmann zu übernehmen; die ganze Partie stammte aus dem Jahre 1753, »einem der besten Jahrgänge, alle von einerley Gewächs, rein und wohlgehalten, und alle à 20 Gulden Reichsvalor die Ohm, nebst denen Faßen, die ebenmäßig wohl conditioniret.« Sie meinte, an dem Handel zumindest nichts verlieren zu können, denn ihr seien für zehn bis zwölf Ohm davon bereits dreißig und fünfunddreißig Gulden geboten worden. Dann erörterte sie ausführlich mit allen Einzelheiten die Fragen von Transport, Lagerung und weiterer Pflege. Bei richtiger Behandlung, meinte sie, müßte dieser Wein in sechs bis sieben Jahren eigentlich sogar sechzig bis siebzig Gulden pro Ohm bringen können. Ein Geschäft dieser Art, zu dem sie sich »wegen der augenscheinlichen avantage« habe bewegen lassen, solle aber eine Ausnahme bleiben, denn ihr festes Prinzip sei es nach wie vor, Wechselbriefe allen anderen Arten der Kapitalanlage vorzuziehen.

Geld lieh sie im übrigen auch dem jüngeren Bruder Georg, freilich mit gewissen Vorsichtsmaßnahmen, denn dieser war ein großer Schuldenmacher. Auch die ihr befreundete Schwägerin Henriette Karoline, die »Große Landgräfin«, mußte sich 1765 von der geschäftstüchtigen Markgräfin von Baden Geld borgen. Auf eine Anfrage Binningers schrieb Karoline Luise diesem, es gehe wohl nicht an, der Erbprinzessin die Zinsen zu erlassen, denn dann wäre Bruder Georg verärgert, von welchem sie sie verlange und dessen Schulden bei ihr viel zu hoch für eine solche »politesse« seien. Also soll man beide Dinge ohne Rücksicht auf Verwandtschaft als reines Geldgeschäft betrachten und auch als solches behandeln. Die dauernde finanzielle Unordnung in Darmstadt muß Karoline Luise ein Greuel gewesen sein.

In Geldangelegenheiten war sie immer korrekt, gleichzeitig geschickt und tüchtig. Im April 1759 etwa gab sie Binninger Nachricht, der Markgraf habe ihr die »bis jetzo gezogenen 1750 Gulden« aus ihren Mitgiftgeldern wieder zediert; Binninger braucht darüber doch keine Quittung? Sollte nämlich die Buchsweiler Kammer auf Grund dieser Zahlung auf die Idee kommen, die Begleichung anderer rückständiger Forderungen etwa zu erschweren, »so wollen wir es als ein arcanum tractiren«, und dies um so mehr, als der Markgraf ihr sowieso verboten habe, die Sache in Karlsruhe publik werden zu lassen. »Überhaupt«, so schrieb sie im Dezember 1762, »will ich aus wichtigen Ursachen meine Elsaßer fonds hier nicht bekant machen.« Den Grund solchen Versteckspiels gab sie ihm auch zu wissen: ». . . da ich mir vorgenommen, meine Eigenthümlige revenuen als ein Heiligtum für meine Kinder aufzuheben und nicht zu berühren, sondern so viel wie möglich zu trachten, solche zu verbeßern und zu vermehren . . .« Hin und wieder beglich sie freilich doch auch persönliche Ausgaben aus diesen Einkünften, so vor allem, wenn es um eilige Rechnungen aus Paris ging, welche sich durch eine Überweisung aus dem Elsaß rascher bezahlen ließen. Gelegentlich benutzte sie ihre Kapitalien auch, um bei sich selbst eine Anleihe zu machen, wenn sie in Karlsruhe knapp bei Kasse war. Als sie den eben genannten Brief schrieb, ging es um den Ankauf einiger Gemälde, welche der Kriegsverhältnisse wegen mit achttausend Gulden deutscher Reichswährung sehr günstig, nämlich zu etwa zwei Dritteln ihres wahren Wertes zu haben waren. Diese Summe mußte aber zu einem nahen Termin in bar bezahlt werden, sonst würden Verzögerungszinsen fällig. Im Augenblick fehle ihr das benötigte Geld, schrieb sie an Binninger, und in Karlsruhe könne sie es sich auch nicht beschaffen. Daher habe sie beim Kauf eine zusätzliche Zinszahlung bereits einkalkuliert und beabsichtigt, dafür einige Pretiosen zu verkaufen. Das erweise sich nun auch als ein zu schlechtes Geschäft, denn wegen der Kriegsläufte bekomme man im Augenblick für solche Dinge zu wenig; es sei geraten, mit einem Verkauf auf bessere Zeiten zu warten. Die Lösung des komplizierten Problems: sie leiht sich das Geld zum üblichen Zinssatz, damit die Buchhaltung in Ordnung bleibt, von sich selbst im Elsaß und wird es bei passender Gelegenheit zurückzahlen. Auf diese Weise erfährt niemand etwas von der Sache, »und wird durch dieses arrangement allen meinen Absichten auf einmal ein genügen geleistet«.

Gelegentlich schickte sie Binninger aus Karlsruhe ersparte Gelder, damit er sie im Elsaß »auf Zins auslehne«; im Mai 1762 waren es einmal 15 000 Reichstaler, im Juli noch einmal zwischen drei- und viertausend. All das ging immer in großer Heimlichkeit vor sich: ». . . es liegt mir sehr viel daran, daß niemand erfahre, daß ich solches von hier aus an denselben geschicket.«

Bei all diesen Transaktionen konnte Karoline Luise auf Binningers absolute Diskretion und Loyalität bauen und gab ihm auch immer wieder zu verstehen, wie sehr sie seine Hilfe zu schätzen wisse; so heißt es am 9. Oktober 1756: ». . . und habe eben überhaupt Ursach, den Herrn Renthmeister schließlich nochmals zu versichern, daß ich bey allen Gelegenheiten mich täglich glücklicher schätze, den ehrlichen und capablen CammerRath Koch durch dessen Persohn so wohl replaciret zu sehen; mit welchen Sentimens Zeit lebens verbleibe deßen wohl affectionirte Karolina MzB.« Als der Darmstädter Erbprinz, der Binningers Tüchtigkeit ebenso anerkannte, diesen im September 1757 zum Kammerrat ernannt hatte, war Karoline Luise darüber hoch erfreut und schickte ein herzliches Glückwunschschreiben.

Natürlich schätzte sie die elsässischen Besitzungen in erster Linie der Renditen wegen, doch geben ihre Briefe immer wieder zu erkennen, daß sie auch persönlich sehr an ihnen hing und an allem, was dort geschah, unmittelbar Anteil nahm. Als Ende 1763 unter den Schafen in Ingweiler eine gefährliche Seuche ausbrach, war sie sehr beunruhigt, holte bei erfahrenen Landwirten im Durlachischen Rat über die besten Möglichkeiten einer Behandlung ein und schickte Binninger dann Medizinen mit genauen Fütterungsanweisungen, wollte auch allwöchentlich einen ausführlichen Report über den Stand der Dinge erhalten: ». . . Meine Schafe liegen mir gar sehr am Hertzen, ich möchte sie gar gerne behalten.«

Fragen und Probleme von Landwirtschaft und Viehzucht begannen sie im Laufe der Jahre überhaupt mehr und mehr zu interessieren. Karl Friedrichs Versuche, die Landwirtschaft auf Grund der von der physiokratischen Schule in Frankreich entwickelten neuen Ideen zu fördern, die Debatten und Kontroversen über diese Methoden haben offenbar ihre Teilnahme erregt. Nachdem seit dem Ende des Siebenjährigen Krieges eine gewisse Beruhigung und Stabilisierung der politischen Lage entstanden war, konnte die Entwicklung von Landwirtschaft, Handel und Industrie mit größerer Konsequenz und auf längere Sicht betrieben werden. Karoline Luise beteiligte sich in späteren Jahren daran mit eigenen Unternehmungen, die allerdings nicht immer zum gewünschten Erfolg führten. Auf jeden Fall war die

Verwaltung der elsässischen Güter in dieser Hinsicht eine gute Schule für sie und machte sie schon früh mit den wichtigsten Problemen auf allen Gebieten vertraut.

Sie hatte allen Grund, mit Binninger zufrieden zu sein, denn dank seiner umsichtigen Geschäftsführung erhöhten sich ihre Einnahmen aus den elsässischen Gütern im Laufe der Zeit beträchtlich. Belief sich deren Gesamtsumme während der fünfziger Jahre auf höchstens 5500 Gulden, so weist die Jahresabrechnung für 1768 einen Betrag von 20 780 Gulden aus, also etwa das Vierfache[5]. Als Binninger dann nach dem Tode der Markgräfin dem Staatsminister von Edelsheim am 6. Juni 1783 die letzte Abrechnung und gleichzeitig für die Erbteilung unter den Söhnen auch eine Aufstellung der verfügbaren Kapitalien vorlegte, konnte er mit berechtigtem Stolz schreiben[6]: ». . . Vergleichen Sie diese Abrechnung mit der des Jahres 1755, als meine Verwaltungstätigkeit begann, so werden Sie feststellen, daß die Kapitalien, welche damals nicht einmal ganz sechzigtausend Gulden betrugen, sich heute auf mehr als sechshunderttausend belaufen, was für die Erlauchten Erben eine sehr vorteilhafte Vermehrung bedeutet.« Er sieht darin eine göttliche Segnung, möchte sie aber doch auch als ein Zeichen dafür verstanden wissen, daß er die Interessen der Markgräfin nicht vernachlässigt habe.

Baden-Durlach im Siebenjährigen Kriege

Wie in den Fragen der inneren Reform des Landes konnte Baden-Durlach, eingeschlossen von größeren Mächten, auch in der Außenpolitik nur kleine Schritte tun; geduldig und beharrlich verfolgte man mit diesen jedoch weit gesteckte Zukunftspläne. Zunächst galt es, durch den Erwerb von Dörfern, Flecken oder kleineren adligen Herrschaften das zersplitterte Territorium der Markgrafschaft nach Möglichkeit abzurunden und komplizierte Besitzverhältnisse zu klären, um Zwischenfälle und Reibereien aus der Welt zu schaffen. So wurde 1753, um ein Beispiel zu nennen, mit dem benachbarten Württemberg ein Vergleich geschlossen, durch den Baden-Durlach Ansprüche auf Besigheim und drei weitere im Württembergischen gelegene Orte aufgab, um dafür die vollen lehnsherrlichen Rechte über die Grafschaft Eberstein einzutauschen, auf deren eine Hälfte der Vertragspartner Anspruch besaß. Im Jahre 1761 wurde der Flecken Münzesheim aus dem Besitz der gleichnamigen Familie erworben; dazu trat noch die Herrschaft Gondelsheim, welche die verschuldeten Freiherren von Menzingen schon vor längerer Zeit an Kurpfalz hatten verpfänden müssen. Bereits 1758 waren ganz im Geheimen auch Fühlungnahmen für einen Erbvertrag mit Baden-Baden eingeleitet worden; dieser sollte zwar auf Gegenseitigkeit geschlossen werden, sicherte praktisch jedoch dem Markgrafen von Baden-Durlach die Nachfolge seines kinderlosen Vetters von Baden-Baden zu. Der Vertrag, dessen Vorbereitung unter Geheimrat Reinhards Federführung sieben Jahre in Anspruch nahm, bildete das wichtigste politische Anliegen Karl Friedrichs während der ersten Periode seiner Regierung und sollte ihm 1771 eine entscheidende Erweiterung und Konsolidierung seines Herrschaftsgebietes einbringen. Bis dahin blieb ihm nur die Aufgabe, das ererbte Territorium seiner Markgrafschaft Baden-Durlach zu entwickeln, den Wohlstand der Untertanen zu fördern und das Land nach Möglichkeit aus den Verwicklungen der großen Politik herauszuhalten.

Nach dem Frieden von Aachen, der 1748 den Krieg um die österreichische Erbfolge beendet hatte, herrschte eine kurze Zeit trügerischer Ruhe.[1] Im Grunde war keine der großen Mächte zufriedengestellt; die Heere blieben in Bereitschaft, es wurde weiter gerüstet. Das Jahr 1756 brachte dann den berühmt gewordenen überraschenden »Umsturz der Bündnisse«: im Januar schloß Friedrich der Große mit der an sich nicht offensiv gemeinten Westminster-Konvention eine Allianz mit England. Die bisher erbitterten Gegner Österreich und Frankreich fanden sich daraufhin ihrerseits in einem Bündnis gegen Preußen-England zusammen. Rußland, das sich auf einen ersten Auftritt in Westeuropa vorbereitete und seit 1746 mit Österreich verbündet war, wünschte eine gemeinsame Offensive gegen Preußen, um dessen wachsende Macht an seinen Grenzen zu schwächen. Obgleich es um einen Machtkampf zwischen Österreich und Preußen ging, spaltete die neue Kombination die deutschen Reichsstände in mehr oder weniger konfessionell bestimmte Fronten; die katholischen Stände vereinigten sich zu einer österreichischen Majoritätspartei, die evangelischen standen mit ihren Sympathien auf Seiten Preußen-Englands.

Überraschend und wieder ohne Kriegserklärung fiel Friedrich der Große Ende August 1756 in Sachsen ein, um einem gegen ihn geplanten Schlag zuvorzukommen. Das war der Auftakt eines neuen europäischen Krieges. Der Kaiser verlangte von den Reichsständen, sich gegen den preußischen Friedensbrecher zu stellen, wozu diese im Hinblick auf Erfahrungen, welche sie im früheren Krieg mit österreichischen Herrschaftsansprüchen gemacht hatten, nur sehr zögernd bereit waren. In Verkennung der Lage und der eigentlichen Absichten beider Kontrahenten meinte Karl Friedrich zunächst, das Reich könne die Rolle einer neutralen dritten, vermittelnden und Ausgleich stiftenden Partei spielen.

Abgesandte aus Paris und Wien erschienen in Karlsruhe, um ihn mit mehr oder weniger versteckten Drohungen auf die Seite der österreichisch-französischen Koalition zu ziehen. Der Vetter in Baden-Baden, katholisch und durch seine zerrütteten Finanzen von Frankreich abhängig, hatte sofort dessen Partei ergriffen. Karl Friedrich und Üxküll unternahmen alle Anstrengungen, den auf sie ausgeübten Druck mit dem Hinweis abzuwehren, nur die Versammlung sämtlicher deutscher Stände auf dem Reichstag zu Regensburg könne darüber entscheiden. Ihr Plan war es, durch eine sogenannte »Itio in partes«, ein widersprechendes Votum der evangelischen Stände, den Reichstag beschlußunfähig zu machen und so eine Kriegserklärung des Reiches an Preußen zu verhindern. Doch mußten sie auf diesen Gedanken schließlich verzichten, denn nicht nur die katholischen, sondern auch einige evangelische Stände schlossen sich Österreichs Antrag auf eine Reichsexekution gegen Preußen an. Zu diesen gehörte Karoline Luises Vater Landgraf Ludwig VIII. von Hessen-Darmstadt; er glaubte, als kaiserlicher Generalfeldmarschall müsse er loyalerweise die Partei Österreichs ergreifen. Seine Familie und der ganze Darmstädter Hof standen dagegen entschieden auf Preußens Seite. Karl Friedrich gab nicht nach, sondern sträubte sich zunächst, den von ihm verlangten Anteil an der Reichsarmee zu stellen, ließ auch verlauten, er werde nur der Gewalt weichen.

Im Februar 1757 erschien der französische Marschall d'Estrées in Karlsruhe, um noch einmal dringend Frankreichs und Österreichs Forderungen vorzutragen. Er hatte den Auftrag bekommen, auch die Markgräfin als Tochter eines österreichischen Generalfeldmarschalls und Verehrerin der Kaiserin Maria Theresia für diese Entscheidung zu gewinnen. Trotz offener Drohungen und eines Hinweises auf die gefährliche Lage Badens in unmittelbarer Nachbarschaft der französischen Grenzen erreichte d'Estrées jedoch nichts. Bei den Verhandlungen des schwäbischen Kreises in Ulm, wo der kaiserliche Gesandte die Stände noch einmal warnte, sich ihren Pflichten gegen das Reich nicht zu entziehen, stimmte Baden-Durlach mit bemerkenswertem Mut als einziger gegen diese Anordnungen.

Im März traf dann ein Gesandter Preußens in Karlsruhe ein, um zu sondieren, ob Karl Friedrich für eine Union der Reichsfürsten unter preußisch-englischer Führung zu gewinnen sei. Im Hinblick auf seine schwierige Situation und die unmittelbar drohende Invasion französischer Truppen mußte der Markgraf es jedoch ablehnen, sich offen gegen die antipreußische Koalition zu entscheiden. Dem Gesandten blieben Karl Friedrichs Sympathien für die preußische Sache gleichwohl nicht verborgen; er schrieb an seinen König: »Der Markgraf denkt edel, besitzt keine liederlichen Leidenschaften wie einige andere Fürsten, sondern zieht die Lektüre allen anderen Vergnügungen vor. Er hat sich eine beachtenswerte Denkungsart und diejenigen Kenntnisse erworben, deren ein regierender Fürst bedarf.«

Nachdem noch ein weiterer Gesandter Frankreichs erschienen war, um Karl Friedrich wegen dessen Verzögerungspolitik zu warnen und die unverzügliche Aufstellung seines Reichskontingents zu verlangen, gab es kein Zurück mehr. Die drohende Gefahr neuer Aushebungen hielt Baden-Durlachs Bevölkerung schon seit längerem in Unruhe. Bereits im November 1756 hatte Karl Friedrich durch einen öffentlichen Anschlag im ganzen Lande verkünden lassen, daß die »dermalen vorwaltende Kriegs Läuften insbesondere dem gemeinen Manne zu unbesonnenem raisoniren mannigfaltigen Anlaß geben, wodurch nichts anders als eine höchst schädliche Verbitterung entstehen muß«[2]. Er hält es daher für nötig, seine Untertanen »wegen dieses ohnehin Pöbelmäßigen Betragens Landesväterlich zu verwarnen« und zu verordnen, daß »Jedermänniglich der Fällung eines Urthels über die Handlungen hoher Fürsten ebenso als alles ohnzeitigen raisonirens und Geschwätzes von Kriegs- und Religions-Sachen sowohl in Wirtshäusern, wie auch des Herumtragens derer mehresten theils auf Ungrund beruhenden Zeitungen ohnfehlbar sich enthalten sollen, als widrigenfalls Wir dergleichen Unbesonnenheit mit aller Strenge bestraffen zu lassen gesonnen seynd«.

Das Regiment Baden-Durlach stand unter dem Befehl des Markgrafen Karl August, eines der Onkel und früheren Vormünder Karl Friedrichs, der im Laufe seiner militärischen Karriere 1750 den Rang eines Generalfeldmarschalls der kaiserlichen Truppen erreicht hatte. Mit der Reichsarmee, die unter dem Oberbefehl des Prinzen Joseph von Sachsen-Hildburghausen stand, war kein großer Staat zu machen. Es kam, auch unter den Baden-Durlachern, zu Desertionen und offener Meuterei, denn die Soldaten waren der Meinung, es gehe in einen Religionskrieg und man werde die Kreisregimenter, sobald sie die Grenzen ihres Kreises überschritten hätten, auflösen und in österreichische Regimenter stecken, um sie dann gegen ihre in der preußischen Armee dienenden Glaubensgenossen ins Feld zu führen. Nur mit Mühe ließ sich die Disziplin wieder herstellen. Die zusammengewürfelten Kontingente dieser Armee, deren protestantische Glieder ohnehin nur höchst widerwillig an den Kämpfen teilnahmen, haben während des Siebenjährigen Krieges keine entscheidenden Taten vollbracht, jedoch hohe Verluste erlitten.

In Karlsruhe, wo man innerlich ganz auf Preußens Seite stand, wurde begierig alles aufgenommen, was Zeitungen, Flugblätter und Veröffentlichungen aller Art an

Nachrichten von den Kriegsschauplätzen verbreiteten[3]. Die beiden Onkel Karl Friedrichs sandten regelmäßig Berichte aus dem Feldlager; dazu tauschte man allgemein mit Freunden Abschriften der Briefe, welche jeder von den Kriegsteilnehmern erhielt. Es gab auch eine Fülle aktueller Druckschriften, über die Feldzüge im Ganzen ebenso wie über einzelne Ereignisse, dazu Proklamationen beider Kontrahenten und diplomatische Noten[4]. Eine Rechnung, welche die Wirsumische Buchhandlung in Karlsruhe an Karoline Luise schickte, nennt für die beiden Jahre 1757 und 1758 nicht weniger als achtzig solcher an sie gelieferter Publikationen[5]. Hinzu kommen noch zahlreiche Huldigungsgedichte an Friedrich den Großen – auch Karl Friedrich hat ein solches verfaßt – sowie Spottlieder und Satiren gegen Ludwig XV. und Madame de Pompadour, in der man die große Kriegstreiberin sah[6]. Nach außen hin gab Karl Friedrich sich freilich sehr zurückhaltend, denn in Wien und Versailles war man 1758 ungemein gereizter Stimmung gegen ihn. Als die evangelischen Reichsstände im November dieses Jahres ein gegen Friedrich den Großen in Gang gesetztes Achtverfahren für null und nichtig erklärten, weil sie vorher nicht befragt worden seien, setzte man Karl Friedrich, der diese Erklärung nicht widerrufen wollte, von Wien aus unter starken Druck. Seine Antwort darauf war scharf und deutlich: er lasse sich nicht drohen. Im Juni des folgenden Jahres wurde das Verfahren schließlich wieder fallengelassen.

Es waren nicht nur Bewunderung und Sympathie für den Preußenkönig, welche den Markgrafen von Baden-Durlach dessen Partei ergreifen ließen, sondern auch persönliche Interessen und die Hoffnung auf handfeste politische Vorteile, welche er sich aus solcher Verbindung erhoffte. Seine Gedanken und Zukunftspläne hat er in einem geheimen Memorandum niedergelegt, das sich unter seinen Papieren findet[7]. Nur durch eine Allianz mit Preußen-England, so meint er, kann er sich in seiner prekären Lage gegen die Aspirationen Frankreichs sichern und eine starke Stütze des Reiches am Oberrhein werden. Seinen Nachbarn bleibt solche Rolle verwehrt, denn die Pfalz ist katholisch und mit Frankreich verschwägert, Hessen-Darmstadt vom Kaiserhof abhängig und finanziell in so schlechter Lage, daß diese auch der Nachfolger des jetzigen Landgrafen nicht mehr in Ordnung bringen kann. Der zum Katholizismus konvertierte Herzog von Württemberg hat sich im letzten Kriege sehr zweideutig verhalten; er kann keine führende Rolle übernehmen, weil er nicht mehr das Vertrauen der protestantischen Stände im Schwäbischen Kreise besitzt. Daher sollte ihm dessen Direktorium genommen werden und an Baden-Durlach übergehen, mit diesem auch das Kommando über die Truppen des Kreises. Um solch führende Stellung einnehmen zu können, müßte Baden-Durlach sein Territorium allerdings erheblich vergrößern; das ließe sich erreichen, wenn sich der britische und der preußische König dafür einsetzen würden. Um einen vollständigen Riegel des Reiches an den Ufern des Rheins entlang bilden zu können, müßte Baden-Durlach sein Gebiet noch durch die unter geistlicher Oberhoheit stehenden Besitzungen abrunden und als »Festungen des Reiches« dazu Kehl und Philippsburg erhalten. Nach einem Sieg Friedrichs des Großen und Englands – »wenn der Himmel deren gerechte Waffen segnet« – wäre Österreich vermutlich geneigt, einen Teil seiner oberrheinischen Besitzungen an Baden-Durlach zu geben, um dieses als

Gegengewicht gegen Württemberg und gleichzeitig als Bollwerk gegen Frankreich aufzubauen. Diese Besitzungen müßte man dann dem Reich abkaufen, vielleicht mit Hilfe eines Kredits vom Kanton Bern; ihn würde man gewiß bekommen, wenn Bern wüßte, wofür er bestimmt sei. Dann sei ein ewiger Vertrag mit Preußen und England zu schließen, wobei der Schwäbische Kreis sich verpflichten sollte, niemals fremden Truppen Durchzug durch sein Territorium zu gestatten, soweit diese für einen Krieg gegen Preußen bestimmt seien. An solch kühnen Plänen, von denen Karoline Luise zweifellos wußte, ließ Karl Friedrich sonst nur den Hofrat Wilhelm von Edelsheim teilnehmen, der sein uneingeschränktes Vertrauen besaß. Aus einem in der Wetterau begüterten Geschlecht stammend, war Edelsheim 1738, damals erst einundzwanzig Jahre alt, in die Dienste der badischen Verwaltung getreten und hatte hier eine erfolgreiche Karriere gemacht, die 1758 zu seiner Ernennung zum Hofrat führte. Intelligent, gebildet und weltgewandt, ist er in späteren Jahren als Minister und Leiter der auswärtigen Politik Baden-Durlachs einer der entscheidenden Ratgeber Karl Friedrichs geworden. Goethe hat ihn übrigens ungemein geschätzt und 1785 an Frau von Stein geschrieben, er kenne keinen klügeren Menschen als ihn.

Diesen gescheiten und verschwiegenen Diplomaten sandte Karl Friedrich im Frühjahr 1760 in geheimer Mission nach Gotha, dessen couragierte Herzogin Luise Dorothea, eine nahe Freundin des Preußenkönigs, die Verbindung zu diesem herstellen sollte. Im Februar des folgenden Jahres wurde Edelsheim dann dem König auch in Leipzig vorgestellt und berichtete von dort, Karl Friedrichs Gedanken und Pläne seien wohl positiv aufgenommen worden, doch sehe man im Augenblick noch keine Möglichkeit praktischer Verwirklichung. König Friedrich hatte Edelsheim aufgefordert, ihm die Persönlichkeit des badischen Markgrafen zu schildern, und danach gesagt: »Hören Sie, nach allem, was Sie mir da sagen und was mir schon viele Menschen gesagt haben, wäre dieser Mann ganz mein Fall.« Im Juni 1761 reiste Edelsheim nach London, um seinem Herrn auch am dortigen Hofe den Boden zu bereiten, freilich vergeblich. Er fand in England eine plötzlich völlig veränderte Lage und Stimmung vor. Pitt, der den Krieg gegen Frankreich betrieben hatte, war entmachtet worden, sein Nachfolger Lord Bute interessierte sich nicht für die inneren Angelegenheiten und Probleme des Deutschen Reiches. England wollte Frieden mit Frankreich schließen und sich vom Kontinent zurückziehen.

Weil seine Sympathien für den preußischen König doch nicht verborgen geblieben waren, wurde Karl Friedrich von der Koalition weiterhin mit äußerstem Mißtrauen beobachtet. Auf Grund einer Forderung des Kaisers diktierte Frankreich ihm im Frühjahr 1761 hohe Lieferungen von Heu und Stroh für die Armeen zu, fast das Anderthalbfache von dem, was die übrigen sechsundzwanzig Stände des Schwäbischen Kreises insgesamt zu leisten hatten; im Spätjahr wurde dazu die in Geld zu erlegende Kontribution noch stark erhöht. Der Markgraf mußte sich den geforderten Betrag leihen; eine Beschwerde beim Kaiser über die Erpressung blieb ohne Antwort. Im Januar 1762 rückten dann zwei französische Regimenter in Durlach ein. Auf Anordnung des französischen Ministerpräsidenten und Außenministers

Choiseul sollten sie sich besonders gute Winterquartiere suchen und – falls der Markgraf Schwierigkeiten machen würde – Kost und Logis mit Gewalt beschaffen. Bis hin nach Pforzheim blieb kaum ein Ort von der Einquartierung verschont. Edelsheim versuchte, den französischen Oberbefehlshaber in Kassel umzustimmen und ihm zu beweisen, daß Karl Friedrichs Äußerungen vor dem Reichstag in Regensburg in der französischen Übersetzung der Denkschrift des Reichstags falsch interpretiert worden seien. Karl Friedrich selbst schrieb an Ludwig XV. und Choiseul. Auch der Marschall de Broglie und der Straßburger Historiker Schöpflin verwandten sich in Versailles für ihn. Schließlich erreichte er wenigstens das Zugeständnis, daß die Truppen ihre Quartiere am 1. April verlassen sollten und daß man ihm die Besatzungskosten bis zu einer gewissen, nicht genau genannten Summe vergüten werde, ließ ihn aber wissen, der König sei zu solchen Requisitionen durchaus berechtigt gewesen. Unmißverständlich wurde dem Markgrafen noch einmal deutlich gemacht, daß seine Haltung in Wien und Versailles höchstes Mißfallen erregt habe. Er konnte seinen Standpunkt wohl nur deshalb mit so bemerkenswerter Energie behaupten, weil alle Parteien der verlustreichen Feldzüge inzwischen müde geworden waren und der Krieg sichtlich seinem Ende zuneigte.

Immer wieder finden sich in Briefen dieser Jahre Hinweise darauf, wie sehr die Bevölkerung aller in die Auseinandersetzungen verwickelten Staaten unter dem seit 1756 andauernden Krieg zu leiden hatte. Auch Karoline Luises französischer Korrespondent Maillet-Duclaison nahm in dieser Hinsicht kein Blatt vor den Mund und machte ungescheut seinem Unmut über das Elend der großen Masse Luft, welches sich hinter der glänzenden Fassade gesellschaftlichen Lebens in Paris und Versailles verbergen mußte[8].

Zu Beginn des Jahres 1763 war es endlich soweit: am 10. Februar wurde in Paris der Friede zwischen Frankreich und England unterschrieben, fünf Tage später schlossen Österreich, Sachsen und Preußen den ihren zu Hubertusburg. Das Deutsche Reich, welches offiziell am 11. Februar bereits seine Neutralität erklärt hatte, trat diesen Vereinbarungen am 18. März bei. Preußen hatte sein Ziel erreicht: es behielt Schlesien und die Grafschaft Glatz und sah sich als europäische Großmacht bestätigt.

Für die Markgrafschaft Baden-Durlach war bei alledem nichts herausgekommen als Kriegskosten in Höhe von mindestens einer halben Million Gulden und ein starker Rückschlag in der wirtschaftlichen Entwicklung des Landes. An eine Verwirklichung der ehrgeizigen politischen Pläne Karl Friedrichs war nun nicht mehr zu denken. Erst Jahrzehnte später sollten sie doch noch Erfüllung finden, sogar in viel größerem Maße, als er ursprünglich gewünscht hatte; dann allerdings unter völlig veränderten Umständen und – Ironie des Schicksals – nicht gegen Frankreichs Willen, sondern durch ein Diktat Napoleons.

Voltaires Besuch in Karlsruhe

Berichte von Reisenden, diplomatischen Beobachtern und fremden Gästen haben den Ruf des jungen Markgrafen von Baden-Durlach als eines im Sinne der Zeit »aufgeklärten«, um das Wohl seines Landes und seiner Untertanen ernsthaft bemühten Regenten bald in Deutschland und über dessen Grenzen hinaus verbreitet, mit ihm den seiner gebildeten, kunstinteressierten Gemahlin. Stimmen solcher Art gewinnen mit den sechziger Jahren an Häufigkeit und Gewicht. Viele Besucher von Rang zog es seitdem nach Karlsruhe, und alle fühlten sich stark berührt von dem, was sie hier sahen und erlebten.

Auftakt, für Karoline Luise gleichzeitig auch Höhepunkt all dieser Begegnungen, stellte Voltaires Besuch im August 1758[1] dar. Der damals vierundsechzigjährige Dichter, berühmtester Repräsentant des geistigen Lebens seiner Epoche, hatte für den Sommer des Jahres eine schon seit langem an ihn ergangene Einladung des Kurfürsten von der Pfalz nach Schwetzingen angenommen. Ein nahe von Voltaires Landsitz bei Lausanne lebender Freund, Baron David Louis Constant d'Hermenches, der als Offizier im Dienste der holländischen Generalstaaten auch mit Karl Friedrich bekannt geworden war und diesen 1754 einmal in Karlsruhe besucht hatte, redete dem Dichter zu, die Gelegenheit wahrzunehmen und sich auch für einen Besuch in der baden-durlachischen Residenz anzumelden. Ein Einführungsschreiben an die Markgräfin sandte er ihm auf seine Reise nach[2]. In diesem Brief, den Voltaire am 22. Juli aus Schwetzingen an Karoline Luise schickte, schreibt d'Hermenches: »Madame, Mir erscheint es als selbstverständlich, daß das schönste Genie unseres Jahrhunderts eine der liebenswürdigsten Fürstinnen Europas kennenlernen sollte; deshalb habe ich Herrn Voltaire vorgeschlagen, meinen Brief als Vorwand zu benutzen, um Ihnen bei seiner Reise durch Ihre Länder seine Aufwartung zu machen . . . Mr. de Voltaire ist das Entzücken der Gesellschaft und jeder Konversation, so wie er die Bewunderung aller erregt, welche seine Werke lesen. Es drängt ihn, sich Ihnen zu Füßen zu werfen, und ich meine, Ew. Hoheit und der Herr Markgraf werden es mir nicht verdenken, daß ich ihn zu diesem Besuch angeregt habe.« Voltaire selbst schrieb dazu: »Madame, Die Ehre, Ew. Hochfürstlichen Durchlaucht diesen Brief zu übersenden und mich selbst in Dero Hände zu geben, ist mir erst jetzt zuteil geworden, denn ich erhielt dieses Schreiben erst lange nach meiner Abreise und habe auf der Fahrt hierher Ihre Länder nicht berührt. Gestatten Sie mir daher, Madame, daß ich Ihnen diesen Brief jetzt überreiche und Sie gleichzeitig um die Erlaubnis bitte, Sie begrüßen zu dürfen und mich Ihnen zu Füßen zu werfen – falls ich Ihnen nicht allzu ungelegen komme – und daß Sie mir das lang ersehnte Vergnügen gewähren, Ihnen meine Aufwartung machen zu dürfen . . .«

Karoline Luise, seit vielen Jahren schon eine erklärte Verehrerin Voltaires, war hoch erfreut und antwortete umgehend: »Ihre Werke, Monsieur, sind seit langem mein ganzes Entzücken, und alles ist mir kostbar, was Ihre Feder hervorbringt. Daher können Sie sich vorstellen, mit welcher Freude und Ungeduld ich den Augenblick erwarte, Sie hier zu sehen. Kein schöneres Zeichen seiner Freundschaft hätte Mr. d'Hermenches mir gewähren können, als Sie zu einem Besuch bei uns aufzufordern. Der Markgraf denkt wie ich und trägt mir auf, Ihnen mitzuteilen, er sei entzückt davon, Sie hier zu haben. Kommen Sie also, unserem lebhaften Verlangen zu entsprechen, und bleiben Sie meiner ausgezeichneten Hochachtung versichert . . .«

Vom 4. bis zum 7. August weilte Voltaire dann als hochgeehrter Gast im Schloß. Das Karlsruher Wochenblatt vom 9. August verzeichnet ihn unter den fremden Besuchern der Stadt: »Herr von Voltaire, ein berühmter Gelehrter und Königl. Französ. Cammerherr.« Die in angeregter Konversation verbrachten Tage blieben allen in schönster Erinnerung. Aus Straßburg schrieb der Dichter am 12. August: »Madame, erst heute treffe ich in Straßburg ein, nachdem ich mich bis jetzt in der Nachbarschaft auf dem Lande aufgehalten habe. Meine erste Pflicht ist es, Ew. Durchlauchtigsten Hoheiten meinen Respekt, meine Dankbarkeit und mein Bedauern zum Ausdruck zu bringen. Man hat mir nicht zuviel erzählt, Madame, als man mir sagte, ein Reisender auf der Suche nach dem Schätzenswertesten auf dieser Welt müsse Ihnen seine Aufwartung machen: ein Botaniker kann in Ihrem Garten mit den dreitausend exotischen Pflanzen vor Entzücken außer sich geraten, ein Liebhaber der Architektur kann Ihr Schloß bewundern, in welchem guter Geschmack mehr Gewicht besitzt als äußere Pracht; Ew. Durchlauchtigste Hoheit müssen trotz Ihrer Bescheidenheit ahnen, was Kenner der Malerei denken, wenn sie gewisse Pastelle sehen: ich vor allem, Madame, bin mehr als jeder andere von der Anmut dieser schönen Kunst berührt, denn mein Haus soll ja mit einem Werk geschmückt werden, das einem Liotard zur Ehre gereichen würde . . . Rasch komme ich noch zu dem, was mich am meisten berührt hat und meinem Herzen für immer eingegraben bleiben wird: das ist die Güte, mit welcher Ew. Durchlauchtigste Hoheiten mich überschüttet haben, es ist die edle, ungezwungene Höflichkeit, der Charme Ihrer Konversation und der Geschmack, welcher in allem herrscht, was Sie tun und sagen. Ew. Durchl. Hoheit müssen spüren, daß ich dies mit einer deutschen Aufrichtigkeit und Direktheit ausspreche; sollten Sie mir darin etwa nicht zustimmen wollen, so muß ich Ihnen erklären, daß niemand auf der Welt Ihre Meinung teilen würde . . . Mit dem tiefsten Respekt bin ich, Madame, Ew. Hochfürstl. Durchl. ergebenster Diener . . .«

Es war Karoline Luise klar, daß sich ihre Antwort an den unbestrittenen Meister französischer Prosa und schärfsten kritischen Geist seiner Zeit richtete. Ihre vielfach korrigierten Entwürfe geben zu erkennen, welche Mühe sie darauf verwandt hat, ihren Gedanken eine elegant ausgefeilte Formulierung zu verleihen: »Monsieur, Ich

12 Bildnis Voltaires – Radierung – Karlsruhe, Staatliche Kunsthalle

habe den verbindlichen Brief erhalten, den Sie mir geschrieben haben. Hätte ich Ihnen das ganze Ausmaß der Hochachtung beweisen können, welche ich für Sie empfinde, dürfte ich es vielleicht wagen, mir zu schmeicheln, daß ich Ihre Achtung wirklich verdiene. Ihre Dankbarkeit, auf welche ich dann ein Anrecht besäße, würde ein Verdienst meinerseits unnötig machen. Alles, solange es mich nur Ihrer Freundschaft versichern könnte, wäre mir recht und würde genügen, mich überglücklich zu machen. Das Pastell für Sie ist in Arbeit, niemals bin ich mit größerem Vergnügen an einer Arbeit gewesen. Ich wiege mich in der angenehmen Vorstellung, daß es Sie daran hindern wird, eine Person zu vergessen, welche Sie ganz für sich gewonnen haben. Vielleicht ist das aber nur eine Illusion, doch nehmen Sie mir diese nicht, Monsieur, denn zu sehr hat sie mich bezaubert. Dem Markgrafen habe ich von der Anerkennung berichtet, welche Sie meinen Empfindungen für Sie zollen, und von den liebenswürdigen Worten, welche Sie mir in diesem Zusammenhang gesagt haben; er ist davon sehr angetan. Ich wünschte nur, Sie wären auf der Stelle wieder umgekehrt, um mit eigenen Augen zu sehen, welche Wirkung Ihr Abschied auf uns gehabt hat; der Anblick hätte für sich selbst gesprochen. Unser Bedauern war der Ausdruck unserer Hochachtung und Bewunderung für Sie. Sie sind ein gefeierter Gast bei uns gewesen; wie sollten Sie, der uns Zaïres Herz so wohl zu enthüllen verstanden hat, nicht auch das meine kennen? Gestatten Sie mir, Ihnen diese Ihre Kenntnis des menschlichen Herzens in Erinnerung zu bringen, dann werden Sie alle Gefühle der Hochachtung verstehen, mit welchen ich für mein ganzes Leben die Ehre habe, Ihre ganz ergebene Dienerin zu sein . . .« In einer Nachschrift heißt es noch: »Vergessen Sie nicht, Monsieur, uns wieder zu besuchen. Der Markgraf und ich bitten Sie dringend darum. Sie wissen, auf Sie wartet hier eine Schülerin.«

Offenbar hat die Persönlichkeit der Markgräfin einen starken Eindruck auf Voltaire gemacht. Man spürt es in einem Brief des Barons Constant, dessen Vermittlung das Karlsruher Treffen zustandegebracht hatte. Glücklich darüber, daß alles so zufriedenstellend verlaufen war, schrieb er Karoline Luise am 3. September aus seinem Schloß Hermenches, Voltaire habe ihn auf der Rückreise aus Deutschland besucht und schon beim Aussteigen aus dem Wagen gesagt[3]: ». . . man kann nichts Liebenswürdigeres als die Markgräfin finden; sie übertrifft wirklich alles, was Sie mir von ihr erzählt haben. Keine Französin gibt es, die soviel Geist, Wissen und Höflichkeit besäße wie sie; ihre Konversation hat mich entzückt! Hätte ich sie nur schon früher kennengelernt! Von den Hoheiten bin ich mit Freundlichkeiten überschüttet worden und kann nur hoffen, daß der Herr Markgraf auch mit mir einigermaßen zufrieden gewesen ist. Seine Residenz ist reizend, das Schloß mit unendlichem Geschmack eingerichtet und möbliert. Ich war köstlich dort untergebracht und weiß mich Ihnen für alles sehr zu Dank verpflichtet. Dann zeigte er mir den Brief, den Ew. Durchlaucht ihm geschrieben haben« – es ist das oben ausführlich zitierte Schreiben –, »und unsere Begeisterung verdoppelte sich noch. Ohne Schmeichelei sage ich Ihnen, selbst dieser Meister des Stils hätte es nicht besser formulieren können. Geist und ungemeine Güte geben sich darin zu erkennen, dazu eine Noblesse und Einfachheit des Ausdrucks in so gut gewählten Worten, daß es, so wie es aus Ihrer Feder kommt, als Vorbild dienen kann; alles ist bewundernswert, und es gibt wohl niemanden, der nicht gern selbst so zu schreiben wünschte wie Sie.«

Am 8. Dezember kündigte Karoline Luise dann dem Dichter an, sie habe ihr »méchant ouvrage« an ihn abgeschickt und hoffe, das Pastell werde die Erinnerung an seine Verehrerin ein wenig wachhalten. Leider gibt sie das Thema ihres Bildes, das verschollen ist, nicht an[4]. Voltaire antwortete mit einem langen Brief, dem ein kleines Gedicht vorangestellt ist. Da eine Übertragung ins Deutsche diesen Zeilen all ihren Charme und ihre elegante Leichtigkeit nehmen würde, seien sie hier im französischen Originaltext wiedergegeben[5]:

»Je baise à deux genoux la main
qui crayonna ce rare ouvrage.
Votre tableau paraît divin,
mais le portrait du peintre eût charmé davantage.

ah, que ne puis-je peindre à la postérité
La grandeur sans orgueil, la douceur sans faiblesse!
et les charmes de la beauté
ornant le front de la sagesse.

Je connais mon modèle; on verrait trait pour trait
les grâces, les talents et les vertus ensemble.
Que dirait-on de ce portrait?
qu'il est faible, mais qu'il ressemble!«

Dann fährt er fort: »Ew. Durchl. Hoheit, Madame, hat geruht, mir die Ehre eines einzigartigen Geschenks zu erweisen; keine andere Fürstin, so scheint mir, wäre fähig, ein gleiches zu geben. Ich werde dieses Denkmal Ihrer Talente und Ihrer Güte mein ganzes Leben lang mit respektvollster Dankbarkeit bewahren. Nur wünschte ich mir noch ein wenig mehr Gesundheit, damit ich Ew. Durchlaucht. Hoheit noch einmal persönlich dafür danken und mich Ihnen und dem Herrn Markgrafen noch einmal zu Füßen werfen könnte. Immer noch spreche ich ständig von meinem Aufenthalt in Karlsruhe. Die Natur hat diesen Ort angenehm geschaffen. Sie verschönen ihn noch durch Ihre Kunst. Wer auch immer seine Fürstin gesehen hat, wünscht sich leidenschaftlich, ihr noch einmal seine Aufwartung machen zu dürfen. Als ich die Ehre hatte, im Schlosse Ew. Hoheiten zu weilen, fühlte ich mich in meinen Gedanken bestätigt, Deutschland sei jetzt das, was Italien einmal zur Zeit der Herzöge von Ferrara und der Medici war. Müssen denn so viele Schicksalsschläge ein Land heimsuchen, das man mit solchen Mühen verschönt hat? Die Frau Markgräfin von Bayreuth, welche wie Sie die Künste liebte und deren Verdienste den Ihren nahekommen, stirbt nach schwerstem Kummer in der Mitte ihres Lebens, die Herzogin von Gotha sieht ihr Land verwüstet, Sachsen ist die Beute aller Greuel des Krieges. Ganz Deutschland leidet, nur Karlsruhe trägt in diesen schrecklichen Zeiten seinen Namen zu Recht. Es ist wirklich ein Asyl der Ruhe; möchte es dies lange bleiben, und möchten Sie, Madame, Sie, der Herr Markgraf und Ihre ganze erlauchte Familie sich einer Ruhe erfreuen können, welche so viele Fürsten verloren haben, und möchten Sie so glücklich sein, wie Sie es verdienen . . .«

Karoline Luise nahm die charmanten Verse und das ihr gespendete Lob »errötend« entgegen, meinte in ihrer Antwort jedoch, »der Leier des großen Dichters« fühle sie sich nicht würdig, wenn auch seiner Freundschaft. Ihr kurzes Dankschreiben beantwortete Voltaire am 2. Februar 1759 noch einmal mit einem langen Brief, den er, krank zu Bett liegend, diktieren mußte, wie er in einer Nachschrift entschuldigend bemerkt: »Madame, Der Brief, mit dem Ew. Durchlaucht mich beehrt, stellt eine neue Wohltat dar, die mich mit Dankbarkeit erfüllt, und einen neuen Zauber, der mich an Sie bindet. Ihre Pastelle, Ihre Feder, Ihre Güte schaffen Ihnen in einem freien Land Untertanen, nein, sogar Sklaven.« Wieder folgen Verse[6]:

»Tout me plaît en vous, tout me touche.
Parlez, belle princesse, écrivez ou peignez.
Les Grâces par qui vous régnez
Ou conduisent votre main ou sont sur votre bouche.

Ich fühle eine starke Versuchung in mir, Madame, in den schönen Tagen des Sommers meine kleine Eremitage, meine kleinen Schlösser oder Hütten zu verlassen, um mich Ew. Durchlaucht. Hoheiten zu Füßen zu werfen. Im geschmackvollsten Schloß, das ich je gesehen, werde ich auf meinen Spinat und meine Petersilie verzichten, um dafür Ihre dreitausend asiatischen und afrikanischen Pflanzen einzutauschen, meine kleinen Haine für Ihren großen Wald von Dodona, meine Hasen für Ihre Hirsche – und schließlich meine Freiheit für die schönen Ketten, mit welchen Sie alle fesseln, die sich Ihnen nahen.
In der Frau Markgräfin von Bayreuth habe ich eine Fürstin verloren, die mich immer durch ihre unwandelbare Güte geehrt hat; in Ihnen, Madame, finde ich ihren Geist, ihre Talente, ihre Anmut, und all das noch gesteigert durch Schönheit. Gern möchte ich mir bei Ihnen auch das gleiche Wohlwollen verdienen dürfen.
Gebe es der Himmel, daß es im Heiligen Römischen Reich, das seit drei Jahren weder Oben und Unten kennt, im kommenden Sommer auch so ruhig sein könnte, wie es im schönen Wohnsitz von Karls Ruhe ist. Der Süden Deutschlands mag wohl glücklich sein, denn er spürt die Schrecken des Krieges nicht, und er besitzt Sie. Man wartet auf den Tod des Königs von Spanien, um noch den Rest Europas in Unruhe zu versetzen. Mylord Marschall von Keith, Gouverneur von Neuchâtel, hat unsere Alpen überschritten, um in Italien Unterhandlungen zu führen, freilich – so sagt man – nicht für eine allgemeine Befriedung. Doch, Madame, warum soll ich Ihnen Neuigkeiten erzählen? Viel angenehmer ist es, sich über den Herrn Markgrafen und über Sie zu unterhalten . . .«

Voltaire hat einen erneuten Besuch in Deutschland ernstlich erwogen, denn auch dem Kurfürsten von der Pfalz schrieb er in diesem Sinne. Krankheit und Gebrechlichkeit ließen ihn schließlich von diesem Plan abstehen. Sie hielten ihn wohl auch davon ab, seine so verheißungsvoll mit der Markgräfin begonnene Korrespondenz in gleicher Regelmäßigkeit fortzusetzen. Karoline Luise, die nun, nachdem sie den berühmten Mann kennengelernt, noch stärker als vorher an allem interessiert war, was ihn betraf, erfuhr manches darüber aus Briefen und Erzählungen eines gemeinsamen Freundes, des Marquis de Langalerie und seiner Frau[7]. Der Marquis hatte 1742 als Oberstleutnant und Flügeladjutant Kaiser Karls VII. in der bayerischen Armee gedient, und im Gefolge dieses Kaisers dürfte Karoline Luise ihn bei Gelegenheit der Krönung in Frankfurt kennengelernt haben. Nach Karls VII. Tod war er auf seine Besitzungen bei Lausanne zurückgekehrt und hatte 1747 die Schwester des Barons Constant d'Hermenches geheiratet. Sein Landsitz Monrepos bildete einen Treffpunkt der vornehmen, an Kunst und Literatur interessierten Gesellschaft dieser Gegend; auch Voltaire war hier gern und oft zu Gast. Dem Dichter zu Ehren hatte der Marquis sogar eine eigene Bühne in seinem Schlößchen eingerichtet, wo man auch Voltaires Dramen aufführte; der Hausherr selbst und seine Gattin spielten darin meist die Hauptrollen.

Zu Anfang des Jahres 1761 war der Marquis zu einem Besuch in Karlsruhe gewesen und berichtete der Markgräfin nach seiner Rückkehr von verschiedenen Aufführungen: ». . . Voilà, Madame, so vertreiben sich kleine Republikaner ihren Karneval in einem sehr schönen Lande, zwar in einer häßlichen Stadt, doch in guter Gesellschaft. Als ich wieder in Lausanne eingetroffen war, konnte ich lange Zeit von nichts anderem als von Karlsruhe reden, von seiner charmanten Fürstin, vollkommen als Gattin wie als vorbildliche Mutter, von einer einzigartigen und bewundernswerten Persönlichkeit. Mr. d'Hermenches hat mich dabei nach besten Kräften unterstützt, denn er ist von den gleichen Gefühlen durchdrungen . . .« Seine Frau, schreibt der Marquis weiter, welche die Markgräfin noch nicht persönlich kennengelernt hatte, sei auf Grund all der Erzählungen so beeindruckt durch deren Qualitäten, daß sie ihr unbedingt ihre Aufwartung machen, ja am liebsten sogar in ihre Dienste treten würde. »Ganz Lausanne schließlich, das die hohen Verdienste und Tugenden des Herrn Markgrafen kennt, war entzückt darüber, aus meinem Munde zu vernehmen, daß diese Qualitäten sich noch gesteigert haben. Jeder hat mich nach Einzelheiten und den besonderen Lebensumständen dieses würdigen Fürsten ausgefragt, denn er wird hier von unendlich vielen Menschen geschätzt; ebensoviel wollte man über seinen Bruder und seine Onkel wissen. Schließlich ist diese illustre Familie in unserem Lande ja sozusagen naturalisiert; daher glaubt auch alle Welt, ein besonderes Anrecht darauf zu besitzen, sich für sie zu interessieren.«

Wenn es zu einem zweiten Besuch Voltaires in Karlsruhe auch nicht mehr gekommen ist, verfolgte man hier doch mit lebhafter Anteilnahme nicht nur sein weiteres dichterisches Schaffen, sondern vor allem seinen Kampf gegen engstirnigen religiösen Fanatismus und eine in dessen Diensten stehende korrupte französische Justiz. Dabei ging es um eine berühmte »Affäre«, nämlich den empörenden Justizmord, welchem 1761 ein ehrenwerter protestantischer Bürger der Stadt Toulouse zum Opfer gefallen war. Diesen Pierre Calas hatte man fälschlich beschuldigt, einen seiner Söhne, der katholisch geworden war, aus diesem Grunde ermordet zu haben. Nach einem summarischen Prozeß ohne jede Beweisführung wurde Calas verurteilt und nach barbarischen Foltern durch das Rad zu Tode gebracht. Voltaires mit brennender Leidenschaft geführter Kampf gegen dieses Unrecht, der erst 1765, nach vier Jahren, endlich zur Rehabilitierung des Toten und seiner unglücklichen Familie führte, erregte weit über Frankreichs Grenzen hinaus die Welt. Auch Künstler fühlten sich durch Voltaire aufgerufen, in den Dienst der gerechten Sache zu treten, und versuchten, der Familie des unschuldig Hingerichteten, welche um ihr ganzes Vermögen gebracht worden war, wenigstens finanziell zu helfen. Der bekannte Zeichner Louis Carmontelle hatte die Witwe, deren beide Töchter und eine alte Magd, die man alle in der Pariser Conciergerie gefangenhielt, dort am 9. März 1765 porträtiert; zufällig war es derselbe Tag, an welchem endlich die Rehabilitierung von Calas ausgesprochen wurde. Melchior Grimm ließ Carmontelles Blatt durch Jean-Baptiste Delafosse im Stich reproduzieren und mühte sich mit Erfolg, es durch Subskription zugunsten der Befreiten zu verkaufen. Diese Darstellung mit dem Titel »la malheureuse famille de Calas« fand weite Verbreitung und wurde auch mehrfach kopiert, in England ebenso wie in Deutschland. Durch sie ließ sich Chodowiecki zu einem großen, 1768 erschienenen Kupferstich anregen, welcher den Abschied des zum Tode verurteilten Calas von den Seinen darstellt und in der Unterschrift

Racines »Athalie« zitiert: »je crains Dieu . . . et n'ai point d'autre crainte«. Man hat die »Affäre Calas« einen »Markstein in der Geschichte des modernen Europa« genannt. »Alle Menschen, die nach der Rehabilitierung von Calas leben, verdanken Voltaire in einem gewissen Sinne eine bessere, hellsichtigere und menschlichere Gerechtigkeit[8]«.

In der großen Zahl der Freunde und Bewunderer, an welche sich Voltaire zur Unterstützung der mittellosen Familie des Verurteilten wandte, fehlten auch die Karlsruher nicht. Hier, wo man selbst alle Anstrengungen unternahm, die Sicherheit der Bürger zu schützen, die Justiz zu reformieren und zu humanisieren, konnte der Dichter gewiß sein, spontanes Einverständnis mit seinem Appell und unmittelbare Hilfsbereitschaft zu finden. »Die vom Schicksal Geschlagenen sind glücklich in ihrem Unglück, daß Sie die Verteidigung übernehmen«, schrieb Karoline Luise, als sie Voltaires Bericht über den Fall erhalten hatte: »Niemand wäre besser imstande als Sie, die Schleier zu zerreißen, mit welchen Kabale und Macht die Wahrheit zu verhüllen trachten . . . Die fernste Nachwelt noch wird Sie dafür lieben und bewundern.«

Trotz aller Gebrechen des Dichters gab Karoline Luise die Hoffnung nicht auf, ihn doch noch einmal in Karlsruhe sehen zu können. »Der Wunsch, Sie hier zu haben«, schrieb sie im Januar 1763, »beschäftigt mich voll und ganz. Natürlich ist es unsinnig, von Ihnen zu erwarten, daß Sie ein Land voller Annehmlichkeiten verlassen sollten« – »un pays de délices« schreibt sie in Anspielung auf Voltaires Besitz, den er »Les Délices« genannt hatte –, »dazu eine so verführerische Philosophie, um sich dafür in eine Einöde zu begeben. Doch weil Dinge, welche man für eine Zeit entbehren muß, neue Reize gewinnen, sollten Sie sich von ihnen losreißen, hierher kommen, sich ein wenig mit uns langweilen, dann unsere Herzen und unser Bedauern mit sich nehmen und wieder in die Annehmlichkeiten zurückkehren, die Sie all denen bereiten, welche sich in Ihrer Umgebung befinden. Hoffentlich wird Ihre Gesundheit Ihnen diesen kleinen Ausflug eines Tages gestatten.«

Voltaire meinte darauf: »Ich bin nicht imstande, zu kommen und mich Ihnen zu Füßen zu werfen; was sollten Sie auch mit einem armen Blinden anfangen? Doch wenn eines meiner Kinder vor Ihren Augen Gnade finden könnte, wird es Sie darum bitten. In einigen Wochen hoffe ich, Ihnen den zweiten Band meines ›Lebens Peters des Großen‹ schicken zu können, da ich Ihnen das Buch nicht selbst bringen kann. Darin werden Sie sehr bemerkenswerte Dinge finden. Freilich ist meine Feder nicht so viel wert wie Ihre Zeichnungen, und meine Bilder wiegen ihre Pastelle nicht auf. Die regierende Zarin hat große Lust, es Königin Christine gleich zu tun. Das heißt nicht etwa, sie möchte abdanken, nein, sie will Kunst und Wissenschaft pflegen. Man sagt, sie sei sehr schön und liebenswürdig. Da haben wir hier nun vier Kaiserinnen nacheinander, durch die das salische Gesetz doch ein wenig der Lächerlichkeit preisgegeben wird. Was mich angeht, Madame, so habe ich, nachdem ich die Ehre hatte, Ihnen meine Aufwartung zu machen, immer gewünscht, die Frauen sollten regieren.«

13 D. Chodowiecki, Der Abschied des zum Tode verurteilten Pierre Calas von seiner Familie – Kupferstich von 1768 – Karlsruhe, Staatliche Kunsthalle

Die beiden letzten erhaltenen Briefe Voltaires an die Markgräfin wurden im Sommer 1766 geschrieben. Damals wandte er sich noch einmal an sie, um ihre Hilfe zu erbitten: ». . . ich gehe mit Ew. Hochfürstl. Durchlaucht um wie die Katholiken mit ihren Heiligen; zu denen beten sie ja auch nur, wenn sie ihre Hilfe brauchen.« Wieder einmal ging es darum, die Unschuld gegen den Fanatismus zu verteidigen, nämlich die protestantische Familie Sirven zu Mozamat im Languedoc gegen eine blindwütige katholische Justiz[9]. Eine der Töchter dieser Familie, offenbar geistesschwach, war vorübergehend ohne Wissen der Eltern – vermutlich auch nicht ganz freiwillig – in einem Kloster untergebracht worden, weil sie angeblich den Wunsch geäußert hatte, zum katholischen Glauben überzutreten. Als die Zeichen einer geistigen Erkrankung des Mädchens allzu deutlich geworden waren, gab man sie der Familie zurück. Einige Zeit später wurde das Kind tot aus einem Brunnen gezogen, in welchen es sich wohl im Wahn gestürzt hatte. Sofort erhob sich der Verdacht, das Mädchen sei von ihren Angehörigen ermordet worden, um eine Konversion zu verhindern. Der Verhaftung durch die Behörden entging die Familie im letzten Augenblick durch eine abenteuerliche Flucht. Ohne jeden Beweis irgendeiner Schuld verurteilte man die Eltern in Abwesenheit zum Tode durch den Strang. Voltaire, an den sie sich in ihrer Not gewandt hatten, nahm sich ihrer wie im Falle Calas an und gewann durch sein Eintreten von neuem die öffentliche Meinung ganz

Europas für die unschuldig Verfolgten. Freilich dauerte es noch sieben Jahre, bis die Angehörigen sich 1771 endlich rehabilitiert sahen.

Wie viele andere leistete auch Karoline Luise einen Beitrag zur Unterstützung der Sirvens. »Ew. Hoheit versäumt keine Gelegenheit, Gutes zu tun«, dankte ihr Voltaire am 22. Juli 1766; »soviel Fanatismus und Grausamkeit man anderswo findet, soviel Tugend und Generosität in Ihrer Seele. Meine respektvolle Bewunderung für Ihre Gefühle vermehrt noch mein Bedauern, Ihnen meine Aufwartung nicht mehr machen zu können.«

Damit schließt eine Korrespondenz, welche sich mit Unterbrechungen über acht Jahre erstreckt hat. Die kurze Begegnung mit dem markgräflichen Paare und die Atmosphäre des Karlsruher Hofes sind Voltaire in angenehmster Erinnerung geblieben; wenn er in jedem Briefe wieder bedauert, den Besuch in diesem »asyle de la vertu et du bonheur« nicht wiederholen zu können, dazu immer neue Worte der Huldigung für Karoline Luises Persönlichkeit und ihre Talente findet, darf man darin mehr als nur elegant formulierte Floskeln höfischer Schmeichelei sehen. Denn seine Stimme ist nicht die einzige, wenn auch die gewichtigste unter den Zeitgenossen, welche der Markgräfin in ähnlicher Weise ihre Bewunderung zum Ausdruck gebracht haben. Karoline Luises Schwägerin, die »Große Landgräfin« in Darmstadt, schrieb, nachdem ihr der Philosoph Johann Melchior Grimm 1763 von einem Besuch in Karlsruhe berichtet hatte[10]: ». . . il est plein d'admiration pour Vous . . . Vous gagnez tous les cœurs.«

Im Kreise der Familie

Mit dem Ende des Siebenjährigen Krieges, von dessen schlimmsten Übeln Baden-Durlach verschont geblieben war, begann für Deutschland eine längere Friedensperiode. Sie hat mehr als ein Vierteljahrhundert, über Karoline Luises Lebenszeit hinaus, angedauert. Während dieser Jahrzehnte konnte sich Karl Friedrich ungestört Plänen zur Förderung und Modernisierung der Landwirtschaft, zur Belebung von Handel und Industrie sowie zur Reform der Verwaltung seines Landes widmen. Schon im zweiten Friedensjahr erreichte er dabei ein für die Zukunft entscheidendes Ziel auf innenpolitischem Gebiet: am 28. Januar 1765 wurde nach acht Jahre währenden mühevollen Vorarbeiten endlich der Erbvertrag mit dem kinderlosen, kränklichen Vetter in Rastatt unterzeichnet. Damit rückte die Vereinigung der seit dem 16. Jahrhundert getrennten Markgrafschaften in absehbare Nähe, Vorbedingung für jede weitere gedeihliche Entwicklung beider Landesteile.

Karoline Luise, wie immer lebhaft an allen Bestrebungen des Gatten teilnehmend, war in den sechziger Jahren weitgehend auch durch eigene Unternehmungen in Anspruch genommen. Für sie ging es jetzt um den Aufbau einer Gemäldesammlung sowie eines großen Naturalienkabinetts. Darüber wird in den folgenden Kapiteln ausführlich die Rede sein. Ihre Aktivität ist um so mehr zu bewundern, als es gerade während dieser Jahre schlecht um ihre Gesundheit bestellt war. Durch fünf zum Teil schwierige Schwangerschaften, von denen sie sich jedesmal nur schwer erholt hatte, waren ihre Kräfte sehr geschwächt worden. In kurzen Abständen folgten nun noch weitere fünf. Mit Tot- und Fehlgeburten endeten drei von ihnen unglücklich; eine sehnlichst erwartete Tochter, die 1767 zur Welt kam, starb bereits drei Tage nach der Geburt. Nur der am 9. Februar 1763 geborene Sohn Ludwig, der spätere Großherzog, ist ihr erhalten geblieben.

Umfangreiche Korrespondenzen, welche sie in diesen Jahren mit verschiedenen Ärzten in Darmstadt, Stuttgart, Berlin sowie in der Schweiz führte[1], lassen das ganze Ausmaß ihrer Leiden während der Schwangerschaften und der diesen folgenden langen Rekonvaleszenzperioden ahnen. Immer wieder spricht sie von Koliken und Krämpfen, von Durchblutungsstörungen in den Beinen, von allgemeinen Kreislaufbeschwerden. In einem »Diarium«, das sie für den Arzt führte, heißt es unter dem 29. November 1762 abends[2]: ». . . die Füße brannten wie Kohlen, vor allem die großen Zehen, schrecklich rot und glänzend, als ob sie aufbrechen wollten, ganz dick . . . ich konnte nicht einen Augenblick stehen und nur mit heftigsten Schmerzen gehen . . .« Bei der geringsten Bewegung traten heftige »battements du cœur« auf; Aderlässe brachten dann offenbar eine gewisse Linderung. Durch Konzentration auf ihre Malerei suchte sie sich zu beruhigen und abzulenken. Doch durfte sie sich dabei nicht an größere Formate wagen, wie sie 1761 einmal an Reiffenstein schrieb[3], denn schon das damit verbundene Heben der Arme bedeutete eine übermäßige Anstrengung. Als sehr quälend empfand sie auch schwere Migränen, von denen sie häufig heimgesucht wurde. In Briefen an Verwandte und Freunde entschuldigte sie sich immer wieder für längeres Schweigen, denn: »... wenn diese Übel mich packen, muß ich auf alles, was mich beschäftigt, verzichten. Manchmal möchte ich darüber lebensmüde werden ...[4]«

Viel Kummer brachte das Jahr 1767 in dieser Hinsicht für sie. Die Folgen einer Geburt im Januar waren noch nicht überstanden, als sie im März an einer schweren Gelbsucht erkrankte, deren Nachwirkungen eine Monate andauernde Schwäche verursachten. An Maelrondt, der sich besorgt nach ihrer Gesundheit erkundigt hatte, da er fast ein ganzes Jahr ohne Nachricht geblieben war, schrieb sie am 22. September[5]: »... seit einem Jahr bin ich fast immer krank.«

An chronischen Magen- und Darmbeschwerden hatte Karoline Luise schon seit Kindertagen gelitten. Eine damals bereits beobachtete Neigung zu Obstipation war durch zu wenig körperliche Bewegung – diese fehlte wohl den meisten Damen des 18. Jahrhunderts – sowie durch zu reichliches und schweres Essen noch gefördert worden. Allzu freigebiger Gebrauch von Laxantien, mit denen damalige Medizin solchen Übeln beizukommen suchte, ohne die eigentlichen Ursachen beheben zu können, war den schon angegriffenen inneren Organen seinerseits abträglich. In den Briefen der Darmstädter Schwägerin wird während der sechziger Jahre des öfteren, nicht ohne Grund, auf Karoline Luises »embonpoint« angespielt[6]. Als sich die gesamte Karlsruher Hofgesellschaft im Sommer 1773 einmal während einer Reise in die badischen Oberlande im »Eisen Magazin zu Candern« wiegen ließ, wurde für »Serenissima« das stattliche Gewicht von 167 Pfunden notiert[7]. Bei all ihren Beschwerden gab sich Karoline Luise jedoch niemals wehleidig; sie trug alles mit Fassung und einer schon früh anerzogenen Haltung.

Das Einvernehmen der Gatten war durch Karl Friedrichs Passion für die schöne Madame Wolfram von der Ackermannschen Schauspieltruppe offenbar nicht nachhaltig beeinträchtigt worden, zumal die Dame auch kurze Zeit nach ihrem Ausscheiden aus der Compagnie starb[8]. Im übrigen bestand der Markgraf noch eine ganze Reihe weiterer flüchtiger Abenteuer von solcher Art. James Boswell notiert während seines Besuchs in Karlsruhe 1764[9], es habe ihn amüsiert, bei einem gemeinsamen Ausritt mit Herrn von Münzesheim von diesem zu hören, daß der Markgraf »den Frauenzimmern durchaus nicht abhold ist. Am liebsten hat er etwas Großes und Frisches, das er ohne viel Mühe kriegen kann, anspruchslos wie er ist.« Mit dem »unerschütterlichen Gleichmut«, welchen ein zeitgenössischer Chronist ihr nachrühmt[10], dürfte Karoline Luise, sofern sie überhaupt davon erfuhr, solche Vorkommnisse ignoriert haben. Sie besaß Haltung und Klugheit, war sich auch der Liebe Karl Friedrichs, von der sie unwiderlegliche Zeugnisse besaß, zu sicher, um kurze Abweichungen vom Pfade ehelicher Tugend allzu ernst zu nehmen. Ohnehin war man es in der höfischen Gesellschaft dieser Zeit gewohnt, Affären solcher Art bei fürstlichen Personen mit gewisser Nachsicht anzusehen, solange die äußere Form gewahrt wurde.

Karl Friedrich holte den Sohn, welchen ihm Barbara Elise Schlutter 1749 geboren hatte, als Zwölfjährigen 1761 sogar zu weiterer Erziehung im Pagencorps und als Bereiterscholar beim Stallmeister Wippermann an den Karlsruher Hof[11]. Ob Karoline Luise das gerade gern sah, mag man bezweifeln. Jedenfalls heißt es, auf ihr Betreiben sei der Junge zwei Jahre später zu militärischer Ausbildung nach St. Petersburg geschickt worden. Dort fühlte er sich jedoch nicht glücklich. Schon im September 1763 schrieb er dem Vater – den er in seinen Briefen freilich nie als solchen anredet –, er habe gekündigt, denn die Art, wie man dort mit seinesgleichen umgehe, behage ihm nicht. Daraufhin durfte er zurückkommen und in den badischen Militärdienst eintreten. Aus diesem wurde er 1774 noch einmal zur Teilnahme am Krieg Rußlands gegen die Türkei beurlaubt. Beim Sturm auf die Festung Braila am Schwarzen Meer schwer verwundet und wegen Tapferkeit ausgezeichnet, kehrte er in die Heimat zurück, wo Karl Friedrich ihn, der inzwischen den Namen von Freystedt trug, zum Major und Generaladjutanten ernannte. Im April 1777 auch offiziell legitimiert, wurde er auf »allerunterthänigste Bitte« des Markgrafen durch Kaiser Joseph II. im Dezember desselben Jahres schließlich in den erblichen Adelsstand des Heiligen Römischen Reiches erhoben, »als ob er von 4 Ahnen Vätter- und Mütterlicherseite in solchem Stand herkommen und gebohren wäre«, wie es in der Urkunde heißt. Bis zu seinem Tode im Jahre 1796 hat er sich als Oberst und Inspektor des badischen Militärwesens Verdienste erworben. In Karoline Luises Papieren findet sich keine Äußerung über Herrn von Freystedt.

Für sie hat es nie jemand anderen als den Gatten allein gegeben. War er fern von ihr, zur Jagd auf dem Dobel oder in Reichenthal, fühlte sie sich einsam und wie aus den Angeln gehoben. Kuriere mit Briefen gingen dann täglich hin und her[12]. »Wirklich«, so schreibt sie im April 1760 einmal, »fern von Euch kenne ich keine andere Freude als Euch zu schreiben. Das ist der einzige Augenblick, da ich zu mir selbst finde. Mir kommt vor, als nähmet Ihr mein ganzes Selbst mit Euch, wenn Ihr fortgeht, und als bleibe hier nur ein schwacher Automat zurück. Dann bin ich ein solches Dummchen, daß ich mich selbst nicht ausstehen kann; hundert Dinge fange ich auf einmal an und bringe nicht ein einziges zu Ende.« Acht Jahre später, nach nun siebzehnjähriger Ehe, heißt es in einem nachts rasch hingeworfenen Schreiben, das der Bote in der ersten Frühe des nächsten Tages mitnehmen sollte: ». . . ich sterbe vor Sehnsucht, Euch wiederzusehen. Euer Brief ist bezaubernd, tausend- und tausendmal habe ich ihn geküßt. Man überbrachte ihn mir, als wir zu Tische saßen, doch traute ich mich nicht, ihn da gleich zu lesen, aus lauter Angst, Graf Schmettov, der neben mir saß, hätte seine Nase hineinstecken können. Ihr wißt ja, unsere Korrespondenz ist nicht für die Nasen aller bestimmt . . . Alle Stunden und Minuten zähle ich, bis ich nach Reichenthal fahren darf. Nach Paris zu reisen könnte mir nicht mehr Freude und Aufregung bereiten als dieser kleine Ausflug. Schließlich bin ich ein Nichts ohne Euch, alle Orte mißfallen mir, wo ich Euch nicht finden kann. Ihr seid mein Leben, meine Seele, mein Alles; nur für Euch möchte ich leben und sterben. Caroline.«

In enger Gemeinsamkeit mit den Söhnen führten die Eltern ein einfaches, fast bürgerlich intimes Familienleben. Die Darmstädter Schwägerin bemerkte das bereits 1760 bei einem Besuch in Karlsruhe und schrieb in ihrem Dankesbrief[13], die natürliche Art, in welcher die Kinder sich zu geben getrauten, habe ihr, wie alles in Karlsruhe, sehr gefallen. Dort gehe es eben ganz anders zu als bei den meisten »Altesses Sérénissimes«, die von ihren Kindern »eine respektvolle und gezwungene Miene verlangen und niemals etwas für die charakterliche Entwicklung der Kinder tun; die Euren, liebe Schwester, werden einmal Eure Freunde sein.«

Von Anfang an nahmen sich die Eltern der Erziehung ihrer Prinzen mit großer Sorgfalt an. Auf Empfehlung des Historikers Schöpflin verpflichtete Karl Friedrich schon im Februar 1759 einen von dessen Schülern als »Informator« für die beiden damals erst vier und drei Jahre alten Söhne. Dieser junge Magister der Philosophie Johann Dominikus Ring unterrichtete damals als zweiter Lektor am Colmarer Gymnasium[14]. Laut Vertrag sollte er in Karlsruhe ein Gehalt von vierhundert Reichstalern jährlich beziehen, dazu freie Kost und Logis bei Hofe bekommen, ebenso Holz, Licht, Wäsche und Bedienung. Bis zum Herbst des Jahres schickte man ihn jedoch erst einmal nach Paris, damit er dort seine Kenntnisse der französischen Sprache und Literatur noch vervollkommnen möge. Die für ihn aufgesetzte Dienstinstruktion wiederholt im großen und ganzen das Schema, welches bereits für die Erziehung der vorausgehenden Generationen in Karlsruhe gegolten hatte. Religiöser Unterweisung der Zöglinge im Sinne der Augsburgischen Konfession und Konkordienformel kommt immer noch vor allen anderen Fächern Vorrang zu. Aus dieser ersten Zeit stammt ein Manuskript Rings, das Karoline Luise bei ihren Papieren aufbewahrt hat[15]. Es ist überschrieben: »Erste warheiten der Religion für gantz kleine Kinder, in Frag und Antwort abgefaßt von Ring.« Nicht weniger als 310 solcher Punkte enthält es, von denen zwei als Beispiele genannt seien: »308) Wie zeigen wir es dann, daß wir gehorsame Kinder Gottes sind? – Wenn wir tun, was uns Gott befohlen hat – 309) Was hat uns denn Gott befohlen? – Alles Gute zu tun und alles Böse zu lassen.« Morgens, abends, vor den Mahlzeiten, auch vor und nach den Lektionen soll gebetet werden; der Lehrer hat darauf zu achten, »daß solche Gebete nicht kaltsinnig, unfleißig, ungebärdig oder verdrossen stattfinden, sondern jederzeit christlich und anständig«. Nach jedem Gottesdienst müssen die Knaben auch über die Predigt referieren, die sie gehört haben. »Auf alle für einen Fürsten wohlanständigen Sitten und Gebärden, Reden und Diskurse ist zu achten«, dazu auf gute Haltung, damit die Kinder keine »posturen« annehmen, »als wodurch der Leib ungrad wachsen kann.« Weiter soll der Lehrer sie dazu anhalten, sich gegen jedermann, wer es auch sei, »gebührlich und höflich zu erweisen« und ihren Eltern »Ehre und Gehorsam« zu bezeigen. Der Lehrer muß selbst in allem das Vorbild abgeben, »damit seine Lehre glaubwürdig sei«. Im letzten Punkt der Instruktion heißt es noch, im Falle eines Dissenses zwischen dem Markgrafen und Ring sei ein Appell an das Geheimratskollegium möglich.

Karoline Luises Papiere enthalten auch einen wohl aus den frühen sechziger Jahren stammenden Lehrplan für beide oder einen der beiden Prinzen[16]. Er sieht von Montag bis Samstag täglich acht Unterrichtsstunden vor, je vier davon durch eine Mittagspause von zwölf bis drei Uhr getrennt. Latein und Französisch erscheinen darin mit je sechs Wochenstunden, Religion und Zeichnen mit fünf. Vier Stunden sind für allgemeine, zwei für badische Geschichte angesetzt, drei für Geometrie, nur zwei dagegen für Rechnen und Geographie. Der körperlichen Ertüchtigung dienen je dreimal zwei Stunden Reiten und eine Stunde Fechten. Die letzte Stunde am Mittwoch ist als »Cour« bezeichnet; sie ist wohl als eine Art praktischen Anstandsunterrichts aufzufassen, um den Knaben frühzeitig Gelegenheit zu geben, sich in der Gesellschaft zu bewegen. Auffallend ist bei dieser Einteilung, daß keine systematische Unterweisung in deutscher Sprache und Literatur vorgesehen ist, denn drei insgesamt als »Schreibübungen und Lektüre« aufgeführte Wochenstunden dienten offenbar nur der Übung im Lesen und der Ausbildung einer ordentlichen Handschrift. Dieser für etwa acht- bis zehnjährige Jungen bestimmte Plan wurde dem Alter der Schüler entsprechend später zweifellos modifiziert und durch neue Fächer erweitert. Briefe des jüngsten, erst 1763 geborenen Sohnes Louis an den Vater geben jedenfalls zu erkennen, daß er später auch Unterricht im Deutschen erhielt und beispielsweise mit seinem Lehrer Gellerts Fabeln las. Diesen Unterricht erteilte ihm übrigens der bekannte Johann Lorenz Böckmann, den Karl Friedrich 1764 nach Karlsruhe berufen und zum ordentlichen Professor der Mathematik und Physik am Gymnasium ernannt hatte. Das markgräfliche Paar hielt große Stücke auf den ebenso gebildeten wie gelehrten Pädagogen, der sich weit über badische Grenzen hinaus Ansehen erworben hat.

Alle drei Söhne waren aus erzieherischen Gründen gehalten, dem Vater häufig Briefe in Deutsch und Französisch zu schreiben, um sich in der Beobachtung ihrer Umgebung ebenso wie im sprachlichen Ausdruck zu üben. Karl Ludwig, der älteste von ihnen, erhielt dafür oft sogar bestimmte Themen aufgegeben, etwa einen Soldaten oder ein Haus, seine Uhr oder das »Billjahr« zu beschreiben; was er da in oft recht eigenwilliger Orthographie zustande brachte und mit dem »diefsten Respeckt« unterzeichnete, unterscheidet sich nicht von anderen Kinderbriefen jener oder unserer Zeit.[17]

Vater und Mutter, beide von weit überdurchschnittlicher Begabung und Bildung, beide vielseitig interessiert und dazu unermüdliche Arbeiter, verlangten viel von ihren sowieso ständig unter Aufsicht des Informators stehenden Kindern und stellten an deren Zeit und Aufnahmefähigkeit Forderungen, welche gewiß nur schwer zu erfüllen waren. Karl Friedrich, der sich regelmäßig alle schriftlichen Arbeiten vorlegen ließ, verlangte von seinen Söhnen eine niemals nachlassende Selbstbeobachtung und Selbstdisziplin. Ludwig, der Jüngste, mußte als Zwölf- bis Dreizehnjähriger dem Vater auf dessen Verlangen hin anderthalb Jahre lang sogar fast jeden Tag schriftlich über alle Unterrichtsstunden und Predigten berichten und dabei noch die moralische Nutzanwendung aus dem ziehen, was er gelernt oder gehört hatte. Ein Brief des Zwölfjährigen vom 12. August 1775 zeigt, wie er durch diese ständige Gängelung und Bevormundung bereits alle Spontaneität und Initiative verloren hat.[18] Nachdem er die Woche bis auf wenige noch ausstehende Stunden glücklich vollbracht habe, schreibt der Prinz, überlege er nun, wie er die noch verbleibende Zeit wohl am besten nützlich verwenden könne: ». . . Nach vielem nachsinnen Habe ich Ihren Brief gelesen, worinnen es unter andern auch heist, was ich von dem Wort Zeitvertreib halte, da die Zeit doch so Edel, und das Leben so kurtz wäre. Cher Papa! ich werde mich allezeit befleisen, daßjenig genau zu beobachten was Sie mir befehlen daß ich thun solle, um die Zeit Nützlich anzuwenden, und erwarte Ihre Befehle wie ich mich auch in meinen vergnügten fröhlichen und Ergötzlichen Augenblicken mit Ziehl und Maas zu verhalten habe, damit ich Ihrer beständigen Gnade würdig seyn möge der ich bin Ihr gehorsamer Sohn Louis von Baden.«

An seinen ältesten Sohn, den Erbprinzen Karl Ludwig, stellte der Vater noch höhere Anforderungen. Schon früh wollte er ihn auf zukünftige Aufgaben und Pflichten vorbereiten und mit allen Problemen, welche sich dem Regenten eines Landes stellen können, vertraut machen lassen. Karl Ludwig, eine Begabung kaum mehr als mittleren Maßes, hat unter den strikten Erziehungsmethoden und der ständigen Beaufsichtigung gelitten. Die dominierenden Persönlichkeiten der Eltern wirkten auf ihn ebenso wie auf seine Brüder einengend und haben seine Individualität nicht zu rechter Entfaltung gelangen lassen. Von ihrem Erzieher Ring, der 1763 zum Hofrat avancierte, konnten die Prinzen persönlich nicht viel erwarten. Im Laufe der Jahre hat sich sein Charakter immer deutlicher enthüllt. Gebildet zwar und intelligent, seinem Dienstherrn gegenüber loyal, war er dabei empfindlich und geltungssüchtig, eitel auf seine literarischen Talente und nicht leicht bereit, fremdes Verdienst anzuerkennen.

Karoline Luise fühlte sich offenbar schon früh besonders dem zweiten, 1756 geborenen Sohn Friedrich verbunden. Auch er hing, wie sein Biograph Gehres 1827 schreibt[19], »bald sein einzig nur trauliche Mitteilung bedürfendes Herz an seine zärtliche Mutter . . . Sie war für ihn Alles, so wie er für sie.« Mehr als die Brüder teilte er in späteren Jahren auch ihre künstlerischen und wissenschaftlichen Interessen.

Zu den mancherlei Krankheiten und Beschwerden, mit welchen Karoline Luise während der sechziger Jahre selbst zu kämpfen hatte, trat immer noch die Sorge um die Gesundheit der Kinder. Denn die Kindersterblichkeit war groß in dieser Zeit; noch standen die Ärzte vielen verbreiteten Krankheiten mehr oder weniger hilflos gegenüber. Das gilt insbesondere für die immer wieder epidemisch aufflammenden Pocken oder Blattern. Man hielt es für selbstverständlich, daß alle Kinder daran erkrankten; jedes Jahr forderte die Seuche schreckliche Opfer, auch unter den Erwachsenen. Wohl kannte man bereits das Prinzip einer vorbeugenden Impfung gegen diese Geißel der Menschheit, doch befand sich deren praktische Anwendung noch im Stadium der Versuche und war dazu auch stark umstritten. Allgemein glaubte man, es sei besser, die Krankheit, wenn man ihr schon nicht entgehen könne, in möglichst frühem Alter zu bekommen, da man sie dann leichter über-

14 Joseph Melling, Karoline Luise mit ihren beiden ältesten Söhnen, 1757 – Badisches Landesmuseum Karlsruhe, Dauerleihgabe der Direction des Musées de France, Paris.

winde als in späteren Jahren. Karoline Luises Schwägerin schrieb in diesem Sinne 1763, ihr Jüngster habe seine beiden an den Blattern erkrankten Schwestern besucht und sei ihnen nahe; sie hoffe sozusagen, daß er sich anstecken und die Sache auf diese Weise bald hinter sich bringen werde.

Im Herbst des folgenden Jahres 1764 traf ein Gleiches auch die drei Karlsruher Prinzen. Karoline Luise, die sich von ihrer Niederkunft mit einem toten Knaben im Juli lange nicht erholen konnte, schrieb dem badischen Residenten Treuer im Haag am 12. November[20]: ». . . Meine unglückliche Niederkunft hat meinen Augen und meinem Kopf eine Schwäche hinterlassen, die ich nicht überwinden konnte. Bis jetzt besaß ich nicht einmal die Kraft, einen Brief an Sie auch nur zu diktieren. Meine Kinder haben die Blattern, und ich rühre mich nicht von ihren Betten. Der zweite bekam sie zuerst und ist Gottseidank gut davongekommen; die beiden anderen haben sie noch. Der Älteste hat sie den dreizehnten Tag, der Kleine den sechsten, und – Gott sei's gedankt – es geht ihnen auch so gut, wie man hoffen kann. Wenn alles vorüber ist, werde ich für den Rest meines Lebens eine große Beunruhigung los sein . . . Vor dem Ausbruch der Krankheit lag Fritz drei Tage in einem Delirium, das zu allen Befürchtungen Anlaß gab. Seine Blattern waren von der schlimmsten Art, und er hatte so viele davon, daß die Gefahr noch größer erschien. Doch hat die Vorsehung ihn mir erhalten.«

Schon damals – Prinz Friedrich stand im neunten Lebensjahr, der kleine Louis hatte das erste gerade vollendet – machte Karoline Luise sich Gedanken darüber, wie sie diesen beiden für die Zukunft zu einem angemessenen Auskommen verhelfen könne. Den jüngeren Söhnen regierender Häuser stand eigentlich nur eine militärische Laufbahn in der Fremde offen. Zusätzliche Sicherheit wünschte die Mutter den ihren deshalb durch den Erwerb einer selbständigen Territorialherrschaft zu verschaffen. Dazu bot sich anfangs der sechziger Jahre der unweit von Bruchsal gelegene Flecken Gondelsheim nebst dem darin gelegenen herrschaftlichen Gut sowie den Höfen Bomartshausen und Erdbeerhof an. Kurpfalz hatte diese Herrschaft als Pfand von der stark verschuldeten Familie von Menzingen übernommen und dann 1761 an Baden-Durlach veräußert. Der Gesamtwert der Liegenschaften wurde auf etwas mehr als 200 000 Gulden geschätzt. Karl Friedrich erklärte sich bereit, die Herrschaft bei Wahrung seiner landeshoheitlichen Rechte an Karoline Luise zu verkaufen; diese sollte dann ihrerseits der Staatskasse den geschätzten Betrag aus eigenem Vermögen erstatten und sich damit das Recht erwerben, den Besitz später an die Söhne zu vererben. Da es zunächst hieß, die Hälfte des Preises sei sofort in bar zu entrichten, fragte die Markgräfin im Oktober 1764 bei dem ihr befreundeten Bankier Goll von Frankenstein in Amsterdam an, ob er glaube, ihr einen mit drei Prozent jährlich zu verzinsenden Kredit in Holland verschaffen zu können; für die Rückzahlung schlug sie Jahresraten in Höhe von zwanzigtausend Gulden vor. Bei dieser Gelegenheit gab sie ihm – »ein Geständnis, das ich bisher noch niemandem gemacht habe« – genauen Einblick in ihre privaten Finanzen[21]. Danach brachten ihr die Einkünfte aus den elsässischen Besitzungen etwa zwölf- bis dreizehntausend Gulden jährlich. Ein weiterer Kapitalbesitz von 120 000 Gulden war so vorteilhaft angelegt, daß sie daran nicht rühren wollte. Ihrer Meinung nach, so schrieb sie, gebe es in Holland – nachdem der Siebenjährige Krieg beendet war – viele Barmittel, für welche eine Anlage gesucht werde. Goll mußte sie jedoch enttäuschen. Aus seiner eigenen Firma, so ließ er sie wissen[22], könne er so hohe Summen auf keinen Fall abziehen, außerdem sei sein Geld in Paris und Wien zu fünf bis sechs Prozent Zinsen besser angelegt. Auch habe er sich gerade für 48 000 Gulden ein neues Haus gekauft und sei daher für sich selbst dringend auf die geringsten ihm erreichbaren Summen angewiesen. Noch größere Schwierigkeiten sah er aber darin, die Mittel von anderer Seite zu beschaffen. Geld gebe es nur gegen »Hypotheken«, unter denen man Metall, Schmuck, Waren oder Silbergeschirr verstehe. Die »Seigneuries d'Allemagne« halte man in Holland nach schlechten Erfahrungen für unsolide Hypotheken. Der sächsische Hof etwa, durch den Krieg in Geldnot geraten, habe erst kürzlich auch Schmuck und Silbergeschirr im Werte von anderthalb Millionen Gulden bei einer Amsterdamer Bank als Depositum hinterlegen müssen und daraufhin das von ihm gewünschte Kapital zu 4,8 Prozent Zinsen bekommen. Und wenn der Wiener Hof Geld brauche, schicke er meistens Kupfer und Quecksilber aus Ungarn als Sicherheit. Unter 4,8 Prozent Zinsen sei jedenfalls auch für die Markgräfin von Baden nichts zu erreichen. Daraufhin mußte Karoline Luise ihren Plan fürs erste zurückstellen. Sie versuchte dann, im Rahmen des ihr Möglichen einige gerade zur Verfügung stehende Kapitalien in französischen Leibrenten für die Söhne anzulegen. Goll bot auch dabei seine Hilfe an, doch zog sie den direkten Weg einer Vermittlung durch ihren alten Freund Fleischmann in Straßburg vor. Dieser bestätigte ihr[23], daß die Compagnie des Indes mit königlicher Genehmigung gerade eine Anleihe von 477 000 Livres Leibrenten zu neun Prozent in einer Lotterie von zwanzigtausend Anteilen zu je dreihundert Livres auflege, wolle sich aber über die genauen Bedingungen erst noch informieren, ehe er zu einem Kauf raten könne. Mit diesen Bedingungen erhielt er aus Paris zugleich aber auch die Nachricht, daß die Anleihe bereits vier Tage nach ihrer Veröffentlichung überzeichnet gewesen sei. Im übrigen, meinte Fleischmann, hätte diese für Karoline Luise auch keine absolut sichere Anlage bedeutet, denn für den Fall, daß das Deutsche Reich in einen Krieg mit Frankreich verwickelt werden sollte, seien allenfalls unbewaffnete Untertanen, nicht jedoch fürstliche Personen des kriegführenden Gegners gegen eine Beschlagnahme ihrer Titel gesichert. Nach alter Vorschrift heiße es: »L'argent de France ne doit pas servir à faire la guerre à son Roy«; Frankreichs Geld darf nicht für einen Krieg gegen seinen König verwendet werden.

Einige Jahre später, 1771, brachte Karoline Luise es doch noch fertig, ihren ursprünglichen Plan zu verwirklichen und sich dafür von Karl Friedrich sogar noch wesentlich günstigere Bedingungen als vorher einzuhandeln. Laut Vertrag vom 2. Februar 1771 übernahm sie die Herrschaft Gondelsheim mit der Berechtigung, diese später an die Söhne zu vererben, und verpflichtete sich, bis zur Tilgung der Gesamtsumme halbjährlich fünfzehntausend Gulden zu zahlen, den jeweils dann noch offenstehenden Rest der Schuld dabei mit drei Prozent zu verzinsen. Das entspreche annähernd dem gegenwärtigen Ertrag der Herrschaft; allerdings sollten davon zusätzlich auch noch einmal drei Prozent abgeführt werden.[24]

Ihre Korrespondenz mit Kammerrat Binninger in Straßburg gibt eindeutig zu erkennen, daß die Markgräfin gehalten war, die Finanzierung des Kaufs wirklich ganz aus ihren privaten Mitteln zu bestreiten.[25] Noch im Februar ließ sie Binninger wissen, der Kauf sei nun soweit »in Richtigkeit«, daß sie von Oktober an jährlich von ihm tausend Gulden Reichswährung oder einundneunzig neue Louisdors brauche. Er müsse also alles so einrichten, daß ihr dieser Betrag in den ersten Oktobertagen zur Verfügung stehe: ». . . Ich habe zwar meine jährlichen Einkünfte hierzu destinirt, jedoch da solche nicht just precise auf diese Zeit miteinander fällig sind, so kan diesem inconvenient doch abgeholfen werden dadurch, wenn man diejenige Renten, welche früher im Jahr einkommen, zu Capital anlegen und derselbe mir dann um den October hin das verfallene Capital dagegen einschicket.« Es war ihr sehr darum zu tun, die Zahlungsverpflichtungen pünktlich einzuhalten. Daher ließ sie Binninger am 4. Oktober noch einmal wissen, das Geld müsse unbedingt am 23. des Monats in bar vorliegen, denn eine Verlängerung, auch gegen Verzugszinsen, sei unmöglich und ihre »parole auf diesen Tag solemniter engagirt«. Mit Dank bestätigte sie dann den rechtzeitigen Empfang, »welcher höchst nöthig zur Erhaltung meines Credits hier geweßen«. Auf diese Weise sollte Gondelsheim dann nach sieben Jahren endgültig in ihr Eigentum übergehen.

Um nun aber diese innerhalb des Deutschen Reiches selbständige Territorialherrschaft auch wirklich vererben zu können, mußte Karoline Luise es erst erreichen, beide Söhne durch den Kaiser in den reichsunmittelbaren Adel erheben zu lassen. Bemühungen in dieser Richtung stellte man im Anfang noch zurück, denn durch Karl Friedrichs während des Siebenjährigen Krieges allzu deutlich bezeigte »fritzische« Gesinnung hatte das ursprünglich gute Verhältnis Baden-Durlachs zum Wiener Hof einigermaßen gelitten; daß der Reichshofrat Schwierigkeiten machen würde, war deshalb vorauszusehen. Wenig später war das frühere Einvernehmen jedoch wiederhergestellt. Minister von Edelsheim, der zu Beginn des Jahres 1767 für längere Zeit in diplomatischer Mission nach Wien geschickt worden war, um dort Bedenken gegen die geplante Sukzession des protestantischen Baden-Durlach in der katholischen Markgrafschaft Baden-Baden aus dem Wege zu räumen, fand persönlich jedenfalls freundliche Aufnahme am kaiserlichen Hofe, vor allem bei Maria Theresia. Nach seiner Audienz bei ihr ließ er Karl Friedrich am 13. Februar wissen, diese habe den ihm von der Markgräfin für sie mitgegebenen Brief mit unzweideutigen Zeichen der Freude empfangen: ». . . Was macht meine liebe Markgräfin, die liebe Frau? . . . Ich sage hier offentlich, daß ich Sie wahrhafftig ästimir und lieb habe . . . Schreibe Er auch besonders der Marggräfin, wie angenehm es mir gewesen, Jemand von ihr zu sehen . . .« Ausführlich hatte sich Maria Theresia dann noch nach dem Markgrafen selbst und den drei Kindern erkundigt. Edelsheim war über die Wärme des Empfangs geradezu überrascht; unmöglich sei es, schrieb er, all die freundlichen Worte zu wiederholen, welche er dabei zu hören bekam.

Maria Theresia wußte, daß Karoline Luise ihr nach wie vor aufrichtig ergeben war. Nicht so überzeugt war sie hingegen von Karl Friedrichs Gesinnung. Das erfuhr der Markgraf im Juli des Jahres durch einen Brief des Historikers Schöpflin, in welchem dieser ihm von einer Begegnung mit dem Bischof von Konstanz, Kardinal von Rodt, berichtete[26]. Der Kardinal sei ein wahrer Freund des Markgrafen, schrieb er, stehe gleichzeitig aber auch mit der Kaiserin auf vertrautem Fuße. Diese habe ihn vor kurzem gefragt, ob er eigentlich wisse, warum der badische Hof ihr ständig »contraire« sei. Als der Kardinal solchen Verdacht als ganz unbegründet zurückweisen wollte, habe sie entgegnet, die Sache sei leider nur zu wahr; dabei läge ihr doch so viel daran, den Markgrafen zu ihren Freunden rechnen zu können. Schöpflin fand es wichtig, daß man das in Karlsruhe wisse. Offenbar hat das markgräfliche Paar den Wink verstanden. Jedenfalls versuchte Karoline Luise daraufhin, die während der vergangenen Kriegsjahre etwas gelockerte persönliche Verbindung mit Maria Theresia wieder zu festigen. Sie nahm den Briefwechsel mit der von ihr immer noch schwärmerisch verehrten Kaiserin wieder auf und empfing von dieser in den folgenden Jahren auch des öfteren Beweise freundschaftlicher Zuneigung.

Eine erwünschte Gelegenheit, der kaiserlichen Familie ihre Ergebenheit zu bezeigen, ergab sich für die Badener, als die fünfzehnjährige Erzherzogin Marie-Antoinette 1769 dem französischen Dauphin verlobt wurde. Mit ihrem Glückwunschschreiben sprach Karoline Luise auch eine Einladung an die Braut aus, auf ihrer Reise nach Frankreich in Karlsruhe Station zu machen. Die Kaiserin bedauerte es zwar, darauf nicht eingehen zu können, weil der Reiseweg bereits festgelegt sei, ließ aber gleichzeitig wissen, Marie-Antoinette würde sich freuen, Karoline Luise auf einer der Stationen ihrer Fahrt begrüßen zu können. So fand sich denn das markgräfliche Paar mit den drei Söhnen und allen übrigen Prinzen des badischen Hauses am 5. Mai des folgenden Jahres in Freiburg ein, um der jungen Dauphine dort auf vorderösterreichischem Boden seine Aufwartung zu machen[27]. Im badischen Emmendingen, wohin sie dann vorausfuhren, erwiesen sie der Braut, die auf ihrer Weiterreise tags darauf dort mittags für anderthalb Stunden Station machte, noch einmal die gebührende Ehre. Im Gasthof »Zur Post« wurde sie von der markgräflichen Familie am Portal empfangen und in den zweiten Stock geleitet, wo man zwei Zimmer für diese Gelegenheit mit Möbeln und Wandteppichen aus Karlsruhe würdig ausgestattet hatte. In einem der beiden Räume speiste die Dauphine, der Etikette nach mit ihrer Begleiterin Gräfin Paar und der Markgräfin allein an einem Tisch sitzend. Maria Theresia, die über all das ausführlich unterrichtet worden war, zeigte sich über die »marques d'amitié«, welche das Haus Baden ihrer Tochter bezeigt hatte, sehr erfreut. In der eigenhändigen Nachschrift ihres offiziellen Dankschreibens vom 28. Mai heißt es: »Prinz Starhemberg hat mir ›des merveilles‹ über Ihre lieben Prinzen erzählt. Ich beglückwünsche Sie dazu herzlich. Ein Erfolg ihrer Kinder bildet doch die größte Genugtuung für eine Mutter.«

Da Karoline Luise auf die freundschaftliche Gesinnung der Kaiserin zählen konnte und des guten Eindrucks, den die Prinzen hinterlassen hatten, sicher sein durfte, wandte sie sich 1773 noch einmal an Maria Theresia und bat sie, sich doch für die Erhebung ihrer beiden jüngeren Söhne in den reichsunmittelbaren Adelsstand zu verwenden. Die Kaiserin antwortete darauf, zwar verstehe sie die Sorge der Markgräfin um ihre beiden nachgeborenen Söhne durchaus, könne ihren Wünschen aber leider nicht entsprechen. Hier handle es sich nämlich um eine Angelegenheit des Deutschen Reiches, für welche allein ihr Sohn der Kaiser zuständig sei. Die Markgräfin möge versuchen, dessen Entscheidung herbeizuführen. Der Brief klingt freundlich, aber doch eher offiziell.[28] Er ist vom Sekretär geschrieben und von Maria Theresia persönlich nur unterzeichnet; zweifellos wurde eine Kopie dieses Schreibens zu den amtlichen Akten genommen. Doch dann folgt noch ein nur für die Adressatin bestimmter eigenhändiger Nachtrag: »Ma délicatesse est extrême«, so schreibt die Kaiserin; nicht einmal mit einer Empfehlung möchte sie sich in Reichssachen einmischen. »Es muß schon ein sehr gravierender Grund sein, wenn er mich davon abhält, mich Ihnen bei den Plänen, welche Sie für die Prinzen ihre würdigen Söhne hegen, nützlich zu erweisen. Seien Sie aber überzeugt, Madame, daß ich immer Ihre treue Freundin bin . . .« Maria Theresia und Kaiser Joseph II. stimmten in wesentlichen Fragen der Politik nicht überein; daher suchte die Mutter allen Spannungen und Konflikten mit dem schwierigen Sohn nach Möglichkeit aus dem Wege zu gehen. Nach mancherlei Anstrengungen und Demarchen gelang es schließlich, die gewünschte Rangerhöhung der badischen Prinzen durch den Kaiser genehmigen zu lassen und ihnen so die Erbfolge in Gondelsheim zu sichern. Prinz Friedrich hat seinen Anteil an diesem Erbe später dem Bruder Ludwig überlassen.

Hatte Karoline Luise es sich einmal in den Kopf gesetzt, ein bestimmtes Ziel zu erreichen oder Ansprüche durchzusetzen, zu welchen sie sich berechtigt glaubte, vermochte sie eine bohrende Hartnäckigkeit zu entwickeln, der standzuhalten ihren Kontrahenten einige Mühe bereitete. Ihr ältester Bruder Ludwig, Erbprinz von Hessen-Darmstadt, der einen ebenso harten Kopf wie sie besaß, bekam es zu spüren.[29] Es ging um Erbauseinandersetzungen, welche bereits 1752 begannen und, was den von Karoline Luise erhobenen Anspruch betraf, bei ihrem Tode einunddreißig Jahre später immer noch kein Ende gefunden hatten. In einem langwierigen Streit zwischen Hessen-Kassel und Hessen-Darmstadt in Sachen der Hanau-Lichtenbergischen Erbschaft, der an sich 1771 beigelegt worden war, ging es für Karoline Luise darum, ob sie – wie es für die linksrheinischen Gebiete zutraf – prinzipiell auch an der Erbfolge in den rechtsrheinischen Territorien beteiligt sei und daher den von ihr verlangten dritten Teil der mobilen Verlassenschaft in den schließlich an Darmstadt gefallenen strittigen Schlössern beanspruchen könne oder nicht. Immer wieder wies der Bruder darauf hin, nach altem Hanauer Recht und Herkommen falle die Erbfolge der Primogenitur allein zu, und sie gelte nicht nur für Land und Leute, sondern genauso für die bewegliche Verlassenschaft; Karoline Luise und ihre Söhne – ihr ging es wieder vor allem um deren Ausstattung – könnten keine anderen Rechte beanspruchen als die einer Sukzession für den Fall, daß der hessische Mannesstamm ausgestorben sei. Die Schwester ließ sich aber durch keinerlei Argumente überzeugen, sondern versuchte es auch weiterhin, ihre vermeintlichen Ansprüche mit immer neuen, ziemlich fadenscheinigen Begründungen zu bekräftigen. Damit wurde sie dem Bruder und dessen Räten schließlich höchst lästig. Wenn er überhaupt antwortete, so ließ er sich doch meist Monate damit Zeit und fertigte Karoline Luise dann nur kurz und trocken ab. Trotzdem gab sie den Kampf nicht auf. Erst drei Jahre nach ihrem Tode, 1786, stellte das Karlsruher Geheimratskollegium auf Grund eines von ihm eingeholten juristischen Gutachtens fest, die Ansprüche der verewigten Frau Markgräfin seien unbegründet gewesen. Zu Lebzeiten Serenissimas hätte es zweifellos niemand gewagt, selbst Karl Friedrich nicht, sich in ihre Privatangelegenheiten zu mischen, geschweige denn, etwa eine ihr widersprechende Meinung zu vertreten.

Das ohnehin nicht eben herzliche Verhältnis zum Bruder Ludwig kühlte sich durch diese Angelegenheit und weitere, für sie ärgerliche Vorkommnisse sehr ab. Im Jahre 1771, als sie den Kaufvertrag für Gondelsheim abgeschlossen hatte und sich nun mehr denn je auf den pünktlichen Eingang der ihr aus den elsässischen Besitzungen zufließenden Revenuen angewiesen sah, hatte der Bruder bei einer holländischen Compagnie eine Anleihe über eine halbe Million Gulden aufgenommen und als Hypothek dafür auch jene Ämter im Elsaß verpfändet, auf deren Einnahmen seine Schwester Anspruch besaß. Von der vollzogenen Tatsache erfuhr Karoline Luise nur indirekt und war über dieses »unredliche Betragen« des Bruders ebenso empört wie alarmiert. Aus irgendwelchen Gründen, welche der Korrespondenz mit Binninger nicht zu entnehmen sind, hatte Ludwig dazu noch die vom Großvater ererbte Schäferei in Ingweiler aufgehoben, deren Einnahmen Karoline Luise als Verzinsung des ihr vom Großvater zur Vermählung zugesprochenen und noch nicht ausbezahl-

ten Kapitals von 15 000 Gulden zustanden. An Binninger, auf dessen Loyalität sie sich verlassen konnte, schrieb sie über diese Affäre einen langen Brief.[30] Bei der chronischen Verschuldung Darmstadts konnte sie sich nicht vorstellen, wie der Bruder je imstande sein sollte, das geborgte Kapital rechtzeitig wieder zurückzuzahlen. Damit wären dann die verpfändeten Territorien für sie verloren: ». . . ich würde sehr geniret seyn mit meinen Geldern, denn in denen Umständen würde es wohl schwehr halten, etwas von diesem Capital auf eine bestimmte Zeit wieder zu bekommen, weil mein Bruder es schwehrlich bezahlen könte . . . und bin ich so piquiret über den Vorgang mit meiner Schäferey, daß ich Ursach habe, meinem Brudern es blicken zu laßen, mithin von einem Gefallen ihm zu erzeigen nicht mehr die Rede ist. Was nun diese unglückselige Schäferey betrifft, so bleibt mir nichts mehr übrig, als aus solcher noch zu ziehen, was möglich seyn wird. Der Herr Cammer Rath wolle also die besten Maßreguln in diesem Betracht nehmen, davon verkaufen was wir an den Mann bringen können und sich doch nicht mit Vortheil biß auf das Frühjahr würde aufhalten laßen, damit ich doch ein kleines Capital daraus lößen möge. Denn die Aufhebung dieser Schäferey mir eine ziemliche diminution in meinen Renthen machet, die ich nicht sehe auf was art zu ersetzen. Wissen Sie ein moyen? Meinem Hn. Brudern aber gedencke ich eben meinen Unwillen darüber zu erkennen zu geben, denn es ist gar nicht brüderlich verfahren. Dieses wär auch schon geschehen, wenn ich nicht erst des Hn. Cammerraths Schreiben erwarten wollen, ob etwa unter der Hand diese Sache wäre zu redressiren geweßen. Sobald nun alle Hoffnung auf dieser Seite verlohren und meine Schaafe fort seyn, so bitte ich mich davon zu avertiren, die ich bin mit ganz besonderer Estime . . .«
Tief getroffen wurde Karoline Luise durch den Tod ihres Vaters im Jahre 1768. Im 78. Lebensjahr stehend, starb Landgraf Ludwig VIII. am 18. Oktober während einer Aufführung im Theater, als ein Schauspieler gerade die Worte sprach: »Gott sei mir gnädig«, und der Vorhang fiel.[31] Vier Jahre vorher hatte der alte Herr, bis zu seinem Lebensende ein Verehrer Maria Theresias und treuer Gefolgsmann Habsburgs, noch Kaiser Franz I. und den Thronfolger Joseph im Wald bei Heusenstamm getroffen, als Vater und Sohn sich zur Krönung des zum römischen König erwählten dreiundzwanzigjährigen Joseph nach Frankfurt begaben. Goethe hat von dieser Begegnung in »Dichtung und Wahrheit« eine anrührende Schilderung gegeben: ». . . Es war nämlich verabredet worden, daß unterwegs, zwischen Heusenstamm und jenem Großen Gezelte, Kaiser und König den Landgrafen von Darmstadt im Wald antreffen sollten. Dieser alte, dem Grabe sich nähernde Fürst wollte noch einmal den Herrn sehen, dem er in früherer Zeit sich gewidmet. Beide mochten sich jenes Tages erinnern, als der Landgraf das Dekret der Kurfürsten, das Franzen zum Kaiser erwählte, nach Heidelberg überbrachte, und die erhaltenen kostbaren Geschenke mit Beteuerung einer unverbrüchlichen Anhänglichkeit erwiderte. Diese hohen Personen standen in einem Tannicht, und der Landgraf, vor Alter schwach, hielt sich an einer Fichte, um das Gespräch noch länger fortsetzen zu können, das von beiden Teilen nicht ohne Rührung geschah. Der Platz ward nachher auf eine unschuldige Weise bezeichnet, und wir jungen Leute sind einigemal hingewandert.«

Karoline Luise fühlte sich dem Vater, der immer viel Verständnis für sie aufgebracht hatte, innig verbunden, und sein plötzlicher, unerwarteter Tod traf sie als ein schwerer Schock. Bei Treuer, dem hessischen und badischen Residenten im Haag, entschuldigte sie sich für längeres Schweigen am 11. November[32]: ». . . Ich war nicht in der Lage, Ihnen auch nur zwei Worte zu schreiben. Die traurige Nachricht vom Tode meines Vaters hatte mich so niedergeschlagen, daß ich fürchtete, ernstlich krank zu werden.«

Der Bruder Ludwig, als regierender Landgraf nun der Neunte seines Namens, fand nach jahrzehntelanger Schuldenwirtschaft in Darmstadt eine desolate finanzielle Lage vor. Allein Maria Theresias immer wiederholte Verwendung beim Reichshofrat hatte den offiziellen Staatsbankrott bisher verhindern können. Nun ergriff man strenge Sparmaßnahmen. Die kostspielige, bisher die meisten Gelder verschlingende Jagd, des verstorbenen Landgrafen einzige Passion, wurde abgeschafft, der Hofstaat rigoros verkleinert und in der Lebensführung vereinfacht. Ludwig IX. selbst, leidenschaftlicher Soldat, Exerzier- und Drillmeister, behielt seinen Wohnsitz in Pirmasens, das er aus einem Dörfchen mit wenigen Häusern zu einer Garnisonsstadt entwickelt hatte, die 1789 fast siebentausend Einwohner aufweisen konnte. Hier widmete er sich ganz der militärischen Ausbildung seiner Regimenter, dem Entwerfen von Uniformen und Komponieren von Militärmärschen. Seine Gemahlin, welche die längste Zeit der Ehe von ihm getrennt lebte, verließ nun das Schloß im elsässischen Buchsweiler, wo sie sich bisher am liebsten aufgehalten hatte, und übernahm in Darmstadt einen großen Teil der Regierungs- und Repräsentationspflichten. Während der kurzen Zeit, die ihr hier noch vergönnt blieb – sie starb bereits 1774, im Alter von erst dreiundfünfzig Jahren – hat diese bedeutende, geistvolle Frau dank ihrer vielseitigen künstlerischen und vor allem literarischen Interessen Darmstadt zu einer Stätte der Musen erhoben und sich die Bewunderung der führenden Geister ihrer Epoche erworben. Goethe nannte sie die »Große Landgräfin« – eine Bezeichnung, welche ihr bei der Nachwelt geblieben ist –, und Wieland wünschte, »nur einen Augenblick Herr des Schicksals zu sein, um sie zur Königin von Europa erheben zu können«. Friedrich der Große sah sie während der sechs Jahre, als Ludwig IX. in preußischen Diensten stand, gern an seinem Hofe und nannte sie »die Zierde und Bewunderung unseres Jahrhunderts«. Er ließ ihren Grabhügel in Darmstadt mit einer Marmorurne schmücken, welche die Inschrift trägt: »femina sexu, ingenio vir«; »sie war eine Frau mit männlichem Geist.«

Eine große Zahl von Briefen der Landgräfin an die Schwägerin in Karlsruhe – allein diese sind erhalten, Karoline Luises Schreiben leider nicht – gibt eine familiäre Verbundenheit zu erkennen, welche bis in die Jugendzeit zurückreicht. Später, als Bruder und Schwägerin nach den in der preußischen Garnison Prenzlau verbrachten Jahren wieder zurückgekehrt waren, kam es gelegentlich zu jeweils kürzeren Begegnungen und gegenseitigen Besuchen.

Von den Freunden und zahlreichen Fremden aus aller Welt, welche während der sechziger Jahre auf ihren Reisen Karlsruhe besuchten, hier kurz Station machten und dabei Gelegenheit nahmen, sich bei Hof einzuführen, hat eine alte Dame aus

Paris besondere Bedeutung für die Markgräfin gewonnen. Was als Sympathie auf den ersten Blick begann, vertiefte sich rasch zu wirklicher Freundschaft. Diese Fremde war Marie-Thérèse Geoffrin, eine in ganz Europa bekannte und berühmte Frau. In ihrem Salon trafen sich die führenden Persönlichkeiten des geistigen und künstlerischen Lebens der französischen Hauptstadt; hier zugelassen zu werden, durfte sich jeder als Auszeichnung anrechnen.[33] Außer den Damen und Herren des Hofes und der hohen Aristokratie verkehrten bei Madame Geoffrin die Enzyklopädisten – an ihrer Spitze Diderot, d'Alembert, Holbach –, viele Schriftsteller dieser Jahrzehnte sowie alle Pariser Architekten, Bildhauer, Maler, Schauspieler und Kunstkenner von Rang. Als Witwe eines reichen Kaufmanns besaß Madame Geoffrin ein beträchtliches Vermögen und übte in ihrem Haus an der in Mode gekommenen Rue St. Honoré - es steht noch heute – großzügige Gastfreundschaft. Einer ihrer besonderen Schützlinge war der liebenswürdige polnische Graf Stanislas Poniatowski gewesen. Während der fünf Monate, welche er als junger Mann unter bedrängten finanziellen Verhältnissen in Paris verbrachte, hatte ihn ihre mütterliche Fürsorge über Wasser gehalten. Später machte er in St. Petersburg als Offizier und Liebhaber der Zarin Karriere. Auch da betrachtete Madame Geoffrin ihn immer noch als ihren Adoptivsohn und sah schließlich all ihre Wünsche erfüllt, als er 1764 durch Katharina auf den polnischen Thron gehoben worden war. Stanislas II. August, wie er sich nannte, hielt seiner »maman« auch seinerseits die Treue und lud sie, nachdem die Verhältnisse einigermaßen gesichert waren, dringend zu einem Besuch nach Warschau ein. Mit zwei Kammerzofen und zwei Lakaien begab sich Madame Geoffrin also in einer eigens für sie gebauten »Berline«, einer schweren Reisekutsche, am 21. Mai 1766 auf die lange Reise in den Osten und traf eine Woche später in Karlsruhe ein. Hier machte sie vier Tage Station, fand alles »magnifique« und sich selbst »servie à la française«. Das markgräfliche Paar war ebenfalls entzückt von der geistreichen und warmherzigen Besucherin. Von Karlsruhe aus fuhr Madame Geoffrin dann unter den Augen von ganz Europa zunächst nach Wien, wo Maria Theresia sie herzlich empfing und Kaiser Joseph ihr seine Reverenz erwies. Dann ging es auf beschwerlichen Wegen weiter nach Warschau. König Stanislas, der sie im Triumph einholen ließ, hatte als besondere Aufmerksamkeit eine getreue Kopie des Hauses der Rue St. Honoré und des gesamten darin befindlichen Mobiliars anfertigen lassen, damit Madame Geoffrin sich ganz »chez elle« fühlen möge, tat auch sonst alles, ihr den Aufenthalt in der polnischen Hauptstadt so angenehm wie möglich zu machen. Erst am 11. November traf sie wieder in Paris ein.

Karoline Luise hat offenbar eine spontane Zuneigung zu dieser ungewöhnlichen, ihr in manchem Betracht wesensähnlichen Frau gefaßt und hielt die einmal geschlossene Verbindung aufrecht. Zu Beginn des folgenden Jahres versuchte Karl Friedrich sogar, Madame Geoffrin, von deren guten Beziehungen zum Außenministerium er wußte, für eine delikate diplomatische Mission in seinem Interesse zu gewinnen. Dabei ging es um den Erbvertrag, den er mit seinem kinderlosen Vetter in Rastatt geschlossen hatte. Es bestand Gefahr, daß der Herzog von Orléans, dessen Mutter eine Schwester eben dieses Markgrafen gewesen war, bei dessen Ableben mit der ganzen Macht Frankreichs im Rücken plötzlich Ansprüche auf die Nachfolge erheben könnte. Daher war es wichtig, rechtzeitig seine eventuellen Absichten zu erkunden, um nicht überrascht zu werden. Karoline Luise gab dem Boten, welcher Karl Friedrichs Schreiben nach Paris brachte, noch einen persönlichen Brief an Madame Geoffrin mit: ». . . Glauben Sie mir, von Ihnen geliebt zu werden, bedeutet den Gipfel all meiner Wünsche. Manchmal möchte ich gar die Menschen, welche in Ihrer Umgebung leben dürfen, beneiden. Denn ich empfinde deren Lage als so glücklich, daß ich sie gern teilen würde. Was für ein Glück muß es bedeuten, mit einer Freundin, wie Sie es sind, zu leben, Madame, sich der Unterhaltung und des Umgangs mit Ihnen, Ihres Urteils und Ihres Herzens erfreuen zu können.« Hier klingt ein ungewohnt starker Gefühlston auf, der ähnlich nur in Briefen zu vernehmen ist, welche an den Gatten oder die Kinder gerichtet sind. Madame Geoffrin, damals im siebzigsten Lebensjahr stehend, ist für Karoline Luise, die in Darmstadt ohne mütterliche Zuwendung aufwachsen mußte, offenbar auf den ersten Blick zu einer Art Mutterfigur geworden.

Das politische Problem, um das es ging, hielt Madame Geoffrin allerdings für zu wichtig und sich selbst für zu unerfahren in juristischen Fragen, als daß sie bei der Lösung eine aktive Rolle hätte übernehmen mögen. Wenn Karl Friedrich jedoch einen Bevollmächtigten ernennen würde, schrieb sie zurück, wolle sie diesen mit dem im Außenministerium einflußreichen Abbé de Breteuil zusammenbringen. In einer Nachschrift an Karoline Luise heißt es, sie denke ständig an »les charmes et la douceur« der wenigen Tage ihres Aufenthalts in Karlsruhe zurück.

Das häusliche Leben im Kreise der Familie und Begegnungen mit Freunden bilden den Hintergrund für die beiden Hauptthemen dieser sechziger Jahre im Leben Karoline Luises, denen wir uns nun zuzuwenden haben: dem Aufbau ihrer Kunstsammlung und ihres Naturalienkabinetts. Leidenschaftlich von diesen Aufgaben ergriffen, hat sie sich ihnen trotz schwankender Gesundheit mit staunenswerten Kräften und der ihr eigenen unbeirrbaren Beharrlichkeit gewidmet. Bei alldem darf man nicht vergessen, daß das Leben im Karlsruher Schloß während dieses Jahrzehnts alles andere als bequem war. Immer noch wurde gebaut, immer noch hatten die Bewohner mit Provisorien aller Art vorlieb zu nehmen. Am 23. Februar 1766 etwa schrieb Karoline Luise ihrem Kammerrat Binninger[34], einmal habe Kopfweh sie davon abgehalten, zu schreiben, »anderntheils der gleich darauf erfolgte Auszug aus unserem alten Quartier in das neu erbauete, welcher Vorgang mich seit 14 Tagen ungemein beschäftigt, um so mehr weil unser neues Logis sehr enge und nur ad interim ist, biß der Flügel, so wir verlaßen, aufgebauet worden, mithin ich meine meiste Sachen verteilen müssen«. Im April ließ sich auch die Schwägerin aus Buchsweiler bedauernd dazu vernehmen[35]: ». . . Ich sehe Sie durch den Umzug, zu dem Sie gezwungen waren, als Fremde im eigenen Schloß und wünsche Ihnen nun, die neuen Räume möchten bald so weit sein, Sie aufnehmen zu können. Das ist schon eine schöne Wohnerei in Karlsruhe!« Die guten Wünsche halfen nicht eben viel; noch weitere sechs Jahre hatte Karoline Luise sich mit diesem neuen »ad interim« abzufinden.

Das Malerei-Kabinett

Bei der Nachwelt ist Karoline Luises Name vor allem durch die kleine Privatgalerie ihres »Mahlerey-Cabinets« lebendig geblieben, denn dessen bedeutendste Bilder gehören noch heute zum Grundbestand der Abteilungen niederländischer und französischer Malerei in der Karlsruher Kunsthalle. Die eigentliche Geburtsstunde dieses Kabinetts fällt in den Sommer des Jahres 1759[1]. Während der Monate Juli und August hatte sich die markgräfliche Familie wie üblich für einige Wochen zur Erholung in das von Wäldern umgebene Jagdschlößchen Stutensee vor den Toren Karlsruhes zurückgezogen. Dort machte ihr eines Tages ein junger Herr aus Straßburg seine Aufwartung, Jean-Henri Eberts. Er hatte sich der Markgräfin bis dahin noch nicht persönlich vorgestellt, war ihr aber kein Unbekannter mehr.[2] Denn mit der Firma seines Vaters Philippe-Jacques, die Import- und Exportgeschäfte betrieb, dazu den Verkehr der Diligencen, also der Reise- und Postkutschen, zwischen Paris, Straßburg und den deutschen Anliegern des östlichen Rheinufers unterhielt, stand sie schon seit längerem in geschäftlicher Verbindung. Jean-Henri, der jüngere der beiden Söhne, hatte sich 1756 in Paris niedergelassen, um dort die Interessen der Firma wahrzunehmen, trat aber zwei Jahre später als Teilhaber in das an der Place des Victoires gelegene Bankhaus Papelier ein. Schon gleich nach der Übersiedlung gab er der Markgräfin seine neue Adresse zu wissen und empfahl sich auch zur Erledigung von Aufträgen aller Art in der französischen Hauptstadt. Damit begann eine Korrespondenz, die sich über fünfundzwanzig Jahre, bis zu Karoline Luises Tod, erstrecken sollte.

Eberts war zwar Geschäftsmann, bewegte sich aber am liebsten in Künstlerkreisen. Zu seinen Freunden zählten viele Maler, unter ihnen Boucher, Chardin, Roslin, Vien, Moreau-le-Jeune sowie der Deutsche Johann Georg Wille, der als Kupferstecher zu internationalem Ruhm gekommen war. Vielseitig gebildet und interessiert, sammelte Eberts nicht nur Gemälde und Stiche, soweit es ihm finanziell möglich war, sondern führte auch selbst die Radiernadel und gab sich mit dem Entwerfen von Möbeln ab. Zu seinen Erfindungen gehört die sogenannte »Athénienne«, ein aus dem antiken Dreifuß entwickeltes, vielseitig verwendbares und damals sehr beliebtes Kleinmöbel, sowie eine besonders konstruierte Staffelei zu bequemem Betrachten großformatiger, auf Passepartouts aufgelegter Stiche. Auf Grund seiner Vertrautheit mit Künstlern und Sammlern betätigte Eberts sich daneben auch als »marchand-amateur«, vermittelte gegen Provision Gemälde, beriet Sammler und nahm deren Interessen bei Versteigerungen wahr. Dieser kultivierte und weltgewandte junge Herr – er dürfte etwa fünfunddreißig Jahre gezählt haben, als er sich

Karoline Luise vorstellte –, der das Neueste aus der Hauptstadt Europas zu berichten wußte, gewann rasch die Sympathie des markgräflichen Paares. Künstlerische Fragen aller Art bildeten offenbar das wesentliche Thema der anregenden Gespräche, welche man in Stutensee führte. Von Karl Friedrich nahm Eberts jedenfalls bei seinem Abschied den Auftrag mit, Entwürfe für Bilderrahmen »dans le nouveau goût« und für Wandleuchter zu besorgen. Vier Wochen später lagen sie bereits in Karlsruhe vor. Karoline Luise fand sie »admirables, mais horriblement chers«. Darauf antwortete Eberts, der Preis für solche kristallenen Lüster mit Porzellanblumen aus Vincennes möge zwar hoch erscheinen, doch sei der Effekt dafür auch »superbe«, und der schöne neue Audienzsaal des Karlsruher Schlosses könnte durch sie noch sehr gewinnen. Ausführlich hatte Eberts der Markgräfin in Stutensee auch über den Pariser Kunstmarkt berichtet. Gerade jetzt, da sich die Großmächte des nördlichen Europa in einem Kriege befanden, der noch weitere drei Jahre andauern sollte, und die fürstlichen Sammler auf Grund dieser Lage ihre Käufe eingestellt hatten, bot Paris auch einem nicht über unbegrenzte Mittel verfügenden Kunstfreund manche Gelegenheit, Bilder günstig auf Versteigerungen zu erwerben oder bei den sonst mit Aufträgen überhäuften führenden Malern zu bestellen. Eberts deutete auch an, ihm sei die wertvolle Gemäldesammlung eines Herrn Bötticher in Leipzig zum Verkauf an die Hand gegeben worden. Vor den in Sachsen eingefallenen Armeen Friedrichs des Großen hatte der Besitzer seine Bilder nach Frankfurt am Main geflüchtet und brauchte nun dringend Geld. Von der ihr so unversehens eröffneten Aussicht, sich eine eigene Sammlung zulegen zu können, scheint Karoline Luise sofort fasziniert gewesen zu sein. Jedenfalls bat sie Eberts nicht nur, bei Boucher eine »tête« in Pastell für sie in Auftrag zu geben, sondern umgehend auch ein Verzeichnis der in Frage kommenden Gemälde aus der Sammlung Bötticher zu schicken[3]. Wenige Tage später schon erhielt sie die 212 Nummern umfassende Liste mit genauen Angaben über Künstler, Thema, Maße und Preis aller Bilder; sie stellt sozusagen das erste Dokument ihrer nun beginnenden Sammeltätigkeit dar.

Was Karoline Luise vor allem interessierte, waren außer einigen französischen Malern der Gegenwart die Werke niederländischer Meister des 17. und 18. Jahrhunderts. Die ausgesprochene Vorliebe für Flamen und Holländer teilte sie mit vielen fürstlichen und großbürgerlichen Sammlern des nördlichen Europa während dieser Jahrzehnte. In Deutschland sind damals bedeutende Galerien in Dresden, Kassel, Mannheim, Düsseldorf und Zweibrücken entstanden; sie alle räumten niederländischer Malerei eine breite Vertretung ein. Auch die französischen Kenner und Sammler der Epoche bekannten sich in der Mehrzahl dazu, dies in vollem Gegensatz zur Hofkunst des Rokoko, deren Wortführer Boucher und Carle van Loo den offiziellen, durch italienische Tradition geprägten Geschmack bestimmten. Ludwig XIV. hatte noch verächtlich die »niedrige« Kunst der Holländer abgelehnt und aus seinen Augen verbannt. Doch setzte schon zu seinen Lebzeiten ein bedeutsamer Wandel ein. Im Akademie-Streit der Poussin-Anhänger mit den Rubens-Verehrern wurden neue Positionen bezogen: hie »Poussinistes«, hie »Rubénistes«. Der Sieg fiel dem niederländischen Realismus zu, ein Sieg der Farbe und freien Malerei gegen italianisierenden Idealismus, gegen den Vorrang von Zeichnung und plastischer Form. Er bedeutete den für die künstlerische Entwicklung der nächsten Jahrzehnte entscheidenden Geschmackswandel[4]. Ludwigs XIV. Hofporträtist Rigaud ist bereits ein Verehrer Rembrandts gewesen und hat dessen Werke gesammelt, Watteau begann seine künstlerische Laufbahn mit dem Blick auf die große flämische Malerei. Trotzdem fand der alte »grand style« der Ära Louis XIV auch um die Mitte des 18. Jahrhunderts immer noch seine Verfechter. So schreibt der Marquis d'Argens 1752[5]: ». . . Zu dauernder Schande der Künste sieht man heutzutage sogenannte Kunstliebhaber, die große Sammlungen holländischer Kleinmeister zu exorbitanten Preisen zusammentragen, obgleich das einzige Verdienst solcher Bilder auf der servilen Nachahmung niedrigster Formen der Natur beruht. Bilder bieten sie, die unfähig sind, dem Geiste hohe männliche und erhabene Ideen vorzustellen, wie sie die großen Historienmaler den aufmerksamen Betrachtern ihrer Werke vermitteln . . . Lange genoß Teniers die Gunst des Publikums; nach ihm kamen Wouwerman, Poelenburgh, Dou, Mieris; doch jetzt sind es Ostade, Metsu, Potter, van de Velde, van der Werff, welche die hohen Preise bringen . . .« Das »große« Thema spielt nun nicht mehr die entscheidende Rolle, welche ihm einst zukam. Niederländische Malerei wendet sich an den Kenner, der – »l'art pour l'art« – mehr das Wie als das Was sucht, der farbliche Delikatesse und malerische Vollendung über ein edles Sujet stellt. Mit ihrer Vorliebe für den bürgerlichen Realismus der Niederländer steht Karoline Luise zwar in einer bestimmten künstlerischen Zeitströmung, doch nimmt ihr Kabinett im Vergleich mit den Galerien anderer fürstlicher Kunstfreunde dieser Epoche eine Sonderstellung ein. Im Gegensatz zu den Sammlungen höfisch-barocken Gepräges, die auf italienische Kunst nicht verzichten wollten und in denen großformatig repräsentative Werke eine wesentliche Rolle spielten, sammelte sie ausschließlich »Kabinettstücke«, also Bilder kleineren Formats. Man könnte das als bewußte Selbstbeschränkung im Hinblick auf ihre geringeren finanziellen Mittel oder auf den beengten Raum ansehen, welcher ihr im Karlsruher Schloß für eine Sammlung solcher Art zur Verfügung stand. Doch bildete das nicht den entscheidenden Gesichtspunkt für ihre Wahl. Was sie mit ihrem »Mahlerey-Cabinet« im Sinne hatte und was es ihr bedeutete, hat sie 1762 dem befreundeten Grafen Schmettow, der sich in den Niederlanden nach geeigneten Bildern für sie umsehen sollte, unmißverständlich klargemacht[6]: ». . . ich betrachte mein Kabinett nur wie ein Literat seine Bibliothek, nämlich als ein Mittel zur Belehrung.« Sie spricht hier nicht als Kunstfreundin, die sich unverbindlich an schönen Bildern erfreuen möchte, sondern als ernsthafte Kunstschülerin. In den Akademien des 18. und auch noch des 19. Jahrhunderts pflegten junge Maler durch Kopieren der Werke ihrer Lehrer oder anderer großer Maler zu lernen. So wie sie suchte auch Karoline Luise unter Anleitung Mellings mit Hilfe der eigenen Sammlung studierend und kopierend in die Geheimnisse malerischen Metiers einzudringen und sich dabei gleichzeitig zu vertiefter Kennerschaft zu erziehen. Ihr Malerei-Kabinett bildete für sie also eine Art privater Akademie. Immer wieder entlieh sie ja auch während der sechziger Jahre für ihre Studien noch Gemälde und Zeichnungen aus der Mannheimer Galerie, soweit sie Werke der von ihr besonders geschätzten Meister in entsprechend hoher Qualität selbst noch nicht besaß. Ihr Verhältnis zu Bildern hat etwas Verstandesmäßiges, ja fast Professionelles. Was sie immer ganz besonders interessierte, waren Probleme des Metiers, der malerischen Technik verschiedener Meister, das »Wie ist es gemacht?« Trotzdem war sie vor einem Kunstwerk doch auch starker Empfindungen und eines ganz spontanen Entzückens fähig. Als Treuer, der badische Geschäftsträger im Haag, ihr 1762 einmal von der Begeisterung berichtete, mit welcher Graf Schmettow ihn beim gemeinsamen Besuch der berühmten Sammlung Braamcamp auf die Schönheiten eines Gemäldes von Paul Potter aufmerksam gemacht hatte, antwortete sie zustimmend[7], solche »Extase« kenne sie sehr wohl: ». . . ich vermag sie mehr als irgend jemand sonst zu empfinden.«

Von Anfang an, noch ehe sie überhaupt das erste Bild gekauft hatte, besaß Karoline Luise bereits eine recht deutliche Vorstellung von Art und Umfang ihres Kabinetts ebenso wie von den Künstlern, welchen sie darin Aufnahme gewähren wollte. Der Wunsch, eine solche Sammlung zu besitzen, hat sie wohl doch schon einige Zeit beschäftigt, so daß der Besucher aus Straßburg nur das auslösende Moment bildete. Was den Umfang des Kabinetts betrifft, so ließ sie Eberts schon im September 1759 wissen, es solle »plus choisi qu'étendu« sein, also nur ausgewählte Stücke enthalten, nicht in die Breite gehen. Ein undatiertes, doch wohl um 1759/60 aufgestelltes Verzeichnis, das sich unter ihren Papieren befindet, ist eine Art Wunschliste mit den Namen von einunddreißig Malern, die sie gern in ihrem Kabinett vertreten sähe[8]; abgesehen von drei deutschen Künstlern – Mignon, Roos und Rottenhammer – sind es ausschließlich niederländische Meister. Rubens, van Dyck und Rembrandt stehen als große Namen der Epoche an der Spitze. Dann folgen die in besonderen Bildgattungen führenden Vertreter eines malerischen Realismus: Brouwer, Ostade, Teniers für Szenen aus dem Leben der Bauern; Bril, Aert van der Neer, Berchem und Saftleven für die Landschaft – merkwürdigerweise nicht Ruisdael, von dem sie nie ein Werk erworben hat –; Weenix, Potter, Wouwerman und Adriaen van de Velde stehen für das Tierbild oder Szenen mit Hirten, Reitern und Soldaten in Landschaft. Als Repräsentanten des Stillebens notierte sie sich Jan Davidsz de Heem, Jan van Huysum und Rachel Ruysch. Für das bürgerliche Sittenbild, eines der wesentlichen Themen holländischer Malerei, nennt die Liste vor allem Meister aus der letzten Generation des Goldenen Jahrhunderts: Terborch und Metsu, Gerard Dou, Frans und Willem van Mieris, Netscher und van der Werff. Manche von diesen Künstlern – etwa Rachel Ruysch, Jan van Huysum und der jüngere Mieris – sind noch Zeitgenossen von Karoline Luise gewesen. Die Liste ist wohl ein erster, jedenfalls noch nicht vollständiger Entwurf; in anderen Zusammenhängen werden weitere Namen genannt: Dujardin, van der Heyden, Poelenburgh, Slingeland, Schalcken. Bezeichnend ist, daß kein Maler des Rembrandtkreises darin vorkommt und daß den sogenannten Feinmalern der Leidener Schule besonderer Rang zuerkannt wird.

Auch französische Künstler stehen auf der Wunschliste. Abgesehen von Claude Lorrain, dessen klassische Landschaftskunst im 18. Jahrhundert noch unbestrittene Geltung besaß, sind es vor allem solche, deren Schaffen sich auf die realistischflämische Tradition gründet: Largillière, Desportes, Chardin, Grimou und Vernet, ferner Stillebenmaler wie Bachelier oder Roland de la Porte. Das »genre Watteau« mit Lancret und Pater, für das Friedrich der Große solche Vorliebe bezeigte, fehlt ganz. Von vornherein ist Karoline Luises Geschmack auf einen relativ eng begrenzten Ausschnitt des großen Panoramas niederländischer und französischer Kunst festgelegt.

Ganz bestimmte Forderungen stellte sie auch an die Bilder ihrer Sammlung. Wie schon gesagt, sollten sie von kleinem Format sein, dazu harmonisch in der Zusammenordnung der Farben und äußerst sorgfältig ausgeführt. In einem Brief an Treuer, der sie auf zwei ihm angebotene Gemälde von Dujardin aufmerksam gemacht hatte, fällt das entscheidende Wort: ». . . sie werden mir auf jeden Fall Vergnügen machen, denn Ihr beschreibt sie mir als ›très finis‹; das ist es ja, was ich in meinen Bildern suche.« Dieses »fini«, eine feine Verschmelzung aller Töne ineinander, dazu eine bis zum Letzten getriebene Durcharbeitung der malerischen Oberfläche war für sie entscheidendes Kriterium künstlerischer Qualität. Alles nur skizzenhaft flüchtig Gemalte lehnte sie ab. Dieser im Sachlichen wie im Künstlerischen etwas eingeengte Blickwinkel erscheint – in solcher Konsequenz vertreten – höchst ungewöhnlich für einen Sammler der Epoche. Darin gibt sich Karoline Luise als wirkliche, vielleicht sogar einzige Schülerin Jean-Etienne Liotards zu erkennen[9]. Dessen »Traité des Principes et des Règles de la Peinture«, der zwar erst 1781 im Druck veröffentlicht worden ist, zu dessen Thesen sich der Maler jedoch schon in jungen Jahren bekannte, vertritt genau die gleichen Ansichten. Liotard, der sich als einen »peintre de la vérité« verstand, fordert unmittelbare Naturnähe und als deren Konsequenz die feinen Übergänge der Farben ineinander, dazu eine sorgfältige Durchführung, eben jenes von Karoline Luise als entscheidend verlangte »fini«. Leidenschaftlich verurteilt er die von den Modernen so geschätzte »touche«, den freien, fleckenhaften, sichtbar bleibenden Pinselstrich, welcher einem Künstler seiner Meinung nach nur bei rasch hingeworfenen Skizzen erlaubt sein sollte: ». . . wahren Kunstkennern soll er doch nicht einreden wollen, solche Skizze sei bereits ein fertiges Bild.« Nur bei Holländern und Flamen findet Liotard in seinem Sinne wirkliche Meisterschaft, Kraft und Lebensfülle. Und die Künstler, welche er als Beleg für seine Thesen aufführt – an erster Stelle Jan van Huysum, der für ihn den Gipfelpunkt abendländischer Malerei überhaupt darstellt – und die er allen anderen – außer Correggio, Tizian und Claude Lorrain – für überlegen hält, sind eben jene, deren Namen Karoline Luise in ihrer Liste und in der Korrespondenz mit ihren Agenten immer wieder als wünschenswert für ihr Kabinett aufzählt. Als Liotard der jungen hessischen Prinzessin 1745 in Frankfurt vorgestellt wurde, war er 43 Jahre alt, ein angesehener, weitgereister, selbstsicherer und redegewandter Künstler, sie dagegen eine junge Frau von dreiundzwanzig Jahren, begabt, aufnahmefähig, lebhaft an allen künstlerischen Fragen interessiert, doch noch ohne wirkliche Kenntnisse und Erfahrungen auf diesem Gebiet. Während der Wochen, als er sie porträtierte und ihr Unterricht in der Praxis der Pastellmalerei erteilte, hat Liotard er sie auch zu seinen künstlerischen Überzeugungen zu bekehren verstanden.

Mit ihrem Verhältnis zur bildenden Kunst, das sich nicht allein auf passive Bewunderung und Kennerschaft beschränkt, sondern gleichzeitig auch tätige Teilnahme bedeutet, gehört Karoline Luise zu einem großen Kreis gebildeter Kunstliebhaber, der sich damals über ganz Europa erstreckte. In England bezeichneten diese sich treffend mit einem aus dem Italienischen übernommenen Begriff als »Dilettanti«, was im ursprünglichen Sinne des Wortes meint, daß man eine Tätigkeit oder Kunst nicht professionell, sondern zum eigenen Vergnügen ausübt. Diese Elite von Sammlern und Kennern in allen Ländern bildete einen eigenen Kreis innerhalb der großen »République des Lettres« des 18. Jahrhunderts. Man wußte voneinander, suchte Verbindung miteinander aufzunehmen und tauschte gern die eigenen Arbeiten aus. Jean-Henri Eberts gehörte ebenfalls dazu, und durch ihn haben wohl auch die Pariser »amateurs« von der badischen Markgräfin, deren Talenten und Bestrebungen erfahren. Marguerite Le Comte etwa, eine recht begabte Dilettantin, die unter Anleitung ihres Freundes, des bekannten Kunstschriftstellers Watelet, verschiedene Folgen von Radierungen geschaffen hat – Vignetten, Buchillustrationen, Schmetterlinge, landschaftliche Motive –, schickte 1766 einige ihrer Arbeiten an die ihr persönlich nicht bekannte Markgräfin von Baden und zeigte sich über deren günstiges Urteil sehr erfreut.[10] Karoline Luise lernte sie und ihren Freundeskreis erst einige Jahre später in Paris auch persönlich kennen. Einer der holländischen Freunde war der schon des öfteren genannte Bankier Goll von Frankenstein[11]. Selbst ein begabter und geschätzter Zeichner, besaß er eine zweihundert Portefeuilles umfassende Sammlung von Zeichnungen alter und neuer Meister, unter denen sich auch viele Blätter von Rembrandt befanden. Heinrich Sander, später Professor der Naturgeschichte und Beredsamkeit am Karlsruher Gymnasium, hat ihn als junger Mann auf einer seiner Studienreisen in Holland 1771 besucht und berichtet, Goll habe jeden Dienstag abends Freunde und durchreisende Fremde, die sich angemeldet hatten, empfangen: ». . . Man setzt sich an eine große Tafel und sieht ein Portefeuille durch. Die Stücke gehen aus einer Hand in die andere, und unten wieder in die Portefeuilles zurück.«

Einer der vielseitigsten deutschen »Dilettanti« der Epoche war der 1719 in Litauen geborene Johann Friedrich Reiffenstein, der 1745 auf Empfehlung Gottscheds als Pagenhofmeister in Kassel angestellt worden war. Karoline Luise lernte ihn 1760 kennen.[12] Damals hatte man ihm in Kassel für zwei Jahre Urlaub gewährt, um einen jungen Grafen Lynar auf dessen »grand tour«, der Bildungsreise durch Europa, zu begleiten und dabei für eine geplante spätere Tätigkeit als Bibliothekar in Kassel Kenntnisse und Erfahrungen zu sammeln. Ein enger Freund des Malers Johann Heinrich Tischbein, war Reiffenstein nicht nur begeisterter Verehrer aller bildenden Künste, sondern dazu auch ein unermüdlicher Tüftler, der mit allen möglichen künstlerischen Techniken und Materialien experimentierte, dies allerdings mehr zum Zwecke der Reproduktion bereits bestehender Werke als zur Verwirklichung eigener Entwürfe. So erfand er ein Stahlrädchen, mit Hilfe dessen sich Kreidezeichnungen in Crayon-Manier oder auch ein Lavis in chinesischer Tusche vollkommener als bisher wiedergeben ließen, oder er versuchte sich an verschiedenen Möglich-

15 Karoline Luise, Jakobs Klage – Radierung –
Kopie nach einer Radierung Rembrandts
Karlsruhe, Staatliche Kunsthalle

keiten, Ölbilder in Miniatur auf Alabaster und anderen Gründen zu reproduzieren, werkelte auch an der Komposition von Pasten zur Anfertigung von Abdrucken geschnittener Steine. Karoline Luise, die sich für alle technischen Fragen solcher Art ebenso lebhaft wie er interessierte, fand in ihm einen anregenden Gesprächspartner und Lehrer. Graf Lynar schreibt in seinem Tagebuch, daß man in Karlsruhe zusammen zeichnete und daß Reiffenstein die Markgräfin auch in der Technik der Schabkunst unterwiesen habe.

Sicher ist, daß er während dieser Zeit Karoline Luises Interesse an der Technik der Radierung erweckte, in welcher er selber arbeitete; dabei verwies er sie auf das Studium der Werke Rembrandts. Im Mai 1760, nachdem er Karlsruhe verlassen hatte, um mit seinem Grafen für einige Monate nach Straßburg zu gehen, bestellte er dort für die Markgräfin alle Werkzeuge, welche man zum Radieren benutzt, und dankte ihr zwei Monate später dann für die »beiden Abzüge der ersten Platte dieser Art«. Über deren Gelingen war er um so mehr erstaunt, als er aus eigener Erfahrung wußte, »wie schwierig es ist, die Radiernadel so geistreich und frei wie Rembrandt zu führen«. Offenbar handelt es sich bei diesem ersten Versuch Karoline Luises um die Kopie einer Radierung Rembrandts, den Kopf eines alten Mannes darstellend, die sie sich aus Mannheim geliehen hatte. Im folgenden Jahre schrieb sie nämlich an Reiffenstein, sie habe nun auch ein Original dieses »Philosophe« ausfindig gemacht und für 25 Louisdors angeboten bekommen. Später kopierte sie mit Geschick noch Rembrandts bekanntes Blatt der Klage Jakobs, dem man die blutigen Kleider seines Sohnes Joseph überbringt.

Angeregt durch Reiffensteins Erzählungen, unternahm Karoline Luise im Juli 1760 ihre erste, nur dem Studium von Kunstsammlungen gewidmete Reise, die sie in strengstem Inkognito nach Mainz und Mannheim führte; Karl Friedrich war mit von der Partie[13]. In Mainz besichtigte man das Kabinett des Grafen Stadion, in dem sich nicht eben viel Bemerkenswertes vorfand, dann die Sammlung des Grafen Oels, wo Karoline Luise außer Werken von Dou, Kupetzky und Seyboldt vor allem zwei Frauenköpfe von der Hand Rembrandts bewunderte: ». . . mir schien, ich hätte nie etwas Schöneres gesehen«, schrieb sie an Reiffenstein. Ebenso wie bei einem kleinen Männerkopf von van Dyck, der ihr beim Grafen Stadion aufgefallen war, fühlte sie sich hier versucht, das zehnte Gebot zu übertreten und die Bilder einfach einzustekken. In Mannheim machte das markgräfliche Paar einen Gang durch die dortige Bibliothek und ließ sich zahlreiche Portefeuilles aus der Sammlung der graphischen Blätter und Zeichnungen vorlegen, die Karoline Luise noch nicht kannte. Alles in allem fand sie, diese »zweimal 24 Stunden« seien doch außerordentlich lehrreich für sie gewesen. Am liebsten würde sie nun alles noch einmal zusammen mit Reiffenstein betrachten, um dadurch erst die rechten Früchte davon zu ernten. Als dieser, der zum Weihnachtsfest 1760 noch einmal kurz nach Karlsruhe zurückgekehrt war, dann 1761 seine Reise nach Frankreich und in die Schweiz fortgesetzt hatte, vermißte Karoline Luise ihren künstlerischen Mentor sehr. Im Sommer schrieb sie ihm, seine Abwesenheit mache sich bei ihren Studien täglich bemerkbar. Sie sieht sich umgeben von schönen Bildern aus der Mannheimer Galerie, die man ihr freundlichst zum Kopieren geliehen hat, und »nichts fehlt mir als Sie, tatsächlich, und Sie fehlen mir sehr. Zur Zeit studiere ich die Früchte von van Huysum, doch jeden Augenblick möchte ich Sie dazu rufen. Zwar mache ich etwas, was ihnen nahekommt, doch ist es nicht das, was mir eigentlich vorschwebt, und am nächsten Morgen bin ich nie mit dem zufrieden, was ich tags zuvor gearbeitet habe. Alles, was ich an Nutzen aus dieser Beschäftigung für mich ziehen kann, wird eine gewisse Übung in der Führung des Pinsels sein; dadurch werde ich dann später noch besser von ihrem Unterricht profitieren können. Denn auf die Folge dieser Lektionen gründe ich meine ganze zukünftige Geschicklichkeit. Der Gerard Dou ist erst skizziert und nun dem Huysum gewichen. Ich denke aber, ihn später vielleicht noch einmal vornehmen zu können, denn meine Niederkunft erwarte ich nicht vor Ende September oder Mitte Oktober. Meine Gesundheit gestattet mir keine andere Tätigkeit als diese.« Karoline Luise hat die Arbeit an den Früchten Huysums offenbar nicht vollendet, denn im Nachlaßverzeichnis der Witwe ihres Sohnes Friedrich, welcher die meisten Werke von der Hand der Mutter geerbt hatte, findet sich 1829 »Ein Fragment aus einem Fruchtstück von Huysum, Copie von I.D. der Frau Marggräfin«[14]. Karoline Luise hat Reiffenstein nicht wiedergesehen, denn dieser trennte sich von seinem Reisegefährten in Florenz, verzichtete auf die ihm reservierte Stelle in Kassel und blieb für den Rest seines Lebens in Rom. Als Freund Winckelmanns und Cicerone der großen Welt ist er dort zu einer in ganz Europa bekannten Persönlichkeit geworden. Mit der badischen Markgräfin, die ihn großzügig unterstützte, als er während der ersten Jahre noch in recht bedrängten finanziellen Verhältnissen lebte, blieb er ständig in freundschaftlicher Verbindung.

Als hätte ein lange unterdrückter Wunsch durch den Besuch von Eberts endlich die Möglichkeit seiner Erfüllung gefunden, begann Karoline Luise im Herbst 1759 eine geradezu fieberhafte Tätigkeit zu entfalten. Bis zum Ende des Jahres – also innerhalb von nur drei Monaten – hatte sie bereits achtzehn Werke erworben, im Dezember 1763, vier Jahre später, waren es 158. Bei aller Begeisterung für die Sache verlor sie dabei doch niemals den Kopf, sondern ging von Anfang an planmäßig, überlegt und kritisch vor. Sehr bezeichnend dafür ist, daß sie sofort, schon im Oktober 1759, ihrem alten Freund Fleischmann, der sich damals für einige Monate in Paris aufhielt, den Auftrag erteilte, ihr wichtige Kunstliteratur zu besorgen[15]. Vor allem fragte sie nach den »Vies des peintres flamands, allemands et hollandais« von Jean-Baptiste Descamps; dieses fünfbändige Werk war seit 1753 im Erscheinen. Verschiedene Bücher solcher Art besaß sie bereits, etwa den 1715 herausgegebenen »Abrégé de la vie des peintres« von de Piles. Auch Lépiciés für die französische Malerei des 18. Jahrhunderts wichtige Schrift über die »Vies des premiers peintres du Roi« von 1751 stand schon in ihrer Bibliothek. Fleischmann riet noch zu den Schriften des Engländers Richardson und dem »Abrégé de la vie des plus fameux peintres« von d'Argenville, der auf den Künstlerviten Vasaris basiert. Auch Watelets akademisches Lehrgedicht »L'art de peindre« schickte er im Februar 1760 nach Karlsruhe. Eines der Ausgabenbücher Karoline Luises von 1761 nennt Gérard de Lairesses »Groot Schilderboek«, eine wichtige Quelle für die holländische Malerei; sie erwarb dieses Werk in der französischen Ausgabe von 1719.

Abgesehen von Büchern, die allgemeiner Information über Künstler und Kunstprinzipien dienten, wünschte sie möglichst vollständig noch alle bisher im Druck erschienenen Kataloge von Pariser Privatsammlungen zu haben. Manche besaß sie bereits, wie sie Fleischmann im Januar 1760 wissen ließ – de Tallard, de Godefroy, de l'Orangère, de Vence –, doch fehlten ihr die von Crozat, de Thiers und Luxembourg. Allerdings wollte sie nur Kataloge von noch existierenden Sammlungen. Nur solche seien ihr von Nutzen, schrieb sie, einmal um ihre Neugier zu befriedigen, dann aber auch, weil ja die eine oder andere eines Tages vielleicht zur Versteigerung kommen werde; damit eröffne sich ihr die Möglichkeit, Dinge zu erwerben, welche ihr Vergnügen bereiten könnten.

Karoline Luises erste Unternehmung galt den Bildern der von Eberts avisierten Sammlung des Herrn Bötticher in Leipzig. Aus der bereits genannten Liste von 212 Nummern hatte sie acht Gemälde ausgesucht, die sie unverbindlich zur Ansicht erbat. Den Transport besorgten die Speditionsfirmen Schmidel in Frankfurt und Eberts in Straßburg. Die Fracht wurde zu Schiff nach Straßburg befördert, was billiger und sicherer war, dann weiter zu Lande nach Karlsruhe. Schon Mitte September traf diese Sendung ein. Nur fünf Bilder daraus sagten der Markgräfin zu, wie sie Eberts mitteilte; das waren zwei Blumenstilleben von Rachel Ruysch und Jacob Campo Weyerman, weiter eine Landschaft von Berchem und zwei kleine, Adriaen Brouwer zugeschriebene Bauernbilder. Diese Werke – von denen sich in der Karlsruher Kunsthalle heute nur noch der Weyerman nachweisen läßt – behielt sie. Zum Glück, so schrieb sie Eberts, habe sie auf einer Ansichtssendung bestanden, denn »es hätte mich geärgert, die drei anderen Stücke in mein Kabinett aufzunehmen, das ja nicht umfangreich, sondern gewählt sein soll«. Eines der in Frage stehenden Bilder, einen Netscher, hielt sie für eine Kopie, »même assez mauvaise«, und einer von den beiden Rembrandt zugeschriebenen Köpfen war von oben bis unten mit Fehlstellen bedeckt gewesen, alles in allem so schlecht erhalten, daß beide nicht in Frage kamen. Eberts zeigte sich darüber nicht verwundert, er hatte dieses Ergebnis mehr oder weniger erwartet.

Karoline Luise bat dann um eine weitere Ansichtssendung, für welche sie vier Bilder namhaft machte. Bötticher, der gern rasch verkaufen wollte, schickte gleich zehn Gemälde zur Auswahl, die im November in Karlsruhe eintrafen. Nur zwei davon wollte die Markgräfin behalten, eine »Nächtliche Feuersbrunst« des in diesen Themen brillierenden Egbert van der Poel und den sogenannten »Pot au lait« von Wouwerman. Dieses Bild stellt einen Überfall von Soldaten auf Bauern dar, wobei einem Mädchen der volle Milchkrug zerbricht. Beide Bilder fand sie »fort beau«, wenn auch mit sechshundert Talern viel zu hoch bewertet. Vierhundert biete sie, ließ sie Eberts wissen: ». . . und ich versichere Sie, damit sind sie bezahlt.« Vielleicht werde sie ja noch weitere Werke aus dieser Sammlung erwerben; die Besitzer täten also unrecht daran, nicht nachzugeben und einen potentiellen Käufer durch zu hohe Preise abzuschrecken, um so mehr, »als es in diesen kriegerischen Zeiten niemand eilig haben dürfte, überhaupt Bilder zu kaufen«. Sie sei bereit, noch ein wenig mehr zu bieten, doch nicht mehr als höchstens zweihundert Gulden, denn: ». . . ehrlich gesagt, sechshundert Taler sind sie nicht wert.« Eberts legte sich ins Mittel, und man einigte sich schließlich auf fünfhundert Taler für beide Werke. Auch das war wohl noch ein zu hoher Preis, denn der Wouwerman ist nicht das Vorbild für den nach dieser Komposition angefertigten Stich, wie in der Angebotsliste behauptet worden war, sondern eine Kopie des Pieter Wouwerman nach dem Original seines Bruders Philips, das die Dresdner Galerie schon 1742 erworben hatte. Karoline Luise, die immer in Sorge war, auf eine Kopie hereinzufallen – »je crains les copies comme le feu«, schrieb sie einmal –, war sich ihrer Sache selbst schon bald nicht mehr ganz sicher. Im Sommer 1762 schrieb sie nämlich dem Grafen Schmettow, er möge sich in Holland nach einem guten Wouwerman für sie umsehen. Da sie nur Bilder dieses Künstlers »d'une couleur dorée« kenne, seien ihr Zweifel an ihrem in der Farbe eher silbrigen Gemälde gekommen. Ihr »Maler«, mit dem wohl Melling gemeint ist, der mehr als sie gesehen habe, versichere sie allerdings, silbrige Gemälde solcher Art in Paris gesehen zu haben, die man dort als echt anspreche; trotzdem: »Sie werden mir einen guten besorgen, über den es dann nichts zu disputieren gibt.« Irrtümer solcher Art gehören zum Lehrgeld, das jeder Sammler zu zahlen hat, und Karoline Luise hat solchen Preis auch mehr als einmal entrichten müssen.

In den ersten Monaten des Jahres 1760 folgten noch drei weitere Ansichtssendungen, aus denen die Markgräfin insgesamt nur vier Gemälde aussuchte. Eines davon befindet sich noch heute in der Karlsruher Kunsthalle, ein Frühstücksstilleben des Flamen Jan Davidsz de Heem. Dieses kleine Meisterwerk dürfte in der Spätzeit des Künstlers entstanden sein, als er einige Zeit in Utrecht arbeitete. In seiner warmen,

16 J. Davidsz de Heem, Frühstücksstilleben – Karlsruhe, Staatliche Kunsthalle

tieftonigen Farbigkeit kommt es den besten Werken Willem Kalfs nahe. Mit dem Hinweis auf eventuelle weitere Käufe hatte Karoline Luise auch hier den geforderten Preis von hundert Talern auf siebzig zu drücken verstanden.

Noch während der Verhandlungen mit den Leipzigern war sie schon mit weiteren Käufen beschäftigt. Der achtundsiebzigjährige Baron Jacob von Häckel in Frankfurt, großer Sammler und Philanthrop, dessen Goethe in »Dichtung und Wahrheit« gedenkt, hatte ihr im Oktober 1759, nur wenige Wochen vor seinem Tode, eine Ansichtssendung geschickt, aus welcher sie zwei schöne Stilleben von Rachel Ruysch erwarb; das eine ist ein üppiger Blumenstrauß, das andere eine jener beliebten reichen Kompositionen aus der Spätzeit holländischer Malerei mit Früchten und Blumen aller Art, einem Vogelnest, Käfern und Insekten[16]. Beide Werke besitzen jenes »fini« der Durchführung, das Karoline Luise so sehr schätzte. Zum Dank für seine Bereitschaft und Mühewaltung schickte sie dem alten Herrn ihr Selbstporträt, »in Crayon gemahlt«. Seine Freude darüber war so groß, daß er sich erlaubte, ihr als Geschenkt noch »einen kleinen Mieris unterthänigst zu Füßen zu legen«. Vielleicht war es das reizvolle Bildnis eines jungen Mannes, das sich in der Karlsruher Kunsthalle befindet und vermutlich aus der Sammlung der Markgräfin stammt, ohne daß sich seine ursprüngliche Herkunft sicher feststellen ließe.

Eine sehr bedeutende Erwerbung verdankte Karoline Luise der Vermittlung des in Stuttgart tätigen Architekten de la Guêpière[17]. Mit ihm stand das markgräfliche Paar

17 R. Ruysch, Fruchtstilleben
Karlsruhe, Staatliche Kunsthalle

in enger persönlicher Verbindung, denn er beteiligte sich noch immer mit Ratschlägen am Innenausbau des Karlsruher Schlosses und hatte vor allem einen hervorragenden Entwurf für die räumliche Aufteilung des neuen Wohnquartiers der Markgräfin geliefert. Während eines Aufenthaltes in Paris erwarb de la Guêpière von einem Herrn Joullain die beiden 1728 entstandenen Stilleben Chardins mit erlegtem Wild, bedeutende Werke aus der Frühzeit des Künstlers. Dazu kamen noch zwei nicht mehr identifizierbare Gemälde von Adam Willaert und Nicolaes Berchem sowie zwei Stilleben von Jean-Baptiste Bachelier. Auf seiner Rückreise nach Stuttgart machte der Architekt kurz in Karlsruhe Station und kündigte die Sendung an. Als die Bilder dann eingetroffen waren, schrieb Karoline Luise ihm entzückt: »Die Bacheliers sind schön, doch die beiden Chardins stechen sie aus, sie sind ›admirables‹ .« Daß Bachelier, dessen Preis von sechshundert Livres sie noch zu drücken versuchte, sich darauf nicht einlassen wollte und gar noch behauptete, er habe damit sowieso bereits ein Opfer gebracht, fand sie ärgerlich. Ein Jahr später fragte sie Fleischmann, ob er diese beiden Bilder nicht für sie in Paris wieder verkaufen könne, denn sie gefielen ihr nicht. Fleischmann sah keine große Chance, weil man Stilleben in Paris nicht so sehr schätze; eher ließen sie sich wohl in Lyon anbringen, denn dort seien Darstellungen von Blumen als Vorbilder für die Textilindustrie gesucht. Karoline Luise leuchtete dieser Vorschlag zwar ein, »doch ob man dafür sechshundert Livres in Lyon zahlen wird?« In einem Kontobuch der Markgräfin findet sich

18 J.-B. S. Chardin, Stilleben mit totem Rebhuhn
Karlsruhe, Staatliche Kunsthalle

unter den Einnahmen des Monats Juli 1762 ein Betrag von 275 Livres für »Bachelier«; demnach dürfte sie die Bilder damals mit einigem Verlust wieder abgestoßen haben.

Sie war um so glücklicher über Chardins Stilleben, als sie sich bei Fleischmann bereits im Oktober 1759 nach zwei Pendants des Künstlers erkundigt hatte, von dem ihr damals noch keine Werke im Original bekannt geworden waren. Diese beiden Bilder, welche dem Abbé Trublet gehörten – sie sind heute Besitz des Museums in Rennes[18] – seien in einer »brochure périodique« sehr gelobt worden, eines davon beschrieben als »ein Glas Wasser, Kirschen und noch eine andere Frucht«. Fleischmann teilte ihr mit, die Stilleben seien nicht mehr bei Trublet, sondern nach einer Ausstellung im Louvre wieder an den Künstler zurückgegangen; anscheinend wollte Chardin Wiederholungen dieser Gemälde anfertigen. Er sei seit Jahren mit dem Künstler befreundet und könnte ihn sicher dazu veranlassen, Repliken auch für Karlsruhe herzustellen; diese würden dann bestimmt nicht mehr kosten als das, was Trublet für seine Bilder gegeben habe. Der Abbé wolle übrigens die von ihm gezahlte Summe nicht nennen. »Die Zeiten sind für alle Menschen jetzt schlecht, besonders für die Künstler. Heutzutage trennt man sich vom Angenehmen, um sich an das Nützliche zu halten, sogar um sich auf das Notwendige zu beschränken.« Fleischmann wollte sich bemühen, einen möglichst günstigen Preis zu erreichen. Karoline Luise dankte ihm für seine Auskunft und bat ihn, doch gesprächsweise aus Chardin herauszubringen, was er denn für ein kleines Bild, »très fini«, verlange. Wegen verschiedener Erwerbungen, die sie gemacht habe, müsse sie im Augenblick auf alle größeren Ausgaben verzichten. Könnte man ihr nicht einmal eine Ansichtssendung von mehreren Bildern des Künstlers aus Privatbesitz zukommen lassen? Die Kosten der Anfertigung einer Kiste und alle Transportspesen würde sie tragen. Denn »ich kenne den Pinsel dieses Meisters überhaupt nicht«; Rühmendes habe sie zwar darüber gehört, allerdings auch, daß dessen Bilder außerordentlich teuer seien. Bei all solchen Verhandlungen solle Fleischmann aber auf keinen Fall ihren Namen preisgeben, denn er kenne ja seine Landsleute: »Sie besitzen eine schnelle Auffassungsgabe und so große Liebenswürdigkeit, daß man von ihnen bereits eingewickelt ist, ehe man sich dessen versieht«; dann könne sie nicht mehr zurück und würde sich in eine Ausgabe verstricken, die sie gerade jetzt vermeiden müsse. Habe sie aber etwas von Chardins Bildern gesehen und kenne deren Preis, könnte sie daraufhin ihre Arrangements treffen. Fleischmann erfüllte ihren Wunsch auf eine ebenso überraschende wie noble Art. Aus seinem eigenen Besitz schickte er ihr eine kleine Fassung der »Briefsieglerin«, jener berühmten Komposition, deren große Ausführung aus dem Jahre 1733 der preußische König für Sanssouci gekauft hatte, und bat sie gleichzeitig, das Werk als Geschenk anzunehmen. Karoline Luise war entzückt und schrieb, er habe ihr Kabinett damit um eines seiner schönsten Stücke bereichert. Obgleich es ihr eigentlich nicht recht war, daß er keine Bezahlung akzeptieren wollte, nahm sie sogar noch zwei Bilder von Meskerck, die er ihr ebenfalls dedizierte, »denn ich muß Ihnen gestehen, ich bin ebenso verrückt nach guten Bildern wie nach Büchern . . . Urteilen Sie selbst, von wie großem Wert mir all die Mühe ist, die Sie freundlicherweise für mich auf sich genommen haben. Kommen Sie, damit ich Ihnen danken und mich der Unterhaltung mit einem Freunde erfreuen kann, der einen so großen Beitrag zu meinen ›délices‹ geleistet hat.« Es bedeutet einen großen Verlust für die Karlsruher Galerie, daß man gerade dieses Werk Chardins im Jahre 1853 abgestoßen hat; es ist seitdem verschollen.

In den neun Monaten, während derer Karoline Luise sich mit den bisher geschilderten Erwerbungen beschäftigte, war auch Boucher für sie an der Arbeit[19]. Eberts hatte schon im Sommer jene »tête en pastel« bestellt, welche Karoline Luise ihm für den Künstler in Auftrag gegeben hatte, und er berichtete am 6. September, Boucher sei dabei, das Werk zu beenden, habe sogar noch ein Pendant dazu angefertigt. Mitte Oktober trafen die beiden Köpfe in Karlsruhe ein. Karoline Luise fand sie »admirables« und ganz ihren Erwartungen entsprechend; sie meinte, ihr Kabinett empfange neuen Glanz durch diese Bilder: »mes deux Boucher me font un singulier plaisir.« Anfang Dezember schrieb Eberts dann, der Künstler habe ihm angeboten, zwei Pastoralen für die Markgräfin zu malen. Üblicherweise bekomme er hundert Louisdors für zwei Stücke solcher Art; wegen seiner »respectueuse considération« für die Fürstin und weil er deren schönes Kabinett durch zwei hübsche Stücke zu bereichern wünsche, wolle er sich jedoch mit fünfzig neuen Louisdors zufrieden geben. Karoline Luise nahm das Angebot mit Vergnügen an: ». . . ich zweifle nicht

19 F. Boucher, Schäferszene – Karlsruhe, Staatliche Kunsthalle

einen Moment daran, daß ich mit den Bildern zufrieden sein werde«, »étant folle de ses deux têtes.« Ein paar Tage später schrieb sie Eberts, er möge Boucher bitten, seine Kompositionen auch noch um einige Tiere zu bereichern, da er solche so hervorragend zu machen verstehe. Am 8. Januar berichtete Eberts dann, er sei beim Künstler gewesen, der an einer der beiden Pastoralen arbeite. Zwei Meisterwerke habe er versprochen, in denen von allem etwas zu sehen sein sollte: Figuren, Tiere, Blumen, Bäche: »... Die Komposition wird sehr anmutig sein, die Zeichnung korrekt, das Kolorit charmant«; daran sei nicht zu zweifeln. Karoline Luise war sehr gespannt auf die Arbeiten: »... er muß in allen diesen Genres hervorragend sein; deshalb wird es mir großes Vergnügen machen, seinen Pinsel in all den verschiedenen Partien kennenzulernen.« Am 20. März berichtete Eberts noch einmal, er mache oft Besuch bei Boucher und den in seinem Atelier auf Staffeleien stehenden Pastoralen, und er sei ganz sicher, Karoline Luise nicht zu enttäuschen: »... die schönste Nymphe oder Schäferin des Jahrhunderts der Asträa« – also des Goldenen Zeitalters – »ist nicht hübscher gewesen als die unseres Bildes. Der Schäfer, auf den sie den Blick voller Leidenschaft richtet, ist auch sehr schön gewählt. Die Lämmer und Hammel, die Bäche, Statuen, Blumen usw. sind wie die Natur selbst und sehr schön in der Durchführung, ohne jede Kälte.« Dieses erste Bild traf im Mai ein, zusammen mit zwei weiteren Pastellen, Brustbildern von jungen Frauen; von diesen gefiel Karoline Luise besonders das »Mädchen, das einen Brief in der Hand hält«.

Sie wollte gern wissen, wer auf den vier »têtes«, die sie nun besaß, dargestellt sei. Allerdings solle Boucher nun keine weiteren Pastelle mehr ohne besondere Aufforderung schicken, schreibt sie, denn man sei damit beschäftigt, den Dekor des Kabinetts zu entwerfen, für welches sie bestimmt seien, und möglicherweise brauche man dann ein anderes Format. Daraus wird deutlich, daß Karoline Luise diese Pastelle doch nicht in ihr eigentliches Malerei-Kabinett übernehmen wollte, sondern als Wandschmuck für einen der neuen Räume im Schloß vorgesehen hatte. Ihr Dank für die Pastorale klingt temperiert: Sie hat diese »mit Vergnügen« erhalten, das Bild »entspricht vollkommen meinen Erwartungen«, sie freut sich auf das Gegenstück. Dieses, zwei sitzende Schäferinnen vorstellend, welche einen Brief lesen, traf dann im Juni ein. An Reiffenstein, der sich damals in Straßburg befand, schrieb sie, dieses Pendant sei wesentlich besser als das erste Bild: ». . . die Komposition ist hübsch, die Zeichnung korrekt, das Kolorit viel kräftiger; kurz, es würde Ihnen gefallen.« Alles in allem waren auch die Pastoralen offenbar kein ausgesprochener Erfolg, denn Karoline Luise nahm sie ebensowenig in ihr Kabinett auf wie die Pastelle, sondern überließ sie dem Gatten zum Schmuck für die Inneneinrichtung des Schlosses. Da diese in sein Ressort fiel, hatte er ihr auch die Auslagen, welche ihr entstanden waren, auf Heller und Pfennig einschließlich Portokosten zurückzuerstatten. In seinem »Jurnal meiner Hand Gelder für das Jahr 1759/60« findet sich der entsprechende Eintrag[20]. Die beiden Bilder, konventionell in der Farbigkeit, zeigen ein routiniertes, schon zu formelhafter Manier erstarrtes Können; ihnen fehlen das geistreiche Brio und der sinnliche Schmelz des Kolorits der früheren Werke. Bouchers Kunst, ehemals vollendeter Ausdruck des höfischen Rokoko, war damals bereits nicht mehr tonangebend. Der Zeitgeschmack hatte inzwischen den entscheidenden Schritt zum frühen Klassizismus vollzogen, und Boucher sah sich dadurch zum Repräsentanten einer vergangenen Generation gestempelt, dessen Stil die Wortführer der Jungen ablehnten. Man war der tändelnden Frivolitäten, der unernsten Schäferspiele müde geworden und suchte nun das Einfache, Ernste und Sittliche und das, was man als Ausdruck wahren Gefühls ansah. Schärfster Kritiker Bouchers war Diderot, der Herausgeber der großen Encyclopédie, einer der einflußreichsten Literaten seiner Zeit. In seiner Besprechung des Salons von 1761 – also ein Jahr nach den Karlsruher Pastoralen – schreibt er über Bouchers dort ausgestellte Werke[21]: ». . . Welche Farben, welche Variabilität, welcher Reichtum an Ideen und Gegenständen! Alles besitzt dieser Mann, nur die Wahrheit fehlt ihm . . . Alles ist falsch an seinen Pastoralen, von der Farbe angefangen . . . Jede Wette möchte ich eingehen, daß Sie nirgendwo auf dem Lande auch nur ein einziges Hälmchen seiner Landschaften finden werden . . .« Karoline Luise, welche alle Berichte über die Pariser Salons erhielt, wird ihm beigepflichtet haben. Auf den niederländischen Realismus eingeschworen, konnte sie Bouchers Kunst letztlich wohl doch nicht viel abgewinnen. Trotzdem bat sie Eberts im Juni 1760, ihr gelegentlich noch ein Porträt der Madame de Pompadour von seiner Hand zu schicken. In diesem Falle war es vielleicht mehr die Dargestellte, welcher ihr Interesse galt, als Bouchers Kunst. Erst im Februar 1762 lieferte der Meister es ab, zusammen mit einem weiteren Pastellporträt, das Mademoiselle Bienvenu, eine

20 P. Claesz, Frühstücksstilleben – Karlsruhe, Staatliche Kunsthalle

Tänzerin der Opéra Comique, darstellte. Zum Bildnis der »Madame^{xxx}«, deren Namen Eberts der Briefzensur wegen offenbar nicht ausschreiben wollte, meinte er, die Dame sehe jetzt nicht mehr so gut aus wie auf dem Bilde; vor drei Jahren sei das Porträt aber noch sehr ähnlich gewesen. Leider hat sich von diesen Pastellen jede Spur verloren.

Reiffenstein, der 1760 mit seinem Schüler mehrere Monate in Straßburg zubrachte, blieb während dieser Zeit in regem Briefwechsel mit der Markgräfin, deren Interessen er im Auge behielt. Wie es seine Gewohnheit war, hatte er auch hier Umgang mit Sammlern und Kunsthändlern gesucht und berichtete Karoline Luise am 24. Mai, er habe einen Herrn Braun kennengelernt, der einige gute Bilder besitze und ihr diese gern einmal vorführen würde, Werke von Berchem, Roos und Heda. Karoline Luise schrieb umgehend zurück, er möge alles sofort zur Ansicht schicken. Das ist offenbar geschehen, denn in einer deutsch geschriebenen Liste, welche diese Werke ohne Angabe eines Absenders aufführt[22], werden zwei in der Größe übereinstimmende Stilleben Hedas als Pendants genannt; der Beschreibung und den Maßen nach stimmen sie genau mit den beiden schönen Frühstücksstilleben von Pieter Claesz und Willem Claesz Heda in der Karlsruher Kunsthalle überein. Obgleich von zwei verschiedenen Meistern stammend, sind diese Bilder einander im Sujet so nah verwandt, in der Kompositon so aufeinander bezogen und im silbrigen Grün und Grau ihrer Farbstellung auch so ähnlich, daß man sie leicht als Werke einer und derselben Hand auffassen könnte. Nur das Bild Hedas ist signiert, das andere ohne Inschrift, wodurch sich die Zuschreibung leicht erklärt.

21 N. de Largillière, Fruchtstilleben – Karlsruhe, Staatliche Kunsthalle

Bei Johann Christoph Reishoffer, einem anderen Sammler aus alter Straßburger Familie, den er zweimal besucht hatte, waren Reiffenstein einige Stilleben zu Gesicht gekommen, die seiner Meinung nach ebenfalls für das Karlsruher Kabinett in Frage kommen könnten. Der Besitzer, so schrieb er, sei einem Verkauf nicht abgeneigt. Reiffenstein nannte drei Gemälde des »berühmten Desportes«, von denen zwei als Pendants gedacht seien und als solche daher auch nur zusammen abgegeben werden sollten; das dritte, mit einem in einer Nische aufgehängten Fasan, erregte ihm den Verdacht, nur eine geschickt gemachte Kopie zu sein. Ein weiteres, nicht signiertes Stilleben, das in reich geschnitztem und vergoldetem Rahmen einen Korb voller Trauben auf einem Piedestal, davor liegend andere Früchte darstellte, von kräftig schöner Farbigkeit, sei vielleicht auch ein Werk von der Hand des Desportes. Dann gab es noch eine Darstellung mit Früchten, Blumen und einem »joli chien espagnol«, geschmackvoll gemalt und sehr lebenswahr; nach Aussage des Besitzers sollte es ein Werk Largillières sein. Reiffenstein war sich über die Zuschreibung nicht klar, denn er kannte bisher nur Porträts von der Hand dieses Malers, meinte aber: ». . . selbst wenn es nicht von ihm sein sollte, ist es darum doch nicht weniger schön.« Ein Gemälde des Genuesers Giovanni Benedetto Castiglione stellte kämpfende Hähne in einem Geflügelhof dar, »peint avec grand goût et beaucoup de force«. Karoline Luise ließ sich alle Bilder schicken und schrieb:

». . . mit jedem neuen Werk, das beim Auspacken zum Vorschein kam, steigerte sich meine Zufriedenheit.« Bis auf die Pendants von Desportes behielt sie alle und suchte Reiffenstein ihre Entscheidung zu erklären: ». . . meine Wahl bei den Desportes wird Sie überraschen, denn sie ist auf das Einzelstück gefallen, und zwar aus folgendem Grund: nicht, daß ich die beiden Pendants nicht schöner fände, doch unterscheiden sie sich nicht sehr voneinander, und außerdem sind die Haselhühner darauf dem, welches ich von Chardin bereits besitze, so ähnlich, daß mir für das Ziel, welches ich verfolge – Sie kennen es ja – der Fasan mehr bedeutet; einen solchen habe ich nämlich noch nicht.« Dieser etwas merkwürdig anmutende Gesichtspunkt entspricht zwar durchaus Karoline Luises Vorstellung von einem Kabinett als »Mittel der Belehrung«, steht aber im Widerspruch zu ihrer Forderung nach künstlerischer Qualität und ihrer Furcht vor Kopien. Obgleich sie solche sonst »wie das Feuer« scheute, ging sie hier bewußt dieses Risiko ein. Reiffenstein hatte übrigens mit seiner Beurteilung recht; das noch im Bestand der Karlsruher Kunsthalle erhaltene Werk von Desportes wirkt recht trocken und zeigt Schwächen, welche auf eine Werkstatt-Wiederholung oder eher noch Kopie deuten. Dafür hat Karoline Luise mit den beiden anderen Stilleben um so mehr Glück gehabt; beide sind vorzügliche Werke Largillières, dessen Bedeutung als Stillebenmaler man erst in neuerer Zeit wieder recht erkannt und zu schätzen gelernt hat. Das Tierbild von Castiglione entzieht sich der Beurteilung, da es 1831 aus dem Bestand der Galerie verkauft wurde und seitdem verschollen ist.

Obgleich auch Melling, der Reiffenstein bei dessen zweitem Besuch im Hause Reishoffer begleitet hatte, von der hohen Qualität der angebotenen Bilder überzeugt war, hatte die Markgräfin es von vornherein versucht, den verlangten Preis von siebzig auf sechzig Louisdors drücken zu lassen. Ihr sei klar, schrieb sie, daß am teuren Preis die Rahmen schuld seien – bei den Bildern Largillières sind sie in der Tat sehr reich und schön gearbeitet –, doch für sie sei nur der Kern wichtig, nämlich das Bild, nicht dessen äußerer Dekor. Sie müsse sogar gestehen, daß ihr überhaupt nichts an Rahmen liege: ». . . je ne les compte pour rien.« Auch diese Äußerung ist kennzeichnend für Charakter und Zweck des Malerei-Kabinetts: seine Besitzerin liebte es, immer wieder das eine oder andere Bild hervorzuholen, es vor sich auf eine Staffelei zu stellen und in Ruhe zu studieren. Geschnitzte und vergoldete Rahmen, und wären sie noch so schön gewesen, störten sie dabei nur.

Übrigens läßt sich gerade bei dieser Erwerbung beobachten, mit welch hausfraulicher Sorgfalt die Markgräfin sich über die geldliche Seite der Käufe Gedanken machte und überlegte, in welcher Form Soll und Haben ihrer privaten Finanzen zur Deckung zu bringen seien. In einem ihrer Ausgabenhefte des Jahres 1760 findet sich eine Seite, auf welcher unter dem Datum des 26. Juli Kolonnen mit »Ausgab« und »Einnahm« gegeneinander gesetzt sind.[23] Als Ausgaben erscheinen hier die fünf Bilder der Sammlung Reishoffer mit einem Gesamtbetrag von 946 französischen Livres. Unter dieser Summe heißt es: »5 Louisdor« – gleich 55 Livres – »abgezogen sur le total: 891 Livres.« Diesen Abzug sollte Reiffenstein vermutlich beim Verkäufer heraushandeln. Auf der Einnahmeseite figurieren dagegen verschiedene Beträge,

22 H. Verschuring, Straßenszene in italienischer Stadt – Karlsruhe, Staatliche Kunsthalle

einmal für die beiden verkauften Bilder von Bachelier, dann »60 Duc Hanau« – gleich 300 Livres – aus dem Elsaß, hundert Taler »Ersparnisse«, wohl aus ihrer Apanage, weiter kleinere Summen aus den laufenden Einnahmen des Jahres und schließlich zur letzten Abrundung des Betrages noch 55 Livres für elf verkaufte Flaschen ungarischen Weins; alles zusammen ergab wiederum 891 Livres.

Mit Rubens, dessen Name von Anfang an auf allen Wunschlisten der Markgräfin stand, hat sie nicht eben viel Glück gehabt. Im Sommer 1760 ließ sie sich aus der Versteigerung der Sammlung des bekannten Malers und Kunstschriftstellers Gerard Hoet in Amsterdam eine Landschaft des großen Flamen beschaffen, die sie dreihundert Gulden kostete. Mit diesem Auftrag war wohl einer der Amsterdamer Kunsthändler betraut worden; wer es gewesen ist, läßt sich nicht ermitteln. Die emphatische Beschreibung des Bildes im Auktionskatalog muß Karoline Luises Interesse geweckt haben. Als es schließlich in Karlsruhe eintraf, erwies es sich als viel zu groß im Format für ihr Kabinett, so daß sie versuchte, sich baldmöglichst wieder von ihm zu trennen. »Nur seine Größe setzt mich in Verlegenheit, denn ich habe nur ein sehr kleines Cabinet, dessen Raum es ganz in Anspruch nehmen würde.« So schrieb sie im Februar 1761 dem in Mannheim tätigen Maler Lambert Krahe[24], der auch Kunsthandel betrieb und ihr gerade einige Bilder zur Auswahl geschickt hatte. Ihm bot sie den Rubens zum Tausch an, doch winkte er höflich ab, weil die Markgräfin sich nur eine kleine und nicht teure Genreszene von Brekelenkam aus seinem Angebot ausgesucht hatte.[25] Trotzdem gelang es ihr, sich noch erfolgreich aus der Affäre zu ziehen, denn der Frankfurter Kunsthändler Ehrenreich, von dem sie zwei Monate später acht Gemälde erstand – darunter Werke von Poelenburgh, Ostade, Bramer, Lingelbach und Roos[26] – übernahm die Rubens-Landschaft zum vollen

Preis und zog die dreihundert Gulden dafür von seinem Rechnungsbetrag ab.[27] Da er den gleichen Betrag für zwei kleine Landschaften von Johann Heinrich Roos verlangt hatte, dürfte die Transaktion für ihn kein schlechtes Geschäft bedeutet haben, sofern das eingetauschte Bild wirklich ein Original von Rubens gewesen ist.

Zuschreibungen an bestimmte Meister, welche Kunsthändler und Sammler des 18. Jahrhunderts ihren Bildern gaben, sind oft mit Vorsicht aufzunehmen, selbst wenn man zugestehen will, sie seien in gutem Glauben ausgesprochen worden. So haben neuerdings angestellte Untersuchungen ergeben, daß es sich bei der malerisch reizvollen »Italienischen Straßenszene«, welche Ehrenreich als Werk Lingelbachs an Karoline Luise verkauft hat, um eine »Verfälschung« des 18. Jahrhunderts handelt. Das Bild entspricht dem aus vielen gesicherten Werken bekannten Stil dieses Künstlers nicht, und die in der linken unteren Ecke angebrachte Signatur gab durch ihre Schreibweise zu Bedenken Anlaß. Bei einer Reinigung des Bildes kamen rechts unten Reste einer anderen, originalen Bezeichnung zutage, die zum Teil beseitigt, dann übermalt worden war. Sie weist das Bild unzweifelhaft als ein Werk des Hendrik Verschuring aus, mit dessen Stil es auch völlig übereinstimmt. Dem Sujet nach hat dieser kleinere Meister ähnliche Szenen wie Lingelbach gemalt, doch war letzterer wesentlich bekannter und beliebter, so daß Werke seiner Hand auf dem Kunstmarkt weitaus höhere Preise erbrachten. Für einen Verschuring hätte Ehrenreich kaum die zweihundert Gulden fordern können, welche Karoline Luise ihm für einen Lingelbach anstandslos gezahlt hat.

Eberts war in Paris nicht müßig geblieben und hatte Verbindung mit dem Porträtmaler Jacques-André-Joseph Aved aufgenommen. Dieser besaß eine umfängliche Gemäldesammlung, in welche er sein und seiner Frau ganzes Geld gesteckt hatte. Er galt für einen der vorzüglichsten Kenner seiner Zeit, weil er viel herumgekommen und vor allem mit den holländischen Sammlungen sehr vertraut war. In der Einleitung zum Katalog der Versteigerung von Aveds Kunstbesitz, die nach dem Tode des Künstlers im November 1766 stattfand, steht ein merkwürdiges Wort; es heißt da, er habe die von ihm zusammengetragene Sammlung als seine »Bibliothek« bezeichnet, mit deren Hilfe er Stil und Technik der verschiedenen Meister studierte. Hätte Karoline Luise, die ihr Malerei-Kabinett im gleichen Sinne verstand, seine persönliche Bekanntschaft machen können, wäre es zweifellos zu recht interessanten Gesprächen für sie gekommen. Wie so viele seiner Malerkollegen betrieb Aved auch Kunsthandel. Eberts, der die Sammlung kannte, wußte, daß sich dort außer einem Mieris, den Karoline Luise suchte, auch ein hervorragendes Blumenbild van Huysums befand, das zu ihren dringlichsten Wünschen gehörte. Dieser beiden Bilder wegen, welche seiner Meinung nach »de toute beauté« waren, hatte Eberts Verhandlungen aufgenommen, fand Aveds Bedingungen jedoch »violent«. Bei einer Ansichtssendung, so schrieb er nach Karlsruhe, verlange der Künstler als Gebühr für jedes nicht akzeptierte und wieder zurückgeschickte Werk fünf Prozent des Schätzwertes! Überhaupt war es schwierig, mit ihm ins Gespräch zu kommen, denn Aved hielt sich auf seinem Landsitz zehn Meilen außerhalb von Paris auf, und Eberts mußte einen Postwagen nehmen, um ihn dort aufzusuchen. Karoline Luise

23 J. van Huysum, Blumenstrauß – Karlsruhe, Staatliche Kunsthalle

wurde über dem Hin und Her allmählich unruhig, denn sie fürchtete, die Bilder könnten ihr entgehen. Plötzlich weigerte sich Aved, sie aus Sorge wegen eines möglichen »accident« überhaupt zur Ansicht zu schicken, und verlangte dazu noch, die Markgräfin müsse, wenn sie den Huysum kaufen wolle, auch dessen Gegenstück und »compagnon«, ein Stilleben der Maria van Oosterwyck, dazu nehmen; der Preis für beide Bilder belaufe sich auf 6200 Livres; der Mieris sollte zweitausend kosten. Aved sei nicht dazu zu bewegen, in seinen Forderungen nachzulassen, klagte Eberts, denn er wisse, seine Bilder seien Originale, und überhaupt wolle er sofort nach Friedensschluß über das Ganze mit dem König von Preußen verhandeln, der schon einmal für sechzigtausend Livres bei ihm gekauft habe. Offenbar legte Aved es darauf ab, Karoline Luise und ihren Unterhändler nervös zu machen. Am 18. Oktober schrieb Eberts schließlich, nicht weniger als acht Tage habe er gebraucht, den Handel wegen des Huysum perfekt zu machen. Und wenn er sich nicht reichlich mit Bargeld versorgt hätte, wäre es ihm überhaupt nicht gelungen, die Sache zu gutem Ende zu bringen. Mehrere Tage habe er vergeblich versucht, nur den Huysum und den Mieris zu bekommen; um aber den Verkäufer, der ein wohlsituierter Mann sei, nicht endgültig zu vergraulen, und da auch Boucher die Authentizität der Bilder anerkenne, habe er nun den Kauf aller drei Gemälde mit einem Rabatt von sechshundert Livres für die Markgräfin abgeschlossen. Der Huysum, der ohne den augenblicklichen Krieg längst beim preußischen König hängen würde, sei »d'une beauté ravissante«. Als die Bilder glücklich in Karlsruhe eingetroffen waren, kam von dort dann noch völlig unerwartet ein Schreckschuß. Offenbar auf Grund einer von Melling gemachten Beobachtung beanstandete Karoline Luise, daß die Bilder von Huysum und Mieris Wurmlöcher aufwiesen, vielleicht sogar noch vom Holzwurm befallen seien. Nun erwog sie die Möglichkeit, aus diesem Grunde den Preis noch nachträglich herabzusetzen. Eberts war gekränkt und entsetzt: ». . . Mr. Aved ist unfähig, jemanden zu täuschen, er ist ein angesehener und respektabler Mann, reich, ein Ehrenmann, seit zwanzig Jahren Professor an der Akademie und Maler des Königs. Sein guter, aufrechter Charakter, den ich seit vielen Jahren kenne, hätte es ihm niemals erlaubt, mir Bilder zu verkaufen, die über kurz oder lang Schaden nehmen würden.« Er fleht Karoline Luise an, sich über den Schaden, welche diese »Unglückswürmer« im Huysum oder Mieris anrichten könnten, doch zu beruhigen. Nichts sei leichter, als die Tiere ganz und gar unschädlich zu machen, falls sie überhaupt noch vorhanden seien; man brauche nur Terebinthen-Essenz in die Löcher laufen zu lassen, um sie zu töten. Sogar ein beruhigendes Schreiben von M. Godefroi, dem Restaurator und Aufseher über die Bilder des Königs, brachte er bei.[28] Dieser empfahl Terpentin zur Füllung der gewiß schon alten Löcher. Damit scheint sich dann Karoline Luise schließlich zufrieden gegeben zu haben. Sie besaß auch allen Grund dazu, denn der Blumenstrauß van Huysums ist ein wirkliches Meisterwerk dieses erst 1749 in Amsterdam verstorbenen Künstlers, der zu seiner Zeit als König aller Blumenmaler galt und sich seine Bilder sozusagen mit Gold aufwiegen ließ.

Das große Ereignis auf dem Pariser Kunstmarkt des Jahres 1761 war die nach langen Verzögerungen endlich am 6. Februar beginnende, sich über zwei Wochen erstrekkende Versteigerung der Sammlung des verstorbenen Comte de Vence. Der Graf, von dessen Tod Eberts und Fleischmann unabhängig voneinander der Markgräfin im Januar 1760 berichteten, stammte aus einer der ältesten Adelsfamilien Frankreichs und war mit einer Urenkelin der Madame de Sévigné verheiratet gewesen. Als Soldat zu hohen militärischen Ehren emporgestiegen, wurde er schließlich »Lieutenant Général des Armées du Roi« und Kommandant der Festung La Rochelle. Musisch interessiert, scheint er schon als junger Mann während der flandrischen Feldzüge niederländische Malerei kennen und schätzen gelernt zu haben. Damals begann er auch zu sammeln; Teniers, von dem er besonders viele Werke erworben hat, und Rembrandt waren die von ihm am höchsten verehrten Meister. Im Laufe der Jahre hatte er eine in ihrer Art sehr bedeutende Galerie zusammengebracht, die auch zahlreiche Werke zeitgenössischer Kunst umfaßte. Eine große Anzahl seiner Bilder ließ er im Kupferstich reproduzieren, um einmal die Arbeit der vorzüglichen französischen Meister dieses Kunstzweigs zu fördern, dann auch, um den Geschmack des Publikums durch solche Wiedergaben guter Kunstwerke zu bilden. Johann Georg Wille, der in Paris heimisch gewordene deutsche Stecher, einer der angesehensten seines Faches in Europa, besaß das besondere Vertrauen des Grafen. Nicht nur hat er mehrere Gemälde aus dessen Sammlung reproduziert, sondern im

24 J.-B. Greuze, Bildnis des Kupferstechers Johann Georg Wille – Paris, Musée Jacquemart-André

Auftrag des Besitzers auch deren Katalog verfaßt, der 1760 erschien; Karoline Luise besaß ihn, wie aus einem ihrer Briefe hervorgeht.

Kaum hatte sie die Nachricht vom Tode des Grafen erhalten, schrieb sie schon an Eberts, es werde wohl ein großer Andrang der Kenner einsetzen, wenn die Sammlung zur Versteigerung komme; daher wolle sie ihm jetzt schon ihre Wünsche nennen: zwei Philosophen von Rembrandt, eine Maria mit dem Kinde von van Dyck, Largillières Porträt der Madame de Simiane, Enkelin der Madame de Sévigné, weiter die Kleopatra Netschers, welche Wille so vorzüglich gestochen habe – diesen Stich besaß sie demnach bereits –, eine Winterlandschaft mit Kalkofen von Berchem, eine Mondscheinlandschaft des Aert van der Neer, eine kleine, von Chedel gestochene Landschaft Breenberghs und die Ente vom Samtbrueghel. Was würden denn wohl der Eglon Hendrik van der Neer und die »Alte Frau« von Dou kosten? Gibt man keine Bilderpreise an? Es falle ihr schwer, meinte sie, sich auf das zu beschränken, denn bei der Lektüre des Kataloges fühle sie sich versucht, einfach alles besitzen zu wollen.

Eberts antwortete am 31. Januar, die Auktion werde in zwei bis drei Monaten stattfinden, man arbeite an einem neuen Katalog. Er würde sich freuen, wenn es gelänge, die Kleopatra von Netscher für sie zu bekommen, »ohne Zweifel das schönste Stück dieses Kabinetts; das Kolorit ist von bezaubernder Schönheit und die Erhaltung ausgezeichnet«. Auch nach zwei »Akademien«, großen männlichen

Aktbildern von Jean-Baptiste Pierre, scheint die Markgräfin in einem nicht erhaltenen Brief gefragt zu haben; jedenfalls meinte Eberts, diese Bilder würden wohl kein großes Interesse erregen und kaum mehr als sechs Louisdors pro Stück bringen. Boucher habe versprochen, ihn bei den Käufen zu beraten, wolle ihn sogar auf die Auktion begleiten.

Inzwischen hatte sich auch Fleischmann gemeldet, der über den Tod des Comte de Vence noch zu berichten wußte, der Graf habe sich an einem Frikassee vergiftet; dieses sei in einer schlecht verzinnten Kasserole zubereitet worden, in welcher sich Grünspan gebildet hatte. Wichtiger war für Karoline Luise die Nachricht, daß Wille dabei sei, die offizielle Schätzung der zum Verkauf kommenden Bilder vorzunehmen; er stehe der Markgräfin zu Diensten, falls sie an etwas interessiert sei. Von nun an läuft Karoline Luises Korrespondenz in dieser Angelegenheit zweigleisig. An sich hätte sie die Vertretung ihrer Interessen in der Auktion offenbar lieber Fleischmann und Wille anvertraut, denen sie eine Liste ihrer Wünsche schickte. Andererseits fühlte sie sich nach der voraufgegangenen Korrespondenz doch auch Eberts verpflichtet, den sie nun nicht völlig ausschalten konnte. Das verstanden die beiden Herrn gut und schlugen vor, um eine Konkurrenz mit dem »banquier« in der kommenden Auktion auszuschließen, solle sie Wille diejenigen Bilder nennen, welche sie durch ihn zu kaufen wünsche. Wille schickte der Markgräfin ein sehr ausführliches »Mémoire« mit Bemerkungen über alle von ihr in Betracht gezogenen Werke und Preisschätzungen, die natürlich in Hinsicht auf die Unsicherheit bei einer Auktion nur unverbindlich sein konnten.

Aus dem endgültigen Versteigerungskatalog geht hervor, daß einige Werke vom Verkauf ausgeschlossen worden waren, weil sie an die Erben gingen, die Familienporträts etwa, einer der Philosophen von Rembrandt sowie van Dycks Madonna; nach den von Fleischmann kolportierten Worten des Comte de Caylus sei diese das schönste Bild der ganzen Sammlung, während Eberts selbst sie für eine »répétition« hielt.

Zu den beiden Akademien von Pierre kam Karoline Luise bereits im Oktober 1760, noch vor der von neuem verschobenen Auktion. Die Bilder waren an den Künstler zurückgegangen, denn der Verstorbene hatte sie erst kurz vor seinem Tode gekauft und noch nicht bezahlt. In seinem Gutachten streicht Wille sie nicht besonders heraus; »sie sind in der That brav gemahlet«, war alles, was er dazu zu berichten wußte, und mehr läßt sich über sie wohl auch kaum sagen. Karoline Luise kannte die Kompositionen bereits, denn sie hatte im Juni des Jahres von dem reisenden »marchand d'estampes« Jean Drieux die beiden danach angefertigten Stiche Chenus erworben[24]. Die auf einem Pantherfell sitzende Rückenfigur des einen trägt den Titel »Repos de Bacchus«, während der von vorn gesehene, gefesselt auf einem Felsblock Sitzende als »Prometheus« bezeichnet ist. Beide Figuren gehen auf zwei Jünglingsgestalten Michelangelos von der Decke der Sixtinischen Kapelle zurück. Wille hatte die Bilder für Karoline Luise von den ursprünglich dafür verlangten 1200 Livres, welche der Comte de Vence angeblich zu zahlen bereit gewesen war, auf tausend heruntergehandelt. Er stellte die Bilder zunächst bei sich unter und

25 N. Berchem, Die Furt – Karlsruhe, Staatliche Kunsthalle

schickte sie dann an Fleischmann nach Straßburg, von wo aus Reiffenstein sie nach Karlsruhe spedieren sollte. Eberts erfuhr natürlich, daß die Pierres verkauft und nach Deutschland gegangen seien; er konnte es sich nicht versagen, bei Karoline Luise beiläufig anzufragen, ob sie vielleicht diese Bilder erworben habe und mit ihnen zufrieden sei. Was die Markgräfin darauf antwortete oder ob sie die Antwort bewußt vergaß, ist der erhaltenen Korrespondenz nicht zu entnehmen.

Die für Ende November 1760 angesetzte Versteigerung wurde im letzten Augenblick noch einmal und nun endgültig auf den Februar 1761 verschoben. Karoline Luise hatte ihre Aufträge an Eberts und Wille erteilt, letzterem auch eine Anweisung über fünftausend Livres zugehen lassen, die er in Paris einlösen konnte; in den Auktionen mußte nämlich sofort bar bezahlt werden. An Fleischmann schrieb sie noch, sie hoffe, die Gesamtsumme werde die durch Wille erstellte Schätzung nicht etwa um einige Hundert Livres übersteigen, »denn das wäre keine Sache«. Käme ein Bild etwas teurer, das andere dafür billiger, sei sie einverstanden. Auf jeden Fall sei sie überzeugt, Wille werde die Bilder »nicht nach ihrem Gewicht in Gold, sondern nach ihrem wahren Wert bezahlen«.

Gespannt und unruhig erwartete sie dann das Ergebnis der Auktion, die sich über fast zwei Wochen hinzog und viele kaufkräftige Interessenten auf den Plan gerufen

26 C. Netscher, Tod der Kleopatra – Karlsruhe, Staatliche Kunsthalle

hatte. Durch Fleischmann war sie schon gewarnt worden, daß der Herzog von Pfalz-Zweibrücken ein starker Konkurrent sein werde, zumal die Auktion in dessen eigenem Stadtpalais stattfinde und sie seine Passion für die Malerei ja kenne. Auf solchen Auktionen lasse ein engagierter Sammler erfahrungsgemäß oft alle Hemmungen fallen.

Am 3. Februar notierte Wille in sein Tagebuch[30], er habe für die Markgräfin um 264 Livres und 3 Sols den »Trictracspieler« von Ostade gekauft, ferner um 360 Livres eine hübsche Landschaft von Breenbergh. »Alle anderen Bilder, die ich noch ersteigern sollte, waren entweder zurückgezogen worden oder überstiegen die Summen, welche ich ausgeben durfte.« Zwei Tage später wurde ihm noch ein Gemälde von Teniers zugeschlagen, das auf dem danach angefertigten Stich von Tardieu den Titel »Le Médicin empirique« trägt. Es stellt einen Dorfarzt dar, der prüfend ein Uringlas erhoben hat; mit besorgter Miene beobachtet ihn dabei eine Bauersfrau. Eberts erstattete am 16. Februar Zwischenbericht. Vier Bilder hatte er bekommen, zwei Pendants von Aert van der Neer – Winterlandschaft und Mondscheinlandschaft – sowie die kleine »Winterlandschaft mit Kalkofen« und eine »unvergleichlich schöne Furt im Gebirge«, beide von Berchem. Letztere wollte er auf keinen Fall auslassen und hatte sich bereits ganz sicher gefühlt, dieses Bild für 720 Livres zu bekommen, als auf eine »seconde inspection« hin plötzlich ein

Privatmann zu bieten begann und ihn um 200 Livres hinauftrieb. Eine ganze Stunde habe das Duell gedauert, schrieb er, denn die Gebote erhöhten sich immer um fünf bis zehn Livres. Schließlich sei der Gegner aber doch ermüdet, und das Bild gehöre nun ihr. Drei noch ausstehende Gemälde sollten am Abend des 16. Februar und am Morgen darauf ausgerufen werden, als letztes der Netscher.

Am 21. Februar konnte Eberts dann berichten, mit Ausnahme des Philosophen von Rembrandt, der mit 2999 Livres auf fast das Dreifache des Schätzpreises gegangen sei, habe er alles bekommen, was Karoline Luise sich gewünscht hatte. Beinahe hätte er auf Netschers Kleopatra noch verzichtet, weil er meinte, darin einige »imperfections« entdeckt zu haben. Schließlich sei ihm der Gedanke gekommen, erst dann auf das Bild zu bieten, wenn die Gebote tausend Livres überstiegen hätten; wäre es nämlich unter dieser Summe geblieben, hätte man das als ein Zeichen dafür werten müssen, daß die Kenner es für mittelmäßig ansähen. Doch dann hatte er die Genugtuung, daß es gleich mit 50 Louisdors ausgerufen wurde. Er bot dann sechzig, ein anderer nach ihm siebzig, er wieder fünfundsiebzig: »ein vielsagender Blick auf einen meiner Freunde, der den Auftrag hatte, auf das Bild zu bieten, hat Ew. Hoheit mindestens sechshundert Livres erspart, denn jener wäre bis zu 2400 mitgegangen. An meiner Contenance konnte aber jeder erkennen, daß ich meine Beute nicht aufgeben würde, und er ließ sie mir . . .« Übrigens war der Netscher das einzige Bild dieser Auktion, das nicht in Livres, sondern gleich in Louisdors ausgerufen wurde, weil man von vornherein mit starker Konkurrenz der Sammler und einem hohen Ergebnis rechnete; ein Louisdor entsprach dem Wert von vierundzwanzig Livres. »Alle unsere Kunstfreunde machten mir Komplimente über die Erwerbung und versicherten, ich hätte den ›Diamanten‹ des Kabinetts gewonnen; in meinen Augen ist er das auch, und ich bitte Ew. Hoheit, meinen Glückwunsch dafür entgegenzunehmen . . .« Die anderen . Bilder, so fand Eberts, seien alle ziemlich billig abgegangen, nur Berchems »Furt« lasse im Preise etwas von ihrer Berühmtheit spüren. Der dem Samtbrueghel zugeschriebene »Erpel« hatte nur zweihundert Livres erreicht, Breenberghs große »Römische Landschaft » mit »Christus und dem Hauptmann von Kapernaum« achthundert; Eberts meinte, dieses Bild sei ein »tableau capital« und wäre in Friedenszeiten nach Aussage aller Kenner mindestens auf zweitausend Livres gestiegen. Im Vergleich mit den extravaganten Preisen, welche der Leipziger Sammler für seine Bilder verlangt habe, sei der ganze Kauf überhaupt nicht teuer gewesen.

Auch Fleischmann war dieser Ansicht. Was wäre passiert, meinte er, hätte man die Versteigerung bis zum Friedensschluß verschoben! Gewiß hätten die Engländer dann manche Stücke auf das Doppelte des jetzigen Preises getrieben. Karoline Luise war begeistert über die Bilder, die sie errungen hatte. Netschers »Tod der Kleopatra«, ein Glanzstück raffinierter Stoffmalerei, wurde zu einem ihrer Lieblingsbilder, das sie des öfteren kopierte. Wille, der für seine Bemühungen keinerlei Entlohnung oder Kommissionsgebühr annehmen wollte, allenfalls eine Erstattung größerer ihm erwachsener Auslagen, vermerkt in seinem Tagebuch, er habe von »Madame la margrave« nicht nur einen eigenhändig geschriebenen Brief, »remplie de bontés«

27 Rembrandt, Selbstbildnis – Karlsruhe, Staatliche Kunsthalle

erhalten, sondern sogar noch eine eigenhändige Zeichnung: »Sie stellt ein auf dem Boden sitzendes Mädchen dar, das auf seinen Knien ein Vogelnest mit den Jungen darin hält. Vor ihr steht ein junger Mann, der mit seiner Hand auf ein Loch in der Mauer weist, aus welchem er das Nest herausgehoben hat. Ich bin voller Dankbarkeit dieser Fürstin gegenüber. Bestimmt wären nur sehr wenige Prinzessinnen fähig, so gut zu zeichnen.« Für sich selbst hatte Eberts in der Auktion zwei Hexenszenen von Teniers und ein Selbstporträt Rembrandts erworben; diese drei Bilder bot er Karoline Luise sofort zum Versteigerungspreis an und schickte sie zur Ansicht nach Karlsruhe. Das um 1645 entstandene Selbstbildnis Rembrandts, früher einmal im Besitz des Malers Rigaud, gehört heute noch zu den wesentlichen Werken der Karlsruher Kunsthalle. Eberts meinte, die Markgräfin habe es um den Preis von vierhundert Livres wirklich billig bekommen, denn »entre frères« sei es tausend wert.

Zusammen mit diesen Gemälden schickte Eberts noch vier Bronzen, welche er im Auftrag Karoline Luises aus der Anfang April in Paris versteigerten Sammlung des verstorbenen »Trésorier de la Marine« de Selle erstanden hatte; »Cabinet peu nombreux, mais unique« war sein Urteil gewesen, als er ihr den Versteigerungskatalog sandte. Einiges, was der Markgräfin nach der Lektüre als passend erschienen war, gefiel ihm bei genauerer Prüfung dann nicht so sehr, teils aus ästhetischen Gründen, teils wegen schlecht ausgeführter Reparaturen. Er entschied sich schließlich für vier Stücke, von denen jeweils zwei Pendants bildeten. Die »Les Enfants« genannten, als Bacchus und Amor gekennzeichneten, auf Kissen sitzenden Kinder waren Werke von François Girardon und Alessandro Algardi, vermutlich kleine Wiederholungen von Marmorfiguren dieser Künstler. Die andere Gruppe bestand aus zwei auf Flügelpferden reitenden Gestalten des Ruhmes – »La Renommée« – und des Gottes Merkur, beide von Coysevox und ebenfalls stark verkleinerte Kopien der berühmten Marmorstatuen dieses Bildhauers[31]. Karoline Luise hat im allgemeinen kein besonderes Interesse für Werke der Skulptur bezeigt und diese Gruppen möglicherweise als Geschenk für den Gatten oder in dessen Auftrag gekauft. Bronzen solcher Art verwandte man gern zum Schmuck offizieller Räume, wo sie auf den Marmorplatten der Kommoden oder auf dem Kaminsims ihren Platz fanden. So werden diese Gruppen denn auch schon 1763 in einem Inventar des Karlsruher Schlosses als Dekor des sogenannten Geheimratszimmers genannt, in welchem die Kabinettssitzungen stattfanden. Als die fürstlichen Wohnquartiere in den frühen siebziger Jahren dann endgültig im Westflügel eingerichtet wurden, übernahm Karl Friedrich die Figuren für sein im Parterre gelegenes Audienzzimmer.

Ende April schickte Eberts eine vollständige Liste der Käufer aller Bilder und Skulpturen aus den Versteigerungen de Vence und de Selle, um die Karoline Luise gebeten hatte. Sie wollte sich gern über den Verbleib einiger Gemälde, welche ihr entgangen waren, unterrichten, um bei Auflösung gewisser Sammlungen später vielleicht ihr Glück noch einmal zu versuchen. In dieser Beziehung machte ihr Eberts nicht viel Hoffnung – zu Unrecht, wie sich zeigen wird –, denn er meinte, alle Werke seien in den Besitz von Millionären gekommen, die eine Vorliebe für »morceaux de réputation« bezeigten und ein zu großes Vermögen besäßen, als daß man sie zu einem Wiederverkauf bewegen könne. Der Huysum, den sie bei de Vence so gern gekauft hätte, sei übrigens für 4500 Livres nach Mannheim gegangen, ein zu helles Bild und nur Früchte darstellend. Nach dem Urteil aller Kenner sei der Blumenstrauß des Künstlers, den sie von Aved bezogen hatte, eher 9000 wert als jenes 4500.

Trotz der guten Erfolge waren Karoline Luises Wünsche keineswegs befriedigt. Viele Meister, auf deren Vertretung in ihrem Kabinett sie Wert legte, fehlten ihr noch, vor allem der gesuchte, immer teuer bezahlte Gerard Dou. Daher bat sie Eberts, sich doch noch einmal mit Aved in Verbindung zu setzen und diesem ein Gebot für Dous »Milchmädchen« zu machen, das er besaß, sowie für einige andere Werke; offenbar lag ihr ein Verzeichnis vor, das die von Aved geforderten Preise enthielt. Eberts schrieb auch gleich an den Künstler und legte seinem Brief die Gebote der Markgräfin bei. Darauf erhielt er nur eine kurze Antwort, die er mit seinem Schreiben zusammen nach Karlsruhe sandte: ». . . Sie wissen, daß es bei mir nicht zwei verschiedene Preise gibt, sondern daß ich von der amtlichen Schätzung ausgehe, welche die Herren von der Königlichen Akademie der Malerei und Skulptur mit größtem Sachverstand angefertigt haben. Das Milchmädchen von Dou, schönstes Bild meiner Sammlung, kostet 6000 Livres; die Madonna von Rubens ist

28 J.-B. S. Chardin, Stilleben mit Glasflasche
Karlsruhe, Staatliche Kunsthalle

verkauft, das Porträt Barnevelt ist 600 Livres, die beiden Stilleben von Mignon ebenso.« Eberts, der sich inzwischen auf eine größere, neun Monate dauernde Reise durch Holland, Deutschland und die Schweiz begeben hatte, schrieb am 30. Juli aus Frankfurt an Karoline Luise: ». . . M. Aveds Sturheit grenzt in der Tat an Grobheit; schon seit langem sähe ich ihn gern etwas umgänglicher, doch seine Härte ist unerschütterlich. Mit seinem Dou bleibt er bei 6000 und wird auch nicht einen einzigen Sol nachlassen.« Aus Stuttgart benachrichtigte er die Markgräfin am 1. September, Aveds Dou sei inzwischen tatsächlich für 6000 Livres versteigert worden. Von seinem Pariser Partner habe er aber erfahren, der Künstler denke ernstlich daran, seine Sammlung ganz aufzulösen; die beiden von ihr gewünschten van de Veldes »mit Kühen und Hammeln« seien sehr schön, auch die Mignons und Slingelands. An den Preisen könne man freilich nichts abhandeln, zudem sei Eile geboten. Eine Woche später teilte er dann mit, er habe die fünf ihm von Karoline Luise angegebenen Bilder kaufen lassen, dazu etwas, was er selbst behalten wolle, wenn es ihr nicht gefallen sollte. Über seinen Besuch in Stuttgart berichtete er noch: »Das Kabinett des Hauses Württemberg, das ich in Ludwigsburg gesehen habe, enthält nur sehr wenige Bilder von wirklichem Wert, und diese werden noch erdrückt durch die monströse Anzahl schlechter Sachen, sodaß man Mühe hat, sie überhaupt zu finden. Mr. Guibal muß eine Auswahl treffen, um einen Raum mit guten Sachen zu schaffen. Dieses Appartement darf allerdings nicht sehr groß sein, sonst wird er damit viel Mühe haben.«

Die von Eberts bei Aved erworbenen Bilder – Werke von van der Heyden und van der Helst –, für welche Karoline Luise sich interessiert hatte, wurden noch durch zwei Stilleben von Chardin ergänzt; über diese bemerkte er: »Was ihr ›fini‹ betrifft, so sind sie nicht gerade wundervoll, dafür aber auch nicht teuer.« Ein merkwürdiges Urteil, bedenkt man, daß gerade diese beiden Stilleben mit Früchten und Gefäßen aus Zinn und Glas, ausgewogene Kompositionen von höchster malerischer Kultur, heute zu den Höhepunkten der Karlsruher Galerie gezählt werden.

Im Juni dieses Jahres 1761 meldete sich Reiffenstein, der von seiner Reise mit dem Grafen Lynar durch die Schweiz immer wieder Berichte über Sammlungen und Bilder geschickt hatte, aus Genf. Dort hatte er Liotard aufgesucht, um diesem mit Grüßen von der Markgräfin auch einige ihrer Zeichnungen zu überbringen. Der Meister, so schrieb er, habe ihm »seine Verehrung gegen seine ehemalige durchlauchtigste Schülerin, von der er beständig mit einer recht väterlichen Zärtlichkeit sprach, nicht genugsam auszudrücken gewußt«; ihre Zeichnungen fanden sein volles Lob. Liotard besaß auch eine verhältnismäßig umfangreiche Gemäldesammlung, aus der er gelegentlich verkaufte[32]. Reiffenstein suchte für Karoline Luise, die ihm dazu wohl einen Auftrag erteilt hatte, einige Bilder aus, die dann auch nach Karlsruhe geschickt wurden, dort aber keinen Anklang fanden. Die Fürstin sandte sie zurück und äußerte den Wunsch, dagegen andere, welche sie nach einer ihr inzwischen zu Händen gekommenen Liste namhaft machte, im Tausch zu bekommen. Da Reiffenstein bereits weitergereist war, nahm sich Guillaume Cardoini der Vermittlung an; er war ein Neffe jener Genfer Dame, die einst in Karoline Luises Diensten gestanden hatte, inzwischen aber verstorben war. Die beiden Stilleben Huysums, welche die Fürstin am liebsten gehabt hätte, wollte Liotard als Hauptstücke seiner Sammlung keinesfalls abgeben; für ihn war ja Huysum der größte Maler aller Zeiten. Auf Grund einer neuen Liste nun wirklich verkäuflicher Werke einigte man sich auf sechs Gemälde: zwei kleine Rembrandt zugeschriebene Landschaften, zwei Skizzen, die von der Hand Watteaus sein sollten, ein Männliches Porträt von François de Troy und das schöne Bild einer »Hirtin mit Traubenschale« von Abraham Bloemaert. Im Schmelz seiner kühlen, hellen Farbigkeit und dem malerischen »fini« der Durchführung ist es ein meisterliches Werk. Ganz glücklich scheint Karoline Luise auch mit diesem Kauf nicht gewesen zu sein, denn nur vier Jahre später figurieren alle Bilder – mit Ausnahme des de Troy – in einer Liste der »Tableaux, so ich weg zu geben habe«. Schließlich verkaufte sie aber doch nur die Watteau zugeschriebenen Skizzen. Die beiden als Werke Rembrandts geführten Landschaften wurden im frühen 19. Jahrhundert in der Kunsthalle ins Depot verbannt und 1853 mit anderen für unwichtig gehaltenen Bildern versteigert. Das hat sich als ein großer Fehler erwiesen, denn eine der beiden Landschaften, jetzt in der Berliner Galerie, ist bald nach dem Verkauf als eines der seltenen Werke des Hercules Seghers erkannt worden.

Mit 47 namentlich aus der Korrespondenz noch nachweisbaren Gemälden brachte das Jahr 1762 eine ebenso reiche Ernte wie das vorhergehende; stärker als bisher ist nun auch der holländische Kunsthandel an diesen Unternehmungen beteiligt. Als

Vermittler diente hier Gottlieb Heinrich Treuer, der als Resident im Haag die Geschäfte Hessen-Darmstadts und Baden-Durlachs bei den Generalstaaten wahrnahm. Mit den politischen Verhältnissen wohl vertraut, hatte er mit Bildern bis dahin allerdings noch nichts zu tun gehabt. Doch gewann er rasch Interesse dafür und konnte sich bei den Käufen auch auf den Rat erprobter Kenner stützen. Karoline Luise hatte den Bankier Goll in Amsterdam gebeten, Treuer behilflich zu sein; auch Jan Bisschop in Rotterdam, ein reicher Garnhändler, der seine große Gemäldesammlung wie ein Museum in einem nur ihr dienenden Haus untergebracht hatte, stellte sich dazu gern zur Verfügung.

Eberts behielt weiter den Pariser Kunstmarkt im Auge. Im Februar bot er der Markgräfin »ein schönes, sehr feines Stück von Rigaud« sowie »ein schönes Bild von Largillière« an, die auch beide ihren Weg nach Karlsruhe nahmen. Schon im April des vorausgegangenen Jahres hatte er geschrieben, er werde sich nach Werken dieser beiden Künstler umsehen, doch seien sie nicht leicht zu finden. Der Rigaud, ein verhältnismäßig frühes Selbstbildnis des Künstlers, zeigt diesen in Halbfigur hinter einer Brüstung, auf welcher Pinsel und Palette liegen. Entgegen der Bewegung des nach links gewendeten Körpers richtet sich der Blick auf den Beschauer; die rechte Hand ist mit eleganter Gebärde auf die Brust gelegt. Rigaud wiederholt hier das Motiv eines Selbstporträs von van Dyck, dessen Kunst der junge Meister verehrte. Die lebensgroße Kniefigur einer Dame als Flora, in einer Parklandschaft Orangenblüten pflückend, ist ein charakteristisches Werk Largillières, der noch zu Karoline Luises Zeitgenossen gehörte und damals europäisches Ansehen genoß.

Ansichtssendungen, wie die Markgräfin sie wünschte, waren oft nicht möglich, sei es, daß der Verkäufer das Risiko eines Transports scheute oder sich die Mühe nicht machen wollte, sei es, daß man Eile mit dem Verkauf hatte. Ging es um Versteigerungen, mußte Karoline Luise sich sowieso auf den Text der gedruckten Kataloge und das Urteil ihrer Ratgeber verlassen. Da sie nicht über unbegrenzte Mittel verfügte, durften Eberts oder wer sonst ihre Interessen vertrat, wohl im Einzelfall über die Schätzpreise hinausgehen, solange sie sich dabei nur innerhalb des Rahmens einer vorher ausgemachten Gesamtsumme hielten. Enttäuschungen konnten dabei nicht ausbleiben, wenn die Fürstin hinterher entweder ihre Erwartungen nicht gerechtfertigt sah oder der Geschmack des Vermittlers mit dem ihren nicht übereinstimmte. All diese Schwierigkeiten kamen bei der Versteigerung der Sammlung Gaillard de Gagny zusammen, die im März 1762 stattfand. Eberts schickte rechtzeitig vorher den Katalog, nachdem er bei einem Besuch der Sammlung neun Gemälde einer Erwerbung für würdig befunden hatte; an erster Stelle stand für ihn ein Terborch, den er als »magnifique« bezeichnete, »tout le tableau bien conservé et brillant«; dann kamen ein Gerard Dou, »pas du dernier beau, mais agréable«, zwei Slingelands »d'une vérité étonnante« und »der schönste Lairesse, den man sehen kann«. Einen van der Werff lobte er auch, fand aber den Christus darin »wie eine Marmorstatue«. Karoline Luise wünschte sich den Terborch und den van der Werff, dazu noch zwei Bilder von Paul Potter, zwei von Rubens und zwei als Pendants zusammengehörige Porträts von van Dyck; für letztere hatte sie 1000 Livres vorge-

29 A. van Dyck, Bildnis einer Dame mit Kind – Washington, National Gallery (Andrew W. Mellon Collection)

sehen. Eberts versprach, sein Bestes zu tun, fand ihre Limiten aber von vornherein viel zu niedrig angesetzt. Darin hatte er sich auch nicht getäuscht. Terborch und van der Werff brachten jeder mehr als das Doppelte der von der Markgräfin veranschlagten Summe; auch die Potters waren mit 800 Livres weit über ihr Gebot hinausgegangen. Dafür hatte Eberts um 2000 Livres wenigstens einen der beiden van Dycks erstehen können, das Bildnis einer sitzenden Dame mit einem kleinen vor ihr stehenden Mädchen. Ohne dazu autorisiert zu sein, ersteigerte er dann noch für rund 1460 Livres zwei Gegenstücke von Slingeland, bürgerliche Genreszenen; dabei fühlte er sich der Zustimmung Karoline Luises sicher. Aus der Liste der erzielten Preise, welche er beifügte, sollte sie sehen, »was für ein Feuer in dieser Auktion herrschte; nie ist mir etwas Ähnliches vorgekommen«. Der Sendung nach Karlsruhe gab er noch einen kleinen Adriaen Brouwer bei, »gemalt voll Feuer und von diesem Trunkenbold sicher im Rausch geschaffen, was den Wert des Bildes noch erhöht«. Die beiden Slingelands fanden in Karlsruhe Beifall. Eberts hatte gut beobachtet, als er schrieb, das eine Bild sei in der Qualität besser als sein Gegenstück. Erst neuere Forschung ist nämlich zu dem Ergebnis gekommen, daß dieses zweite Werk von der Hand des Adriaen van Gaesbeeck stammt und erst im 18. Jahrhundert als Pendant für den Slingeland zurechtgeschnitten wurde. Über den van Dyck ist Karoline Luise offenbar nicht sonderlich entzückt gewesen, wie man einem späteren Brief von Eberts entnehmen kann; darin ließ er sie wissen, er werde versuchen, ihr einen anderen zu verschaffen, und wenn das nicht gelinge, das gerade ersteigerte Bild nach Möglichkeit in Flandern oder Holland zu placieren. Hier wird deutlich, wie sehr Karoline Luise zur Gefangenen ihres etwas einseitigen und engen Sammelprogramms geworden war. Sie hat dieses Porträt van Dycks nämlich einige Jahre später wieder verkauft; über die Sammlung des Duc de Choiseul gelangte es in die Eremitage Katharinas der Großen in St. Petersburg, von dort dann in unserem Jahrhundert in die Sammlung Mellon und mit dieser in die National Gallery Washington. Aus den frühen Jahren des Künstlers stammend, ist es frei und flüssig im Strich, von schöner, satter Farbigkeit, ein wirkliches Meisterwerk. Karoline Luise stieß sich am Format der lebensgroßen Figur, obgleich dieser Gesichtspunkt nicht immer ausschlaggebend für sie war; mehr noch vermißte sie vermutlich das glatt Vertriebene der Oberfläche, das für sie unerläßliche »fini«. Jedenfalls hielt sie das Bild nicht für geeignet, in ihre Sammlung aufgenommen zu werden.

Eberts hätte aus dem Verhalten seiner Gönnerin lernen können, dann wäre ihm einige Monate später ein gleicher Fehler nicht noch einmal unterlaufen. Im August des Jahres pries er ihr nämlich in überschwänglichen Tönen eine Landschaft von Rubens an, die in Amsterdam zur Versteigerung kommen sollte. Ein holländischer Freund habe ihm geschrieben, sie sei von großer Schönheit, wirklich ein Original, frei gemalt, ein wahrer »Markstein« im Werke des Künstlers. Ganz Amsterdam garantiere die Echtheit, schrieb er später noch einmal, und er sei nun entschlossen, die Erwerbung auf der Grundlage von zweitausend Gulden in Auftrag zu geben; dies natürlich mit der Maßgabe, daß man sich dort »mit aller Klugheit verhalte«. Karoline Luise hatte sich durch seinen Eifer für das Bild, ohne es gesehen zu haben, erwärmen lassen und die Erwerbung genehmigt. Am 28. August gratulierte Eberts: der Rubens gehöre ihr, und dies für nur 1570 Gulden. Im Augenblick schwimme es zwischen Amsterdam und Dünkirchen, werde in wenigen Tagen in Paris eintreffen und solle dann gleich nach Karlsruhe weitergeschickt werden. Vom 30. Oktober ist die Rechnung mit dem Vermerk, das Bild sei vor zehn Tagen abgegangen; er hoffe, schrieb Eberts, es werde Beifall finden, denn es trage alle Zeichen der Echtheit: ». . . vor allem ist es jene ungestüme Freiheit, die fast schon Nachlässigkeit ist und dabei doch unnachahmlich, auf welcher der besondere Wert dieses Bildes beruht. Man darf es nicht mit dem ›fini‹ irgendeines Huysum vergleichen, denn das eine ist dem anderen diametral entgegengesetzt.« Er hätte Karoline Luise und ihren Geschmack kennen sollen. Zwei Monate ließ sie ihn ohne Antwort. Geknickt schrieb er dann am 13. Januar des folgenden Jahres, ihr Schweigen habe ihm schon als schlechtes Vorzeichen gegolten, und er sei nun betrübt, daß ihr der Rubens mißfalle. Vielleicht werde er aber noch einmal ein anderes Werk des Meisters auftreiben können, das ihr durch seine Schönheit und feine Durchführung »die Bitterkeit dieses Bildes zu versüßen fähig sei«. Dem Katalog der Versteigerung ist zu entnehmen, daß die so inkriminierte Landschaft eine thematisch und in den Maßen genau übereinstimmende Replik der bekannten »Landschaft mit dem Regenbogen« der Münchner Pinakothek gewesen ist. Ob es sich dabei nun um ein Original des Meisters selbst oder um eine Wiederholung der Werkstatt gehandelt hat, läßt sich nicht mehr ermitteln, doch liegt die Annahme nahe, daß beide Fassungen Werkstattkopien nach einem größeren, in der Komposition übereinstimmenden Gemälde des Meisters sind, das sich in der Wallace Collection zu London befindet. Karoline Luises Bild ist leider verschollen. Sie suchte es mit anderen Werken, die ihr nicht zusagten, 1769 in Amsterdam zu versteigern, fand dafür jedoch keinen Käufer und mußte es wieder zurücknehmen. Bei der Verteilung ihres Nachlasses an die beiden jüngeren Söhne fiel es an Prinz Ludwig, den späteren Großherzog. Seitdem hat sich jede Spur von ihm verloren.[33]

Mehr Glück hatte Eberts mit seinen Käufen aus der Sammlung des Vidame d'Amiens, eines hohen Offiziers. Aus der Preisliste der Auktion de Vence wußte Karoline Luise, daß der Vidame dort zwei Bilder, an welchen ihr lag, an sich gebracht hatte, nämlich den Terborch zugeschriebenen »Magister hollandais« und eines der beliebten kleinen Genrebilder von Eglon Hendrik van der Neer, »Kinder mit Vogelkäfig und Katze«. Sie bat Eberts, beim Vidame anzufragen, ob dieser geneigt sei, ihr den Terborch zu überlassen, doch der Versuch mißlang; der Besitzer wollte nichts von einem Verkauf wissen. So schrieb Eberts am 28. Februar. Wenig mehr als vier Wochen später kam aber eine neue Nachricht: der Vidame hatte um seinen Besuch gebeten, um ihm die »vente totale« seiner Bilder vorzuschlagen. Außer den bereits genannten ging es dabei um einen großformatigen Berchem, eine Waldschlucht mit alttestamentlicher Staffage darstellend, einen »superben« Claude Lorrain mit einem Blick auf das Meer bei sinkender Sonne und schließlich einen Teniers mit tanzenden Bauern vor weiter Landschaft; diesen hatte der Vidame auf der Auktion de Selle erworben. Karoline Luise scheint sich umgehend zum Kauf entschlossen zu haben, denn einen Monat später konnte Eberts schon berichten, alle Bilder befänden sich auf dem Wege nach Karlsruhe. Vier Tage habe er mit dem Vidame gerungen und in ihrem Interesse den Wert der Bilder herabzusetzen versucht: im Berchem fehlten ihm die obligaten Kühe und Hammel, die Demoiselle im Terborch fand er nicht charmant und die Gassenjungen im van der Neer häßlich. Ausschlaggebend für den Abschluß des Handels sei es aber gewesen, »daß ich den Mund voller Louisdors hatte«. Zunächst habe er für das Ganze nicht mehr als 150 Louis geboten und daraufhin erst einmal eine Abfuhr erhalten. Am Ende sei man dann aber bei 185 einig geworden und habe die Sache damit zu einem wirklich guten Ende gebracht. Der Claude Lorrain allein sei nämlich schon hundert wert: ». . . er ist von einer bezaubernden Farbigkeit und Naturnähe.« Auch den Teniers bezeichnete er als »très fin«. Immerhin hatte Eberts durch sein zähes Handeln eine Reduktion der ursprünglichen Forderung um achtzehn Prozent erreicht; Karoline Luise war zufrieden und dankbar. Von den fünf Bildern gehören zum Grundstock der Karlsruher Galerie heute noch der sogenannte Terborch, den Jacob Burckhardt bereits 1880 als ein Werk Jacob Ochtervelts erkannte, der große Berchem und van der Neers »Kinder«. Den Sonnenuntergang Claudes verkaufte Karoline Luise einige Jahre später wieder; vielleicht war er doch kein Original gewesen, sondern nur eine jener vielen geschickten Kopien, wie sie schon zu Lebzeiten des Künstlers der Schrecken aller Sammler gewesen sind. Der »Bauerntanz« von Teniers, ein schönes und für den Künstler sehr bezeichnendes Werk, wurde 1831 verkauft und gelangte nach langer Wanderung durch englische Sammlungen kürzlich in deutschen Privatbesitz.

An Bedeutung erreichen die holländischen Erwerbungen dieser Jahre die aus Paris stammenden nicht ganz, wenngleich Karoline Luise durch sie doch auch manches Werk gewann, das ihr Kabinett in erfreulicher Weise bereicherte. Dazu gehören ein reizvoller Blumenstrauß des Cornelis de Heem und zwei kleine Landschaften von Jan Wynants, welche Treuer mit einigen anderen Gemälden in der Nachlaßversteigerung des Haager Malers Jan Willem Frank erstehen konnte. Zwei Bilder des Jan van der Heyden, die ihm durch einen »amateur« angeboten wurden, kaufte er, weil der Sammler Bisschop sie für gut befunden hatte und Gemälde dieses Künstlers auf Karoline Luises Wunschliste standen. Das kleinere der beiden, ein »Blick auf einen Hafen«, sagte ihr nicht so zu, sie verkaufte es 1769 wieder; das andere dagegen, »Blick in eine Amsterdamer Gracht«, bezeichnete sie als »un beau Tableau«. Ihr Urteil hat auch heute noch Bestand; das Motiv ist überaus reizvoll und ungewöhnlich, die Farbigkeit des Bildes delikat.

Weniger erfreulich war das Ergebnis von zwei größeren Ansichtssendungen, welche ein im Haag ansässiger Maler und Kunsthändler Jean Furet nach Karlsruhe geschickt hatte[34]. Zwölf Werke erwarb die Markgräfin aus der ersten, doch nur fünf davon freiwillig. Als die an Treuer adressierten Kisten bei der Rückkunft im Haag im Beisein Furets geöffnet wurden, stellte sich nämlich heraus, daß die Gemälde der liederlichen Verpackung wegen schweren Schaden genommen hatten. Furet war außer sich und schrieb einen bitteren Klagebrief an die Markgräfin. Sein langes, in französischer Sprache abgefaßtes Schreiben ist nur schwer zu entziffern, denn Furet bediente sich einer nur ihm eigenen, lautmalenden Orthographie. Alles lag kreuz und quer in der Kiste – »pelle melle« –, viele Bilder wiesen Löcher auf, bei anderen hatte die Malfläche durch starkes Verreiben Schaden gelitten. Nur sechs Gemälde waren überhaupt noch in passablem Zustand, wenn auch mit Staub bedeckt und aus ihren Rahmen gelöst. In vierzig Jahren habe er noch kein solches Durcheinander erlebt. Treuer, sehr »embarassé«, konnte das alles nur bestätigen. Da der Transport auf Karoline Luises Risiko ging, blieb ihr nichts, als die sieben stark beschädigten Bilder zu übernehmen und zu bezahlen. Das bedeutete eine überflüssige und ärgerliche Ausgabe von 236 Gulden. Auch diese Bilder gab sie dann nach mancherlei vergeblichen Versuchen, sie wieder zu verkaufen, 1769 in die genannte Amsterdamer Auktion, wo sie zu sehr geringen Preisen abgingen.

Ein 134 Nummern umfassender Katalog der Sammlung des Dr. Johan Pieter Wierman in Leiden, die am 18. August in Amsterdam zur Versteigerung kommen sollte – Eberts hatte ihn geschickt –, erweckte Karoline Luises Begehrlichkeit. Nicht weniger als sechzehn Titel notierte sie, um die Treuer sich kümmern sollte; ob es wirklich Originale seien, wollte sie wissen, wie hoch der Schätzpreis, ob er die Bilder schön finde. Für Treuer war es nicht einfach, sich zu informieren, denn obgleich Bisschop und Goll eingespannt wurden, gab der Besitzer die Sammlung erst wenige Tage vor der Auktion zu öffentlicher Besichtigung frei. Am 12. August ließ Treuer sich vernehmen, er habe sie unterdessen zweimal zusammen mit Goll

30 J. Weenix, Stilleben mit totem Hasen
Karlsruhe, Staatliche Kunsthalle

und dem berühmten Sammler Braamcamp studiert und auf Grund des Urteils dieser erfahrenen Herren die Schätzpreise auf einer Liste verzeichnet. Es wäre schade, die Tierbilder von Hondecoeter und Weenix, jeweils zwei als Pendants, voneinander zu trennen, schrieb er, selbst wenn sie etwas teurer als geschätzt kämen, denn »hundert Dukaten mehr oder weniger sollten in diesem Falle für eine so große Fürstin doch keine Rolle spielen«. Karoline Luises Antwort auf die Frage nach der Gesamtsumme, welche auszugeben sie bereit sei, kam gerade noch rechtzeitig. So konnte Goll denn einen van der Heyden mit 430 Gulden sowie die beiden Pendants für jeweils 410 und 475 Gulden ersteigern. Goll, der einen für die Markgräfin bestimmten Bericht über den Verlauf der Auktion an Treuer schickte, fand die Preise »médiocre«, weil ein Engländer, welcher in den Versteigerungen vorher alles hochgetrieben hatte, diesmal nicht mit von der Partie gewesen sei. Karoline Luise war entzückt und fand vor allem die Tierbilder »von einer Schönheit, wie ich sie mir für alle meine Bilder wünsche. Der van der Heyden ist auch recht gut, doch die anderen sind ihm überlegen.«

Allmählich beruhigte sich die Hektik der Bilderkäufe. Während Karoline Luise in den beiden vorausgegangenen Jahren jeweils 47 noch nachweisbare Gemälde erworben hatte, lassen sich für 1763 nur noch 25 Werke namhaft machen. Im Februar sandte Eberts ein Bild des »angenehmen« Metsu zur Ansicht, das er für einen »Diamans en Peinture« hielt; auf 3000 Livres hatte man es geschätzt, doch wollte er es der Markgräfin für 2600 geben. Als sie zugesagt hatte, fühlte er sich überglücklich und erklärte, ihr noch weiter entgegenkommen zu wollen, »um die Freude voll zu machen«: nur hundert neue französische Louisdors verlangte er nun und verzichtete sogar noch auf seine Kommission und auf die Erstattung der Nebenkosten. Nur die Zinsen der Summe vom Zeitpunkt der Absendung des Bildes aus Paris bis zum Eintreffen der Zahlung wollte er in Rechnung stellen. Offensichtlich hatte er die Absicht, seine Gönnerin durch diese Geste ein wenig für die Enttäuschung zu entschädigen, welche er ihr gerade mit der Rubenslandschaft bereitet hatte. Mit seinem überschwenglichen Lob für den Metsu hat er diesmal jedenfalls Recht gehabt, denn das »Junge Paar beim Frühstück« ist in der Tat ein ungewöhnlich schönes Werk des Künstlers. Das war anscheinend auch Karoline Luises Ansicht, denn ein zweites Bild Metsus, das sie erst einige Monate vorher durch den Amsterdamer Kunsthändler Dubourg erworben hatte, eine »Lachende Köchin am Herd«, fand keinen Zugang in ihr eigentliches Kabinett, obgleich es sich hier auch um ein sehr qualitätsvolles Werk handelt. Es blieb als Wandschmuck in den Wohngemächern. Dadurch ist es später nach dem Tode der Markgräfin in den Besitz des Sohnes Friedrich gekommen und schließlich nach langer Wanderung durch verschiedene Hände in die Sammlung Thyssen nach Lugano gelangt.

Von einem Freund Treuers, einem Herrn Drognat im Haag, der eine Angebotsliste von fünfzehn Bildern vorgelegt hatte, erwarb Karoline Luise zu Anfang des Jahres drei Werke, ein kleines Tierbild von Potter – das heute einem Nachahmer des Künstlers zugeschrieben wird –, eine sehr delikat gemalte, an Terborch gemahnende »Dame mit Hündchen« von Eglon Hendrik van der Neer und eine große Landschaft von Pynacker. Nach den Erfahrungen, die sie gerade gemacht hatte, wollte sie alle Bilder zunächst nur zur Ansicht sehen und ärgerte sich darüber, daß der Besitzer auf diesen Wunsch nicht einging. So mußte der Rotterdamer Sammler Bisschop wieder ein Gutachten liefern, das durchaus positiv ausfiel. Im Verlauf dieser Verhandlungen bat sie übrigens Treuer, doch besser darauf zu achten, daß die »faux frais«, die Nebenkosten also, möglichst niedrig gehalten würden, denn sie verteuerten den Preis der Gemälde erheblich: ». . . das bezeugt die Kiste mit den Hondekoeters, die mich hier 85 Gulden kostete; ein exorbitanter Preis, wenn man bedenkt, daß der Fuhrlohn sich nur auf 15 Gulden belief.« Ein andermal monierte sie den zu teuren Weg über Frankfurt; man solle die Sachen entweder zu Wasser den Rhein hinaufschicken, was am billigsten sei, oder über die Firma Mochetti in Köln gehen lassen. In Zukunft solle er auch keine Sendungen mehr von Amsterdam aus spedieren. Dort war bei der Ausfuhr nämlich der Wert der Objekte anzugeben und ein prozentualer Zoll zu entrichten, der bei Sendungen aus dem Haag entfiel, »und das ist schon eine Sache»!

Für die nächsten Käufe aus Holland brauchte Karoline Luise keinen Vermittler in Anspruch zu nehmen. Sie konnte selbst aussuchen, weil das markgräfliche Paar sich entschlossen hatte, eine Reise in die Niederlande zu unternehmen. Diese dürfte seit langem auf dem Programm gestanden haben, denn nach jetzt zwölfjähriger Ehe hatte Karoline Luise sich immer noch nicht bei Karl Friedrichs Großmutter vorgestellt und auch seinen Vetter Wilhelm V. von Oranien, nunmehrigen Statthalter der Niederlande, noch nicht kennengelernt. Lange stand der Gesundheitszustand der jungen Frau einer solchen Reise entgegen, dann kamen die sieben Kriegsjahre, welche sie zu gefährlich erscheinen ließen. Nun war Friede, und nachdem Karoline Luise sich auch von der Geburt des jüngsten Sohnes Ludwig erholt hatte, konnte man den lange gehegten Plan endlich verwirklichen. Nur spärliche Hinweise in den Papieren und ein paar kurze Briefstellen lassen sich auf diese Reise beziehen, doch genügen sie, um eine lebendige Vorstellung vom ganzen Unternehmen zu vermitteln. Ein von Karl Friedrich begonnenes, leider nach wenigen Seiten bereits wieder abgebrochenes Tagebuch[35] beginnt mit dem Satz: »Es war den 13ten Juny abends um 9½ als wir von Carlsruhe abreiseten, die Relais von meinen Pferden brachten uns nach Mannheim, allwo wir am 14. frühe um 2¾ ankamen.« Von dort ging es gleich weiter nach Mainz; ein Schiff, das bereit stand, brachte die Gesellschaft bis nach Arnheim. Dann fuhr man zu Lande nach den Haag, wo man schließlich am Abend des vierten Reisetages eintraf. Gute zwei Wochen standen für den Aufenthalt in den Generalstaaten zur Verfügung. Am 6. Juli waren die Reisenden wieder zu Hause. Was das Programm an Besichtigungen enthielt, erfahren wir aus einem Blatt, auf welches sich Karoline Luise alles vermerkt hatte, was sie sehen wollte, weiter aus einigen flüchtig in ein Heftchen gekritzelten Stichworten[36]. Den Haag, Leiden, Amsterdam, Delft und Rotterdam waren die verschiedenen Stationen des Aufenthalts, dazu natürlich Leeuwarden, wo die Großmutter residierte. Für Amsterdam sind die wichtigsten Gebäude aufgeführt, die für einen fremden Besucher von Interesse waren: Rathaus und Admiralität, Synagoge, Börse, Bibliothek, dann »Plätze«, »Gärten«, eine »Windmühle«. Bei jeder Stadt finden sich auch Namen bekannter Kunst- und Naturaliensammler angegeben: da Costa, van Bremen, Verschuring, Neufville, Braamcamp, Bisschop, Gevers und andere mehr. Treuer, bei dem Karoline Luise sich später herzlich dafür bedankte, hatte alle Wege geebnet, die Besucher vorher angemeldet und alles so organisiert, daß die hohen Gäste möglichst wenig Zeit verlieren sollten. Den Notizen läßt sich entnehmen, daß Naturalienkabinette für die Markgräfin inzwischen ebenso große Bedeutung besaßen wie Kunstsammlungen. Gerade im Jahre 1763 hatte sie nämlich begonnen, sich dem systematischen Aufbau einer eigenen naturkundlichen Sammlung mit neu erwachtem Interesse zu widmen. Eine der Seiten ihres Heftchens enthält zwölf Fragen zu Problemen der Conchyologie, der Muschelkunde also, mit der sie sich schon intensiver abgegeben hatte. Gleiches Interesse galt den Schmetterlingen. In einer der Sammlungen notierte sie sich »amiral«, hatte dort also ein Exemplar dieser besonders prächtigen Gattung gesehen. Dazu schrieb sie in Hinsicht auf ihren eigenen Besitz mit Ausrufungszeichen: »cedo nulli!«, ich weiche keinem, dies ein selbstbewußt abgewandeltes Zitat des horazischen »cedo maiori«, vor dem Größeren trete ich zurück. Das Kabinett ihres Freundes Bisschop war mit »grün Tuch« ausgeschlagen, das des Prinzen von Oranien dagegen mit blauem Flanell. Trotz der beschränkten Zeit, die ihr zur Verfügung stand, fertigte sie noch

31 W. van Aelst, Stilleben mit Jagdgeräten
Karlsruhe, Staatliche Kunsthalle

lange Listen von Objekten an, welche sie in holländischen Kabinetten gesehen hatte und die ihrer eigenen Sammlung damals offenbar noch fehlten. Überall hielt sie die Augen offen und machte sich Notizen von allem, was ihr an Interessantem und Nachahmenswertem vorkam. Einige Bleistiftzeichnungen zeigen Details von Gartenanlagen, etwa eine Reihe von Bäumen mit glatten Stämmen, deren Kronen so beschnitten sind, daß sie eine breite zusammenhängende Horizontale bilden; dazu verschiedene Muster polygonaler Gartenhäuschen. Vielleicht empfing das markgräfliche Paar hier die ersten Anregungen für den Bau der beiden chinesischen Pavillons, welche Keßlau einige Monate später im Karlsruher Schloßpark errichtete. In den Haag nutzte Karoline Luise die Gelegenheit, aus der Sammlung Hendrik Verschuring, »Commis ter Finantië van Holland«, vier gute Bilder zu erwerben, von denen der »Wirtsgarten« Jan Steens und der »Alchymist im Studio« von Thomas Wyck noch heute Besitz der Kunsthalle sind. Der übrige, mehr als dreihundert Gemälde umfassende Bestand dieser Sammlung ist nach dem Tode des Besitzers im Herbst 1770 zur Versteigerung gekommen.

Auch die Sammlung des verstorbenen »agent diplomatique« und Kunsthändlers Willem Lormier stand im Haag auf dem Besuchsprogramm. Die Versteigerung sollte bereits am 4. Juli stattfinden, kurz nach der Abreise der badischen Herrschaften. Schon im März war durch Treuers Vermittlung ein Gutachten über die dort in Frage kommenden Werke in Karlsruhe eingetroffen; möglicherweise stammt es von Graf Schmettow, der die Sammlung bei einem Besuch im Jahre zuvor besichtigt hatte. Dieser warnte Karoline Luise schon vor ihrer Reise nach Holland gerade vor dieser Versteigerung. Man dürfe nicht vergessen, daß die Witwe Lormier alle Kniffe ihres verstorbenen Gatten gelernt habe und von all seinen Komplizen gestützt werde. Er, Schmettow, sei sich durchaus nicht sicher, ob sie nicht inzwischen alle originalen Bilder der Sammlung mit guten Kopien vertauscht habe. Daher würde er eine Kommission nur übernehmen, wenn er sich vorher überzeugen könnte, daß das Stück, auf welches er bieten solle, wirklich mit dem identisch sei, das er an der Wand habe hängen sehen: »Das sind so die gemeinen Gaunereien, denen man sich bei Versteigerungen in Holland ausgesetzt sieht.« Da Karoline Luise nun Gelegenheit hatte, die Originale kurz vor der Auktion selbst in Augenschein zu nehmen, konnte sie Treuer unbesorgt die Wahrung ihrer Interessen anvertrauen und die von ihr ausgesuchten sechs Bilder holländischer Meister durch ihn steigern lassen. Von diesen kommt einem »Stilleben mit toten Vögeln und Jagdgeräten« Willem van Aelsts der höchste Rang zu. Am Schluß seines Berichts über die Auktion schreibt Treuer am 12. Juli, auch der König von Preußen habe hier einige Gemälde von van der Werff, Rubens und anderen Künstlern erwerben lassen. Der kurze Satz ist bedeutungsvoll. Nachdem im Februar der Friede zu Hubertusburg dem Siebenjährigen Kriege ein Ende gesetzt hatte, traten die großen fürstlichen Sammler Europas wieder als Konkurrenten auf dem internationalen Kunstmarkt in Erscheinung; sie waren es, die während der nächsten Jahre die Preise in bisher ungeahnte Höhen treiben sollten.

Vergeblich suchte Eberts während dieser Monate die Markgräfin zum Kauf eines der bedeutendsten Gemälde Gerard Dous zu überreden, eines Werkes »de la plus rare beauté«, das ihm von den Erben des bekannten Bankiers Samuel Bernard an die Hand gegeben worden war. Die Familie hatte sich gescheut, es in eine öffentliche Versteigerung zu bringen. Als Triptychon mit Mittelbild und zwei beweglichen Flügeln stellte es in drei genrehaft eingekleideten Szenen ein allegorisch kompliziert verschlüsseltes Programm der Ausbildung des Menschen zu verschiedenen Fertigkeiten und Künsten dar. Die Mitte zeigte einen reich ausgestatteten Innenraum mit einer Frau, welche ihr Kind stillt; im Hintergrunde wurde ein zweiter Raum sichtbar, gleichsam ein zweites Bild, in dem ein Arzt eine Frau operiert. Auf den beiden Flügeln waren nächtliche Szenen beim Schein von Kerzen und Lampen dargestellt: ein Lehrer unterrichtet junge Mädchen im Rechnen, ein Schreiber schneidet eine Feder. Dieses auch in der Literatur der Zeit viel gerühmte Werk sollte 16 000 Livres kosten: ». . . natürlich ein schönes Kapital, solange man das Bild nicht gesehen hat; nachher ist man nicht mehr überrascht.« Schon 1754 hatte der preußische König 16 000 Gulden dafür geboten, war damals aber abgewiesen worden. Trotz allen Zuredens ließ Karoline Luise sich nicht dazu bewegen, soviel Geld für ein Bild auszugeben. Bedauerlicherweise, denn sie hätte es dadurch vor der Zerstörung retten können. Zunächst gelangte das Triptychon in die bekannte holländische Sammlung Braamcamp und wurde bei deren Versteigerung 1771 mit mehreren anderen Bildern dem Agenten Katharinas der Großen zugeschlagen. Auf dem Wege nach St. Petersburg ist es mit dem Segler, dem man die kostbare Fracht anvertraut hatte, bei einem Schiffbruch im Finnischen Meerbusen zugrundegegangen. Nur alte Kopien überliefern uns heute noch eine Vorstellung von diesem vielleicht bedeutendsten Werk Dous.

Auf zwei Briefe Karoline Luises vom 1. und 8. August, in denen sie wohl ihre Ablehnung des Dou noch einmal begründete, antwortete Eberts erst Mitte September. Durch den großen Bankkrach in Amsterdam[37], der Ende August das ganze nördliche Europa erschütterte, war er unversehens mit seiner Firma und seinem Privatvermögen in große finanzielle Schwierigkeiten geraten und mußte zunächst alle seine Energien darauf konzentrieren, zu retten, was noch zu retten war. Der Siebenjährige Krieg hatte in den Niederlanden, in Schweden und Hamburg zu einer durch die Verhältnisse bedingten Börsenhausse und starken Kreditinflation geführt. Schweden schwamm in Papiergeld, Friedrich der Große hatte den Gehalt seines Münzgeldes erheblich gemindert. Viele Bankiers in Amsterdam, Hamburg und Berlin, die auf eine Ausweitung des preußischen Handels nach dem Kriege hofften, spekulierten inzwischen in riskanten Krediten. Konservativeren Geschäftsleuten wurde schon verhältnismäßig früh klar, daß ein Boom solcher Art nicht anhalten könne. Während sie ihre Spekulationen durch wertbeständige Reserven deckten, hatten andere unvorsichtigerweise schlechtes Münzgeld und Waren als Sicherheit angenommen. Als die Preise mit Kriegsende nun plötzlich fielen und Preußen gleichzeitig sein Münzgeld wieder aufwertete, mußten die am stärksten im preußischen Wechselgeschäft engagierten Brüder de Neufville in Amsterdam und mit ihnen verschiedene andere Häuser Konkurs anmelden. Dieser hatte verhängnisvolle Folgen. Graf Schmettow berichtete am 23. August aus Schleswig, die Stadt Hamburg befinde sich durch die Amsterdamer Zusammenbrüche in einer »désolation extrême«; 49 von den mächtigsten Häusern seien in den Strudel hineingezogen worden, das von Stenglin allein hänge mit dreizehn Millionen Mark Banco darin, also ebenso vielen Millionen Gulden. Mit einigem Glück hätten sich nur die dänischen Kaufleute noch aus der Affäre ziehen können, Schweden dagegen sei ruiniert. Eberts hatte ebenfalls starke Verluste erlitten und schrieb am 15. September: ». . . wegen der unerhörten Katastrophen, welche den Handel getroffen haben, war ich gezwungen, nach Holland zu eilen, um die Hälfte meines Vermögens zu retten, was mir nur zum Teil gelungen ist . . .«. Trotz dieses Mißgeschicks und aller Aufregungen fand er dort aber doch noch Zeit, sich mit Genuß verschiedene Sammlungen anzusehen. Zurück in Paris, nahm er seine gewohnte Tätigkeit wieder auf. Eine Versteigerung, welche Interessantes für das Karlsruher Kabinett versprach, stand in Aussicht; es war die Sammlung des »Secrétaire du Roi et Trésorier des Bâtiments« Peilhon. Eigentlich hatte sie schon im April stattfinden sollen, war aber verschoben worden, weil der Besitzer auf Grund einer der berüchtigten »lettres de cachet« plötzlich verhaftet und in die Bastille gebracht worden war. Als er im Oktober wieder freikam, wollte er zunächst nicht verkaufen, entschloß sich aber dann doch dazu, so daß die Auktion schließlich auf den 12. Dezember angesagt wurde. Eberts meinte, es werde hohe Preise geben. Am 7. Januar mußte er Karoline Luise mitteilen, von den gewünschten Bildern habe er nur einen kleinen Dujardin bekommen – die »Spinnende Bäurin«, ein besonders reizvolles Bild dieses Meisters – und einen kleinen Eglon Hendrik van der Neer, die »Waldlandschaft mit Tobias

32 C. J. Vernet, Die Toilette der Türkin – Karlsruhe, Staatliche Kunsthalle

und dem Engel«. Die anderen drei seien auf das Doppelte des Schätzpreises gegangen, darunter auch zwei Landschaften Claude Joseph Vernets, für welche Karoline Luise sich interessiert hatte. »Die Vernets haben den höchsten Preis erzielt, den ein noch lebender Künstler sich hätte wünschen mögen. Trotzdem ist es mir gelungen, diese zwei Edelsteine des geschickten Malers an mich zu bringen.« Um die Markgräfin von Vernets »mérite« zu überzeugen, packte er sie den anderen Bildern gleich als unverlangte Ansichtssendung bei. Es sind die Pendants einer »Toilette der Türkin« und der »Vornehmen Türken, die am Strande dem Fischfang zusehen«. Karoline Luise hat recht daran getan, diese beiden kleinen Bilder zu behalten, zumal Eberts ihr mit 800 Livres und 10 Sols wirklich nur den Preis anrechnete, welchen er selbst dafür bezahlt hatte.

In das Jahr 1763 fällt noch ein Ereignis, das zwar nicht in unmittelbarem Zusammenhang mit dem Aufbau des Malereikabinetts steht, für Karoline Luise, der die eigene künstlerische Tätigkeit so sehr am Herzen lag, jedoch eine angenehme Selbstbestätigung bedeutete: die Königliche Kunstakademie zu Kopenhagen ernannte sie zum Ehrenmitglied dieses Instituts. Ganz von ungefähr kam die Ehrung nicht, denn die Markgräfin hatte sich selbst darum bemüht und den befreundeten Grafen Schmettow gebeten, die erforderlichen Schritte zu unternehmen. Schmettow, von dem bereits des öfteren die Rede gewesen ist, war 1717 in Dresden geboren, dann nach gründlichem Studium der Rechte und Kriegswissen-

33 Karoline Luise, Lesendes Mädchen – Rötelzeichnung – Kopenhagen, Kunstakademie

schaften in dänische Dienste getreten. Dort kam er zu hohen Ehren und Würden, erhielt den Danebrog-Orden, wurde General der Kavallerie und 1763 Generalgouverneur von Norwegen. Dieses hohe Amt legte er allerdings nach kurzer Zeit nieder, um sich in das holsteinische Plön zurückzuziehen, wo er dann vor allem theologische Studien betrieb. Er muß Karoline Luise schon in frühen Jahren kennengelernt haben und ist ihr sein Leben lang ein ergebener Freund geblieben. Da er wie sie auch künstlerische Interessen und Kenntnisse auf diesem Gebiete besaß, also zu den gebildeten »amateurs« des 18. Jahrhunderts gehörte, war er ihr hin und wieder bei der Besorgung von Bildern behilflich und hatte schon 1762 in Holland eine Skizze von Rubens beschafft, die »Enthauptung Johannes des Täufers« darstellend. Dank seiner Interessen und seines hohen Ranges gehörte er auch zu den Ehrenmitgliedern der Kopenhagener Akademie, so daß Karoline Luises Anliegen bei ihm in den besten Händen lag. Schmettow legte dem Grafen Adam Gottlob von Moltke, der als »Conseiller privé« des Königs und Großmarschall des Hofes auch Präsident der Akademie war, einige Zeichnungen und ein Gemälde der badischen Markgräfin vor und gab deren Wunsch zu erkennen, in die Akademie aufgenommen zu werden[38]. Eine dieser Zeichnungen, Brustbild eines jungen Mädchens, das einen Brief in Händen hält, wiederholt den Kopf der Hirtin auf einer der beiden Pastoralen, welche Karoline Luise von Boucher erworben hat; das Blatt befindet sich heute noch im Besitz der Akademie. In einer auf den 4. März einberufenen Sitzung wurde allen Mitgliedern vom Direktor, dem französischen Bildhauer Jac-

34 Karoline Luise, Tod der Kleopatra – Pastellkopie nach C. Netschers Gemälde, Abb. 26 – Kopenhagen, Kunstakademie

ques Saly, der Wunsch der Markgräfin unterbreitet. Natürlich war man »enchanté« und fühlte sich sehr geehrt, in den Kreis der Professoren eine regierende Fürstin aufnehmen zu dürfen, »die ihre Tugenden, ihr Geist und ihre Talente noch mehr auszeichnen als ihre hohe Geburt«.

Karoline Luise erhielt eine vom 4. März 1763 datierte, kunstvoll auf Pergament in dänischer Sprache geschriebene, vom Sekretär der Akademie Biehl unterzeichnete Urkunde, mit einem an geflochtener roter Schnur daranhängenden Siegel in einer Kapsel von Ebenholz. Schmettow freute sich mit der Markgräfin über deren »gloriose Aufnahme« in die Akademie. Nun erwartete man von ihr aber noch eine eigene Arbeit, wie sie im 18. Jahrhundert jeder Professor, den man an eine Akademie berief, dieser als Geschenk zu überreichen hatte. Man bat sie, wie Schmettow schrieb, einer von ihr vorgeschlagenen Kopie der Kleopatra Netschers aus ihrem Malereikabinett den Vorzug zu geben, sofern sie nicht eine Komposition eigener Erfindung liefern wolle. Karoline Luise machte sich an die Arbeit, doch zögerte sich deren Vollendung hinaus. Ein Jahr später schrieb Karl Friedrich an Schmettow[39]: ». . . meine Frau ist ›toute confuse‹, weil sie sich ihrer Verpflichtung der Akademie gegenüber bisher immer noch nicht entledigen konnte. Sie beauftragt mich, Ihnen Grüße zu sagen und Sie wegen der Verzögerung um Entschuldigung zu bitten. Wiederholtes Unwohlsein, von welchem sie während des letzten Winters befallen war, ist die Ursache. Zur Zeit arbeitet sie aber mit großem Fleiß und hat sich vorgenommen, Ihnen bei erster Gelegenheit zu schreiben . . .« Im August 1764 war es endlich soweit, daß die Akademie in einer Sondersitzung die eingereichte Arbeit begutachten konnte. Der Direktor hielt eine Rede und erläuterte im Einzelnen die Vorzüge dieses meisterlichen Pastells, das zu besitzen die Akademie stolz sei. Sekretär Biehl übersandte der Markgräfin den Text der Ansprache und schrieb selbst dazu: ». . . Man hat schon Fürsten gekannt, welche die Künste pflegten, auch solche, welche ihnen strahlenden Schutz angedeihen ließen; in dieser Hinsicht hat keine Akademie höhere Ehren empfangen als die unsere. Doch blieb es Ew. Durchlauchtigsten Hoheit vorbehalten, durch Ihren Beitritt zu einer Gesellschaft von Künstlern den Souveränen ein einzigartiges Beispiel zu geben. Für die Künstler ist es ein noch ungewöhnliches Exemplum, daß ihr Beruf und ihre Arbeit von einer so hochgestellten Person nicht mißachtet werden, und sie haben hier in freier Abstimmung ihr dafür Anerkennung gezollt. Mit dem tiefsten Respekt . . ..«

Karoline Luises Pastellkopie des Ölgemäldes befindet sich ebenfalls noch im Besitz der Akademie zu Kopenhagen und ist in der Tat aller Bewunderung wert. Im alten Rahmen und unter dem schützenden Glas, das wie eine Art Firnis wirkt, gibt sie auf den ersten Blick kaum zu erkennen, daß hier mit trockenen Kreiden die Effekte der Ölmalerei in aller Perfektion nachgeahmt worden sind, der Glanz eines weißen Seidenkleides, der Schmelz der Farben im orientalischen Teppich und im Fruchtstilleben. Auch die Zeichnung ist von akademischer Korrektheit. Man muß zugeben, daß Karoline Luise das künstlerische Ausdrucksmittel der Pastelltechnik als würdige Schülerin Liotards mit professioneller Vollkommenheit beherrschte und in dieser Hinsicht die Ehrenmitgliedschaft der Akademie zu Recht empfangen hat.

Das Jahr 1764 bedeutet einen auffallenden Einschnitt bei den Kunstkäufen der Markgräfin. Nur drei Bilder erwarb sie während dieser Zeitspanne, noch einmal drei im folgenden Jahre. Ein wenig größer ist die Ausbeute 1766, doch mehr an Quantität als an wirklicher Qualität.

Im April 1764 machte Eberts sie auf die Versteigerung der Sammlung eines Herrn Damery aufmerksam, deren Katalog er schickte: ». . . die Titel der Nummern sind schöner als die Bilder, welche aus dem Kabinett des Chevalier de Damery stammen, denn der Offiziersstand bringt zwar Ansehen, doch keinen Reichtum. Dieser Sammlung merkt man die Sparsamkeit an, sie ist keineswegs kostbar.« Den »einzigen Edelstein« darin, einen »Jungen Dudelsackspieler« von Schalcken, den Wille gestochen hatte und für den zehn Jahre zuvor noch 720 Livres gezahlt worden waren, bekam er nun um sechshundert für Karlsruhe. Ein kleiner Netscher, für den Karoline Luise sich interessiert hatte, wurde von einem russischen Grafen auf mehr

35 R. Carriera, Die Poesie – Karlsruhe, Staatliche Kunsthalle

als 650 Livres hinaufgetrieben. Bis 649 war Eberts noch mitgegangen, als er bemerkte, daß der Russe willens war, selbst tausend und noch mehr dafür zu zahlen. Daher ließ er »die Beute fahren«, wie er schrieb, denn für einen so extravaganten Preis sei sie denn doch zu klein gewesen. Beinahe wäre ihm bei dieser Gelegenheit ein großes Pastell von der Hand der berühmten Rosalba Carriera entgangen, die »Poesie« darstellend. Auf ihrer ersten Wunschliste hatte Karoline Luise es nicht vermerkt, sondern sich erst nach einiger Überlegung dazu entschlossen, auch auf dieses Werk noch bieten zu lassen. Eberts erhielt ihren Brief, der ihm im Auktionslokal überreicht wurde, zu spät, denn man hatte die »Poesie« für einen Preis unter 600 Livres bereits dem Agenten des Königs von Preußen zugeschlagen und war dabei, sie für den Versand nach Berlin einzupacken. Da habe er dann soviel »gehandelt, gebeten und versprochen«, daß man ihm das Werk gegen alle geltenden Regeln schließlich doch noch für 720 Livres überließ. Mit einem »plaisir inexprimable« habe er die Kiste sofort nach Karlsruhe umadressieren lassen. Über das Bild selbst schrieb er noch, Karoline Luise werde es zuerst vermutlich kalt finden, »doch bei näherer Betrachtung ist es kein Pastell mehr, sondern ein Guido Reni, ja ein Correggio. Hätte ich es während der Versteigerung aus solcher Nähe betrachten können, ich wäre ohne weiteres bis zu 50 Louisdors mitgegangen, denn soviel hat man Mademoiselle Carrierra seinerzeit bezahlt und bei Versteigerungen sogar bis zu 500 Louisdors. Ew. Dchl. Hoheit wird dieses schöne Stück mehr als jeder andere auf dieser Welt zu schätzen wissen«. Eberts hatte Recht, Karoline Luise war entzückt über dieses in der Tat bestechende Werk der berühmten Venezianerin, denn in der kühlen Farbstellung und meisterlichen Vollendung erhebt es sich weit über den Durchschnitt ihrer oft etwas oberflächlich routiniert anmutenden Werke.

Im weiteren Verlauf dieses und des nächsten Jahres kamen noch zwei Bilder von Mieris als Ergänzung in das Kabinett, doch nichts von besonderer Bedeutung. Eberts schrieb schon im Herbst 1764, in nächster Zeit sei auch nichts zu erwarten, »denn alle unsere Kunstfreunde und Naturaliensammler erfreuen sich guter Gesundheit«. An einer »Spitzenklöpplerin« von Dou und einem »Sujet galant« von Schalcken, die er 1766 aus Privatbesitz beschaffte, fand die Markgräfin einiges auszusetzen: beim Dou seien die Hände verrieben, den Schalcken hielt sie gar für eine Kopie. Eberts wehrte sich nach Kräften gegen solche Beurteilung, die er für ganz ungerechtfertigt hielt. Es bedeute ein wirkliches Unglück für ihn, wenn Karoline Luise auf Rückgabe der Werke bestehen sollte, denn dann wären 2400 Livres zum Schaden seines Geschäfts für ihn festgelegt. Seine Eigenschaft als integrer Kaufmann sei ihm wichtig, und sein Ehrgefühl würde es ihm eigentlich nicht gestatten, auf einen in gutem Glauben geschlossenen Handel noch einmal zurückzukommen und ihn zu annullieren. Trotzdem, falls die Markgräfin wirklich einen unüberwindlichen Widerwillen gegen die Bilder entwickeln sollte, würde er sie zurücknehmen, denn die Furcht, ihr für ihn unschätzbares Vertrauen zu verlieren, würde ihn viel zu sehr aufregen, als daß er es jemals, um welchen Preis auch immer, wagen möchte, sie auch nur einen Augenblick lang zu ärgern. Karoline Luise gab nach. Ihre Bedenken sind insoweit verständlich, als die »Spitzenklöpplerin« nicht gerade zu Dous besten Werken gehört, sondern etwas lustlos und trocken in der Ausführung wirkt. Gegen den »Nackten Krieger« von Schalcken, ein verhältnismäßig ungewöhnliches Sujet im Oeuvre des Meisters, haben Kritiker und Wissenschaftler späterer Generationen jedoch niemals mehr Bedenken geäußert.

Für italienische Kunst bezeigte Karoline Luise von Anfang an nur wenig Interesse, lehnte es in den meisten Fällen jedenfalls ab, ihr Zulaß zu ihrem Kabinett zu gewähren. Reiffenstein, der sie vergeblich dazu zu bekehren versucht hatte, unternahm während seines Aufenthalts in Venedig 1762 noch einmal einen Versuch in dieser Richtung, indem er den Marchese Gregorio Agdollo aufforderte, der badischen Markgräfin ein Angebot zu machen. Dieser armenische Händler und Bankier aus Isfahan in Persien war eine recht schillernde Persönlichkeit[40]. Gegen Ende der dreißiger Jahre hatte er sich in Florenz niedergelassen, wo er auch als eine Art diplomatischer Vertreter König Augusts III. von Polen und Sachsen fungierte. Als waghalsige Spekulationen 1741 zum Bankrott seiner Firma führten, gelang es Agdollo, sich samt einer großen Gemäldesammlung, welche er seinem Partner Marchese Lorenzo Pucci bereits als Sicherheit überschrieben hatte, nach Dresden abzusetzen; dort blieb er unerreichbar. König August bewahrte ihm trotzdem seine Gunst, ernannte ihn zum Marchese und übertrug ihm später die Vertretung der sächsischen Interessen in Venedig. Dort betrieb Agdollo dann einen offenbar einträglichen Kunsthandel. Als Reiffenstein ihn 1762 aufsuchte, waren die Bilder der alten Florentiner Kollektion, deren Inventar sich erhalten hat, bereits verkauft und durch andere ersetzt. In einer 73 Nummern umfassenden Liste, welche der Marchese nach Karlsruhe schickte, finden sich nämlich nur noch zwei Gemälde dieses alten Inventars. Auf Grund einer von Reiffenstein getroffenen Auswahl ließ Agdollo der Markgräfin zusammen mit der Liste auch eine Ansichtssendung zugehen, die sie erbeten hatte, obgleich er sich sonst, wie er schrieb, auf solche Forderungen nicht einlasse. Karoline Luise war enttäuscht, ließ das Ganze zurückgehen und schrieb dem Marchese, alle Formate seien viel zu groß für sie gewesen. Habe ihm Reiffenstein denn nicht gesagt, daß sie keine »Galleria«, sondern nur ein »Gabinetto« besitze? Aus Agdollos Antwort läßt sich entnehmen, daß sie vor allem Köpfe von Tizian, Correggio und Luca Giordano suchte, auch mit Tieren staffierte Landschaften von Salvator Rosa; dazu hatte sie noch eine »Muse« von Guido Reni zur Ansicht erbeten. Diese war dann das einzige Stück, welches sie aus der zweiten Sendung behielt, vielleicht auch nur aus Rücksicht auf den Marchese, um diesen für seine Mühen wenigstens etwas zu entschädigen. Gefallen hat ihr das Bild nicht, denn es war dann auch unter denen, welche sie 1769 in Amsterdam zum Verkauf gab.

Eine Reise nach Sachsen, die Karoline Luise in tiefstem Incognito 1764 mit dem Gatten zusammen unternahm, galt im wesentlichen Studien über den dortigen Bergbau und mineralogischen Interessen. Nur ein Tag war dabei für die Besichtigung Dresdens und seiner bedeutenden Kunstsammlungen eingeplant. In einer Liste notierte sich Karoline Luise schon vorher rund hundert Bilder der Galerie, in der sich neben vielen anderen Meisterwerken bereits Raffaels Sixtinische Madonna, Tizians Zinsgroschen und die vier großen Altarbilder Correggios befanden. Ihr eigenes, fest definiertes Sammelprogramm hat die Begegnung mit diesen Werken jedoch nicht zu beeinflussen vermocht.

Trotzdem ließ sie sich 1766 einmal zur Erwerbung einiger italienischer Bilder bewegen, welche sie der Vermittlung des Grafen Johann Friedrich von Kageneck auf Munzingen bei Freiburg verdankte[41]. Der junge, an Kunst sehr interessierte Edelmann, 1741 geboren, hatte nach Abschluß seiner Studien als Einundzwanzigjähriger für zwei bis drei Jahre die übliche Bildungsreise in den Süden unternommen und sich längere Zeit in Rom aufgehalten, wo er unter Künstlern und Sammlern Freunde gewann. Zu letzteren gehörte der Bailli de Breteuil, der als Komtur der Malteser seinen Orden bei der Kurie vertrat. Von ihm erhielt Kageneck, als er wieder nach Deutschland zurückgekehrt war, 1766 ein Verzeichnis von Gemälden, welche der Conte Cardelli aus seiner großen, ihrer hohen Qualität wegen berühmten Sammlung zu verkaufen wünschte. Da sich der Graf ständig in akuten Geldschwierigkeiten befand, waren die Werke zu verhältnismäßig günstigen Preisen zu haben. Das beste Bild, eine kleine Landschaft Claude Lorrains, war inzwischen freilich schon an einen Engländer verkauft worden. Neun Gemälde ließ Karoline Luise sich zur Ansicht kommen – zwei davon stammten aus dem Besitz des Bailli de Breteuil selbst – und behielt sie auch, weil sie ihr offenbar gefielen. Nur eine Francesco Albani zugeschriebene Darstellung mit Bacchus und Erigone vor arkadischer Landschaft fand allerdings wirklich Aufnahme in ihr Kabinett und ist heute noch Besitz der Kunsthalle. Das Bild gilt nicht mehr als Werk Albanis; eher dürfte es von der Hand eines französischen Meisters sein, der im Stil der klassischen Landschaftsmalerei des 17. Jahrhunderts gearbeitet hat. Eine »Heilige Familie« von Pietro da Cortona, später Besitz des Prinzen Friedrich, befindet sich heute in Schweizer Privatbesitz, von den übrigen Bildern fehlt jede Spur. Dieser Ausflug Karoline Luises in ein Gebiet, das ihr im Grunde fremd war, blieb Episode, fand jedenfalls keine Nachfolge. Minister von Edelsheim, ein Freund des Malers Anton Raphael Mengs und großer Verehrer italienischer Kunst, der sich von 1770 bis 1772 in Italien aufhielt, versuchte es damals noch einmal, wenn auch vergeblich, seine Fürstin von ihrer betonten Vorliebe für Franzosen und Holländer abzubringen. Aus Neapel schrieb er ihr im September 1771, er müsse seinen alten Spruch wiederholen: wer Italien nicht gesehen habe, habe überhaupt nichts gesehen. ». . . Wenden Sie sich um Gottes willen von den Opferfeuern Frankreichs ab, Madame, und schwingen Sie das Weihrauchfaß vor den Altären Apolls in dessen eigener Heimat; kehren Sie dann zu seinen Nachäffern zurück, werden Sie diese alle jämmerlich finden.«[42].

Als Folge des Bankkrachs in Amsterdam, der ihn viel Geld gekostet hatte, war Eberts gezwungen, sich intensiver als vorher seinen eigentlichen Geschäften zu widmen, um das Verlorene wieder zu beschaffen. Betrübt schrieb er im März 1766: ». . . Das seriöse Kabinett, das ich vor meinem Bilderkabinett aufsuchen muß, ist mein Arbeitszimmer, auch Kontor genannt. Dort muß ich mich bei ständiger Tätigkeit und unzähligen Risiken mit Fleiß und Akribie auf die kurzen Momente einiger Tage des Glücks vorbereiten, an denen ich mich ganz den erfreulichen Künsten widmen darf. Heute kann ich das nur verstohlen und mit sozusagen schlechtem Gewissen tun.« Fünf Monate später heißt es: ». . . besondere geschäftliche Umstände zwingen mich, alle meine Bilder zu verkaufen.« Nun habe er nichts Eiligeres zu tun, als sie Karoline Luise anzubieten, denn in ihrem Kabinett sähe er sie am liebsten. Als seinen »Edelstein« bezeichnete er ein Bild von Gérard de Lairesse, das sich damals gerade in Basel befand, wo Christian von Mechel einen Stich danach anfertigen wollte. Eberts hatte eine Liste seiner in Paris bewahrten Bilder mitgeschickt. Um sicher zu gehen, bat Karoline Luise den Stecher Wille, einige Gemälde, welche ihr Interesse erregten, zu begutachten und zu schätzen. Auf sein günstiges Urteil hin erwarb sie dann drei davon. Das erste war ein dramatisch bewegtes Seestück von Willem van de Velde, »Drei Schiffe im Gewittersturm«; Wille fand, hier sei »die Natur im Aufruhr« wirklich hervorragend wiedergegeben. Im Jahre 1831 aus der Kunsthalle abgegeben, ist dieses Gemälde jetzt Besitz der Londoner National Gallery. Die anderen beiden Werke sind Gegenstücke von der Hand des durch Rembrandt und Rigaud beeinflußten Alexis Grimou, Halbfiguren eines »Mädchens in spanischer Tracht« und einer »Sinnenden Leserin«. Wille hielt diese ansprechenden Darstellungen für gute Werke des Künstlers, ohne den bei ihm öfters etwas übertriebenen Goldton. Unverlangt fügte Eberts der Sendung zur Ansicht noch Roland de la Portes »Orangenbäumchen« hinzu, da er – mit Recht – der Meinung war, es müsse Karoline Luise gefallen. Sie erwarb auch dieses Werk, das der Maler bereits 1763 in der Ausstellung des Salons gezeigt hatte. Es trägt keine Signatur und ist später, bis in die zwanziger Jahre unseres Jahrhunderts hinein, seiner hohen malerischen Qualität wegen für eine Arbeit Chardins gehalten worden; diesem kommt es in der Tat nahe.

Die Jahre 1767 und 1768 bleiben ohne Erwerbungen für das Kabinett. Einige Hoffnung hatte Karoline Luise auf die Versteigerung der berühmten Sammlung des Herrn de Jullienne gesetzt, die für den 30. März 1767 anberaumt worden war. Eberts schickte ihr den Katalog, der nicht weniger als dreihundert Bilder und fast siebenhundert Zeichnungen aufführt, dazu noch eine große Anzahl von Stichen, Skulpturen und kunsthandwerklichen Objekten. Auf Grund der von der Markgräfin angegebenen Nummern prüfte Eberts die in Frage kommenden Stücke und gab eine Preisschätzung. Unabhängig davon und ohne ihn darüber ins Bild zu setzen, wandte Karoline Luise sich mit der gleichen Bitte auch noch an den Stecher Wille, der mit Herrn de Jullienne befreundet gewesen war und die Sammlung gut kannte. Von ihm erhielt sie über Fleischmann ein zweites Exemplar des Katalogs mit Schätzpreisen vor allem der niederländischen Bilder, so daß sie Vergleichsmöglichkeiten besaß. Allerdings hatte Wille dazu gleich geschrieben, diese Ziffern könnten nur »des apeupres« sein, »denn bei Versteigerungen geht es gewöhnlich ganz anders aus, als man erwartet hat«. Eberts meinte ebenfalls, die Auktion werde »très brillante« werden und unter großer Beteiligung eines internationalen Publikums stattfinden. »Ich habe erfahren«, schreibt er bereits Anfang Februar, »daß der russische Gesandte Auftrag hat, sich der wertvollsten Schätze zu bemächtigen. Mit welchem Schmerz werden wir zusehen müssen, wie solche Kostbarkeiten uns verlassen und in die Hände der Skythen geraten. Höchstens zehn Personen werden sie in Rußland bewundern, während sie hier zur Freude ganz Europas in Reichweite waren. Alle Welt strebt doch nach dem Glück, die Ufer der Seine zu sehen, wohingegen nur wenige Menschen Verlangen nach der kalten Newa empfinden.« Hundert Jahre später, als die großen Sammler Amerikas in Europa auf den Plan traten, wird man ähnliche Klagen zu hören bekommen. Katharina II., die sich erst wenige Jahre vorher unter zwielichtigen Umständen ihren Platz im engsten Kreis der Mächtigen dieser Welt errungen hatte, besaß unermeßliche Mittel und wünschte, sich in ihrer Eremitage mit dem Kostbarsten zu umgeben, was in Europa zu finden war. Große Aufträge hatte auch der englische König einem mit Eberts befreundeten Herrn erteilt, und selbst Stanislaus Poniatowski, ehemaliger Liebhaber der neuen Zarin und jetzt als ihr Geschöpf seit drei Jahren König von Polen, wollte sich durch seine mütterliche Freundin Madame Geoffrin an der Auktion de Jullienne beteiligen.

Eberts hatte richtig prophezeit. Weder ihm noch Wille, die beide mit verschiedenen Aufträgen bedacht worden waren, gelang es, etwas zu bekommen. »Alle Preise«, schrieb Eberts, »stiegen bis über die Wolken, meist auf das Doppelte oder noch mehr der bereits sehr hoch angesetzten Schätzpreise.« »Jamais fureur n'a été plus grande«, berichtete auch Wille. So groß war das Gedränge, daß man gezwungen war, die Schweizergarde des Königs zu alarmieren, um einigermaßen Ordnung halten zu können. Die bekannt hohe Qualität dieses Kabinetts hatte Europas finanzstärkste Sammler zu unlimitierten Aufträgen an ihre Kommissionäre veranlaßt. »Stiche, Zeichnungen, Terrakotten, Porzellane, Bronzen, Bilder, alles ging mit beispielloser Schnelligkeit fort.« Aus der kompletten Liste der Käufer, welche Eberts im August schickte, sollte Karoline Luise ersehen, daß die schönsten Stücke tatsächlich »in den Norden« gegangen, damit also für alle unerreichbar geworden waren. Exorbitante Summen hätte man zahlen müssen, meinte er, um sie halten zu können. Neben den Vertretern Rußlands, Englands und Preußens gab es auch einige französische Sammler, die hier mithalten konnten, vor allem Mr. de Stainville, erst vor wenigen Jahren zum Duc de Choiseul und Außenminister Ludwigs XV. erhoben. Verheiratet mit der Tochter und Erbin des immens reichen Bankiers Crozat, hatte er es sich seit kurzem in den Kopf gesetzt, den Glanz seiner neuen Stellung noch durch eine gewählte Gemäldesammlung zu erhöhen, und gab die großen ihm zur Verfügung stehenden Mittel unbedenklich dafür aus. Mit Rivalen solcher Art konnte eine Markgräfin von Baden-Durlach nicht konkurrieren. Am 7. Juni schrieb Wille, »mit einer von Trauer umwölkten Stirn« habe er tags zuvor dem Bankier Kornmann die viertausend Livres zurückgebracht, welche er a conto der siebentausend von ihm in bar erhalten hatte. Er bat Karoline Luise, den unglücklichen Ausgang des Ganzen nicht etwa einer Nachlässigkeit von seiner Seite zurechnen zu wollen. Sie selbst schrieb im November 1772 einem Bekannten, dem Grafen de Baudouin in Paris[43]: ». . . Die Majestäten, die man jetzt überall auf seinem Wege trifft, bedeuten eine schreckliche Konkurrenz, vor allem Rußland, das bei seinen Preisen überhaupt kein Maß und Ziel kennt.«

Nur einmal, zwei Jahre später, gelang es Karoline Luise doch noch, sich den lange gehegten Wunsch nach einem meisterlichen Werk Gerard Dous auch gegen starke Gegner zu erfüllen. Gelegenheit dazu bot die Versteigerung der Sammlung des verstorbenen Louis-Jean de Gaignat, »ancien Secrétaire du Roi et Receveur des Consignations«, die an mehreren Tagen des Februar 1769 in Paris stattfand. Auch hier rechnete man von vornherein mit hohen Preisen, denn die zahlenmäßig nicht sehr umfangreiche Sammlung besaß in ganz Europa ihrer Qualität wegen einen Ruf ohnegleichen. Durch die literarische Korrespondenz, welche Karoline Luise seit vielen Jahren aus Paris bezog – damals war gerade St. Aubin, der bekannte Maler, Zeichner und Stecher ihr Berichterstatter[44] – erfuhr sie einiges über den Sammler, der nicht nur immens reich, sondern auch ein vollendeter Ästhet gewesen war. Nichts Unschönes oder auch nur Mittelmäßiges habe er um sich dulden wollen, und so weit sei seine »délicatesse« gegangen, daß er einmal das Gemälde eines bedeutenden Meisters wieder abgegeben habe, nur weil es einen zerlumpten Savoyarden darstellte. Sein Respekt vor den Künsten und Wissenschaften sowie deren Vertretern sei so groß gewesen, daß er unter vielen Legaten etwa seinem Bibliothekar, dem jungen Herrn Debure, der sich durch große Kenntnisse auszeichnete, 50 000 Livres hinterlassen habe. In dieser Auktion trat Choiseul nicht nur als der einzige wirkliche Rivale Katharinas II., sondern sogar als der bedeutendste Käufer überhaupt auf. Nicht weniger als elf von den insgesamt sechzig Bildern brachte er an sich, alle von

36 G. Dou, Die Köchin – Karlsruhe, Staatliche Kunsthalle

der Hand holländischer und flämischer Meister. Fünf Gemälde Gerard Dous weist der Katalog der Versteigerung aus; drei davon, jeweils sitzende Akte in Landschaft darstellend, wurden für insgesamt mehr als 13 000 Livres dem Beauftragten der Zarin zugeschlagen, einer ging an den Kunsthändler Boileau für den Duc de Choiseul, der letzte schließlich, »die Köchin«, an Eberts für die Markgräfin von Baden. Die im Format kleine Darstellung zeigt hinter einer von einem Bogen überwölbten Steinbrüstung eine junge Köchin mit einigen Fischen, hinter ihr einen Knaben, der ihr einen Hasen zeigt. Die Malerei ist miniaturhaft fein durchgeführt, von jenem letzten »fini«, das Karoline Luise so liebte. Der Preis entsprach mit 6220 Livres dem hohen Niveau der Versteigerung. Vielleicht wäre die Markgräfin billiger davongekommen, hätte Eberts gewußt, daß sein Gegenbieter der Stecher Wille war, der das Werk offenbar für seine eigene Sammlung zu erwerben wünschte. Vermutlich wäre Wille zurückgetreten, hätte er vorher erfahren, in welchem Auftrag Eberts bot. In seinem Tagebuch vermerkte er, nachdem er bereits zwei Pendants von Berchem gekauft hatte: ». . . Nach meiner Erwerbung bot ich auf ein Bild von G. Dow« – hier folgt eine ausführliche Beschreibung der Komposition – »bis zu 6000 Livres. Danach wurde es einer Person zugeschlagen, die einen Auftrag dafür hatte; wie es heißt, soll das Bild nach Deutschland gehen. Das bedaure ich.«

Wenige Wochen nach der Auktion de Gaignat kam Eberts, immer noch in finanziellen Schwierigkeiten, noch einmal auf das Gemälde des »Kranken Königssohnes« von Gérard de Lairesse zurück, das er 1762 in der Versteigerung Gaillard de Gagny für sich erworben und Karoline Luise schon einmal angeboten hatte. Er ließ es nun durch seinen Bruder aus Straßburg zur Ansicht nach Karlsruhe schicken. Karoline Luise scheint sich rasch zum Kauf entschlossen zu haben, denn das damals berühmte Bild war ihr bereits seit langem aus der Literatur vertraut. Die hier dargestellte Geschichte, von antiken Autoren in verschiedenen Varianten erzählt, war in der Malerei seit langem als Beispiel tugendhaften Verhaltens und edelmütiger Gesinnung beliebt: König Seleukos Nikator hat in zweiter Ehe Stratonike geheiratet, die junge Tochter seines besiegten Gegners Demetrius Poliorketes. Antiochos, sein Sohn aus erster Ehe, beginnt zu kränkeln und ist durch zunehmende Schwäche dem Tode nahe, ohne daß man den Grund seiner Krankheit zu erkennen vermag. Schließlich entdeckt der Arzt des Königs zufällig, wie der Jüngling sich belebt und wie sein Puls rascher zu schlagen beginnt, als die junge Stiefmutter den Raum betritt. Nun ahnt er den Grund, entdeckt sich dem König und bewegt diesen, zugunsten des Sohnes auf Frau und Thron zu verzichten. Den Augenblick, da der alte Vater dem Sohn am Krankenbett die Frau zuführt, hat Lairesse in seinem Gemälde dargestellt. Gerade dieses Werk erfreute sich im späten 18. Jahrhundert, das die sentimentalische Darstellung tugendhafter und edler Gefühle liebte, hoher Schätzung. Winckelmann hat es nämlich schon in seiner 1756 erschienenen zweiten Auflage des »Sendschreibens über die Gedanken von der Nachahmung der griechischen Werke in der Malerey und Bildhauerkunst« ausführlich beschrieben und als »eines der ersten in der Welt« gerühmt. Karoline Luise kannte diese Veröffentlichung; in den Notizen, welche sie über ihre Lektüre anfertigte, hat sie 1760 bereits ausdrücklich das Werk von Lairesse vermerkt. Damals gehörte es noch einem Herrn de Boissière in Paris; dieser hatte es Jahre zuvor einmal in Dresden angeboten, wo es Winckelmann zu Gesicht gekommen war. Gleich nach der Lektüre Winckelmanns erkundigte sich Karoline Luise bei Eberts nach dem Verbleib des Lairesse, konnte damals aber, wie sie schrieb, nur an die Auktion de Vence denken und hatte »nichts anderes im Kopf«. Dann war das Bild in die Sammlung Gaillard de Gagny gelangt. Eberts erbot sich 1762, es für sie auf deren Versteigerung zu erstehen. Doch da eine Ansichtssendung nicht möglich war, konnte Karoline Luise sich nicht zum Kauf entschließen, und so erwarb Eberts das Bild damals für sich selbst. Der Stich, den Christian von Mechel in Basel danach anfertigen wollte, ist nicht zustandegekommen. Karoline Luise vergaß das Gemälde nicht, sondern behielt es weiter im Auge, ließ sich 1767 auch von Mechel noch einmal Abschriften der Texte von Winckelmann und einer Passage aus der »Histoire des Juifs« von Prideaux schicken, in welcher die Geschichte von Antiochos und Stratonike ebenfalls erzählt wird.

Gérard de Lairesse, ein unbedingter Anhänger des streng akademischen Klassizismus der holländischen Malerei im späten 17. Jahrhundert, war ohne Zweifel ein Künstler nach dem Herzen Karoline Luises, denn er verbindet einen in getragenem Stil erzählten Vorgang mit präziser Klarheit der Formen, äußerster Genauigkeit im Detail und geschmackvoller Farbigkeit. Ohne das oft hohle Pathos der französischen Maler des Louis XIV fand sie bei ihm sowohl den »grand style« als auch alle ihre Vorstellungen von naturnaher Form, fein abgestimmter Farbigkeit und geglättetem »fini« malerischer Durchführung verwirklicht. Eberts war hoch erfreut über den Beifall, welchen dieses sein Lieblingsbild bei ihr fand, und sie dürfte ihm Recht gegeben haben, als er ihr schrieb: ». . . Je länger man es betrachtet und prüft, desto mehr gewinnt es. Die Komposition ist majestätisch, die Details sind sehr kostbar, und alles, was dieser geschickte Mann hier an reichen Zutaten gegeben hat, ist in bestem Geschmack. Was die Charakterisierung der Köpfe und die Wahrheit des Ausdrucks angeht, übertrifft er alle Modernen.«

Eberts fuhr fort, die Markgräfin auf Ereignisse des Pariser Kunstmarktes aufmerksam zu machen, etwa auf die Versteigerung der Sammlung La Live de Jully im Mai 1770; schöne Werke seien dabei, schrieb er, von La Hire etwa, »beaux comme Poussin«, auch von Drouais. Doch hatte Karoline Luises Lust inzwischen nachgelassen, so sehr, daß Eberts schließlich befürchtete, vielleicht sogar ihr Vertrauen verloren zu haben. Denn er konnte sich einfach nicht vorstellen, daß sie so wenig Interesse für die vielen »sublimes tableaux« bezeigen sollte, auf die er sie immer wieder hinwies. Sie versuchte, es ihm zu erklären: ihr Ziel sei es eben, von jedem Künstler nur ein oder zwei Bilder zu besitzen, möglichst von seinen besten. Auf Drouais, so meinte sie, könne sie gut verzichten, denn dessen Ansehen sei doch nicht so gefestigt, daß man unbedingt etwas von ihm haben müsse. Einigermaßen versucht fühle sie sich freilich, ein oder das andere Werk von Greuze zu erstehen. Doch stimmte sie Eberts zu, der meinte, im Augenblick sei dieser Meister allzusehr Mode. Sie fand auch, es müsse ja nicht gerade jetzt sein, denn trotz aller Vorzüge des Künstlers sei man sich doch klar darüber, was »la vogue« in Paris bedeute. Und sechstausend Livres für das Bild eines modernen Malers zahlen zu sollen, möge er auch noch so »sublime« sein, das sei doch eben sehr viel, zuviel Geld. Er werde sie immer sehr aufgeschlossen für die alten Meister finden. Allerdings bezweifle sie, daß Greuze die Dou, Mieris, van der Werff und viele andere, deren »mérite« feststehe, übertreffen könne. Eberts dürfe überzeugt sein, daß sie seinem Geschmack und seinen Kenntnissen immer volle Gerechtigkeit widerfahren lasse, doch ». . . meine Situation schreibt mir gewisse Grenzen vor«.

Trotzdem unterrichtete Eberts die Markgräfin auch weiterhin noch über interessante Auktionen. Die Preise stiegen weiter und erreichten allmählich schwindelnde Höhen. Eine Sensation sondergleichen gab es, als der Duc de Choiseul in Ungnade gefallen war, alle Ämter und Würden verloren hatte und sich 1772 gezwungen sah, seine innerhalb weniger Jahre zusammengeraffte Sammlung wieder zu verkaufen.

37 G. de Lairesse, Antiochos und Stratonike – Karlsruhe, Staatliche Kunsthalle

Insgesamt 135 Gemälde umfaßte sie, davon 107 Werke flämischer und holländischer Meister. Eberts, der Karoline Luise eine Liste mit den erzielten Preisen schickte, meinte dazu, so etwas von Versteigerung habe man in Paris überhaupt noch nicht erlebt. Der russische Gesandte Fürst Dmitry Galitzin, dem von seiner Kaiserin keine Limiten gesetzt worden waren, brachte für die Petersburger Eremitage elf Gemälde an sich, darunter auch jenes Porträt einer Dame mit ihrer Tochter von der Hand van Dycks, das mehrere Jahre lang Besitz Karoline Luises gewesen war. Einige reiche Pariser Kunstfreunde kämpften um die anderen Bilder. Mit insgesamt 450 000 Livres erbrachte die Auktion gut das Dreifache dessen, was der Duc de Choiseul nur wenige Jahre vorher für seine Sammlung aufgewendet hatte.

Karoline Luise verfolgte all diese Ereignisse zwar immer noch mit Interesse, konnte sich jedoch selbst nicht mehr daran beteiligen. Im Februar 1771 hatte sie die Herrschaft Gondelsheim für ihre Söhne erworben und sah sich nun durch jeweils im Oktober fällige hohe Ratenzahlungen finanziell stark in Anspruch genommen. Im März 1774 schrieb sie an Eberts: ». . . die hohen Bilderpreise in Paris verbieten es mir strikt, an neue Käufe zu denken; man muß jetzt ja verrückte Summen zahlen. Glücklicherweise ist meine Sammlung auch komplett und hat das Ausmaß erreicht, welches ich mir vorgenommen hatte.« Um 1775/76 bezog sie nach langen Jahren wechselnder Provisorien schließlich ihr neues Wohnquartier und konnte nun die Bilder in den für diese reservierten Räumen aufhängen. Jedenfalls schrieb Goll ihr im November 1776 aus Amsterdam, er habe mit Vergnügen gehört, ihr »Cabinet de Tableaux« sei nun »arrangiert«. Das 1784 angefertigte Nachlaßverzeichnis gibt zu erkennen, daß sich 205 Gemälde dort im Mansardenstock des Schlosses auf vier Zimmer verteilten, wo sie dicht neben- und übereinander die Wände vollkommen bedeckt haben müssen. Nicht weniger als 88 von ihnen waren im vierten, dem größten Raum untergebracht. Wie es Karoline Luise zu Beginn ihrer Sammeltätigkeit formuliert hat, sollte dieses nur wenigen Auserwählten zugängliche »Mahlerey-Cabinet« ja kein Museum im heutigen Sinne des Wortes sein, sondern einer Kennerin und dilettierenden Kunstfreundin als Lehrsammlung oder »Bibliothek« dienen.

Das Naturalienkabinett

». . . Geometrie weicht den Naturwissenschaften und der Chemie, die seit neuestem Mode geworden sind und beim großen Publikum auf gleiches Interesse stoßen wie Regierungsangelegenheiten, Handel, Politik und vor allem die mit Passion betriebene Landwirtschaft.« So beschreibt Diderot 1765 im siebenten Band des »Dictionnaire encyclopédique« den auffallenden Wandel der Interessen des gebildeten Publikums[1]. Auf vier Seiten wird der Begriff »histoire naturelle« ausführlich definiert: ». . . Ihr Gegenstand ist ebenso umfangreich wie die Natur selbst. Er umfaßt alle Wesen, die auf der festen Erde leben, sich in die Lüfte erheben oder im Schoße der Wasser verharren, alle welche die Oberfläche der Erde bedecken oder in deren Innerem verborgen sind . . . Tiere, Pflanzen und Mineralien bilden die drei wesentlichen Teile der ›histoire naturelle‹, und diese Teile sind ihrerseits wieder Gegenstand verschiedener Wissenschaften, welche aus der allgemeinen Naturgeschichte hervorgehen wie Zweige aus einem Baumstamm.« Nach einer kritischen Beschreibung der Aufgaben und Methoden zur Erforschung des Tier-, Pflanzen- und Mineralreichs fährt er fort: ». . . In unserem Jahrhundert hat ›histoire naturelle‹ eine Pflege erfahren wie nie jemals zuvor. Nicht nur Literaten studieren sie oder vergnügen sich mit ihr, sondern das Interesse für sie ist überall verbreitet, wird immer lebhafter, erfaßt immer weitere Kreise. Von all denen, welche an ihr arbeiten oder sich mit ihren Gegenständen befassen, beobachten die einen die Produkte der Natur und beschäftigen sich mit diesen Beobachtungen: ihr Ziel ist es, auf der Suche nach Wahrheit die Wissenschaft zu vervollkommnen. Die anderen sammeln und bewundern die Produkte; deren Ziel ist es, all diese Wunder zur Schau zu stellen, damit auch andere Menschen sie bewundern können. Damit tragen sie zur Förderung der Naturwissenschaften vielleicht ebensoviel bei wie die zuerst genannte Gruppe, denn sie erleichtern das Studium der Naturprodukte dadurch, daß sie diese in ihren Sammlungen vereinigen. Von Tag zu Tag vermehren sich Kabinette solcher Art, nicht nur in den Hauptstädten, sondern auch in den Provinzen aller Staaten Europas. Die große Anzahl von Naturalienkabinetten bezeugt deutlich, wie sehr sich das Publikum für diese Wissenschaft interessiert. Nur auf Grund sorgfältiger Studien und nur mit erheblichen Geldmitteln kann man sie aufbauen, denn die Preise für ›curiosités naturelles‹ sind heutzutage sehr hoch. Zeit und Geld darauf zu verwenden, setzt aber den Wunsch voraus, etwas über ›histoire naturelle‹ zu lernen, oder bezeugt doch wenigstens ein gewisses Interesse für diese Wissenschaft, das durch Vorbilder und Nacheiferung lebendig bleibt. Im vergangenen Jahrhundert und zu Beginn des unseren hat es viel mehr Medaillenkabinette gegeben als jetzt;

heutzutage zieht man Naturaliensammlungen den Kabinetten mit Geräten für physikalische Experimente vor. Sollte dieses Interesse anhalten, wird man eines Tages vielleicht lieber Naturalienkabinette als große Bibliotheken besitzen wollen. Doch ist alles im Wandel begriffen, denn die Mode dehnt ihre Herrschaft auch auf die Wissenschaft aus . . .«

In großer Zahl entstanden damals naturwissenschaftliche Sammlungen auch in Deutschland, an weltlichen und geistlichen Fürstenhöfen ebenso wie in Adelssitzen und Bürgerhäusern. Am Karlsruher Hofe gab Geheimrat Johann Jakob Reinhard, der bedeutendste unter den Ratgebern Karl Friedrichs, 1759 dazu die entscheidende Anregung[2]. Vom 8. April dieses Jahres ist ein an den Fürsten gerichtetes Memorandum datiert, in welchem er vorschlägt, die markgräfliche Privatbibliothek mit der Bücherei des Geheimen Rates zu vereinen – beide umfaßten zusammen etwa siebentausend Bände –, diesen Bestand dann noch durch die seit 1688 ungenutzt im Markgräfler Hof zu Basel lagernden Bücher zu ergänzen und damit nach dem Beispiel anderer Fürstenhöfe beim Schloß eine öffentliche Bibliothek ins Leben zu rufen. Im selben Hause könne man das ebenfalls noch in Basel ausgelagerte Münzkabinett, die Hofapotheke, ein Kunstkabinett sowie eine Mineralien-, Muschel- und Naturaliensammlung unterbringen. Als günstigen Platz dafür bezeichnete er das Gelände der ehemaligen Malerwerkstatt, parallel zur Schloßkirche am Ende des östlichen Flügels gelegen. Karl Friedrich erteilte sofort seine Zustimmung. Schon zwei Wochen später wurde der Kostenvoranschlag für ein von Keßlau zu errichtendes zweistöckiges Gebäude vorgelegt; bereits im Juni des folgenden Jahres stand der Rohbau. Dann stellte sich allerdings heraus, daß die vorgesehenen Räumlichkeiten für das geplante große Programm bei weitem nicht ausreichen würden. So beschloß man im Januar 1761, das neue Bibliotheksgebäude an seinem südlichen Ende noch um einen rechtwinklig ansetzenden, sich zum Fasanengarten hin erstreckenden Seitenflügel zu erweitern, der das Naturalienkabinett und eine Modellkammer aufnehmen sollte. Gegen Ende des Jahres 1768 war der innere Ausbau dieses Flügels beendet. Der im frühen 19. Jahrhundert an der Ost- und Nordseite nochmals erweiterte und mit dem Schloßkörper durch einen Übergang verbundene Bau wurde nach den Zerstörungen des letzten Krieges mit neuer Raumverteilung im Inneren wiederhergestellt und beherbergt heute Büros und Werkstätten des Badischen Landesmuseums.

Am Karlsruher Hofe gab es bereits Ansätze für eine Sammlung naturwissenschaftlicher Art. Der Stadtgründer Markgraf Karl Wilhelm, persönlich lebhaft an Botanik interessiert, hatte vor seinem Schloß einen nach wissenschaftlichen Grundsätzen eingerichteten botanischen Garten anlegen lassen, der es der Vielfalt und übersichtlichen Ordnung seiner Bestände wegen sehr bald zu europäischem Ansehen brachte. Nach Karl Wilhelms Tod setzte man das begonnene Werk fort, wenn auch nicht mehr mit dem Enthusiasmus seines Gründers. Im Verlassenschaftsverzeichnis des früh verstorbenen Erbprinzen Friedrich werden 1732 mehrere Behältnisse voller Muscheln genannt.[3] Darunter befindet sich ein »Schrank mit Gläsern, roth und weiß laquirt, und ausgeschnittenen Bildern gezierdt«, in dessen vierzehn Schubladen sich

38 Das Bibliotheksgebäude am Ostflügel des Karlsruher Schlosses (Zustand vor 1944)

naturwissenschaftliche Sammlungsstücke befanden, überwiegend exotische Muscheln. Die einzelnen Objekte, mehr als siebenhundert an der Zahl, trugen Beschriftungen mit lateinischen oder holländischen Namen, dazu auch Qualitätsbezeichnungen; alle waren ihrer Zugehörigkeit zu bestimmten Gruppen entsprechend geordnet. Hier liegen die Anfänge einer bereits nach wissenschaftlichen Prinzipien aufgebauten und geordneten Sammlung. Ob der Erbprinz diese Objekte während seines Aufenthalts in Holland erworben, ob seine oranische Gemahlin sie aus der Heimat mitgebracht hat, steht dahin. In seefahrenden Ländern mit kolonialem Besitz wie Holland und England hat man jedenfalls die wissenschaftliche Erforschung der Muscheln zuerst mit Nachdruck und System betrieben.

Karoline Luise griff den Gedanken der Gründung eines im neuen Sinne wissenschaftlichen Naturalienkabinetts nach Reinhards Vorschlag gleich auf und begann bereits mit dem Sammeln, als der neue Bibliotheksbau noch im Entstehen begriffen war. Im Konzept eines Briefes vom 21. April 1760[4] dankt sie nämlich einem Herrn Schäffer in Regensburg, der damals offenbar als Präparator einen Namen besaß, für die »auf eine so besonders wohl erfundene Art conservirte Fische und Vogel«, auf die sie sehr gespannt gewesen sei. »Diese neue Erfindung, solche Thiere auf zu bewahren, finde ich um desto künstlicher und schöner, weil dadurch die Vollkommenheit der Natur nicht im geringsten verringert wird. Ich werde es mit einander als eine Zierde meines Cabinets wohl auf behalten.« Demnach war eine an Umfang vermutlich noch nicht große Sammlung ausgestopfter Tiere bereits vorhanden; daß man sie damals schon systematisch vermehrte, ist kaum anzunehmen, denn die ausgebreitete Korrespondenz dieser Jahre berührt Fragen solcher Art nur gelegentlich.

Auf Karoline Luises besonderes Interesse für Mineralogie deuten dagegen zwei Briefe aus dem Herbst des Jahres 1762, in denen die Faktoren Volz und Fuchs genaue Beschreibungen der von ihnen übersandten Gesteins- und Erzproben aus den markgräflichen Bergwerken in Hausen, Kandern, Oberweiler und Badenweiler lieferten.[5] Während der Wintermonate eben dieses Jahres scheint die Fürstin den Entschluß gefaßt zu haben, sich nunmehr mit ganzer Kraft dem systematischen Aufbau ihres Naturalienkabinetts zu widmen, denn im Januar des folgenden Jahres, als es an die Verputz- und Malerarbeiten im Inneren des neuen Sammlungsbaus ging, setzt plötzlich eine sehr umfangreiche, nun über zwanzig Jahre anhaltende Korrespondenz mit Sammlern, Gelehrten und Freunden in allen europäischen Ländern ein.[6] Das Jahr 1762 hatte noch ganz im Zeichen der Bilderkäufe gestanden; diese Bemühungen treten nun gegenüber der neuen, mit Begeisterung ergriffenen Aufgabe ein wenig zurück.

Wie es ihre Art war, widmete sich Karoline Luise dem Studium der ihr noch nicht so vertrauten Naturwissenschaften nun mit System, Konsequenz und Intensität. Zuerst ging es wieder darum, grundlegende Literatur für alle einzelnen Sammelgebiete zu beschaffen. Als Berater wählte sie dazu den berühmten Jacques-Renard Spielmann in Straßburg[7]. Der vielseitige Gelehrte vertrat seit 1743 an der dortigen Universität die Fächer Pharmazie, Physiologie und Chemie, hielt dazu seit 1759 auch Vorlesungen über Anatomie. Außerdem war er Direktor des Botanischen Gartens der Universität, den er zu hohem Ansehen zu bringen verstand. Spielmanns zahlreiche Publikationen zeichnen sich nach Aussage seines Biographen durch »Ordnung, Genauigkeit, Klarheit, profunde Gelehrsamkeit und seltenen Forschergeist« aus. Mit all dem muß er ein Mann ganz nach dem Herzen der badischen Markgräfin gewesen sein, für deren Persönlichkeit er seinerseits großen Respekt empfand. Von Spielmann erfuhr Karoline Luise die für alle Spezialgebiete der Naturwissenschaften maßgebenden Werke, welche sie sich dann durch den Buchhandel besorgen ließ. Was nicht ohne weiteres zu beschaffen war, lieh der Gelehrte auch aus seiner eigenen großen Bibliothek. Da er vor dem Universitätsstudium praktisch als Apotheker tätig gewesen war, dazu auch das Fach der Pharmazie vertrat, schätzte Karoline Luise seinen Rat besonders für den Aufbau einer Spezialabteilung ihres Kabinetts, nämlich der »matières médicales«, der für therapeutische Zwecke benutzten mineralischen und pflanzlichen Substanzen.

Das 18. Jahrhundert ist für die Naturwissenschaften eine Epoche der großen beschreibenden Bestandsaufnahme auf allen Gebieten gewesen, jener umfassenden Ordnungssysteme, wie sie Linné und Tournefort für die Botanik, Lister, Rumpf und d'Argenville für die Muscheln, Brisson, de Buffon und Catesby für die Vogelwelt geschaffen haben, um hier nur einige zu nennen. Nur mit Hilfe solcher Autoren ließ sich eine Sammlung wirklich wissenschaftlichen Charakters aufbauen. Herr de la Sarraz, ein als Offizier in oranischen Diensten stehender Schweizer und Naturaliensammler, der durch den Marquis de Bellegarde, einen Freund Karl Friedrichs, von den neuen Plänen Karoline Luises gehört hatte, erklärte sich bereit, ihr mit Dubletten aus seiner Sammlung behilflich zu sein, gab auch noch weitere

Hinweise praktischer Art.[8] Mit bewegten Worten schilderte er aus eigener Erfahrung die stillen Freuden des wahren Sammlers, der bei seinen Bemühungen durchaus nicht in Konkurrenz mit den ganz großen Herren zu treten brauche, um Freude und Genugtuung durch seine Beschäftigung zu erfahren: ». . . Jeder muß sich seine Sammlung selbst gestalten und sie nach den gegebenen Möglichkeiten aufstellen. Lassen Sie sich durch gute Autoren belehren, sprechen Sie mit Kennern, vermeiden Sie alle Schwätzer und die kleinen ›Naturalisten‹, welche es in allen Wissenschaften gibt; nachdem ein Réaumur und ein Buffon Gutes geäußert haben, schwätzen Tausende es nach . . . Sie werden unendliche Freude am Aufbau einer Sammlung haben, die man ja nicht an einem Tage beginnen und auch schon vollenden kann. Etwas Liebe braucht man dazu und ebensoviel Geduld. Hat man diese, dann bringt jeder Tag neue Freuden: gespannt öffnet man neu eintreffende Sendungen, belauert wie ein Jäger eine Sammlung, die zum Verkauf kommt, prüft ein interessantes Stück unter der Lupe, gibt sich alle Mühe, es zu erwerben. Unternehmungen solcher Art habe ich immer mit dem größten Vergnügen betrieben. Hat man ein neues Stück bekommen, dann studiert man es und liest in Büchern darüber nach. So bringt jeder Tag auch neue Belehrung. Mit Genugtuung betrachtet man die Fortschritte, welche man selbst und welche das Werk auf dem Wege zu seiner Vollendung macht.« Vielleicht hat sich Karoline Luise in späteren Jahren gelegentlich des Briefes erinnert, der so anschaulich die Freuden schildert, welche sie selbst im Umgang mit diesen Gegenständen empfand.

Ihre 1763 einsetzende Korrespondenz mit Gelehrten und Sammlern gibt zu erkennen, daß ihr die Materie, um welche es ging, als solche nicht ganz neu war, sondern daß sie sich auf manchen Gebieten schon gewisse Kenntnisse angeeignet hatte. Das gilt vor allem für die Mineralogie, der immer ihr besonderes Interesse gegolten hat. Probleme gerade dieser Disziplin waren ihr schon in den ersten Karlsruher Jahren nahegebracht worden, als Karl Friedrich 1754 eine systematische Untersuchung der Bodenschätze seines ganzen Landes ins Werk setzte[9]. Von der für den Neubau des Schlosses ernannten Kommission war nämlich der Vorschlag gekommen, man solle für die Innenausstattung – also für Tischplatten und Kamineinrahmungen – doch möglichst einheimische Marmorsorten verwenden; über deren Vorkommen in badischen Landen war bis dahin allerdings noch nichts Genaues bekannt. Die Anregung dazu ging wohl von Geheimrat Reinhard aus, der nicht nur selbst ein leidenschaftlicher Mineraliensammler war, sondern auch verschiedene wissenschaftliche Arbeiten auf diesem Gebiet veröffentlicht hat.[10] Der Markgraf erließ am 3. April 1754 einen Aufruf an alle Untertanen, in dem er diese aufforderte, nach Vorkommen solcher Art zu suchen; den Findern wurden Prämien für die Entdekkung »nicht gemeiner Steine« ausgelobt. Reinhard war mit der Leitung des ganzen Unternehmens betraut. Den ersten sogenannten Marmor fand man bei Berghausen in der Umgebung Karlsruhes, einen noch schöneren bald bei Emmendingen. Daraufhin berief Reinhard einen sachverständigen Meister »aus dem Ausland«, nämlich den »Marmorsteinhauer« Andreas Reichmann aus Dietz an der Lahn, und im Jahre darauf, 1755, zu dessen Hilfe noch einen »erfahrnen Steinbrecher«

Johannes Schwind, der ebenfalls aus Dietz stammte. Diese beiden Männer suchten nun vor allem in der oberen Markgrafschaft systematisch nach Vorkommen von Steinen, wertvollen Erden und Mineralien. Der Erfolg lohnte die Bemühungen in kaum erwartetem Maße. Nicht nur Marmor von mancherlei Qualität und Farbe fand man, wie Reinhard berichtet, sondern auch glänzend schwarzen und weißen »Granit«, dazu Jaspis, verschiedene Achate, roten und weißen Sandstein, Ockererde und bei Ellmendingen im Oberamt Pforzheim auch eine weiße, von Sandbeimischung freie Erde, wie Vergolder und Lackierer sie als Grundierung für ihre Arbeiten benötigten[11]. In Karlsruhe richtete man nun Werkstätten zur Behandlung der Steine ein und verwendete die dort geschaffenen Arbeiten für das Schloß. Darüber hinaus wurde auch nach Frankreich, Holland und England exportiert, wodurch sich dem Lande neue Einnahmequellen erschlossen. Im Jahre 1764 war ein Italiener Francesco Vassalli als »Lavoratore in Marmo alla Corte di Carlsrue« tätig[12]; ein Herr Meyer betrieb in der Residenzstadt noch während der achtziger Jahre zu gewerblichen Zwecken seine Steinschleiferei. Mit gleichem Eifer wurden überall im Lande auch die Möglichkeiten zu intensiverem Bergbau erforscht. Von allem, was an Steinen, Erden, Mineralien und Erzstufen gefunden wurde, gingen Proben nach Karlsruhe[13]. Sie bildeten den Grundstock der mineralogischen Abteilung des neuen Naturalienkabinetts und dürften bei Karoline Luise nicht nur das Interesse an dieser Disziplin der Naturwissenschaft, sondern dazu den Wunsch geweckt haben, die badische Sammlung über das rein Regionale hinaus durch Beispiele aus anderen Ländern und Erdteilen zu bereichern.

Das Bibliotheksgebäude war 1764 soweit fertiggestellt worden, daß man an die Einrichtung der Sammlungen denken konnte. Daraufhin ernannte Karl Friedrich den aus Bern stammenden Friedrich Samuel Schmidt, der später geadelt wurde und sich nach einem ihm gehörenden Besitz »de Rossens« nannte, mit dem Titel eines Hofrats zum Direktor des ganzen Komplexes. Der damals erst siebenundzwanzigjährige Gelehrte hatte bereits seit zwei Jahren eine Honorarprofessur an der Basler Universität inne und war dem Markgrafen seiner umfassenden Kenntnisse auf den Gebieten von Archäologie und Naturwissenschaft wegen aufgefallen. Karoline Luise, die den Aufbau des Naturalienkabinetts als ihre eigene Sache betrachtete, hatte sich im Oktober 1763 auch schon an Schmidt gewandt und ihn um Angabe wichtiger Titel naturwissenschaftlicher Literatur gebeten. Sie erhielt daraufhin eine zwölf Seiten lange, alle Gebiete umfassende Aufstellung solcher Art, die sie mit der von Spielmann gelieferten vergleichen konnte. Sie schätzte den jungen Schweizer, arbeitete in der Folge gern mit ihm zusammen und bedauerte es darum sehr, daß Karl Friedrich, der sich von den diplomatischen Talenten Schmidts überzeugt hatte, diesem bereits 1769 eine neue Aufgabe zuwies und ihn als seinen »Ministre Résident« in die Freie Reichsstadt Frankfurt schickte.

Unter Ausnutzung aller Verbindungen und Möglichkeiten, welche ihr hoher Rang ihr bot, bemühte sich Karoline Luise seit 1763 darum, ein möglichst reichhaltiges und auf gewissen Gebieten auch möglichst vollständiges Naturalienkabinett zusammenzutragen. Freunde, Direktoren anderer fürstlicher Kabinette sowie Sammler in allen Ländern Europas, dazu Besucher, welche in Karlsruhe ihre Aufwartung machten, alle wußte sie einzuspannen, ihr interessante Objekte, möglichst sogar ganze Gruppen von Objekten für ihr Kabinett zu besorgen. Mehr als hundert Persönlichkeiten lassen sich aus ihren Papieren noch namhaft machen, mit denen sie dieserhalb Verbindung aufnahm. Für die Korrespondenten war es nicht immer leicht, den präzise geäußerten, zum Teil recht umfangreichen Wünschen der Markgräfin zu genügen. So heißt es etwa in einem Brief an den Kasseler Rat Raspe[14], welcher die Sammlung des hessischen Landgrafen betreute, sie danke ihm sehr für die Übersendung hannöverscher Naturalien; gerade in diesem Augenblick habe sie ihm nämlich eine Liste der ihr noch fehlenden »natur producta« dieser Lande schicken wollen. Nun möchte sie dazu auch noch die hessischen, von denen sie ein Verzeichnis beifügte: ». . . Dieses enthaltet nur diejenigen Dinge, welche mir bekannt sind, aber da die Sammlung meines Cabinets hauptsächlich auf die producta ganzer Länder sich richtet«, wäre sie dankbar, wenn Raspe ihr das dazu Fehlende besorgen könnte. Aus der Literatur besaß sie also bereits eine recht genaue Vorstellung von dem, was in Hessen-Kassel gefunden wurde. Dieses Schreiben steht nur als Beispiel für zahlreiche andere, in welchen es auch um »Naturproducta« der verschiedensten Gegenden Deutschlands und aller möglichen Länder Europas geht.

Ähnlich wie die schon genannten Kunstsammler und »Dilettanten« scheinen auch die Naturaliensammler Europas eine durch gemeinsame Interessen verbundene internationale Gesellschaft gebildet zu haben, in der man voneinander wußte, Dubletten oder Konservierungsrezepte austauschte und sich über wichtige Ereignisse aus den jeweiligen Sammlungsgebieten sowie über neue Literatur auf dem Laufenden hielt. So schrieb Karoline Luise im Februar 1770 dem badischen Residenten Treuer im Haag, sie habe gehört, daß eine kürzlich als Versteinerung entdeckte Pantoffel-Muschel von einem Herrn Meyer in Amsterdam erworben worden sei. Sicher wisse Herr Meuschen, der Herzoglich Hildburgische Legationssekretär im Haag, auch ein großer Conchyliensammler, ob daran etwas Wahres sei, was das Stück gekostet habe und woher es komme: ». . . toutte nouvelle découverte est intéressante aux yeux de nous autres curieux.«

Besonders seltene Stücke, vor allem aus dem Bereich der Versteinerungen, waren gesucht und umworben wie die schönsten Bilder niederländischer Meister auf dem Pariser oder holländischen Kunstmarkt. Herr von Schmidt berichtete der Markgräfin im November 1771 aus Frankfurt von einer amüsanten Geschichte solcher Art[15]. Zufällig habe er auf einer Reise zwischen Mannheim und Heidelberg Colini getroffen, den Leiter des Mannheimer Naturalienkabinetts, der sich in großer Eile auf dem Wege nach Heilbronn befand. Er hatte die Absicht, »das Unmöglichste zu thun«, um aus dem Besitz der dortigen Posthalterin einige »curiosités« und vor allem das »Encrynium« zu erwerben, ein offenbar in der Fachwelt berühmtes, besonders schönes und wohl erhaltenes Exemplar einer versteinerten Seelilie. Ein Liebhaber solcher Dinge, den Herr von Schmidt dann in einem Mannheimer Wirtshaus traf, habe gesagt, er zweifle sehr am Erfolg der Reise Colinis, denn falls dieser nicht hundert Dukaten für das Encrynium bieten könne und darüber hinaus nicht bereit sei, auch noch die anderen, wenig wertvollen Sachen dieser Dame teuer zu bezahlen, werde er kaum etwas erreichen. Fast alle Höfe ständen zur Zeit mit der Postmeisterin in Unterhandlungen. Man glaubte zu wissen, daß auch Karlsruhe zu den Bietern gehöre, und argwöhnte, Herr von Schmidt habe sich dieserhalb sogar unterwegs heimlich mit Colini getroffen. Der in Heidelberg lebende Jesuitenpater Mayer – ein international hoch angesehener Astronom und Naturwissenschaftler – unterhandle sehr geschickt für die Zarin, Graf Riaucour nach besten Möglichkeiten für den Pfälzer Hof und Baron von Gemmingen in ähnlicher Weise für Wien. Schmidts Gewährsmann meinte, wer achtzig Dukaten biete, werde das Stück vermutlich bekommen.

Solche Versteinerungen von Muscheln, Tieren oder Pflanzen, wie sie besonders in Öhningen zutage kamen, spielen auch in Karoline Luises Korrespondenz eine große Rolle. Sie selbst war sehr daran interessiert und wurde immer wieder von anderen Sammlern nach Tauschobjekten solcher Art gefragt. Die Beschäftigung mit diesen Phänomenen ist überall beliebt gewesen, scheint vielfach sogar eine Art Sport geworden zu sein. Karoline Luises Schwägerin, die »Große Landgräfin«, schrieb im Sommer 1758 an ihre Freundin Prinzessin Amalie von Preußen[16]: ». . . Ich gehe nicht aus, denn das Wetter ist schlimm. Als Ersatz für Spaziergänge schaffe ich meinen Armen Bewegung: mit eisernen Werkzeugen schlage ich Steine aus Felsblöcken, welche ich von Buchsweiler hierher nach Pirmasens mitgebracht habe. Wegen der Versteinerungen darin vertiefe ich mich in die Naturgeschichte und mache hier meine Studien. Allein das Gebiet von Buchsweiler bietet mir zehn verschiedene Sorten solcher Versteinerungen. Bisher ist noch niemand darauf gekommen, in diesen Gegenden so etwas zu vermuten . . .«

Im allgemeinen versuchten Liebhaber und Sammler von Naturalien, ihre Kabinette durch Austausch von Dubletten auszubauen. Manchmal gab man auch Dinge ab, welche in ein mehr spezialisiertes Programm nicht paßten oder aus anderen Gründen für entbehrlich angesehen wurden. In Karlsruhe hatte man für Tauschzwecke solcher Art durch einen Steinschneider Kollektionen der aus den Brüchen des eigenen Landes gewonnenen Marmorsorten anfertigen lassen, fingerdicke, an der Oberfläche polierte Plättchen von rechteckiger Form und verschiedener Größe. Gut beschriftet und in Kistchen verpackt, ließen sie sich leicht verschicken und bereiteten jedem Sammler Freude. Karl Friedrich gab etwa seinem Minister Wilhelm von Edelsheim, als er diesen 1768 in delikater diplomatischer Mission an den Wiener Hof schickte, ein solches Geschenk als Aufmerksamkeit für das kaiserliche Naturalienkabinett mit. Edelsheim, der bei Maria Theresia freundliche Aufnahme fand, hat der Kaiserin offenbar auch von Karoline Luises neuem Kabinett erzählt und ihr dabei den Wunsch seiner Herrin nach Proben aller in den Bergwerken der österreichischen Erblande gefundenen Minerale und Erzstufen vorgetragen[17]. Maria Theresia zeigte sich bereit, der von ihr geschätzten Markgräfin diesen Gefallen zu erweisen und ließ ihr eine Kollektion schicken. Diese traf im Frühjahr 1769 in Karlsruhe ein, denn einem Brief, welchen die Kaiserin am 12. Juni schrieb, ist zu entnehmen, daß sie bereits ein Dankschreiben Karoline Luises erhalten hatte.

Edelsheim gegenüber äußerte sich die Markgräfin allerdings einigermaßen enttäuscht über die Gabe der verehrten Monarchin; entgegen ihren hohen Erwartungen hatte sie nämlich nur wenige und ausschließlich siebenbürgische Stücke bekommen. Edelsheim, dem das auch aufgefallen war, wandte sich an den mit der Zusammenstellung beauftragten Hofbeamten, der ihm, wie er am 2. September berichtete, unumwunden zugab, andere Geschenksendungen solcher Art seien in der Tat beträchtlich umfangreicher gewesen, doch habe man im Hinblick auf die hohen Kosten, welche für die Kaiserin damit verbunden seien, von großen Kollektionen nun Abstand genommen. Edelsheim war der Meinung, das Geschenk der badischen Marmore hätte doch wohl eine Ausnahme von dieser Regel gerechtfertigt, und er werde bei der nächsten Gelegenheit mit der Kaiserin darüber sprechen. Wirklich trug er dieser die Sache vor, worauf Maria Theresia antwortete: »Ich habe ihr geschickt, was ich am schönsten habe.« Auf den Einwand, es seien doch nur siebenbürgische Stufen gewesen, habe sie das Gespräch mit den Worten beendet: »Das sind auch die schönsten.« Edelsheim glaubte, die Kaiserin sei vor Präzedenzfällen gewarnt worden, weil dann nämlich »tout le monde« mit solchen Bitten an sie herantreten werde, man daraufhin nicht mehr ablehnen könnte und sich in Kosten von unverantwortlicher Höhe stürzen müßte. Vermutlich war Maria Theresia nicht klar geworden, daß Karoline Luise mit ihren Wünschen nicht nur einer modischen Laune nachgab, sondern mit einem wirklich wissenschaftlich ernsthaften Unternehmen beschäftigt war. Edelsheim wechselte nun die Taktik, wie er schrieb, und besuchte Graf Kolowrat, den neuen »Gouverneur des Mines«. Dieser versprach hoch und heilig, die Markgräfin werde alles bekommen, was sie nur wolle und was ihr fehle; allerdings brauche man dazu Zeit, und es könne nur nach und nach geschehen. In der Tat verursachte Karoline Luises Wunsch den Wiener Beamten allerlei Arbeit, denn nun mußten erst einmal die Bergwerksdirektionen von Freiburg und Tirol über Böhmen bis nach Ungarn und Siebenbürgen Anweisung erhalten, ihre Produkte zusammenzustellen und nach Wien zu schicken. Von dort sollte dann alles im Sammeltransport nach Karlsruhe gehen. Neun Jahre waren verflossen, als die vier Kisten endlich um Weihnachten 1777 ihren Bestimmungsort erreichten. Mit den insgesamt 263 Erz- und Mineralstufen, welche sie enthielten, durfte Karoline Luise allerdings wirklich zufrieden sein, denn wahrscheinlich konnten sich nur wenige fürstliche Kabinette einer so vollständigen Sammlung aus allen österreichischen Landen rühmen. Auf ihr herzliches Dankschreiben antwortete die Kaiserin sehr freundlich; vermutlich hatte sie die vor Jahren erteilte Absage inzwischen längst vergessen.

Über Herrn von Schmidt, der damals nach Frankfurt übersiedelt war, setzte sich im September 1769 auch der als Sammler von Mineralien und anderen naturwissenschaftlichen Objekten bekannte Baron von Hüpsch in Köln mit Karoline Luise in Verbindung[18], eine merkwürdige Erscheinung barocken Ausmaßes, wie nicht nur sein Briefstil, sondern auch schon seine Handschrift zu erkennen gibt. Außer allerlei Versteinerungen bot er einen der in den früheren Kunst- und Kuriositätenkabinetten so geschätzten Bezoarsteine an; diesen Gebilden, die nicht zum Mineralreich gehören, sondern nichts anderes als die zur Verdauung verschiedener Wiederkäuer nötigen Magensteine dieser Tiere sind, schrieb man wunderbare Wirkungen gegen gewisse Krankheiten zu. Schmidt, der den Brief an Karoline Luise weiterleitete, bemerkte, der Baron sei bei allen Leuten als ein rüder Krämer bekannt, leiste sich mit dem Bezoar auch mancherlei Schwindeleien. Tatsächlich gebe es in diesem »siècle éclairé« immer noch Empiriker, welche an Bezoare glaubten und einen Dukaten dafür gäben, nur um solch ein Stück einen Tag lang benutzen zu dürfen. Wahrscheinlich seien die Steine alle gefälscht und zudem sowieso ohne jede Wirkung: ». . . ist dieser ehrenwerte Herr Baron ein großer Schacherer, so wird Ew. Hochfürstliche Durchlaucht aus seinem Brief ersehen, daß er dabei auch noch ein Betrüger ist.« Ohne auf den Bezoar einzugehen, blieb Karoline Luise doch mit von Hüpsch im Austausch, nahm die lange Liste seiner nicht eben bescheidenen Wünsche zunächst allerdings nur zur Kenntnis. Neben die »inländischen und ausländischen Früchte«, welche er gern von ihr haben wollte, schrieb sie an den Rand: »Das sind auch unsere pia desideria.« Zunächst mußte sich der Baron mit der üblichen Kollektion badischer Marmore zufriedengeben, von deren einzelnen Stükken er sich nach Möglichkeit sogar gleich Du- und Tripletten gewünscht hatte. Was die »wohlgetrockneten Insekten, Papillionen, Käfer, Vögel, Tiere, Mißbildungen« anging, an welchen ihm ebenfalls lag, vermerkte Karoline Luise sich: »Dieses könte im Früling, bey meinem retour choisirt werden.«

Manches, was sie zur Ergänzung der Bestände ihres Kabinetts suchte, war auf dem Tauschwege nur schwer oder gar nicht zu bekommen. Für Dinge dieser Art gab es Händler, die sich auf Mineralien spezialisiert hatten und unter Umständen auch mit Ausgefallenem dienen konnten. In den Papieren der Markgräfin findet sich die Quittung eines Herrn Mauvée[19], »marchand d'histoire naturelle, passage de la Rue de richelieu aux palais Royalle a paris«; darin bestätigt dieser den Empfang von insgesamt 653 Livres und 11 sols – teils in bar, teils auf eine Anweisung – für Muscheln und Steinkorallen, welche er in Karlsruhe übergeben hatte. Das stellt eine immerhin ziemlich beträchtliche Summe dar. Gelegentlich kamen größere Bestände von Naturalien aus Privathand auch zur Versteigerung. Eberts etwa erwarb im Sommer 1764 für das Karlsruher Kabinett 28 Stücke aus der Sammlung des »Fermier général« Savalette de Buchelay in Paris, allerlei Erz- und Eisenstufen, Rohdiamanten und einen in Flüssigkeit konservierten Frosch[20]. All das hatte Karoline Luise aus dem umfangreichen, 686 Nummern umfassenden Auktionskatalog ausgesucht und in Auftrag gegeben. Der Gesamtbetrag belief sich ohne Nebenkosten auf fast achtzig Livres. Gelegentlich wurden auch geschlossene Sammlungen mit vielen Hunderten von Einzelstücken angeboten, doch scheint sich die Markgräfin auf Käufe solcher Art nicht eingelassen zu haben.

Für den Aufbau eines Kabinetts mit mineralogischen, zoologischen und botanischen Beständen waren, wie de la Sarraz schon geschrieben hatte, erhebliche finanzielle Aufwendungen erforderlich. Karoline Luise hat die Karlsruher Sammlung zwar als ihr Privateigentum angesehen und die dafür anfallenden Ausgaben größtenteils aus eigenen Mitteln bestritten, doch war es von vornherein ihre Absicht, das Kabinett einer breiteren Öffentlichkeit zugänglich und nutzbar zu machen. Damit fand sie volles Verständnis beim Gatten. Dieser hatte seinerseits die Förderung einer öffentlichen Bibliothek übernommen, welche alle Wissenschaften umfassen und ebenfalls der Volksbildung dienen sollte. Vom pädagogischen Nutzen des naturwissenschaftlichen Kabinetts überzeugt, erhöhte er darum Karoline Luises Apanage und gab am 5. Januar 1768 der Landschreiberei Anordnung, seiner Frau die ihr am »verwichenen georgy 1767« für deren Naturalienkabinett bewilligten 150 Gulden auch weiterhin alle Vierteljahr zu zahlen.

Alles, auch das Geringste, was mit diesem Kabinett zusammenhing, interessierte die Markgräfin, ob es um eine neue Methode ging, Muscheln zu reinigen und auf Hochglanz zu bringen[21], ob es ein Rezept für eine Flüssigkeit war, in welcher sich Raupen konservieren ließen, ohne dabei die Farbe zu verlieren. Gerade darüber entspann sich eine längere Korrespondenz mit Treuer, der ihr dieses Rezept 1764 mitgeteilt hatte[22]. Karoline Luise gab nicht eher Ruhe, als bis sie ganz exakte Angaben darüber erhalten hatte, wieviel jeweils von den einzelnen Zutaten zum Weingeist zu nehmen sei und in welcher Reihenfolge man sie der Mixtur zuzufügen habe. Viel Mühe wandte sie auf Ordnung, Beschriftung und Katalogisierung der Bestände. Reste eines handschriftlichen Inventars der Halbedelsteine, Metalle und Erden sind in zwei Bänden erhalten geblieben, mehr als sechzehnhundert Objekte umfassend. Vorweg steht das Schema der Katalogisierung: Herkunft der einzelnen Stücke, bekannte Charakteristika, Zusammensetzung, chemische Reaktionen, medizinische und allgemeine Verwendung. Andere Manuskripte enthalten ein Verzeichnis der Fossilien nach deren verschiedenen Genera und Fundorten.[23]

Alle Objekte der Mineralien- und Metallsammlung waren auf vorgedruckten Schildern beschriftet und mit Nummern versehen. Eine Reihe solcher Stücke befindet sich noch heute unter den Beständen der Landessammlungen für Naturkunde in Karlsruhe, die im Laufe des 19. Jahrhunderts aus dem Erbe des Karolinischen Kabinetts erwachsen sind. Karoline Luises »Kleines Mineralien Cabinete«, das vermutlich die Bestände erster Wahl enthielt, umfaßte vierzig, jeweils einer Gruppe vorbehaltene Kästen; der Inhalt jedes Kastens war auf einem eingelegten vierseitigen Blatt nach vorgedruckten Rubriken verzeichnet[24].

Der spätere Bergrat C.F. Erhard, der nach einem Studium als Geometer vom Markgrafen mit einem Stipendium noch einmal für zwei Jahre zu weiterer Ausbildung auf die sächsische Bergakademie in Freyberg geschickt worden war, berichtet in einem 1802 erschienenen Aufsatz Erstaunliches nicht nur über Karoline Luises mineralogische Kenntnisse, sondern auch über das geradezu leidenschaftliche Interesse, mit welchem sie sich dem Studium dieser Wissenschaft ergeben hatte.[25] Er darf als ein verläßlicher Augenzeuge gelten, da er als junger Mensch seinen eigenen Worten nach einige Jahre im Kabinett für die Markgräfin gearbeitet hatte; dort mußte er neu eintreffende Sammlungen auspacken und war auch an der Katalogisierung und Aufstellung der Bestände beteiligt. »Ich will zufrieden seyn, wenn ich die Mineralien und Stufen so kenne, daß ich sagen kann, was sie sind und woher sie sind«; das, so schreibt Erhard, habe Karoline Luise als Ziel ihrer Studien bezeichnet.

Wie weit sie auf dem Wege dahin gekommen ist, beleuchtet ein ergötzlicher Vorfall: Im Jahre 1781 unternahm das markgräfliche Paar eine gemeinsame Reise nach Sachsen und Thüringen. Unterwegs trennten sich die Gatten ihrer verschiedenen Interessen wegen mehrmals für einige Tage und trafen einander dann an verabredeten Punkten wieder. Karoline Luise, damals eine stattliche Dame von achtundfünfzig Jahren, machte allein und natürlich incognito einen Ausflug nach Freyberg, um das Mineralienkabinett der dortigen Bergakademie zu besichtigen. Was hier geschah, berichtet Erhard mit folgenden Worten: ». . . Sie ließ sich desfalls bey den Vorstehern desselbigen als eine Dame, zwar von Rang, jedoch nur Liebhaberin der Mineralogie melden. Es kam aber von daher die Entschuldigung zurück: Man habe nicht Zeit, und schickte daher nur einen Bergakademisten, der Ihro das Mineralien-Kabinett zeigen sollte. Als nun die Fächer, darinn die Mineralien und Stufen lagen, herausgezogen worden, und sie sagte, dieß ist das und dies ist das, und da und daher, und da Sie ferner nur instruktivische Stufen, als das kubische Hornerz, das dendritisch gewachsene Silber, das crystallisierte Rothgüldenerz, das Glaserz, das Tschoppauer grüne Bleierz, die Antimonial-Crystallisationen, die Scharfenberger phosphorescirende Blenden, die Kobold- und rothen Kupferblüthen, das rothe Bleierz und die Spath- und Gebürgs-Arten etc. zu sehen verlangte, und Sie diesem Bergakademisten sagte, in welchem Nro. von Fächern eine jede von diesen Stufen liege, so lief der Herr Kabinetts-Inspektor davon, ließ die Fürstin allein und hohlte mit vieler Ängstlichkeit die wahren Vorsteher des Instituts, indem er ihnen sagte, es sey eine wundersame Dame im Kabinet, die alle Sachen besser als er kenne; die Herren kommen, und verehrten Sie, ohne Sie gekannt zu haben.« Während seiner Studien in Freyberg hatte Erhard schon mancherlei an sächsischen Erzstufen und Mineralien für das Karlsruher Kabinett erworben, anscheinend auch Abschriften der Kollegs besorgt, welche ein Professor Charpentier an der Akademie hielt; schließlich brachte er bei seiner Rückkehr in die Heimat 1774 noch ein Gesamtverzeichnis des Freyberger Kabinetts mit, dazu eine Zeichnung des Zimmers mit allen seinen Fächern[26]. Ganz unvorbereitet war Karoline Luises Auftritt also nicht; trotzdem bleibt zu bewundern, mit welcher Genauigkeit ihr aus der Lektüre des Katalogs einzelne Stücke der umfangreichen Sammlung im Gedächtnis geblieben waren. Ihr Interesse für die Mineralogie war spontan und aufrichtig, eine wirkliche Passion.

Erhard berichtet auch, wie sie einmal – es war im August 1773 – in Begleitung des Gatten und des Professors der Mathematik und Physik Johann Lorenz Böckmann bei einer Reise durch die badischen Oberlande in den zwanzig Lachter tiefen Schacht der Riester Grube in Sulzburg hinabstieg, also etwa vierzig Meter unter den Erdboden, um dort unter Tage die Erzbrüche zu betrachten. »Dies ist der glücklichste Tag meines Lebens«, sagte sie hinterher begeistert, »denn ich habe die Natur noch nie so schön gesehen.« Daß ihre Kleidung bei dem Unternehmen völlig verschmutzt worden war, kümmerte sie nicht im geringsten. Weiter heißt es dann bei Erhard: »Sie fuhr selbst in das Gebürg und stieg einen steilen Berg hinter Baden hinauf, nachdeme Sie unterwegs durch einen starken Gewitterregen, wie man zu sagen pflegt, durch und durch naß geworden, um die Lagerstätte der Praser,

Chalcedonier, Agathe, Cachalongen-Porphyr und Pseudo-Porphyr-Kugeln zu sehen, die ich Ihro von daher zu bringen vorhero die hohe Gnade hatte. Sie machte höchstselbsten Recherchen darauf, indeme Sie mit hoher warmer Begierde dergleichen mit höchsteigener Hand aufhub und in der Chaise mit sich nach Rastatt nahm.«

»Ganze Halbe Tage verweilte Sie Sich nachmahls, ohne lange Weile zu haben, in Ihrem Naturalien-Kabinet; ich mußte Ihr einen so viel möglich vollständigen instruktivischen Auszug aus der ganzen Sammlung machen, den Sie immer nächst bey Sich in einem kleinen Nebenzimmer hatte und über welchen Sie Information gnädigst von mir nahm . . .« An allen handwerklich-technischen Fragen interessiert, ließ sie sich in einem anderen Nebenraum auch einen »Probier-Wind- und Destillir-Ofen« unter den französischen Kamin stellen und nahm hier selbst »die Reduktion der Metalle vor und kapellierte Silber«.

Auf ihren Wunsch hin mußte Erhard für das Kabinett zusätzlich alle Hüttenprodukte und Fabrikate beschaffen, ferner Zeichnungen von sämtlichen Öfen und Maschinen, welche in der Metallurgie verwendet wurden. »In der Metallurgie brachte sie es so weit«, schreibt er, »daß Sie, ohne gelehrt worden zu seyn, alle Schmelzprozesse mit allen ihren Hüttenproducten in aller Vollständigkeit analytisch von der Stufe und Erz bis zum Goldblättgen, bis zum purpure Minerali, bis zum Brandsilber und Silberdrath, bis zur Kupferplatte und Messingdrath, bis zum Bleischrot, bis zum Steinöhl, bis zum blechernen Löffel und Eisendrath, bis zum Zinnober und Turpeten, bis zur Schmalte und Eischel, Mutterlauge etc. fertig herrecitiren konnte. In metallurgisch-chemischen Zeichen schrieb sie eben so fertig, als Sie vormals schon in pharmazeytischen Zeichen mit vieler Behändigkeit und Accuratesse geschrieben hatte.« Ein besonderes Vergnügen bereitete es der Markgräfin dann, gewissen Händlern nachweisen zu können, daß diese künstliche oder falsche Stufen führten und ihre »Hüttenproducte für Erze verkaufen wollten«.

Lorenz Böckmann hat 1787, also vier Jahre nach dem Tode der Markgräfin, über ihr Kabinett geschrieben[27]: ». . . die vorzüglichste Stärcke dieser Sammlung ist wohl im Mineralreich und in Conchylien, ob es übrigens gleich aus allen Fächern der Natur schätzbare Stücke enthält. Das Thierreich ist bisher noch das schwächste, und eine Ausfüllung der dahin gehörigen Fächer ward aus weisen Gründen am weitesten hinaus geschoben, obgleich nach der Absicht der erlauchten Stifterinn dasselbe gleichfalls zu seiner gehörigen Vollständigkeit würde gebracht worden seyn, wenn die Versehung dieselbe nicht unvermuthet abgerufen hätte, um in höheren Welten mit ihrer großen Seele würcksam zu seyn.«

Zoologische Objekte für das Kabinett spielen in der Korrespondenz zwar auch eine Rolle, treten jedoch hinter denen der Mineralogie und Botanik zurück. Von letzterer wird in anderem Zusammenhang noch ausführlicher zu sprechen sein. In der Zoologie ging es um Schmetterlinge, Insekten, Meerestiere verschiedener Art, auch um ausgestopfte Vögel. Mit diesen gab es freilich immer wieder Ärger, weil sie sich so schwer konservieren ließen. Hatten sie den Transport einigermaßen gut überstanden, was auch nicht immer der Fall war, mußte man sie dann vor Ungeziefer, Temperatur- oder Witterungsschäden schützen und erlebte dabei manche Enttäuschung. Bankier Goll in Amsterdam schickte im Mai 1772 den Katalog einer Sammlung von ausgestopften Vögeln, die einige Wochen später zur Versteigerung kommen sollte. Karoline Luise bat ihn, ihr daraus für zwanzig Louisdors einige zu besorgen[28], und schrieb dazu, eigentlich habe sie das Sammeln solcher Tiere ja einstellen wollen, denn alle, die man in Karlsruhe präpariert habe, seien auseinandergefallen. Nur vier Objekte, welche sie von Vosmaer, dem Direktor des fürstlich oranischen Kabinetts im Haag, bezogen habe, seien intakt geblieben, und dadurch fühle sie nun wieder Mut, ihre Sammeltätigkeit auf diesem Gebiete fortzusetzen. Von Objekten, welche nach dem Stande damaliger Präpariertechnik überhaupt noch nicht befriedigend konserviert werden konnten, ließ sie sich nach Möglichkeit getreue Abbildungen herstellen. So schrieb sie im Januar 1773 an denselben Goll, ein Kabeljau, den er ihr geschickt hatte, sei vollkommen frisch eingetroffen und habe vorzüglich geschmeckt. Bevor man ihn der Küche übergeben habe, sei er aber noch rasch in Gouache für ihre Sammlung abkonterfeit worden[29]. In Karoline Luises Ausgabenbüchern erscheinen des öfteren Zahlungen an einen Maler Lazarus Emanuel Autenrieth[30], der anscheinend auf Arbeiten solcher Art spezialisiert war und kleine Bilder von Vögeln, Krebsen, Insekten oder Blumen für die Sammlung anzufertigen hatte.

Die Räume für das Naturalienkabinett waren offenbar schon im Beginn des Jahres 1768 einigermaßen bezugsbereit, doch scheint es Verzögerungen mit der inneren Ausstattung gegeben zu haben. Das umfangreiche, in fünf Jahren angesammelte Material befand sich zum großen Teil noch in Kisten oder war nur provisorisch geordnet. Der Hauptbau des Schlosses bot damals wenig Platz, denn hier waren immer noch Handwerker aller Art an der Arbeit, und die markgräfliche Familie selbst sah sich mit ihren Wohnquartieren immer noch auf beengte Provisorien angewiesen. Dazu scheint im November des Jahres 1768 auch noch keine Klarheit darüber bestanden zu haben, in welcher Form die Schätze des Kabinetts präsentiert werden sollten. Jedenfalls erkundigte sich Karoline Luise am 7. November des Jahres bei Eberts in Paris, welche Art der Aufstellung man dort bevorzuge. Zehn Tage später antwortete dieser mit einer recht ausführlichen Schilderung[31]. In den Sammlungen, welche er für die am besten geordneten hielt, befanden sich rundum an den Wänden Schränke mit verglasten Türen, entweder in ununterbrochener Folge oder abwechselnd mit hermenartigen Podesten als Untersatz für eine Skulptur oder ein Sammlungsstück großen Formats, etwa einen Korallenstock. Innen wurden die Schränke meist mit blauem oder grünem Stoff ausgeschlagen – das hatte sich Karoline Luise 1763 während ihrer Reise durch Holland bereits notiert – und in drei Ränge eingeteilt. Im oberen fand das Tierreich seinen Platz: Krokodile, Eidechsen, und andere Zwei- oder Vierfüßler, auch Tierhäute; den zweiten Rang füllten im allgemeinen Schautafeln unter Glas für Land- und Meeresflora, während das Mineralreich den dritten einnahm. Die Mineralien ordnete man gewöhnlich amphitheatralisch so in Stufen an, daß Blei, Kupfer und Zinn auf der letzten lagen, während sich Gold und Silber – im Naturzustand und in gegossener Form – vorn befanden und so am besten zu sehen waren. Im Sockel dieser Schränke brachte man gern Schubladen an, in welchen Samen, Marmorproben, Hölzer und »pétrifications supérieures« aufbewahrt wurden. Versteinerungen großen Formats setzte man wohl in die Mitte der Schränke oder seitwärts neben sie, um den Beschauer anzuziehen und ihn durch den Kontrast, welchen sie erzeugten, darauf hinzuweisen, daß sie den eigentlichen Wert der in den Schränken im Naturzustande vor der Versteinerung gezeigten Objekte darstellten. Manche Sammler brachten auch ihre Muscheln in den Schubladen unter, empfanden es aber meist als lästig, daß man diese dann immer herausziehen und wieder zurückschieben mußte. Daher stellte man anderswo zu rascherem Überblick wohl eine Reihe kleiner Tische mit Glassturz in die Mitte des Raumes, worin Muscheln auf baumwollener Unterlage zu bequemerer Betrachtung ausgebreitet werden konnten; die Zeichnung eines solchen Tisches fügte er seinem Schreiben gleich bei.

Daß die besten Stücke solcher Sammlungen nicht allein der Gefahr einer Verstaubung wegen in Schränken und Pulttischen bewahrt werden mußten, berichtet Erhard im Rückblick auf die Zeit seiner Arbeit mit der Markgräfin[32]: ». . . Als sie bemerkte, daß in Gegenwart Ihrer einige Stellen der Schäfte, darauf die Mineralien in den Kästen lagen, im Kabinet manchmal leer und mangelhaft würden, wenn Sie auch Höchstselbsten vornehme Leute und allein ins Kabinet führte: ›Ich glaube‹, sagte Sie einstmals, ›daß in den Mineralien Kabineten das Wegputzen der besten Sachen erlaubt seyn muß‹, indeme Sie mir die leeren Stellen zeigte. Auf meine Erwiederung, daß eben die Liebhaberey zu seltenen Mineralien und Fossilien sehr groß sey, gab Sie mir den Befehl, die Glasthüren der Kästen nicht mehr aufzumachen. ›Man mag durch die Fenster sehen‹, sagte sie.«

Für die innere Einrichtung des neuen Bibliotheks- und Sammlungsgebäudes hatte Keßlau eine Lösung gefunden, die es gestattete, den vorhandenen Raum wesentlich besser auszunutzen, als das in solchen Fällen bisher üblich gewesen war. Vielleicht verwertete er dabei Anregungen aus England, wo man bei der Aufstellung von Bibliotheken bereits eine ähnliche Anordnung gewählt hatte[33]. Das Naturalienkabinett im Erdgeschoß war ein hoher lichter Saal von annähernd dreizehn Metern Länge und siebeneinhalb Metern Breite. Zwei Reihen schmaler Pfeilerarkaden gliederten ihn in drei langgestreckte Schiffe. Links und rechts eines etwas schmäler als die Seiten gehaltenen Mittelgangs bildeten »schön vergoldete und mit Spiegelglas versehene Schränke[34]«, Rücken an Rücken gegeneinandergestellt, kleine Ausstellungskojen, welche ihr Licht jeweils durch ein Fenster von der Seite empfingen. Über diesen Kabinetten umzog den ganzen Raum in etwa drei Vierteln seiner Höhe noch eine ebenfalls zur Mitte hin offene, eingehängte Galerie; ihr waren die kleinen, im heutigen Zustand des Gebäudes vermauerten Fenster des Zwischenstocks zugeordnet. Im Mezzanin des Vorderbaus befanden sich noch fünf nach Süden und Westen blickende Räume, welche ebenfalls Zwecken des Naturalienkabinetts dienten. In den Schränken des großen Saales wurden zweifellos die umfangreichen Bestände an Mineralien, Conchylien und botanischen Objekten gezeigt; die Tierwelt, »le règne animal«, sollte dagegen anscheinend auf der Galerie und in den anderen Räumen des Zwischenstocks untergebracht werden, deren Einrichtung erst

später fertig geworden ist. Die endgültige Anordnung und Präsentation aller Objekte, welche bis zur Fertigstellung des Neubaus im Schloß aufbewahrt waren, aus Raummangel großenteils in Kisten verpackt, gestaltete sich auch deshalb schwierig, weil während der siebziger Jahre immer wieder Neues hinzukam. Mehr als sechzig Sendungen verschiedenster Art lassen sich aus der Korrespondenz dieses Jahrzehnts noch erschließen. Manchmal bestanden sie nur aus einzelnen Stücken oder kleineren Gruppen von Objekten, oft kamen aber auch, und dies gerade bei den Mineralien, ganze Kisten mit Hunderten von verschiedenen Proben. Im Fall der Stiftung Maria Theresias ist davon bereits die Rede gewesen. Eine ähnliche Gabe sehr eindrucksvoller Art war die von Generalleutnant Betzky[35], dem Direktor der Petersburger Akademie der Wissenschaften, besorgte Sammlung – »assez complète« – der schönsten Achate, Jaspis- und Marmorsorten aus Sibirien. In seinem Begleitbrief vom 15. Mai 1773 kündigte er auch die baldige Übersendung einer mit Kupferstichillustrationen versehenen Beschreibung jenes Transports an, mit dem man den 1600 Tonnen schweren riesigen Granitblock für Falconets Denkmal Peters des Großen vom Finnischen Meerbusen nach St. Petersburg befördert hatte; die Lösung dieses technischen Problems war in ganz Europa als sensationelle Leistung bestaunt worden. Friedrich Albert Koch, der jüngste Sohn von Karoline Luises ehemaligem Kammerrat, der eine brillante Karriere im diplomatischen Dienst Rußlands gemacht hatte und von der Zarin als politischer Berater geschätzt wurde, hatte Karoline Luise bereits im April 1769 Probestückchen dieses berühmten Granits geschickt, die zu Hemdknöpfen verarbeitet worden waren[36].
Verschiedene Erwähnungen in der Korrespondenz der Markgräfin geben zu erkennen, daß Ordnung und Aufstellung der naturkundlichen Sammlung nur recht langsame Fortschritte machten. Im Dezember 1770 schrieb Spielmann[37], es sei doch ein schmerzliches Gefühl, die schönen Stücke immer noch in Kisten eingeschlossen zu wissen. Herrn de Vaugué, einem ihrer französischen Tauschpartner in Nancy, berichtete Karoline Luise im selben Monat, sie hoffe, ihr Kabinett im kommenden Frühjahr »an einen anderen Platz bringen zu können[38]«. Fast ein Jahr später heißt es aber in einem Brief an Herrn Rolland in Nîmes, mit dem sie bereits seit Jahren in Austausch stand[39]: »Mein Kabinett befindet sich in der größten Unordnung; es ist eine Herde ohne Hirte, denn mein Direktor kommt nicht mehr. Der Markgraf hat ihn anderswo eingesetzt, und er hat meine ganze Sammlung in einem Zustand hinterlassen, wo das Unterste zu oberst gekehrt ist, da er einen Katalog machen wollte.« Das war im September 1772; im November 1773 berichtet sie Spielmann[40]: »Mein Kabinett ist noch nicht an seinem Platze, doch während ich darauf warte, beschäftige ich mich viel mit dem ›arrangement intérieur‹, um mir eines Tages die Übertragung dahin zu erleichtern.« Björnståhl schreibt um diese Zeit in seinen »Reisebriefen«[41]: ». . . Die Fürstinn hat ein vortreffliches Naturalienkabinett angelegt: es herrscht beste Ordnung darinn, und die Producte jedes Reichs haben ihren abgesonderten Platz: die Mineralien aus England liegen für sich, die aus Böhmen sind für sich etc. Jedwedes Reich hat also sein eigenes Museum, je nachdem jedes Land an Mineralien und anderen Producten reich ist.« Demnach muß sich zu Beginn des Jahres 1774 doch manches bereits in guter Ordnung befunden haben,

entweder im Schloß oder bereits im neuen Kabinett. Trotzdem scheint es noch weitere drei Jahre gedauert zu haben, bis wenigstens ein Teil der Sammlung seinen endgültigen Platz fand. Denn am 5. November 1776 freut sich Spielmann, von Karoline Luise erfahren zu haben, daß die »magnifiques pièces« aus ihrem Kabinett, von denen er immer beklagt habe, daß sie in Kisten verschlossen seien, »seront à présent mises au grand jour«. Bei dieser Vorordnung und Aufstellung der Bestände, oder doch eines Teils von ihnen, hat sich wohl der spätere Bergrat Erhard beteiligt, von dem bereits die Rede gewesen ist. Nach seiner Ausbildung auf der Bergakademie im sächsischen Freyberg und einer Studienreise in die Bergbaugebiete von Clausthal und Andreasberg im Harz war Erhard 1775 wieder nach Karlsruhe zurückgekehrt, wo ihm ein Jahr später dann die Leitung des Bergbaus »unter Cameral-Aufsicht« übergeben wurde. Bis dahin dürfte er sich für die Markgräfin bei der Ordnung ihrer Mineralien und der Porzellansammlung nützlich gemacht haben. Trotzdem kam die Arbeit nicht im gewünschten Maße voran. Jedenfalls lag das Kabinett im Todesjahr Karoline Luises 1783 immer noch als ein Torso da. Erst Karl Christian Gmelin, den der Markgraf 1785 zum Direktor der Gärten und des Naturalienkabinetts ernannte, hat dann in mühevoller Arbeit die endgültige Präsentation der Objekte besorgt.

Im November 1786 schrieb Gmelin an seinen Lehrer, den Professor der Medizin Johann Christian Daniel von Schreber in Erlangen[42]: ». . . Beynahe opferte ich alle Zeit im Fürstlichen Naturalienkabinet auf, wo ich ein allgemeines Chaos gefunden . . . eine schöne Sammlung von Mineralien, ohne die geringste Ordnung, ohne Namen und Geburtsort-Benennung . . .« Mit diesen Worten tut er der Markgräfin zweifellos Unrecht, denn ihre Papiere geben zu erkennen, daß sie sich um eine gute Ordnung und Katalogisierung gerade der Bestände an Mineralien doch sehr bemüht hat. Sehr wahrscheinlich sind Gmelin diese Unterlagen nicht zugänglich gewesen, denn der schriftliche Nachlaß der Verstorbenen war als Ganzes dem zweiten Sohn Prinz Friedrich zugefallen, der in der niederländischen Armee Dienst tat und auf längere Zeit von Karlsruhe abwesend war. Da Schmidt von Rossens 1769 mitten aus seiner Arbeit an der Systematisierung des Kabinetts abgerufen worden war, Erhard sich ihr um die Mitte der siebziger Jahre auch nur kurze Zeit widmen konnte, mußte das Angefangene fast ein Jahrzehnt unfertig und wohl auch mehr oder weniger unbeaufsichtigt liegenbleiben. Daß daraus ein heilloses Durcheinander entstand, kann kaum wunder nehmen.

Schlimmer als mit den Mineralien stand es mit den Sammlungsteilen, für welche sich Karoline Luise nicht so unmittelbar wie für die Mineralien interessiert hatte. Dazu schreibt Gmelin: ». . . eine Sammlung ausgestopfter Vögel mit myriaden jnsecten angefüllt; überhaupt können sich Dieselben keinen Begriff machen wie es möglich so viele naturalien untereinander ohne System und Namen zu werfen. Diesen Chaos soll ich nun in Ordnung bringen, jeden Körper benennen.« An weiteren Beständen nennt er Muscheln, getrocknete Fische, Krebse, äußerst wenige, größtenteils ganz verdorbene Schmetterlinge und andere Insekten, ferner Madreporen, Korallen und weitere Meeresprodukte. Diese Naturalien, »die theils noch in mehreren Zimmern des Schloßgebäudes zerstreut lagen«, wurden »in der Eile in Körben in das locale des jetzigen Naturalien-Cabinets gebracht«, wo man damals gerade erst mit der Einrichtung der oberen Zimmer fertig geworden war. Als Folge dieser Verzögerung waren die Vögel, Fische und Insekten inzwischen auf Grund unsachgemäßer Unterbringung und mangelnder Aufsicht durch Ungeziefer verdorben worden. Erst dank Gmelins ausdauernder Arbeit hat das Naturalienkabinett schließlich die von Karoline Luise gewünschte Form gefunden, in welcher es während des 19. Jahrhunderts zum Grundstock der heutigen Landessammlungen für Naturkunde in Karlsruhe werden konnte.

Als dem naturwissenschaftlichen Kabinett zugehörig ist an dieser Stelle noch die Porzellansammlung zu nennen. Es mag überraschen, sie in solchem Zusammenhang behandelt zu finden, dies um so mehr, als man es sowieso kaum erwartet, daß Karoline Luise ihrer Wesensart nach am Sammeln von Porzellan, dem Inbegriff höfischen Rokokos, überhaupt Gefallen gefunden haben sollte. Das Nachlaßinventar ihres ältesten Sohnes, dem dieser Bestand bei der Erbteilung zufiel[43], gibt jedoch zu erkennen, daß es sich um eine recht umfangreiche Kollektion handelte, die etwa 1700 Objekte umfaßte, ostasiatische ebenso wie europäische Stücke der verschiedensten Manufakturen; ein großer Teil von ihnen ist heute noch Besitz der markgräflichen Sammlungen im Neuen Schloß zu Baden-Baden. Nach Ausweis erhaltener Rechnungen hat auch Karoline Luise selbst manche Erzeugnisse der Manufakturen in Meißen, Frankenthal, Ludwigsburg und Baden-Baden erworben[44]. Doch waren diese Dinge offensichtlich nur zum täglichen Gebrauch bestimmt und werden in ihrem eigenen Nachlaßinventar entsprechend auch unter der Rubrik »Allerley Ordinair Porcellain« aufgeführt. Der eigentliche Sammlungsbestand war dagegen schon von früheren Generationen des badischen Hauses zusammengebracht worden. In der Hauptsache stammt er aus dem Besitz der Markgräfin Magdalene Wilhelmine, Karl Friedrichs Großmutter, die sich im Schloß zu Durlach ein ansehnliches, in barocker Art dekorativ aufgestelltes Kabinett eingerichtet hatte[45]. Anderes gehörte zum Heiratsgut seiner oranischen Mutter; mit diesem kamen nicht nur wertvolle Meißner Stücke nach Karlsruhe, sondern auch zahlreiche ostasiatische Werke[46]. Aus diesem Bestand, welcher der Krankheit seiner Besitzerin wegen verpackt im Durlacher Schloß aufbewahrt wurde, machte Karl Friedrich seiner jungen Frau zur Hochzeit 1751 die schönsten Meißner Stücke zum Geschenk[47]. Sie selbst brachte auch einiges ein, was ihr aus dem Erbe ihrer früh verstorbenen Mutter und Schwester zugefallen war.

Was sie eigentlich an der Porzellansammlung interessierte, hat Erhard, der ihr bei der Ordnung und Aufstellung dieser Gegenstände behilflich war, anschaulich berichtet[48]: ». . . Hiebey wollte man aber gefälligst nicht glauben, daß diese Porcellain Umrangierung etwa geschehen sey, um die Façon der Gefäße oder die Porcellain Figuren zu beschauen und zu bewundern, um sie auf eine schickliche Art in einen Raritaeten Kasten gleichsam aufzustellen, sondern dies hohe Bemühen hatte die vorgesetzte Absicht, das Verhältniß zu entwickeln, das die Porcellaine unter und gegeneinander haben, als zum Beyspiel das Chinesische und Japanische gegen das

Sächsische und Meißner, und dieses gegen das Berliner, das Englische und Holländische gegen dem Wiener und Französischen, das Frankenthaler gegen dem Ludwigsburger und Badener, Reaumürs Porcellain gegen Steinguth, Steinguth gegen Fayence etc. Um dieses zu finden ward auf die Schwere des Porcellains, auf die Dicke der Formung, auf die mehrere oder mindere Halbdurchsichtigkeit, auf die mehrere oder mindere Glasartigkeit, auf den Bruch – ob es körnigt, oder schlackigt, oder matt anzusehen sey – gesehen und reflektiert. Man sprach von Petuneser und Kadlin; man nahm die Zeichnungen und Eindrücke auf ein besonderes Schema ab, die sich eine jede Porcellain Fabrik auf ihr Fabrikat an einer Stelle des Gefäßes oder der Figur macht. Bey den Porcellainfarben und daher bey den Feuerfarben, nämlich die durch Schmelzung sich zeigen, kam der mineralische Purpur, der Saflor, der Kupfer und Eisensaffran, die Zinnasche, die Bleykalke, die Fritten und ihre Bereitung, so wie auch die grössere oder mindere Feuerfestigkeit, das Ablöschen im kalten, und umgekehrt, das schnelle Erhitzen des kalten im warmen in Anregung.«

All die Vasen, Geschirre und Figuren waren für die Markgräfin also nichts anderes als eine Art technischer Muster- und Lehrsammlung, damit im weiteren Sinne dem Naturalienkabinett zugehörig. Was den Rohstoff des Porzellans angeht, so hatte sie den Grafen Wilhelm Christoph von Stolberg, der 1769 einen Besuch in Karlsruhe machte, gebeten, ihr aus Dresden etwas von jenem »weißen Ton« zu beschaffen, aus dem man dort das bewunderte Meißner Porzellan herstellte. Erst zwei Jahre später gelang es dem Grafen, den Wunsch zu erfüllen und eine Probe zu besorgen[49]. In seinem Begleitbrief bat er aber, Karoline Luise möge niemandem mitteilen, daß er der Absender gewesen sei. Zwar sei die Ausfuhr einer so kleinen Menge keineswegs verboten, doch könnte man seine »unschuldigen Intentionen« leicht falsch interpretieren. Karoline Luise war entzückt über diese Bereicherung ihres Kabinetts, für das sie, wie es im Konzept ihres Antwortschreibens heißt, »alle nur erdenklichen Arten von Erden und Steinen zusammenzubringen« wünschte. Würde man solche Erde in Baden finden, meinte sie, wäre das ein großer Schatz, mit Hilfe dessen sie die Lebensumstände in ihrem Lande verbessern, also eine neue Industrie aufbauen könnte.

Den bekannten Modelleur der kurfürstlich pfälzischen Porzellanfabrik zu Frankenthal, Carl Gottlieb Lück, der 1771 einen Besuch in Karlsruhe machte, bat sie, ihr bei nächst möglicher Gelegenheit ganz genauen Aufschluß über die Methoden der Herstellung von Porzellan zu geben. Jedenfalls schrieb Lück im Dezember 1771 an Minister von Edelsheim[50], falls er wieder nach Karlsruhe kommen sollte, werde er dabei auch »die unerschätzliche Gnade erlangen, der Frau Markgräfin Hochfürstlicher Durchlaucht das Höchst Derenselben versprochene Arcanum des Porzellans und der verschiedenen dazugehörigen Farben mitzubringen und völlig zu entdekken«. Wo Karoline Luise übrigens ihre umfangreiche Sammlung aufgestellt hat, ist nicht überliefert. Möglich erscheint, daß sie in den Schränken des Naturalienkabinetts ihren Platz fand. Sonst käme dafür allenfalls der später noch zu besprechende »Lange Saal« im Mansardenstock des neuen Wohnquartiers der Markgräfin in Frage, dessen Wände ebenfalls von zahlreichen Schränken eingenommen waren.

In einem Testament von 1733 hatte Karl Friedrichs Großmutter verfügt, daß ihr Porzellankabinett ungeschmälert kommenden Generationen als Fideikommiß des Hauses erhalten bleiben solle[51]. Karl Friedrich entsprach diesem Wunsche jedoch nicht, sondern teilte sich später mit seinem Bruder in den Bestand und überließ das ihm Zugefallene dann seiner Frau zur Nutznießung[52]. Karoline Luises Söhne wußten, daß es der Wunsch ihrer Mutter gewesen war, die Porzellansammlung nicht aufzuteilen, sondern dem Testament der Markgräfin Magdalene Wilhelmine entsprechend als unveräußerlichen Hausbesitz zu behandeln. Daher wurde der ganze Bestand 1783 zusammen mit der Naturaliensammlung und dem Malereikabinett dem Erbprinzen Karl Ludwig zugesprochen.

Die Reise nach Paris 1771

Unter dem Siegel tiefster Verschwiegenheit ließ Karoline Luise ihren seit vielen Jahren bewährten Kommissionär Maelrondt am 22. April 1771 wissen, der Markgraf beabsichtige, schon im kommenden Juni seine beiden älteren, jetzt sechzehn- und vierzehnjährigen Söhne für vier bis sechs Monate nach Paris zu schicken.[1] Incognito und nur mit kleiner Suite – die Domestiken inbegriffen etwa zwanzig Personen – sollten sie dort in einem Haus für sich allein wohnen, genau wie der Markgraf es einst selbst als junger Mann mit seinem Bruder getan hatte. Was die Lage des Hauses betreffe, denke man an den Faubourg St. Germain oder St. Antoine, wo die Luft gut sei und man auch Spaziergänge machen könne: ». . . die Kinder sind es gewohnt, zu Fuß zu gehen und sich im Freien aufzuhalten.« Schön wäre es, wenn man ein Haus mit eigenem Garten finden könnte. Dann zählt die Markgräfin im Einzelnen auf, was die Prinzen und ihr Gefolge an Räumen brauchen werden: zwei Appartements zu je drei Zimmern, darin ein Schlafgemach »en commun«; zwei Zimmer, um Besucher zu empfangen; ein Ankleidezimmer und eines für die Lektionen; ein geräumiges Eßzimmer, sofern es keinen Saal gebe; schließlich eine Garderobe für den Kammerdiener. Der Gouverneur oder Hofmeister benötigt zwei Räume für sich, einen weiteren für seinen eigenen Kammerdiener. Dazu kommen noch sechs Einzelzimmer für drei begleitende Edelleute sowie für den Arzt, den Institutor und den Koch, ferner drei Doppelzimmer für sechs Kammerdiener. Das ist das Allernötigste. Sollte das »Hôtel« darüber hinaus noch mehr Räume bieten, um so besser. Der große Bedarf erscheint auffällig. Eine Woche später schickt die Markgräfin einige Fragen: ist für ein Faß Wein, das man den Prinzen mitgeben möchte, Einfuhrzoll zu zahlen? Darf man eine Kiste mit Büchern schicken, die für den Unterricht gebraucht werden? auch Wäsche und andere Dinge, um die Reisekutsche nicht unnötig zu belasten? Was gilt in Frankreich als »contrebande«, die man entsprechend auf keinen Fall mitnehmen darf? Am 11. Mai heißt es dann, von den zur Auswahl vorgeschlagenen Häusern habe sich der Markgraf für das in der Rue Gaillon gelegene entschieden; Maelrondt soll es nun um viertausend Livres für die Prinzen mieten und sich um eine anständige Möblierung bemühen. Am 10. oder 11. Juni werde die Reisegesellschaft vermutlich in Paris eintreffen.

Dann erteilt Karoline Luise neue Instruktionen für die Verteilung der Schlafgelegenheiten. Etwas überraschend wirkt dabei ihre Forderung, das für den Erbprinzen bestimmte Bett müsse auf jeden Fall breit genug sein, um zwei Personen aufnehmen zu können. Erst nach und nach lüftet sie dann den Schleier der immer noch halbwegs verhüllt bleibenden Wahrheit: am 27. Mai heißt es, Maelrondt müsse auch alles besorgen, »was eine Dame braucht, also Toilettentisch, Schreibtisch usw«. Vielleicht käme ja einmal die Lust über sie, ihre Kinder zu besuchen, und dann möchte sie alles vorfinden, was sie brauche. Das »ameublement« solle so vollständig wie möglich sein, »sans être magnifique«. Noch einmal ein Hinweis auf das breite Bett für den Erbprinzen: ». . . ich möchte es benutzen, falls ich zusammen mit dem Markgrafen kommen sollte, denn ich kann mir kaum vorstellen, daß er mich allein reisen lassen wird. Auf Seine Person hin soll man aber, was die Zahl der Möbelstücke betrifft, nichts ändern, deswegen jedenfalls keinen Stuhl mehr anschaffen . . . Er hat mich ausdrücklich beauftragt, Monsieur, Ihnen das zu sagen.« Gewiß hatte Maelrondt längst begriffen, worum es in Wirklichkeit ging: die ganze markgräfliche Familie beabsichtigte, für einige Monate nach Paris zu kommen. Der aufmerksamen französischen Briefzensur wegen hielt man es in Karlsruhe jedoch für angebracht, diesen Plan zunächst noch geheim zu halten. Sonst wäre nämlich in ganz Paris darüber schon wochenlang vorher gesprochen worden, und auch im eigenen Lande hätte sich die Nachricht eher als erwünscht verbreitet.

Junge Prinzen zur Vervollständigung ihrer Ausbildung auf längere Zeit ins Ausland, insbesondere nach Paris zu schicken, war am badischen Hof seit Generationen Brauch. Wie eine Freundin später an Karoline Luise schrieb, habe die vorzügliche Erziehung, welche ihre Söhne genossen hätten, durch einen »Pariser Firnis« erst die wahre Vollendung bekommen.[2] Eben dies war es, was man sich von einem solchen Aufenthalt erhoffte. Ungewöhnlich ist nur, daß nun auch die Eltern mit von der Partie sein wollten. Es waren eben doch nicht nur pädagogische Erwägungen, welche den Markgrafen zu diesem immerhin recht kostspieligen Unternehmen bewogen, denn er hatte selbst größtes Interesse an einem längeren Aufenthalt in Paris. Seit Jahren schon war er ein überzeugter Anhänger und Verfechter der physiokratischen Lehre und stand mit deren führenden Köpfen, dem Marquis de Mirabeau und Du Pont de Nemours in brieflicher Verbindung, hatte auch selbst eine Schrift über die Grundlagen der Physiokratie verfaßt. Nun wollte er endlich in persönlichen Gedankenaustausch mit deren französischen Wortführern treten. Den Physiokraten ging es um eine intensive Förderung der Landwirtschaft, in welcher sie die einzige wahre Quelle des Wohlstands für alle Staaten erkannt zu haben glaubten, weiter um unbeschränkte Gewerbefreiheit, freien Getreidehandel und eine Verwandlung der zahllosen direkten und indirekten Abgaben, welche gerade den Bauernstand in unerträglicher Weise belasteten, in eine einzige, vom Ertrag der Ländereien abhängige Steuer. In den Jahren 1769 und 1770 unternahm Karl Friedrich Versuche, die neuen Theorien in die Praxis umzusetzen. Drei badische Gemeinden – Dietlingen, Balingen und Theningen – hatten sich zu dem Experiment bereit erklärt. Es war das erste Unternehmen dieser Art in Europa und ist auch das einzige geblieben, denn das System wies gewisse Mängel auf, und die Zeit war für eine so revolutionierende Veränderung aller Verhältnisse noch nicht reif. Karl Friedrichs bald wieder abgebrochener Versuch erregte jedoch überall in Europa großes Interesse und hatte die Person des Markgrafen von Baden-Durlach weit über Deutschlands Grenzen hinaus bekannt gemacht. Einer ehrenvollen und freundschaftlichen Aufnahme im Kreise der Pariser Gesinnungsgenossen konnte er also sicher sein. Schon im April 1770, als ihm ein Mündel, der junge Graf de Montperny, von den Dienstagsgesellschaften erzählt hatte, bei welchen sich die Physiokraten im Hause Mirabeaus trafen, schrieb Karl Friedrich diesem[3]: ». . . Es läßt mir, wie man bei uns sagt, das Wasser im Munde zusammenlaufen. In Paris hätte ich sein mögen, um mit Ihrer Erlaubnis an diesen Zusammenkünften teilzunehmen. Ich stelle sie mir vor wie die Akademie im alten Athen; nur meine ich, die ›philosophie économique‹ bringe der Menschheit unmittelbareren Nutzen als das, was die griechischen Philosophen lehren.« Was Karoline Luise angeht, sollte diese Reise, die erste wirklich große ihres Lebens, ihr nun endlich die lang ersehnte Begegnung mit der geistigen und künstlerischen Hauptstadt Europas bringen.

Abgesehen von ein paar Eingeweihten aus dem engeren Kreise des Hofes und den Angehörigen des Geheimerats, der für die Dauer der Abwesenheit des Fürsten die Regierungsgeschäfte wahrzunehmen hatte, erfuhr die Öffentlichkeit in Karlsruhe davon erst im letzten Augenblick. Sechs »cartes blanches«, mit der Unterschrift Karl Friedrichs versehen, sollten den Geheimerat instandsetzen, alles Nötige zu veranlassen, falls etwa durch den Tod des seit längerem kränkelnden Markgrafen von Baden-Baden die Durlachische Sukzession in dessen Ländern in Kraft treten würde. Für diesen Fall hatte Karl Friedrich genaue Anweisungen für das gegeben, was der Rat selbst entscheiden dürfe und was dem Fürsten vorher zur Genehmigung vorzulegen sei. Dem Hofkammerrat Wielandt gab Karoline Luise Auftrag, über alle Vorkommnisse während ihrer Abwesenheit Buch zu führen, was dieser dann auch getreu und pedantisch bis zur genauen Angabe des Barometerstandes an jedem Morgen und Abend besorgt hat.[4]

In der Morgenfrühe des 5. Juni brach die Reisegesellschaft auf. Nicht nur die beiden älteren Söhne reisten mit, sondern auch der erst achtjährige Louis, den die Mutter doch nicht allein in Karlsruhe zurücklassen wollte. Um das Incognito zu wahren, hatte Karl Friedrich den Namen eines Grafen von Eberstein angenommen. Die erste Etappe bildete Straßburg, wo man über Nacht blieb. Wohl auf Veranlassung des Vaters führte der Erbprinz während der ganzen Reise ein Tagebuch, »Journal du voyage fait à Paris en 1771«. Eine alte Abschrift davon befindet sich bei Karoline Luises nachgelassenen Papieren[5]. Stichwortartig verzeichnet der junge Herr hier die Ereignisse jedes Tages, wenigstens soweit sie dem Sechzehnjährigen bemerkenswert erschienen. Manches fehlt darin, was zu wissen uns heute interessieren würde, doch vermittelt dieses Journal wenigstens eine allgemeine Vorstellung von den vielerlei Unternehmungen der Familie und von den Begegnungen mit Menschen aller Art, welche die Pariser Tage brachten.

Genau eine Woche waren die Reisenden in zwei Karrossen unterwegs gewesen, als sie am 12. Juni mittags durch die Porte St. Martin in Paris einfuhren. Die Rue Gaillon, in welcher ihr Quartier lag, ist eine kurze, von der heutigen Avenue de l'Opéra kurz vor dem Boulevard nach Nordost abzweigende Seitenstraße; das Palais, in welchem sie für drei Monate Unterkunft finden sollten, gehörte der Marquise d'Arbonville und deren Geschwistern. Von den Besitzern, die es selbst nicht mehr bewohnten, war es bis zum Frühjahr 1772 dem Maréchal de France Duc de Cossé-Brissac vermietet worden; dieser wiederum überließ es den Badnern, da er es zur Zeit nicht benötigte. Der gewissenhafte Maelrondt hatte alles aufs beste vorbereitet, die nötigen Möbel besorgt, einige als zuverlässig geltende Lohndiener zur Vorstellung gebeten, dazu auch verschiedene Kutschen zur Auswahl präsentiert; zwei davon wollte man für die Dauer des Aufenthalts in Paris mieten und in den Remisen des Palais unterstellen.

Bereits am Nachmittag des Ankunftstages erschienen der Marquis de Mirabeau und sein ebenfalls dem Kreise der Physiokraten zugehöriger Freund Abbé Baudau als erste Besucher, um den Markgrafen zu begrüßen. Mit ihnen verbrachte Karl Friedrich den Morgen des folgenden Tages, Auftakt einer langen Reihe intensiver Gespräche, die er mit ihnen und den anderen Mitgliedern des Kreises während der folgenden Wochen führte. Mit Hilfe des zahlreichen Personals richtete Karoline Luise alles rasch wohnlich ein, so daß man schon am Nachmittag des ersten Tages mit den Rundfahrten durch die Stadt beginnen konnte. Wie immer, war sie gut dafür vorbereitet und hatte schon in Karlsruhe die einschlägige Literatur studiert, sich auch ausführliche Exzerpte gemacht.

Während der insgesamt 96 Tage, welche die Badner in Paris zubrachten, waren sie wie heutige Touristen fleißig unterwegs, um alle Sehenswürdigkeiten der großen Stadt zu besichtigen; deren Einwohnerzahl hatte die Sechshunderttausend damals bereits um einiges überschritten[6]. Das Tagebuch nennt den Louvre und die Tuileries, Arsenal und Rathaus, die Ecole Militaire mit dem Invalidendom und vieles andere mehr, dazu die bekannten großen Plätze und Gärten. Oft verließ man während der Fahrten die Kutsche, um sich zwischendurch in den öffentlichen Parks und auf den Champs-Elysées zu ergehen. Auch manche der wegen ihrer Eleganz und luxuriösen Ausstattung berühmten Adelspalais standen distinguierten Fremden zur Besichtigung offen; der Erbprinz notiert Besuche beim Duc de Choiseul, dem Marquis de Marigny und dem Duc de Nivernais. Ausflüge führten die Besucher zu den am Stadtrande oder noch weiter außerhalb gelegenen königlichen Schlössern St. Cloud, La Muette, Choisy, Bellevue, Meudon und Marly. Im Hinblick auf die Inneneinrichtung der neuen Wohnquartiere des Karlsruher Schlosses, die damals ihrer Vollendung entgegengingen, war Karoline Luise vor allem daran interessiert, die neuesten Schöpfungen des Pariser Geschmacks auf diesem Gebiete kennenzulernen. Das während der vierziger und fünfziger Jahre herrschende Rokoko galt inzwischen als »passé« und hatte dem frühen Klassizismus des sogenannten Louis-Seize weichen müssen. Einen Höhepunkt der Eleganz auf diesem Gebiete stellte der Pavillon dar, den sich Madame Dubarry vom Architekten Ledoux gerade im Park von Louveciennes hatte errichten lassen. Hier gab sie ihrem königlichen Liebhaber zur Einweihung am 2. September dieses Jahres 1771 ein glanzvolles Souper, das zum Tagesgespräch von Versailles und Paris wurde; Moreau-le-Jeune hat das Ereignis in einer reizvollen Zeichnung festgehalten. Nur eine Woche danach unternahmen die Badner schon einen Ausflug dorthin, um den ganzen Besitz mit seinen Gärten und den verschiedenen Baulichkeiten in Augenschein zu nehmen. Über den Pavillon bemerkt der Erbprinz, er sei »vom neuesten Geschmack, mit einer Überfülle von

39 L. N. de Lespinasse, Blick auf die Place Louis XV und das Tuilerienschloß in Paris, 1771 – Paris, Musée Carnavalet

Gold und schönen Möbeln«. Vermutlich hat Karoline Luise ihr Urteil über die Favoritin des Königs nach diesem Besuch ein wenig revidieren müssen. Wenige Monate vor der Reise noch, als sie Maelrondt bat, ihr Zeichnungen von den neuesten Frisuren zu schicken, wie sie von des Königs Tochter Madame Adelaide und den anderen etwa vierzigjährigen Damen des Hofes getragen würden, hatte sie geschrieben: ». . . legen Sie mir auch ein Bild von Madame Dubarrys Haartracht bei, dies nur, um meine Neugier zu befriedigen. Ich fürchte nämlich, der Geschmack dieser Dame dürfte ein wenig ›en petite maîtresse‹ sein.« Herkunft und Vergangenheit der Dubarry mochten solche Vermutung durchaus rechtfertigen, doch was den guten Geschmack der Dame in künstlerischen und Fragen der Mode betrifft, hatte Karoline Luise sich getäuscht.

Auch einige Kirchen standen auf dem Programm der Sehenswürdigkeiten, die noch unvollendete Ste. Geneviève etwa – später als Pantheon bezeichnet –, die Sorbonne und St. Sulpice, darüber hinaus noch St. Denis, das fremde Besucher vor allem der Königsgräber wegen anzog. Merkwürdigerweise ist weder von der Kathedrale Notre-Dame noch von der Sainte-Chapelle die Rede. Für gotische Architektur und Skulptur besaßen selbst ernsthaft kunstinteressierte und gebildete Kreise damals noch kein Auge. Zwar hatte Goethe seinen Hymnus auf das Straßburger Münster, der einer Wiederentdeckung dieser als barbarisch verschrienen Baukunst gleichkommt, bereits geschrieben, doch noch nicht veröffentlicht.

Die jungen Prinzen waren natürlich sehr durch das bunte Bild der Truppenparaden gefesselt, an denen sie mit den Eltern mehrmals als Zuschauer teilnahmen. Einmal ging es um die Grenadiere, dann um die Schweizergarde des Königs, am 1. Juli schließlich um eine glanzvolle Revue der Truppen »de la Maison du Roi«. Diese muß ein besonders farbenprächtiges Schauspiel abgegeben haben, denn eine unübersehbare Menge von Zuschauern zu Fuß und in Kutschen hatte sich dazu eingefunden. Nach einigen Mühen gelang es den Badnern zum Schluß, ihren Wagen so zu placieren, daß sie alle anderen Karrossen und dazu sogar noch den König selbst aus der Nähe betrachten konnten. Mit einigem Stolz berichtet der Erbprinz: ». . . Der König trug eine weiße Redingote; als er zwanzig Schritte von uns entfernt war, hielt er sein Pferd an und fragte den Herzog von Zweibrücken, wer wir seien, zog dann tief seinen Hut und ritt vorüber.«

Trotz aller Besichtigungen und der zahlreichen anderen Vergnügungen ließ Karl Friedrich den Unterricht seiner Söhne nicht zu kurz kommen. Schon am fünften Tage begann Du Pont de Nemours, mit dem der Markgraf bereits seit längerem in intensivem Gedankenaustausch stand, seinen dreimal wöchentlich für die beiden älteren Prinzen stattfindenden Kursus über die Grundsätze der physiokratischen Lehre. Zwei Wochen später setzte der bekannte Mathematiker Jacques-Antoine Cousin, Professor an der Ecole Militaire, mit Lektionen über experimentelle Physik ein, und schließlich bot Balthasar-Georges Sage einen Experimentalkurs in Chemie. An ihm nahm auch Karoline Luise selbst teil, denn sie interessierte sich brennend gerade für dieses Gebiet.

Täglich sprachen Besucher aller Art in der Rue Gaillon vor, um den badischen Herrschaften ihre Aufwartung zu machen, hohe Militärs, Gesandte der deutschen Reichsfürsten in Paris, deutsche und französische Aristokraten, Gelehrte und Künstler. Für den Nachmittag des siebten Tages vermerkt der Erbprinz eine von seiner Mutter gewiß schon sehnlichst erwartete Besucherin, nämlich Madame Geoffrin; sie ließ sich zusammen mit dem ihr befreundeten Philosophen und Schriftsteller Melchior Grimm melden[7]. Der Markgräfin hätte es die Etikette nicht erlaubt, den ersten Schritt zu unternehmen und ihrerseits Madame Geoffrin aufzusuchen. Nun aber wurde deren Haus – »le royaume de la rue St. Honoré«, wie man es in Paris nannte – für die »Gräflich Ebersteinischen Herrschaften« zum eigentlichen Mittelpunkt ihres gesellschaftlichen Lebens in Paris. Kaum ein Tag verging, daß sie sich dort nicht als geehrte Gäste einfanden, oft sogar mittags und abends.

Von der Geselligkeit, wie sie in den meisten Pariser Salons der Zeit gepflegt wurde, berichtet die elsässische Baronin Oberkirch in ihren Memoiren[8]: ». . . Zwei Arten von Gästen gibt es. Die einen kommen zum Diner; sofern es sich nicht um Freunde handelt, sind das immer seriöse ältere Herrschaften oder solche, denen gegenüber man Verpflichtungen hat. Oft sind diese Gäste eher langweilige Leute. Eine Einladung zum Diner bekommt man in der Stadt leicht, sofern man einen großen Bekanntenkreis besitzt. Mit dem Souper ist es etwas anderes: da müssen bei den Gästen schon Qualitäten zusammentreffen, welche sich im Grunde nur schwer miteinander vereinen lassen. Absolut unerläßliche Voraussetzung dazu ist ›l'esprit‹. Ohne Esprit und Eleganz, ohne Vertrautheit mit der großen Welt, ihren Anekdoten und ihrem Klatsch, aus denen sich die Neuigkeiten zusammensetzen, kann man nicht einmal im Traum daran denken, zu diesen reizvollen Zusammenkünften zugelassen zu werden. Aber nur bei diesen wird wirklich causiert, und zwar über die leichtesten Dinge, die bekanntlich am schwersten zu bringen sind. Das sprudelt wie Wasser, verdampft und verdunstet, und nichts bleibt davon nach. Trotzdem ist der

40 L. Marteau, Bildnis Mme. Geoffrin, 1766 – Krakau, Museum

Geschmack höchst angenehm, und hat man auch nur ein einziges Mal davon gekostet, findet man alles übrige fade.« Nach dem Urteil aller intelligenten Fremden, so meint die Schreiberin, sei es eben dieser Esprit, welchen man überall anderswo vermisse, wenn man ihn einmal in Paris kennengelernt habe.

Bei Madame Geoffrin, deren Salon nach Sainte-Beuves Wort geradezu »eine der obersten Institutionen Europas« war, ging es seriöser und auch strenger zu. Sie hatte ihre Habitués in bestimmte Kreise aufgeteilt. So fanden die Literaten und Wissenschaftler unter ihnen den Tisch jeden Mittwoch zum Diner gedeckt, die Künstler jeden Montag. Dadurch schuf die Gastgeberin jeweils eine Atmosphäre, in welcher es für die Teilnehmer am ehesten zu fruchtbaren Gesprächen und wirklichem geistigem Austausch kommen konnte. Daß Künstler hier überhaupt Zutritt fanden, galt schon als ungewöhnlich, denn der allgemeinen Anschauung nach gehörten sie nicht zur »großen Welt«. Den »gens du monde« stand Madame Geoffrins Salon jeden Abend offen, allerdings nur solchen aus diesen Kreisen, deren Lebensführung gewissen Forderungen bürgerlicher Moral nicht allzu offensichtlich widersprach. So sehr Madame Geoffrin auch die gewagten, von der traditionellen Gesellschaft als umstürzend empfundenen Anschauungen ihrer Freunde aus dem Kreise der Enzyklopädie unterstützte und deren lebhaft geistreiche Konversation schätzte, so unnachsichtig hielt sie andererseits darauf, daß sowohl Esprit als auch Lautstärke der Unterhaltungen in ihrem Salon bestimmte Grenzen nicht überschritten. Sobald sie mit den von ihr oft gebrauchten Sätzen »Allons, voilà qui est bien!« oder »Soyez sage!« in eine Diskussion eingriff, wußte jeder, der sich angesprochen fühlte, daß damit kategorisch gemeint war: »Das genügt, bis hierher und nicht weiter!« Gelegentlich zogen sich dann die Enzyklopädisten und andere Freigeister unauffällig zurück, um ihre Theorien bei Baron Holbach oder in den nahen Tuilerien zu diskutieren und, wie Marmontel es ausdrückt, »nicht mehr am Gängelband gehalten zu werden«.

Bei aller Strenge ihrer Anschauungen tat Madame Geoffrin doch im Verborgenen viel Gutes. Getreu ihrem Wahlspruch, man dürfe auf den Pfaden der Freundschaft kein Gras wachsen lassen, half sie ohne Ansehung des Standes freigebig, wo immer Not und Bedrängnis ihr nahekamen; am liebsten unterstützte und förderte sie jedoch bedürftige Literaten und Künstler. Manche dieser von ihr großzügig Beschenkten fühlten sich freilich durch ihre oft dominierende Mütterlichkeit beengt, denn Madame Geoffrin setzte voraus und war es gewohnt, daß man sich ihrem Willen fügte.

Im Obergeschoß des Hauses an der Rue St. Honoré wohnte Madame Geoffrins früh verwitwete einzige Tochter Thérèse. Durch ihre Heirat mit dem Marquis de la Ferté-Imbault war sie in den engsten Kreis des französischen Hochadels aufgestiegen und hätte auf Grund ihres Ranges leicht eine große Rolle bei Hof spielen können. Madame de Pompadour, eine Freundin aus Jugendjahren, war bereit gewesen, ihr dazu alle Wege zu ebnen. Doch wußte die Marquise solchen Anerbietungen immer wieder auszuweichen, denn mit der Spontaneität ihres Wesens und ihrer rücksichtslosen Wahrheitsliebe fühlte sie sich für das höfische Parkett nicht geeignet. Gebildet und belesen, doch eher konservativ gesonnen und religiös gebunden, mißbilligte sie die Vorliebe ihrer Mutter für die Enzyklopädisten und empfing einmal wöchentlich ihren eigenen Kreis philosophisch und literarisch interessierter Freunde bei sich. In jahrelanger Arbeit hatte sie sich als Gegengewicht zu den Ideen der Aufklärer, die sie als zersetzend empfand, eine umfangreiche Sammlung von Exzerpten aus den Werken antiker und neuerer Moralphilosophen und Historiker zusammengestellt: Aristoteles, Seneca, Plutarch, Descartes, Montaigne und Pascal gehörten zu den von ihr besonders geschätzten Autoren. Diese Anthologie, aus der man bei den wöchentlichen Treffen im Salon vorlas, umfaßte 1772 bereits zehn umfangreiche Bände und genoß auch über Paris hinaus eine gewisse Berühmtheit. Selbst Katharina die Große, die einen lebhaften Briefwechsel mit Madame Geoffrin unterhielt, hatte vom Unternehmen der Marquise gehört und sich eine Abschrift der Bände erbeten. Eine größere Auswahl daraus ging später auch an den Karlsruher Hof, um beim Unterricht der Prinzen Verwendung zu finden. Karoline Luise hat während der Pariser Monate nicht nur an Madame Geoffrin, sondern auch an deren Tochter eine aufrichtige Freundin gefunden.

In den Salons beider Damen traf sie mit zahlreichen Persönlichkeiten zusammen, die im geistigen und künstlerischen Leben Frankreichs eine Rolle spielten. Mit manchen von ihnen blieb sie auch später noch in freundschaftlicher Verbindung. Das gilt vor allem für die bekannte und beliebte Schriftstellerin Marie-Anne du Bocage[9]. Deren dichterisches Werk wurde von den besten Geistern Frankreichs geschätzt; in verschiedene Sprachen übersetzt, hat es der Autorin europäischen Ruhm und Ehrungen mancherlei Art eingebracht. Carlo Goldoni, mit dem sie befreundet war, nennt sie in seinen Memoiren eine »Pariser Sappho, ebenso liebenswert wie gelehrt«, und findet ihre Konversation »dolce e istruttiva«. Auch Karoline Luise, die Madame du Bocages Bücher kannte und schätzte, fühlte sich glücklich, wie sie ihr später einmal schrieb, nun persönlich die Muse kennengelernt zu haben, der seit langem ihre Bewunderung gelte. Zum engeren Kreis der Freundinnen Madame Geoffrins gehörten noch die literarisch interessierte Madame du Pin[10] und die Présidente de Bandeville, mit der sich Karoline Luise auf Grund gemeinsamer Interessen naturwissenschaftlicher Art anfreundete; das Tagebuch vermerkt, sie habe die berühmte Muschelsammlung der Présidente ausführlich studiert.

Oft erscheint der Name des Zeichners und Stechers Charles-Nicolas Cochin, der während dieser Wochen auch ein anscheinend sehr ähnliches, heute leider verschollenes Porträt der Markgräfin angefertigt hat. Ständiger Gast der Montags-Diners, brachte er dazu einmal auch seinen Freund Chardin mit, von dem Karoline Luise fünf vorzügliche Werke besaß. Marmontel und andere Dichter lasen im Salon aus ihren Werken, und während einer der Abendgesellschaften bei der Marquise de la Ferté trugen der bekannte Schauspieler Jean d'Auberval und Mademoiselle Clairon Szenen aus Tragödien von Corneille und Racine vor. Die Clairon – »la divine Melpomène«, wie Voltaire sie einmal genannt hat – war seit 1743 mehr als zwanzig Jahre lang die große Heroine der französischen Bühne gewesen. Anfangs als Meisterin des überlieferten deklamatorischen Pathos bewundert, fand sie um 1760 zu einem neuen Stil größerer Einfachheit und Verinnerlichung, mit dem sie eine ganz neue Auffassung der Tragödie auf der französischen Bühne begründete. Im Alter von erst zweiundvierzig Jahren zog sie sich offiziell vom Theater zurück, um nun nur noch in privatem Kreise aufzutreten. Der Reiz ihrer Persönlichkeit muß groß gewesen sein, denn sie verstand es, den um zwölf Jahre jüngeren Markgrafen Christian von Bayreuth, Friedrichs des Großen Neffen, so in ihren Bann zu schlagen, daß dieser die damals neunundvierzigjährige Schauspielerin 1772 an seinen Hof holte, wo sie ihre Stellung noch fast zwanzig Jahre zu halten wußte. Karoline Luise ist mit der Clairon des öfteren auch im Salon der Madame Geoffrin zusammengetroffen.

Häufig wurde die markgräfliche Familie bei ihren vielen Unternehmungen von dem aus Verona stammenden Malteserritter Marchese Michele Enrico Sagramoso begleitet. Vielseitig gebildet, wissenschaftlich und künstlerisch interessiert, hatte er als Sonderbotschafter seines Ordens in politischen Missionen fast alle Länder Europas bereist und sich dabei überall Freunde gewonnen. Karoline Luise, die ihn während der ersten Tage ihres Pariser Aufenthalts kennenlernte, sah ihn gern um sich, denn er teilte ihre botanischen Interessen, hatte sogar auf eine Anregung Linnés hin einmal eigens eine Forschungsreise dieser Art durch Lappland unternommen. Außerdem konnte er ihr auch als Führer durch die Pariser Kunstwelt dienen, in welcher er ganz zu Hause war.

Literaten und Künstler fanden sich häufig in der Rue Gaillon ein, unter ihnen Carlo Goldoni, den wohl seine Freundin Madame du Bocage bei der Markgräfin einführte; Karoline Luise kannte und schätzte seine Werke, besaß auch seit langem eine komplette Ausgabe seiner Komödien in ihrer Bibliothek. Schon in den ersten Tagen erschien auch der Direktor der Königlichen Akademie der Künste Jean-Baptiste Pierre, als Nachfolger des 1770 verstorbenen Boucher nun »premier peintre du Roy«. Er war für Karoline Luise kein Unbekannter mehr, denn sie besaß seit 1761 zwei Arbeiten seiner Hand, nämlich jene bereits genannten großen »Akademien«, die Wille für sie beim Künstler erworben hatte. Zusammen mit der beliebten Stillebenmalerin Madame Vallayer-Coster stellte sich auch Claude-Joseph Vernet vor, dessen beide Genreszenen mit Türken, 1763 durch Eberts besorgt, zu den besonders geschätzten Stücken des Karlsruher Malereikabinetts zählten. Vermutlich hat auch Liotard damals seiner früheren Schülerin einen Besuch abgestattet. Der Künstler befand sich nämlich seit dem Winter 1770 in Paris, wo er im Auftrag Maria Theresias ein Porträt der jungen Dauphine Marie-Antoinette malen sollte. Das Bild war im Frühjahr 1771 fertig geworden, doch blieb der Meister noch bis zum November in der französischen Hauptstadt. Bei den Papieren Karoline Luises befindet sich das einzige bisher bekannt gewordene Exemplar des Katalogs einer Ausstellung, in welcher Liotard dem Pariser Publikum während des Sommers 1771 eigene Werke sowie Gemälde meist holländischer Meister aus seiner Privatsammlung zeigte[11]. Es erscheint nicht ausgeschlossen, daß Karoline Luise, immer an Bildern interessiert, Liotard auch in dessen Quartier in der Rue Montmartre selbst aufgesucht hat.

Dem Stecher Johann Georg Wille, einer in ganz Europa bekannten und geschätzten Persönlichkeit, stattete die markgräfliche Familie jedenfalls einen Besuch ab, über den der Künstler in seinem Tagebuch ausführlich berichtet. Von dem umgänglichen und ganz natürlichen Wesen der hohen Herrschaften sehr angetan, bewunderte er vor allem die ungezwungene Freundlichkeit, durch welche Karoline Luise seiner Frau jegliche Befangenheit zu nehmen wußte. Zwei ganze Stunden blieben die Besucher und studierten mit großem Vergnügen nicht nur alle Bilder und Zeichnungen des Künstlers, die in drei Räumen des Hauses am Quai des Augustins ausgestellt waren, sondern auch seine umfangreiche Sammlung von Werken anderer, meist niederländischer Maler, die er im großen Saal des Hauses aufgehängt hatte: »Sie schien sehr zufrieden zu sein mit uns und unseren Kunstschätzen«, heißt es in Willes Tagebuch. Dem Markgrafen überreichte der Künstler zum Abschied vierzehn Exemplare seiner sehr geschätzten Stichreproduktionen bekannter Gemälde, »épreuves choisies et superbes«. Diese Blätter befinden sich noch heute in der Graphischen Sammlung der Karlsruher Kunsthalle.

Wahrscheinlich war es Eberts, der für die Badner Herrschaften einen Besuch im Atelier des Malers Greuze arrangierte. Er hatte der Markgräfin im Jahr zuvor schon ausführlich über den sehr in Mode gekommenen Künstler berichtet. Karoline Luise interessierte sich damals zwar für das Schaffen des Meisters, fand dessen Preise jedoch übersetzt und indiskutabel. Nun nahm sie gern die Gelegenheit wahr, seine

Werke kennenzulernen, ließ sich zahlreiche Gemälde und Zeichnungen zeigen, scheint aber nichts gekauft zu haben. Der Erbprinz vermerkt ein noch unvollendetes Porträt der Madame Dubarry, das man im Atelier sah, sowie ein für dieselbe Dame bestimmtes Porträt eines vierzehnjährigen Mädchens.

Eine besondere Attraktion bildeten für alle Besucher der französischen Hauptstadt deren zahlreiche Theater. Von den hier gebotenen Möglichkeiten konnten die Badner um so ausgiebiger Gebrauch machen, als die Comtesse de Brionne und die Princesse de Ligne, mit denen sie bei Madame Geoffrin bekannt geworden waren, ihnen ihre Logen in der Comédie Française, der Comédie Italienne und in der Oper zur Verfügung gestellt hatten[12]. Nicht weniger als zweiundzwanzig Theaterbesuche nennt das Tagebuch. In der Comédie sah man Racines »Athalie«, dann von Molière den »Misanthrope« und den »Médecin malgré lui«, weiter zwei Stücke von Voltaire, nämlich »Alzire« und die »Orphelins de la Chine«. Leichte Unterhaltung boten Lustspiele der Erfolgsautoren Destouches und Regnard; des letzteren Stücke findet man noch bis weit in unser Jahrhundert hinein auf dem Spielplan der ersten Bühne Frankreichs. Nur verhältnismäßig wenige Besuche galten der Oper. Dort gab es am 16. August »La Cinquantaine«, ein neues Werk Jean-Benjamin de la Bordes. Bei Hof hoch in Gunst, war der Komponist in den Kreisen musikverständiger Kenner weniger geschätzt, wurde von Grimm, der ihn einen »unermüdlichen Notenschmierer« schalt, sogar mit leidenschaftlichem Haß verfolgt. In der literarischen Korrespondenz Karoline Luises, die Abbé Aubert seit 1771 als Nachfolger Maillet-Duclaisons und St. Aubins übernommen hatte, heißt es über die neue Oper: ». . . kalt und deswegen geeignet, die übermäßige Hitze dieses Sommers ein wenig zu lindern.« Einen Monat später kam er noch einmal auf diese »misérable Cinquantaine« zurück, die sich seiner Meinung nach nur durch den Tänzer Gardel auf dem Spielplan halten könne: ». . . es ist ein Wunder, welche Fortschritte dieser in letzter Zeit gemacht hat; viele finden ihn heute besser als Vestris.« Seinetwegen hatte wahrscheinlich auch Karoline Luise die Vorstellung besucht, denn der neue junge Star war ein Sohn ihres alten Freundes aus Darmstädter Tagen, jenes Ballettmeisters Gardel, der sich inzwischen als Tanzlehrer und Festarrangeur in Paris und Versailles einen Namen geschaffen hatte. Auch mit ihm traf die Markgräfin eines Nachmittags zusammen, um Erinnerungen aufzufrischen.

Nicht weniger als viermal hörte man in der Oper ein Stück, dessen Titel »Les fragmens« zunächst rätselhaft erscheint[13]. Friederike von Prettlack, eine Jugendfreundin Karoline Luises, hatte dieser schon im August 1770 in einem Reisebrief aus Paris darüber ausführlich berichtet. Danach handelte es sich um ein Potpourri von einzelnen Szenen und Akten aus verschiedenen Ballettopern, also Ballettnummern mit Gesangseinlagen. Vermutlich verbirgt sich unter diesem gleichbleibenden Titel ein jeweils inhaltlich wechselndes Programm gefälliger Unterhaltung.

Unterhaltung noch leichterer Art fand man im »Colisée«, einem etwa fünf bis sechs Hektar großen Vergnügungsgelände, das ein privater Unternehmer zwischen den Champs-Elysées und der heutigen Avenue Matignon damals gerade eröffnet hatte.[14] Inmitten schattiger Gartenanlagen englischen Geschmacks gab es da einen von einer

41 G. de Saint-Aubin, Der große Festsaal im Colisée – London, The Wallace Collection

Kolonnade umgebenen See, Restaurants, Cafés und elegante Geschäfte, auch einen großen runden Ball- und Konzertsaal, sehr luxuriös dekoriert und beleuchtet. Alles war leicht, nur aus Holz gebaut. Verschiedene Zeichnungen von Gabriel de Saint-Aubin vermitteln noch ein lebendiges Bild von dieser Anlage. Sie fand zunächst großen Anklang beim Publikum, kam dann jedoch rasch aus der Mode und wurde bereits 1778 wieder abgerissen. Drei Besuche im Colisée verzeichnet das Tagebuch. Am 15. Juli berichtet der Erbprinz von einem Konzert, das mehr als viertausend Besucher dorthin gelockt hatte. Nach langer Pause trat an diesem Abend nämlich Mademoiselle Catherine Le Maure, die jahrzehntelang eine der großen Primadonnen der Oper gewesen war, wieder einmal vor das Pariser Publikum. Zwar hatte sie sich längst in das Privatleben zurückgezogen – ihr Debut im Jahre 1719 lag immerhin schon mehr als ein halbes Jahrhundert zurück –, doch waren ihre einstmals große Stimme und ihr leidenschaftliches Spiel bei den Verehrern unvergessen geblieben, unvergessen auch die sensationellen Zwischenfälle und Skandale, welche ihre Laufbahn begleitet hatten. Viele Anekdoten über Mademoiselle Le Maures exzentrische Allüren und ihr übersteigertes Selbstgefühl waren immer noch im Umlauf. Als der König sie 1745 aufgefordert hatte, bei den Festlichkeiten anläßlich der Hochzeit des Dauphins in Versailles zu singen und sie dann in seiner eigenen Kutsche von einem Höfling abholen ließ, rief sie während der Fahrt durch Paris aus: »Mon Dieu, wie gern würde ich an einem der Fenster stehen, um mich vorbeifahren zu sehen!« Kein Wunder, daß ihr Auftreten im Colisée viele Neugierige herbeigelockt hatte, welche dieses »monstre sacré« der Opernbühne gern noch einmal hören wollten. Unbelastet durch Erinnerungen oder Erwartungen schrieb der junge Herr aus Baden, Mademoiselle Le Maure habe »ziemliche Schwierigkeiten mit dem Singen gehabt«. Aubert findet in seinem Bericht an die Markgräfin, die Dame besitze mit ihren 67 Jahren zwar immer noch eine schöne Stimme und sei überhaupt ein Phänomen, täte aber doch gut daran, nun nicht mehr öffentlich aufzutreten. Ungalanterweise zitiert er dabei Rousseaus Wort über alle die, welche ihren eigenen Ruhm überleben: »Wieviele Helden haben einen Tag zu lange gelebt!« Das Pariser Publikum war immer ein sachverständiger, aber scharfer Richter.

Selbstverständlich hatte nicht nur »tout-Paris«, sondern auch die allzeit nach Neuigkeiten gierende Hofgesellschaft vom Besuch der Gräflich Ebersteinischen Herrschaften erfahren, und alle wußten natürlich auch, wer sich hinter diesem Incognito verbarg. Ein Höflichkeitsbesuch in Versailles war also nicht zu umgehen. Für die jungen Prinzen mag das eine interessante Sensation bedeutet haben, für die Eltern war es eher eine Strapaze als ein Vergnügen. In ihren Memoiren erzählt Baronin Oberkirch ausführlich über Audienzen und Besuche solcher Art[15]: ». . . in Hinsicht auf ausländische Fürsten sind die Vorschriften der Etikette am französischen Hofe so streng und überheblich, daß diese ihm lieber fern bleiben, wenn sie nicht gezwungen sind, ihn aufzusuchen. Offiziell erkennt man diesen Fürsten nämlich keinerlei Rang zu. Den König und die Königin können sie nur in deren privaten Gemächern sehen und dürfen niemals mit ihnen essen. Falls einer der Prinzen des königlichen Hauses sie doch einmal zur Tafel zulassen sollte, wird er ihnen bei dieser Gelegenheit niemals die Hand reichen. Deshalb haben alle Besucher von Versailles immer das Incognito gewahrt und einen erfundenen Namen angenommen, um nicht in der Menge der Höflinge unterzugehen, was sonst geschehen wäre. Incognito konnten sie wenigstens an den privaten Empfängen teilnehmen, wo man ihnen ihren Rang nicht streitig machte. Sogar den Eltern der Königin gegenüber hat man dieses Verhalten beobachten können . . .«

Karoline Luise legte großen Wert darauf, die junge Dauphine Marie-Antoinette zu sehen, der man im Jahr zuvor während ihrer Reise von Wien nach Frankreich in Freiburg und Emmendingen schon einmal die Cour gemacht hatte[16]. Graf Mercy d'Argenteau, als kaiserlicher Gesandter auch Maria Theresias Vertrauensmann am französischen Hofe, wollte alles arrangieren. Von vornherein bestand Karoline Luise allerdings darauf, daß diese von ihr persönlich gewünschte Audienz ohne das bei weniger hochgestellten Personen übliche Zeremoniell vor sich gehen müsse, denn als regierende Markgräfin und Reichsfürstin wollte sie sich diesem auf keinen Fall unterwerfen. Marie-Antoinette war es zufrieden und ließ mitteilen, sie werde die Markgräfin gern am 7. Juli, einem Sonntag, nachmittags gegen fünf Uhr empfangen; ihre Ehrendame, die Comtesse de Noailles – von ihr mit dem Spitznamen »Madame l'Etiquette« bedacht – werde die Besucher vorher zum Diner zu sich bitten. So fuhr man denn in zwei Karrossen – der jüngste Sohn Louis, erst acht Jahre alt, mußte zu Hause bleiben – mit den Herren von Palm und von Gayling kurz nach zwölf in Paris ab, stieg im Kapellenhof des Schlosses aus und begab sich zunächst in das Appartement der Madame de Noailles. Diese empfing die markgräfliche Familie in der Tür ihres Gesellschaftssaales »mit allen Auszeichnungen, welche ihrem Rang gebühren«, wie Herr von Gayling in seinem ausführlichen Bericht darüber schreibt. Verschiedene Angehörige des französischen Hochadels waren als weitere Gäste zum Diner gebeten. Da nach dem Essen noch etwas Zeit blieb, wurde eine Partie Karten gespielt. Um vier Uhr machte man sich dann auf den Weg zu den Gemächern der Dauphine. Karoline Luise und Madame de Noailles ließen sich in Sänften über das holprige Pflaster des Schloßhofes tragen, die Herren gingen zu Fuß durch die Grands Appartements und die Spiegelgalerie. Sobald sich alle im Vorzimmer wieder getroffen hatten, meldete Madame de Noailles der Dauphine die Besucher. Marie-Antoinette empfing in ihrem Schlafzimmer, zu dem nur die Mitglieder der markgräflichen Familie Zutritt hatten. Doch blieb die Tür offen, damit die begleitenden Herren der Szene wenigstens von ferne zusehen konnten: ». . . die Unterhaltung schien recht heiter zu sein«, schreibt Gayling, »Madame la Dauphine war sehr entgegenkommend, fragte auch nach dem Prinzen Louis, der seines Alters wegen nicht mitkommen konnte.« Das Ganze dauerte eine knappe Viertelstunde, niemand setzte sich. Dann ging es wieder zu Madame de Noailles zurück. Inzwischen hatte es zu regnen begonnen, so daß die vorgesehene Besichtigung der drei Trianons ausfallen mußte; dafür bot man den Gästen einen ausführlichen Rundgang durch das Schloß an, was diese gern annahmen. Da es sich dann aufklärte, konnte man noch ein wenig in den Gärten lustwandeln und die Wasserspiele bewundern, welche als besondere Auszeichnung eigens für die Badner angestellt worden waren.

Zwei Tage später, am 9. Juli, absolvierten Karl Friedrich und der Erbprinz ihre Audienz bei Ludwig XV. Umgeben von einigen Aristokraten, empfing der König sie im Sitzungssaal; die beiden Herren aus der Begleitung des Markgrafen hatten wieder vor der Tür zu warten. Der König gab sich leutselig, ließ sich den Erbprinzen vorstellen, ohne jedoch irgendein Wort an ihn zu richten – der junge Herr war sehr ungehalten darüber –, erkundigte sich nach der übrigen Familie, erinnerte sich auch daran, Karl Friedrich vor fünfundzwanzig Jahren als jungen Mann bereits einmal in Versailles gesehen zu haben. In wenig mehr als zehn Minuten war auch diese Audienz vorüber. Anschließend hatte man aber noch den obligaten Besuch bei allen anderen Mitgliedern der königlichen Familie hinter sich zu bringen. Zunächst wurden der Markgraf und sein Sohn in das Kabinett des Dauphin, des späteren Ludwig XVI., geführt, »qui dit fort peu de chose«; die nächsten in der Reihenfolge waren sein Bruder, der Comte de Provence, und »Madame«, dessen Gemahlin. Dann ging es zur Dauphine, »qui fut celle qui fut la plus gaie«. Nachdem man sich auch beim jüngsten Bruder des Dauphin, dem Comte d'Artois, verbeugt hatte, kamen »Mesdames les sœurs du Dauphin« an die Reihe und als letzte schließlich Ludwigs XV. Töchter Mesdames Adelaide, Victoire und Louise. All diese Besuche liefen nach dem immer gleichen zeremoniellen Schema ab. Vom persönlichen Hofstaat umgeben, standen die Herrschaften im Audienzzimmer ihres Appartements; man machte seine Reverenz, wechselte ein paar höfliche Worte und war wieder entlassen. Dufort de Cheverny, »Introducteur des ambassadeurs«, entwirft in seinen Memoiren ein recht bedrückendes Bild vom inhaltlosen, unter dem erbarmungslosen Zwang der Etikette sich ständig im gleichen Kreise drehenden Dasein vor allem dieser »Mesdames de France«[17]: ». . . sie führten das traurigste und einförmigste Leben, das man sich nur vorstellen kann. Hatten sie morgens in Hofrobe den König aufgesucht und anschließend zur Messe begleitet, begaben sie sich in ihre Wohnung zurück, um sich umzukleiden und unter den Augen des Publikums ihr Diner einzunehmen. Dann wurde wieder die Garderobe gewechselt, die Hofrobe wieder zur Teilnahme am »débotté«, dem zeremoniellen Umkleiden des Königs nach der Rückkehr von der Jagd, und am abendlichen Kartenspiel bei der Königin angelegt.« Eine der Hofdamen, die im Wechsel immer jede zweite Woche zum Dienst befohlen waren, beklagte sich einmal darüber, daß ihr bei viermaligem Umkleiden täglich nicht eine einzige Viertelstunde freier Zeit bleibe. Ihr gab Madame Adelaide, die begabteste und selbständigste der Töchter Ludwigs XV., die eigene Situation in sehr deutlichen Worten zu erkennen: »Madame, Sie haben jede zweite Woche frei, sich auszuruhen, ich dagegen muß diesen Dienst das ganze Jahr hindurch Tag um Tag leisten. Gestatten Sie mir also, daß ich mein Mitleid ganz für mich allein behalte.«

Begleitet von Madame Geoffrin unternahmen die Besucher am 25. Juli erneut einen Besuch in Versailles, diesmal eher privater Natur. Zuerst stieg man bei Madame Geoffrins Tochter ab, die wie die meisten Familien der Hocharistokratie ein Appartement im Schloß zu Versailles besaß. Nach ausführlicher Besichtigung der Grands Appartements begab man sich dann zum Diner zu Madame de Marsan. Die Gastgeberin, eine Schwester des Prinzen Rohan-Soubise, war nach kurzer, kinderlos gebliebener Ehe mit Gaston von Lothringen, Comte de Marsan, schon in frühen Jahren Witwe geworden. Als Erzieherin der »petites Mesdames«, der beiden jüngeren Schwestern des Dauphin, nahm sie bei Hof eine angesehene und einflußreiche Stellung ein. Nach dem Diner besichtigte man Madame de Marsans große Voliere voll »amerikanischer Vögel«, wohl Papageien, und wurde dann von der älteren der beiden Prinzessinnen, der zwölfjährigen Madame Clotilde, empfangen. Wie der Erbprinz anerkennend vermerkt, sprach das Mädchen fließend Deutsch, das sie wohl von ihrer früh verstorbenen Mutter, einer Tochter König Augusts III. von Sachsen, gelernt hatte. Karl Friedrich und der Erbprinz führten anschließend ein kurzes Gespräch mit dem Arzt Dr. Quesnay, der auch Madame de Pompadours Leibmedikus gewesen war und zu den führenden Köpfen der Physiokraten zählte.

Dann brachen alle zur Besichtigung des Parkes auf, die Herren zu Pferde, die Damen im offenen Wagen. Zu Ehren der Gäste waren wieder die Wasserspiele angestellt worden. Im Park traf man auf »Madame«, die Gattin des Comte de Provence, die in ihrer Karrosse ebenfalls eine Rundfahrt machte und die ganze Gesellschaft aufforderte, sie am Ende des langen Kanals wieder zu treffen. Dort standen venezianische Gondeln bereit, welche die Republik Venedig einst Ludwig XIV. geschenkt hatte. »Madame« wurde am Ufer durch eine Kavalkade von hundert Schweizergardisten, einer Anzahl Gardes du Corps, den beiden Ehrenkavalieren, allen Damen und Kammerfrauen ihres Haushalts sowie von Madame de Marsan begleitet. In der Gondel der badischen Herrschaften hatte »Monsieur«, der Comte de Provence selbst, mit einem Ritter des Ordre du Saint-Esprit Platz genommen. Einmal unterbrach man die gemächliche Fahrt, um die berühmte Menagerie sowie die Apollogrotte mit ihren Wasserspielen zu besichtigen. Dann ging es wieder zum Ausgangspunkt zurück, wo die Karrossen zur Heimfahrt warteten.

Karoline Luise scheint sich rasch mit Madame de Marsan befreundet zu haben, denn diese lud die markgräfliche Familie in kurzen Abständen noch dreimal zu sich nach Versailles ein. Beim ersten Mal besichtigte man erst das Archiv des Außenministeriums, in welchem die gesamte Staatskorrespondenz und alle Verträge seit den Tagen Mazarins aufbewahrt wurden, dann die Gemäldesammlung des Königs. Nach dem Diner schlossen sich die Badner im eigenen Wagen dem Gefolge der Comtesse de Provence an, die zu einem Besuch nach St. Cyr fuhr, dem von der Marquise de Maintenon gegründeten Erziehungsinstitut für adlige Mädchen. Man ließ sich die Zimmer der Zöglinge zeigen – an zweihundert Pensionärinnen lebten dort unter der Aufsicht von fünfzig Nonnen – und sah dem Abendessen zu, das für alle in einem großen Saal mit jeweils zwei Tischen für jede Klasse gereicht wurde. Nach dem Souper ergingen sich die Mädchen im Garten, machten Konversation, stellten Charaden, sangen Opernchöre oder tanzten.

Am 31. Juli gab Madame de Marsan den Badnern zu Ehren wiederum ein Diner und führte ihre Gäste anschließend zur Besichtigung des Parkes und der drei Trianons. Hierbei lernte Karoline Luise auch Claude Richard kennen, den Direktor des Botanischen Gartens. Mit ihm stand sie schon seit 1768 durch Vermittlung Maelrondts in brieflicher Verbindung[18]. Damals ging es ihr um eine Kopie des handschriftlichen, 4500 Nummern umfassenden Katalogs, welchen Richard von den Pflanzen seines Gartens angelegt hatte. Der Gelehrte zeigte sich gern bereit, ihr diese Kopie anfertigen zu lassen – sie befindet sich heute im Besitz der Badischen Landesbibliothek zu Karlsruhe –, schlug der Markgräfin auch einen gegenseitigen Austausch von Pflanzen und Sämereien vor. So schickten sie einander denn lange Listen mit den lateinischen, auf Linnés Nomenklatur gegründeten Bezeichnungen ihrer jeweiligen Desiderata. Sicher hat Karoline Luise es genossen, im Botanischen Garten des Trianon mit ihrem Tauschpartner ein ausführliches Fachgespräch führen zu können.

Am 8. August erschien die markgräfliche Familie dann noch einmal zum Diner bei der Comtesse de Marsan. Auch Madame Clotilde nahm daran teil, die sich nach der Mahlzeit mit Karoline Luise zum Kartenspiel setzte und diese Lieblingsbeschäftigung der damaligen Gesellschaft nur kurz unterbrach, um pflichtgemäß um sechs Uhr der Abendandacht des Königs beizuwohnen. Die damals einundfünfzigjährige Madame de Marsan, von welcher Baronin Oberkirch in ihren Memoiren berichtet, sie gelte als »impérieuse« und »très prude«, gehört zu jenen gebildeten, würdig konservativen älteren Damen der großen französischen Gesellschaft, an die sich Karoline Luise während ihrer Pariser Tage offenbar besonders angeschlossen hat und mit denen sie auch später noch in brieflicher Verbindung blieb. Im Nachlaßverzeichnis der Markgräfin wird ein Porträt Madame de Marsans genannt; diese hatte dafür von Madame Geoffrin, die sich nur ungern davon trennte, jenes heute verschollene Bildnis bekommen, das Cochin von Karoline Luise gezeichnet hat und dessen treffende Ähnlichkeit von allen gelobt wurde.

Selbstverständlich nahm Karoline Luise die Gelegenheit wahr, sich in Paris Zugang zu allen privaten Naturalienkabinetten von Rang zu verschaffen; nicht weniger als acht von ihnen sind im Tagebuch namentlich genannt. Alle wurden an Umfang und Bedeutung durch die königliche Sammlung übertroffen. Diese ließ sich die Markgräfin am Nachmittag des 19. Juli von Daubenton[19], dem berühmten Naturwissenschaftler, Anatomen und Direktor des Kabinetts, zeigen. Le Cointe de Marillac, ein alter Freund Karl Friedrichs, der sie dabei begleitete, berichtet später, Daubenton habe ihm beim Rundgang ins Ohr geflüstert[20]: ». . . voilà, la première Dame qui m'a étonné.« Ein besonderes Kuriosum auf naturwissenschaftlichem Gebiet war übrigens das Kabinett einer Mademoiselle Biron, die sich als Wachsplastikerin auf anatomische Demonstrationsobjekte spezialisiert und dadurch eine gewisse Berühmtheit erworben hatte.

Auch an einer Sitzung der Académie des Sciences nahmen die Badner unter Begleitung des Chemikers Sage und des Cavaliere Sagramoso teil. Bevor d'Alembert, welcher der Versammlung präsidierte, eine Abhandlung über ein schwieriges physikalisches Problem verlas, wandte er sich mit einer kurzen Ansprache an die deutschen Gäste, um sie als Freunde des wissenschaftlichen Fortschritts und Beglücker ihrer Untertanen im Kreise der Akademiemitglieder zu begrüßen. Zu den Sehenswürdigkeiten technischer und wissenschaftlicher Art, welche auf keinem Programm ausländischer Besucher fehlen durften, gehörten das berühmte Observatorium, die Königliche Spiegelglasfabrik und die Porzellanmanufaktur in Sèvres; auch die badischen Herrschaften schlossen sich von dieser Pflicht nicht aus. In der Pariser Niederlassung der Manufaktur zeigte man ihnen verschiedene neue Service, eines in Hellblau für den König von Schweden, ein grünes für dessen Bruder, dann ein drittes mit dem Monogramm der Dubarry für die Favoritin des Königs. Das markgräfliche Paar machte auch selbst Einkäufe verschiedener Art; man besuchte Kunsthändler, erstand Porzellan, eine Bronzevase mit einer Uhr, Tabatieren, Kupferstiche und anderes mehr, gab dazu Aufträge zur Anfertigung verschiedener Möbel für das Karlsruher Schloß. Dem Porträtbildhauer Jean-Baptiste Defernex saß Karl Friedrich Modell für eine Büste; drei Ausführungen des fertigen Werks – je eine in Stuck, Gips und Terrakotta – wollte der Künstler, wie Maelrondt später schrieb, im Februar des folgenden Jahres nach Karlsruhe schicken[21].

Am Paris der Künstler und Kunsthandwerker war Karoline Luise natürlich besonders interessiert. Vermutlich diente ihr hier vor allem Eberts als Führer und Vermittler. Dessen Name kommt zwar im Tagebuch des Erbprinzen nur selten vor, doch besagt das wenig, denn der junge Herr hat sowieso nur von Personen und Dingen berichtet, die ihn selbst interessierten. Ohne Eberts wäre es den Karlsruher Besuchern jedenfalls kaum möglich gewesen, schon am siebten Tag ihres Aufenthalts eine morgendliche Tour durch verschiedene Ateliers zu unternehmen. Beim Bildhauer Guillaume Coustou sahen sie das Gipsmodell einer Venus, deren Original

sich bereits im Besitz Friedrichs des Großen befand, sowie einen ebenfalls für Sanssouci bestimmten Mars. Jean-Baptiste Lemoine, zu dem man dann ging, zeigte einen auch für den preußischen König bestimmten Apollo sowie verschiedene Porträts. Einige Wochen später sprach man bei Jean-Baptiste Pigalle vor, der gerade am Grabmal für den um Frankreich so hoch verdienten, schon 1750 verstorbenen »Maréchal de Saxe« arbeitete, einen Sohn Augusts des Starken und der Aurora von Königsmarck. Das Werk fand 1777 seinen Platz im Chor der Kirche St. Thomas zu Straßburg, da man dem Protestanten in einer katholischen Kirche Frankreichs kein Denkmal setzen konnte. Der Erbprinz, den das Monument natürlich vor allem der Person des Dargestellten wegen interessierte, beschreibt es in allen seinen Teilen ganz ausführlich.
Auch alle bedeutenden Gemäldesammlungen standen auf dem Programm der Badner. Im Palais Luxembourg, das sie zweimal besuchten, bewunderten sie den großen Zyklus von Gemälden, welche Rubens für Maria de Medici gemalt hat, im Palais Royal die kostbar ausgestatteten Appartements und eine vorzügliche Galerie, welche der Regent Philipp von Orléans, Sohn Liselottes von der Pfalz, zusammengetragen hatte. Durch den Katalog dieser Sammlung, den Karoline Luise in ihrer Bibliothek besaß, war sie auf den Besuch gut vorbereitet. Beträchtliche Schätze barg das Palais des kunstverständigen Marquis de Marigny, des Bruders der Madame de Pompadour. Auch die Gemäldesammlung des Duc de Choiseul war zu besichtigen, denn dieser lange Zeit allmächtige Minister war Ende 1770 beim König in Ungnade gefallen; damit war er aller Ämter verlustig gegangen und sah sich nun zum Verkauf seiner Schätze gezwungen. An einem der letzten Tage ihres Pariser Aufenthalts besuchten die Reisenden die königliche Kunstkammer, den »garde-meuble du Roi«. Von den dort bewahrten Schätzen, die sich heute größtenteils in der Galerie d'Apollon des Louvre befinden, gibt der junge Prinz, spürbar durch deren Glanz und Kostbarkeit beeindruckt, eine ausführliche Beschreibung. Anschließend besichtigte man die Königliche Bibliothek und das mit dieser verbundene »Cabinet des Médailles«. »Da habe ich den berühmten Otto gesehen«, schreibt der junge Herr und meint damit wohl die bekannte bronzene Reiterstatuette Karls des Großen.

Morgens zwischen acht und zehn Uhr, eine Stunde vor der offiziellen Eröffnung, durften die Karlsruher am 4. September die alle zwei Jahre stattfindende Ausstellung des »Salons« im Louvre besuchen. Der Erbprinz berichtet von »tableaux et dessins remarquables« und nennt vor allem schöne Gemälde von der Hand Vernets und Lagrenées; diese interessierten ihn wohl besonders, weil beide Künstler regelmäßige Besucher des Salons der Madame Geoffrin waren und er sie von dort persönlich kannte. Natürlich erwähnt er auch das neueste Porträt der Madame Dubarry von Drouais, das damals so großes Aufsehen erregte. Der Künstler zeigt die Dame darin in ganzer Figur sitzend als Muse, in ein fließendes, die Körperformen modellierendes Gewand antikischer Art gehüllt. Publikum und Kritik waren über diese Darstellung einer Dame »im Hemd« schockiert und verärgert, so daß das Werk schon bald nach der Eröffnung der Ausstellung zurückgezogen werden mußte.

Die Sammlung der Königlichen Akademie für Malerei und Bildhauerei, in welcher die »pièces de réception« aller dort amtierenden Professoren sowie die durch einen Preis ausgezeichneten Wettbewerbsstücke junger Künstler bewahrt wurden, sah man am 30. Juli unter Führung des Direktors Pierre und in Begleitung des Malers Vien sowie des Bildhauers Coustou. Auf den Nachmittag des 31. August wurden die badischen Herrschaften dann eingeladen, als Ehrengäste auch an einer offiziellen Sitzung dieser Akademie im Louvre teilzunehmen, in welcher über die Verleihung der »Grands Prix« des Jahres 1771 für Malerei und Plastik abgestimmt werden sollte. Madame Geoffrin holte die markgräfliche Familie in der Rue Gaillon ab und fuhr mit ihr zum Louvre, an dessen Pforte Direktor Pierre mit seinen Kollegen Cochin, Coustou und Vien die Gäste erwartete, um sie in die Säle zu führen, wo die Gemälde und Skulpturen von jeweils sechs Konkurrenten um die Preise aufgestellt waren. Unter den stimmberechtigten Mitgliedern der Akademie begegneten Karoline Luise hier manche Bekannte, der Stecher Wille etwa, dann Chardin, Lagrenée, Madame Vallayer-Coster, schließlich auch Roland de la Porte, dessen reizvolles »Orangenbäumchen« sie erst vor kurzem von Eberts für ihr Kabinett erworben hatte. Als Präsident der Versammlung hielt Pierre eine kurze Eröffnungsrede[22], wobei er, wie der Erbprinz schreibt, »meiner Mutter ein wohlgedrechseltes Kompliment machte«. Für die dann folgende Wahl überreichte man auch dem markgräflichen Paar Stimmzettel.

Da in der Rangordnung der Bildthemen die Historie immer noch den vornehmsten Platz einnahm, war den Malern unter den Bewerbern die Darstellung einer Episode aus der Ilias als Preisaufgabe gestellt worden: Athena kämpft gegen Ares, dem Aphrodite zu Hilfe kommt. Sechs junge Maler waren zu diesem »concours« zugelassen worden, unter ihnen der dreiundzwanzigjährige Jacques-Louis David, dem später während der Großen Revolution und in der napoleonischen Ära die führende Rolle unter Frankreichs Künstlern zufallen sollte. Damals noch Schüler Joseph Viens, hatte er sich ohne Wissen und gegen den Willen seines Lehrers, der ihn für den Rompreis noch nicht reif genug hielt, um die Erlaubnis zur Teilnahme an der Konkurrenz gemeldet und war nach Vorlage einer Skizze auch zugelassen worden. In seinen Erinnerungen schreibt der Künstler darüber[23]: ». . . Man hatte nur zweieinhalb Monate Zeit. Nach sechs Wochen stellte ich fest, daß ich meine Figuren zu klein gemacht hatte; dadurch wäre ich gezwungen gewesen, viel zu viele zu bringen, wofür wiederum die Zeit nicht ausgereicht hätte. Also fing ich von neuem mit weniger Figuren an; nur ein Monat blieb mir. Trotzdem war ich zu gleicher Zeit fertig wie die anderen Konkurrenten, sehr zu deren Ärger, doch zur Freude aller meiner Freunde. Allerdings waren die Bedingungen für mich weniger günstig als für sie, denn ich konkurrierte mit zwei alten Rivalen, Suvée und Taillasson, von denen sich der eine zum sechsten, der andere zum siebten Male um den Preis bewarb. Trotz dieses Handicaps wollten mir die Richter den ersten Preis zusprechen; beinahe war es auch schon so weit, als Vien es schließlich erreichte, daß man ihn Suvée verlieh. Er behauptete nämlich, ich dürfe mich glücklich genug schätzen, meinen Richtern überhaupt gefallen zu haben, man müsse mich aber noch

42 J.-L. David, Athena kämpft gegen Ares, 1771 – Paris, Louvre

ein zweites Mal sehen. Also erhielt ich den zweiten Preis. Daß Vien nur in meinem Interesse so gesprochen hat, glaube ich wohl; jedenfalls kann ich mir von einem Lehrer nichts anderes vorstellen. Doch hat sich diese Verzögerung schädlich auf meine weitere Entwicklung ausgewirkt, denn ich wäre sonst vier Jahre früher vom schlechten Stil der französischen Schule losgekommen, den zu vergessen mir in Rom später soviel Mühe bereitet hat.«

Zwar zeigt sich David in dieser frühen Arbeit bereits als das stärkere künstlerische Temperament und seinem etwas bläßlichen Kollegen Suvée überlegen, doch stehen beide in Komposition und Farbigkeit der opernhaft posierenden, zum Weichlichen neigenden Historienmalerei des höfischen Rokoko noch nahe. Erst drei Jahre später gelang David der Sprung nach Italien, als ihn sein zum Direktor der französischen Akademie in Rom ernannter Lehrer Vien 1774 dorthin mitnahm. Mit seinem rasch berühmt gewordenen »Schwur der Horatier«, dem ersten Werk eines strengen Klassizismus, dessen hallendes Pathos die Bürgertugenden des republikanischen Rom verherrlicht, gelang David zehn Jahre später der Durchbruch zu internationalem Ruhm. Den Aufgang dieses neuen Sterns am künstlerischen Himmel Europas hat Karoline Luise nicht mehr erlebt. Ob ihr seine Begabung schon 1771 aufgefallen ist und ob sie vielleicht sogar zu denen gehörte, welche ihm den ersten Preis zuerkennen wollten, wüßte man gern. Doch ist darüber nichts überliefert, denn das offizielle Sitzungsprotokoll der Akademie vermerkt nur: »Leurs Altesses Sérénissi-

43 M.-Qu. de La Tour, Bildnis C. H. Watelet
Privatbesitz

mes Mgr et Mme les Margraves de Baden-Dourlac et MM les Princes, leurs fils, ont honoré l'assemblée de leur présence.«

Karoline Luise, die sich mit vollkommener Selbstverständlichkeit in den verschiedensten Kreisen der französischen Hauptstadt bewegte, wußte sich überall Freunde zu gewinnen, in der aristokratischen Gesellschaft des Versailler Hofes ebenso wie unter Wissenschaftlern und Künstlern aller Richtungen. Besonders herzlich kam man ihr aber im engen Zirkel der »amateurs de la peinture« entgegen, bei jenen gebildeten Kunstliebhabern und Sammlern, die – wie sie selbst – als begabte Dilettanten auch ausführend künstlerisch tätig waren. Unter diesen spielte die erste Rolle der bekannte Schriftsteller Henri Watelet[24]. Als Sohn eines reichen Steuerpächters aus Orléans, dessen Amt er 1740 im Alter von zweiundzwanzig Jahren erbte, war er finanziell unabhängig und konnte sich ganz seinen literarischen und künstlerischen Interessen widmen; das Amt nahm seine Zeit nur jedes zweite Jahr einmal in Anspruch. Auf ausgedehnten Reisen durch viele Länder Europas legte er den Grund zu einer umfassenden Kennerschaft, die ihm internationales Ansehen und die Mitgliedschaft vieler Akademien in Frankreich, Italien, Österreich, Deutschland und Spanien eintrug. Jahrelang hat er an einem Werk »L'art de peindre« gearbeitet, das in Anlehnung an Boileaus »Art poétique« etwas wie ein gereimtes Lehrbuch der Malerei sein wollte. Bei den Montagsdiners der Madame Geoffrin las er immer wieder aus dem werdenden Buch vor, das nach seinem

44 M.-Qu. de La Tour, Bildnis Marguerite Le Comte
Karlsruhe, Staatliche Kunsthalle

Erscheinen 1760 weite Verbreitung und überall Anerkennung fand. Seine eigene Kunstsammlung war gewählt und enthielt eine Reihe meisterlicher Werke.

Auf vielen Gebieten begabt, betätigte sich Watelet nicht nur als Maler, Bildhauer und Radierer, sondern spielte auch ausgezeichnet Geige und schrieb dazu noch Romane, Gedichte, Komödien und Opernlibretti. Alles in allem ist er Inbegriff des für diese Zeit so bezeichnenden Typus eines gebildeten, weltläufigen Kenners gewesen. Was ihn in allen Kreisen der Pariser Gesellschaft, und nicht nur in dieser, so beliebt und den Menschen so angenehm machte, war sein verbindliches Wesen: ». . . Ein wirklich liebenswerter Mann; auf den ersten Blick erweckte er Gefallen, auf den zweiten fühlte man sich zu ihm hingezogen, beim dritten konnte man nicht anders als sein Freund sein. Allen flößte er jene Ruhe und Gelassenheit ein, welche in seiner Seele wohnten.« Watelets Lebensgefährtin war die charmante Marguerite Le Comte, deren Züge uns in Maurice-Quentin de La Tours bekanntem Pastellporträt[25] und in einer Bronzebüste des jüngeren Coustou überliefert sind. Sie war die Frau eines wesentlich älteren Advokaten, dem ihre Familie sie offenbar in sehr jungen Jahren zur Frau gegeben hatte, ohne weiter nach ihrer Meinung über diese Partie gefragt zu haben. Mehr als dreißig Jahre hat Marguerite dem Freunde auf die anmutigste Weise das Haus geführt, in dem alles verkehrte, was in der intellektuellen Gesellschaft von Paris Rang und Namen besaß. Auch der würdige Monsieur Le

45 Graf R. de Baudouin, Radierung von C. H. Watelet
Karlsruhe, Staatliche Kunsthalle

Comte nahm an diesem Leben teil und hat offenbar nichts gegen Marguerites Verbindung mit Watelet einzuwenden gefunden, denn er stand mit diesem auf freundschaftlichem Fuße und war oft Gast bei seinen Diners und Soupers.

Auf welche Weise Karoline Luise, der Marguerite bereits 1766 eine Folge hübscher Radierungen von ihrer Hand geschickt hatte, mit dem Paar bekannt geworden ist, läßt sich aus dem Tagebuch nicht entnehmen. Es mag im Salon von Madame Geoffrin gewesen sein, geschah vielleicht aber auch durch Vermittlung des gemeinsamen Freundes Sagramoso. Die markgräfliche Familie war jedenfalls bei Watelet und dessen Freunden gern gesehen. Eine besondere Rolle spielte in diesem Kreise Graf Simon-René Baudouin, Hauptmann der königlichen Garde. Er hat ein umfangreiches graphisches Œuvre geschaffen, dessen Blätter nur als Geschenk für seine Freunde bestimmt waren; es schließt eine Folge von Darstellungen der verschiedenen Exerziergriffe französischer Infanterie ein, dazu Schlachtenszenen nach Vorbildern des Malers Charles Parrocel sowie Landschaften und andere Sujets. Seine 119 Gemälde umfassende Galerie, die Karoline Luise besichtigt hat, stand der Qualität ihrer niederländischen Meister wegen in hohem Ansehen. Der Graf hat sie 1781 als Ganzes an die russische Zarin verkauft, die ihre Eremitage dadurch unter vielen anderen um Werke von Rubens, van Dyck und Rembrandt bereichern konnte.

Auch zwei den Künsten ergebene Abbés, Copette und Saint-Non, gehörten zu den engsten Freunden Watelets. Copette, »Docteur de Sorbonne et Principal du Collège de Reims«, wie er in einem Brief an Karoline Luise später einmal firmiert, war ehemals Watelets Lehrer gewesen. Im Jahre 1764 hat er seinen früheren Schüler und dessen Freundin Marguerite auf einer Reise nach Rom begleitet, wo die »Letterati Francesi« von der italienischen und französischen Gesellschaft triumphal gefeiert wurden. Papst Clemens XIII. empfing die Herren in Privataudienz, Marguerite wurde zum Fußkuß zugelassen, und die Accademia degli Arcadi nahm sie in die Reihe ihrer Mitglieder auf. Um die prominenten Reisenden zu ehren, veröffentlichte die französische Akademie in Rom einen von ihren Schülern illustrierten reizvollen Gelegenheitsdruck mit Gedichten des in Rom lebenden Louis Subleyras[26]. Von den Illustrationen dieser nur in sehr kleiner Auflage erschienenen Publikation, die Karoline Luise in ihrer Bibliothek besaß und an der sie Gefallen fand, schickte Abbé Copette ihr später Bogen mit Probedrucken, welche er in seinen Mappen gefunden hatte; diese sehr seltenen Blätter werden noch heute in der Graphischen Sammlung der Karlsruher Kunsthalle bewahrt.

Auch der Abbé de Saint-Non, Theologe, Jurist und Altertumsforscher, war ein großer Freund Italiens und italienischer Kunst[27]. Während eines längeren Aufenthalts in Rom hatte er die jüngeren Maler Fragonard und Hubert Robert zu Freunden gewonnen und mit ihnen zusammen viel in der freien Natur gezeichnet. Seine Radierungen, von denen man mehr als vierhundert kennt, verraten eine geübte und geschickte Hand. In den meisten Fällen arbeitete er nicht nach eigenen Erfindungen, sondern reproduzierte lieber Zeichnungen seiner verschiedenen Malerfreunde.

Den Umgang mit diesen »amateurs«, in deren Kreis sie sich als gleichberechtigtes Mitglied fühlen durfte, hat Karoline Luise zweifellos besonders genossen. Durch den Abbé Copette ließ sie sich einmal in Abwesenheit des Hausherrn ausführlich Watelets Gemäldesammlung sowie dessen Bibliothek und Naturalienkabinett zeigen. Ein anderer Besuch der markgräflichen Familie galt Watelets berühmtem Landsitz »Moulin Joli«, in reizvoller Umgebung am linken Ufer der Seine zu Füßen des Dörfchens Bezons gelegen[28]. Dieses Grundstück mit einer Mühle hatte Watelet bereits 1754 erworben; zwei kleine, nahe dem Ufer im Flusse liegende und über Brücken zu erreichende Inseln gehörten noch dazu. Auf diesem Anwesen legte der Besitzer in jahrelanger geduldiger Arbeit einen Landschaftsgarten nach englischem Vorbild an. Man war damals der formalen Gebundenheit und des geometrisch Abgezirkelten der früheren französischen Gartenmode überdrüssig geworden und wollte im Sinne Rousseaus, mit dem Watelet befreundet war, zur unverfälschten, wahren Natur zurück. Ein Garten sollte den Eindruck des zufällig und frei Gewachsenen erwecken, sollte malerisch, poetisch und romantisch sein. Anstatt der bisher üblichen großen Achsen führten nun gewundene Pfade durch das Gelände, immer neue Ausblicke auf Wiesen und Baumgruppen eröffnend; kleine Wasserläufe schlängelten sich durch das Grün; Grotten, Tempelchen, Meiereien und künstliche Ruinen aller Art sollten sentimentalische Stimmungen erwecken. Watelet schenkte

46 Ansicht von Moulin Joli – Radierung von F. D. Née – München, Bayerische Staatsbibliothek

diesen Besitz seiner Freundin, ließ ihr darin auch ein Häuschen errichten. Er selbst, Marguerite und der Abbé de Saint-Non haben uns in einigen Radierungen reizvolle Ansichten des »Moulin Joli« überliefert, bei dessen anmutiger »Müllerin« sich die führenden Persönlichkeiten aus Aristokratie und Finanzwelt, aus dem gebildeten Bürgertum sowie aus Kunst und Wissenschaft zu kultivierter Geselligkeit mit Konzerten und Theateraufführungen zusammenfanden.

Hier empfingen Watelet, Marguerite und Abbé Copette am Nachmittag des 23. Juli auch die markgräfliche Familie mit dem Cavaliere Sagramoso. Karl Friedrich und Karoline Luise haben diese bedeutendste Schöpfung der neuen Gartenkunst Frankreichs – sie war in ganz Europa berühmt und ist Gegenstand ungezählter enthusiastischer Beschreibungen geworden – gewiß mit großem Interesse studiert. Wie sehr alle den Nachmittag dort genossen, geht aus der Korrespondenz späterer Jahre hervor, in der immer wieder der hier verbrachten schönen Stunden gedacht wird.

Am 30. August fiel ein Schatten über die unbeschwerten Pariser Tage, denn aus der Heimat traf die Nachricht ein, daß sich der Zustand des Markgrafen von Baden-Baden sehr verschlechtert habe; mit seinem baldigen Ableben müsse gerechnet werden. Daraufhin wollte Karl Friedrich den Aufenthalt in Paris sofort abbrechen und bereits am übernächsten Tage die Rückreise antreten. Nach ruhiger Überlegung – sicher auch dank der Überredungskünste Karoline Luises – beschloß man am nächsten Vormittag, doch noch so lange zuzuwarten, bis die Todesnachricht eingetroffen sei. Schließlich waren ja vor Antritt der Reise bereits alle für diesen Fall erforderlichen Maßnahmen vorbereitet worden. In der ersten Septemberwoche scheinen dann Karl Friedrich doch wieder alarmierende Berichte erreicht zu haben, denn nun bat er den kaiserlichen Gesandten, ihm und dem Erbprinzen baldmöglichst einen Termin für die Abschiedsaudienz bei Ludwig XV. sowie der Markgräfin für einen Besuch bei der Dauphine auszuhandeln. In Versailles wurde für beides der Nachmittag des 15. September bestimmt. Vor den Audienzen sollte Marie-Antoinettes Ehrendame Comtesse de Noailles die badischen Besucher wieder zum Diner empfangen. Nach einigem Hin und Her erreichte Madame de Marsan es durch Vermittlung des Duc d'Aiguillon dann noch, daß man auch der Markgräfin Gelegenheit gab, mit dem König zu sprechen. Dieses Treffen sollte im Appartement der Dauphine stattfinden. Zuerst absolvierten also Karl Friedrich und sein Sohn am späten Vormittag ihre offizielle Abschiedsaudienz mit abschließendem Rundgang bei den Mitgliedern der königlichen Familie. Nach dem Diner begaben sich dann alle zur Dauphine. Während man dort auf das Erscheinen des Königs wartete, zeigte Marie-Antoinette den Gästen zur Unterhaltung ihre berühmten Rubine und holte dann auch noch den Dauphin herbei. Dieser gab sich zuerst schweigsam, taute dann aber auf und nahm an der Unterhaltung teil. Über eine geheime Treppe erschien schließlich der König, worauf man die bis dahin offenstehenden Türen des Appartements der Dauphine schloß. Ludwig XV., der bei Audienzen im allgemeinen gelangweilt wirkte, gab sich diesmal gelockert und gesprächig, erzählte von seinem Aufenthalt in Deutschland, als die Franzosen 1744 Freiburg belagerten und er selbst im Schloß zu Munzingen Quartier bezogen hatte[29], scherzte auch mit der Dauphine über deren österreichischen Akzent. Eine halbe Stunde lang ergab man sich jedenfalls zwangloser Konversation. Dann geleiteten die Enkel den König wieder über die geheime Treppe in seine Gemächer zurück, und Karoline Luise verabschiedete sich mit einer Umarmung von der Dauphine. Anschließend sprach man bei Madame de Marsan vor, um auch von ihr Abschied zu nehmen und ihr noch einmal für alle Freundlichkeiten zu danken, die sie den badischen Gästen erwiesen hatte; auf einen Augenblick erschienen dazu die »petites Mesdames«, des Dauphins junge Schwestern Clotilde und Elisabeth.

Die Abreise nach Karlsruhe war für den übernächsten Tag, Dienstag den 17. September, festgesetzt worden. Am Montag besuchte die ganze Familie noch einmal den Salon des Louvre und verbrachte dann den letzten Abend bei Madame Geoffrin. Noch während der Nacht brach Karl Friedrich auf, im zweiten Wagen folgte Karoline Luise morgens um acht Uhr mit den Kindern. Zurück blieb nur Herr von Palm, um alle noch anstehenden Verbindlichkeiten zu erledigen. Die Rückreise verlief nicht so einfach und ungestört wie die Hinfahrt. Nicht weniger als viermal gab es Achsenbrüche bei den Karrossen. Zwar kam niemand zu Schaden, doch mußte man unerwünschte Verzögerungen hinnehmen. Erst am 22. September traf die Gesellschaft wohlbehalten wieder in Karlsruhe ein.

Offenbar ist es Karoline Luise recht schwer gefallen, die vielen neuen Freunde und das anregende gesellschaftliche Leben der französischen Hauptstadt verlassen zu müssen und nun wieder in ihr kleines Karlsruhe zurückzukehren; es mag ihr nach diesen Wochen eng und provinziell genug vorgekommen sein. Nur von Madame Geoffrin hatte sie vor dem überstürzten Aufbruch noch wirklich Abschied nehmen können. Herrn von Palm blieb es überlassen, alle anderen Freunde von der Abreise der markgräflichen Familie zu verständigen und ihnen deren Abschiedsgrüße zu überbringen. Karoline Luise empfand die abrupte Trennung um so bitterer, als sich dann in Karlsruhe herausstellte, daß solche Eile vollkommen unnötig gewesen war. Denn der Markgraf von Baden-Baden segnete erst am 21. Oktober das Zeitliche. »Ich bedaure es sehr«, schrieb sie an Maelrondt, »daß man uns auf diese Weise vier oder fünf Wochen unseres Pariser Aufenthalts einfach wegeskamotiert hat.«

Gleich nach der Ankunft zu Hause schrieb sie an Madame Geoffrin[30]: ». . . Ich weiß nicht, Madame, ob Herr von Palm Ihnen berichtet hat, in welcher Verfassung ich an jenem Unglücksabend nach Hause kam, nachdem wir Sie verlassen hatten. Ich weiß auch nicht, ob Sie bemerkt haben, daß ich kaum ein Wort sprechen konnte, weil mir so weh und bedrückt ums Herz war.« Sie hatte es nicht einmal fertiggebracht, ein paar Zeilen zu schreiben, »denn immer wieder löschten meine Tränen aus, was ich gerade geschrieben hatte«. So mußte sie Herrn von Palm bitten, mündlich noch einmal auszurichten, was sie bewegte. Spätere Briefe geben zu erkennen, daß sie sich ihrer mütterlichen Freundin auch weiterhin eng verbunden fühlte. Zwei Jahre später noch heißt es am 21. Dezember 1773: ». . . mein ständiger Refrain ist: nur eine einzige Madame Geoffrin gibt es auf dieser Welt. Möge Gott sie mir bewahren.« Zum neuen Jahre wünscht sie, daß diese für sie so kostbare Freundschaft ihr weiter erhalten bleiben möge: »Elle fait le charme de ma vie, tout mon attachement pour vous fait mon bonheur.« Als Karoline Luise durch einen Neffen der Marquise de la Ferté-Imbault im Oktober 1776 erfuhr, Madame Geoffrin habe einen Schlaganfall erlitten und sei linksseitig gelähmt, antwortete sie umgehend[31]: ». . . Ach, welch ein Schmerz, meine gute, zärtliche Freundin, diese würdige Frau, in einem so traurigen Zustand zu wissen. Es ist mir unerträglich, daran zu denken, daß wir sie vielleicht verlieren müssen; ich weiß mich nicht darüber zu trösten.« Als die Kranke, über deren Zustand sie in den folgenden Monaten immer wieder Nachricht erhielt, nach langer Leidenszeit schließlich am 6. Oktober des folgenden Jahres 1777 gestorben war, fühlte sich Karoline Luise tief erschüttert.

Madame Geoffrins Tochter blieb der Markgräfin weiterhin eine ergebene Freundin und berichtete ein- bis zweimal jährlich über das Ergehen der gemeinsamen Bekannten sowie über Ereignisse und Zustände des Pariser Lebens, das sie aus kritischer Distanz betrachtete[32]. Mit Madame de Marsan tauschte Karoline Luise ebenso Briefe und kleine Geschenke[33]. Als die »petites Mesdames« nach einigen Jahren erwachsen waren und Madame Clotilde 1775 den König von Sardinien geheiratet hatte, zog sich die Comtesse de Marsan aus der Unrast und den Kabalen des Hoflebens in den engen Kreis ihrer Familie nach Paris zurück. Auch die Freunde vom »Moulin Joli« – Watelet, Marguerite Le Comte, Saint-Non und Copette –, die alle über den plötzlichen Aufbruch des markgräflichen Paares bestürzt waren, brachten sich in der Folge durch Briefe und Geschenke von Radierungen oder Büchern immer wieder in Erinnerung. So schrieb Sagramoso am 21. März 1773 aus Paris[34]: ». . . Gestern, am letzten Tag des Karnevals, trank Mr. Watelet nach dem Diner bei Madame Le Comte, wo der größte Teil unseres

Freundeskreises zusammengekommen war, auf die Gesundheit Ew. Hoheiten und der Prinzen. Mit allem Respekt, den wir Ihnen schuldig sind, haben wir uns zu seinem Echo gemacht.«

Karoline Luise unterließ es nicht, einen Bericht über ihren Besuch in Versailles auch an Maria Theresia zu schicken[35], um ihr zu sagen, sie habe die Dauphine heiter und zufrieden angetroffen; ihrer Meinung nach sei sie ein wenig gewachsen und sogar noch hübscher geworden. Gleichzeitig dankte sie auch für alle Hilfe, welche der kaiserliche Gesandte Graf de Mercy der markgräflichen Familie in Paris geleistet habe. Maria Theresia hörte das alles gern und zeigte sich sehr »empfänglich für alles Schmeichelhafte«, was Karoline Luise über die Dauphine zu sagen wußte. Ihrem offiziellen Dankschreiben fügte die Kaiserin noch eine eigenhändige Nachschrift zu: »Ich kann Ihnen Gleiches zurückgeben. Ihre Söhne die Prinzen haben auch größte Zustimmung am Hof in Versailles gefunden. So etwas ist doch das einzig wirklich Tröstliche, was man in seinen alten Tagen noch erleben kann.«

Die Monate, welche Karoline Luise mit der Familie in Paris verbracht hat, gehören gewiß zu den glücklichsten und unbeschwertesten ihres Lebens. Zweifellos bedeutete es eine große Genugtuung für sie, daß man ihr als Markgräfin von Baden nicht nur am Hof von Versailles mit dem ihr gebührenden Respekt begegnete, sondern daß sie darüber hinaus durch ihre Bildung, ihre künstlerischen Interessen und den Charme ihrer Persönlichkeit auch in den Kreisen der Intellektuellen, der Gelehrten und Künstler aufrichtige Bewunderer und Freunde gewonnen hatte. Diese Selbstbestätigung durch eine Gesellschaft, welche sich nach Bildung, Geist und Geschmack als führend in Europa betrachtete, muß Karoline Luise sehr befriedigt haben. Ihrerseits war sie natürlich auch bemüht, in äußerer Erscheinung und Haltung allen Forderungen zu genügen, welche man an eine »dame de la première qualité« in Paris stellte. Das verrät ein Brief der »Großen Landgräfin« in Darmstadt, die ihrer mit dem preußischen Kronprinzen verheirateten Tochter Friederike im Februar 1772 berichtete, was Karoline Luises Bruder Georg von einem Besuch am badischen Hofe an Neuigkeiten mitgebracht hatte[36]. ». . . Meine Schwägerin in Karlsruhe frisiert sich seit ihrem Besuch in Paris sehr viel besser, und sie pudert sich jetzt auch!«

Der Heimfall der Markgrafschaft Baden-Baden

In der Frühe des 21. Oktober 1771 starb in seinem Schloß zu Rastatt Markgraf August Georg, jüngster Sohn des berühmten Türkensiegers Ludwig Wilhelm. Mit seinem Tod war die zähringische Linie der Markgrafen von Baden-Baden erloschen. Noch am Vormittag dieses Tages suchte Karl Friedrich, begleitet von seinem Bruder, Markgräfin Viktoria auf, die Witwe des Verstorbenen, um ihr und seiner Nichte Prinzessin Elisabeth das Beileid auszusprechen. Dann empfing Karl Friedrich, nun der neue Landesherr, das als oberste Regierungsbehörde Baden-Badens amtierende Geheimratskollegium zur Eidesleistung. Es war ein großer Tag für den bisherigen Markgrafen von Baden-Durlach, denn nach einer Trennung von mehr als zweihundertundfünfzig Jahren sah er nun die beiden Teile der alten Markgrafschaft Baden unter seinem Zepter wieder vereint[1].

Im Jahre 1515 hatte Christoph I., wegen Krankheit regierungsunfähig, das Land unter jene drei seiner sieben Söhne verteilt, welche nicht dem geistlichen Stande angehörten. Von ihnen starb der 1479 geborene Philipp bereits 1533 ohne männliche Erben und hinterließ seinen Anteil den Brüdern Bernhard und Ernst. Christoph hatte bestimmt, daß die Markgrafschaft Baden immer im Eigentum des Gesamthauses bleiben müsse; den jeweiligen Inhabern der Teilgebiete kam also nur deren Nutzung und Verwaltung zu. Von dieser Voraussetzung ausgehend, hatte Karl Friedrich bereits 1757 mit seinem damals in Baden-Baden regierenden Vetter Markgraf Ludwig Georg, dessen beide Söhne in frühem Kindesalter verstorben waren und von dem sich keine Nachkommen mehr erwarten ließen, Verhandlungen über einen Erbvertrag zwischen beiden Linien des badischen Hauses begonnen. Ludwig Georg, in zweiter Ehe mit einer Tochter Kaiser Karls VII. vermählt, starb 1761, noch vor Abschluß des Vertrages. Ihm folgte in der Herrschaft zunächst sein jüngerer Bruder August Georg, damals 55 Jahre alt. Auf Wunsch der frommen Mutter Sibylla Augusta hatte der 1706 geborene Prinz zunächst die geistliche Laufbahn ergriffen und auch bereits die ersten Weihen erhalten, wurde 1734 aber durch den Papst seiner geistlichen Pflichten entbunden und in den Laienstand zurückversetzt, da der bis dahin einzige Sohn des regierenden Bruders im Alter von sechs Jahren gestorben war und es dringlich erschien, für einen Nachfolger katholischen Glaubens in der Markgrafschaft Baden-Baden zu sorgen. Ein zweiter, 1736 noch geborener Sohn Ludwig Georgs starb bereits nach wenigen Monaten. August Georg heiratete im Dezember 1735 Maria Viktoria, eine Tochter des Herzogs von Arenberg. Da diese Ehe mehr als zwanzig Jahre kinderlos geblieben war, konnte man auf Grund des Hausgesetzes mit einem Heimfall der baden-badischen Lande an

Baden-Durlach in absehbarer Zeit rechnen. August Georgs geschwächte Gesundheit legte es nahe, die Verhandlungen wegen des Erbvertrags, die nur schleppend vorangegangen waren, mit Nachdruck weiter zu betreiben. Der Sache nach wäre dieser Pakt nichts weiter als eine familiäre Vereinbarung gewesen, hätte nicht die unterschiedliche Entwicklung beider Landesteile während der vergangenen zwei Jahrhunderte auch zu einer konfessionellen Trennung geführt. Dadurch war die Frage der badischen Nachfolge zu einem Politikum erster Ordnung für das ganze Deutsche Reich geworden. Zum ersten Mal seit dem Dreißigjährigen Kriege sollte mit dem Erlöschen der Baden-Badener Linie nämlich ein Land überwiegend katholischer Bevölkerung unter einen protestantischen Herrscher kommen, dessen Untertanen fast ausschließlich der evangelischen Konfession angehörten. Auf Grund der Bestimmungen des Friedens zu Münster, der 1648 dem drei Jahrzehnte währenden Religionskrieg ein Ende setzte, hatten die katholischen Reichsstände stets die Ansicht vertreten, bei Erbschaftsfällen solcher Art besitze der fürstliche Nachfolger das Recht, seine Religion offiziell im neu erworbenen Lande einzuführen, solange er nur die bisher herrschende Konfession unangetastet in eben dem Stande belasse, in welchem sie sich während des maßgebenden Jahres 1624 befunden habe. Die Protestanten bestritten zwar die Berechtigung solcher Ansprüche, welche sich bisher immer zu ihren Ungunsten ausgewirkt hatten, doch wäre Karl Friedrich berechtigt gewesen, sich auf sie zu berufen; nach seinem Regierungsantritt hätte er alle seit 1624 im Gebiet der Markgrafschaft Baden-Baden neu errichteten Klöster und anderen Stiftungen aufheben können. Bei den Verhandlungen über den Vertrag erklärte er zwar, er wolle persönliches Entgegenkommen zeigen und alles, was den Katholiken auch nach 1624 zugekommen war, als Ausnahme von der Grundregel des Westfälischen Friedens bestehen lassen, ihnen auch volle Freiheit in der Ausübung ihrer Religion einräumen. Doch lehnte er dagegen grundsätzlich immer wieder jede Einschränkung seiner landesherrlichen Rechte ab, vor allem die Forderung, alle Regierungsbehörden im baden-badischen Landesteil ausschließlich mit Katholiken zu besetzen und der früheren Markgrafschaft Baden-Baden auch eine eigene Stimme im Reichstag zu gewähren. Eine militant katholische, unter dem Einfluß des Fürstbischofs von Speyer stehende Partei am Rastatter Hofe war bestrebt, den Vertrag ganz in ihrem Sinne zu gestalten oder seinen Abschluß doch so lange wie möglich hinauszuzögern. Sie wußte nicht nur Unruhe und Widerstand in der Bevölkerung zu erregen, sondern auch den Wiener Hof gegen die zukünftige neue Herrschaft einzunehmen. Selbst einer der Onkel und früheren Vormünder Karl Friedrichs, Markgraf Karl Wilhelm Eugen, hatte sich aus eigennützigen Erwägungen auf die anti-durlachische Seite ziehen lassen. Nach Beendigung seines Dienstes in der Armee des Königs von Sardinien war er in Baden-Baden ansässig geworden und verfolgte dort, offenbar wohlwollend von der Partei Maria Viktorias unterstützt, den Plan, Prinzessin Elisabeth zu ehelichen, Markgraf August Georgs unverheiratete Nichte. Durch diese Verbindung hoffte er, sich einen Anspruch auf die Nachfolge in der Markgrafschaft Baden-Baden erwerben zu können und damit auch in den Besitz der großen böhmischen Herrschaft Schlackenwerth zu kommen, welche der Prinzessin aus dem Erbe ihrer Großmutter Sibylla Augusta zufallen würde; aus all diesen Gründen war er vorsorglich auch zum katholischen Glauben übergetreten. Karl Friedrich pflegte über den Onkel belustigt zu sagen, für diesen führe der Weg zum Himmel über Schlackenwerth. Die Prinzessin selbst, schon in den Vierzigern stehend, dachte allerdings nicht daran, sich auf Intrigen solcher Art einzulassen.

Bei den Verhandlungen über den Erbvertrag besaß Baden-Durlach insofern eine verhältnismäßig starke Position, als sich sein Staatshaushalt in ausgewogenem, geordnetem Zustand befand. Ganz anders war die Lage in Baden-Baden: hier herrschten desolate finanzielle Verhältnisse, so daß 1764 etwa den Beamten monatelang kein Gehalt mehr bezahlt werden konnte und man auf Anleihen und Vorschüsse aus Karlsruhe angewiesen war. Prinzessin Elisabeth[2] wandte sich im Sommer dieses Jahres sogar heimlich mit der Bitte an Karl Friedrich, ihr persönlich gegen die üblichen Zinsen 15 000 Gulden zu leihen, da sie dringende Schulden bezahlen müsse und auch etwas zum Leben brauche; niemand dürfe allerdings von dieser Transaktion Kenntnis bekommen. Sie wäre gern selbst nach Karlsruhe gekommen, schrieb sie, um die Angelegenheit persönlich zu regeln, könne aber nicht fort, da man in Rastatt jeden Tag den Besuch der beiden Kardinäle von Straßburg und Speyer erwarte. Es gebe für sie also keinen legitimen Grund, sich gerade jetzt zu entfernen, »sans me rendre suspecte«. Daher schlug sie vor, ein Abgesandter Karl Friedrichs möge ihrem Haushofmeister Baron von Rechbach gegen einen Schuldschein, den dieser mitbringen werde, die Summe am 1. Oktober morgens um sieben Uhr in Bickesheim halbwegs zwischen Rastatt und Karlsruhe übergeben. Dann könne Rechbach so zeitig wieder zurück sein, daß seine Abwesenheit niemandem auffalle. Auf diese Weise wurde die Sache in aller Diskretion erledigt. So unbedeutend die Episode sein mag, wirft sie doch ein Licht auf die Stimmung am Rastatter Hofe und gibt zu erkennen, daß man dort dem Vertrag mit seinen Konsequenzen im Grunde ablehnend gegenüberstand. Karl Friedrich schrieb der Prinzessin bei dieser Gelegenheit, er habe erfahren, sie wolle im Falle einer Vereinigung beider Markgrafschaften in ein anderes Land ziehen, um dort zu leben. Davon rate er dringend ab, denn sie könne sich doch in Baden aufhalten, wo immer sie wolle; für sie sei es bedeutend besser, von Menschen umgeben zu sein, die sie schätzten und ihr gern dienen würden: ». . . Als geborene Prinzessin des Hauses Baden darf Ew. Hoheit nicht glauben, daß Dero Situation sich in irgendeiner Weise ändern würde, falls es der Vorsehung gefallen sollte, beide Zweige des Hauses wieder zu vereinen. Auch dann dürfen Sie gewiß sein, als zum selben Blut und Stamm gehörig geschätzt und geachtet zu werden.«

Da weder das Hochstift Speyer noch die Schweizer Kantone, an welche Markgraf August Georg sich wegen einer größeren Anleihe gewandt hatte, ein finanzielles Risiko dieser Art eingehen wollten, blieb ihm nichts, als von neuem Geld aus Karlsruhe zu akzeptieren, die unterbrochenen Verhandlungen wieder aufzunehmen und 1765 schließlich auch zu Ende zu bringen. Der Reichshofrat in Wien äußerte zwar gewisse Bedenken gegen den Pakt, den die beiden Markgrafen dem Kaiser zur Kenntnisnahme, nicht etwa zur Genehmigung, vorgelegt hatten, doch akzeptierte

Joseph II. ihn, und auch Papst Clemens XIII. hatte nichts gegen die darin getroffenen Bestimmungen und die Garantien, welche er den Katholiken bot, einzuwenden. Die geistlichen Reichsstände Speyer, Trier und Mainz sahen dagegen ihre Erwartungen nicht befriedigt; sie bestärkten Maria Viktoria und deren Berater in ihrem Mißtrauen gegen Baden-Durlach und dessen protestantischen Landesherrn.

Baden-Durlachs Landeskirche war zwar lutherisch, doch bezeigte Karl Friedrich den Katholiken in Karlsruhe immer ein gewisses Entgegenkommen. So hatte er ihnen 1750 an der Langen Straße ein bereits seit Gründung der Stadt dafür in Aussicht genommenes Areal für den Bau einer Kirche zugewiesen. Zu diesem Bau selbst kam es allerdings erst in den sechziger Jahren, als die dafür benötigten Gelder endlich durch Spenden aus anderen katholischen Ländern zusammengebracht worden waren. Am 6. Juli 1765 konnte das neue Gotteshaus eingeweiht werden. Bis dahin hatte die kleine Gemeinde, in der öffentlichen Ausübung ihrer Religion gewissen Beschränkungen unterworfen, den Gottesdienst bei den Kapuzinern halten müssen, welche mit zwei Patres und einem Laienbruder eine Niederlassung in der Lammstraße besaßen. Daß Karl Friedrichs Verhalten in dieser Zeit starker religiöser Gegensätze sogar als besonders tolerant empfunden wurde, gibt ein Brief zu erkennen, in welchem Papst Clemens XIII. dem Markgrafen 1768 mit verbindlichen Worten für seine den Karlsruher Katholiken gewährte Bauerlaubnis dankte. Karl Friedrichs Bemühen, auch den Untertanen katholischen Glaubens Gerechtigkeit widerfahren zu lassen, hat im übrigen bei den meisten Zeitgenossen Anerkennung gefunden.

Um trotzdem gegen alle Eventualitäten gewappnet zu sein, verschaffte er sich 1765 noch Garantieerklärungen einiger protestantischer Mächte für den Erbvertrag: Dänemark, Preußen, Hannover-England stellten sich hinter ihn, ebenso der Kurfürst von der Pfalz als unmittelbarer Nachbar. Im Dezember 1768 erteilte auch der französische König sein Placet; diesem kam insofern eine gewisse Bedeutung zu, als die bereits 1726 verstorbene Prinzessin Augusta Maria Johanna, eine Schwester der beiden letzten Markgrafen, mit dem Herzog von Orléans vermählt gewesen war und man eventueller Erbansprüche von dieser Seite her gewärtig sein mußte. Als letzte der europäischen Großmächte schloß sich Rußland den Garanten an. Seit Beginn des Siebenjährigen Krieges hatte es aktiv in die europäische Politik eingegriffen und war zu einer Macht geworden, auf deren Reaktionen man achten mußte. Im Januar 1771 ließ Katharina II. Karl Friedrich wissen, sie sei bereit, alles ihr Mögliche für die »tranquillité« seines Hauses zu tun[4]. Im selben Schreiben teilte sie noch mit, sie habe der Markgräfin Karoline Luise ihren Katharinenorden verliehen, denn: ». . . dem Bericht, welcher mir vorgelegt wurde, entnahm ich, daß meine Cousine die Frau Markgräfin den Wunsch geäußert hat, Dame dieses meines Ordens zu werden. Mit Vergnügen habe ich mich daher entschlossen, ihr durch solche Auszeichnung meine Hochachtung und Freundschaft zu bezeigen.« Schon im Oktober 1769 hatte Fürst Galitzin, damals Rußlands Gesandter in Paris, Karoline Luise im Auftrag der Zarin den Orden des heiligen Andreas für einen ihrer Söhne geschickt und dazu geschrieben, man wisse recht wohl, daß die hohe Geburt der Prinzen diese für alle

Auszeichnungen prädestiniere, doch wolle er ihr noch sagen, daß gerade der Andreas-Orden ein ganz besonderes Zeichen der Hochachtung darstelle, welche die Kaiserin für Karoline Luise empfinde; es sei nämlich bekannt, daß die Zarin mit dieser Auszeichnung sehr sparsam umgehe[5]. Der politische Hintergrund solcher Freundschaftsgesten ist nicht zu übersehen und wurde zweifellos damals auch überall zur Kenntnis genommen. Karoline Luise selbst wußte die Ehre, welche ihr zuteil geworden war, zu schätzen; sie hat den Orden bei allen offiziellen Gelegenheiten getragen und sich seitdem auch immer in seinem Schmuck porträtieren lassen. Als Demonstration in gleichem Sinne ist der dänische Elefantenorden zu werten, welchen Karl Friedrich zu Beginn des Jahres 1770 erhielt. Er hat König Christian VII. während dessen Besuch im Jahr zuvor in Straßburg aufgesucht und bei dieser Gelegenheit mit ihm sicher ausführlich die politische Lage besprochen. Diesen Orden darf man als eine angemessene Auszeichnung gerade für den badischen Markgrafen ansehen, galt doch der Elefant seit alters als Sinnbild eines weisen Monarchen, der seine Macht nicht mißbraucht. So entspricht er dem Wesen Karl Friedrichs, der seine Herrschaft auf einer Medaille von 1751 dem Wahlspruch »Moderate et prudenter« unterstellt hatte: maßvoll und klug.

Die Vereinigung der beiden badischen Landesteile bedeutet einen wesentlichen Schritt auf dem Wege, das so vielfach zerstückelte Gebiet am Oberrhein wieder zu einer naturgegebenen Einheit zusammenzuschließen. Karl Friedrich war nun Herr über ein Land, dessen Umfang mit etwa 5000 Quadratkilometern, von denen rund 745 auf linksrheinischem Gebiet lagen, einiges mehr als das Doppelte der alten Markgrafschaft Baden-Durlach betrug, mit einer im ungefähr gleichen Maße vermehrten Bevölkerung von nunmehr etwa 190 000 Seelen. Vor allem der nördliche Teil des Landes, die sogenannte Untere Markgrafschaft, zog Vorteil daraus, denn hier war die Landesgrenze bisher unmittelbar vor den Toren der Residenzstadt verlaufen. Durch den Zuwachs eines Gebiets, das von Ettlingen mit einem Teil des Albtals über Rastatt mit dem Murgtal und Baden-Baden bis nahe Offenburg reichte, entstand nun wieder ein sinnvoller Zusammenhang. Freilich war die unmittelbare Verbindung mit der im Süden gelegenen Oberen Markgrafschaft immer noch durch einen Riegel unterbrochen, welchen die vorderösterreichischen Lande mit dem Breisgau und anderen kleinen Herrschaften bildeten. Auch die dem Hause Baden-Baden als Lehen überlassene Ortenau gehörte dazu; im Augenblick des Erbanfalls fiel sie nämlich an Österreich zurück, das bereits 1757 eine Mitbelehnung Karl Friedrichs verweigert hatte. Reste einer aus jahrhundertealter Geschichte herrührenden territorialen Zersplitterung blieben weiter bestehen, denn die jeweils Berechtigten hielten an ihren Titeln fest. So besaß Baden einen Teil der sogenannten Hinteren Grafschaft Sponheim mit Traben an der Mosel zusammen mit Pfalz-Zweibrücken; ein Teil der Grafschaft Eberstein in der Nähe Baden-Badens war Eigentum des Hochstifts Speyer, anderes gehörte zum Bistum Straßburg, und nur ein Achtel des um die Reichsfestung Kehl herum gelegenen Dorfes gleichen Namens war badisches Eigentum. Die große Bereinigung und Neuordnung, welche Karl Friedrich noch erleben sollte, geschah erst, als das alte Deutsche Reich unter den Schlägen der napoleonischen Armeen 1803 zusammengebrochen war.

Die Inbesitznahme des neuen Landesteils ging zunächst ohne größere Schwierigkeiten vonstatten. Zur Abwehr gegen etwaige Übergriffe benachbarter Staaten hatte Karl Friedrich auf Grund einer schon seit längerem mit seinem Vetter August Georg getroffenen Abrede an gewissen gefährdeten Punkten Truppenkontingente ins Quartier gelegt; doch brauchten diese nirgendwo einzugreifen. Bis zur endgültigen Überleitung in die neue Verwaltung am 1. Januar 1772 blieben die alten baden-badischen Behörden noch zwei Monate im Amt. Einige Räte wurden versetzt, einige pensioniert. Schon am Todestage August Georgs verließ Geheimrat Axter, das Haupt der antidurlachisch-katholischen Partei, Rastatt und trat tags darauf als Landvogt der Ortenau und vorderösterreichischer Regierungs- und Kammerrat in Ortenberg bei Offenburg eine neue Stellung an. Karl Friedrichs Erster Minister, der sechsundvierzigjährige baden-durlachische Hofratspräsident Johann August von Hahn, schon seit 1749 in markgräflichen Diensten stehend, übernahm nun die Leitung der Gesamtverwaltung; der maßgebend am Zustandekommen des Erbvertrags beteiligte Geheimrat Reinhard starb bereits wenige Monate später.

Während der nächsten Jahre gab es für die Regierung Arbeit genug. Vieles in der zum Teil lässig und schleppend arbeitenden Verwaltung des neuen Landesteils war zu reorganisieren, manches in Justiz, Finanzwesen und Landwirtschaft auch im Sinne jener Reformen zu ändern, welche ihre Probe in Baden-Durlach bereits bestanden hatten. Was man an Gutem und Brauchbarem vorfand, im Schulwesen etwa oder in der Institution einer staatlichen Feuerversicherung, wurde übernommen und weiter ausgebaut.

Der verstorbene Markgraf hatte seinem Nachfolger erhebliche Schulden hinterlassen. In den 1780 anonym erschienenen »Briefen eines reisenden Franzosen in Deutschland« schreibt der Journalist und Schriftsteller Kaspar Riesbeck dazu[6]: ». . . Als der Fürst im Jahre 1771 die Regierung der Lande des ausgestorbenen Hauses Baaden-Baaden antrat, fand man zu Rastadt fast so viele Schulden, als die ganze Erbschaft werth war. Mätressen, Pfaffen, Jäger, Köche hatten seit langer Zeit gewetteifert, diesen Hof zu Grunde zu richten, und unter der letzten Regierung war man in der Wirtschaft zum Theil aus Vorsatz nachlässig, weil man sah, daß ein anders und zwar ein protestantisches Haus nachfolgen würde.« Mit den Gläubigern setzte sich eine von Karl Friedrich ernannte Inventurkommission auseinander. Sie prüfte vorgebrachte Ansprüche auf deren Berechtigung, schied echte von zweifelhaften Forderungen und befriedigte das als rechtmäßig Erkannte, wobei die Ansprüche, welche Baden-Durlach selbst zu stellen hatte, erst als letzte beglichen wurden. Auf Betreiben der Markgräfin-Witwe Maria Viktoria bewirkte der Reichshofrat in Wien die Aufstellung einer kaiserlichen Prüfungskommission, die unter dem Vorsitz des katholischen Herzogs von Württemberg die neuen Verhältnisse in Baden und die Begleichung der Schulden prüfen sollte, ein deutlicher Affront gegen Karl Friedrich. Da innerhalb kurzer Zeit aber alles zur Zufriedenheit der Gläubiger geregelt war, brauchte sie nicht in Aktion zu treten.

Zu den schwierigsten Problemen, welche die baden-badische Erbschaft dem neuen Regenten einbrachte, gehörte Markgräfin Maria Viktoria, die nach dem Tode ihres

Gatten in das ihr als Wohnsitz zugewiesene Neue Schloß zu Baden-Baden übersiedelt war[7]. Streng katholischer Observanz, stark unter dem Einfluß ihres Beichtvaters sowie des Fürstbischofs von Speyer als ihres geistlichen Mentors stehend, beobachtete sie das neue Regime mit äußerstem Mißtrauen. In Erwartung der protestantischen Nachfolge in seinem Lande hatte der verstorbene Markgraf ihr nach dem Abschluß des Erbvertrags 1766 testamentarisch eine Summe Geldes mit der Auflage hinterlassen, nach seinem Tode damit verschiedene von ihm bestimmte Stiftungen zur Stärkung und Beförderung der katholischen Religion ins Leben zu rufen. Nachdem der Erbfall eingetreten war, verlangte seine Witwe noch über den Vertrag hinausgehende Garantien für die Verwendung dieser Mittel im Sinne des Verstorbenen. Aus ihrem eigenen großen Vermögen bestimmte sie zusätzlich 230 000 Gulden zur Errichtung eines Armen-Erziehungshauses sowie zur Aufbesserung eines Frauenklosters in Rastatt, weiter zur Ausstattung armer Mädchen und als Stipendien für Studenten. Dazu forderte sie die Einsetzung einer katholischen Konsistorialkommission, die unter Oberaufsicht des Bischofs von Speyer alle auf das katholische Religionswesen und die Stiftung bezüglichen Angelegenheiten in eigener Verantwortung regeln und die rechtmäßige Verwendung der Gelder kontrollieren sollte; die Markgräfin selbst wünschte Mitglied dieser Kommission zu sein. Als Eingriff in seine landesherrlichen Schutz- und Aufsichtsrechte konnte und wollte Karl Friedrich eine Institution solcher Art, die einer Nebenregierung unter Leitung eines fremden Souveräns, eben des Bischofs von Speyer, gleichgekommen wäre, auf keinen Fall akzeptieren. Maria Viktoria beharrte unnachgiebig auf ihrer Forderung als einer Grundvoraussetzung für das Inkrafttreten der Stiftung. Mit gegenseitigen Eingaben und von beiden Seiten veröffentlichten Druckschriften zog sich die Auseinandersetzung einige Jahre hin. Der korrekten Verwaltung Karl Friedrichs, die man von der anderen Seite genau beobachtete, ließ sich keinerlei Verstoß gegen die im Erbvertrag niedergelegten Bestimmungen vorwerfen. Daher beschloß die um Maria Viktoria gescharte Partei im Hinblick auf angeblich in unbestimmter Zukunft der katholischen Religion trotzdem drohende Gefahren 1776 beim Reichshofrat zu klagen. Man behauptete, die Aufhebung der früheren Regierung in Rastatt bedeute eine Beeinträchtigung des Rechts der katholischen Bevölkerung, von Behörden ihrer eigenen Konfession regiert zu werden, und verlangte, eine kaiserliche Kommission, beraten vom Fürstbischof von Speyer, solle auf Kosten Karl Friedrichs die Beschwerden an Ort und Stelle untersuchen. Beim Ordinariat in Bruchsal hinterlegte Maria Viktoria 25 000 Gulden, aus deren Zinsen ein Syndikus zur Vertretung dieser Ansprüche zu bezahlen sei. Eingebracht werden konnte eine Klage dieser Art jedoch nur von Seiten der Untertanen. Also suchte man von einer möglichst großen Zahl von Bürgern Unterschriften dafür zu bekommen. Das gelang auch – zum Teil nicht ohne Druck – vor allem in den Städten Rastatt und Baden-Baden, die sich der verwitweten Markgräfin wegen deren Wohltätigkeit zu besonderem Dank verpflichtet fühlten. Die Stifte und Klöster des Landes lehnten es allerdings ab, sich an der Aktion zu beteiligen. Im Dezember 1776 wurde die Klageschrift in Wien eingereicht.

Als die Städte Rastatt und Baden-Baden sich im November des folgenden Jahres den bischöflich straßburgischen Oberamtmann Johann Nepomuk Tschamerell in Oberkirch zu ihrem Syndikus erwählt hatten, also einen Ausländer, und als dieser mit seiner Tätigkeit im Lande begann, sah die Karlsruher Regierung den Augenblick zum Einschreiten gekommen. Geschickterweise verzichtete man dabei aber auf jede Gewaltanwendung, sondern schickte nur die Karlsruher Beamten zu einer Aufklärungskampagne durch das ganze Land. Deren Erfolg war groß; alle Gemeinden, mit Ausnahme der Stadt Baden-Baden, traten daraufhin von der Klage zurück. Das als »Syndikatsprozeß« in die Geschichte eingegangene Unternehmen nahm seinen Lauf, wenn nun auch nur noch mit den in der Stadt Baden-Baden gesammelten Stimmen. Maria Viktoria reiste 1778 selbst für einige Zeit nach Wien, ihre Sache dort voranzutreiben. Um das Stiftungskapital sicherzustellen, zedierte sie es der Kaiserin Maria Theresia, ihrer Freundin aus Jugendjahren, und deren Nachkommen. Bei einem Scheitern der Verhandlungen sollten diese berechtigt sein, die Zinsen daraus auch außerhalb des Gebiets der früheren Markgrafschaft Baden-Baden zu verwenden. Die Kaiserin nahm die Stiftung an und errichtete im vorderösterreichischen Offenburg eine Verwaltungsbehörde für den Fonds. Erst nach langen Verhandlungen erhielt Karl Friedrich wenigstens die Zusicherung, man werde die Gelder nicht außerhalb der alten Markgrafschaft anlegen; mehr erreichte er zunächst nicht. Der Streit um die Kommission, dessen Hin und Her hier im einzelnen nicht weiter verfolgt zu werden braucht, zog sich über viele Jahre hin. Maria Viktoria beharrte auf ihren Forderungen, während Karl Friedrich, von den protestantischen Reichsständen gestützt, weiter alle Zumutungen von seiten des Reichshofrats mit Würde als ungerechtfertigten Eingriff in seine landesherrlichen Rechte zurückwies. Mehr und mehr wußte er dabei durch seine untadelige Haltung auch die Bevölkerung des Landes für sich einzunehmen. Ettlingen erhob in Wien sogar formell Protest gegen die Anmaßung der Stadt Baden-Baden, im Namen des ganzen Landes sprechen zu wollen. Auch etwa zwei Fünftel der Bewohner dieser Stadt, welche für den Prozeß gestimmt hatten, distanzierten sich nun von ihm; die übrigen verfochten um so erbitterter ihre Forderungen. Allmählich wurden die Querulanten selbst dem Reichshofrat lästig. Im April 1789 wies dieser die ständig wiederholten Gesuche des Baden-Badener Magistrats definitiv als unstatthaft und diesen selbst als zu einer Klage nicht legitimiert zurück. Während der letzten Audienz, zu welcher die tief enttäuschten Vertreter der Stadt beim Kaiser vorgelassen wurden, verabschiedete dieser sie kühl und sagte, er würde ihnen gegenüber gewiß eine ganz andere Sprache gebrauchen als die, welche sie bei der Rückkehr von ihrem Markgrafen zu erwarten hätten. Damit war der Prozeß nach neunzehn Jahren schließlich beendet. Karl Friedrich, der seine Gewissenhaftigkeit in der Behandlung dieser Fragen ebenso wie seine guten Absichten so böswillig verkannt sah, hat sehr unter ihm gelitten. Zwar ließ er es die Stadt Baden-Baden, deren Privilegien er 1789 bestätigte, nicht entgelten, hat sie aber doch erst 1805, sechzehn Jahre später, zum ersten Male wieder besucht. Inzwischen war Vergangenes vergessen; er wurde mit großem Jubel empfangen und hat seine sommerlichen Besuche seitdem jedes Jahr wiederholt.

Maria Viktoria verlegte ihren Wohnsitz aus Baden-Baden für einige Zeit nach Ottersweier, wo sie eine Klosterschule eingerichtet hatte, verließ das Land 1784 aber endgültig und wählte sich Straßburg als Wohnsitz, wo sie am Stephansplan ein Haus besaß. Dort ist sie am 13. April 1793 mitten in der französischen Revolution als »Bürgerin Marie Victoire Aremberg« gestorben. Ihr Leichnam wurde auf Veranlassung Karl Friedrichs feierlich eingeholt und in der Stiftskirche zu Baden-Baden beigesetzt. Von aufrichtiger, schwärmerischer Frömmigkeit, wenn auch durch Erziehung und Milieu eng und durch ihre geistlichen Berater in der Furcht vor allem Protestantischen bestärkt, das sie im Grunde gar nicht kannte, hat sie sich doch viele Verdienste um das Land erworben, besonders durch die Förderung des allgemeinen Schulwesens und ihre Sorge um die Erziehung junger Mädchen aus den einfachen Schichten des Volkes. Ihrer ausgedehnten Wohltätigkeit wegen stand sie in hohem Ansehen bei der Bevölkerung Baden-Badens. Trotz manch unverdienter Kränkung, die er durch sie erfuhr, hat Karl Friedrich diesen Grundzug ihres Wesens nie verkannt und später von ihr gesagt: »Sie hat das Gute gewollt.« Nachdem der Syndikatsprozeß schließlich zu seinen Gunsten entschieden worden war und er sich in seinen Rechten bestätigt sah, erfüllte er am Ende auch freiwillig die letzte, im Testament ausgesprochene Bitte der alten Markgräfin und schuf eine nur aus Katholiken bestehende Kommission zur Verwaltung des katholischen Schulwesens und der kirchlichen Angelegenheiten. Damit war die Lage vollends beruhigt[8].

In Karoline Luises persönlichen Papieren haben die religiösen Wirren dieser siebziger und achtziger Jahre keinen Niederschlag gefunden. Nur das undatierte kurze Konzept eines Briefes an einen nicht genannten Hofrat nimmt darauf Bezug[9]. Der Adressat hatte ihr mitgeteilt, daß in Wien über ihre antikatholische Einstellung gesprochen werde. Sie empfand es als eine Probe wahrer Freundschaft, daß der Schreiber des Briefes sie davon in Kenntnis gesetzt hatte, und bat ihn, der Sache weiter nachzugehen; schon einmal habe man nämlich in Wien behauptet, sie verfolge die katholische Religion. Dabei sei das gerade Gegenteil davon wahr, denn zum Beispiel die am meisten von ihr beschäftigten Künstler, der Maler Melling und dessen Bruder, der Bildhauer, seien doch Katholiken. Sicher nahm sie lebhaften Anteil an den Sorgen, welche der Prozeß dem Gatten bereitete, hielt sich aber von jeder Einmischung in diese Angelegenheiten fern. In ihrer Korrespondenz finden sich viele konventionelle Schreiben auch von entfernten Verwandten katholischer Religion, doch Maria Viktorias Name erscheint darin nicht. Zu einer persönlichen Beziehung zwischen diesen beiden Frauen, die einander im Wesen zu fremd waren, konnte es wohl auch nicht kommen. Freundlicher hat sich offenbar das Verhältnis zu Maria Josepha von Wittelsbach gestaltet, der Tochter Kaiser Karls VII. und zweiten Gemahlin des älteren der beiden letzten Markgrafen von Baden-Baden[10]. Nach dem Tode des Gatten war ihr 1761 das Schloß in Ettlingen als Witwensitz angewiesen worden, doch scheint sie es nur sehr kurze Zeit bewohnt zu haben. Bei der Vereinigung der Markgrafschaften Ende 1771 befand sie sich jedenfalls bereits am Hofe ihres Bruders, des bayerischen Kurfürsten Maximilian III. Joseph in München, wo sie ihre letzten Lebensjahre bis 1776 verbracht hat.

Ihre Stieftochter Elisabeth Augusta, der ersten Ehe Ludwig Georgs mit Maria Anna von Schwarzenberg entstammend, war die einzige der Familie, welche immer, auch nach dem Anfall der baden-badischen Lande, freundschaftliche Beziehungen zum Karlsruher Hofe unterhielt[11]. Aus dem Besitz der Grafen Schauenburg erwarb sie im Jahre des Vertrages 1765 das Schloß Riegel, bei Emmendingen im Vorderösterreichischen gelegen. Lebhaften Temperaments, an Musik und Theater interessiert, scheint sie sich in der Atmosphäre des Rastatter Hofes nicht wohl gefühlt zu haben, und die Aussicht, nach dem Ableben des Onkels vielleicht mit der streitbaren und bigotten Tante zusammenleben zu müsssen, mag sie dazu bewogen haben, sich rechtzeitig eine eigene Bleibe zu suchen. Nach der Vereinigung der beiden Markgrafschaften erhielt sie ihre Apanage aus Karlsruhe, bezog aber auch noch Einkünfte aus böhmischen Gütern ihrer verstorbenen Mutter, so daß ihre finanzielle Lage – nach einigen Schwierigkeiten, von denen die Rede gewesen ist – gesichert war. Da es ihr auf dem Lande auf die Dauer doch zu langweilig wurde und sie meinte, ihren künstlerischen Interessen in der Stadt besser nachgehen zu können, ließ sie sich schließlich in Freiburg noch ein Haus bauen, in dem sie dann mit Vorliebe residierte und des öfteren Konzerte veranstaltete. Die Karlsruher Verwandten sahen sie gern zu Besuch bei sich. Karl Friedrich bot ihr 1773 sogar an, einen Teil des Winters bei ihm zu verbringen, da sie sich in ihrem offenbar noch nicht genügend ausgetrockneten neuen Haus zu Freiburg starke rheumatische Beschwerden zugezogen hatte. Während der letzten Lebensjahre erblindet, ist die Prinzessin als letzte Nachkommin des Hauses Baden-Baden 1789 in Freiburg gestorben.

Seit 1772 stand das vom »Türkenlouis« Markgraf Ludwig Wilhelm zu Beginn des Jahrhunderts erbaute große Schloß in Rastatt nun mehr oder weniger verwaist. Zwar hat Karl Friedrich jedes Jahr mit seiner Familie einige Wochen dort hofgehalten, um durch diese Geste den neuen Untertanen seine Verbundenheit mit ihnen zu bezeigen und ihnen den unmittelbaren Zugang zu ihrem Landesherrn zu erleichtern. Doch bedeutete ihm dieser Aufenthalt vermutlich eher die Erfüllung einer Regentenpflicht als ein wirkliches Vergnügen. Zu Hause fühlte er sich in Karlsruhe, und dies um so mehr, als dort um die Mitte der siebziger Jahre endlich die fast ein Vierteljahrhundert währenden Arbeiten der äußeren und inneren Umgestaltung seines Residenzschlosses ihrer Vollendung entgegengingen.

Die neuen Appartements im Karlsruher Schloß

Am 11. Juli 1773 feierte Karoline Luise ihren fünfzigsten Geburtstag. Bei immer gefährdeter Gesundheit blieb ihr Tätigkeitsdrang auch im neuen Lebensjahrzehnt ungebrochen. Vieles und immer wieder Neues beschäftigte sie: der Ausbau des Naturalienkabinetts, die Herausgabe eines großen botanischen Werks, geschäftliche und landwirtschaftliche Unternehmungen aller Art. Während der ersten Hälfte dieser siebziger Jahre nahm auch die Neueinrichtung des Westflügels im Schloß ihre Zeit in Anspruch. Da diese Appartements Schauplatz und Hintergrund aller anderen Aktivitäten der siebziger Jahre bilden, sei ihre Beschreibung an den Anfang unserer Darstellung gesetzt.

Der Umbau des Schlosses, über dessen Planung und erste Phase früher berichtet worden ist, war in Rücksicht auf die finanzielle Lage Badens seit dem Ende der fünfziger Jahre nur noch stockend vorangegangen; denn man wollte das dafür bestimmte Kapital nicht einfach verbrauchen, sondern nur die jährlich daraus anfallenden Zinsen verwenden. Schon 1754 war für die nächsten acht Jahre ein genaues Arbeitsprogramm aufgestellt worden[1], doch ließen sich die damals gesetzten Termine nicht einhalten. Die Kosten stiegen von Jahr zu Jahr, außerdem brachte das markgräfliche Paar auch immer wieder neue Wünsche vor. Als die Finanzlage dann auf Grund der Belastungen des Landes durch den Siebenjährigen Krieg gespannt wurde, konnte statt der bisher jährlich zu verbauenden 20 000 Gulden nur mehr die Hälfte dieses Betrages zur Verfügung gestellt werden; entsprechend langsamer schritten die Arbeiten voran. Erst im Februar 1772 beschloß man, nun doch besondere Anstrengungen zu unternehmen, um wenigstens die Wohnquartiere auf Georgi 1774 endgültig fertigzustellen. Auch dieses Ziel wurde nicht erreicht; erst 1776 scheint die Innenausstattung des Schlosses im großen und ganzen vollendet gewesen zu sein. Darauf deutet die Ankündigung einer Auktion von Hausrat und Einrichtungsgegenständen, welche die »Hof-Meubelsverwaltung« am 18. Juli dieses Jahres in das Karlsruher »Allgemeine Intelligenz- und Wochenblatt« setzen ließ. Zur Auktion sollten außer Gerätschaften von mancherlei Art altes Bettzeug, Wandbehänge, Gardinen und Vorhänge kommen, ferner »Hausmeubel von Sammet, Seiden, Plüsch, Leinwand und Zeugen«. Bei einer »Parthie kostbare Mobilien, reich mit Gold und Silber bestickt, goldene Borden und Spitzen« handelte es sich wohl um Gegenstände, welche noch aus der Zeit des Stadtgründers Karl Wilhelm stammten und als unmodern inzwischen durch die neue Ausstattung im Stil des Louis XVI ersetzt worden waren. Mit den Verputz- und Anstricharbeiten an der

47 Blick auf das Karlsruher Schloß von Osten (Zustand vor 1944)

Außenseite des Schlosses blieb man noch bis in die frühen achtziger Jahre mit zahlreichen Handwerkern beschäftigt.

Von diesem Bau, der bis 1918 als Großherzogliches Residenzschloß diente, dann die Sammlungen des Badischen Landesmuseums aufnahm, waren nach einem Luftangriff im September 1944 nur mehr die schwer beschädigten Außenmauern stehen geblieben. Gewissenhafter Wiederaufbau hat in den Jahren von 1954 bis 1966 die äußere Hülle im alten Sinne wiederhergestellt, die Raumaufteilung im Inneren jedoch den Bedürfnissen des Museums entsprechend weithin neu gestaltet. Von der alten Ausstattung des Schlosses aus der Zeit Karoline Luises waren vor dem Brand ohnehin nur noch vereinzelte Reste erhalten geblieben, denn eine Renovierung während der fünfziger Jahre des 19. Jahrhunderts hatte die meisten Räume schon weitgehend im Geschmack des »zweiten Rokoko« dieser Zeit verändert. Trotzdem vermitteln alte Pläne und Bauakten sowie Inventare des Schlosses aus den Jahren 1759 und 1787 immer noch ein anschauliches Bild von der Anlage und ehemaligen Ausstattung des Ganzen. Im Laufe des Jahres 1773 hat dazu der Prinzenerzieher Hofrat Ring eine handschriftliche »Beschreibung des Residenzschlosses« verfaßt, die als eine Art Momentaufnahme des baulichen Zustands während der letzten Arbeiten an der Innenausstattung Interesse beanspruchen kann[2]. Sehr aufschlußreich für die Einrichtung der Räume Karoline Luises ist dann vor allem das ein Jahr nach dem Tode der Fürstin 1784 aufgestellte Inventar ihres Nachlasses, in dem gewissenhaft auch alles, was sich damals noch in Schränken, Kisten und Kästen befand, einzeln verzeichnet wurde[3].

Im Jahre 1773 waren die Repräsentationsräume des Corps de Logis, also des Mittelbaus, in Erdgeschoß und erstem Oberstock bereits ganz fertiggestellt. Vom Vestibül aus, »wo die Garde zu Pferd ihre Wache hat«, betrat man das Treppenhaus, in welchem eine »große doppelte steinerne Treppe mit einem künstlichen Geländer« in den ersten Stock hinaufführte. Im langgestreckten Trakt, welcher den Baukörper des Schlosses mit dem Turm verbindet, lag im Erdgeschoß der Speisesaal, von dessen Fenstern aus der Blick in »angenehme Gärten« fiel, welche außen auf den leicht erhöhten Terrassen zu beiden Seiten angelegt worden waren. Zwei Kronleuchter, jeder mit acht vergoldeten Armen aus Messing und »crystallenen Steinen«, hingen von der Decke, später noch durch je fünf Leuchter an den seitlichen Wandabschnitten ergänzt. Große Spiegel in massiv silbernen Rahmen von getriebener Arbeit betonten die vier gerundeten Ecken des Saales. Für die vierzehn Fenster hatte man schon 1759 Vorhänge aus feinem weißem Leinen mit »Falbulen und Frisuren« anfertigen lassen. Üblicherweise wurde hier an zwei großen Tischen, der »herrschaftlichen« und der »Marschallstafel« gespeist. Für das Jahr 1771 werden 36 neue Sessel genannt, bezogen mit »blauem und weißleinenen Damast«; 1787 sind es zwölf mehr, nun aus Nußbaum und mit rotem Saffianleder bezogen. Im anschließenden Achtecksaal des Turmes standen acht Kanapees aus Lindenholz mit Laubwerkschnitzerei, 1763 vom Bildhauer Melling hergestellt; auch diese wurden später mit rotem Leder bezogen und mit Messingnägeln beschlagen. Von der Decke hing ein achtarmiger Kronleuchter aus Messing mit geschliffenem böhmischem Glas herab. In diesem Raum ließ man sich nach der Tafel zum Kaffee, zu Konversation und Spiel nieder; das Inventar verzeichnet für den benachbarten Speisesaal mehrere kleine Tische sowie »Brett- und Schachspiele«.

Im ersten Stock bildete der große rechteckige, sich in der Höhe über zwei Stockwerke erstreckende »Marmorsaal«, der in seinen alten Abmessungen nach 1945 rekonstruiert worden ist, den eigentlichen Mittelpunkt der ganzen Schloßanlage. Graurosa Stuckmarmor, gegliedert durch flache Pilaster mit vergoldeten Kapitellen, verkleidete die Wände; zahlreiche Spiegel, gemalte Lünetten in geschnitzten und vergoldeten Rahmen, bewegte Kindergruppen aus weißem Stuck auf dem umlaufenden Gesims, darüber dann, den Plafond füllend, ein in lichten Farben gehaltenes Deckengemälde mit der »Geburt der Venus« von Melling, all dies ergab zusammen mit den großen Kronleuchtern aus vergoldetem Messing und Kristall eine festlich heitere Wirkung im Sinne des höfischen Rokoko. Karminrote Fenstervorhänge und je vier geschnitzte, mit Samt von gleicher Farbe bezogene Kanapees und Armsessel bildeten die Möblierung dieses Raumes, den man auch als Tanzsaal benutzte.

Durch eine Brücke im Vestibül stand und steht auch heute der Marmorsaal noch in Verbindung mit dem sogenannten Galeriesaal, von Ring »Großer Cour- und Assembleesaal« genannt, und dem Spiegelrondell dahinter. Im Galeriesaal war alles auf Blau gestimmt, Fenstervorhänge, geschnitzte und vergoldete Kanapees ebenso wie die Armsessel. Im Turmrondell, das über zwei Stockwerke reichte und auf seiner halben Höhe von einem fein gearbeiteten Gitter aus vergoldetem Schmiedewerk umzogen war, hatte man alle Wandabschnitte mit Spiegelglas belegt, auf dem Leuchter angebracht waren. Über weißen Fenstervorhängen hingen Gardinen von karminrotem Seidenstoff; mit Samt von gleicher Farbe waren die beiden Kanapees und acht Armsessel bezogen. Zweifellos boten diese Räume, vor allem abends beim Schein der vielen Kerzen, deren Licht sich durch die Spiegel noch verdoppelte, einen bezaubernden Rahmen für die zweimal wöchentlich stattfindende Cour, für Bälle

48 Der Marmorsaal des Karlsruher Schlosses (Zustand vor 1944)

und andere festliche Begebenheiten. Nicht umsonst schrieb Voltaire nach seinem Besuch in Karlsruhe über »le palais où le goût l'emporte sur la magnificence«.

Der erste Entwurf für den Neubau des Schlosses hatte die Wohnquartiere des fürstlichen Paares noch an die äußersten Enden des ersten Stockwerks gesetzt, mehr oder weniger symmetrisch zu beiden Seiten der Mittelachse angeordnet und ohne unmittelbare Verbindung miteinander. So entsprach es dem Schema, welches die Baukunst vor allem im Frankreich des 17. Jahrhunderts als vorbildlich für fürstliches Wohnen entwickelt hatte. Vorgesehen waren dabei jeweils zwei »Antichambres«, Audienzsaal, Parade-Schlafzimmer und anschließend einige kleine Kabinette für private Bedürfnisse, also Ankleide-, Garderobe-, Schreibzimmer. Standesgemäße Repräsentation ließ damals privater Sphäre nur wenig Raum. Schon sehr bald nach Baubeginn hat man dieses Konzept jedoch entscheidend geändert. Für Karl Friedrichs Wohnung, die ihren Platz ursprünglich im Ostteil des ersten Stockwerks finden sollte, wurde nun das Erdgeschoß des Westteils bestimmt; damit lag sie unmittelbar unter den für die Markgräfin bestimmten Räumen, mit diesen durch vier verschiedene Innentreppen verbunden. Dem ersten Entwurf gegenüber wurden beide Appartements nun auch noch um sechs Fensterachsen in den westlichen Flügel hinein erweitert; dessen übrige Zimmer waren für die Appartements des Erbprinzen im Untergeschoß, seiner zukünftigen Frau im ersten Stockwerk sowie der beiden anderen Söhne und einiger Bedienter im zweiten Obergeschoß vorgesehen. Mit Einschluß der nötigen Vorzimmer und Audienzsäle war auf diese Weise die ganze westliche Hälfte des Schlosses als privater Wohnkomplex sowohl von den Speise- und Festsälen im Mittelbau als auch von den Räumen des östlichen Flügels gesondert. Dort lagen im Erdgeschoß und ersten Stock des Corps de Logis die offiziellen Gäste-Appartements. Einen großen Teil des Flügels nahm die Hofkirche ein, während in dessen Mansardenstock Wohnungen für Hofdamen und andere Bedienstete vorgesehen waren. Vermutlich ist es Karoline Luise gewesen, die auf eine Erweiterung des persönlichen Wohnbezirks in den Westflügel hinein gedrängt hat, denn sie brauchte Platz für ihre verschiedenen Liebhabereien, Räume also für die ständig wachsende Bibliothek, sowie Atelier und Depot für ihre künstlerischen Tätigkeiten, dazu einen Experimentierraum für naturwissenschaftliche Studien.

Der in Stuttgart mit der Bauleitung des dortigen Neuen Schlosses beauftragte Architekt de la Guêpière – er hatte 1752 schon an der Karlsruher Schloßbau-Konkurrenz teilgenommen – blieb als Experte am Umbau, den sein Schüler Keßlau leitete, beratend tätig. Jedenfalls hat er 1759 den definitiven Entwurf für Anlage und Aufteilung der Räume in Karoline Luises neuem Wohnquartier geliefert, denn die Markgräfin schrieb ihm Ende Dezember dieses Jahres[4]: ». . . die neue Aufteilung, welche Sie für meine Appartements entworfen haben, entspricht so vollständig meinem Geschmack, daß ich Ihnen dafür besonders danken möchte. Daß ich nun in mein Arbeitskabinett gelangen kann, ohne gesehen zu werden, ist aufs schönste erdacht; auch der Markgraf ist sehr davon angetan. Äußerst zufrieden bin ich ferner damit, daß ich nun weiß, wo ich meine Bilder sicher aufbewahren kann, während ich an anderen arbeite. Alles in allem, dieses Appartement wird unser ganzes Entzücken bilden, und ich sehne schon die Stunde herbei, da ich mich dort niederlassen und Sie empfangen kann. Alle anderen Räume sind ebenfalls, was ›décence‹ und Bequemlichkeit angeht, sehr zweckentsprechend angeordnet.«

Wilhelm Jeremias Müller, »Dessineur« und Mitarbeiter Keßlaus, später dann dessen Nachfolger, hat auf Grund der Anregungen de la Guêpières einen Grundriß von jenen Partien des Schlosses gezeichnet, welche die fürstlichen Appartements aufnehmen sollten. Mit Hilfe dieses Plans, der bereits genannten Inventare und ein wenig vergegenwärtigender Phantasie läßt sich im Geiste auch heute noch ein Rundgang durch Karoline Luises Räume unternehmen.

Vom großen Marmorsaal, aus dessen nach Süden gerichteten Fenstern sich ein weiter Blick über den Schloßplatz hinweg auf die Stadt öffnet, betrat man zunächst die beiden offiziellen »Courzimmer«, von denen das erste ganz in Gelb gehalten war. Sechzehn Bahnen gelber, mit großen bunten Blumen bemalter Pekingseide bildeten, eingefaßt von durchbrochenen und vergoldeten Leisten, die Wandbespannung. Das bewegliche Mobiliar des Raumes bestand aus zwölf mit derselben Seide bezogenen »runden« Armsesseln. Mit ihren Füßen »à l'antique« gehören diese Möbel bereits zum Stil des frühklassizistischen Louis-Seize, den Karoline Luise 1771 während ihrer Reise in Paris kennengelernt hatte und nun als das Modernste für ihre Appartements übernahm. An deren Ausstattung wurde während der ersten Hälfte der siebziger Jahre intensiv gearbeitet. Eine Probe der Pekingseide hatte die Markgräfin im April 1772 an Maelrondt nach Paris geschickt und diesen gebeten, ihr

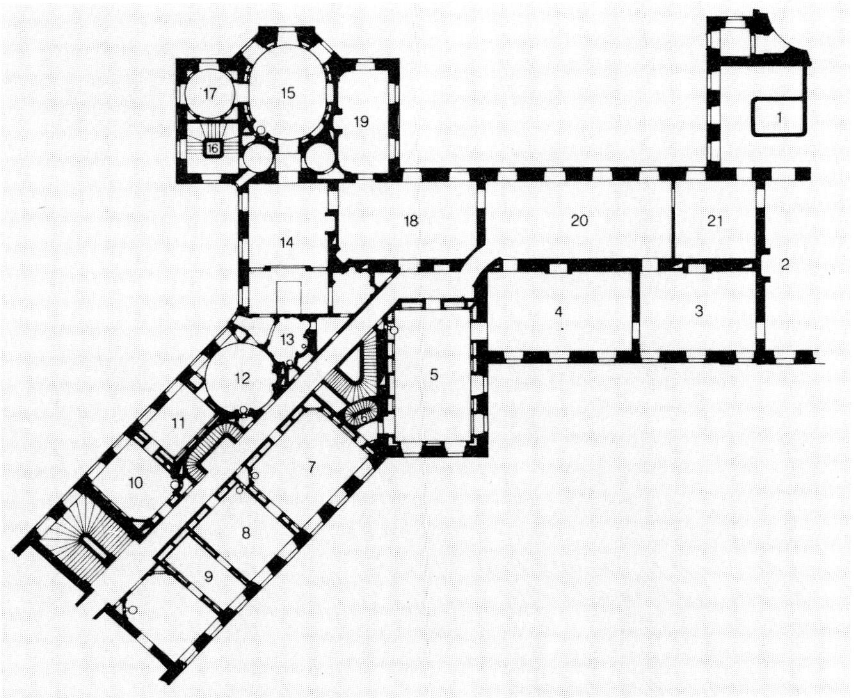

49 Grundriß des Wohnquartiers der Markgräfin im 1. Obergeschoß des westlichen Schloßflügels: 1 Treppenhaus – 2 Marmorsaal – 3 Erstes Courzimmer – 4 Zweites Courzimmer – 5 Bibliothek – 6 Treppenhaus – 7 Schreib- und Wohnzimmer – 8 Atelier – 9 Bilderdepot – 10 Laboratorium – 11 Garderobezimmer – 12 Ankleidezimmer – 13 Toilette – 14 Schlafzimmer – 15 Ovales Schreib- und Arbeitskabinett – 16 Treppenhaus – 17 „Trillage"-Kabinett – 18 „Familienzimmer", Audienzsaal – 19 Porzellankabinett – 20 Musiksaal – 21 Vorzimmer

danach Stoff für Übergardinen auszusuchen; sie meinte, ungemusterte gelbe Seide komme wohl am ehesten dafür in Frage[5]. Das Inventar zeigt, daß Maelrondt ihr diese auch besorgt hat, denn über weißleinenen Sonnenstores hingen hier Gardinen aus gelbem »gros de tour«, einer fest gewebten Seide. Die kostbaren und empfindlichen Bezüge der Sessel wurden offenbar nur bei besonderen Gelegenheiten in Anspruch genommen, denn als zu diesem Raum gehörig werden auch zwölf Überzüge aus gelbem Taft und außerdem noch ebensoviele aus gelb-weiß gestreifter Leinwand genannt; letztere legte man wohl zur Schonung auf, solange der Saal nicht gebraucht wurde. Zwei geschnitzte und vergoldete Konsoltische mit Platten aus grauem, vermutlich einheimischem Granit, darüber Spiegel mit »vieler Bildhauerarbeit« und sechs Wandleuchter vervollständigten die Einrichtung. Als einziger bildlicher Schmuck sind vier Surporten mit landschaftlichen Darstellungen verzeichnet.

Das nächste Courzimmer, ähnlich eingerichtet, war ganz auf Rot gestellt: eine rote Damasttapete mit großen weißen und grünen Blumen, entsprechend bezogen zwölf halbrunde Fauteuils, weiß-rot gewürfelte Seidenvorhänge an den drei Fenstern. Die beiden Konsoltische unter den Wandspiegeln trugen dem Farbklang des Raumes entsprechend Platten aus grünem Granit. Ein dritter, dreigeteilter Spiegel befand sich über dem Kamin, vor dem ein geschnitzter und mit roter Seide bezogener Feuerschirm stand. Vermutlich war es diese im französischen Geschmack aus Marmor gefertigte »cheminée«, von der Karoline Luise in den ersten Monaten des Jahres 1772 eine große, durch Jeremias Müller verfertigte Zeichnung an de la Guêpière nach Paris schickte[6]. Der Architekt hatte sich erboten, ihr dafür eine passende »garniture« aus vergoldeter Bronze durch das Atelier des für Arbeiten solcher Art bekannten Gießers Etienne Forestier zu besorgen. Die Angelegenheit zog sich ziemlich lange hin und brachte dem Vermittler allerlei Ärger. Madame Forestier, die als Witwe die Gießerei ihres mit vielen Schulden 1768 verstorbenen Mannes weiterführte, verlangte nämlich plötzlich eine wesentlich höhere Summe als ursprünglich abgemacht, da sie sonst nicht auf ihre Kosten komme, und wollte die fertigen Bronzen nicht herausgeben. Sehr verärgert, hätte de la Guêpière, wie er schrieb, die Dame gern auf den Stücken sitzen lassen und den Auftrag an einen anderen Meister weitergegeben, doch Karoline Luise erklärte sich bereit, den höheren Preis zu zahlen, um nicht noch länger warten zu müssen. Nachdem die Bronzen dann endlich Ende November eingetroffen waren, schrieb sie an de la Guêpière, sie finde die Arbeiten gut, sei »fort contente« und daher auch bereit, all die »mauvais procédés de votre veuve« zu vergessen, wenn er sich selbst auch über all die Unannehmlichkeiten hinwegsetzen könne, welche er durch diesen Auftrag gehabt hatte. Aus Paris stammten auch die vier Surporten dieses Raumes, »Weißgrau, en Basrelief gemalt, in vergoldeten Rahmen«. Derartige Grisaillen hatte Karoline Luise 1771 bei einem Besuch im Hause des Grafen de Baudouin in Paris gesehen und war davon so angetan gewesen, daß sie diesen im Januar 1772 bat[7], dem Künstler, der für ihn gearbeitet hatte, etwas Ähnliches auch für ihr Courzimmer in Auftrag zu geben. Baudouin nahm sich der Sache sofort an und ließ den Maler kommen. Dieser schlug vor, »die vier Jahreszeiten durch spielende Kinder nach dem berühmten Bouchardon« darzustellen, Grisaillen also nach dem Vorbild der Reliefs an der 1745 vollendeten Fontaine de Grenelle Bouchardons zu malen. Karoline Luise nahm das Angebot gern an und schickte umgehend genaue Maße für die Bilder. Im August berichtete Baudouin, er habe sie gesehen und finde sie gelungen; zwei seien für einen Lichteinfall von rechts, die beiden anderen für den von links berechnet, so daß man sie entsprechend in einem Raum verteilen könne. Als Karoline Luise die Grisaillen dann im November bekam, war sie entzückt, bedankte sich herzlich und schrieb, man merke, daß ein wirklicher Kenner die Werke bestellt und deren Ausführung überwacht habe: ». . . Ich finde die Schatten darin vorzüglich behandelt und die Halbtöne vollkommen richtig; sie sind leicht, so wie sie sein müssen, die Gegenstände dabei von stark plastischer Wirkung.« Der Name des Malers wird in der Korrespondenz zwar nicht genannt, doch kann kaum ein Zweifel darüber bestehen, daß es Piat-Joseph Sauvage war, der sie geschaffen hat, ein bedeutender, auch im Schloß zu Versailles beschäftigter Spezialist für dekorative Werke solcher Art. In monochromen Darstellungen hat er augentäuschende Wiedergaben oder Nachempfindungen nach antiken und modernen Skulpturen in Marmor oder Bronze gemalt. Leider sind seine Bilder für das Karlsruher Schloß verschollen; schon vor 1838 hat man sie von ihrem Platz entfernt, 1853 dann öffentlich versteigert[8]. Die beiden Episoden zeigen, wie intensiv sich Karoline Luise persönlich um jede Einzelheit der Ausstattung ihrer neuen Appartements kümmerte. Das gilt sogar für so alltägliche Dinge wie Papiere zum Auslegen von Kommoden und Schränken. Dieserhalb wandte sie sich im April 1774 an den badischen Kammerrat und Hoffaktor Fuchs in Basel[9]: früher habe man dort bei Johann Baviere solche Papiere verkauft, die wie Nußbaumholz aussahen; sie hätte gern einen Probebogen von jeder Sorte zur Ansicht, um danach bestellen zu können. Fuchs schrieb zurück, was die Markgräfin suche, sei zwar nicht mehr am Lager, könne aber auf Verlangen angefertigt werden; für 24 Bogen seien 32 Kronen zu zahlen.

Mit dem nächsten Raum, quer zum zweiten Courzimmer in jenem Gelenkstück gelegen, das auf beiden Seiten durch den Umbau des Schlosses zwischen Corps de Logis und Flügeln eingeschoben wurde, begann der eigentlich private Wohnbereich der Fürstin. Hier befand sich ihre Bibliothek, die nach Aussage des Nachlaßinventars 3315 Bände umfaßte. In die Wände des etwa vierzehn auf zehn Meter großen Raumes waren rundum Bücherkästen »mit englischen beweglichen Bücherschäften« eingearbeitet; bei letzteren handelt es sich vielleicht um die heute noch »englische Züge« genannten Schubladen im Sockel der Schränke. Möglicherweise wurden darin größere Mappenwerke, Pläne und Landkarten aufbewahrt, vielleicht auch jene Zeichnungen und Aquarelle, welche Karoline Luise sich als Illustrations- und Vorlagenmaterial für ihr Naturalienkabinett und ihre noch zu besprechenden botanischen Unternehmungen von Lazarus Emanuel Autenrieth malen ließ. Ring vermerkt in seiner Beschreibung des Schlosses, die naturwissenschaftliche Literatur, unter welcher sich »die kostbaren Werke eines Seba, Mlle Merian, Geßner, Scheuchzer, Burman, Linné, Oeder, Blackwell u. a. finden, so zum Theil von Serenissimae höchsteigener Hand gezeichnet oder auch nur illuminirt sind«, werde in den Gemächern der Markgräfin aufbewahrt. Ein großer sechseckiger Trumeautisch »à l'antique« in Weiß und Gold mit grauer Marmorplatte und messingvergoldeten Leisten diente als Ablage. Seladongrüne Seidenvorhänge an den Fenstern, zwei vergoldete, an Ketten hängende Wandleuchter in Köcherform und zwei japanische Porzellanvasen mit buntem Blumendekor vervollständigten die Einrichtung.

Ein kleiner Durchgang stellte von hier aus die Verbindung zum Schreib- und Wohnzimmer her, dem ersten innerhalb des Westflügels gelegenen Raum. Das trapezoide Stück, welches durch den schrägen Anstoß des Flügels an den Corps de Logis innen entstand, hatte de la Guêpière geschickt durch zwei nebeneinander liegende Treppen ausgefüllt. Die kleinere von ihnen, nur für die Bewohnerin vom Durchgangszimmer aus zugänglich, führte sowohl in das Erdgeschoß zu »Serenissimi gelbem Wohnzimmer« hinab als auch hinauf in das zweite Obergeschoß zu Räumen, in welchen Karoline Luise ihr Malereikabinett eingerichtet hatte. Die weiter im Inneren des Gebäudes liegende, etwas größere zweite Stiege war vom

Mittelkorridor des Flügels aus zugänglich und bediente ebenfalls alle drei Stockwerke.
Das etwa sechs auf acht Meter große Wohn- und Schreibzimmer mit seiner Tapete aus grün-weiß gestreiftem Leinen mit bunten Blumen und den einfach weißen Gardinen war eher bürgerlich gemütlich eingerichtet. Als Sitzgelegenheiten gab es drei grün-weiß gestrichene Sessel aus Spanisch-Rohr mit rot-weißen, grün eingefaßten Kissen, dazu einen gelb gestrichenen Fauteuil gleichen Materials mit weißen, bunt beblumten Kissen. Einige kleine Tischchen waren über den Raum verteilt, dessen Boden ein rot-grüner Wollteppich bedeckte. Die beiden Wandstücke zwischen den drei innen ebenfalls grün gestrichenen Fenstern wurden über kleinen Kommoden aus Maserholz mit braunen Marmorplatten von hohen schmalen Wandspiegeln eingenommen. Wichtigstes Möbelstück dieses Raumes war die »Schreibkommode von braunem gebeizten Holz auf vier Füßen mit Rollen, oben mit verschließbarer Einschiebetür und mit Messingbeschlägen, unten mit einer großen und drei kleinen Schubladen«. Hier und in den Kommoden bewahrte Karoline Luise, wie aus gewissen Notizzetteln hervorgeht, ihre Geschäftspapiere auf, den Briefwechsel mit Kammerrat Binninger, der die elsässischen Güter verwaltete, die jährlichen Abrechnungen und die Korrespondenz mit den Partnern ihrer später noch zu besprechenden Handelsunternehmungen. Dem Grundriß des Raumes und den Bauakten läßt sich entnehmen, daß unter der Tapezierung der drei Wände vierzehn doppeltürige Einbauschränke verborgen lagen. Darin befand sich vermutlich jenes verwirrende Vielerlei von reizvollen »Kunststücken und Pretiosa«, von dem nur weniges zum ständigen Schmuck der Räume aufgestellt sein konnte. Das Nachlaßinventar beschreibt nämlich nicht weniger als 230 Nummern unter dieser Rubrik: Schatullen und Kästchen verschiedenster Art und Größe aus Bernstein, fernöstlichem Lack und edlen Hölzern, gefüllt mit Münzen, Medaillen und Halbedelsteinen, dann Miniaturen und allerlei Kuriosa, Nippesfiguren aus Holz, Ton oder Porzellan, Tabatieren, Schälchen aus Achat, Wachsreliefs und vieles andere mehr. Möglicherweise hatte hier auch das »ordinaire Porcellaine« seinen Platz, also das Fayence- und Porzellangeschirr zum täglichen Gebrauch, wie es ebenfalls im Inventar beschrieben wird: Teller, Tassen, Schüsseln, Tee-, Kaffee- und Schokoladekannen, Zucker- und Teebüchsen aus Meißner, Ludwigsburger und anderem Porzellan, Potpourris und sonstige Dinge, alles in allem 171 Nummern. Zu identifizieren ist davon heute noch das »Déjeuné von Durlacher Fayence, mit der Zeichnung von der Stadt und Schloß Karlsruhe«, ein prächtiges, in Schwarz und grünlichen Tönen bemaltes Service aus der Durlacher Manufaktur, von dem sich sechs Teile noch im Zähringer Museum des Neuen Schlosses zu Baden-Baden befinden[10].
Unter den »Kunststücken« werden ausführlicher drei chinesische Automatenfiguren beschrieben, welche Goll der Markgräfin 1772 aus Amsterdam als Geschenk geschickt hatte[11]. Eine von ihnen stellte einen Priester mit einem jungen Mädchen auf dem Rücken dar. Zog man das Uhrwerk mit dem kleinen »mößernen« Schlüssel auf, der dazu gehörte, fing der Mann an zu gehen, drehte den Kopf zur Seite; das Mädchen hob einen Arm und versetzte ihm mit einem Stöckchen von Zeit zu Zeit einen Schlag, worüber beide zu lachen schienen. Goll hatte dazu bemerkt, solche

Figuren seien sehr gesucht und außerordentlich schwer zu finden. Karoline Luise fand sie »la plus jolie chose du monde« und schrieb ihm[12]: ». . . wir spielen damit wie die Kinder, der Markgraf streitet sich immer mit mir darüber, wer ihn anfassen darf . . . Sie haben Recht, die Köpfe sind sehr natürlich und anmutig; ich hätte den Chinesen soviel Geschmack nicht zugetraut, denn die Köpfe sind wirklich geschmackvoll und korrekt.«

Man kann sicher sein, daß Bilder, Aquarelle, Miniaturen, Zeichnungen, Stiche und Scherenschnitte in großer Zahl die Wände dieses Wohnzimmers zierten, denn abgesehen von den rund zweihundert Gemälden des Malereikabinetts, die gesondert im Obergeschoß untergebracht waren, fielen den beiden jüngeren Söhnen aus dem Besitz der Mutter später nicht weniger als 443 Werke solcher Art zu. Vieles davon war wohl in Schachteln und Kästen aufbewahrt, doch zählt das Schloßinventar von 1787 immerhin 52 Nummern auf, welche damals noch zusammen mit Kalendarium, Thermometer, Barometer und einer Uhr im benachbarten Arbeitszimmer hingen, darunter ein Porträtrelief Linnés sowie gezeichnete Bildnisse von Gluck und Klopstock. Dieses neben dem Wohnzimmer gelegene zweifenstrige »Kabinett zum Zeichnen und Malen« sowie ein anschließendes schmales, nur halb so großes »Depot der in Arbeit befindlichen Malereien«, die letzten der beiden aus der zum Schloßhof blickenden Folge von Räumen, muß man mit dem Wohnzimmer zusammen als Einheit sehen. Hier konnte sich die Fürstin, frei vom Zwang der Etikette und ganz »chez-elle«, ungestört ihren künstlerischen Liebhabereien widmen. Der Arbeitsraum war mit einer Wandbespannung aus grünem Leinen und mit weißen Gardinen ganz schlicht ausgestattet; das kleine »Depot« daneben besaß nur eine grün-weiß gestreifte Papiertapete. Auch die Wände dieser beiden Räume enthielten insgesamt sechzehn ein- und doppeltürige Schränke. Nach dem Tode der Markgräfin hat man im Depotraum offenbar vieles zusammengerückt, was vorher über die Gesamtheit des privaten Appartements verteilt war. Daher läßt sich die ursprüngliche Einrichtung dieses Raumes ebenso wie des Ateliers nur noch annähernd rekonstruieren. Einigen Zetteln, auf welchen Karoline Luise Notizen darüber machte[13], wie sie sich die Einrichtung dachte, ist zu entnehmen, daß im Arbeitskabinett Staffeleien und Tischchen standen, dazu Schränke mit Zeichnungen und Stichen, wohl nicht nur eigene Arbeiten und Versuche enthaltend, sondern auch die als Zeichnungsvorlagen benutzten Blätter ihres Lehrers Melling. Für drei Ecken des Raumes – die vierte nahm ein Ofen ein – hatte sie Gestelle zur Unterbringung der Gipsfiguren vorgesehen, welche man damals als Zeichnungsvorlagen benutzte – 56 solcher Abgüsse werden genannt –, menschliche Figuren, Köpfe, Kindergruppen, Pferde, teils nach kleinformatigen Werken der Antike, teils nach solchen neuerer Meister; im Zusammenhang des Malereikabinetts ist von ihnen bereits die Rede gewesen. Die Wandschränke und einige Kommoden dieses Ateliers boten Platz für Malmaterial und -gerät aller Art.

Im anschließenden Depot bewahrte die Fürstin ihre Kopien in Öl und Pastell nach Gemälden auf, auch die Originale selbst, welche sie sich zu diesem Zweck aus ihrem eigenen Malerei-Kabinett holen oder aus der Mannheimer Galerie schicken ließ. Der

Maler Philipp Brinckmann[14], mit der Aufsicht über die dortige kurfürstliche Galerie beauftragt, hatte schon 1759 »unterthanigst« darin erinnert, sie dürfe diese Bilder »in keinem gar warmen Zimmer stehen lassen, weilen sie auf Holtz gemahlet seindt, und die Bretter schwinden können, wordurch der Firnis sambt der Mahlerey sich schiebet, weilen die Erfahrung davon habe . . .« Aus diesem Grunde sorgte Karoline Luise auch dafür, daß ihr kleines Depot ohne Heizung blieb.

Auf der anderen Seite des Korridors, der die Mittelachse des ganzen Westflügels bildete und ebenfalls einige Wandschränke enthielt, reihten sich mit dem Blick in den Schloßpark weitere Gemächer des Karolinischen Appartements, als erstes, dem Bereich der wissenschaftlichen Studien zugehörend, ein mit zwei eisernen Türen abgedichtetes Laboratorium für chemische und physikalische Versuche. Drei »Laborir-Ofen«, ein kupferner Brennkessel mit zinnernem Hut und ein kupfernes Refrigeratorium hatten darin ihren Platz, ferner ein weiß-blau gestrichener Tisch, in den ein steinernes Wasserbecken eingelassen war. Sechs verschließbare Wandschränke enthielten Werkzeuge, weitere Apparaturen und Chemikalien. Durch einen eisernen Rundofen ließ sich der Raum heizen. Daß eine regierende Fürstin in ihren Appartements ein Privatlaboratorium unterhielt, dürfte wohl auch im wissenschaftsfrohen 18. Jahrhundert ein ungewöhnlicher Fall gewesen sein.

Auf diesen Raum folgte ein Garderobenzimmer mit großen Wandschränken, dann das sogenannte »Rondell«, Toilette- und Ankleidezimmer der Markgräfin. Hier waren die Wände ohne Tapete ganz in Weiß gehalten. Durch die mit fein geschnitzten Friesen und Felderteilungen gegliederten, weiß gestrichenen Türen der Wandschränke – die mittlere war als Spiegel gestaltet – empfingen die Flächen architektonische Ordnung. Über weißen Vorhängen hingen an den Fenstern seladongrüne Gardinen. In einem 1780 erschienenen, »Le génie de l'architecture« betitelten Buch hat sich der französische Architekt Nicolas Le Camus de Mézières darüber ausgelassen, wie ein Haus, das auf guten Geschmack Anspruch erheben wolle, einzurichten und auszustatten sei. Dort heißt es zum »Cabinet de toilette«, es solle möglichst rund, jedenfalls ohne scharfe Ecken sein; alles darin müsse leicht wirken, nicht aufwendig, denn »sonst fliehen die Grazien, die ihr Gefallen nur an edler Einfachheit finden«. In solchem Sinne stattete auch Karoline Luise ihr Kabinett aus: ein mit grünem Damast umhangener Toilettentisch und vier ebenso bezogene, grün-gold gestrichene Lehnsessel bildeten das Mobiliar, ergänzt durch einen vergoldeten Konsoltisch mit alabasterner Pendule, einen Glaslüster sowie einen fünfarmigen Leuchter. Zwischen den beiden Fenstern war ein schmaler Wandschrank mit Spiegeltür angebracht. An einer Wand hing in ovalem Goldrahmen das Porträt »Serenissimi regnantis«, dazu noch ein Scherenschnitt mit seinem Bildnis. Offenbar pflegte die Fürstin hier auch ihr Frühstück zu nehmen, denn das Inventar nennt ein »ovales Déjeuné-Tischchen von fremdem Holtz, sauber eingelegt auf vier runden Füßen mit Messingrollen, obendrauf eine Marmorplatte mit Messing-Galerie und -beschlägen«.

Von diesem Rondell gelangte man durch eine kurze Passage in das Schlafzimmer, den ersten Raum am westlichen Ende des Corps de Logis. Der trapezförmige

Raumabschnitt dieses Durchgangs, in dessen Gegenstück auf der anderen Seite zwei Treppen untergebracht worden waren, enthielt hier die rot und weiß gestrichene »garderobe de propreté« oder »Commoditât«, auch diese praktisch und elegant eingerichtet. Le Camus, der Räume solcher Bestimmung ebenfalls behandelt, verlangt vom Örtchen, es müsse »artistement« ausgestattet sein, denn man solle immer bedenken, daß es den übrigen Räumen des Appartements zu entsprechen habe: ». . . wenn diese ›Garderobe‹ hübsch ist, wird niemand annehmen wollen, daß das Übrige nachlässig eingerichtet sei.« Ein »Lieux à l'anglaise« mit der neuen englischen Art kräftiger Wasserspülung gab es freilich in Karlsruhe noch nicht; hier benutzte man die überlieferte »chaise percée«: in eisernem Nachtstuhlgestell mit weißledern gepolstertem Sitz hing ein Kupferhafen mit weiß überzogenem Deckel; dazu gab es Sitz- und Lehnenkissen von rosenrotem Taft, mit duftenden Kräutern gefüllt; Wandschränke enthielten Flaschen mit wohlriechenden Essenzen. Während des Winters sorgte ein Öfchen für Wärme. Zu Reinigungs- und Heizungszwecken war das Kabinett vom Mittelkorridor aus durch einen kleinen Abstellraum zu betreten. In der zum Schlafzimmer führenden Passage befand sich eine offenbar mit Holz ausgekleidete Nische, darin ein marmornes Becken zum Händewaschen. Durch ein Bleirohr mit einem Hahn aus Messing floß Wasser aus einem vermutlich im Dachgeschoß aufgestellten Behältnis. Eine Badegelegenheit wird übrigens nirgendwo im Appartement erwähnt; Wanne und warmes Wasser wurden wohl jeweils in das Ankleidezimmer gebracht.

Von dem genannten Durchgang aus führte eine Tür unmittelbar in den Alkoventeil des großen Schlafzimmers. Durch dessen Lage im Corps de Logis nächst dem Audienzsaal verrät es seine Herkunft vom barocken Parade-Schlafzimmer, in welchem die Dame des Hauses ihre Besucher empfing. So hielt es auch Marie-Antoinette noch, als die badischen Herrschaften ihr 1771 in Versailles die Cour machten. Repräsentation solcher Art gab es in Karlsruhe nicht mehr: das Schlafzimmer gehörte ganz zum privaten Bereich. Auch hier hatte Karoline Luise alles in ihrer Lieblingsfarbe Grün gehalten. Le Camus empfiehlt diese übrigens besonders für Räume solcher Art, denn dadurch, daß man sich an Laubwerk erinnert fühle, könne es »zu dem Eindruck süßer Ruhe beitragen, welche der Entspannung so zuträglich ist«. Im Alkoven, der ein Drittel des Raumes einnahm und sich durch grüne Vorhänge vom übrigen abgrenzen ließ, stand ein großes zweischläfriges »Imperialbett« mit einem Himmel aus grünem, geblümtem Damast, außen und innen mit Stoffkränzen geziert; mit demselben Material war auch die Alkovennische ausgeschlagen. In Frankreich galten Betten dieser Art schon nicht mehr als modern. Le Camus findet sie unbequem für den Service, vor allem in Krankheitsfällen, und beanstandet, daß man Alkoven nicht genügend lüften könne. Außerhalb der Schlafnische waren die Wände des Raumes weiß gehalten. Die drei nach Westen gerichteten Fenster, eines davon im Alkoven – waren mit aufziehbaren Jalousien versehen. Über dem Kamin an der Ostseite des vorderen Raumteils befanden sich zwei in die Wand eingelassene »Götterhistorien«, vermutlich von der Hand des Hofmalers Joseph Melling. Die weitere Ausstattung entsprach dem Üblichen: sechs mit grünem Damast bezogene, vergoldete Sessel und zwei ebensolche Taburetts, dazu ein grüner Teppich, Glaslüster und mehrere Kerzenständer, zwei davon mit je einer vergoldeten Statue auf alabasternem Untersatz; diese befinden sich noch heute in markgräflich badischem Besitz. Vermutlich hat Karoline Luise das Mobiliar dieses Zimmers samt den Stoffen 1775 von der Firma Pourtalès in Neuchâtel bezogen, denn sie schrieb dieser am 9. September[15], im vergangenen Jahre habe sie zwei »ameublements« erhalten, mit denen sie sehr zufrieden gewesen sei; nun brauche sie noch eines in »Pequin fond vert«, bemalt oder unbemalt, erbitte aber erst Muster der verfügbaren Farbtöne, um danach entscheiden zu können. Unter demselben Datum bat sie den Stecher Arnauld-Eloi Gautier Dagoty[16], der sich damals in Lyon aufhielt, er möge sich erkundigen, wieviel es dort koste, die Elle Pekingseide bemalen zu lassen, wenn man den Stoff selbst liefere. Auch an Goll hatte sie sich dieserhalb schon gewandt und ihn gebeten, ihr eine genaue Aufstellung aller Arten indischer Seidenstoffe zu schicken, welche man in Amsterdam bekommen könne[17]. Seiner Antwort vom 9. Mai liegt eine vierseitige Liste für Kleider- und Möbelstoffe mit genauen Farbbezeichnungen, Preisen und sogar zwei kleinen Proben in Gelbgrün und Apfelgrün bei. Er schrieb dazu, Seide sei zur Zeit »extrêmement cher«; die letzte Auktion der Ostindischen Companie habe sehr hohe Preise gebracht, und diese würden voraussichtlich noch weiter steigen. Wenn es darum ging, etwas ihren Vorstellungen von Eleganz und Qualität wirklich Entsprechendes zu bekommen, sparte Karoline Luise weder Zeit noch Kosten.

Vom Schlafzimmer aus gelangte man unmittelbar in den ovalen Mittelraum des am westlichen Ende der Gartenfront des Corps de Logis vorspringenden Pavillons. Neun Wandschränke, ein hoher Schreibschrank aus Rosen- und Königsholz mit feinen Einlegearbeiten sowie zwei weitere kleine Schreibtische weisen ihn als Arbeitskabinett aus; vielleicht erfüllte er diesen Zweck vor allem in den Sommermonaten, wenn es in den Räumen an der Südseite des Schlosses zu heiß wurde. Die Fenstervorhänge bestanden aus blauer Seide mit kleinen, bunt gemalten Blumen, und blau waren auch die Fauteuils in diesem Kabinett bezogen. Der linke Flügelteil des Pavillons war in zwei kleine quadratische Räume unterteilt; der erste enthielt eine Stiege, welche vom Vorraum des Ovals zum Erdgeschoß hinabführte und Karoline Luises Wohnbereich mit Schlafzimmer und Schreibkabinett des Gatten verband. Der auf der Nordseite in den Park blickende zweite Raum, vom mittleren Oval aus zugänglich, war eines jener reizvollen »Trillage«- oder Gitterkabinette, wie sie das 18. Jahrhundert liebte. Flache Ausssprünge an den Wänden dieses Raumes – einer zur Linken des Eintretenden als Sitznische, die anderen für Tür und Fenster – gaben dem Raum eine bewegte Gliederung. Die weiß gehaltenen Wandflächen waren mit feinem, in Stuck modelliertem und hellgrün gestrichenem Gitterwerk belegt, durch das sich farbiges Weinlaub emporrankte. Der Dekor des ebenso angelegten Trillagekabinetts im östlichen Teil des Corps de Logis, über ein Jahrzehnt früher ausgeführt, verriet im Ornament noch ganz den Geschmack des Rokoko, während sich hier, wie überall im Wohnbereich Karoline Luises, bereits der anmutige frühe Klassizismus des Louis-Seize durchgesetzt hat. Von der Decke dieses Kabinetts hing ein vergoldeter vielarmiger Leuchter herab. Vier in den Ecken angebrachte, leicht geschwungene Wandschränke mit Spiegeltüren und Konsoltischen darunter gaben dem Raum eine Rundform und erweiterten ihn gleichzeitig optisch auf reizvolle Weise. Unter einem vergoldeten Stuckmedaillon, das an breitem Bande in das Gitterwerk gehängt zu sein schien, standen ein geschnitztes, dann grün-gold gestrichenes und mit grüner Seide bezogenes Kanapee sowie zwei ebensolche Taburetts. Als einziges weiteres Stück der Ausstattung wird ein eingelegter Schreibtisch genannt, dessen Platte mit grünem Saffianleder bezogen war. Angesichts der Bäume des Parkes, die sich vor den Fenstern erhoben, sollte sich die Bewohnerin in eine zierliche Gartenlaube versetzt fühlen.

Dem Schlafzimmer der Markgräfin benachbart lagen an der Rückseite des »Corps de Logis« noch drei größere Räume, als erster das »Familienzimmer«, von Ring auch »Markgräfinnen-Audienzsaal« genannt. In dekorativer Anordnung schmückten hier 28 Porträts der unmittelbaren Vorfahren des markgräflichen Paares bis zu den jeweiligen Großeltern sowie der Geschwister mit ihren Frauen die Wände des Saales; die Regenten waren in Kniestücken, in ovalen Brustbildern ihre Frauen sowie die jeweiligen Geschwister und deren Frauen dargestellt. Die Anordnung der Bilder in diesem Raum, der sich bis zum Bombardement 1944 noch in seiner alten Form erhalten hatte, ging auf Karoline Luises eigene Angaben zurück. Unter ihren Papieren befindet sich ein Zettel mit Ideenskizzen für die Gruppierung dieser Gemälde sowie den Namen für die einzelnen Gruppen. Zur weiteren Ausstattung dieses eher formellen Saales gehörten noch ein Marmorkamin und große Wandspiegel über Konsoltischen zwischen den Fenstern, ergänzt durch zwei Kanapees und sechs Fauteuils in Weiß und Gold, bezogen mit demselben grünen Taft, aus welchem auch die Fenstervorhänge bestanden, sowie einen in der Form zu den Sitzmöbeln passenden Wandtisch. Zwei große ostasiatische Deckelvasen in Weiß, Grün und Rot gaben weitere farbige Akzente.

Nur vom Familienzimmer aus war das etwa neun auf vier Meter messende Porzellankabinett zugänglich, das den rechten Seitenraum des Gartenpavillons einnahm. Seine Einrichtung ist anscheinend erst in Karoline Luises Todesjahr 1783 ganz fertig geworden. Dekorativ angeordnet, sollten hier auf zwölf »Panneaux« innerhalb der verschiedenen Wandfelder sowie auf fünf Konsoltischen Vasen, Teller und Figuren stehen. Kabinette solcher Art gehörten vor allem in deutschen Schlössern des späten 17. und des 18. Jahrhunderts zur üblichen Ausstattung und sind, wie es scheint, in der Regel Sache der fürstlichen Damen gewesen. Schon im Herbst 1768 hatte sich Karoline Luise bei Eberts erkundigt, wie man in Paris Porzellan aufstelle, und von ihm erfahren[19], man verteile die Stücke dort auf Kaminsimse, Kommoden, Eckschränke, Konsolen und Tische, zwischen Bronzefiguren, Vasen und Blumentöpfe: ». . . Nur selten sieht man sie gehäuft in einem einzigen Zimmer. Alle hiesigen Kunstfreunde ziehen es vor, sie über ihre Räume zu verteilen und die feinsten Objekte in Brusthöhe zu placieren, um so ihre Vorzüge besser zur Geltung zu bringen.« Diesem Hinweis scheint Karoline Luise gefolgt zu sein, denn in ihren privaten Wohnräumen hat sie nur hier und da einige solcher Figuren oder Vasen zum Schmuck aufgestellt. Da sie sich beim Porzellan ohnehin mehr für die technischen Probleme seiner Herstellung als für die künstlerische Formung und den dekorativen Charme dieser Werke interessierte, dürfte ihr an der verspielten Form der üblichen Porzellankabinette persönlich nicht sonderlich viel gelegen haben.

Dem Familienzimmer benachbart lag der Musiksaal, auch er unmittelbar vom großen, den Westflügel durchziehenden Mittelkorridor aus erreichbar, durch ein Vorzimmer gleichzeitig auch vom Treppenhaus aus zugänglich. Er war der letzte und mit seinen vier Fensterachsen auch der größte Raum in Karoline Luises Quartier. Ganz in Weiß gehalten, stellte er eine reizvolle Raumschöpfung im Geschmack des frühen Klassizismus dar. Neun schmale, hochrechteckige Felder gliederten die Wände; vertieft innerhalb kräftig plastischer Rahmung liegend und von zierlicher Goldleiste umzogen, trugen sie an Bändern hängende, vielfach variierte Musikalienstilleben von der Hand des aus Stuttgart für diese Arbeit berufenen Stukkators Christian Sauer. Weiß-blaue Wandtische mit Spiegeln, Wandleuchter, 22 Lehnsessel mit Bezügen aus glattem rotem Plüsch sowie ein »Fortepiano von Nußbaumholz mit Claviatur von schwarzem Ebenholz und Elfenbein« – vielleicht das 1757 von Silbermann aus Straßburg gelieferte Instrument – bildeten die dem Zweck des Saales entsprechende Ausstattung. Im dazugehörigen Vorzimmer befand sich ein großer, mit metallbeschlagenen Türen versehener »Musikkasten«, in welchem vermutlich das Notenmaterial der Hofkapelle bewahrt wurde.

Auch im zweiten Obergeschoß besaß die Markgräfin noch eine Reihe großer Räume, die ihrem privaten Bereich zugehörten. Über dem Bibliotheksraum und den beiden Courzimmern lagen, durch die Treppe zwischen Wohnzimmer und Bibliothek erreichbar, ganz einfach gehalten, nur mit einer grünen Tapete versehen die vier Räume des »Malereikabinetts«. Auf verhältnismäßig beschränktem Raum waren hier 205 Gemälde untergebracht. Fast die ganze Rückseite dieses Oberstocks nahm der fast vierunddreißig Meter messende »Lange Saal« ein, der wohl hauptsächlich als Abstellraum diente. Das Inventar nennt »viele« Wandschränke, dazu braune Kleiderkästen mit Fächern, einen langen und mehrere andere Tische. In Karoline Luises Notizzetteln heißt es, daß hier ein Mineralienschrank und mehrere Bücherkästen Platz finden sollten. Möglicherweise war zeitweise auch die Porzellansammlung im langen Saal deponiert, da sie zu Lebzeiten Serenissimas als deren persönlicher Besitz angesehen wurde.

In den Bauakten der siebziger Jahre werden diese im Dachgeschoß liegenden Räume allgemein »Serenissimae obere Garderobben« genannt. Einer, als Arbeitszimmer bezeichnet, war vielleicht für die Garderobemägde bestimmt, in einem anderen hatten die Damen »Secretariae« Hembergerin und List ihren Platz, er war also das Privatsekretariat der Markgräfin. Weitere werden als »Kuche und Nebenkammern« aufgeführt. Dann ist noch die Rede von einem »grünen Rundelzimmer zur Handzeichnung« mit zwei Nebenkabinetten. Dabei kann es sich nur um den an der westlichen Ecke der Rückfront gelegenen Ovalraum handeln. Aller Wahrscheinlichkeit nach war hier Karoline Luises mehr als 1400 Blätter umfassende Sammlung von Handzeichnungen italienischer und niederländischer Meister untergebracht, für die man in den unteren Räumen schwerlich Platz genug gefunden hätte. Nach dem Tode der Fürstin wurde dieser Bestand unter die beiden jüngeren Söhne verteilt. Leider ist über den Verbleib der Blätter heute nichts mehr bekannt.

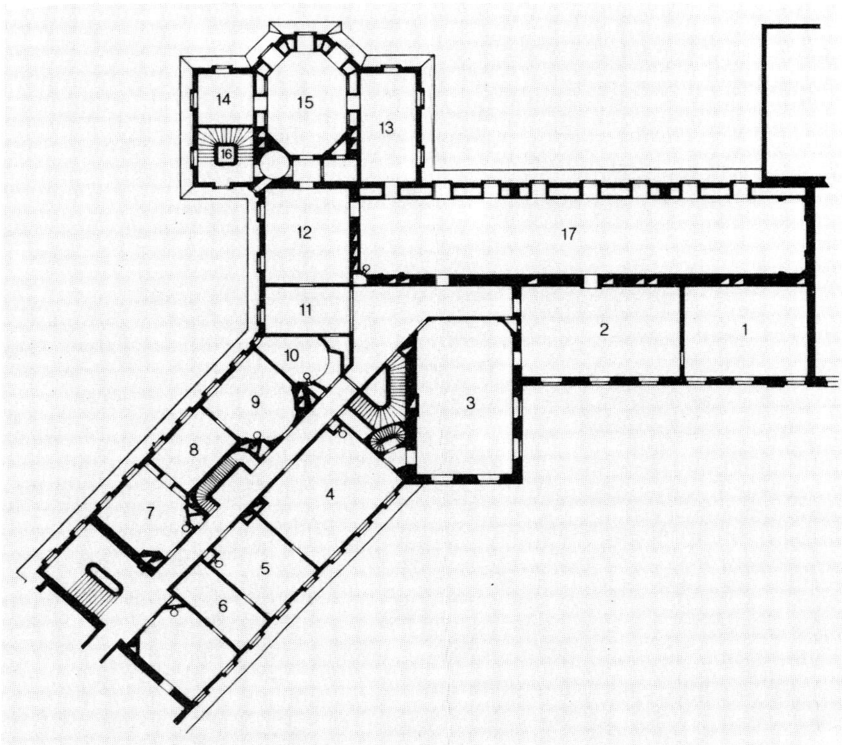

50 Wohnquartier der Markgräfin im 2. Obergeschoß: 1–4 Malereikabinett – 5–14 Sekretariat, „Küche und Nebenkammern" – 15 Handzeichnungskabinett – 16 Treppenhaus – 17 „Langer Saal"

Neben dem Wohntrakt der Markgräfin lagen weiter westlich im Dachgeschoß die Appartements der beiden jüngeren Söhne Friedrich und Ludwig, vielleicht auch des Prinzenerziehers Hofrat Ring. Offenbar sind diese Räume zu Ende des Jahres 1775 bezugsfertig geworden, wie ein Briefchen des damals zwölfjährigen Ludwig an seinen »Cher Papa« zu erkennen gibt[20]: »... Herr Ring, der aus Mannheim zurückgekommen ist, hat mich heute zum ersten Male in meinen neuen Appartements aufgesucht; es gefällt ihm da sehr gut, mir selbst noch viel mehr, weil ich dort ja Tag und Nacht verweilen muß. Und da ich ein Kabinett habe, das hübsch eingerichtet sein wird, will ich auch niemals in meinen Studien nachlassen, damit Sie zufrieden sein können mit Ihrem Sohn Louis.« Die geräumigen und angenehm proportionierten Zimmer dieses Mansardenstocks waren zumeist mit hübschen Papiertapeten ausgestattet, doch verhältnismäßig einfach möbliert. Der Beschreibung des Inventars von 1787 läßt sich entnehmen, daß man hier noch brauchbares Mobiliar älteren Stils verwendete, das der neuen Einrichtung in den unteren Stockwerken hatte weichen müssen.

Außer den Prinzen besaßen wohl auch einige persönliche Bedienstete der Markgräfin Zimmer in diesem Oberstock, denn dort befand sich noch eine verhältnismäßig geräumige Küche, welche die Bewohner bei Krankheitsfällen oder für kleine Zwischenmahlzeiten von der in einem westlichen Nebenbau des Schlosses gelegenen Hofküche unabhängig machte. Die beiden Ehrendamen Karoline Luises etwa, die im Mansardenstock des östlichen Flügels wohnten, bekamen jedenfalls zu ihrem jährlichen Gehalt von 150 Gulden eine wöchentliche Extra-Zulage von einem Gulden für Tee, Kaffee und Zucker, um sich in ihren Appartements selbst versorgen und dort auch Gäste empfangen zu können.[21] Ein geräumiges Treppenhaus, das die Appartements des markgräflichen Paares von denen des Erbprinzen und seiner Frau trennte und vom Parterre bis in den obersten Stock führte, bot den oben Wohnenden alle Bewegungsfreiheit. Eine zweite Stiege, in der Mitte des großen Korridors innerhalb der Appartements gelegen und für Fremde nicht zugänglich, verband intern noch einmal alle drei Stockwerke, so daß sich sämtliche Wohnräume auch für das Bedienungspersonal verhältnismäßig einfach erreichen ließen. Man brauchte ja viele Hilfskräfte, um ein so großes und ständig von so vielen Personen bewohntes Schloß sauber und in Ordnung zu halten, die Leerung der »Garderobes de propreté« zu besorgen, im Winter alle von den Korridoren aus zugänglichen Öfen zu bedienen, allabendlich die Kerzen zu entzünden und die abgebrannten morgens zu ersetzen. Die Organisation solcher Dienstleistungen gehörte zwar zu den Pflichten des Schloßverwalters unter Aufsicht des Hofmarschallamtes, doch war Karoline Luise Hausfrau genug, um sich auch für Details der täglichen Praxis zu interessieren. In ihrer Korrespondenz geht es des öfteren um solche Dinge, etwa um den Bezug guter und preiswerter Kerzen. Dazu enthalten ihre Papiere mehrere Bände voller Rezepte[22], teils von Korrespondenten geschickt, teils von der Markgräfin selbst notiert. Da finden sich Kochrezepte für Fleisch- und Fischspeisen, Kompotts, Kuchen und Marmeladen, Anleitungen zur Herstellung kosmetischer Wässer und Pomaden, etwa für ein »berühmt orangen waßer, vor alle Flecken und Hitze im angesicht, welches eine Saubre schöne Haut erhält«, aber auch für Möbelpolituren – »wie man in England Mahagoni behandelt« – oder die Zusammensetzung eines Mastix gegen Wanzen, »womit man die Spalten zu meinem schwartzen Contoir ausfüllet«. Das deutet im übrigen auf Probleme, mit denen man sich notgedrungen auch in eleganten Schlössern dieser Zeit hinter der Fassade einer kultivierten Lebensführung zu befassen hatte, und dies sicher nicht nur in Karlsruhe.

Dem Wohnquartier Karl Friedrichs im Erdgeschoß des Westflügels brauchen wir keine so ausführliche Darstellung zu widmen. Seine Räume entsprachen in Anordnung und Größe denen der Appartements seiner Frau, wenn auch die Zweckbestimmung im einzelnen den Bedürfnissen des Regenten entsprechend verändert war. Aus dem Inventar läßt sich ersehen, daß er einfacher eingerichtet war als Karoline Luise; doch befanden sich in seinen Räumen auch einige kostbare Möbel mit schönen Einlagen von der Hand des in ganz Europa berühmten David Roentgen aus Neuwied[23]. An der Hofseite folgte im Quartier Karl Friedrichs auf zwei Vorzimmer der große Audienzsaal, ganz in Rot gehalten, mit dreizehn Vasen aus blau-weißem ostasiatischem Porzellan und einigen Bronzen geschmückt. Wohnzimmer, Schlafzimmer und Kabinett schlossen sich an. Auf der Rückseite lagen Garderobe- und Ankleideräume. Das ursprüngliche »Alkoven-Schlafzimmer« besaß zwar ein eisernes Ruhebett auf acht Füßen zum Rollen, »mit Bezügen und Polstern aus grauer Leinwand und grau-rot gestreiftem Perse«, doch diente dieser Raum dem Markgrafen als Arbeitszimmer ebenso wie das anschließende Oval des Gartenpavillons; in dessen rechtem Seitenkabinett hatte Karl Friedrichs Handbibliothek Platz gefunden. In seinem »gelben Wohnzimmer« an der Südseite stand übrigens ein «Forte piano vom Stein in Augsburg«, dem berühmtesten, auch von Mozart geschätzten Klavierbauer dieser Zeit. Karl Friedrich spielte gern und offenbar auch gut Flöte, und Karoline Luise mag ihn dazu gelegentlich auf dem Klavier begleitet haben. Die Abende verbrachte das markgräfliche Paar oft zurückgezogen in seinen privaten Gemächern, wo man ihm dann auch das Souper servierte.

Da Karl Friedrich im neuen Wohnquartier nur die Handbibliothek unterbringen konnte, ließ er seine große Sammlung von Stichen und kostbaren illuminierten Werken sozusagen als Gegenstück zu Karoline Luises Malereikabinett im Obergeschoß der östlichen Seite des Corps de Logis. Dort waren sie bereits während der fünfziger Jahre untergebracht worden, als sich der Westteil noch im Umbau befand. Aus dem dreifenstrigen ersten Zimmer dieses Bereichs, etwa elf auf acht Meter groß, hatte er sich durch Einbauten eine intime kleine »Eremitage« von fünf Räumen schaffen lassen, mit einem »Rundell« in der Mitte und jeweils zwei Kabinetten auf beiden Seiten, einem ovalen und einem runden. Der mittlere Raum besaß einen mit rosenfarbenem Taft ausgeschlagenen Alkoven, darin ein ebenso bezogenes Ruhebett und sechs Lehnsessel. Die nächsten beiden Räume dienten als »Estampenzimmer«, deren Wände mit etwa dreihundert gerahmten Stichen dicht behängt waren. Was hier keinen Platz fand, wurde in zwei großen Tischkommoden mit Türen in schwarz-goldener chinesischer Lackarbeit aufbewahrt. Den dritten, etwa siebzehn auf acht Meter großen Eckraum mit seinen vierzehn niederen Bücherkästen nannte man 1787 »Alt-Bibliotheksraum«; er stand damals leer.

Im Februar 1751 war Karoline Luise von Darmstadt nach Karlsruhe übersiedelt, von einer großen Baustelle in die andere, und in dieser wiederum von einem beengten Provisorium in das andere, fünfundzwanzig Jahre lang. Erst einige Monate nach der Silbernen Hochzeit konnte sie endlich im Westflügel die neuen Appartements beziehen, nach welchen sie sich so lange gesehnt hatte. Nur wenig mehr als sechs Jahre war es ihr noch vergönnt, sich des Lebens in diesem ganz nach ihrem Geschmack gestalteten kleinen Reich zu erfreuen.

Eltern und Kinder

Während der siebziger Jahre gehörte Karl Friedrich, nun im fünften Lebensjahrzehnt stehend, bereits zu den angesehensten Fürsten des Deutschen Reiches. Mit Beifall und Respekt blickten alle, die sich in Europa zum Geist der Aufklärung bekannten, auf die kleine Markgrafschaft Baden und ihren Regenten, der die humanitären Ideale der Epoche auf allen Gebieten zu verwirklichen strebte. In den 1791 erschienenen »Briefen aus Carlsruhe«, gibt F.L. Brunn[1] wieder, was man damals überall in Deutschland dachte, wenn er Karl Friedrich einen der wenigen deutschen Fürsten nennt, »denen man mit völliger Überzeugung den Namen eines Vaters der Unterthanen beylegen kann«. Pflichtgetreu und bis zur Pedanterie gewissenhaft, lebte er ganz der Aufgabe, auf jede Weise die Wohlfahrt des Landes zu fördern und – wie Brunn es dichterisch erhöht, doch treffend ausdrückt – »sein Volk glücklich zu machen, ihm seine Lasten zu erleichtern, die Thränen der Unglücklichen zu trocknen, den Waisen Vater, den Witwen Trost zu seyn«. Es ließen sich der Beispiele genug dafür anführen, welch offenes Ohr der Markgraf für die Sorgen seiner Landeskinder besaß und wie er zu helfen suchte, wo immer es ihm möglich war. Jeden Mittwoch empfing er von elf bis zwei Uhr Bittsteller aus dem ganzen Lande, die ihm unangemeldet ihre Anliegen vortragen durften. In dringenden Fällen reagierte er rasch und unbürokratisch, wovon Eintragungen im Journal seiner privaten Gelder immer wieder Zeugnis ablegen[2]: »24 fl dem Schultheiß von Langenalb für verschiedene Einwohner gegeben, damit sie sich Samen kaufen können und anbauen.« Beträchtliche Summen bekamen auch Bauern, die schlechte Wiesen umbrechen und nutzbar machen wollten. Am 27. September 1769 erhielt Kammerrat Schlettwein zweihundert Gulden, »damit er einiges Vieh für Riedlinger Bauern kaufen kann«. Da es Karl Friedrichs besonderes Anliegen war, im Sinne seiner physiokratischen Theorien den Landwirten durch Amelioration des Bodens und neue Anbaumethoden zu höheren Erträgen zu verhelfen, unterstützte er gern private Initiative auf diesem Gebiete aus seiner eigenen Tasche, um Vorbilder zu setzen und zur Nachahmung anzueifern. Doch auch persönliche Not fand, wo er ihr begegnete, in ihm einen bereitwilligen Helfer; so heißt es, um nur ein Beispiel anzuführen, 1778 einmal: »Kur- und Verpflegungs-Kosten vor einige arme Unterthanen fl. 108,12.«

Karl Friedrich beherrschte mehrere Sprachen, vor allem das Englische, in dem er sich, wie Zeitgenossen berichten, geläufig und sogar akzentfrei auszudrücken verstand. Schon seit frühen Mannesjahren verfolgte er mit lebhaftem Interesse alle zukunftsweisenden Ideen und Entwicklungen, durch welche England während des

18. Jahrhunderts in Philosophie und Politik ebenso wie in Landwirtschaft und industrieller Fertigung zum Lehrmeister Europas wurde. Da er es aus diesem Grunde für wichtig ansah, auch seinen Söhnen gute Kenntnisse in dieser Sprache vermitteln zu lassen, wurde für sie im Sommer 1769 ein junger Engländer, James Cramond, engagiert[3]. Während der sechs Jahre, welche er sich am Karlsruher Hofe aufhielt, tat er als Leutnant der markgräflichen Leibgarde Dienst, gab seinem Herrn aber des öfteren Grund zum Ärger, weil er lieber Gedichte verfaßte, als sich mit gebotenem Eifer auf seine militärischen Pflichten zu konzentrieren. Karoline Luise schätzte Cramond als angenehmen Gesellschafter, bemutterte ihn ein wenig und steckte ihm gelegentlich auch Geld zu, wenn er wieder einmal mit seinem Sold nicht ausgekommen war und Schulden gemacht hatte. Um ihre eigenen Kenntnisse im Englischen aufzubessern, schrieb sie ihm häufig Briefe, die er dann korrigiert an sie zurückgeben mußte. Weil sie von seinem eleganten Briefstil zu profitieren hoffte, kopierte sie sogar die langen Berichte, welche Cramond seiner Mutter nach England schickte. Mit Empfehlungen des markgräflichen Paares versehen, kehrte der junge Herr im Februar 1775 in seine Heimat zurück. Dort trat er in die Armee ein und zeichnete sich später im amerikanischen Unabhängigkeitskrieg auf englischer Seite aus.

Karl Friedrichs Studien galten nicht nur jenen naturwissenschaftlich-technischen Disziplinen, aus welchen er für seine Regierungstätigkeit praktischen Nutzen ziehen konnte und in denen er sich im Laufe der Jahre gründliche Kenntnisse angeeignet hatte, sondern auch den Geisteswissenschaften, vor allem der Historie. Wie Brunn berichtet, enthielt seine Handbibliothek »besonders die vorzüglichsten Werke der neueren englischen, französischen, italienischen und deutschen Geschichtsschreiber, Philosophen und Politiker. Aus diesen werden auf besondere Veranlassung den dortigen Gelehrten Einige zum Gebrauch erlaubt.« Als Leser selbst eifrig und ausdauernd, liebte Karl Friedrich es auch, sich vorlesen zu lassen, vor allem durch den ältesten Sohn oder den am Karlsruher Gymnasium lehrenden Professor Johann Lorenz Böckmann. In der Diskussion mit diesem gebildeten und gelehrten Manne gewann Gelesenes für ihn erst die rechte Vertiefung.

Wenngleich überzeugt von der ihm durch göttliche Autorität übertragenen höchsten Entscheidungsbefugnis in allen die Leitung des Staates betreffenden Fragen, war er kein Autokrat im Sinne so vieler Herrscher dieser Epoche. Seine ernsthafte, zu einer Art mystisch gefärbtem Pietismus neigende Natur litt eher unter dem Bewußtsein der ihm auferlegten Verantwortung. Auch in vorgerückteren Jahren, als er bereits viele Erfahrungen gesammelt hatte, traf er selbst in weniger wichtigen Angelegenheiten nur selten eine Entscheidung, ohne vorher die Meinung seiner Minister und Räte gehört zu haben; manchen von diesen wäre es lieber gewesen, ihr Fürst hätte gelegentlich mehr Entschlußkraft gezeigt. Doch besaß Karl Friedrich das Talent, sich fähige und geistig selbständige Persönlichkeiten als Mitarbeiter und Ratgeber zu verpflichten, ihnen zu vertrauen, wenn er sich von ihrem Charakter überzeugt hatte, und sie zu fördern. Den einfachen Landeskindern gegenüber wußte er in väterlicher Art leicht den rechten Ton zu finden und ihnen dadurch die Scheu zu nehmen. Eher verschlossen und zurückhaltend wirkte er dagegen oft auf Fremde, welche ihm bei Hofe entgegentraten. Lavater etwa, später sein großer Freund, notierte am 20. Juli 1774 nach einem ersten Besuch im Schlosse[4]: «Der erste Anblick war markgräflich, etwas trocken, doch sogleich herablaßend.«

Immer galt die Bewunderung der fremden Besucher auch der Markgräfin, deren Beschlagenheit auf so vielen Gebieten von Kunst und Wissenschaft alle überraschte. Durch betonte Haltung wußte sie ihre Erscheinung auch nachdrücklich zur Geltung zu bringen. In seinem Tagebuch hielt Lavater den ersten Eindruck fest, den er von ihr empfing: ». . . Die Frau Markgräfin, prächtig und majestätisch, wie ich die russische Kaiserin mir vorstellte. Eine wohl gewachsene, männliche, etwa 50jährige Dame, ihr hohes Haupthaar mit Brillanten besetzt, ein rotes Ordensband, ein Stern von Brillanten, ein tiefes festes Aug unter einer hohen perpendicularen Stirn, eine treffende Sprache, gesetzgebieterisch, königlich. Doch war sie höflich mit mir . . .« Ein nur wenig später entstandenes Porträt der Fürstin, wohl von der Hand des aus der Schweiz stammenden ehemaligen Rastatter Hofmalers Johann Wolfgang Hauwiller, vermag etwas von diesem Eindruck zu übermitteln. Als Kunstwerk übersteigt es das zeitübliche Mittelmaß zwar kaum, ist seines ehrlichen Realismus wegen aber als historisches Dokument aufschlußreich und wertvoll. Repräsentativ in höfischem Sinne zeigt es die Dargestellte mehr thronend als sitzend vor den traditionellen Herrschaftssymbolen von Architektur, wallendem rotbraunem Samtvorhang mit Hermelinbesatz und goldener Quaste sowie einem Fürstenhut auf dem Tische links. All diese Zeichen verweisen auf den Rang Karoline Luises als regierende Fürstin. Sie hat eine elegante Galarobe aus weißer, pelzverbrämter Seide angelegt, dazu Stern und rotes Band des russischen Katharinenordens. Auf dem hochgetürmten dunkelblonden Haar – nach dem Geschmack der Zeit stark pomadisiert und über ein der Kopfform angepaßtes Kissen glatt nach oben frisiert – liegt ausladend eine weiße Haube; deren oberer, aus aufrecht stehenden zungenartigen Gebilden bestehender Rand wirkt wie ein Diadem.

Soweit entspricht die Komposition dem offiziellen »portrait d'apparat«, doch ist es dem Maler gelungen, durch eine lebensvolle Wiedergabe des Individuellen in den treffend erfaßten Gesichtszügen das Schema zu überwinden und ein wirkliches Charakterbildnis zu schaffen. Es vermag nicht nur über Wesen und Persönlichkeit der Dargestellten etwas auszusagen, sondern bringt gleichzeitig auch noch deren wissenschaftliche und künstlerische Interessen ins Bild: vorn liegen auf einem Tischchen naturwissenschaftliche Werke; einen der Folianten mit Abbildungen exotischer Pflanzen hat die Fürstin geöffnet. Darunter werden zwei weitere Bände einer »Histoire naturelle« sichtbar, auf den Rücken als »Règne Mineral« und »Règne Animal« ausgewiesen; rechts unten am Rande erkennt man Proben von Mineralien oder Erzstufen. Auf künstlerische Ambitionen deutet der zwischen den Büchern steckende Zeichenstift, auf die Sammeltätigkeit Karoline Luises ein Kästchen mit Medaillen. Ohne jede Schmeichelei schildert der Maler die Züge einer in den Fünfzigern stehenden resoluten Dame. Unterlippe und Kinn lassen Energie und Willenskraft spüren, doch verheißt das auf den Betrachter gerichtete Auge ein

51 Karoline Luise mit dem Pflanzenbuch – Gemälde von J. W. Hauwiller, um 1774 – Privatbesitz

freundlich entgegenkommendes Wesen. Alles in allem wirkt das Porträt wie die malerische Entsprechung zu einer 1783 nach dem Tode Karoline Luises anonym in der Zeitschrift »Pomona« erschienenen Schilderung ihrer Erscheinung: ». . . Ein hohes Maß an natürlicher Grazie mit Leutseligkeit, Munterkeit und einem Ansehen verbunden, welches die Jahre nicht vermuthen ließ, machte ihren Umgang für jedes Geschlecht und jede Claße von Menschen so reitzend, daß Sie alle an sich zog. Sie hatte eine besondere Kunst, die Menschen zu täuschen, denn es gelang Ihr, wenn man einige Zeit mit Ihr gesprochen, die Fürstin vergeßen zu machen, aber man fühlte den Eindruck, den übernatürliche Wesen auf uns machen müßen . . .«

Für Karl Friedrich war sie mit den Jahren immer mehr zur vollkommenen Gefährtin geworden, die alle seine Interessen teilte und ihm durch ihre fundierten Kenntnisse auf vielen Gebieten auch eine anregende Gesprächspartnerin sein konnte. Ihr lebendiges, heiteres Wesen, ihre Aktivität und Verstandesklarheit bildeten die rechte

Ergänzung für seine eher schwere, bedachtsame und zögernde Natur. Ein ausführlicher Brief, den er ihr in den ersten Augusttagen des Jahres 1777 von einer Reise durch die oberbadischen Gebiete schrieb[5], stellt ein sehr persönliches Zeugnis ihrer inneren Verbundenheit dar, um so mehr, als Karl Friedrich darin mit launigem Spott auch ein Bild des geschäftigen Alltags seiner Frau entwirft. Zuerst berichtet er über einen schönen Aussichtspunkt, den er ganz in der Nähe von Mülheim gefunden hatte. Dort möchte er am liebsten ein Haus bauen, um alljährlich einige Wochen darin zuzubringen: ». . . Dann must du aber auch dabey sein, denn waß hat mann vor Freude, wenn mann's dir nicht erzehlen kann. Du weist, waß es darum ist, sich zu sagen, waß einen freuhet oder verdrießt. Mündlich muß mann es sich sagen können, und wenn daß nicht sein kann, so schreibt mann es, aber doch nicht so gut, als wann genug schwetzen kann.« Und nach weiterem Bericht über das, was seine Tage dort füllte, meint er: ». . . Nicht wahr, ich bin ein rechter Schmierer! alle Tag an seine Frau schreiben, und solches Zeug durch ein ander, und du hast so viel zu thun und must all das Ding lesen, denn da kommt der Siefert und will Geld haben, die Vierortin kommt und fragt an wegen dem Lederle, jetzt klopf die Secretarien an der Thür – herein – der H. Geh. Hofrath Troxel ist droben (sie streckt nur den Kopf zu der Thür herein) er will unterthänigst anfragen ob Ihro Durchlaucht nichts gnädigst zu befehlen haben – er soll mich ungeschoren laßen. A propo wegen der Bellemine« – Karoline Luises Schoßhündchen ist gemeint –, »sie soll heute nicht baden, es ist zu kalt. Der Hh Bauinspector ist auch droben – er soll nachmittag wiederkommen, der Fasanenmeister auch um 4 Uhr, die Listin soll runterkommen, es ist doch ein abscheulig's Mensch, hab schon zwey mahl geschellt, bin eben vom Müllensfeld gekommen, kann ohnmöglich verdig werden. Der Marggraf ist nicht da, man kann um 2 Uhr essen, es wird der Erbprintzes just recht sein – und so kommt das lange Geschmier zu lesen, aber du bist doch nicht böse darüber! nun lebe wohl, ich bin und bleibe doch der deine.«

Als sich der Markgraf mit dem Erbprinzen zusammen während des Januar und Februar 1776 in Paris aufhielt und aus diesem Grunde den Tag der Silbernen Hochzeit fern von seiner Frau verbringen mußte, schickte er ihr als charmante Liebeserklärung ein selbst verfaßtes französisches Gedicht[6]:

»Chère Epouse,
Que j'aime, que tout mon peuple adore
Et que de jour en jour j'estime plus encore
Recevés d'un endroit qu'embellissent les arts
Mes souhaits, mes désirs et mes sincères égards.
Paris qu'on voit toujours en plaisirs si féconde,
Paris qui de grandeur et de merveilles abonde,
Paris que de raison l'on dit un Univers,
Malgrés ses rarités et ses charmes divers
Ne vaut pas un instant qu'auprès de Vous je passe.
Je jouis de sa pompe, mais déjà je m'en lasse.
Bientôt mon Coeur, à Vous en tout lieux en tout tems,
Se rendra sous Vos yeux et deviendra content. Charles Frédéric«

Karl Friedrichs Sorge um das Wohl der Landeskinder machte Karoline Luise in persönlicher Weise auch zu der ihren. Nicht nur gab sie gern und reichlich Almosen, wie ihre Ausgabenbücher erkennen lassen, sondern kümmerte sich auch selbst um Not und Krankheit, wann und wo immer sie davon erfuhr. Unter Anleitung ihres Leibarztes hatte sie schon in den sechziger Jahren begonnen, systematisch medizinische Studien zu betreiben, sich dabei offenbar auch gute Kenntnisse erworben. »Oft sah man sie«, schreibt Weech[7], »von einem Kammerdiener begleitet oder auch ganz allein, die niederste Hütte besuchen und die Patienten ganz methodisch behandeln. Waren diese auf dem Wege der Besserung, so machte es ihr eine ganz ausnehmende Freude, den mitgebrachten Wein aus dem Staucher hervorzunehmen und dem Genesenden eine Labung zu reichen. Während der ganzen Rekonvaleszenz sorgte sie auch für die Stärkung aus der Hofküche.«

Am Durlacher Hofe war es bereits im 16. Jahrhundert Brauch gewesen, begabten Landeskindern durch Stipendien ein Studium an auswärtigen Universitäten zu ermöglichen, um für den Staat fähige Beamte, Pfarrer, Ingenieure, Architekten und Ärzte heranzubilden. Karl Friedrich setzte diese Tradition fort, die sich auch Karoline Luise zu eigen machte[8]. Auf ihre Kosten ließ sie nicht nur die Söhne ihres elsässischen Kammerrats Koch studieren, die später alle zu angesehenen Stellungen gelangten, sondern vergab weitere Stipendien auch in Karlsruhe. Nur einmal mußte sie dabei eine Enttäuschung hinnehmen. Dabei ging es um einen jungen Herrn List. Unter Professor Spielmanns Leitung und Aufsicht sollte er wie sein verstorbener Vater in Straßburg Medizin studieren.[9] Zunächst ließ er sich auch gut an, geriet aber dann in schlechte Gesellschaft, führte ein liederliches Leben und machte zum Ärger Spielmanns und seiner hohen Gönnerin auch erhebliche Schulden; schließlich entwich er gar heimlich aus Straßburg. Seine Habe wurde von der Universität, bei der die Gläubiger ihre Ansprüche präsentiert hatten, beschlagnahmt und zur Versteigerung gegeben.

Mit Interesse verfolgte Karoline Luise die Arbeit der Gymnasien in Karlsruhe und Rastatt. Öfters erschien sie während der Unterrichtsstunden, allein oder vom Markgrafen und den Prinzen begleitet. Nebenius berichtet darüber aus den Jugenderinnerungen des Joseph Loreye, der sich später als Lyzeumsdirektor in Rastatt große Verdienste um das badische Schulwesen erworben hat[10]: ». . . da pflegte sie, gewöhnlich selbst, besonders aus der populären Naturlehre und aus der höheren Physik, aus der Geschichte und Geographie zu examinieren. Auch im Lateinischen stellte sie einzelne Fragen und ließ sehr gerne aus einem Klassiker ins Deutsche übersetzen. Ich erinnere mich, daß sie uns in den untern Schulen auch kleine deutsche Sätze zum Übersetzen ins Lateinische aufgegeben hat und wie freundlich sie uns corrigirte, wenn wir einen Bock machten. Ihr liebevolles Benehmen verursachte, daß wir an ihr mit kindlicher Ungebundenheit wie an einer Mutter hingen.«

Alles, was Karoline Luise in diesen siebziger Jahren unternahm – und sie mutete sich in jeder Beziehung viel zu –, mußte ihre Willenskraft einem leidenden Körper abverlangen. In der Korrespondenz mit Verwandten und Freunden finden sich immer wieder Hinweise darauf. So schreibt sie im Sommer und Herbst 1772 von

Bluthusten und ständig wiederkehrenden »palpitations«, was auf Herzinsuffizienz und ein Lungenödem zu deuten scheint. Man verordnete ihr eine Wasserkur auf dem Lande, die aber den Zustand nur noch verschlimmerte, wie sie an Madame Geoffrin schrieb. Für einige Zeit mußte sie absolute Ruhe halten. Im Februar des folgenden Jahres fühlte sie sich durch ein dreitägiges Wechselfieber stark behindert, berichtete der Marquise de la Ferté-Imbault dann im Sommer[11], sie leide nun seit fünf Monaten am Fieber und könne sich einfach nicht erholen: ». . . von Kopf bis Fuß bin ich geschwollen. In diesem Zustand hat man mich nach Darmstadt zu einer Abschiedsfeier für den Landgrafen geschleppt; davon bin ich nur noch elender zurückgekommen. Vor einer Woche waren meine Hände noch so geschwollen, daß ich keine Feder halten konnte.«

Am 10. März 1774 schildert sie Eberts ihren Zustand: ». . . Alle Augenblicke bekomme ich Fieber. In aller Heftigkeit hält es zwei Wochen an, verliert sich dann auf einige Tage und beginnt von neuem. Nur im Sommer fühle ich mich wohl.« Die stehenden Wasser in den vielfach verzweigten Armen des Altrheins, dessen Lauf erst im 19. Jahrhundert korrigiert wurde, auch die oft Wochen anhaltenden stagnierenden Wasser der Überschwemmungen machten die als Sumpf- oder Wechselfieber bezeichnete Malaria zu »einer wahren Geißel der Gegend«, wie es heißt[12]. Offenbar ist es diese periodisch wiederkehrende Malaria, unter welcher Karoline Luise während der siebziger Jahre immer wieder zu leiden hatte. Im November und Dezember 1776 mußte sie mit einer »fiebrigen Erkältung« das Bett hüten und fühlte sich im Februar des folgenden Jahres noch so schwach, daß sie Briefe nur diktieren, allenfalls selbst unterschreiben konnte.

Im Frühjahr und Sommer 1775 schienen alle äußeren Anzeichen auf eine neue Schwangerschaft zu deuten; auch die Ärzte und andere Beobachter waren dieser Meinung. Am 18. Juli schrieb Karl Friedrich, der sich mit dem Erbprinzen zusammen auf einer dreiwöchigen Reise durch die Schweiz befand, er danke Gott für die Nachricht[13]; der Hofratspräsident möge öffentliches Kirchengebet anordnen. Der junge, damals achtzehnjährige Herzog Karl August von Sachsen-Weimar, der sich im Mai des Jahres in Karlsruhe aufhielt, schrieb in einem Brief an seine Mutter Anna Amalia süffisant[14]: ». . . die Markgräfin geht im sechsten Monat schwanger, sie ist erst 52 Jahre alt.« Das Wissen um den menschlichen Körper und die Untersuchungsmöglichkeiten der Ärzte dieser Zeit sind recht begrenzt gewesen: Karoline Luise war damals ungewöhnlich korpulent geworden, möglicherweise auch durch Mangel an Bewegung und unzweckmäßige Ernährung stark gebläht. Dieser Meinung war aus eigener Erfahrung jedenfalls Frau von Olitzky, eine alte Freundin der Markgräfin in Rastatt, die ihr im August allerlei gute Ratschläge erteilte[15], wie sie sich in solchem Falle verhalten müsse und welche Mittel sie nehmen solle, um die Beschwerden zu beheben: ». . . umb gottes Wüllen, lauffen ist braf.« Am 12. Juli schrieb Karoline Luise der Erbprinzessin, die sich zu Besuch in Darmstadt befand, bei beständigen Wehen habe sie am vergangenen Sonntag einen sehr schlechten Tag gehabt; es gehe ihr immer noch kümmerlich, doch hoffe der Arzt, sie werde die Schwangerschaft am 5. oder 6. August glücklich beenden können. Da der ganzen

Sache dann keinerlei Erwähnung mehr getan wird, dürfte es sich wohl doch um eine Fehldiagnose der Ärzte gehandelt haben.

Sorgen bereitete dem markgräflichen Paar die Entwicklung des ältesten Sohnes, des 1755 geborenen Erbprinzen Karl Ludwig. Des Vaters Ehrgeiz war es gewesen, ihn schon früh auf seine zukünftigen Regentenpflichten vorzubereiten und ihm eine in dieser Hinsicht möglichst umfassende Erziehung zukommen zu lassen. Da Karl Friedrich ein überzeugter Anhänger der Physiokraten war und auch selbst einen durch deren Theorien bestimmten »Abrégé de la économie politique« verfaßt hatte, wünschte er seinen Sohn schon früh gerade mit dieser Materie vertraut zu machen. Während des Aufenthalts in Paris engagierte er daher Du Pont, der dem Prinzen Unterricht erteilen und diesen dann später durch schriftliche Unterweisung noch ergänzen sollte. Daß der sechzehnjährige Karl Ludwig in Paris an allem anderen als gerade an physiokratischen Theorien interessiert war, hätte sich voraussehen lassen. In einem Brief vom 2. Januar 1772 an den Markgrafen gesteht Du Pont denn auch, er habe den jungen Herrn unglücklicherweise des öfteren gelangweilt, was bei dieser komplizierten Materie auch kaum verwunderlich sei.[16] Der kurzen in Paris zur Verfügung stehenden Zeit wegen habe er den Unterricht zu rasch vorantreiben müssen; für den Prinzen sei es anstrengend und ermüdend gewesen, dem logischen Aufbau der Theorie zu folgen, und dies um so mehr, als er sich überhaupt nur aus Gehorsam dem Vater gegenüber damit befaßt habe: ». . . Gehorsam hat jedoch Langeweile zur Folge, vor allem wenn man jung ist, und Langeweile ist der Tod aller Wissenschaft.« Sei man einmal drei Monate lang mit einer Sache gelangweilt worden, könne davon ein jahrelang anhaltender schlechter Nachgeschmack bleiben. Daher solle man den Prinzen jetzt nicht drängen, die Wissenschaft zu lernen, sondern versuchen, sein Interesse an ihr zu wecken. Was man nämlich ohne Liebe zur Sache lerne, verstehe man sowieso nicht. Du Pont bot sich an, in Briefen an den jungen Herrn von Zeit zu Zeit ökonomische Fragen, doch auch solche der Literatur, in einer Weise zu behandeln, welche die Lektüre angenehm mache. Karl Friedrich war damit einverstanden, und so schickte Du Pont denn während der nächsten drei Jahre 29 pädagogische Briefe dieser Art.

Karl Ludwig, alles andere als der Typus eines Intellektuellen, war eine eher passive Natur, ohne starke innere Antriebskräfte. Zum guten Teil dürfte er auch das Produkt einer allzu sehr gängelnden Erziehung gewesen sein, ständiger Beaufsichtigung und jenes Lernzwangs, von dem Du Pont schreibt. Bei all dem blieb nur wenig Zeit zur Entwicklung eigener Initiative und geistiger Selbständigkeit. Frühere Generationen hatten junge Prinzen in bildsamem Alter für zwei bis drei Jahre ins Ausland geschickt, wo sie dann unter Aufsicht eines Erziehers lernten, sich auf eigene Beine zu stellen und in fremden Umgebungen zu behaupten. Für Karl Ludwig und seine beiden Brüder gab es dagegen nur drei Monate in Paris, wo sie wiederum unter der Aufsicht der in jeder Beziehung dominierenden Eltern standen. In einem Jugendlichen von nur mittlerer Begabung, wie Karl Ludwig es war, mußten der vom Vorbild solcher Eltern ausgehende Anspruch und die ständige Bevormundung Minderwertigkeitsgefühle wecken. Als der junge Graf Stolberg seiner Schwester 1775 den Karlsruher Hof schilderte, wußte er über den Erbprinzen nur zu sagen: ». . . c'est peu de chose.« Von den Eltern war ihm dann auch die Braut ausgesucht worden, Karoline Luises Darmstädter Nichte Amalie, die dritte, 1754 geborene Tochter Landgraf Ludwigs IX. Schon 1753, als beide Schwägerinnen zur selben Zeit schwanger waren, hatten sie ausgemacht, die Kinder sollten einander heiraten, falls es einen Jungen und ein Mädchen geben würde.[17] Am Plan einer ehelichen Verbindung der bereits verschwägerten Häuser hielt man fest, wenn in der späteren Korrespondenz davon auch nichts mehr verlautet.

Im Jahre 1773 hatte die Darmstädter Landgräfin eine lange und beschwerliche Reise nach St. Petersburg unternehmen müssen, um der Zarin, welche für ihren Sohn Paul eine Frau suchte, von den fünf Töchtern die drei noch unverheirateten vorzustellen, Amalie, Wilhelmine und Luise. Landgraf Ludwig IX. selbst, der in seiner Garnison Pirmasens residierte, lehnte es ab, sich um die Angelegenheit zu kümmern, und äußerte seinem Minister gegenüber[18]: ». . . Mir ist es lieb, daß ich mit den Heiraten meiner Töchter nichts zu tun habe; geht's gut, so freut's mich, geht's übel, so kann ich mir wenigstens nicht Schuld geben, daß ich Ursache daran bin.« Die Wahl der Zarin fiel auf Wilhelmine, deren Verlobung mit dem neunzehnjährigen Thronfolger gleich gefeiert wurde. Die Braut mußte zum orthodoxen Glauben übertreten und empfing in der Taufe den Namen Natalia. Großfürst Paul, ein schwieriger Charakter, hat seine junge Frau geliebt, doch war ihr Glück nur von kurzer Dauer; schon drei Jahre später starb Natalia bei der Geburt eines Kindes.

Mit den beiden anderen Töchtern war die Mutter Weihnachten 1773 wieder in Darmstadt eingetroffen, erschöpft und überanstrengt durch die lange Reise. Sie ahnte, daß ihre Tage gezählt seien. Schon am 30. März 1774 ist sie in Darmstadt gestorben. Noch auf dem Sterbebette nahm sie der Tochter Amalie das Versprechen ab, den Erbprinzen Karl Ludwig von Baden zu heiraten. Karoline von Freystedt, Amalies spätere Hofdame in Karlsruhe, berichtet darüber in ihren Memoiren: »Meine Fürstin wünschte unvermählt zu bleiben, sie war Dechantin des fürstlichen Stifts Quedlinburg. Sie hatte sich deshalb einen Lebensplan nach ihrem Sinn gemacht, doch der Wille der Mutter entschied den ihrigen. Karl Ludwig war ein Jahr jünger als sie, sein Charakter noch unentwickelt. Sie war ihm gut, ohne Liebe, doch später lernte sie ihn schätzen und als ihren besten Freund würdigen. Dieser Zeitpunkt ihres Lebens war höchst traurig. Sie hing mit voller Seele an ihrer Mutter und Großmutter, verlor beide in wenig Tagen und war den Umständen nach (ihr Vater hatte eine Geliebte, wegen welcher sie anstandshalber nicht bei ihm bleiben konnte) und durch ihre der sterbenden Mutter gegebene Zusage genötigt, ihre Heirat zu beschleunigen, die in der Stille nach der tiefen Trauer in Karlsruhe vollzogen wurde, im Juli des Jahres 1774. Ihre Schwester, Prinzessin Luise, begleitete sie und vermählte sich ebenfalls in Karlsruhe mit dem Herzog Karl August von Sachsen-Weimar. Meine Fürstin war anfangs in ihrem Ehestand nicht glücklich. Die Schwiegereltern, gewohnt, ihren Sohn als Kind zu behandeln, dehnten diese Gewohnheit auch auf seine junge Gemahlin aus, welche besonders das Joch ihrer Schwiegermutter und Tante nur mit Mühe ertrug.«

Karoline von Freystedt, deren Vater der natürliche Sohn Karl Friedrichs war, stand der Markgräfin-Mutter gewiß nicht unvoreingenommen gegenüber, läßt deren Tugenden und Verdiensten in ihren Memoiren aber doch Gerechtigkeit widerfahren.[19] Freilich meint sie – und das wohl auch mit gewissem Recht –, die schönen Eigenschaften Karoline Luises seien »vielleicht durch Herrschsucht verdunkelt worden, die störend in das Leben des jungen Fürstenpaares eingriff. Die Abhängigkeit der Kinder gegen ihre Eltern ging so weit, daß der Erbprinz, schon Vater einer zahlreichen Familie, nicht ausfahren durfte, ohne vorher die Erlaubnis seines Vaters einzuholen. Seine Gemahlin suchte ihn etwas unabhängiger zu machen, und dies führte zu Mißhelligkeiten, die oft ihr Leben trübten. Kamen Fremde an den Hof, der sehr gastfrei war, so unterhielt sich die Markgräfin-Mutter ausschließlich mit ihnen und vergönnte kaum ihrer Schwiegertochter die wenigen Worte anzubringen, die der Anstand erheischte. Dadurch ward diese, die vielleicht weniger wissenschaftlich unterrichtet, aber mehr die Welt gesehen hatte, oft gekränkt.«

Man soll dagegen auch die andere Seite zu Wort kommen lassen und lesen, welchen Eindruck Lavater von der jungen Erbprinzessin gewonnen hat, um zu verstehen, daß manches an der Nichte und Schwiegertochter Karoline Luise irritieren mußte. Der Züricher Gast, von dessen Besuch in Karlsruhe noch die Rede sein wird, ein scharfer Beobachter menschlicher Physiognomien und Verhaltensweisen, schrieb über Amalie in sein Tagebuch[20]: ». . . eine zarte, gute, schwache, lange Dame. Ihre Schwester, die Prinzessin Luise, ein ganz anderer männlicherer Blick als der ihrer Schwester. Ich konnte aber wegen des Kleidergeräusches der beiden Prinzessinnen, wegen ihrer blendenden Brillanten und ihrer abscheulichen Reifröcke ihnen nicht so nahe kommen, als ich und vielleicht sie selbst, wie mir nachher Leibarzt Leuchsenring sagte, es wünschten. Sie besahen Zeichnungen und schienen sich eingeschränkt zu fühlen und unter den Gesetzen der Etikette oder der geheimen Macht der Markgräfin zu gehorchen, die in aller Pracht wie eine Bérénice dasaß.«

Zwanzigjährig war Amalie 1774 an den Karlsruher Hof gekommen, ein wohlerzogenes Mädchen von angenehmen Umgangsformen, durch die traurigen Erlebnisse der vergangenen Monate und die so ganz andere, für sie neue Umgebung wahrscheinlich bedrückt und verstört. Im Kreise von sieben weiteren Geschwistern aufgewachsen, hatte sie unter den Augen einer klugen und warmherzigen Mutter eine behütete Jugend verlebt und eine konventionell höfische Erziehung genossen, die zwar auch Literatur und Kunst einbezog, im wesentlichen aber doch auf das Ziel gerichtet war, sie für eine standesgemäße Ehe vorzubereiten. Die Tante und Schwiegermutter war eine ihr völlig entgegengesetzte Natur: allein groß geworden und in jungen Jahren schon durch ihren früh entwickelten Intellekt auf eine wissenschaftlich fundierte Bildung gerichtet, hatte sie es sich zur Gewohnheit gemacht, ihre Tage diszipliniert mit systematischer Arbeit auszufüllen. Dazu war sie am Karlsruher Hofe seit mehr als zwanzig Jahren nicht nur die erste, sondern die einzige Dame überhaupt gewesen, nach deren Geschmack und starkem Willen sich alles zu richten hatte. Vermutlich fühlte sie sich durch den Anblick der jungen Nichte, die ohne ausgeprägt geistige Interessen in den Tag hinein lebte, irritiert und

52 Erbprinzessin Amalie mit dem Kalmücken Fedor, um 1775 – Gemälde von J. W. Hauwiller – Privatbesitz

reagierte darauf mit einer Schärfe, welche durch frauliche Eifersucht auf die jüngere Rivalin in der Gunst der Hofgesellschaft vielleicht noch gereizter wirkte. Daß Amalie ihr mit Reserve begegnete, blieb ihr nicht verborgen, ebenso wenig, daß diese bestrebt war, sich gegen die dominierenden Eltern des Gatten eine eigene Position zu schaffen. Auch Karl Friedrich, der spürte, daß ihm die Schwiegertochter seine bisher absolute Herrschaft über den ältesten Sohn mit Erfolg streitig zu machen begann, begegnete Amalie mit Kühle. Ohne daß vermutlich offen darüber gesprochen wurde, verübelte man es der jungen Frau in der Folge nun auch, daß sie während der ersten zehn Jahre ihrer Ehe zwar fünf Töchtern das Leben gab, dem badischen Hause den erwarteten Thronerben aber bis 1786 schuldig blieb.

53 Prinz Friedrich, um 1775 – Kupferstich von Chr. v. Mechel – Privatbesitz

Der Erbprinz selbst, weich und unentschlossen, stand zwischen dem dominierenden Vater, welchen er verehrte, und der Frau, die er liebte. Amalie, ihm an Willenskraft und Ehrgeiz überlegen, war in der Ehe der stärkere Teil; Karl Ludwig machte sich in allen persönlichen Fragen, bis in die Wahl seiner Kleidung hinein, die vorher die Mutter bestimmt hatte, ganz von ihrer Meinung abhängig. Der unlösbare Konflikt, in welchen er auf diese Weise geriet, ließ ihn zeitweise in schwere depressive Verstimmungen fallen. Eine Situation solcher Art ergab sich etwa, als Amalie, die an Augenbeschwerden litt, im Sommer 1781 zu ärztlicher Untersuchung nach Straßburg gefahren war und wegen einer als dringend erachteten Operation dort gleich für mehrere Wochen bleiben mußte. Karl Ludwig hätte seine Frau gern begleitet, doch der Vater lehnte diesen Wunsch kategorisch ab. Am 2. Juli schrieb der Prinz aus Scheibenhardt an seine Frau[21]: »Gerade hat meine Mutter mich gefragt, ob Sie am kommenden Mittwoch zurückkehren; ich habe ihr erzählt, was die Ärzte Ihnen gesagt haben. Das schien ihr sehr recht zu sein, denn sie hofft, daß Sie erst in sechs Wochen wiederkommen. Ich versichere Sie, meine Freundin, das hat mir wieder neuen Kummer bereitet; denn alles, was Sie betrifft, geht mir sehr nahe.« Nachdem er dann erfahren hatte, die Operation sei gut verlaufen, schrieb er am 24. Juli, er wäre so gern selbst zu ihr gekommen, wage es aber nicht, daran auch nur zu denken. Ginge es hier um seine Mutter, wären bestimmt alle schon längst in Straßburg, »doch da es sich um Sie handelt, kommt niemand auf diese Idee. Ich werde wirklich schlimmer als ein Sklave an der Kette behandelt, denn der besitzt doch wenigstens die Freiheit, traurig sein zu dürfen; setze ich aber eine solche Miene auf, tadelt mein Vater mich, was gestern und heute geschehen ist. Man hat aber doch wirklich keine Lust, zu lachen und andere zu amüsieren, wenn man weiß, daß sich eine Frau, die man liebt und anbetet, in Ihrer Lage befindet.« Dem Arzt Dr. Lobstein, der sich erboten hatte, die Erbprinzessin auf eigene Kosten zu besuchen, sei gesagt worden, man finde es nicht »convenable« für ihn, sich auf drei Tage zu entfernen, denn der Vater leide an Hämorrhoiden; die habe er aber nun schon seit zwanzig Jahren und werde sie bestimmt auch nie loswerden. Zwei Tage später ist der Prinz dann völlig verzweifelt; er findet es hart, schlechter als der letzte Diener seines Vaters behandelt zu werden, denn dem würde man bestimmt Urlaub geben, seine kranke Frau zu besuchen, was man ihm nun verweigere: ». . . Meine Herren Brüder machen mich wütend, wenn sie nach Neuigkeiten über Amaliens Gesundheitszustand fragen, immer mit mokantem Unterton, und Fritz sagt dann: wenn Papa gesund ist, geht er mit.«

Erst Ende des Monats durfte Karl Ludwig seiner Frau schließlich einen kurzen Besuch abstatten, hatte dann aber gleich wieder Dienst am Krankenbett des Vaters zu leisten, der niemand als ihn um sich sehen wollte. Wie aus Briefen Karoline Luises hervorgeht, war der Markgraf durch seinen Zustand drei Monate an das Zimmer gefesselt. Am 22. August berichtete der Erbprinz seiner Frau, niemals werde er eine Szene vergessen, welcher er gerade habe beiwohnen müssen: als der Vater über sehr starke Schmerzen klagte, die er erdulden müsse, habe die Mutter plötzlich alle Fassung verloren und sei in heiße Tränen ausgebrochen: ». . . Denken Sie nur, was für eine Situation für uns und für die Domestiken! Ich habe nicht gewagt, aufzublicken.« Tags darauf heißt es: »Er leidet ständig, wird von Tag zu Tag trauriger, melancholischer. Seine Lage, liebste Frau, fängt langsam an, mich zu beunruhigen. Vor allem nach der gestrigen Szene scheint auch meine Mutter am Ende ihres Lateins zu sein. Die Ärzte wissen nicht mehr, was sie tun sollen, sein Leiden zu erleichtern. Kurz, das ist alles sehr traurig für mich, denn ich bin ja ständig um ihn.« Dem Konzept eines Briefes von Karoline Luise an die Marquise de la Ferté-Imbault vom Ende des Jahres ist zu entnehmen, daß Karl Friedrich damals wieder ganz von seinen Beschwerden geheilt war.

Legte der Vater den ältesten Sohn und Thronerben ganz mit Beschlag, so tat die Mutter ein Gleiches mit dem zweiten, ihrem geliebten Fritz. In einem Nachruf auf diesen Prinzen schreibt dessen Biograph S.F. Gehres 1827[22]: »Sie wollte ihn ganz besitzen; auch füllte sie sein ganzes Herz aus. Ein gleichgeliebtes Wesen hätte die Mutter schwerlich zwischen sich und dem Sohn dulden können, weil sie mit ihm gleichsam in einer geistigen Verbindung stand. Auch hätte er sein Leben für sie gelassen.« In der Tat hat der Prinz erst 1791, acht Jahre nach dem Tode der Mutter, geheiratet. Sensibel und ein wenig gehemmt, von eher zarter Konstitution, teilte er schon in jungen Jahren die geistigen Interessen der Mutter und wurde aus diesem Grunde auch später ihr liebster Reisegefährte. J.H. Landolt, ein junger Schweizer aus Zürich, der sich 1782 für kurze Zeit in Karlsruhe aufhielt und durch Professor Böckmann am Hof eingeführt wurde, hat in seinem Tagebuch eine anschauliche Schilderung auch von seinem Besuch beim Prinzen Friedrich gegeben[23], ». . . der uns sehr höflich empfing. Er ist ein wohlgebildeter junger Herr von 26 Jahren, der mit Gelehrsamkeit und Wissenschaften vertraut ist und hierin sein Vergnügen sucht, folglich von den wilden und rauschenden Vergnügungen anderer großer Herren weit entfernt ist . . . Vormals unternahm er oft weitläufigte Reisen durch Deutschland, Holland – wo er jetzt Obrist eines Regiments ist –, Frankreich usw., wo er, sich selbst überlassen, immer nur seinen Geist zu kultivieren suchte. Überall verriet er viel Scharfsinn. Wißbegier und große Geschichtskunde. Schade ist's, daß er in der Rede ein wenig stottert und deswegen nicht so viel spricht, als er sonst vermutlich sprechen würde.«

Obgleich wenig für das Soldatenleben geeignet, hatte Friedrich als jüngerer Sohn des Hauses eine militärische Laufbahn einschlagen müssen. Schon 1766 war der damals Zehnjährige in Holland zum Oberst beim zweiten Bataillon des 2. Regiments Nassau-Oranien ernannt worden. Das bedeutete von holländischer Seite aus eine Geste dem Vater gegenüber, der ebenfalls ein Bataillon im Dienste der Generalstaaten innehatte. Doch lag dem auch die Absicht zugrunde, sich für die Zukunft fähige Offiziere zu sichern. Zu Beginn des Jahres 1777 mußte der Prinz, nun einundzwanzigjährig, seinen Dienst in Holland antreten. Weder das Land noch das Leben in der Garnison fand er nach seinem Geschmack. In einem Brief an den älteren Bruder erzählt er von einem großen Maskenball beim Baron van Noordwyck; dort hat er sich zwar ganz gut amüsiert, doch[24]: ». . . bis jetzt ist mein Los nicht beneidenswert. Der erste Anfang ist schwer in diesem Lande; die Leute sagen einige höfliche Worte und drehen einem dann den Rücken zu . . .« In seinen Briefen an den Vater klagt er immer wieder über das öde Leben in der Garnison Maastricht[25]: »Wie verdrießlich ist mein jetziges Dasein! Beim Exerzieren kommt mir die Galle hoch, und bei den Gesellschaften und Spielpartien, wo nichts als Schlechtes über alle geredet wird, fühle ich eine innere Leere, die mich zu Boden drückt und mich vor mir selbst erniedrigt. Außerdem schläft man hier auch schlecht. Das ist so etwa mein Leben, sehr wenig befriedigend für jemanden, der zu denken versteht.« Zwar gab es immer wieder längere Urlaubsperioden, welche der Prinz in Karlsruhe verbringen durfte, doch belastete ihn die Aussicht, sich sein ganzes Leben in einem Lande aufhalten zu müssen, das ihm so wenig zusagte. Erst 1794 zwang ihn sein durch mehrere Krankheiten geschwächter Gesundheitszustand schließlich, dem militärischen Dienst ganz zu entsagen und für immer in die Heimat zurückzukehren.

Über den 1763 geborenen jüngsten Sohn Ludwig, der als Jugendlicher bis in die zweite Hälfte der siebziger Jahre noch unter der Aufsicht seines Erziehers Hofrat Ring stand, verlautet während dieser Zeit nur wenig. Auch er schlug später eine militärische Laufbahn ein, wurde 1787 Oberst in der preußischen Armee und später Generalmajor der Infanterie im Schwäbischen Reichskreis. Nach dem Tode seines ohne Sohn verstorbenen Neffen Karl hat er 1818 als Großherzog Ludwig den Thron bestiegen und ist dadurch für zwölf Jahre in das Licht der badischen Geschichte getreten.

Noch andere Mitglieder der markgräflichen Familie lebten während der siebziger Jahre in Karlsruhe oder dessen nächster Umgebung. Seit 1732 residierte Karl Friedrichs Mutter, die oranische Prinzessin Anna Charlotte Amalie, im Schloß zu Durlach. Aus der tiefen geistigen Verwirrung, in welche sie damals gefallen war, hat sie nicht mehr zu sich zurückgefunden: erst nach 45 Leidensjahren erlöste sie der Tod am 18. September 1777.

Karl Friedrichs jüngerer Bruder Wilhelm Ludwig lebte meist in Mühlburg an der Alb, westlich vor den Toren Karlsruhes gelegen. Dort besaß er, wie Brunn 1791 schreibt, »ein geschmackvolles ländliches Schloß mit einem angenehmen Garten und ein treffliches Landgut, auf welchem er die Landwirtschaft selbst verwalten ließ und besonders einen ansehnlichen Handel mit Krapp trieb«. Ehe er sich zum behaglichen Leben eines Landjunkers entschloß, hatte ihm eine militärische Karriere in holländischen Diensten den Rang eines Generalleutnants der Infanterie und Gouverneurs von Arnheim eingebracht. Schon seit 1760 war er in glücklicher Ehe einer Frau bürgerlichen Standes verbunden, Wilhelmine Christine Schortmann aus Stuttgart, die ihm auch mehrere Kinder geboren hat[26]. Karl Friedrich, der diese Ehe offiziell genehmigen mußte, schätzte die Schwägerin, die ohne jeden gesellschaftlichen Ehrgeiz ganz ihrer Familie lebte und in ihrer Häuslichkeit aufging. Unter dem Namen der 1583 erloschenen adligen Familie von Seldeneck ließ Karl Friedrich ihre Kinder 1777 nobilitieren.

Auch zwei Onkel des regierenden Markgrafen waren dem Hofe noch verbunden, von dem sie ihre Apanage bezogen. Markgraf Karl August, einst einer der Vormünder Karl Friedrichs, der während des Siebenjährigen Krieges eine nicht eben rühmliche Rolle in der Reichsarmee gespielt hatte, war nach dem Frieden von Hubertusburg doch noch mit dem Titel eines Feldmarschalls ausgezeichnet worden. Seitdem führte er, unvermählt, ein zurückgezogenes Leben in Durlach und ergötzte sich, wie der Historiker Johann Christian Sachs 1773 schreibt[27]: ». . . daselbst mit Lesen alter und neuer Schriften«.

Sein jüngerer Bruder Markgraf Christoph, der einer Wunde am Fuß wegen schon 1761 den Dienst aufgeben mußte und sich damals in das Privatleben zurückzog, war ein lebenslustiger Herr und fröhlicher Gesellschafter, nur allzu sehr dem Spiel ergeben. Schlechten Gewissens mußte er des öfteren von seinem Neffen Karl Friedrich Geld erbitten, um Schulden begleichen zu können. Als er 1766 wieder einmal um viertausend Gulden Vorschuß nachsuchte, schrieb er dazu[28]: ». . . Ich bin verzweifelt, Ew. Hoheit inkommodieren zu müssen, und flehe Sie an, niemandem etwas davon zu sagen, denn man würde sich zu Recht über mich mokieren. . . « Als die kaiserlichen Majestäten geruht hatten, ihm 1769 nachträglich noch in Rücksicht auf seine Anciennität den Titel eines Feldmarschalls zu verleihen, konnte er nicht einmal die Taxe für das Patent aufbringen und mußte den Markgrafen wiederum bitten, ihm den Betrag vorzuschießen. Zweiundsechzigjährig heiratete er 1779 die Durlacher Bürgerswitwe Maria Katharina Fuchs, geborene Höllischer, deren Kinder Karl Friedrich 1806 unter dem Namen von Freydorf in den erblichen Adelsstand erheben ließ. Wenn auch in Geldsachen sorglos, scheint Markgraf Christoph doch umgänglich und gutherzig gewesen zu sein. Karoline Luise hat ihn jedenfalls geschätzt, schon weil er der einzige von den badischen Verwandten gewesen war, der sich ihrer während der ersten schweren Monate in Karlsruhe angenommen und ihre traurige Stimmung damals etwas aufzuheitern versucht hatte.

Besuche und Begegnungen

Um die Mitte der siebziger Jahre, als das Schloß nach langer Bauzeit im Äußeren bis auf geringe Einzelheiten seine endgültige Form erhalten hatte, war die Stadt Karlsruhe immer noch ein recht bescheidener Ort, dessen Einwohnerzahl die Viertausend nicht überstieg[1]. Nach Süden bildete die »Lange Straße« – heute Kaiserstraße – ihre Grenze; erst eine einzige der vom Schloß ausstrahlenden Achsen, die »Neue Rüppurrer Straße«, führte seit 1761 darüber hinaus, mitten durch das immer noch außerhalb des eigentlichen Stadtgebiets liegende »Klein-Karlsruhe«, auch »Dörfle« genannt. Eine amtliche Zählung ergab im Jahre 1765 an Baulichkeiten 328 Haupt- und 398 Nebengebäude.

Die günstige Lage Karlsruhes an großen Straßen, welche von Frankfurt und Mannheim in die Schweiz oder vom Osten über Stuttgart nach Paris führten, brachte gleichwohl viele Fremde in die Stadt. Hier machte man gern Station, angezogen durch die berühmte barocke Anlage des Ganzen, die in Europa ihresgleichen suchte, angezogen auch durch die Gärten und nicht zum wenigsten durch den Ruf, welchen sich der Markgraf von Baden als aufgeklärter Regent, sein Hof als eines der kulturellen Zentren im Südwesten des Deutschen Reiches erworben hatten.

Wer immer dank seines Standes oder persönlicher Leistung Rang und Namen besaß oder entsprechende Empfehlungsschreiben vorweisen konnte, ließ sich bei Hof melden und wurde in der Regel auch empfangen. Die Reihe illustrer Besucher, welche von ihrem Aufenthalt Zeugnis hinterlassen haben, beginnt 1758 mit Voltaire, von dem bereits die Rede gewesen ist. Unter den Vielen, die im Laufe des folgenden Jahrzehnts erschienen, war auch ein junger schottischer Edelmann, der auf seinem »grand tour« durch Europa vom 9. bis zum 17. November 1764 in Karlsruhe verweilte und hier einen sehr freundlichen Empfang fand: James Boswell[2]. Der damals Vierundzwanzigjährige, gebildet und gewandt, dazu gesellschaftlich sehr ehrgeizig und überzeugt davon, daß eine große Zukunft vor ihm liege, war damals, wenigstens für die Deutschen, noch ein unbeschriebenes Blatt, ein völlig Unbekannter. In späteren Jahren hat er sich durch seine Biographie des großen Samuel Johnson bei den Zeitgenossen einen Namen gemacht. Erst in unserem Jahrhundert aber ist er erneut zu verdientem Ruhm gekommen, nachdem man begonnen hat, seine lange verschollenen, ausführlich schildernden Tagebücher zu publizieren. Sie gehören zu den interessantesten Quellen für unsere Kenntnis von Persönlichkeiten und Zuständen des 18. Jahrhunderts in Europa. Karl Friedrich, für alles Englische aufgeschlossen, scheint an dem jungen Mann Gefallen gefunden zu haben, ließ ihn täglich an der Marschallstafel speisen, machte ihm die Kunstsammlungen und andere Einrichtungen zugänglich und führte lange Gespräche mit ihm. So heißt es in Boswells Tagebuch unter dem 14. November: ». . . Nach dem Essen sprach ich mit Seiner Durchlaucht über Religion. Ich erklärte ihm freimütig meine Ansicht darüber, daß ich mich zur Religion Jesu, wie sie in den vier Evangelien offenbart ist, bekenne und sie für in sich gut halte. Andererseits wandte ich mich heftig gegen David Hume und andere Gottlose, die unsere Grundsätze untergraben, ohne dafür etwas Festes an die Stelle zu setzen. Seine Hoheit meinte, es sei äußerst schwierig zu entscheiden, ob die Bibel wirklich Gottes Wort sei. Er machte mir den Eindruck eines gemäßigten Skeptikers. Wir haben heute ein sehr langes Gespräch gehabt.«

Karoline Luise blieb während dieser Tage dem offiziellen Leben des Hofes fern, weil sie sich der Pflege ihrer an den Pocken erkrankten drei Söhne zu widmen hatte. Doch durfte Boswell ihr in den privaten Gemächern seine Aufwartung machen. Er fand sie ‚«comely, clever, easy, lively« und notierte sich: «Solch eine Gattin möchte ich wohl haben«. Auch von den Zeichnungen und Pastellen der Markgräfin war er sehr angetan: ». . . es ist kaum zu glauben, daß eine Fürstin so gut malt«. Alles in allem zeigte sich der junge Schotte sehr berührt von der Atmosphäre des Karlruher Hofes: «. . . von Kindesbeinen an habe ich zum Hochadel aufgeschaut und mich in der Abgeschiedenheit von Auchinleck oft zu den schönsten Hoffnungen verstiegen. Seit ich in Deutschland weile, wünsche ich mir nichts sehnlicher, als einen bedeutenden Fürsten zu finden, der mich gebührend schätzt, so daß ich mich für mein ganzes Leben seiner Freundschaft rühmen dürfte. Ich gefiel mir in der Vorstellung, unter den mannigfachen Fürsten, die ich aufzusuchen gedachte, könnte sich ein solcher finden. Allein, nachdem ich eine Anzahl Höfe kennengelernt hatte, war meine Hoffnung fast ganz geschwunden. Und nun, am vorletzten Hof, ist mein kühnster Wunsch in Erfüllung gegangen. Ein ernsthafter, wohlunterrichteter, liebwerter Fürst hat sich für mich gefunden. Er hat meinen inneren Wert erkannt und mich mit jeder möglichen Auszeichnung behandelt . . .« Als Boswell sich schließlich verabschiedete, bat er den Markgrafen, weiter briefliche Verbindung mit ihm halten zu dürfen; er wagte es sogar, ihn um die Verleihung des badischen Hausordens der Treue zu bitten. Karl Friedrich war zwar überrascht, doch offenbar nicht ganz abgeneigt, ihm diesen Wunsch zu erfüllen, forderte ihn jedenfalls auf, eine beglaubigte Abschrift seines Stammbaums zu schicken. Wenn Boswell dann auf seiner Rückreise nach Schottland Karlsruhe wieder besuche, wie er in Aussicht gestellt hatte, werde man sehen, was zu machen sei. Aus mancherlei Gründen ist daraus dann nichts mehr geworden. Briefe von beiden Seiten waren anscheinend verloren gegangen, die Verbindung riß ab.

Im Sommer 1771 kam es dank einer liebenswürdigen List Karoline Luises zu einer Begegnung ungewöhnlicher Art. Es ging um die damals in ganz Europa berühmt gewordene russische Fürstin Katharina Daschkowa[3]. Bei dem Staatsstreich, durch welchen im Sommer 1762 Zar Peter III. entmachtet und seine Gemahlin Katharina auf den Thron gehoben wurde, hatte die damals Neunzehnjährige, Freundin und glühende Verehrerin der deutschen Prinzessin, eine entscheidende Rolle gespielt. Dann in ihrem Selbstbewußtsein gekränkt, auch enttäuscht darüber, daß ihr trotz aller äußeren Ehrungen politischer Einfluß verwehrt wurde und daß Grigori Orlow, was sie nicht gewußt hatte, der Liebhaber Katharinas war und Macht über die Zarin besaß, geriet die Fürstin schon bald in Ungnade. Sie mußte St. Petersburg verlassen und sich auf ihre Güter zurückziehen. Nach einigen Jahren gestattete Katharina ihr, eine längere Studienreise durch Europa zu unternehmen. Mit ihren beiden Kindern und einer Freundin, Fräulein Kamenskaja, brach die Fürstin unter dem Namen einer Madame Michalkowa Ende des Jahres 1769 auf. Berlin war ihr erstes größeres Ziel, dem sich dann Besuche bei weiteren deutschen Höfen anschlossen. Es folgten Monate in England und schließlich in Paris, wo die Fürstin mit Diderot Freundschaft schloß. Dieser hat auch ein literarisches Porträt von ihr entworfen, in dem er ungeschminkt ihr Aussehen beschreibt: »Die Fürstin Daschkowa ist durchaus nicht schön. Sie ist klein, hat eine hohe offene Stirn, runde aufgedunsene Backen, Augen, die weder klein noch groß sind und ein wenig tief in den Höhlen liegen, dunkle Haare und Augenbrauen, eine etwas flache Nase, einen großen Mund, dicke Lippen, einen runden Hals von der nationalrussischen Form, eine breite Brust und nicht viel Taille; sie ist gewandt, in ihren Bewegungen ohne Grazie, aber sehr liebenswürdig im Wesen.« Von Aix-en-Provence aus trat die Fürstin im Frühjahr 1771 die Rückreise nach Rußland an, besuchte auf dem Wege Voltaire und mietete dann in Basel zwei große Boote, die sie und ihre Begleiter den Rhein hinab nach Aachen bringen sollten. Eines der Schiffe nahm Kutschen, Gepäck und Küchengeräte auf, das andere diente als Wohnraum und besaß für die Damen Schlafkajüten; die Herren übernachteten jeweils am Lande. Wo sich etwas Sehenswürdiges bot, legte man an. In ihren Memoiren berichtet die Fürstin, daß sie auch einen angenehmen Ausflug machten, »um das berühmte Karlsruhe zu sehen, einen Landsitz, welcher der Markgräfin von Baden gehörte.« Was dann hier geschah, erzählt sie ausführlich und mit offensichtlichem Behagen: ». . . Wir hatten einige Wagen gemietet, um dahin zu fahren, aber kaum hatten wir das Wirtshaus erreicht, als der Hofmarschall ankam mit einer Botschaft von Ihren Hoheiten und einer Einladung, das Schloß zu besichtigen. Ich entschuldigte uns als völlig unvorbereitet, weil wir nur einige Stunden im Park zuzubringen gedacht und keine anderen als unsere Reisekleider bei uns hätten. Er war noch nicht eine Stunde fort, als ein prächtiger Wagen mit sechs Pferden an der Tür vorfuhr. Ein Stallmeister kam auf Befehl der Markgräfin mit einer sehr verbindlichen Botschaft. Ihre Hoheit, sagte er, wisse sehr wohl, daß Madame Michalkowa niemand anderes als die Fürstin Daschkowa sei, deren Bekanntschaft sie sehnlich wünsche. Da sie selbst von der Kaiserin von Rußland zum Ritter des St.-Katharinenordens ernannt worden sei, hätte sie gehofft, daß dieses gemeinsame Band zu einem Besuch führen würde; wenn sie das aber nicht erwarten dürfe, so sollten wir wenigstens ihren Landauer annehmen, um durch den Park zu fahren, wo uns ihr Stallmeister das Bemerkenswerteste zeigen werde.

Es war unmöglich, diese letztere Aufmerksamkeit abzulehnen. Wir setzten uns daher in den Landauer, und ich versuchte unserem Führer klarzumachen, wie sehr ich die Beweise der Achtung vor einer Fürstin, die so hoch stehe durch ihren Genius und ihre Bildung, zu schätzen wisse.

Wir waren gerade in der ersten Allee des Parkes angekommen, als wir einen anderen Wagen sich uns nähern sahen, dem ähnlich, in welchem wir uns befanden. In ihm saßen der Markgraf und die Markgräfin, der Erbprinz und einige Hofleute. Da man nicht aneinander vorbei konnte, hielten beide Wagen an. Die Markgräfin begrüßte uns und fragte mit einer Gewandtheit und Grazie, die vollkommen natürlich schienen, indem sie sich an mich wandte, daß es ihr erlaubt sein möge, selbst uns einige der Schönheiten des Parks zu zeigen, ›auf welchen wir‹, sagte sie, ›wirklich stolz sind‹. Ich stieg sogleich aus dem Wagen, und nachdem ich mit dem Erbprinzen die Plätze gewechselt hatte, wurde ich mit Ihren Hoheiten durch die herrlichen Anlagen gefahren. Ich konnte diese jedoch kaum hinreichend bewundern, da alle meine Aufmerksamkeit durch den Reiz der Unterhaltung mit der Markgräfin in Anspruch genommen wurde. Wir näherten uns dem Palast, noch ehe ich nur daran gedacht hatte, mich zu entschuldigen, daß ich nicht meine Aufwartung dort gemacht hatte; eine Höflichkeitsform, die ich immer sehr schlecht erfüllte, obgleich ich bei dieser Gelegenheit die allerhöchste Nachsicht für alles fand.

Ein herrliches Konzert, ein vortreffliches Abendessen, aber vor allem die Unterhaltung und herzliche Höflichkeit unserer erlauchten Gastgeber bildeten die Genüsse dieses angenehmen Abends. Als wir Abschied nehmen wollten, wurde uns gesagt, daß unsere Diener bereits im Palast und Betten für uns bereit seien und daß wir, wenn wir nicht länger bleiben wollten, nur die Stunde zu nennen hätten, so würden Frühstück, Pferde und alles andere am folgenden Morgen zur Verfügung sein.

Meine Freunde und ich verließen, nachdem wir prächtig und, was mehr ist, bequem logiert hatten, einen Wohnsitz, der uns ein so unvorhergesehenes Vergnügen gewährte, und hatten schon ein gutes Stück Wegs zu unseren Booten zurückgelegt, ehe vielleicht noch einer der Bewohner des Schlosses aufgestanden war.«

Aus dem Bad Spa, wo die Gesellschaft vor der Weiterreise einige Tage der Erholung eingelegt hatte, schickte die Fürstin einen Dankesbrief für die erwiesenen »bontez« und legte noch eine Zeichnung des Gewandes bei, welches für die Damen des Katharinenordens bei offiziellen Gelegenheiten vorgeschrieben war[4]; Karoline Luise hatte offenbar darum gebeten. In St. Petersburg fand die Fürstin dann eine ihr wieder geneigte Herrscherin vor. Dieser war von zahlreichen Korrespondenten und Beobachtern berichtet worden, die Reisende habe sich in der Fremde äußerst taktvoll verhalten, nur Gutes über die Zarin geäußert und es vermieden, sich mit deren Gegnern zu treffen. Katharina die Große eröffnete ihr eine neue Karriere und ernannte die Fürstin Daschkowa zur Direktorin der Akademie der Wissenschaften, ein Amt, das diese mit Geschick einige Jahre versehen hat.

Keiner der vielen jungen Adligen, welche auf ihrer Bildungsreise Karlsruhe berührten, versäumte es, sich am dortigen Hofe vorzustellen. Einer aus dieser Schar war der junge Prinz Peter Friedrich Wilhelm von Holstein, ältester Sohn des evangelischen Fürstbischofs Friedrich August von Lübeck; auf dem Wege nach Italien erschien er im September 1770 in Karlsruhe. Das Ereignis dieses Besuchs besäße für uns heute keine Bedeutung mehr, wäre nicht der sechsundzwanzigjährige Johann Gottfried Herder des Prinzen Reisebegleiter gewesen. Nach einem Studium von Medizin, Theologie und Philosophie in Königsberg, wo er Schüler von Hamann und Kant war, hatte Herder es durch seine ersten literaturkritischen Schriften bereits zu frühem Ruhm gebracht und war zum Wortführer jener neuen Bewegung geworden, welche als »Sturm und Drang« in die deutsche Literaturgeschichte eingegangen ist. Während dieses Karlsruher Besuchs befand er sich in keiner guten seelischen Verfassung. Gerade hatte er sich während eines längeren Aufenthalts in Darmstadt mit Karoline Flachsland verlobt, die zwei Jahre später in Bückeburg seine Frau wurde, und litt schmerzlich unter der Trennung. Das höfische Leben erschien ihm leer und schal. Karl Friedrich, der die bisher erschienen Schriften des Gastes anscheinend kannte, fühlte sich von dessen Persönlichkeit sofort angezogen und verstand es, ihn für sich zu gewinnen. Der Braut berichtet Herder darüber[5]: ». . . Ich ward zu Hofe gerufen, und da mit einer Unterscheidung, mit Komplimenten und Anstaunungen empfangen, die ich mir in der Gemüthsfaßung, in der ich dahinging, gewiß nicht träumte. Der Markgraf, mit dem ich die erste Viertelstunde sprach, ohne ihn zu kennen, sucht mich Mittag und Abend auf eine sehr gute Art recht auf mit seiner Unterhaltung, und da Er der erste Fürst ist, den ich, ganz ohne Fürstenmine, kenne, so fallen unsre langen Gespräche meistens auf Dinge, die zur Einrichtung und Freiheit des Menschlichen Geschlechts gehören, und über die ich mich so frei ausdrücke, als ob ich mit keinem Fürsten spräche. Die Markgräfin hat mir bei der ersten Vorstellung frappante Complimente gemacht, auch mich nachher den ersten Tag sehr unterscheidend begegnet, das Gespräch an mich gerichtet u.s.w., weil ich aber durchaus mit ihrer Gelehrsamkeit keine Sympathie fühle, und also natürlicher Weise, statt ihr lautpraßelnden Weihrauch zu streuen, immer, wie ganz aus einer andern Welt rede, so hat das Wiedersprüche und bei einer Dame, wie sie, eine gewiße Kälte geben müssen, die mir recht lieb ist, und die ihr wenigstens zeigen kann, daß die ganze Welt nicht schmeichlen wolle, wie so viele Französische und Deutsche Narren um sie. Überhaupt, da ich für keiner Creatur in der Welt mehr Abscheu habe, als für einem gelehrten Frauenzimmer, und wäre sie der erhabenste Geist, so werden wir uns wohl nie recht begegnen: so sehr ichs gestehe, daß sie ausnehmende Känntniße, Talente, Fähigkeiten, Geschäftigkeit, und rechte Studien habe . . .« Karoline Luise wird es nicht entgangen sein, daß der junge Feuerkopf ihr keine besondere Sympathie entgegenbrachte, doch ließ sie es ihn nicht entgelten.

Ein paar Tage später, am 1. September, schrieb Herder kurz vor der Abreise nach Straßburg, seiner Karoline noch einmal: ». . . Ich bin in Karlsruhe von Tage zu Tage mehr mit Gnade insonderheit des Markgrafen distinguirt und ich habe den Hof mit dem allgemeinen Bedauren verlaßen, daß man mich nicht hat predigen hören können; das ist der Ton des Hofes: der meinige aber ist in Karlsruhe eine solche Zerstreuung und Wüstheit des Kopfes gewesen, daß im besondern Umgange kein Mensch aus mir hat klug werden können. Die ganze Welt war mir mit allen ihren Höflichkeiten zur Last; und nur die Einsamkeit, der Wald und die Abenddämmrung sind die Sammelplätze meiner zerstreuten Gedanken geworden. Da mich jetzt nichts, was blos vor den Kopf ist, intereßirt: urtheilen Sie, wie froh ich war, da ich bei dem gelehrten Gott sei bei uns!« – damit war Hofrat Ring gemeint – »einige Klopstocksche Oden fand, die mir neu waren, und ganz, ganz Gefühl sind . . .«

In Straßburg trennte Herder sich von der Reisegesellschaft. Er blieb einige Monate, um ein störendes Augenleiden kurieren zu lassen, allerdings mit wenig Erfolg. Noch im September lernte er hier Goethe kennen. Für beide Männer, vor allem für den um sechs Jahre jüngeren Goethe, den Herder mit Shakespeare und dem deutschen Volkslied bekannt machte, ist diese Begegnung zu einem entscheidenden, ihr weiteres Leben und Schaffen bestimmenden Ereignis geworden.

Wie stark die Eindrücke, welche Herder in Karlsruhe empfangen hatte, doch in ihm nachwirkten, gibt ein Schreiben zu erkennen, das er ein halbes Jahr später, am 28. März 1771, an Karl Friedrich richtete, als er Straßburg verließ, um eine Stellung als Lippischer Hofprediger und Konsistorialrat in Bückeburg anzutreten[6]. Er wandte sich an »den besten Fürsten . . . den ich auf meinem Lebenswege sahe! . . . Nie wurde bei Einer Unterredung, deren Euer Durchlaucht mich würdigten, in Keinem Augenblick dieser Unterredungen ward je der Fürst sichtbar, der Einem seiner Worte mit der Fürstenmine oder mit der Farbe des Purpurs hätte Gewicht geben wollen: sondern eben die edelste, ungeschminkte Weisheit, die Herablaßendste Großmuth, und die erleuchtetsten, Menschenfreundlichen Gesinnungen – eben die machten den Fürsten, im Kreise derer, die ihn umgaben, so kennbar! Der Anblick eines so großen und seltnen Beispiels, den ich, so kurz ich ihn genoßen, mit mir nehme, und immer unter den erhabensten Ideen denken werde – dies Glück, Durchlauchtigster Markgraf, ists, das ich mit dem tiefsten Dank und der wahrsten Verehrung feire.« Auch für Karoline Luise findet er, nun bei besserer Laune, noch freundliche Worte: ». . . Wie glücklich ist ein Land, deßen Erbprinz unter den bildenden Händen eines solchen Regenten und unter den Augen einer Fürstin erwächst, die von jeder Wißenschaft und Kunst des Schönen die edelste Blüthe gebrochen! Und wie glücklich wäre auch ich, wenn ich in solchen Seelen auch nur den geringsten Grad von Gnade und Schätzung verdiente!«. Höfische Schmeichelei lag Herders Natur fern, es war ihm Ernst mit seinem Urteil über den Markgrafen. In einem Brief an seinen Freund und Mentor Hamann vom 25. August dieses Jahres kommt er auf das in Lavaters »Physiognomischen Fragmenten« wiedergegebene Bildnis Karl Friedrichs zu sprechen, »den ich unter allem, was ich an Fürsten gekannt, am höchsten schätze«.

Auch der Markgraf, der sich sehr für Herders Ideen über die »Einrichtung und Freiheit des menschlichen Geschlechts« interessiert hatte, behielt die kurze Begegnung in lebendiger Erinnerung und ließ die Verbindung mit ihm in der Folge nicht ganz abreißen. Später kam es noch einmal zu einem engeren Zusammenwirken beider Männer, als der 1785 durch Friedrich den Großen gegründete Deutsche Fürstenbund sich gegen die Expansionsgelüste Österreichs zur Wehr setzte, das Bayern vom Hause Wittelsbach im Tausch gegen die österreichischen Niederlande zu erwerben beabsichtigte. Der Markgraf von Baden und der damals weimarische

54 Johann Caspar Lavater, 1774 – Schabkunstblatt von J. E. Haid – Karlsruhe, Staatliche Kunsthalle

Generalsuperintendent Herder fanden sich im allgemein deutschen Interesse zusammen, um solchen Bestrebungen zu wehren. Und als sich Karl Friedrich drei Jahre später mit dem Gedanken trug, eine Art Akademie zur Pflege der deutschen Sprache zu gründen, war es wieder Herder, den er bat, ihm dafür Vorschläge zu unterbreiten. Unter dem Titel »Ideen zum ersten patriotischen Institut für den Allgemeingeist« sandte dieser aus Weimar auch ein ausführliches Exposé nach Karlsruhe. Zu dessen weiterer Erörterung und Entwicklung kam es dann doch nicht mehr, denn die kriegerischen Ereignisse im Gefolge der Französischen Revolution, die ein Jahr später ausbrach, ließen es nicht zu, ernstlich an die Verwirklichung solcher Pläne zu denken.

Am 19. Juni 1774 machte Johann Caspar Lavater auf einer Reise nach Bad Ems in Karlsruhe Station[7], eigentlich nur, um seinen Freund Hofrat Schlosser zu besuchen. Dieser selbst befand sich gerade in Emmendingen, doch traf Lavater seine Frau an, Goethes Schwester Cornelia. Mit ihr zusammen erging er sich in langen Gesprächen im Garten, als zwei Stunden später Professor Böckmann erschien, den Züricher Gast zu einem Besuch bei Hof zu bitten; die Anwesenheit des berühmten Gottesmannes hatte sich rasch herumgesprochen. Lavater zögerte zunächst, denn der Umgang mit Fürstlichkeiten war ihm noch fremd. Schließlich nahm er aber die Einladung für den nächsten Morgen an, fühlte sich dann durch die Begegnung aufs angenehmste enttäuscht. Sein Eindruck von der Erscheinung des fürstlichen Paares ist bereits geschildert worden. Das Tagebuch berichtet noch weiter von diesem ersten Zusammensein mit dem Markgrafen: «. . . Er ließ sich sofort mit mir in allerlei Diskurse ein. Bald darauf setzte er sich und hieß mich neben ihm sitzen. Er fragte mich nach der Zuverlässigkeit und dem Nutzen der Physiognomik so vernünftig wie möglich, sprach mit mir von der Porträtmalerei . . . Von Klopstocks Messiade verlangte der Markgraf mein Urteil, er war ihm sehr gewogen, ich konnte und durfte nach meinem Gefühl aufrichtig und frei reden. Wir unterhielten uns noch über den gegenwärtigen Zustand der Religion, das heutige feine Antichristentum und über vieles Andere mehr.« Tags darauf folgte er einer erneuten Einladung ins Schloß. Wieder forderte Karl Friedrich die Anwesenden schon nach wenigen Minuten auf, sich zu setzen: «. . . Wir saßen vertraulich um ihn herum. Wir sprachen vom Atheismus und der natürlichen Gotteserkenntnis, von der Sprache, von Herders Symbol, seiner Beredsamkeit, seinen Schriften. Vom Sozinismus, von der Ewigkeit der Höllenstrafen (der Markgraf hatte eine Thräne im Aug, da ich meine Ansicht frei hierüber sagte), von Garrick, vom Schauspiel, von Kinderschauspielen, vom Einfluß der Verstellungskunst eines Komödianten auf seinen Charakter, von der Betschwester und dem Tartuffen.« Dann kam die Rede auf gemeinsame Freunde, auf Lavaters ausgebreitete Tätigkeit, schließlich auch auf Fragen privater und öffentlicher Erziehung. Obgleich Karoline Luise den Gast drängte, doch noch einen weiteren Tag zu bleiben, verließ Lavater Karlsruhe, um seine Reise nach Ems fortzusetzen, machte aber auf der Heimfahrt nach der Kur in der ersten Augustwoche noch einmal für ein paar Tage Station in der badischen Residenzstadt. Wie sein Schwiegersohn und erster Biograph Konrad Geßner schreibt, genoß er »am Hofe eine ganz ausnehmende Freundschaft, so daß er noch mehr als bei der Hinreise nach Ems äußerst behaglich und traulich daselbst war«. Da ein Sonntag in diese Zeit fiel, erfüllte er auch die Bitte der fürstlichen Familie, in der Hofkapelle zu predigen, und sprach unter großem Andrang über die Gotteskindschaft des Christen nach dem dritten Kapitel des Johannesevangeliums.

Karl Friedrich war von der Persönlichkeit Lavaters sehr angezogen; in dessen aufrichtigem, gefühlsbetonten und unorthodoxen Christentum fand er eine Saite seines eigenen Wesens berührt und war glücklich, einen Freund in ihm gefunden zu haben. Lavater erwiderte seinerseits die Bewunderung des Fürsten; dies so sehr, daß er ihm den ersten Teil seiner »Physiognomischen Fragmente« widmete, der im Frühjahr 1775 herauskam und ebenso viel Beifall wie erbitterte Gegnerschaft in der Öffentlichkeit fand. Auf Seite 207 des Bandes sind vier gezeichnete Profile wiedergegeben, die der Autor zunächst allgemein als »ein Gelehrter, ein Offizier, ein Mediziner und ein Fürst« benennt[8]. Von ihnen allen schreibt er, daß sie sich durch Güte und außerordentliche Redlichkeit auszeichneten: ‚«Alle vier haben ziemlich viel Verstand, furchtsam und hypochondrisch sind wenigstens zwey, wo nicht drey davon . . .« Auf der folgenden Seite heißt es dann unmißverständlich: » . . . Der Fürst auf diesem Blatte (errath ihn; hast Du physiognomisch Gefühl oder nur mäßige Weltkenntnis, Du wirst ihn errathen) ist die gütigste, die bescheidenste Seele

– Sparsam an Worten; sanft in allen seinen Äußerungen, und dennoch nicht schleichend. Ein gesundes Urtheil – das sich nur nicht genug fühlt, nicht herauswagt – siehst du immer auf seinem Blick, auf jedem halbausgesprochenen Worte schweben. Seine Stirne zeigt Übergewicht der Güte, aber keine Dürftigkeit des Verstandes. Der Umriß von der Nasenwurzel bis zur Unterlippe versprechen noch mehr, als seine große Schüchternheit in Worten bemerken läßt . . . Ha!, wie sehnt sich mein Herz, ihm Gefühl seiner selbst in seine edle Seele zu athmen! Kann ich's nicht, kann's die unvergleichliche Fürstinn, von der jedes, auch das beste, Porträt Carrikatur, jede, auch die schlechteste, Carrikatur aber nicht vermögend wäre, alle Güte auszulöschen, die mit dieser Fülle auf ein Menschengesicht, auf eine ganze Menschengestalt ausgegossen ist.« In seinem Dankesbrief für die Widmung des Buches schrieb Karl Friedrich: ». . . Über die allzu verbindliche Zueignungsschrift hätte ich beinahe erröthen können, wenn sie nicht so unterrichtend für mich wäre«. Sicher bekundete Karoline Luise an der Idee einer Physiognomik als Wissenschaft lebhaftes Interesse. Ob sie der Persönlichkeit des Autors mit so uneingeschränkter Zustimmung gegenüberstand wie Karl Friedrich, muß bei ihrer eher rationalen Einstellung zu solchen Fragen dahingestellt bleiben. Äußerungen von ihr sind zu dieser Frage nicht überliefert.

Im Juli 1782 erschien Lavater von neuem am Karlsruher Hofe, diesmal in Begleitung des Fürsten Franz von Dessau, den er in Zürich kennengelernt hatte. Verwöhnt durch dessen impulsives, den Ideen Lavaters schwärmerisch aufgeschlossenes Wesen, fühlte er sich beim ersten Wiedersehen durch Karl Friedrichs Zurückhaltung und Gehemmtheit fast zurückgestoßen: »Des Markgrafen anfängliche Kälte, besser Marmornheit, fiel mir sehr auf. Neben Dessau war er anfangs ganz ungenießbar«; so schrieb er kurz darauf an Goethe. Über Karoline Luise heißt es dagegen: »die Vielwißerinn und Vielfragerinn von Baden war sehr honnet gegen mich«. Prinz Friedrich, den Lavater »etwas fettlicher an Leib und Geist« als den Onkel Markgraf Christoph fand, gewann gleichwohl seine Zuneigung bei dieser Gelegenheit. Mit ihm unterhielt er in der Folge einen freundschaftlich-zärtlichen Briefwechsel. Edelsheim dagegen »drückte mich anfangs durch seine höfische Süffisanze. Nachdem kamen wir auf Kunst Capitel, wo wir wohl fortkamen . . . Sonst war mir alles fade, was ich in Carlsruh sah.« Karl Friedrich selbst scheint Lavaters momentane Enttäuschung nicht gespürt zu haben, fühlte sich ihm jedenfalls noch näher als bisher verbunden und unterschrieb in seinen Briefen von nun an als «Ihr wohlaffectionirter und wahrer Freund«.

Schon früh hat sich Karl Friedrich für die deutsche Dichtung seiner Zeit eingesetzt und gegen die verbreitete Überschätzung des Französischen als einer dem Deutschen überlegenen Sprache Stellung genommen; in seinen Papieren finden sich private Aufzeichnungen solcher Art. Karoline Luise, die in ihrer Bibliothek alle wichtigen Werke der deutschen Literatur ihrer Zeit besaß, teilte die Anschauungen des Gatten. In seinen Karlsruher Briefen berichtet Brunn eine Anekdote[9], welche dem aus unserer Zeit Rückblickenden vielleicht nicht besonders wichtig erscheinen mag, doch dadurch, daß sie 1791 – acht Jahre nach dem Tode der Markgräfin –

55 Friedrich Gottlieb Klopstock – Kupferstich von L. G. Sichting – Karlsruhe, Staatliche Kunsthalle

immer noch als bemerkenswert erachtet wurde, doch ein Licht auf diese Zeit wirft. Einmal kam es an der markgräflichen Tafel, zu welcher auch mehrere Ausländer, darunter ein junger französischer Herzog, geladen waren, zu einem Streitgespräch über französische und deutsche Literatur, »wobey man der letztern so viel Gewalt anthat, daß man sogar behauptete, die Deutschen hätten keinen einzigen Gelehrten, der den französischen Genies vom ersten Range nur einigermaßen könnte gleich gesetzt werden. Die Markgräfin war nicht bloß Patriotin, sondern auch Kennerin genug, dieser lächerlichen Behauptung zu widersprechen und sich ihrer Landsleute anzunehmen. Der Streit ward immer lebhafter. Um ihn zu beendigen, forderte sie endlich den französischen Duc auf, die Namen von sechs seiner angeblich unvergleichlichen Genies auf eine Karte zu schreiben, und machte sich anheischig, sogleich sechs Deutsche darneben zu setzen. Der Duc schrieb: Descartes, Fontenelle, Molière, Buffon, Montesquieu, Gresset. Die Markgräfin schrieb ungesäumt dagegen: Leibniz, Haller, Lessing, Gmelin, Grotius, Gleim. Zugleich schrieb sie sechs neue deutsche Namen auf und verlangte, daß der Duc sechs französische dagegen aufführen sollte: Copernicus, Friedrich II., Luther, Hasse, Winckelmann, Klopstock. Der Duc küßte die Karte und gestand, daß er keinen Franzosen dagegen zu halten habe.«

Klopstock war der Fürst der deutschen Dichter seiner Zeit, das Idol nicht nur der Jugend, sondern der Gebildeten und literarisch Interessierten aller Altersklassen und Stände in Deutschland, in Bürgerhäusern ebenso gelesen wie an den Höfen. Auch Karoline Luise gehörte zur großen Schar seiner Verehrer. Die 1755 erschienenen ersten zehn Gesänge der Messiade hatte sie sich im Februar 1758 durch eine Karlsruher Buchhandlung besorgen lassen, wie die erhaltene Rechnung ausweist[10]. Im Februar 1773 bestellte Hofrat Ring, anscheinend im Auftrag des Markgrafen, über einen Mannheimer Studienfreund dringend die soeben in der Halleschen Ausgabe vollständig herausgegebenen zwanzig Gesänge für den Karlsruher Hofbibliothekar Molter. Offenbar war es Professor Böckmann, seinerseits ein begeisterter Anhänger des Dichters, der Karl Friedrich auf diese Neuerscheinung aufmerksam gemacht hat. Die schwärmerisch gefühlsbetonte Religiosität dieses großen Epos sagte dem Markgrafen ebenso zu wie das vaterländische Pathos der Oden Klopstocks. Die Gespräche mit Böckmann, der ihm die Messiade vorlas, erweckte in Karl Friedrich den Wunsch, Klopstock nicht nur kennenzulernen, sondern ihn womöglich fest an Karlsruhe zu binden. So wandte sich Böckmann namens des Markgrafen im Sommer 1774 an den Dichter und machte ihm das Angebot, mit Rang und Gehalt eines markgräflichen Hofrats nach Karlsruhe zu kommen[11]. Klopstock, dessen engere Bindung an den dänischen Hof gerade gelöst worden war, sagte zu, bedang sich nur aus, volle Freiheit der Bewegung zu behalten und ohne höfische Bindungen auf eigene Weise leben zu dürfen. Karl Friedrich war entzückt und schrieb ihm am 3. August[12]: ». . . Ich freue mich, Sie persönlich kennen zu lernen, und den Dichter der Religion und des Vaterlandes in meinem Lande zu haben. Sie begehren einen uneingeschränkten Aufenthalt, und werden denselben bei mir jederzeit haben; die Freyheit ist das edelste Recht des Menschen, und von den Wissenschaften ganz unzertrennlich . . .«

Im September 1774 verließ Klopstock Hamburg und reiste zunächst nach Göttingen, wo ihm seine jungen Verehrer, die Dichter des »Hainbunds«, einen festlichen Empfang bereiteten. In Frankfurt besuchte er Goethe, in Darmstadt Merck und traf schließlich Mitte Oktober in Karlsruhe ein. Hier nahm Böckmann ihn in seinem Hause auf. Das Fürstenpaar begrüßte ihn mit Freude und Verehrung. Man bezog ihn ganz in das Leben des Hofes ein; er speiste an der Marschallstafel, und nach den Mahlzeiten ließ sich Karl Friedrich gern von ihm in engerem Kreise vorlesen. In Minister von Edelsheim und dem gelehrten Bibliotheksdirektor Valentin Molter fand der Dichter weitere ergebene Freunde. Auch Schlosser traf ihn dort gelegentlich, wenn er aus Emmendingen kam, und schrieb an Lavater: ». . . wenn ich Klopstocken immer um mich haben könnte, so würde ich alle Glückseligkeit der Welt besitzen«. Selbst Hofrat Ring, der schon während seiner Studienzeit ein Gegner des Dichters gewesen war und lieber Wielands Berufung an den Karlsruher Hof gesehen hätte, ließ Klopstock in einem Brief an Lamey vom 27. Oktober Gerechtigkeit widerfahren: ». . . außer einem überlegenen Genie besitzt er noch ebensolche Liebenswerten Eigenschaften; man sieht wohl, daß er immer auf erlesene Art gelebt hat und alles andere als ein Pedant ist».

Die Wintermonate von 1774 auf 1775 waren in Karlsruhe reich an gesellschaftlichen und musikalischen Ereignissen. Josef Alois Schmittbauer, der sich nach Auflösung der Rastatter Schloßkapelle einige Jahre in Karlsruhe aufhielt, führte Ende Oktober Pergolesis »Stabat mater« mit dem von Klopstock verdeutschten Text auf und ließ den Dichter auf dessen Wunsch hin an den Proben teilnehmen. Edelsheim schrieb am 26. Oktober: ». . . Klopstock war ganz und gar nicht mit der Probe zufrieden und verlangte, daß man vor der öffentlichen Aufführung noch eine zweite ansetze. Ich habe ihm den Vorschlag gemacht, mit Schmittbauer zusammen bei mir zu essen und die Probe dann in meinen Räumen abzuhalten. So werde ich also bequem im Sessel Pergolese und Klopstock hören können.« Die Aufführung muß als etwas Besonderes empfunden worden sein, denn Christian Daniel Friedrich Schubart widmete ihr in seiner »Teutschen Chronik« vom 10. November eigens eine Besprechung[13]: »Das kürzlich angerühmte Stabat Mater von Pergolesi ist unlängst in Carlsruhe auf Befehl des Marggrafen, mit Klopstocks unterlegtem Texte, in Gegenwart des ganzen Hofs mit dem allgemeinsten Beyfall und der sanftesten Rührung aller Zuhörer von dem berühmten Herrn Capellmeister Schmidtbaur aufgeführt worden. Der große Klopstock war selbst zugegen, sah die Flamme der Rührung im Angesicht der Zuhörer, hörte die laute zujauchzende Bewunderung, und empfand die Wonne eines Genies, das sich ganz der Religion und dem Vaterlande weihte . . .«

In den letzten Novembertagen gab es wiederum ein künstlerisches Ereignis ungewöhnlicher Art. Auf der Rückkehr von Paris, wo er der Uraufführung seiner »Iphigenie in Aulis« beigewohnt und einen großen Triumph gefeiert hatte, machte Christoph Willibald Gluck, der Reformator der deutschen Oper, kurz Station in Karlsruhe, begleitet von seiner Frau und der von beiden adoptierten Nichte Marianne.[14] Ring berichtet in seinen Aufzeichnungen darüber: ». . . Zween Abende nacheinander regalirten sie den Hof, wo aber außer ein paar Cavalieren, Klopstokken und mir niemand admittirt wurde, mit ihrer göttlichen Musik. Der Alte sang und spielte recht con amore manche von ihm in Musik gesetzte Stelle aus der Messiade« – hier irrt der Berichterstatter allerdings, es waren Glucks Vertonungen nach Klopstocks »Hermanns-Schlacht« –, »die Frau accompagnirte ihn in ein paar andern Stückchen und die liebenswürdige Nièce sang mehrmal das Liedchen ›Ich bin ein deutsches Mädchen‹ bis zum Bezaubern . . .« Für Klopstock war es eine besonders große Freude, nun seine von Gluck vertonten Dichtungen in Gegenwart des verehrten Meisters selbst hören zu können. Karl Friedrichs privates Rechnungsbuch vermerkt unter dem 28. November[15]: »mit einer Verehrung an den Chevalier Gluck 28 Louisdor oder fl. 148,–«. Aus Karoline Luises Ausgabebüchlein erfahren wir genauer, was mit dieser »Verehrung« gemeint ist; da heißt es nämlich unter dem 26. November[16], daß ihr die Hofkasse »f. Conto des Markgrafen« insgesamt 38 Louisdors überschrieben habe; mit 21 Louis war eine am 21. November dem »chev Kluck« überreichte Golddose des Straßburger Juweliers Guerin bewertet worden, mit 17 Louis eine Dose mit Emailmalerei für »Melle Kluck«. Karoline Luise hatte also die Ehrengabe für die Künstler aus ihrem privaten Besitz zur Verfügung gestellt, ließ sich aber den Geldwert zurückerstatten.

Am 16. Dezember trafen neue Besucher ein: der junge Herzog Karl August von Weimar und sein jüngerer Bruder Konstantin, begleitet von beider Hofmeister, dem Grafen Goertz; zum weiteren Gefolge gehörten Stallmeister von Stein, Hauptmann von Knebel und der Arzt Engelhardt. Im Hause des Ministers von Edelsheim fand die Gesellschaft Unterkunft. Dort wohnte auch die alte Generalin von Prettlack, ehemalige Oberhofmeisterin der verstorbenen Landgräfin von Hessen-Darmstadt; nach deren Tod hatte sie die beiden Töchter Amalie und Luise als Ehrendame an den Karlsruher Hof begleitet. Den vordergründigen Anlaß des Besuchs der beiden Prinzen gab die übliche Bildungsreise nach Paris, doch war allen bewußt, daß für Karl August etwas anderes im Augenblick wichtiger war: er befand sich auf Brautschau. Seit längerem schon war Prinzessin Luise, um die sich vergeblich auch der Erbprinz von Mecklenburg-Schwerin bemühte, als geeignete Kandidatin im Gespräch. Karl August und seine Mutter Herzogin Anna Amalia hatten das Mädchen in Erfurt gesehen, als es mit den beiden Schwestern und der Mutter zusammen zur Zarin nach Rußland reiste. Da man einander gefiel, scheinen die Mütter über eine mögliche Verbindung des Weimarer Erbprinzen mit einer der beiden nach der Rußlandreise übrig gebliebenen Darmstädter Prinzessinnen bereits gesprochen zu haben. Der darmstädtische Präsident von Moser und die Generalin Prettlack nahmen sich nach dem Tode der Landgräfin nun der weiteren Vermittlung dieser Partie an.

An seine Mutter schrieb Karl August am 18. Dezember[17]: ». . . Gestern abend habe ich die Bekanntschaft mit Prinzessin Luise erneuert. Sie ist gewachsen und schöner geworden. In den wenigen Minuten, während derer ich den Vorzug hatte, sie zu sehen, ist sie mir als eine Prinzessin von Geist und Charakter erschienen. Ich gebe mir alle mögliche Mühe, sie kennen zu lernen.« Der erste Eindruck, den der siebzehnjährige, in seinem Benehmen oft recht ungestüme Prinz von Karlsruhe und seinem Hof empfing, war sonst nicht eben positiv, denn er schreibt im selben Brief: ». . . Der Markgraf ist überall durch sein hohes Renommee bekannt. Er ist ein gutaussehender Mann, doch bei der ersten Begegnung von äußerster Kälte. Die Markgräfin erinnert mich stark an unser altes Fikchen Schardt und ist eine schreckliche Schwätzerin. Der Hof ist trist und langweilig, nur mit Herrn von Edelsheim kann man sich gut unterhalten. Die Ehe des Erbprinzen geht ›passablement mal‹, er scheint aber ein Prinz zu sein, der Vorzüge besitzt.«

Tags darauf bittet er seine Mutter, die immer noch die vormundschaftliche Regierung führte, bereits formell um ihre Einwilligung zu seiner Verlobung mit Luise, deren Zusage er offenbar erhalten hatte. Er schreibt nämlich, »die Prinzessin würde es sich zum Ruhme anrechnen, Ihre Tochter genannt zu werden«. Auch in den folgenden Briefen betont Karl August immer wieder den guten Charakter seiner Erwählten, die ihm besser und besser gefiel: ». . . Ich habe meine Luise gefunden, wie ich sie wünschen konnte. Sie ist nicht schön, doch wenn man sie liebt und sie fühlen läßt, daß man sie liebt, ist sie unendlich angenehm.« Herzogin Anna Amalia war zwar mit der Wahl einverstanden, wünschte aber, der Sohn solle seiner Jugend wegen noch ein wenig mit der Eheschließung warten, um sich vorher noch in der

Welt umsehen zu können. Darauf wollte Karl August jedoch nicht eingehen. In der Gründung eines eigenen Hausstandes sah er die erwünschte Möglichkeit, sich der Aufsicht seiner Mutter zu entziehen, schob aber Rücksichtnahme auf seine Braut vor: ». . . Von dritter Seite, das heißt von der Frau Generalin von Prettlack, habe ich erfahren, was die Prinzessin selbst mir nicht zu sagen gewagt hat, daß sie sich nämlich langweilt und nicht auf dem besten Fuße mit der Markgräfin steht – die, mit allem Respekt gesagt, auch ein bißchen schwer zu verdauen ist –. Deshalb möchte sie nicht so lange warten und spätestens in einem Jahr in Weimar sein, anstatt in Karlsruhe zu bleiben, dem einzigen Platz, wo sie zur Zeit unterkommen kann.«

Am 3. Januar 1775 reisten die Weimarer nach Straßburg, wo sie etwa zwei Monate bleiben wollten, um dann Ende Februar nach Paris zu gehen. In den letzten Januartagen kamen Karl August und Graf Goertz jedoch noch einmal ohne die anderen Herren auf ein paar Tage zurück, um am 28. dieses Monats, dem Namens- und Hochzeitstag des markgräflichen Paares, im Kreise der Familie die offizielle, wenn auch noch nicht öffentlich bekannt gegebene Verlobung mit Luise zu feiern. Zu Ehren des Brautpaars gab Edelsheim einen großen Ball und begleitete Karl August dann noch für ein paar Tage nach Straßburg.

Im Laufe des Januar oder frühen Februar 1775 übersiedelte der Hof für einige Wochen nach Rastatt. Auf der Rückkehr von einer erneuten Reise nach Paris erschien hier in den letzten Märztagen Gluck mit Frau und Nichte noch einmal. Wieder wurde abends im engsten Kreise musiziert[19]. Marianne sang für Klopstock die Arie des Orpheus »Che farò senz' Euridice«, dazu einiges aus Glucks Oper »Alceste«. In einem scherzhaften Revers, den alle Anwesenden als Zeugen unterzeichneten, verpflichtete sich Marianne, dem Dichter Noten all dieser Stücke mit genauen Vortragsbezeichnungen versehen aus Wien zu schicken, damit er sie wiederum seiner eigenen Nichte in Hamburg als authentische Vorlage für deren Studien überreichen könnte. Einige Monate später ließ Gluck, der die Sache nicht vergessen hatte, den Dichter wissen, er müsse gestehen, diese Bezeichnungen nicht zu Papier bringen zu können, denn: ». . . ich glaube, es würde Ihnen ebenso schwer vorkommen, wan Sie sollten jemanden durch Brieffe belehren, wie, und mit was vor Einem Ausdruck Er Ihren Messias zu declamiren hätte, alles dieses bestehet in der Empfindung, und kan nicht wohl explicirt werden . . .« Auf der Weiterreise machte die Familie Gluck im Hause des Ministers von Edelsheim in Karlsruhe Station. Hier wurde dem Komponisten im Namen des Markgrafen mit einem Geldgeschenk noch eine kostbare goldene Uhr zum Abschied verehrt.

Dem äußeren Anschein nach schien Klopstock, der mit nach Rastatt übersiedelt war, sich hier wohl zu fühlen. Karl Friedrich besuchte ihn allmorgendlich zu langen Gesprächen auf seinem Zimmer im Schloß, wo der Dichter den Fürsten zwanglos in Schlafrock und Nachtmütze empfangen durfte. Um so größer waren Überraschung und Betretenheit, als Klopstock an einem der letzten Tage des März nach einem in fröhlichem Kreise verbrachten Abend plötzlich verschwunden war. Ohne ein Wort davon verlautet oder sich vom Markgrafen verabschiedet zu haben, war er in der Morgenfrühe nach Karlsruhe gereist. Dort packte er in aller Eile seine Sachen und fuhr weiter nach Frankfurt, dann nach Hamburg. Am Karlsruher Hofe hatte er nicht nur Freunde, sondern auch Gegner gehabt, vor allem in der Person des Hofrats Ring. Dieser verfaßte damals eine private Denkschrift über den Dichter, in welcher er ihm Rechthaberei und Eitelkeit, Unordnung, Unhöflichkeit und Habgier vorwirft. Ring, den Herder als »gelehrten Gott sei bei uns« apostrophiert hat, war nicht nur ein eitler Höfling, sondern auch ein mißgünstiger Charakter. Anscheinend konnte er es nicht verwinden, daß der Dichter nicht ihm bei seiner Ankunft den ersten Besuch abgestattet hatte; auch verstand Klopstock es wohl nicht ganz zu verbergen, daß er Ring nicht sonderlich schätzte. So schlug denn dessen anfangs positive Meinung bald in ihr Gegenteil um. An schrankenlose Bewunderung seiner Verehrer gewöhnt, empfand Klopstock sich selbst als Fürst der deutschen Dichter und konnte es offenbar nur schwer ertragen, daß er trotz allen persönlichen Entgegenkommens des Markgrafen in der hierarchischen Ordnung des Hofes auf einen bestimmten Platz verwiesen war, eben den eines besoldeten Hofrats. Daß er an der Marschallstafel essen durfte, sah Ring, der im übrigen selbst an ihr teilnahm bereits als besondere Auszeichnung an, ». . . denn keiner mit diesem und auch einem höheren Titel wird je an diese, viel weniger an die fürstliche Tafel gezogen, außer etwa einmal bei einem ganz besonderen und außerordentlichen Falle. Selbst bürgerliche Geheimräte sind von der Marschallstafel, seit Edelsheim die Hofetikette rangiert hat, durchaus ausgeschlossen.« In Karlsruhe dürfte Klopstock diese Trennung nicht so stark empfunden haben, weil beide Tafeln im selben Raume standen; im Schloß zu Rastatt befanden sie sich aber in verschiedenen Zimmern und Stockwerken. Die dort mit ihm speisenden Kavaliere des Hofes konnten, wie Ring einräumt, auch »nicht alle Kenner von Klopstocks dichterischem Ruhm und seinen Verdiensten sein«. Karl August von Weimar, der trotz seiner jungen Jahre offenbar ein guter Beobachter war, schrieb in einem Brief an Wieland: ». . . ich kenne auch Klopstock, der mir manchmal gut gefällt, denn, wenn ich es sagen darf, er scheint nur zu oft daran zu denken, daß er Klopstock ist, und dieses Gefühl hat offenbar ein wenig das Verständnis für die Größe anderer erdrückt.« Goethe, dem der Dichter in Frankfurt seinen Ärger über die vermeintlich zu schlechte Behandlung am badischen Hofe ausschüttete, meinte – so schrieb der alte Bodmer in Zürich einem Freunde –, «der Markgraf habe Klopstocken mit Etikette und Aufwartungsdiensten expediert, daß es jedem braven Mann unausstehlich sein würde«.

Möglicherweise hat Klopstock dem Markgrafen schon von der Reise, etwa aus Mannheim, ein kurzes erklärendes Billett geschickt, das nicht erhalten geblieben ist. Mit einem ausführlichen Brief entschuldigte er sich förmlich erst drei Wochen später aus Hamburg für den überstürzten Aufbruch. Darin heißt es, ein Abschiednehmen wäre für ihn »zu empfindlich« gewesen. Karl Friedrichs Reaktion darauf war nobel und verständnisvoll[20]: ». . . Ihre Abreise mußte vor mich allezeit mit einem leidenten Gefühl verbunden sein, der Abschied würde es noch höher getrieben haben, ich bin Ihnen also vor dessen Unterlassung verbunden. Ich schreibe Ihnen wie man einem Freund schreibt, gantz ohne Complimenten, und erwarte von Ihnen das nehmliche. Sie glauben nicht, welch eine Leere Sie in unserer hiesigen Gesellschaft gelassen haben. Wenn man Sie einmal Persöhnlich kennt, so gewöhnt man sich nicht so geschwinde an Ihre Abwesenheit . . . Sagen Sie mir doch bald was von Ihrer Wiederkunft, oder sagen Sie nichts, kommen Sie wie Sie abgereist sind. Machen Sie's wie Sie's gut finden, ich verlasse mich auf Sie! erinnern Sie sich nur oft daß Sie auch Freunde in Oberteutschland haben und daß darunter an Wahrheit und Wärme ich gewiß nicht der letzte sey . . .«

Vielleicht beabsichtigte Klopstock wirklich, noch einmal zurückzukehren, denn er hatte seine Möbel bei Böckmann gelassen. Dazu ist es jedoch nicht mehr gekommen. Karl Friedrich zahlte ihm sein Jahresgehalt weiter und hielt die Verbindung mit dem Dichter aufrecht, besuchte ihn 1786 bei Gelegenheit einer Badereise nach Pyrmont auch in Hamburg und bewilligte seiner Witwe 1803 zusätzlich zu ihrer Pension noch eine jährliche Summe von dreihundert Gulden. In der Freiheit des bürgerlich-republikanischen Hamburg wurde Klopstock der Rang eines Königs im Reiche der deutschen Dichtkunst nicht streitig gemacht; am Hofe eines deutschen Reichsfürsten war damals auch die persönliche Freundschaft des Souveräns noch nicht imstande, die starren Schranken einer feudalen Ordnung und Etikette zu zerbrechen. Auch dem Genie blieb sein festgelegter Platz in der höfischen Rangordnung der »fürstlichen Diener« zugewiesen.

Am 22. Mai erschienen die weimarischen Prinzen auf ihrer Rückreise von Paris noch einmal in Karlsruhe, wo sie bis zum 6. Juni blieben. Graf Goertz stellte mit Befriedigung fest, daß die Brautleute einander näher gekommen seien. Schon fünf Tage vor ihnen, am 17. Mai, war Goethe mit den beiden jungen Grafen Stolberg und ihrem Freunde Graf Haugwitz in der badischen Residenz eingetroffen. Im ungelösten Widerstreit der Gefühle seiner Liebe zu Lili Schönemann, mit welcher er sich gerade verlobt hatte, und dem Drang nach schöpferischer Selbstverwirklichung und Freiheit von aller Bindung hatte sich Goethe kurzerhand den Freunden, die ihn in Frankfurt besuchten, als Reisegefährte in die Schweiz angeschlossen und seiner Vaterstadt den Rücken gekehrt. Noch am Tage der Ankunft in Karlsruhe gab Christian zu Stolberg dem von allen schwärmerisch verehrten Klopstock einen Reisebericht, in dem es heißt[21]: ». . . Das ist herrlich daß wir unsern Göthe mit uns haben. Wir schiken uns treflich zusammen. Wir, Er und Haugwitz sind ganze Leute die ich justo so würde gemacht haben, wenn ich den Thon des Prometheus hätte kneten können . . .« Alle vier wurden bei Hof empfangen, wo man gewiß begierig war, den Dichter des »Götz von Berlichingen« und der »Leiden des jungen Werther« nun persönlich kennenzulernen. Daß es den übermütigen, kraftgenialischen und etwas exaltierten jungen Leuten in diesem gemessenen Milieu nicht allzu sehr gefallen würde, war vorauszusehen. Jahrzehnte später schreibt Goethe in »Dichtung und Wahrheit«, rückblickend auf diese Tage[22]: »Jenes ungebildete, damals mitunter genial genannte Betragen ward in Karlsruhe auf einem anständigen, gleichsam heiligen Boden, einigermaßen beschwichtigt.« Für die jungen Männer gehörte das markgräfliche Paar bereits zur Elterngeneration. Dazu vertrat Karoline Luise als gelehrte Frau noch die Gesinnung der rationalen Aufklärer und Enzyklopädisten, die man in der Zeitstimmung einer neuen Empfindsamkeit und überschwänglicher Gefühle allenfalls mit Respekt betrachtete, im Bewußtsein der eigenen Überlegenheit aber als pedantisch und trocken belächelte. Gleichwohl zeigte sich Friedrich Leopold, der jüngere der beiden Stolberg-Brüder, in einem Bericht an die Schwester in Kopenhagen von den Persönlichkeiten Karl Friedrichs und Karoline Luises beeindruckt. Von der Markgräfin schreibt er, man sehe es ihr an, daß sie eine gescheite und gelehrte Frau sei: »sie sattelt oft ihr Steckenpferd und tummelt's herum; da muß man eben mit herum traben.« Damit waren die botanischen Interessen Karoline Luises und der Plan ihres großen Linné-Werkes gemeint, von dem im nächsten Kapitel zu erzählen sein wird.

Ein paar Tage später, am 24. Mai, heißt es in einem Brief Stolbergs an Klopstock sogar: ». . . Den Markgraf muß man ehren und lieben. Die Marckgräfin vertieft sich starck in die Botanick und ist mir zu gelehrt; sonst gefält sie mir, ich habe auch Aneckdoten von ihr gehört welche ihrem Herzen viel Ehre machen . . .«

Goethe berichtet in »Dichtung und Wahrheit« über die Ereignisse und Begegnungen dieser Karlsruher Tage, daß er Klopstock dort getroffen und diesem die neuesten Szenen seines »Faust« mitgeteilt habe. Doch täuschte ihn seine Erinnerung, denn der Dichter war inzwischen längst wieder in Hamburg[23]. Auch was er über Karoline Luise erzählt, gehört mehr in den Bereich der Dichtung als der Wahrheit: »Die Frau Markgräfin, in Künsten und mancherlei guten Kenntnissen tätig und bewandert, wollte auch mit anmutigen Reden eine gewisse Theilnahme beweisen; wogegen wir uns zwar dankbar verhielten, konnten aber doch zu Hause ihre schlechte Papierfabrikation und Begünstigung des Nachdruckers Macklot nicht ungeneckt lassen.« Karoline Luise hat mit ihrer Papierproduktion vor Goethes Besuch in Karlsruhe nämlich kaum beginnen können, denn sie erwarb die heruntergekommene Ölmühle in Ettlingen erst im April 1774 und mußte sie dann von Grund auf umbauen und für ihre Zwecke neu einrichten lassen. Den Karlsruher Drucker und Verleger Michael Macklot, der von Goethe auch an anderen Stellen seiner Werke des unrechtmäßigen Nachdrucks bezichtigt wird, verwechselt er mit einem anderen, nämlich mit Christian Gottlieb Schmieder; dieser stellte von 1774 bis 1799 in Karlsruhe tatsächlich mehr als 180 Raubdrucke von Werken deutscher Dichter her. Mit Goethes Zorn auf Macklot scheint es eine andere Bewandtnis zu haben. In dessen Verlag waren nämlich vor dem Besuch des Dichters in Karlsruhe 1775 zwei anonyme Schriften erschienen, in welchen »Werthers Leiden« scharfer Kritik unterzogen wurden. In seinem Ärger darüber hat Goethe später Macklot anscheinend auch für die drei Bände, welche Schmieder 1778 von seinen Werken herausbrachte, verantwortlich gemacht und den ehrenwerten Mann dadurch für lange Zeit in der deutschen Literaturgeschichte in Verruf gebracht.

Wichtigstes Ergebnis der Karlsruher Tage war für Goethe das Zusammensein mit dem jungen Erbprinzen von Weimar und dessen Braut Luise, deren förmlicher Ehevertrag gerade damals aufgesetzt wurde: ». . . Meine Gespräche mit beiden hohen Personen waren die gemütlichsten, und sie schlossen sich bei der Abschiedsaudienz wiederholt mit der Versicherung: es würde ihnen beiderseits angenehm sein, mich bald in Weimar zu sehen.« Hier bahnte sich also eine der bedeutendsten

Entscheidungen für das deutsche Geistesleben der folgenden Jahrzehnte an, Goethes Übersiedlung nach Weimar. Bereits einige Monate später, im November dieses Jahres 1775, ist sie endgültig gefallen.

Vorher war Karl August, der mit Vollendung seines 18. Lebensjahres am 3. September die Regierung übernommen hatte, aber noch einmal nach Karlsruhe gekommen, um hier am 3. Oktober Hochzeit zu feiern und seine junge Frau nach Weimar heimzuholen. Das Verhältnis zwischen ihm und den Karlsruher Verwandten war und blieb auch in Zukunft distanziert; man wußte gegenseitig nicht eben viel miteinander anzufangen. Als Karl August vier Jahre später, im Dezember 1779, mit seinem jungen Geheimrat Goethe während einer Reise zu den südwestdeutschen Höfen noch einmal in Karlsruhe Station machte – man blieb nur drei Nächte und zwei Tage –, schrieb Goethe an die Freundin Charlotte von Stein[24]: ». . . Hier findet man den Herzog wohlaussehend, doch hat sich bisher noch keine Herzlichkeit zwischen den hohen Herzen spüren lassen. Es muß sich heute geben oder nie, denn morgen früh verreisen wir . . .« Über die markgräfliche Familie weiß er zu berichten, die Kinder des Erbprinzen – zwei Töchter waren es inzwischen – seien »schön und allerliebst, der Markgraf gefällig und unterhaltend, die Marckgräfin gefällig und gesprächig, der Erbprinz in seine Augenbrauen retranchiert, aber gutwillig, die Erbprinzess sehr passiv am Gängelbande der Frau Schwiegermama. Der zweite Prinz artig und möchte gern, der jüngste ganz ins Fleisch gebacken. So viel von der unterthänigsten Sensation des Ersten Tags.« Eine Nachschrift zum Brief sagt über den zweiten Tag nur kurz: »Von Carlsruh sind wir gestern früh ab. Die Langeweile hat sich von Stund zu Stund verstärkt . . . Adieu Gold. Gott im Himmel, was ist Weimar für ein Paradies!«

Von den Besuchern dieses Jahrzehnts sei zum Schluß noch einer genannt, der dem markgräflichen Paar auf der Durchreise im April 1777 nur eine einzige Stunde widmete, aber von allen den höchsten Rang besaß: Kaiser Joseph II. Nur von zwei Herren seines Hofes begleitet, befand er sich inkognito unter dem Namen eines Grafen von Falkenstein auf der Reise nach Paris. Sein Besuch galt der Schwester Marie-Antoinette, deren Oberflächlichkeit, Verschwendungssucht und Einmischung in die Personalpolitik des Hofes er mit Mißbilligung und ernster Sorge verfolgte. Seit Jahren warnte auch Maria Theresia die Tochter immer wieder vor den Folgen ihres unbedachten Tuns. Zwar versprach sich die Mutter von der persönlichen Intervention des Sohnes nur wenig, doch wollte Joseph nichts unversucht lassen. Daß all seine Mühe vergeblich geblieben ist, hat die Geschichte gezeigt.

Auf dieser Reise traf nun der Kaiser, der in der Frühe des 8. April aus Pforzheim abgefahren war, um neun Uhr in Karlsruhe ein. Am Wagen empfingen ihn Markgraf Karl Friedrich und sein Onkel Christoph, der österreichische Feldmarschall. Wie der Chronist berichtet[25], bestieg die Majestät den Schloßturm, lobte die »superbe Anlage und nahm aus den Händen der Frau Markgräfin Caroline Louise eine Schaale Kaffee an«. Dann setzte er ungesäumt seine Reise nach Straßburg fort.

»In der Botanik ist sie so starck wie ein Professor . . .«

Ein Naturalienkabinett mit wissenschaftlichem Anspruch, wie Karoline Luise es seit 1763 aufzubauen bemüht war, verlangte auch nach einer angemessenen Vertretung des Pflanzenreiches. Diese konnte ihrer Natur nach nur eine Ergänzung dessen bilden, was der berühmte Botanische Garten in Karlsruhe dem Besucher bereits an lebenden Bäumen, Sträuchern, Pflanzen und Blumen zum Studium bot. Der Stadtgründer Markgraf Karl Wilhelm hatte hier eine Anlage geschaffen, die bereits zu seinen Lebzeiten über Deutschlands Grenzen hinaus Ansehen genoß. Handschriftliche und gedruckte Kataloge der markgräflichen Gärten aus den zwanziger und dreißiger Jahren des 18. Jahrhunderts zählen den umfangreichen, mehrere Tausend Nummern umfassenden Bestand auf, die jeweils in viele Hunderte gehenden Arten von Tulpen, Hyazinthen, Anemonen, Narzissen, Nelken und anderen Blumen. Ein handschriftliches Verzeichnis von 1733 nennt nicht weniger als 739 Sorten Hyazinthen, das gedruckte von 1736 fast 4800 verschiedene Tulpen. Einem schon von seinen Vorfahren in Durlach geübten Brauch folgend, ließ Karl Wilhelm seine Züchtungen, vor allem die Tulpen, von verschiedenen Künstlern in prächtigen, genau schildernden Aquarellen festhalten, deren Zahl an die sechstausend betragen haben soll. Vieles davon ist im letzten Kriege zugrunde gegangen, doch haben sich insgesamt noch sieben Sammelbände mit einigen Hundert Darstellungen aus der Zeit Karl Wilhelms und seiner Vorfahren erhalten, die vom Reichtum der Karlsruher Sammlungen Zeugnis ablegen. All diese Bände bewahrte Karoline Luise in ihrer Bibliothek; um den Bestand nach Möglichkeit zu erweitern und zu ergänzen, beschäftigte sie verschiedene Maler, unter ihnen auch den bereits genannten Lazarus Emanuel Autenrieth[1].

Diderot, der im »Journal encyclopédique« einen Artikel über den Begriff »Cabinet d'histoire naturelle« veröffentlicht hat, nennt darin für die Darstellung des »règne végétal« Herbarien mit gepreßten Pflanzen, dann Kollektionen von Wurzeln, Baumrinden, Samen und Früchten, ferner Harze, Balsame und pflanzliche Säfte verschiedener Art. Solche Dinge sind es denn auch, um die Karoline Luise sich in den ersten Jahren bemühte. Treuer etwa ersteigerte ihr im September 1765 einige »plantes exotiques« aus der Sammlung La Sarraz im Haag[2], und von Professor Spielmann erhielt sie wenige Wochen später aus Straßburg allerlei Holzproben zum Geschenk. Eine Christina Dorothea Süß in Lörrach[3], die offenbar als Präparatorin naturwissenschaftlicher Objekte geschätzt war, schickte der Markgräfin nicht nur ausgestopfte Vögel, sondern auch vier »tableaux de fleurs«; bei diesen dürfte es sich um gerahmte und verglaste Tafeln mit gepreßten Pflanzen und Blumen gehandelt haben. Im September 1766 schrieb der Straßburger Apotheker Strölin, er werde die »mangelnde 350 Blatt zu dem herbario vivo« in den nächsten Tagen schicken[4]; vielleicht gehörten diese zur bereits genannten Sondersammlung der »materia medica«, also jener Kräuter und Mineralien, welche zu Heilzwecken dienten.

Sobald sich Karoline Luise einem neuen Zweig der Wissenschaften zuwandte, war es immer ihr erstes Bemühen, sich die wichtigste Literatur über das Gebiet zu beschaffen. So erwarb sie im Laufe der sechziger Jahre eine große Anzahl botanischer Werke, vor allem Linnés grundlegende Publikationen, seine achtbändigen »Amoenitates academicae«, die »Species Plantarum« und »Genera Plantarum«, dann die »Philosophia botanica«, 1769 dazu noch das dreibändige »Systema Naturae«, um hier nur die wichtigsten zu nennen. Dazu kamen die Arbeiten des Franzosen Tournefort, der eine von Linné abweichende Systematik vertrat, ferner Catesbys »Hortus Britannicus«, Treus »Hortus florium« und dessen »Nahrungs-Gefäße der Blätter«.

Eine glückliche Fügung bedeutete es für die Markgräfin, daß Karl Friedrich gerade auf den 1. Januar 1764 den bedeutenden Botaniker Dr. Joseph Gottlieb Kölreuter als Aufseher und Direktor der fürstlichen Gärten mit Rang und Titel eines Hofrats und Professors der Naturgeschichte nach Karlsruhe berief[5]. Der damals erst dreißigjährige Gelehrte hatte sich nach einem medizinischen Studium in Tübingen und Straßburg den Naturwissenschaften zugewandt und war seit 1756 fünf Jahre lang an der Kaiserlichen Akademie der Wissenschaften in St. Petersburg hauptsächlich mit zoologischen Problemen beschäftigt worden, betrieb dort aber auch botanische Studien, deren Ergebnisse in zahlreichen wissenschaftlichen Schriften ihren Niederschlag fanden. Im Jahre 1759 beteiligte er sich an einer Preisaufgabe der Akademie über die Geschlechtlichkeit der Pflanzen und unternahm Kreuzungsversuche, denen im Jahr darauf ein erster Erfolg beschieden war. Versuche dieser Art, über deren Ergebnisse er in mehreren Veröffentlichungen berichtete, setzte er in den folgenden Jahren fort. Dabei gelangen ihm grundlegende Entdeckungen über die Bedeutung der Insekten für die Befruchtung der Blüten oder den Nektar, welchen diese als Lockmittel absondern. Seine Versuche einer Bastardierung von Pflanzen sind so grundlegend und richtungsweisend geworden, daß Gregor Mendel, der Begründer der modernen Erblehre im 19. Jahrhundert, in der Einleitung zu seiner ersten und wichtigsten Veröffentlichung Kölreuter und dessen Freund Gärtner in Calw die entscheidenden Wegbereiter der eigenen Forschungen nennt.

Kölreuter erhielt die Oberaufsicht über alle Gärten in Karlsruhe und hatte auch für deren wissenschaftlich einwandfreie Beschriftung zu sorgen. Der Schloßgarten barg reiche Bestände verschiedenster Art, unter diesen eine Abteilung, in welcher alle möglichen Holz liefernden Bäume und Sträucher angepflanzt waren, sowie im Nordosten, auf dem Gebiete der heutigen Schloßgärtnerei, eine große Obstplantage; deren Ausgestaltung lag Kölreuter besonders am Herzen. Schon im August 1764 übergab er dem Markgrafen ein ausführliches »Verzeichnis derer Obstsorten welche in den neuen Obstgarten zu verschreiben wären«[6]. In dieser Liste ist das bereits Vorhandene angekreuzt, mit einem »R« dagegen alles bezeichnet, was im großen, 82 Sorten umfassenden Garten des Geheimrats Reinhard zu finden war. Auf der Wunschliste stehen gleichwohl allein für Pfirsiche noch siebzehn Sorten aus England, 31 aus Frankreich und fünf aus Holland. Als fehlend und erwünscht nennt Kölreuter insgesamt 209 Nummern von Ostbäumen verschiedener Art.

Die Plantagen dienten nicht nur wissenschaftlicher Demonstration, sondern ebenso sehr praktischer Förderung und Verbesserung des heimischen Obstbaus. Schon seit Mitte der fünfziger Jahre bemühte sich die Regierung darum, durch Aufbereitung des Bodens und angemessene Behandlung der Bäume den Bauern zu besserer Qualität der Früchte und größeren Ernten zu verhelfen, sie auch über geeignete Methoden der Trocknung zu belehren; Dörrobst war ein geschätzter Ausfuhrartikel nach Holland und in die Ostseeländer. In den verschiedenen Landesteilen wurden zentrale Gärtnereien und Baumschulen eingerichtet, deren Personal die Bauern belehren und durch die ihnen gebotenen Vorbilder zur Nachahmung anregen sollte.

Kölreuter setzte seine wissenschaftlichen Versuche zur Bastardierung von Pflanzen in Karlsruhe mit gutem Gelingen fort. Weniger Erfolg war ihm dagegen mit den Hofgärten beschieden. Dort kam es bald zu Mißhelligkeiten mit den Gärtnern, die sich ihm nicht unterordnen wollten, dazu auch untereinander noch verzankt waren. Vor allem Johann Saul, der das Kölreuter selbst zugewiesene Areal zu betreuen hatte, kümmerte sich um nichts und ließ die Pflanzen verkommen. Darüber kam es 1769 zum endgültigen Bruch. Kölreuter, ein reizbarer und heftiger Charakter, betrat den Garten nicht mehr, sondern zog sich auf seine Lehrtätigkeit am Gymnasium zurück und unternahm die Kreuzungsversuche bis 1776 im Garten seiner Privatwohnung beim Hofschlosser Hugenest in der Waldstraße. Als es auch dort zu Auseinandersetzungen kam, wechselte er die Wohnung und zog in die Kronenstraße, wo ihm dann kein Garten mehr zur Verfügung stand.

Ende der siebziger Jahre zeigten sich die markgräflichen Gärten in so unbefriedigendem Zustand, daß Karoline Luise Professor Spielmann in Straßburg bat, sie zu besichtigen und ihr ein Gutachten darüber zu erstatten, was man zur Besserung der Verhältnisse unternehmen könne. Nachdem der Gelehrte alles genau geprüft hatte, schrieb er der Markgräfin am 20. Oktober 1779, sie möge sich persönlich vor allem der exotischen Gewächse annehmen, denn durch die Nachlässigkeit der Gärtner seien gerade von diesen sehr interessante Stücke eingegangen; bei anderen fehle die Beschriftung, so daß niemand mehr wisse, wie man sie behandeln müsse. Bei der Betreuung fehle es überhaupt an der nötigen Aufmerksamkeit und Sorgfalt; von den Gärtnern, mit denen er gesprochen habe, schiebe einer die Schuld auf den anderen. Nun müsse der Markgraf selbst eingreifen und einen dem Inspektor übergeordneten Fachmann als Intendanten oder Direktor seiner Gärten einsetzen. Für den Katalog der Exoten solle man Professor Kölreuter bestellen und ihn in Gegenwart des Direktors, des Inspektors und einiger Hofbeamter mit der Überwachung des Ganzen betrauen, ihm auch ausdrücklich Befehlsgewalt über die Gärtner erteilen. Alle Jahre sei Visite zu machen, damit man im Detail feststellen könne, was eingegangen sei, was man erworben habe, was zu erwerben nützlich und zur Erhaltung des Gartens nötig sei. Dann sei dem markgräflichen Paare über den

Zustand des Gartens Bericht zu erstatten und von ihm die Genehmigung der zur weiteren Förderung vorgeschlagenen Maßnahmen einzuholen. Auf diese Weise, so hoffte Spielmann, werde der Karlruher Garten »seinen Rang als einer der ersten in Europa behalten«. Zu dieser unbedingt erforderlichen Reorganisation des Ganzen ist es freilich erst 1785 gekommen, zwei Jahre nach dem Tode Karoline Luises, als man in dem jungen Dr. Karl Christian Gmelin schließlich einen geeigneten Fachmann und Organisator gefunden hatte.

All diese Mißhelligkeiten haben die persönlichen Beziehungen des Fürstenpaares zu Kölreuter in keiner Weise getrübt. In allen Fragen der Botanik blieb er Karoline Luises ständiger Berater. Auch für das Programm der botanischen Sammlungen ihres Naturalienkabinetts scheint er Vorschläge gemacht zu haben, denn eine längere Abhandlung mit dem Titel »Projet touchant une Collection de Semences et de Graines de Plantes pour le Cabinet d'Histoire Naturelle« dürfte von ihm verfaßt worden sein[7].

Seit der Mitte der sechziger Jahre entwickelte Karoline Luise eine ständig wachsende Passion für alle Fragen der Botanik, durch die sie sehr bald über den Ausgangspunkt ihrer Beschäftigung mit dieser Materie hinaus zu einer großen wissenschaftlichen Unternehmung verlockt wurde. Dabei ging es um ein Abbildungswerk, das alle von Linné beschriebenen Pflanzenarten in wissenschaftlich einwandfreien Reproduktionen auf großen Tafeln wiedergeben sollte: »Icones specierum plantarum Linnaei Equitis«[8]. Vermutlich ist die Idee dieses Unternehmens eine Frucht langer Gespräche mit Kölreuter gewesen, denn der junge Gelehrte war ein Anhänger Linnés und legte dessen System anscheinend auch der Beschriftung des Botanischen Gartens in Karlsruhe zugrunde. Im Frühjahr 1771 dürfte der Plan jedenfalls schon ziemlich bestimmte Form angenommen haben, denn am 10. Mai dieses Jahres schrieb Spielmann[9], Linnés »Hortus Montpeliensis«, den die Markgräfin suche, sei überall zu haben, doch seiner Meinung nach entspreche ihren Absichten eher der Index, in welchem alle bei Linné aufgeführten Pflanzen verzeichnet seien. An Maelrondt schickte Karoline Luise im April 1772 dann Vorschläge für den Text eines Prospekts, der das Werk ankündigen sollte. Von einem Stecher Bertrand, so schrieb sie dazu, mit dem sie vor ihrer Reise nach Paris – also im Frühjahr 1771 – über die Sache gesprochen habe, sei ihr bereits eine Kalkulation des Ganzen mit verschiedenen Preisen, jeweils der Größe der Tafeln entsprechend, geliefert worden. Bezeichnend für die auf Systematik ebenso wie auf das Praktische gerichteten Interessen Karoline Luises ist es, daß der Gedanke zu diesem Werk ihr offenbar aus der eigenen Erfahrung als Sammlerin erwachsen war. An Goll schrieb sie darüber nämlich, wenn die Publikation zustandekomme, könnte sie eine »chose admirable« für alle Liebhaber der Botanik werden, und sie selbst wäre auch ganz glücklich darüber. Denn wenn sie jetzt nur die Arten einer einzigen Klasse von Pflanzen kennenlernen wolle, säße sie bereits »bis an den Hals in dicken Folianten«[10]. Alles, was bis dahin an gelehrten botanischen Abbildungswerken erschienen war, umfaßte nämlich immer nur gewisse Ausschnitte meist begrenzt regionalen Charakters, niemals die Gesamtheit der damals bekannten Flora.

Für jede einzelne Pflanzenart und deren Bestandteile war in der geplanten Publikation ein besonderes Blatt vorgesehen; unten sollten Name und Klasse der Pflanze stehen, dazu noch ein Hinweis auf die Stelle, wo diese in der dritten Wiener Auflage der »Species plantarum Linnaei« beschrieben ist. Der Gedanke, daß man rund zehntausend Tafeln für dieses Werk anfertigen müsse, scheint die Fürstin keinen Augenblick geschreckt zu haben. Alle Pflanzen wollte sie möglichst nach der Natur reproduzieren lassen; nur für den Fall, daß originale Vorlagen nicht zu beschaffen wären, sollten Kopien nach den zuverlässigsten Abbildungen in anderen Werken angefertigt werden. Für diesen besonderen Zweck stellte Kölreuter lange Listen solcher Pflanzen mit bibliographisch genauer Angabe der entsprechenden Reproduktionen in bereits gedruckten Werken auf. Ein gut Teil dieser internationalen Standardwerke besaß Karoline Luise inzwischen bereits in ihrer Bibliothek. Was ihr an Wichtigem noch fehlte, suchte sie sich über den Buchhandel in Straßburg, Paris, Amsterdam und London zu verschaffen. Aus ihrer Korrespondenz geht hervor, daß sie selbst des öfteren die nur in Schwarz-Weiß gehaltenen Illustrationen solcher Werke nach dem Vorbild lebender Pflanzen aus ihren Gärten kolorierte.[11]

Nach der Berechnung, welche ihr vorlag, würden tausend Subskribenten genügen, das große Unternehmen zu finanzieren; sie war ganz sicher, so viele dafür in Europa finden zu können. Maelrondt, der ihren Optimismus nicht teilte[12], äußerte in einem Schreiben vom 18. Mai 1772 starke Bedenken, vor allem wegen der allzu langen Zeit, die man bis zur Fertigstellung einer so großen Arbeit brauchen werde. Tausend Subskribenten ließen sich keinesfalls auf Anhieb finden, sondern frühestens nachdem die dritte oder vierte Lieferung erschienen sei. Das Mißtrauen des Publikums gegen Lieferungswerke sei aber gerade in Paris zur Zeit unüberwindlich. Während der letzten dreißig Jahre habe man es nämlich noch kein einziges Mal erlebt, daß eine Publikation dieser Art so zu Ende gebracht worden sei, wie man sie angekündigt habe. Auch andere Leute, so ließ er wissen, arbeiteten schon an Werken solcher Thematik; zwar seien diese nicht ganz so umfassend konzipiert, würden trotzdem aber eine starke Konkurrenz bedeuten. Unter anderem bestehe der Plan, die ganze »histoire naturelle« in achtzig Quartobänden mit dreißigtausend Stichen herauszubringen, wofür sich ein Prospekt bereits im Druck befinde. Die Markgräfin bedankte sich eine Woche später für den ausführlichen Brief und schrieb: ». . . ich werde mir den Plan daraufhin noch einmal durch den Kopf gehen lassen. Ihre Einwände sind mir sehr nützlich.« Trotzdem war sie von dem, was sie sich einmal vorgenommen hatte, nicht abzubringen.

Allerdings verging doch noch mehr als ein Jahr, bis endlich ein geeigneter Stecher gefunden war, der die Arbeit übernehmen wollte; von dem wenig bekannten Bertrand war inzwischen nicht mehr die Rede. Am 14. Dezember schrieb Karoline Luise an Johann Sebastian Claiß, einen aus Hausen in der Markgrafschaft stammenden Uhrmacher und Ingenieur, der sich auf Kosten Karl Friedrichs zur Vervollkommnung seiner technischen Kenntnisse in London aufhielt[13]: ». . . Nun interessirt mich am meisten das Botanische Werck, indem es sich gefüget, daß ein recht sehr guter Graveur von Paris hierher gekommen. Er hat das Hauß verlassen, um sein

Glück in Teutschland zu suchen, weil sein Metier in Paris übersetzet und keinem mehr erlaubet wird, eine weitere Preße alldorten auszurichten. Er hat mir schon einige Pflanzen nach meinen Handzeichnungen zur Probe gestochen, von denen ich sehr wohl zufrieden bin und gewiß glaube, daß ein Werck von dieser Art und Execution ohnfaßbar im Publico Beyfall finde. Ich habe ihn also hier schon auf meine Kosten sitzen. Mithin mir sehr viel daran gelegen, von ein Paar Tausend Subscriptionen versichert zu seyn . . .« Claiß solle von einem englisch geschriebenen Prospekt, dessen Text sie ihm mitteilte, ein paar Hundert Exemplare in London drucken lassen: ». . . In dem Prospekt ist mit Fleiß kein Name eines Herausgebers oder des Druckortes genannt.« Sie meinte, der Buchhändler Johnston, der sich für den Vertrieb interessiere, sei in England so bekannt, daß dessen Name dort allein schon eine Garantie darstelle. »Es hat niemand mit der Herausgabe dieses Wercks zu schaffen als ich und ich stehe für alles. Doch weiß ich nicht, ob es schicklich seyn wird, mich zu nennen.«

Dieser französische Stecher, der am 1. November 1773 seine Tätigkeit aufnahm, war Arnauld-Eloi Gautier Dagoty, der zweite von fünf Söhnen des Jacques-Fabien[14]. Der Vater, welcher die Technik des Farbendrucks von Christoffel Le Blond gelernt und dessen drei Farben noch um eine weitere bereichert hatte, arbeitete bereits auf dem Gebiet wissenschaftlicher Illustration. Alle seine Söhne, die wie der Vater fast nur mit dem Familiennamen signierten, sind mit wechselndem Erfolg als Stecher tätig gewesen. Arnauld-Eloi brachte 1773 einen in Nancy verlegten »Cours complet d'anatomie« in fünfzehn Tafeln heraus, von dem er Karl Friedrich ein Exemplar als Geschenk überreichte, wohl um ihm eine Talentprobe zu bieten. Der Markgraf ließ ihm als »gegenpresent« den Betrag von sechs Louisdors zustellen.[15] Der Künstler wohnte beim Schlosser Nothardt und wurde auf Kosten der Markgräfin in der Wirtschaft zum Durlacher Hof verpflegt. Als Honorar erhielt er für jede fertige Platte anderthalb Louisdors, dazu an Auslagen für jede Kupferplatte noch sechs Livres. Karoline Luise, die alle mit dem botanischen Werk in Zusammenhang stehenden Ausgaben aus ihrer eigenen Schatulle beglich, hielt das ganze Unternehmen mit allen Einzelheiten fest in der Hand. Sie suchte die Vorlagen für den Stecher aus, prüfte und verbesserte sie, wo es nötig war, korrigierte auch die ihr vorgelegten Probedrucke der Platten. Als erste Gruppe hatte man die Gattung der Veronica (Ehrenpreis) in Angriff genommen.

Am 15. Dezember 1773 traf als Reisebegleiter eines jungen Grafen Rudbeck der schwedische Orientalist Jacob Jonas Björnståhl in Karlsruhe ein, ein vielseitig gebildeter, origineller, etwas kauziger Mann. Wie seine 1781 ins Deutsche übersetzten »Nachrichten . . . von ausländischen Reisen« bezeugen, besaß er ein ausgesprochen journalistisches Talent.[16] In Karlsruhe begegnete man ihm freundlich, und es gefiel ihm hier so gut, daß er ganze zehn Wochen, bis zum 23. Februar 1774, blieb. Dementsprechend ausführlich hat er auch über den Hof, die Stadt und die vielen menschlichen Begegnungen berichtet, welche ihm hier zuteil wurden. Mit großem Respekt spricht er von der Markgräfin, ihren Kenntnissen auf vielen Gebieten und von dem Unternehmen des Linné-Werkes, das sie gerade begonnen hatte: »In der

56 A. E. Gautier-Dagoty, Probeblatt für das Linné-Werk, – London, The Linnean Society

Botanik ist sie so starck wie ein Professor«, heißt es. Am 30. Dezember besuchte er zusammen mit der markgräflichen Familie auch Gautier in dessen Werkstatt: ». . . wir hatten das Vergnügen, zu sehen, wie er auf die neue Art, mit Farben, eine Kupferplatte abdruckte. Die regierenden Herrschaften, nebst den beiden ältsten Prinzen beehrten und munterten den jungen Artisten ebenfalls mit ihrer Anwesenheit auf.«

Was den schwedischen Besucher für Karoline Luise so interessant machte, war dessen Freundschaft mit Linné. Diesem berichtete Björnståhl am 1. Januar 1774 denn auch voller Begeisterung vom Unternehmen der Fürstin, für die er damit eine unmittelbare Beziehung zu dem großen Gelehrten herstellte: »Sie und Ihre Naturforschungen kommen in unsern Unterredungen mehr als oft vor. Ihre Durchlauchten sahen es für nichts geringers als eine günstige Fügung des Glücks an, daß ich gerade jetzt hieher kam, da nicht nur der Entwurf zu der Abbildung Ihres unsterblichen Werks, sondern auch der Anfang desselben gemacht war, und ich Ihnen von dieser Sache sogleich Nachricht geben und Sie um Ihre Unterstützung in vorkommenden Fällen, besonders um Nachricht von den Büchern, die Kupferstiche von Gewächsen enthalten, welche ganz neulich zum Vorschein gekommen sind, in den letzten Ausgaben Ihrer Schriften aber noch nicht benannt seyn können, ersuchen konnte. So bald ein Theil der Kupfer fertig seyn wird, will die Fürstin Ihnen solche als ein Geschenk zuschicken.« Den Probedruck der »Veronica arven-

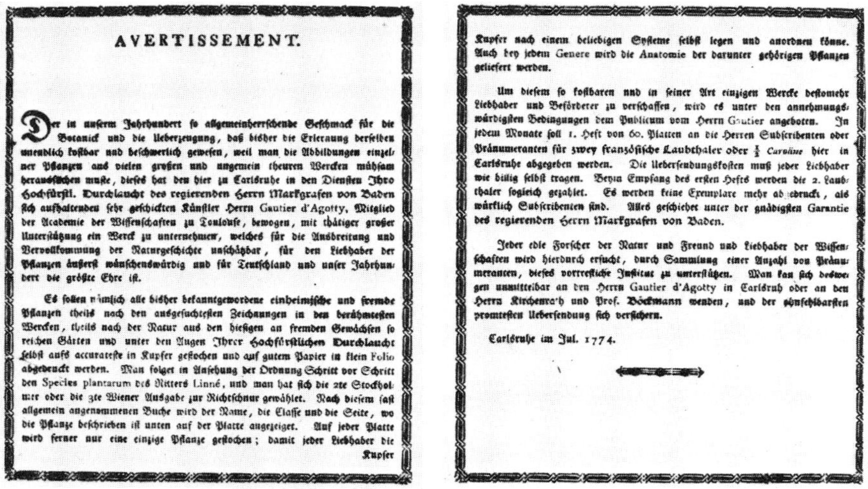

AVERTISSEMENT.

Der in unserm Jahrhundert so allgemeinherrschende Geschmack für die Botanick und die Ueberzeugung, daß bisher die Erlangung derselben unendlich kostbar und beschwerlich gewesen, weil man die Abbildungen einzelner Pflanzen aus vielen grossen und ungemein theuren Wercken mühsam heraussuchen muste, dieses hat den hier zu Carlsruhe in den Diensten Ihro Hochfürstl. Durchlaucht des regierenden Herrn Markgrafen von Baden sich aufhaltenden sehr geschickten Künstler Herrn Gautier d'Agotty, Mitglied der Academie der Wissenschaften zu Toulouse, bewogen, mit thätiger grosser Unterstützung ein Werck zu unternehmen, welches für die Ausbreitung und Vervollkommung der Naturgeschichte unschätzbar, für den Liebhaber der Pflanzen äusserst wünschenswürdig und für Teutschland und unser Jahrhundert die größte Ehre ist.

Es sollen nämlich alle bisher bekanntgewordene einheimische und fremde Pflanzen theils nach den ausgesuchtesten Zeichnungen in den berühmtesten Wercken, theils nach der Natur aus den hiesigen an fremden Gewächsen so reichen Gärten und unter den Augen Ihrer Hochfürstlichen Durchlaucht selbst aufs accurateste in Kupfer gestochen und auf gutem Papier in klein Folio abgedruckt werden. Man folget in Ansehung der Ordnung Schritt vor Schritt den Species plantarum des Ritters Linné, und man hat sich die 2te Stockholmer oder die 3te Wiener Ausgabe zur Richtschnur gewählet. Nach diesem fast allgemein angenommenen Buche wird der Name, die Classe und die Seite, wo die Pflanze beschrieben ist unten auf der Platte angezeiget. Auf jeder Platte wird ferner nur eine einzige Pflanze gestochen; damit jeder Liebhaber die Kupfer nach einem beliebigen Systeme selbst legen und anordnen könne. Auch bey jedem Genere wird die Anatomie der darunter gehörigen Pflanzen geliefert werden.

Um diesem so kostbaren und in seiner Art einzigen Wercke destomehr Liebhaber und Beförderer zu verschaffen, wird es unter den annehmungswürdigsten Bedingungen dem Publicum vom Herrn Gautier angeboten. In jedem Monate soll 1. Heft von 60. Platten an die Herren Subscribenten oder Pränumeranten für zwey französische Laubthaler oder ½ Caroline hier in Carlsruhe abgegeben werden. Die Uebersendungskosten muß jeder Liebhaber wie billig selbst tragen. Beym Empfang des ersten Hefts werden die 2. Laubthaler sogleich gezahlet. Es werden keine Exemplare mehr abgedruckt, als würklich Subscribenten sind. Alles geschiehet unter der gnädigsten Garantie des regierenden Herrn Markgrafen von Baden.

Jeder edle Forscher der Natur und Freund und Liebhaber der Wissenschaften wird hierdurch ersucht, durch Sammlung einer Anzahl von Pränumeranten, dieses vortrefliche Institut zu unterstützen. Man kan sich deswegen unmittelbar an den Herrn Gautier d'Agotty in Carlsruh oder an den Herrn Kirchenrath und Prof. Böckmann wenden, und der ohnfehlbarsten promtesten Uebersendung sich versichern.

Carlsruhe im Jul. 1774.

57 Karoline Luise, Werbeprospekt für das geplante Linné-Werk, 1774 – Karlsruhe, Großherzogliches Familienarchiv

sis«, die nicht nach einem Original, sondern nach der Darstellung in Oeders »Flora Danica« hergestellt war, legte er seinem Brief im Auftrag der Markgräfin gleich bei.

Die Arbeit machte zunächst gute Fortschritte. Bis Ende Februar 1774 waren bereits 35 Tafeln gestochen. Einige Monate beteiligte sich auch noch ein jüngerer Bruder Gautiers an der Arbeit, der insgesamt siebzig Platten verfertigte. Im Juli dieses Jahres glaubte Karoline Luise dann, genügend fertiges Material zu besitzen, um einen Prospekt verschicken zu können, in welchem den Subskribenten die monatliche Lieferung eines Heftes mit jeweils sechzig Tafeln zum Preise von zwei französischen Laubtalern oder einem halben Carolin in Aussicht gestellt wird: ». . . Alles geschieht unter der gnädigsten Garantie des regierenden Herrn Markgrafen von Baden.« Sie selbst wollte nicht in Erscheinung treten; nach außen hin figurierte der Stecher als Unternehmer. Allerdings nahm auch Kirchenrat Böckmann Bestellungen entgegen; ihn hatte man wohl vorgeschoben, um aller Welt zu bezeugen, daß es sich um ein wirklich seriöses, von höchster Stelle gefördertes Unternehmen handle.

Das Echo auf die Ankündigung war nicht so uneingeschränkt positiv, wie Karoline Luise es sich erhofft hatte. Manche Interessenten schrieben wohl begeistert, andere hatten dagegen Bedenken vorzubringen. Vor allem vermißte man genaue Angaben darüber, wann mit der Ausgabe der Lieferungen begonnen werden sollte und wie lange man Anmeldungen entgegennehme. Es kamen auch Vorschläge, einige kolorierte Exemplare zu entsprechend höherem Preise herzustellen. Ein Fachmann wie der Braunschweiger Garnisonsarzt Philippe du Roi[17], der einige Zeit die berühmte Pflanzung ausländischer Bäume und Sträucher des Barons von Veltheim auf dessen Gut Harbke bei Helmstedt betreut hatte, gab die bedenkenswerte Anregung, man solle auch einzelne in sich geschlossene Serien von Tafeln abgeben – Apothekerpflanzen etwa, Forstpflanzen und ähnliche Gruppen –, denn das Ganze werde für viele Freunde der Botanik zu teuer kommen, und Interessenten in höherem Alter könnten sowieso kaum damit rechnen, die Vollendung des Werkes noch zu erleben. Dieser letzte Einwand wiegt in der Tat schwer, denn hätte man das Unternehmen auch ohne die geringste Störung oder Verzögerung so zu Ende bringen können, wie der Prospekt es versprach, wäre das Ganze erst nach fast vierzehn Jahren vollendet gewesen.

Noch gravierender waren Bedenken, welche Baron von Mygind im Oktober äußerte[18], als Professor der Botanik am Theresianum zu Wien auch er ein ausgewiesener Fachmann. Offenbar ein Gegner der Systematik Linnés, sah er unüberwindliche Schwierigkeiten grundsätzlicher Art für ein Gelingen der Publikation. Man übernehme sich mit der Aufgabe, schrieb er an Böckmann, sieben- bis achttausend Pflanzen nach den Angaben eines Autors abzubilden, der viele von diesen niemals selbst gesehen und bestimmt habe. Von vielen gebe es auch keine Abbildungen, und lebende Exemplare seien nur schwer, wenn überhaupt, aufzutreiben. Doch selbst zuverlässige Abbildungen stimmten oft nicht mit Linnés Beschreibungen überein, die ihrerseits häufig Mängel aufwiesen: ». . . es ist eben noch zu früh für eine Gesamtdarstellung der Flora, denn die Botanik liegt noch in der Wiege. Die Alten wußten nicht, welch große Genauigkeit erforderlich ist, wenn man Pflanzen voneinander unterscheiden will, und wir wissen es noch nicht zur Genüge. Von Linnaeus bis zur Natur selbst und zu künstlerischer Vollendung ist der Weg weiter als von Dioskurides zu Linnaeus.« Die ernst zu nehmenden Einwände dieses Gelehrten mögen im Augenblick als kalter Wasserguß auf Karoline Luises Begeisterung gewirkt haben, doch war sie von ihrem Plan immer noch so besessen, daß sie auf nichts hören wollte; dies um so mehr, als zur gleichen Zeit, im Oktober 1774, Linnés Antwort auf Björnståhls Brief in Karlsruhe eintraf. Sie hatte so lange auf sich warten lassen, weil Björnståhl, der sich auf Reisen befand, das Schreiben erst am 13. September durch den schwedischen Gesandten im Haag erhielt. Einige Tage später schickte er eine französische Übersetzung des Textes an den Hofmarschall von Münzesheim in Karlsruhe, der sie Karoline Luise zur Kenntnis bringen sollte.[19] Linné äußert sich voll Bewunderung für das große Unternehmen der Markgräfin. Auf dem Gebiete der Botanik habe es bisher überhaupt noch nichts Vergleichbares gegeben, und jeder junge Mann sollte davon erfahren, genau so wie er Namen und Taten Alexanders des Großen zu kennen habe. Mit goldenen Buchstaben sollte man Karoline Luises Namen auf eine Krone schreiben und solche über dem Schreibtisch eines jeden Botanikers aufhängen: ». . . O Gott! eine Fürstin, die ein so großes Werk unternimmt, die selbst Botanik versteht, sich in Malerei und Zeichnung hervortut, die sich ein Mausoleum schafft, dauerhafter als die Pyramiden Ägyptens, dem die Zeit nichts von seinem Glanze rauben kann!« Am Probedruck der »Veronica arvensis« hatte er gleichwohl einiges auszusetzen, denn das Vorbild in Oeders Werk sei mangelhaft gezeichnet, schrieb er, und in der Wiedergabe der Details unzuverlässig. Dafür erklärte er sich bereit, selbst der Markgräfin die besten Abbildungsvorlagen namhaft zu machen. So sehr Karoline Luise über die anerkennenden Worte Linnés erfreut war, so wenig konnte sie sich mit seinem absprechenden Urteil über die Abbildungen in Oeders Werk einverstanden erklären.

An Spielmann schrieb sie[20], alle Originale der genannten Pflanzen habe sie, soweit diese auch in Karlsruhe vorhanden seien, mit den Abbildungen verglichen und nichts auszusetzen gefunden. Kölreuter sei der Meinung, aus Linnés Worten spreche »un peu de passion«, denn Oeder sei mit dessen System nicht einverstanden. Gleichzeitig bat sie Spielmann noch, ihr gegen Bezahlung eine größere Anzahl namentlich genannter lebender Pflanzen zu besorgen, von denen sie Aquarelle als weitere Vorlagen für das Werk machen lassen wolle; schon fertige Kupferplatten könnte man mit ihnen vergleichen, um allenfalls nötige Korrekturen anzubringen. Ihre »Icones« sollten so genau und zuverlässig wie eben möglich werden. Was Linné betraf, gab Spielmann ihr Recht. Er sei der »Flora Danica« gegenüber in der Tat voreingenommen. Obgleich es Abbildungen darin gebe, die besser sein könnten, besitze das Werk doch große Meriten: ». . . Wo gibt es schon ein Buch ohne Fehler? Auch Linnés Werke machen davon keine Ausnahme . . . Viel von dem, was er vorbringt, wird durch die Natur Lügen gestraft. Dieser Gelehrte besitzt eine große Dosis des den ›gens de Lettres‹ eigenen Lasters der Pedanterie, verbunden mit Rachsucht gegen alle, welche Fehler bei ihm finden, und mit dem allgemeinen Charakter seiner Landsleute; diese pflegen fremdes Verdienst nämlich nur sehr wenig anzuerkennen.«

Trotz Linnés ermutigenden Worten ließ Karoline Luise in der Herstellung weiterer Tafeln zunächst einmal eine Pause eintreten. Sie wollte warten, bis aus den Sämereien, welche sie bei André Thouin, dem Direktor des »Jardin des Plantes« in Paris, bestellt hatte, Pflanzen erwachsen wären, nach denen Aquarelle als Vorlagen für weitere Stiche angefertigt werden könnten. Bis dahin wollte sie sich mit Nachdruck um Subskribenten bemühen. Falls ihr das nicht gelinge, werde sie wohl das ganze Werk aufgeben müssen, schrieb sie an Spielmann, »malgré moi et avec mille regrets«.

Gautier wurde also zum 1. November 1774 mit der Aussicht verabschiedet, daß er im Sommer des folgenden Jahres seine Arbeit wiederaufnehmen könne. Der »Abrechnung zwischen Der regierenden Frauen Marggräfin Hochfürstl. Durchlaucht und dem Kupferstecher Mr. Gautier vom 25 Novbris 1773 bis 1 Novbris 1774«[21] ist zu entnehmen, daß der Künstler insgesamt 147 Platten gestochen und dafür den Gesamtbetrag von 257 Louisdors und 6 Livres erhalten hat. Mit dem, was von seinem jüngeren Bruder geliefert worden war, lagen nun insgesamt 217 Platten vor.

Spielmann, der von der Verabschiedung Gautiers gehört hatte und irrigerweise meinte, Karoline Luise habe ihren Plan endgültig aufgegeben, begrüßte diesen Entschluß sehr. Bei allem Respekt vor der Idee, der Wissenschaft mit einem solchen Werk dienen zu wollen, sah er doch, daß es unmöglich sein werde, das gesteckte Ziel zu erreichen. Ausführlich setzte er ihr noch einmal alle Bedenken auseinander, die auch von anderen Seiten schon gegen das Unternehmen vorgebracht worden waren. Spielmann meinte, die Markgräfin solle sich doch lieber mit allen Kräften dem

Ausbau des Karlsruher Botanischen Gartens widmen, um diesem zu einer führenden Stelle in Europa zu verhelfen. Das unerwartete Urteil eines von ihr hochgeschätzten Gelehrten, der bisher all ihre Bemühungen immer freundschaftlich unterstützt hatte, mag Karoline Luise hart angekommen sein. Zweifel an der Möglichkeit, das große Projekt, an welches sie ihr Herz gehängt hatte, wirklich zu einem guten Ende bringen zu können, wurden allmählich auch in ihr wach.

Eine gewisse Aufmunterung bedeutete dagegen ein Brief, den Linné Ende des Jahres an den badischen Residenten Treuer im Haag schickte und dessen lateinisch geschriebenes Original dieser der Markgräfin mit einer deutschen Übersetzung zur Kenntnis brachte[22]: ». . . Wenn Sie an Ihro Hochfürstliche Durchlaucht schreiben, so ersuche ich Sie, Höchstderselben zu sagen, daß nach Gott und meinem König ich keinen Nahmen in der Welt heiliger verehre als den der Durchlauchtigsten Carolina Louisa. Solte sich ein in Kupfer gestochenes Bildniß vorfinden, so bitte und beschwöre ich Sie bey allen Göttern, mir dasselbe zu gönnen und mich deßen theilhaftig zu machen, damit ich es in meinem Studierzimmer täglich vor mir haben und diese über alle Könige, die jemals gewesen sind, freygebige, den Wissenschaften so sehr ergebene und mir vor anderen so gnädigst gewogene Fürstinn immer betrachten und bewundern könne.«

Gautier Dagoty, der sich in Lyon aufhielt, berichtete am 1. Mai 1775[23], es gebe dort zwar zahlreiche Interessenten für das Pflanzenwerk, doch wünschten diese jeweils immer nur eine einzige Vertretung von jeder Gattung, denn das Ganze werde sonst zu aufwendig. Er riet der Markgräfin, sich in der Tat darauf zu beschränken, erklärte sich auch bereit, einen neuen Prospekt in diesem Sinne zu verfassen. In einem Moment des Kleinmuts scheint Karoline Luise nachgegeben zu haben. Jedenfalls erklärte sie sich zu einer Reduktion des Ganzen auf etwas mehr als 1200 Tafeln bereit, wollte auch der Forderung nachkommen, in der Beschriftung der einzelnen Tafeln zusätzlich noch die Nomenklatur Tourneforts aufzuführen, da diese, wie Gautier angab, in Frankreich noch weithin gebräuchlich war. Statt des Folioformats sollte aus Ersparnisgründen Oktav gewählt werden, wodurch sich der Preis für die Abnehmer noch senken ließe. Doch dürfte Karoline Luise ihre Zustimmung zu dieser verkürzten Form, die im Grunde wenig sinnvoll gewesen wäre und keinem wirklich Interessierten Nutzen gebracht hätte, doch wieder zurückgezogen haben, denn in der Folge ist davon keine Rede mehr.

Mit der ihr eigenen Hartnäckigkeit hielt sie weiter am ursprünglichen großen Projekt fest, obgleich auf eine Anzeige in zahlreichen Zeitungen und wissenschaftlichen Zeitschriften aus Deutschland kaum ein Dutzend Subskriptionen eingegangen war. Von einer Rückberufung Gautiers und Fortsetzung der Arbeit konnte unter diesen Umständen keine Rede sein. Karoline Luise klammerte sich inzwischen an den Gedanken, erneute und verstärkte Werbung in Holland und England werde vielleicht doch die erforderliche Mindestzahl von Subskribenten noch zusammenbringen können. Gautier Dagoty hatte inzwischen in Lyon einen Gönner in dem Naturwissenschaftler Faujas de Saint-Fond gefunden, den er als Zeichner und

Stecher auf Forschungsreisen im Dauphiné begleitete. Dort wurden versteinerte Hölzer und andere mineralische Objekte gefunden. Gautier ließ sich dann in Montélimar nieder, wo er einige Platten für eine Publikation dieser Dinge vorbereitete. Am 2. September 1775 schrieb ihm Karoline Luise dorthin[24]: ». . . Dieses Jahr habe ich in Hinsicht auf Ihr Werk viele Pflanzen säen lassen. Seit vier Wochen bringt man mir nun alle Tage das, was blüht, und ich lasse alle die Pflanzen malen, welche sich nicht in meinen Büchern finden. Das dürfte sich eines Tages als sehr nützlich für uns erweisen . . .« Demnach hatte sie die Hoffnung auf eine Fortsetzung der Arbeit immer noch nicht aufgegeben. Während all dieser Jahre stand sie mit zahlreichen Freunden der Botanik in lebhaftem Austausch von Pflanzen und Sämereien. An Claude Richard etwa, den Direktor der Königlichen Gärten in Versailles, hatte sie schon im Februar 1772 mehrere neue, »hier fabrizierte« Pflanzen geschickt, die aus Kölreuters Kreuzungsversuchen erwachsen waren, nämlich zwei Sorten Tabak sowie eine neue Form des Digitalis[25]. Gleichzeitig legte sie eine umfangreiche Liste von Sämereien bei, welche sie sich im Austausch für ihre Gabe wünschte; sie wolle, so schrieb sie, jeweils ein oder zwei Pflanzen aufziehen, um sie dann für ihr »Herbar« abmalen zu lassen.

Ein ermutigendes Schreiben kam im August 1775 noch einmal von Linné selbst. Über Treuer im Haag schickte er Karoline Luise die Zeichnung und ausführliche Beschreibung einer neu entdeckten, in Mexiko und Surinam vorkommenden Pflanze der Klasse Monadelphia polyandra, welcher er der Markgräfin zu Ehren den Namen »Carolinea Louisa« zugelegt hatte.[26] Im 1781 erschienenen, von seinem Sohne zum Druck gebrachten »Supplementum plantarum« ist sie als »Carolinea princeps« aufgeführt; der lateinische Text dazu besagt, sie sei »in memoriam Serenissimae Principis Marchionis Badensis« so benannt worden, »cujus nomen semper immortalis erit«. Heute wird die zu den Malvazeen gehörende Pflanze unter dem Namen »Pachyra aquatica AUBL« geführt. Mit einem von Hofrat Ring in üppigem Latein aufgesetzten Brief dankte Karoline Luise für die unerwartete Ehre, welche der große Linné ihr mit dieser Benennung erwiesen hatte, und für die Anerkennung, welche er ihren Bemühungen damit zollte. Die Tafeln ihres Werkes, so ließ sie ihn wissen, entsprächen bisher weder seinen noch ihren Erwartungen, doch werde sie in ihren Bemühungen nicht nachlassen.

In der Tat versuchte sie während des Jahres 1776 mit Hilfe Treuers und des in Utrecht ansässigen Marquis de Saint-Simon, der ein großer Liebhaber der Botanik und Blumenzüchter war, Abnehmer für ihr Werk zu finden.[27] Man übersetzte den Prospekt ins Französische, Englische und Schwedische, gewann sogar den portugiesischen Gesandten dafür, bei seinen Landsleuten für das Unternehmen zu werben. In England, wo sich nun der angesehene Verleger Hope für das Werk einsetzen wollte, fand man die Zeichnung der Probetafeln zwar befriedigend, bemängelte aber die Qualität des Papiers als für den anspruchsvollen englischen Geschmack zu grob. Saint-Simon war der Ansicht, man solle jetzt rasch mit dem Druck beginnen, denn lägen die ersten Lieferungen vor, werde auch eine größere Nachfrage einsetzen. Doch scheint Karoline Luise nun wirklich den Mut verloren zu haben, das finan-

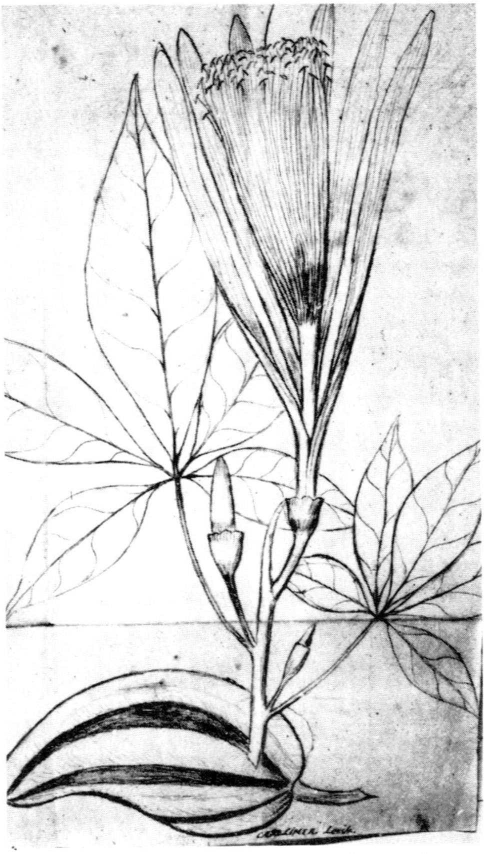

58 „Carolinea Louisa"; Linnés Zeichnung der von ihm nach Karoline Luise benannten Pflanze – Karlsruhe, Großherzogliches Familienarchiv

zielle Risiko des Ganzen weiter auf sich zu nehmen. Bis zum Mai 1778 ist in der Korrespondenz wohl immer noch von Prospekten die Rede, doch am 13. November dieses Jahres heißt es in einem Brief Treuers: ». . . der Marquis de Saint-Simon bedauert es zutiefst, daß das große Linné-Werk das Licht des Tages nun nicht erblicken wird.«

Für Karoline Luise dürfte es eine schwer zu verwindende Enttäuschung bedeutet haben, daß sie endgültig auf ein Projekt verzichten mußte, dem sie im Dienste der Wissenschaft fast zehn Jahre lang soviel selbstlosen Enthusiasmus, soviel Arbeit und nicht zuletzt auch soviel Geld gewidmet hatte. Freilich war ihr durch die Begeisterung für das große Ziel von vornherein der Blick auf die Realität verstellt worden. Ihre Absicht, die gesamte damals bekannte Flora der Welt in einem einzigen großen Abbildungswerk zusammenzufassen, mußte zum Scheitern verurteilt sein; die

Gründe dafür hatten Fachleute ihr nicht vorenthalten. Wenn sie das erstrebte Ziel auch nicht erreicht hat, wird man ihrem Mut, sich eine so große Aufgabe gesetzt zu haben, den Respekt doch nicht versagen.

Das Schicksal hat dem Wenigen, was von diesem Werk übrig geblieben ist, auch später übel mitgespielt. Alles, was an Abzügen der Platten Gautier Dagotys noch vorhanden war – insgesamt 581 Blätter – und in der Badischen Landesbibliothek zu Karlsruhe aufbewahrt wurde, fiel dort während des letzten Krieges den Flammen zum Opfer. Von dem ganzen Unternehmen zeugt einzig noch jener Probedruck der »Veronica arvensis«, den Björnståhl an Linné schickte, denn er ist mit dem übrigen Nachlaß des Gelehrten Besitz der Linnean Society in London geworden und wird dort bewahrt.[28]

»Die Vielwisserin und Vielfragerin von Baden«

Schon in jungen Jahren fühlte sich Karoline Luise von ärztlicher Wissenschaft angezogen, studierte die einschlägige Literatur und machte sich ausführliche Exzerpte. Dieses Interesse blieb ihr auch in späteren Jahren, um so mehr, als sie – selbst so oft leidend – auf ärztliche Hilfe und Beratung eigentlich ständig angewiesen war. Ihr Bedürfnis, alle Erscheinungen der Natur wissenschaftlich-analytisch zu beobachten und einem bestimmten Ordnungsgefüge zu unterwerfen, führte sie dazu, sich auch selbst, ihren eigenen Körper und dessen Krankheiten, sachlich distanziert zu beobachten, sich als medizinischen »Fall« zu betrachten. Ihre für auswärtige Ärzte bestimmten Berichte und Beschreibungen der Krankheitssymptome, in denen sie oftmals von sich nur in der dritten Person spricht, geben das immer wieder zu erkennen. So legte sie, um nur ein Beispiel anzuführen, nach der Geburt des zweiten Sohnes Friedrich 1756 im Wochenbett ein Diarium an, in das sie von Tag zu Tag sorgfältig alle medikamentösen Maßnahmen und Diätvorschriften eintrug. In den sechziger Jahren dann, als es darum ging, für das im Aufbau befindliche Naturalienkabinett eine möglichst vollständige Darstellung aller in der Heilkunde benutzten Mineralien und vegetabilen Produkte zusammenzubringen, wandte sie sich mit neu erwachtem und vertieftem Interesse dem systematischen Studium von Problemen praktischer Medizin zu. Darauf deutet ein Brief des Straßburger Freundes Spielmann, der im Juli 1769 zu Besuch in Karlsruhe gewesen war und sich am 6. August für die ihm dort erwiesenen Aufmerksamkeiten bedankte.[1] Während des Aufenthalts am Hofe scheint er mit der Fürstin ausführliche Gespräche über die Möglichkeiten eines medizinischen Studiums gepflogen zu haben, denn in seinem Brief heißt es, er gebe der nächsten Post Hallers »Methodus Studiandi Medicinam« mit; dieses Werk habe er samt zugehörigem Index entsprechend ihrem Auftrag für 27 Livres in Straßburg erworben. Der Sendung wollte er auch die ersten Bände der »Mémoires de l'Académie de Chirurgie« zufügen, dies aber nur, »damit Sie sehen, Madame, daß diese Sammlung Sie zu weit von Ihrem eigentlichen Ziel abbringen würde. Denn eine allgemeine Vorstellung von der Medizin entspräche besser dem großen Überblick über die Natur, wie Sie ihn suchen. Sie sind für das Große geschaffen, Madame; es steht zu befürchten, daß allzuviele Details Sie von dem großen Plan, zu welchem Ihr Genius sie beruft, abbringen würden. Ich bin der Ansicht, daß van Swietens Kommentare zu Boerhave Ihnen alles bieten können, was Sie an Information über Medizin und Chirurgie brauchen.« Damit hatte Spielmann zweifellos Recht, denn die beiden Hauptwerke des 1668 geborenen Leidener Arztes und Universitätslehrers Herman Boerhave, die

1708 erschienenen »Institutiones medicae«, vor allem aber die »Aphorismi de cognoscendis et curandis morbis«, beide in zahlreichen Ausgaben immer wieder aufgelegt, geben nicht nur einen umfassenden Überblick, sondern sind dabei knapp und klar für die Praxis geschriebene Handbücher. Boerhave[2], Europas führender Mediziner seiner Generation, wollte die Studenten nicht zu systematischen Theoretikern, sondern zu tüchtigen praktischen Ärzten erziehen. Sein Schüler Gerard van Swieten, den Maria Theresia 1745 als ihren Leibarzt nach Wien berief und der in der Folge das gesamte medizinische Unterrichts- und Krankenhauswesen Österreichs im Sinne des Leidener Vorbilds reformierte, hat in seinen seit 1742 ebenfalls immer wieder neu aufgelegten Kommentaren zu Boerhaves »Aphorismi« die Erfahrungen und Erkenntnisse des Lehrers durch eigene Beobachtungen erweitert und ergänzt. Mit der Empfehlung der Publikation van Swietens sagte Spielmann der Markgräfin allerdings nichts Neues, denn sie hatte diese bereits einige Monate vorher bestellt; jedenfalls schrieb ihr der Buchhändler König aus Straßburg am 17. April[3], die Bände II und IV der »Commentari in H. Boerhavii aphorismos« seien inzwischen eingetroffen, und er werde sie umgehend nach Karlsruhe spedieren. Das insgesamt fünf Bände umfassende Werk beschreibt alle akuten und die wesentlichsten chronischen Krankheiten mit ihren Symptomen, den Ursachen ihrer Entstehung sowie der erforderlichen Behandlungsweise. Damit entsprach es genau dem, was Karoline Luise für ihre speziellen Interessen brauchte. Denn schon einige Jahre vorher hatte sie damit begonnen, nicht nur Abschriften aller Rezepte zu sammeln, welche der Apotheke im Schloß vorgelegt wurden, sondern mit Hilfe der Ärzte, welche jeweils genannt werden, auch die Krankengeschichten aller Verwandten und Angehörigen des Hofes sowie zahlreicher, namentlich nicht genannter Karlsruher Bürger.[4] Wie bei van Swieten werden in diesen Niederschriften ausführlich Symptome und Ursachen der Krankheiten beschrieben, dann die Methoden der Behandlung samt allen von Tag zu Tag verabreichten Medizinen und der Diät. Diese Aufzeichnungen steckte Karoline Luise in große Umschläge, welche jeweils den lateinischen oder deutschen Namen der Krankheit trugen: »Febris inflammatoria biliosa«, »De Pleuritide vero Seitenstechen«, »Scharlach«, »Rötheln«, »Arthritis«. Mehr als vierzig solcher Gruppen werden genannt. Das Ganze wirkt wie die systematische Materialsammlung für ein geplantes wissenschaftliches Werk.

Nicht weniger als zwanzig umfangreiche Bände des schriftlichen Nachlasses der Markgräfin enthalten Materialien medizinischer Art[5]: ausführliche Exzerpte aus lateinischen und deutschen Werken über verschiedene Krankheiten und Fragen der Medikatur – etwa über die Verwendung von Giften als Heilmittel –, dazu umfangreiche Sammlungen von Rezepten aller Art mit exakten Angaben darüber, gegen welche Beschwerden welcher Arzt sie verordnet hatte. Auch Anatomie und Chirurgie gehören zu den Gebieten, über welche Karoline Luise sich zu informieren wünschte. Eine Rechnung des Buchhändlers König vom 25. Oktober 1769[6] nennt zwei Bände der »Mémoires de l'Académie de Chirurgie« sowie Hallers »VIII Fasciculi Iconum anatomicarum fol«. Es ging Karoline Luise also durchaus nicht nur um die »grandes vues«, zu welchen Spielmann ihr geraten hatte, sondern um wirklich präzises Wissen auf den Gebieten von Anatomie und praktischer Medizin.

In dem von ihr erstrebten Gesamtüberblick über den Wissensstand der Zeit durfte die Chemie nicht fehlen. Auch auf diesem Gebiete suchte die Fürstin seit den sechziger Jahren ihre Kenntnisse nach Möglichkeit zu erweitern und zu vertiefen. Verschiedene Exzerpte deuten auf ihre Beschäftigung mit dieser Materie.[7] Von Spielmann erbat sie sich 1769 eine Abschrift seiner Chemie-Vorlesung, welche der Gelehrte ihr allerdings nur mit einiger Mühe nach den Niederschriften eines seiner Studenten besorgen konnte; er besaß nämlich selbst kein ausgearbeitetes Manuskript.

Wichtigster Gewährsmann der Markgräfin für alle Fragen auf dem Gebiet der Chemie war aber der französische Gelehrte Balthasar-Georges Sage. Ihn hatte sie während der Reise in Paris 1771 kennengelernt, als er für die badischen Prinzen einen Experimentalkurs in Chemie abhielt. Schon als junger Mann war Sage durch seine Forschungsergebnisse berühmt geworden und galt in Frankreich, wenn nicht als Erfinder, so doch als wichtigster Vertreter und Lehrer des Fachs der Dokimasie oder chemischen »Probierkunst«; Vorläuferin heutiger chemischer Analyse, suchte sie für Bergbau und Hüttenwesen den prozentualen Gehalt an Mineralien und Metallen in vorkommenden Gesteinen und Erden genau zu bestimmen. Von dieser Wissenschaft fasziniert, stellte Karoline Luise in ihrem Privatlaboratorium selbst Versuche an, für welche ihr Claiß im November 1773 aus London eigens ein neues »portable laboratoire« besorgte. Auf Grund ihrer Experimente unterhielt sie dann während der folgenden Jahre einen umfangreichen Briefwechsel mit Sage über chemische Probleme.[8]

Ihr enzyklopädisches Bildungsstreben bezog auch Mathematik und Physik in den Kreis der Studien ein. In der Mathematik galt ihr Interesse vor allem den Methoden, Probleme praktisch-wissenschaftlicher Natur auf mathematischer Grundlage zu lösen. Darüber berichtet der französische Astronom César-François Cassini de Thury 1763 in der Beschreibung seiner Reise durch Deutschland und seines Aufenthalts in Karlsruhe.[9] Im Auftrag Ludwigs XV. unternahm der Gelehrte, der an einer kartographischen Aufnahme Frankreichs arbeitete, diese Reise, um – wie es im Titel seines Werkes heißt – die Größe der Längengrade zu bestimmen, den Grund für eine allgemeine und spezielle kartographische Aufnahme Deutschlands zu legen und die Lage der wichtigsten Städte kennenzulernen, in welchen deutsche Astronomen bereits Beobachtungen angestellt hatten; auch wollte er einen brieflichen Austausch des Pariser Observatoriums mit deutschen Anstalten in die Wege leiten. In Karlsruhe wurde er von Karl Friedrich freundlich empfangen und fand volle Unterstützung für sein Vorhaben: ». . . der Markgraf war zu gebildet und ein zu großer Liebhaber der Wissenschaft, um nicht sofort meine Ansichten und den Nutzen, welchen die Geographie daraus ziehen könnte, zu verstehen . . . Er ist in Frankreich, Italien und England gereist und hat sich in all diesen Ländern Kenntnisse erworben, welche er hier zu erweitern bestrebt ist und an denen er seine Freude hat. Er erwies mir die Ehre, mich in seine Bibliothek zu führen, um mir die neuesten französischen Landkarten zu zeigen, von denen er bereits eine ganze Sammlung besitzt; es gibt kaum seltene und gesuchte Bücher, die in dieser Bibliothek fehlen würden, wo er seine Mußestunden verbringt. Anschließend hatte ich die Ehre, der Frau Markgräfin vorgestellt zu werden, einer durch ihre Kenntnisse und Talente dieses Gatten würdigen Fürstin . . . Es fiele mir schwer, all das mit ebenso gefälligen Worten wiederzugeben, was sie mir an Entgegenkommendem und Freundlichem sagte.« Karl Friedrich stellte dem Gelehrten für die Dauer seines Aufenthalts in Karlsruhe eine Hofkarrosse samt Offizier als Begleiter für die Reisen durch das Land zur Verfügung: »Während der fast vierzehn Tage, welche ich in Karlsruhe verbrachte, um die Punkte der Verbindungslinie von Straßburg nach Durlach auszumachen, beschäftigten sich Fürst und Fürstin ausschließlich mit meiner Arbeit. Man prüfte alle dort vorhandenen Instrumente und stellte eine Liste der noch fehlenden auf. Der Fürst gab mir dann den Auftrag, aus Frankreich für ihn einen Quadranten, ein Perpendikel, Fernrohre und alles, was zum Studium der Astronomie sonst noch benötigt wird, kommen zu lassen . . . Trotz der strengen Kälte unterzog sich die Fürstin der Mühe, mit mir einen der Türme ihres Schlosses zu besteigen, um mein Instrument anzusehen und sich über die Art seiner Benutzung zu instruieren. Das war keine bloße Neugier; sie wünschte meine Beobachtungsmethode zu lernen. Und innerhalb von vierzehn Tagen war sie imstande, selbst die Karte zu berechnen und zu konstruieren: man kann sich vorstellen, welche Befriedigung es mir bedeutete, daß eine Fürstin solche Freude über das empfand, was alle Ignoranten, die ich später traf, nur beunruhigt und erschreckt hat.« Die Linie des von Cassini bestimmten Meridians führte übrigens durch das Karlsruher Schloß und wurde hier durch ein in den Boden des Marmorsaals eingelassenes Band aus Messing demonstriert.

Während der sechziger Jahre, als der Aufbau des Malereikabinetts und der Naturaliensammlung Karoline Luises Zeit stark in Anspruch nahm, als Mineralogie und Botanik in den Mittelpunkt ihrer naturwissenschaftlichen Interessen gerückt waren, scheinen Probleme der Mathematik und Physik sie nur gelegentlich beschäftigt zu haben, soweit sie – wie durch Cassinis Untersuchungen – plötzlich aktuelle Bedeutung gewannen. In der gelehrten Korrespondenz der frühen siebziger Jahre stehen Fragen der Mineralogie und – bedingt durch die Arbeit am Linné-Werk – der Botanik immer noch im Vordergrunde.

Doch dann beginnt sich Karoline Luise mehr und mehr mathematischen und physikalischen Studien zu widmen, offenbar angeregt durch die bedeutende Persönlichkeit des in anderem Zusammenhang bereits genannten Professors Johann Lorenz Böckmann, dem für das geistig-wissenschaftliche Leben der Residenzstadt Karlsruhe im letzten Viertel des 18. Jahrhunderts entscheidende Bedeutung zukommt.[10] In Lübeck 1741 geboren und aus einer Buchhändlerfamilie stammend, hatte Böckmann seit 1761 Theologie und Philosophie in Jena studiert, dort 1764 auch das theologische Examen abgelegt. Schon während seines Studiums fühlte er sich jedoch mehr zu Physik und Mathematik hingezogen. Manche der großen Gelehrten des 18. Jahrhunderts – Naturwissenschaftler, Mediziner, Mathematiker – haben im übrigen ihre Studien mit der Theologie begonnen und erst dann den Weg zu ihrem eigentlichen Fach gefunden. Auf Empfehlung des früher in Jena lehrenden

Professors der Kameralwissenschaften Johann August Schlettwein, der inzwischen Kammerrat in badischen Diensten geworden war, berief der Markgraf Böckmann 1764 als Professor für Mathematik und Physik an das Karlsruher Gymnasium. Während der ersten Jahre ließ der Unterricht dem Gelehrten genügend Zeit für seine wissenschaftlichen Studien, die ihren Niederschlag dann in zahlreichen Schriften gefunden haben. Er ist nicht nur Wissenschaftler, sondern ebenso sehr – vielleicht sogar in erster Linie – Pädagoge gewesen. Seine feste Überzeugung war es, daß Mathematik und Physik dazu berufen seien, eine entscheidende Rolle in der Erziehung und für die sittliche Förderung der Menschheit zu spielen. In einer 1787 von ihm veröffentlichten Abhandlung mit dem Titel »Welche Fortschritte machten Mathematik und Naturlehre in den Badischen Ländern« heißt es: ». . . wo sie blühen und mit weiser Liebe gepflegt werden, da wird's helle; da keimt die edle Pflanze der Freiheit hervor und trägt ihre süßen Früchte: Menschenwohlseyn und Glückseeligkeit.« Im Geiste dieses aufklärerisch-religiösen Idealismus wußte er sich einig mit seinem Landesherrn. Denn auch Karl Friedrich, der in der Förderung des allgemeinen Schulwesens und in der Hebung des Bildungsniveaus aller Volksschichten eine der vornehmsten Aufgaben seiner Regierungstätigkeit sah, wollte Mathematik und Physik als wesentliche Fächer in allen Schulen des Landes gelehrt wissen. Darüber schreibt Drais 1818 in seiner Biographie des Markgrafen: ». . . Es sollten nämlich nicht nur diejenigen Personen, die solche Kenntnisse unmittelbar zu ihrer Bestimmung gebrauchen, sondern jeder zukünftige Gelehrte, Forstbediente, Scribent, Kaufmann, Handwerker, Schullehrer, Bauer, Landwirt, ihren Bedürfnissen und Verhältnissen theils praktisch, theils theoretisch zugleich, in denselben unterwiesen werden, und es ward daher ausdrücklich anbefohlen, bey den Prüfungen zukünftiger Bedienten die genaueste Rücksicht auf diese Kenntnisse zu nehmen.« Für alle Landschulen wurde Unterweisung in Arithmetik und Geometrie angeordnet. Böckmann verfaßte auch ein Lehrbuch über die ersten Gründe der Mechanik, das 1769 im Druck erschien und allgemein eingeführt wurde. Die Gründung eines Lehrerseminars für die Landschulen ist sein Verdienst ebenso wie die Einrichtung von Realschulen in verschiedenen Städten; durch sie sollten Knaben, für die kein Studium an einer Universität in Frage kam, das nötige geistige Rüstzeug erhalten.[11] Böckmanns pädagogischer Eifer richtete sich nicht nur auf die Vermittlung wichtigen Wissensstoffs, sondern er versuchte darüber hinaus, seine Schüler auch zu einem guten Gebrauch der deutschen Sprache anzuhalten. In einem Nachruf, den sein Freund Friedrich Wilhelm Wucherer dem 1802 Verstorbenen gewidmet hat[12], heißt es, er sei ein höchst angenehmer Gesellschafter gewesen: ». . . selbst bey Erwachsenen trug sein Beyspiel ungemein viel bey, eine freundschaftlichere, gefälligere Art des Umgangs zu verbreiten.« Karl Friedrich zog den vielseitigen Gelehrten und Schulmann seit dem Beginn der siebziger Jahre mehr und mehr in seine persönliche Nähe, ließ sich gern von ihm vorlesen und nahm ihn des öfteren als Begleiter auf Reisen mit. Seit 1772 mußte Böckmann den drei jungen Prinzen täglich Unterricht in den mathematischen und physikalischen Fächern erteilen.

Seine eigenen Arbeiten galten während dieser Jahre vor allem Phänomenen der Elektrizität. Wie sein Biograph schreibt, entwickelte er 1776 – ein Jahr bevor

Lichtenberg in Göttingen die gleiche Beobachtung machte – »die schönen Sterne und Gesträuche, welche feiner Staub auf einem geriebenen Electrophor bildet, und erfand bald darauf das Mittel, dergleichen Zeichnungen nach Willkür zu verfertigen«. Auch auf dem Gebiet der Meteorologie gelangen ihm entscheidende Verbesserungen der Beobachtungsmethoden und -geräte; dazu erfand er eine »allgemeine Meteorographie von hundert natürlichen Zeichen«. Sein im Jahre 1779 geäußerter Vorschlag, die neu erfundenen Blitzableiter im Lande einzuführen, konnte sich zwei Jahre später durchsetzen; nicht nur die fürstlichen, sondern auch viele öffentliche und private Gebäude wurden damit ausgestattet. Böckmanns Verdienste fanden früh internationale Anerkennung; wissenschaftliche Gesellschaften in London, Berlin und München nahmen ihn in die Reihe ihrer Mitglieder auf, und Kaiser Franz II. verlieh ihm später für Verbesserung der Telegraphie die Große Goldene Verdienstmedaille.

Sich mit Fragen der Physik zu beschäftigen, scheint während der siebziger Jahre in Karlsruhe geradezu Mode geworden zu sein. Großen Zulauf aus allen Kreisen der Gesellschaft fanden, wie Drais berichtet, die öffentlichen Vorlesungen, welche Böckmann seit 1776 im Gymnasium über »die gesamte versuchende Naturlehre für das ganze hiesige Publikum« hielt. Zur Veranschaulichung des Vorgetragenen dienten ihm die großen Bestände der fürstlichen, öffentlich zugänglichen Modellkammer im Schloß. Darin befanden sich »belehrende Stücke für die theoretische und praktische Geometrie, Mechanik, Hydraulik, Oeconomie, bürgerliche und Kriegsbaukunst«. Diese Sammlung, zuerst von einem Artilleriehauptmann Lux aufgebaut und betreut, wurde seit 1774 von dem englischen Major Peter Perez Burdett verwaltet, den Karl Friedrich als Kartographen und Landvermesser in seine Dienste genommen hatte. Auch ein »physisches Cabinet« gab es, das ebenfalls Modelle aller Art enthielt, »Maschinen zur Erklärung und Demonstration des Weltbaus, Werkzeuge zur Erklärung der Eigenschaften der atmosphärischen Luft und der übrigen neuentdeckten luftartigen Flüssigkeiten, physische und medizinische Elektrizität, optische Wissenschaften, Hydrostatik und Hydraulik«. Für die angehenden Ärzte war ein anatomisches Institut eingerichtet worden, dessen Sammlungen man durch belehrende Präparate aller Art erweiterte, zur Förderung der Veterinärmedizin auch durch Skelette von Tieren.

»Da sieht's aus, wie in Athen zu Zeiten des Perikles«, schreibt Schubart 1776 über Karlsruhe in seiner »Teutschen Chronik«[13]: »Die Jünglinge rennen in die Stoa der Weisen, und selbst Weiber und Mädchen dringen sich dahin, und bilden einen Sternenkranz um den Lehrer her, daß er, wenn er kein Sokrates oder kein Antonius von Padua ist, beynah' aus seiner Fassung kommen sollte. Herr Professor Sander, ein würdiger junger Mann, liest über die Naturgeschichte so eingreifend und schön, daß sich Junge und Erwachsene in seine Vorlesungen drängen. Herr Professor Böckmann liest über die gesamte Naturlehre, und lud kürzlich das ganze Publikum mit einem solchen Enthusiasmus für seine Wissenschaft dazu ein, daß unser einer es wohl selbst mit anhören möchte! – O Karlsruh! Karlsruh! wie wirst du unter deinem vortrefflichen Fürsten so ein herrliches Muster der Nachahmung für teutsche Höf' und Städte! Wann die Hofdame und die Stadtzofe anderwärts ihre Zeit am Spieltisch oder unter schalem Gewäsche, am Putztisch oder auf'm Soffa tödtet; oder durch wollüstige Leserey ihr Blut in Sud bringt; so schleicht hier die Dame und das lehrbegierige Mädchen in den Hörsaal weiser Lehrer, um ihre Natur- und Gotteserkenntniß durch ihren Unterricht zu erweitern. O Karl Friedrich, welch ein Seegen ist dein, und wie beschämt deine Regierung den Grundsatz der Tyrannen: Laß dein Volk wie's Vieh Lasten tragen! Kümmre dich nichts um ihre Kultur und – um ihre Seeligkeit.«

Vor dem Hintergrunde dieser Welle allgemeinen Interessses für Physik und Mathematik hat man auch die Beschäftigung der markgräflichen Familie mit solchen Fragen zu sehen. Im Nachruf Wucherers auf Böckmann heißt es dazu: ». . . Er genoß 1777 das Glück, unserm gnädigst regierenden Fürsten und des Herrn Erbprinzen und Frau Erbprinzessin Durchlauchten die ganze Naturlehre in täglichen Vorlesungen vorzutragen und wurde 1779 aufgefordert: Alle Tage, wenigstens eine Stunde, bey unserer nun verewigten großen Fürstinn Caroline Louise zuzubringen, um Ihre, schon seit langer Zeit erworbene, mathematisch physischen Kenntnisse wieder aufzufrischen: vorzüglich aber, Sie mit den vielen, großen neuen, in diesen Wissenschaften gemachten Entdeckungen bekannt zu machen. Eine Beschäftigung, welche bis kurz vor dem traurigen Zeitpunkt fortgesetzt wurde, wo uns die Vorsehung diß hohe Muster einer Fürstin raubte, sie ins Land des höheren Forschens versetzte.« Gewiß hat Böckmann keinen Schüler gehabt, der größeres Verständnis für das von ihm Vorgetragene und mehr Bereitschaft zum Lernen mitgebracht hätte als die Markgräfin. Sie beschränkte sich eben nicht auf ein bloß passives Zuhören und Aufnehmen, sondern arbeitete, wie es ihre Art war, aktiv und ausdauernd daran, sich den umfangreichen Stoff wirklich anzueignen. Der Niederschlag, den ihre Studien in den nachgelassenen Papieren gefunden haben, gibt es deutlich zu erkennen. Für alle zu behandelnden Einzelgebiete hatte Böckmann systematisch aufgebaute Lehrgänge als Grundlage seines Unterrichts verfaßt; vermutlich waren sie schon bei den Lektionen für die Prinzen verwendet worden und sind dann später im Besitz Karoline Luises verblieben. Das Manuskript einer Vorlesung »von der Electricität« etwa umfaßt allein 86 Seiten mit zahlreichen Handzeichnungen von Apparaturen und anderen Bemerkungen. Dazu gehörten noch zwei insgesamt 389 Nummern umfassende Aufstellungen für »electrische Versuche« zur praktischen Demonstration und Ergänzung des theoretischen Unterrichts. Als weitere Hilfen, vielleicht auch zu bequemerer Rekapitulation und Wiederholung, dienten Zusammenfassungen des Lehrstoffs auf schmal-hohen Karten[14]; diese standen in Pappkartons, deren obere Hälfte als Deckel abnehmbar war. Auf der Vorderseite mit »Souvenir Litteraire« bezeichnet, trugen sie auf ihren Rücken in Goldschrift die Bezeichnung des Wissensgebiets und ließen sich wie Bücher in die Bibliothek einreihen. Vier solcher Kästchen sind noch erhalten, wenn auch im Inhalt nicht mehr ganz vollständig. Zwei davon gelten der Optik mit insgesamt 104 Karten, die anderen enthalten, nach dem gleichen System aufgebaut, Lehrgänge für Trigonometrie und Geometrie.

Umfangreiche Niederschriften von Karoline Luises eigener Hand bezeugen, wieviel Mühe und Fleiß sie auf diese Studien verwandte.[15] So exzerpierte sie auf 270 Seiten die wesentlichen Teile der 1750 in dritter Auflage erschienenen, lateinisch geschriebenen und mehr als 700 Seiten umfassenden »Elementa physices« von Georg Erhard Hamberger, eine Zusammenfassung von dessen Vorlesungen über die Grundlagen der Physik. Da es sich dabei um ein bereits älteres wissenschaftliches Werk handelt, stammen diese Auszüge der Fürstin möglicherweise sogar noch aus der Darmstädter Zeit, als sie sich unter der Leitung ihrers Lehrers Job mit den Wissenschaften befaßte. Andere, ebenfalls lateinische Exzerpte gehören jedoch in die Zeit ihrer Studien unter Böckmann. Sie behandeln speziellere Probleme der Physik, beispielsweise die Herstellung von Barometern und Thermometern, sowie Fragen aus den Gebieten von Botanik und Chemie, etwa »De Methodo quo Analysis Chymica Corporum est instituenda«. Über J.H. Gottliebs 1771 erschienenes Werk »Geschichte des Erdkörpers nach seiner Beschaffenheit« machte sie sich ausführliche Notizen und fertigte dazu auf 48 Seiten Exzerpte zur »Physik des Erdbodens und derer dazu gehörigen Cörper«. Zu bewundern ist, mit welcher Hingabe und Ausdauer die Fürstin bemüht war, sich fundierte Kenntnisse auf so vielen verschiedenen Gebieten anzueignen. Lavater hat Recht gehabt, als er sie in seinem Tagebuch 1782 die »Vielwisserin und Vielfragerin von Baden« nannte[16]. In einem Nachruf, der 1783 in der Zeitschrift »Pomona« erschien, schreibt der anonyme Autor – vielleicht ist es Böckmann gewesen[17] –: ». . . Ihre Wißbegierde kannte keine Gränzen . . . Sprachkenntnisse, Medizin und Naturgeschichte waren ihre Lieblingsstudien. Sie wollte alles gründlich wissen. Oft kam sie vor zwey Uhr in der Nacht nicht von ihren Büchern.«

Die Markgräfin als Geschäftsfrau und Unternehmerin

Seit Beginn seiner Regierungstätigkeit war Karl Friedrich bestrebt, außer der Landwirtschaft, die ihm besonders am Herzen lag, auch Handel und Gewerbetätigkeit aller Art in seinem Lande zu fördern. Vor allem bekannt und für die Zukunft wichtig geworden ist auf diesem Gebiet die 1767 gegründete Manufaktur für Uhren, Bijouterie- und Galanteriewaren im Waisenhaus zu Pforzheim, denn sie stellt die Keimzelle einer noch heute in dieser Stadt blühenden, bedeutenden Industrie dar. Das schon 1714 von Karl Friedrichs Großvater Markgraf Karl Wilhelm eingerichtete Waisenhaus, dessen Zöglinge verschiedene Handwerke erlernen konnten – Tuch- und Zeugmacherei, Strumpfweberei und anderes mehr – erhielt während der fünfziger Jahre durch Geheimrat Reinhard, dem die Oberaufsicht anvertraut war, eine neue Gliederung und Ordnung. Maßgebend blieb dabei immer der Gedanke eines sozialen Erziehungsprogramms für die Insassen. Durch eine gründliche Ausbildung sollten sie instandgesetzt werden, sich später ihren Lebensunterhalt verdienen und eine eigene Existenz aufbauen zu können. In einer von Karl Friedrich entworfenen Anstaltsordnung heißt es: »Menschen können nicht leben, nicht glücklich leben, ohne durch erfolgreiche Arbeit in der Gesellschaft.« Die wechselnden Geschicke und Organisationsformen der neuen, seit 1767 im Waisenhaus arbeitenden Manufaktur sollen hier nicht im Einzelnen verfolgt werden, denn Karoline Luise war an ihnen nicht unmittelbar beteiligt.[1] Wohl interessierte sie sich sehr für technisch-handwerkliche Probleme aller Art, ließ sich auch über alles, was in Pforzheim geschah, auf dem Laufenden halten und korrespondierte mit den Leitern der Manufaktur, den Schweizern Jean-François Autran und Jean Jacques Ador[2], hat aber in den Betrieb offenbar selbst niemals eingegriffen.

Sie war mit ihren eigenen kommerziellen Unternehmungen genug beschäftigt. Bereits in den frühen sechziger Jahren, als die Käufe für das Malereikabinett und der Aufbau der naturwissenschaftlichen Sammlungen ihre Zeit noch stark in Anspruch nahmen, betrieb die Markgräfin in eigener Regie eine kleine Seidenzucht. Seit der zweiten Hälfte des 17. Jahrhunderts gab es hie und da in Südwestdeutschland Versuche, dieses in Italien blühende Gewerbe in der Heimat einzuführen, denn für dessen Produkte bestand in der höfischen und gehobenen bürgerlichen Gesellschaft der Epoche überall starke Nachfrage. Nach dem Ende des Spanischen Erbfolgekrieges ergriff Kurpfalz als erstes Land eine erneute Initiative: in Heidelberg wurde eine »Seydenwürmfabrique« gegründet und 1728 zu deren Versorgung die Straße nach Schwetzingen mit Maulbeerbäumen bepflanzt.[3] Der Erfolg dieses Unternehmens war freilich begrenzt. In Durlach genehmigte Karl Friedrich dann 1747 die Gründung einer Seiden-Compagnie als Aktiengesellschaft auf privater Grundlage und suchte sie für den Anfang durch allerlei Vergünstigungen zu fördern.[4] So durfte sie Maulbeerbäume auf öffentlichem Grund und Boden anpflanzen und für einige Jahre unentgeltlich die bereits vor längerer Zeit auf dem fürstlichen Kammergut Gottesaue gesetzten Bäume zur Fütterung ihrer Raupen benutzen. Auch die auf dem Lande beschäftigten Lehrer unterwies man in der Kunst, Seidenwürmer zu züchten, ließ Eier austeilen und Maulbeerpflanzungen anlegen, um der neuen Compagnie Rohmaterial zu verschaffen. Karl Friedrich unterstützte diese Bemühungen 1766 durch weitere Empfehlungen und fördernde Maßnahmen, wie auch darauf hin, »daß Kinder und gebrechliche Personen sich dabei leichten Geldverdienst machen können«[5]. Zwei Jahre später erhielten alle ernsthaften Interessenten unentgeltlich Samen zur Anpflanzung von Maulbeerbäumen. Dank dieser Bemühungen entfaltete sich die neue Industrie recht zufriedenstellend. In seiner badischen Geschichte schreibt Sachs 1773 dazu[6]: ». . . In der ganzen Gegend der Fürstlichen Residenz, wie auch in der Stadt Durlach sieht man viele Tausende der zur Seidenzucht erforderlichen Maulbeerbäume von der verschiedensten Art. Man trifft sie auch in anderen Städten und in vielen Ortschaften häufig an. Es wird daher zu Carlsruhe und Durlach viele innländische Seyde erzogen und verarbeitet.«

Auf einem flüchtig mit Bleistift geschriebenen Zettel[7] machte sich Karoline Luise später einmal Notizen darüber, in welchen Jahren sie mit ihren verschiedenen kommerziellen Unternehmungen begonnen hatte. In der ersten Zeile heißt es da: »1764 Seide.« Im Juli des folgenden Jahres gab ihr der Genfer Kaufmann Guillaume Cardoini, ein Neffe ihrer früheren Darmstädter Gesellschafterin, ausführliche Erläuterungen über die verschiedenen Qualitäten von Seidengarn, dazu auch praktische Hinweise.[8] Er riet ihr, sich für ihren Betrieb am besten einen Fachmann aus Piemont kommen zu lassen, denn für die Kultur der Maulbeerbäume, die Aufzucht der Raupen und das Spinnen brauche man Experten; Piemonteser seien in diesem Geschäft besonders erfahren und würden im allgemeinen auch gern nach Deutschland kommen. Minister von Edelsheim, der bei seiner Herrin immer Interesse für Details solcher Art voraussetzen konnte, berichtete einige Jahre später von einer 1770 unternommenen Reise durch Italien ausführlich über die in Piemont produzierte Seide, deren »finesse et légerté« er lobte.[9] Ihre hohe Qualität beruhe, wie er schrieb, auf einer besonderen Fütterungsmethode; man nehme dazu eine Art von rotem Maulbeer, der auf den üblicherweise verwendeten aufgepfropft werde. Die so behandelten Bäume besäßen zwar keine so lange Lebensdauer wie die anderen, brächten dafür aber wesentlich höhere Erträge.

Wann genau und in welcher Form die »Seidenfabrique« der Fürstin ihre Arbeit aufgenommen hat, ist den offenbar recht unvollständig erhaltenen Papieren nicht mehr zu entnehmen. Die meisten Erwähnungen in der Korrespondenz konzentrieren sich – vielleicht nur aus Zufall – auf das Jahr 1773. Damals vertrat der aus Badenweiler gebürtige Oberst Georg Adam Gmelin Karoline Luises geschäftliche Interessen in Frankfurt, wo er sich nach einer militärischen Laufbahn in der englischen Armee 1764 niedergelassen hatte. In einem Brief vom Juli 1773 erkun-

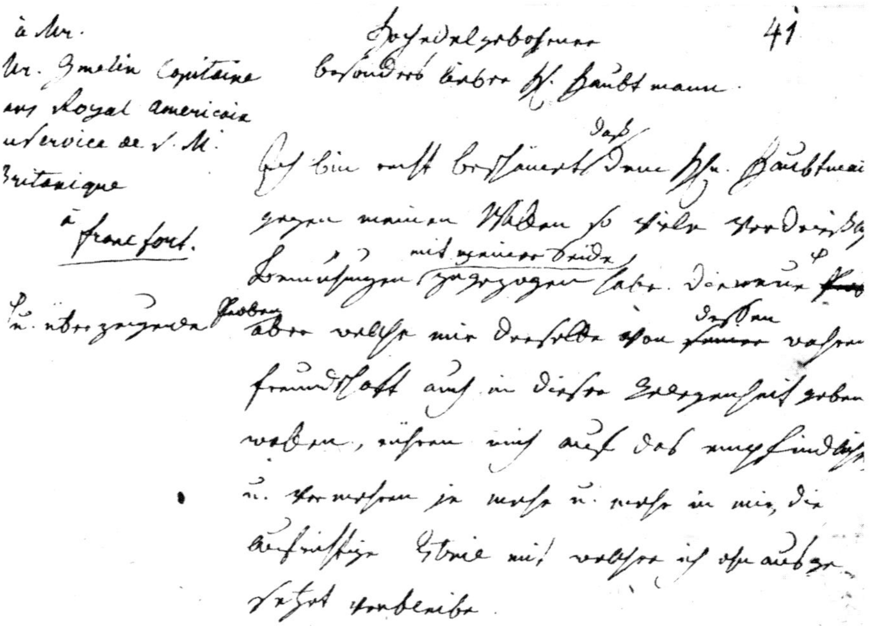
à Mr.
Mr. Gmelin Capitaine
au Royal americain
au service de S. M.
Britanique
à Francfort.
41

59 Konzept eines Briefes von Karoline Luise an Hauptmann G. A. Gmelin in Frankfurt – Karlsruhe, Großherzogliches Familienarchiv

digte sich die Markgräfin bei ihm nach dem letzten Gebot für eine Sendung ihrer Seide, welche er schon früher erhalten hatte, und ließ ihn wissen, sie hoffe auf eine befriedigende Ernte, sofern das schlechte, für die Raupen schädliche Wetter ihr nicht noch einen Strich durch die Rechnung mache.[10] Im November ließ sie ihm dann wieder einen großen Posten zugehen, mehr als 133 Pfund; es war alles, was sie noch von der älteren »mittelmäßigen« Ware besaß[11]. Sie hätte diesen Bestand gern im Ganzen abgegeben und wollte in diesem Falle neun Reichstaler pro Pfund verlangen: »die Seide ist zu mehreren Cocons gesponnen als meine dißjährige und mithin denen Hanauer Herren vielleicht anständig, welches mir sehr lieb zu vernehmen sein wird, denn alsdann wäre unser Handel gleich richtig. Zahlungstermin von 6 Monathen ist zwar etwas lang, 3 Monathe wären auch genug, doch will ich gegenwärtig auf dieses nicht beharren, sondern die 6 Monathe bewilligen«. Im September desselben Jahres 1773 schickte die Fürstin auch dem badischen Kammerrat Fuchs[12] in Basel eine Probe ihrer »selbstgezogenen« Seide und bat ihn, diese »durch die dritte Hand«, ohne ihren Namen zu nennen, bei einigen »Bändel Fabricanten« vorzuzeigen und sich zu erkundigen, ob diese sie für ihre Zwecke gebrauchen könnten und was sie zu zahlen bereit wären. Sie wollte auch gern wissen, was man etwa daran auszusetzen finde, bat ihn dazu um kleine Muster der in Basel gängigen Ware, damit sie sich vorstellen könne, welche Art und Qualität man dort verlange. Während ihres letzten Aufenthalts in Basel habe sie bei verschiedenen

Händlern sowohl italienische als auch deutsche Seide gesehen und deren Preise miteinander verglichen. Jedes von ihr auf italienische Art produzierte Pfund komme sie inklusive Transport auf fünfzehn Taler zu stehen.

Aus London berichtete Claiß im November, dort habe er einen Fabrikanten gefunden, der mit der Karlsruher Ware zufrieden sei und etliche Zentner zum Preise von 20 Schilling pro Pfund frei Haus nehmen wolle; einen Zentner könne sie sofort schicken lassen.[13] Man ist überrascht, Ihre Hochfürstliche Durchlaucht die Frau Markgräfin von Baden in diesen Korrenspondenzen als geschäftstüchtige, sozusagen professionelle Unternehmerin bürgerlicher Art von einer ganz neuen Seite kennenzulernen. Ihre Seidenzucht muß sich bewährt und laufend Gewinn abgeworfen haben, denn einen Monat nach dem Tode der Fürstin wird sie in einem vom Minister von Edelsheim aufgestellten »Promemoria über die Interims-Verwaltung« des von der Markgräfin hinterlassenen Vermögens ausdrücklich aufgeführt und der Aufsicht von Madame Vierordt, einer Sekretärin der Verstorbenen, sowie des Fasanenmeisters Holtz unterstellt. Zu dieser »Fabrique« gehörte auch eine größere Maulbeerplantage auf dem sogenannten »Kühlen Feld« – dem heutigen Killisfeld –; das für die eigentliche Seidenzucht nicht benötigte Gelände unter den Maulbeerbäumen war in Pacht vergeben, ein anderes Stück mit Krapp angepflanzt[14].

Bei all ihren geschäftlichen Unternehmungen war es Karoline Luise natürlich um Profit zu tun; deshalb ließ sie sich auch nur auf kalkulierbare Risiken ein. Die alchimistischen Versuche ihres Großvaters in Darmstadt, welche schließlich zum finanziellen Ruin seines Landes geführt hatten, dürften ihr eine unvergessene Lehre geblieben sein. Als sich 1776 ein Georg Ludwig Speidel[15], »Renovateur im Dienste des Herzogs von Württemberg«, erbot, der Markgräfin ein System zu erläutern, durch das sie im Zahlenlotto der Städte Freiburg, Günzburg und Stuttgart sichere Gewinne machen könne, antwortete sie mit freundlicher Ablehnung: ». . . so wenig aber gemeinet bin, mich mit Lotterien zu bemengen oder auch nur in die Prüfung eines Gewinn Plans einzugehen, so schäzbar ist mir jedoch des Herrn Renovators gehegte Absicht, sich mir hierunter nuzbar zu machen.«

In Karlsruhe betrieb die Fürstin seit 1766 noch eine kleine Seifen- und Kerzenfabrik. Vermutlich hat sie diesen Betrieb nicht selbst gegründet, sondern wohl von einem Vorgänger übernommen; in ihren Papieren ist darüber allerdings nichts gesagt. Für das Jahr 1774 sind ausführliche, sich über Monate hinziehende Aufzeichnungen über das Unternehmen vorhanden[16], Bestandsaufnahmen des Rohmaterials sowie der noch unverkauften Ware, dazu eine Übersicht über die laufenden Unkosten des Betriebs und den monatlichen Verkauf der Erzeugnisse. Wahrscheinlich wurde so etwas allährlich angefertigt, vielleicht diente diese Aufstellung aber auch schon als Unterlage für eine ins Auge gefaßte Verpachtung der Fabrik, von der später im Nachlaßverzeichnis die Rede ist.

Großen Aufschwung nahmen seit der Mitte der sechziger Jahre in Baden auch Anbau und Verarbeitung des Krapps, der sogenannten »Färber-Röte«. Christian Thran, der Hofgärtner des Stadtgründers Markgraf Karl Wilhelm, hatte von einer

Reise nach Nordafrika, wo er 1732 exotische Pflanzen und Tiere für die Sammlungen seines Herrn besorgen sollte, erstmals Samen der Krapp-Pflanze sowie Rezepte zu deren Züchtung und Verarbeitung mitgebracht. Aus dem wäßrigen Auszug der hellroten vermahlenen Wurzelknolle pflegte man in den südlichen Mittelmeerländern und im Orient schon seit dem Altertum ein geschätztes Färbemittel herzustellen. Karl Friedrich erteilte Thran 1753 auf zwanzig Jahre ein ausschließliches Privileg für die Krappherstellung in der Unteren Markgrafschaft.[17] Zwei Jahre später erließ er noch Bestimmungen zur »besonderen Beschüzung des aufblühenden Baues der Färberröthe«. Da der Anbau überall Interesse erregte und man wegen der vielfach auch aus dem Ausland kommenden Nachfragen berechtigte Hoffnung hegte, den Landeskindern durch die Anlage weiterer Mühlen und ausgedehnteren Anbau der Krapp-Pflanzen gute Einnahmen verschaffen zu können, bewog der Markgraf Thran 1765 gegen eine gewisse Vergütung dazu, vorzeitig auf sein Monopol zu verzichten. Anbau und Verarbeitung wurden daraufhin für das ganze Land freigegeben, und die Regierung veröffentlichte »eine allgemeine Ermuntherung zu demselben durch Nachlaß an Zehnten und Pfundzoll«. Da sich zudem auch noch herausstellte, daß beim Fruchtwechsel Getreide auf früheren Krappäckern besser als sonst gedieh, nahmen viele Landwirte die günstige Gelegenheit zum Anbau dieser Pflanze wahr. Im Jahre 1777, so berichtet Drais, habe ein Morgen Feld mit Krapp 150 Gulden Erlös gebracht, allerdings erst im zweiten Jahr des Anbaus und dann auch nur ein um das andere Jahr. Karoline Luise wandte sich sofort dem Erfolg versprechenden neuen Geschäftszweig zu. Schon für das Jahr 1766 enthält ihre Buchhaltung ausführliche Angaben darüber. Auf dem »Kühlen Feld«, in Gondelsheim und auf anderen Besitzungen ließ sie Krapp in größeren Mengen anbauen. Ihr Schwager Markgraf Wilhelm Ludwig tat ein Gleiches in Mühlburg. Zum Vermahlen der Knollen oder »Glicker«, wie sie in der Korrespondenz genannt werden, legten beide sich eigene Mühlen zu, kauften zur Aufbereitung auch Produkte anderer Pflanzer an, trieben also, wie Drais es nennt, »das Gewerbe ins Große«. Außer einer Mühle in Grötzingen, die sie anfangs der siebziger Jahre erwarb, besaß Karoline Luise noch eine zweite in Söllingen, welche an sich zum Vermahlen von Getreide gedacht war, doch zusätzlich noch einen Gang für die »Glicker« besaß.

Die Geschäftsbeziehungen der Markgräfin erstreckten sich bald über ganz Süddeutschland bis in die Schweiz, ins Elsaß und nach England. Schon 1773 schickte sie der Firma de Luze u. Co. in Neuchâtel Proben ihrer Erzeugnisse, da ihr zu Ohren gekommen war, daß eine Darmstädter Fabrik anderer großer Aufträge wegen die Schweizer Bestellung nicht hatte ausführen können.[18] Ihre eigenen Vorräte vom vergangenen Jahr, so schrieb sie, seien alle verkauft, doch werde sie von der neuen Produktion in drei verschiedenen Qualitäten liefern können, deren Preise sie dann angab. Bis jetzt sei sie es gewohnt, nach ihr übersandten Mustern zu fabrizieren, und könne das, falls ihr Angebot Interesse finden sollte, auch mit de Luze so halten. Der Ton des Schreibens ist sachlich und klar, ohne Schnörkel, das Ganze ein perfekter Geschäftsbrief.

In England bemühte sich Ingenieur Claiß um den Absatz der Karlsruher Produkte. Man müsse dort, schrieb er im August 1774[19], zwar überall mit dem Vorurteil kämpfen, holländischer Krapp sei besser als deutscher, doch habe er es schließlich erreicht, zwei von seinen Freunden – Mr. Blundell in Liverpool und Messrs. Hundsman and Aislin in Sheffield – zur Übernahme von Karoline Luises gesamter Produktion zu bewegen. Sie wollten versuchen, diese nach Art der »commissionaires« zum höchstmöglichen Preis zu verkaufen, gaben aber zu wissen, der Preis müsse sich nach dem von den Holländern verlangten richten, da diese nur gute Sorten anzubieten hätten.

In einem Briefe, welchen die Markgräfin 1779 ihrem Kammerrat Binninger in Straßburg schrieb[20], bittet sie diesen um Nachsicht für ihr langes Schweigen: ». . . Ich habe einen neuen Rechnungsführer bekommen, und das Krapp Geschäfte ist voriges Jahr so beträgtlich gewesen, daß biß jetzo man alles andere liegen gelaßen, um dem nothwendigsten nur abzuwarten.« Gegen Ende dieses Jahres war die Situation auf dem Markt allerdings nicht mehr so günstig. Der Geschäftsmann Samuel Vogel im elsässischen Mülhausen, ein Schwager des Pforzheimer Schmuckfabrikanten Ador, berichtete der Markgräfin im November[21], er habe in Neufchatel erfahren, daß sich der Verkauf von Krappknollen in diesem Jahr für die Plantagenbesitzer schlecht anlasse, denn der während des Sommers zwischen Spanien und England ausgebrochene Krieg habe den Fabriken das Geschäft verdorben. Man müsse warten, bis sich der Markt wieder belebe. Von Karoline Luises Plan, Krappvorräte nach England zu schicken und sie dort zur Versteigerung zu geben, hielt Vogel überhaupt nichts; das könne wirklich nur mit Verlust enden. Auch von Claiß, der sich zu dieser Zeit in der Schweiz aufhielt, bekam die Markgräfin Nachricht, daß es dort keine Möglichkeit gebe, deutschen Krapp abzusetzen, denn man bevorzuge holländische Ware, mit der alle Lagerhäuser in Lenzburg und Aarau, den Zentren des Verkaufs, bis obenhin gefüllt seien. Die Firma Bardalles in Neuchâtel, die durch Vogel eine Sendung Krapp aus Durlach bezogen habe, sei außerdem mit deren Qualität nicht zufrieden gewesen, was ihnen »einen Degout von dorther gegeben«.

Mit gleichen Schwierigkeiten kämpfte Karoline Luise auch während der folgenden Jahre. Immer wieder fand man ihre Preise, verglichen mit denen der in der Qualität besseren holländischen Produkte, zu hoch. Eine gewisse Erklärung für den schlechten Geschäftsgang der Grötzinger Fabrik vermittelt das »Mémoire«, welches ein Georg List aus Durlach der Markgräfin im Februar 1782 vorlegte.[22] Der Autor findet es betrüblich, daß ihre guten Absichten und Bemühungen durch die Unfähigkeit der von ihr eingesetzten Personen nicht zum gewünschten Erfolg führten. Das von einigen geschickten Kaufleuten geleitete Parallelunternehmen ihres Schwagers in Mühlburg erziele dagegen sehr gute Ergebnisse, so daß ». . . es aller Orten den Vorzug unter allen Etablissements dieser Art am ganzen Rheinstrom« behaupte. Man könnte also etwas Gutes aus ihrer Fabrik machen; dies freilich nur, wenn das Ganze nicht nebenbei, sondern als Hauptsache betrieben werde. Karoline Luise sei nicht wohl beraten gewesen, sich bei der Fabrikation und Handlung, die vieler

Kritik unterworfen seien, nur auf die Rechtschaffenheit und Redlichkeit ihres Gärtners Graf zu verlassen. Händler verlangten für ihr gutes Geld pünktliche Lieferung und exakte Bedienung, und es sei klar, daß ». . . heutiges Tags die kaufmännische Wissenschaft mit allem recht unter die vorzüglichsten Studia gerechnet wird«. Ein Mann »ohne Wissenschaft und Erziehung« wie Graf könne sich in seinem nun schon vorgerückten Alter die »mathematische Denkensart eines geschickten Kaufmanns oder Fabrikanten ohne mündlichen getreuen aufrichtigen Unterricht, bloß durch eigenes Genie«, nicht mehr erwerben. Karoline Luise täte gut daran, das obere Direktorium ihres Geschäfts einem Kaufmann zu übertragen, »der die Verhältnisse der Zeit und Umstände zu berechnen weiß«, wenn anders sie nicht in kurzer Zeit Gefahr großer Nachteile laufen wolle. Daß die Ware bei dreijährigem Liegen verliere und im vierten sogar ganz zugrundegehe, sei jedem Kenner der Materie vertraut, und die Markgräfin müsse wissen, ob sie nicht dergleichen etwa noch im Vorrat habe. Auch das Dörren und Mahlen seien Handgriffe, welche die Qualität des Produkts ebenso wie dessen Aussehen entscheidend beeinflußten. Leute, die persönlich keine unangenehme Korrespondenz und keinen Schaden durch das Liegenbleiben der Ware zu gewärtigen hätten, würden sich verständlicherweise auch die Fabrikation weniger angelegen sein lassen. List riet daher, die Leitung des Unternehmens einem Manne zu übertragen, der zur gleichen Zeit auch den Absatz der Ware auf eigene Rechnung zu betreiben hätte; ihm könnte Karoline Luise ihren Krapp zu einem bestimmten Preis überlassen und entsprechend auch mit einer sicheren festen Einnahme rechnen.

Die Vorschläge des Herrn List waren ohne Zweifel bedenkenswert, wenn auch vielleicht nicht ganz uneigennützig, denn er war wohl selbst daran interessiert, die Leitung der markgräflichen Produktion zu übernehmen. Karoline Luise wollte sich aber ihre Fabrik nicht aus der Hand nehmen lassen, denn sie glaubte, auch theoretisch dieser Aufgabe gewachsen zu sein. Das verraten allerlei diesbezügliche Schriften unter ihren Papieren. Eine von fremder Hand geschriebene, 46 Seiten umfassende Abhandlung trägt den Titel »Von der Wißenschaft der Kaufleute und Buchhalter, enthaltend die Doppelte Buchhaltung«[23]; den praktischen Beispielen nach zu urteilen, welche darin wiedergegeben sind und sich alle auf das Jahr 1777 beziehen, muß sie damals oder im Jahr darauf verfaßt worden sein. Weiter finden sich eine Anleitung zum Verfassen von Wechselbriefen und das Schema eines Hauptbuchs mit verschiedenen Rubriken eines »Calculations-Buches«[24]: ». . . welches nur die Ausrechnung der ankommenden Waaren enthält, wobei annoch zu mercken, das die Facturen oder die Rechnungen specificirtere in das Compra-Buch oder Einkaufsbuch getragen und hier nur summarisch angeführt werden, als zum Exempel . . .« Bankier Goll in Amsterdam, den Karoline Luise gebeten hatte, ihr noch weitere einschlägige Literatur zu nennen, schrieb im Februar 1779[25], er bewundere »goût et curiosité« der Markgräfin, daß sie ihre Bibliothek nun auch noch um die »Branche du Commerce« erweitern wolle, und schickte ihr den Prospekt der Neuauflage eines Werkes von Savary über doppelte Buchführung. Dieses, meinte er, werde ihren Ansprüchen allein schon genügen, gleichwohl lege er noch eine kleine Liste weiterer Publikationen über verschiedene Fragen kaufmännischer Praxis bei.

Der stockende Umsatz der Grötzinger Krappfabrik und die langen Zahlungstermine der Kunden haben die Fürstin in den letzten Jahren ihres Lebens offenbar mehr als einmal in finanzielle Schwierigkeiten gebracht. Dafür spricht, daß sie seit dem Ende des Jahres 1778 immer wieder Wechsel über kleinere und größere Beträge auf Personen ihres Bekanntenkreises ausgestellt hat[26]; mehrfach wird die Frau Geheimrätin Reinhard genannt, außerdem zeichnen die Obristlieutenants Weiß und von Leutrum, der Mundkoch Trippler in Karlsruhe und andere. Zum Teil wurden diese Verpflichtungen nach wenigen Monaten eingelöst, zum Teil aber auch wieder und wieder prolongiert und vielfach erst nach Jahren beglichen. Nicht weniger als 35 Schuldverpflichtungen solcher Art ist Karoline Luise von Oktober 1778 bis zum Februar 1783 eingegangen. Insgesamt beliefen sie sich auf die recht ansehnliche Summe von 69 050 Gulden, von denen rund 32 000 erst einige Jahre nach dem Tode der Fürstin an die Gläubiger zurückgezahlt worden sind. Zu welchem besonderen Zweck sie die Gelder jeweils aufnahm, wird nur einmal ausdrücklich gesagt: am 28. Juni 1782 erhielt sie vom »hiesigen Schutzjud Hayum Levi« auf vierteljährliche Kündigung 3000 Gulden »zum Behuf Unseres Fabriquen Wesens«. Gelegentlich lieh sich die Fürstin vielleicht auch Barmittel, um dringlich gewordene ältere Schulden zu begleichen. Dabei hoffte sie vermutlich auf ein baldiges Ende der kriegerischen Verwicklungen in Europa und eine dann wieder einsetzende Belebung des internationalen Marktes. In dieser Meinung mag sie ein Brief Adors bestärkt haben, der 1782 mit gutem Erfolg Produkte der Pforzheimer Schmuckwarenmanufaktur auf der Frankfurter Messe feilbot und der Markgräfin von dort am 27. März berichtete[27], er habe während eines großen Essens ein interessantes Gespräch überhört: zwei Geschäftsleute seien der Meinung gewesen, daß die Preise für Krapp nach einem allgemeinen Friedensschluß – zwischen England, Frankreich, Spanien und den Vereinigten Staaten, sowie zwischen England und Holland – um dreißig Prozent steigen würden. Diese neue Situation, welche er der Markgräfin wünschte, ergab sich aber erst 1783/84; Karoline Luise hat sie nicht mehr erlebt.

Von der Papiermühle, welche die Fürstin in Ettlingen betrieben hat, ist bereits im Zusammenhang mit Goethes unbegründet absprechender Äußerung über dieses Unternehmen und seine Produkte die Rede gewesen. Erst im April 1774 hatte Karoline Luise um dreitausend Gulden zuzüglich 233 Gulden »Trinckgeld« die »in gänzlichem Zerfall befindliche Walk- und Ölmühle« eines Jakob Grahn in Ettlingen erworben, um an deren Stelle eine Papiermühle zu errichten[28]. Nach außen hin traten als Käufer zwar Inspektor Müller und Ökonomierat Eppelin auf, die den Betrieb später wohl leiten sollten, alle Verrechnungen liefen aber über die Privatkasse der Markgräfin als Eigentümerin. Prinz Friedrich beteiligte sich mit einem Kapital von 1550 Gulden, das jährlich mit 5% zu verzinsen war. Der Ingenieur Johann Sebastian Claiß, damals mit einem Stipendium des Markgrafen in England, schrieb im selben Monat, er habe dortige Papiermühlen ausgiebig studiert und könne der Fürstin, wenn sie einen solchen Betrieb einrichten wolle, mit guten

Ratschlägen behilflich sein. Karoline Luises Aufzeichnungen geben zu erkennen, daß sie für den Umbau des Hauses, für Gerätschaften, Material und Personal mit 4680 Gulden erhebliche Mittel in den neuen Betrieb investierte. Offenbar ließ sich das Unternehmen, das wohl erst 1775 wirklich zu produzieren begann, gut an, denn in den Ausgabebüchern der Markgräfin finden sich seit 1778 öfters Beträge für den Ankauf von Lumpen verschiedener Art, die sicher für die Ettlinger Papierfabrik bestimmt waren. Einer undatierten Aufstellung nach wurden hier alle möglichen Sorten von Papier und Pappen in jeweils verschiedener Größe und Qualität hergestellt. Im Todesjahr Karoline Luises, 1783, war man gerade dabei, einen ziemlich großen Neubau des ganzen Unternehmens aufzuführen, das nun an die beiden jüngeren Söhne fiel; diese haben es offenbar noch geraume Zeit fortsetzen lassen.

Als Mitbesitzerin der Hanau-Lichtenbergischen Ländereien im Elsaß ist Karoline Luise mit Problemen der Landwirtschaft schon in frühen Jahren vertraut geworden, denn Kammerrat Binninger hielt sie ständig über alles, was dort geschah, auf dem Laufenden. Er war ein ausgezeichneter Verwalter, der es verstand, erzielte Gewinne auch erfolgreich wieder anzulegen[29]. Da es eines der wesentlichen Anliegen Karl Friedrichs war, die bäuerliche Wirtschaft seines Landes zu fördern und zu modernisieren, gehörten Themen aus diesem Bereich sowieso zum täglichen Gesprächsstoff am Karlsruher Hof. Während der sechziger Jahre hatte in Europa eine »agrarische Bewegung« hohe und höchste Kreise ergriffen. Als alle Welt landwirtschaftliche Probleme diskutierte und Voltaires Spott sich über die feinen Damen ergoß, welche ihre Hüte mit Kartoffelblüten zierten und nach dem Theater von Landwirtschaft und Getreidepreisen parlierten, redete Karoline Luise nicht nur, sondern handelte. Schon im Februar 1764 schrieb sie einmal an Binninger[30]: ». . . Der Marggraf ist hier so bedacht, den Acker-Bau für sich und seine Unterthanen in florissanten Stand zu setzen, daß ich täglich so viel von Oeconomie, Frucht-Preiße und Verbeßerungen sagen höre, daß mir darüber der Einfall letzt gekommen, auch davon zu profitiren . . .«
Für einen Teil ihrer Gewinne und Ersparnisse erwarb sie Grundstücke in Karlsruhe zu landwirtschaftlicher Nutzung. Aus dem Besitz des »Bürgers und Handelsmannes« Gottfried Vogel ließ sie im März 1771 für neunhundert Gulden einen vor dem Rüppurrer Tore am Beiertheimer Weg gelegenen eindreiviertel Morgen großen Garten für sich ersteigern[31]. Zwei Jahre später kam für tausend Gulden zuzüglich fünf Gulden »douceur« ein zweiter, ebenso großer Garten vor dem Mühlburger Tor hinzu, den die »verwittibte Feldschererin Föcklerin und deren sämtliche Kinder unter Curatel des hiesigen Bürgers und Handelsmannes Romanns« zur Versteigerung brachte. Dem Kaufbrief nach war er von einer Mauer umgeben und lag neben einem den Eichrodtischen Erben gehörenden Grundstück an der Straße nach Mühlburg; seine Rückseite stieß an den alten Landgraben. Auch diesen Besitz konnte Karoline Luise 1778 durch zwei weitere Zukäufe noch abrunden: im Januar ließ ihr die Föcklerin für 270 Gulden einen ebenfalls an der Mühlburger Landstraße gelegenen Acker von einem halben Morgen Größe ab, und im Juni kam der zwischen diesen beiden Grundstücken gelegene, drei Morgen große Garten hinzu,

welcher aus der Erbengemeinschaft Eichrodt inzwischen an den Doktor der Medizin Philipp Andreas Eichrodt gefallen war. Der Kaufschilling dafür brauchte nicht sofort entrichtet zu werden, sondern erst auf Abruf des Verkäufers nach einer drei Monate vorher zu gebenden Ankündigung. Damit besaß Karoline Luise nun unmittelbar westlich vor den Toren der Stadt ein zusammenhängendes Areal von mehr als fünf Morgen Umfang.

Etwas früher, anscheinend 1775, hatte die Fürstin auch den Rittnerthof erworben, ein großes, auf den Höhen über Durlach liegendes Gut, in dessen Um- und Ausbau sie anscheinend beträchtliche Mittel steckte[32]. Eine Überschlagsrechnung für die Kosten des hier beschäftigten Personals[33] nennt einen Direktor, vier Knechte und eine Magd. Wie es üblich war, bekamen sie alle ihr Gehalt zum Teil in bar, zum Teil in Naturalien wie Getreide, Hülsenfrüchten, Wein und Salz. Im April 1776 schrieb Karoline Luise dem ältesten Sohn, der sich damals mit dem Vater in Paris aufhielt[34], sie sei mit Prinz Louis und dem Oberstallmeister Wippermann, die sie zu Pferde begleitet hätten, auf den Rittnerthof gefahren ». . . wo ich bauen lasse, und wo Ihr, so hoffe ich, oft – ich wollte gerade schreiben Speck essen werdet, aber nein: eine gute Erdbeer-Kaltschale«. Baron de Butret, berühmter Spezialist für Obstkultur in Straßburg, den Karl Friedrich Ende der siebziger Jahre als Gutachter in sein Land berief[35], inspizierte auch den Hof der Markgräfin und gab dieser ausführliche Ratschläge und Anweisungen zur Pflege ihrer Obstbäume, vor allem für das sachgemäße Zurechtschneiden der Spalierbäume; in dieser Kunst galt er als unerreichter Experte, hat darüber in späteren Jahren auch ein immer wieder neu aufgelegtes Lehrbuch verfaßt.

Wie alles, was Karoline Luise unternahm, betrieb sie auch die »Oeconomie« mit System und Sachverstand. Unter den Papieren finden sich zahlreiche »Mémoires« und Elaborate über alle möglichen Teilgebiete[36] wie Viehfütterung und Weidewirtschaft, dann Anweisungen für Bienenzucht, Arbeitspläne für die in der Landwirtschaft tätigen Knechte und Mägde mit genauen Angaben, was jeder täglich zu jeder Stunde morgens und nachmittags besorgen solle. Für den Anbau der Feldfrüchte stellte die Fürstin sich fein säuberlich eine große Übersicht über die in Frage kommenden Arten mit folgenden Rubriken zusammen: »wieviele Sorten gibt es?«, »was für einen Boden muß es haben?«, »wie oft muß der Acker gearbeitet werden?«; zu diesem Punkt als Unterabteilung: »gedünget und in welchem Monath oder nicht?«, »wie oft gezackert und in welchem Monath?«, »in was für einem Monath wird gesäet?«, »in was für einen Monath wird geerntet?«, »was gilt der Malter?«. Alle diese Fragen sind für nicht weniger als 22 Arten von Feldfrüchten beantwortet, Getreide, Mais, Hülsenfrüchte, Futterkräuter. Eine ähnliche Aufstellung verfertigte Karoline Luise sich für die Erfordernisse der Viehhaltung. Aus der Schweiz hatte sie Angaben über die Milchproduktion der dortigen Kühe besorgt, über Futterkosten und die beim Milchverkauf erzielten Preise; eine ähnliche Aufstellung liegt auch aus Frankreich vor. Beide konnten zum Vergleich mit den eigenen Ergebnissen nützlich sein.

Die Buchführung ihrer landwirtschaftlichen Unternehmungen besorgte die Fürstin auf Grund der von den Verwaltern gelieferten Unterlagen selbst, nach Soll und

Haben für jede einzelne Feldfrucht genau aufgeschlüsselt[37]. Eines der Blätter enthält auch die wechselnde Fruchtfolge auf den Äckern des ehemalig Föcklerschen Gartens von 1773 bis 1778. Hier werden ebenfalls die Ausgaben für Saatgut, Dung, Lohn und Verpflegung der Arbeiter sowie anfallende Transportkosten den durch einen Verkauf der Feldfrüchte erzielten Einnahmen gegenübergestellt.[38] Das Ergebnis ist durchaus positiv; ein Zettel mit flüchtig in Bleistift niedergeschriebenen Notizen resümiert die Jahresergebnisse der beiden Gärten am Mühlburger Tor für Dinkel, Rüben, Tabak, Spargeln, Heu und Maulbeerbäume in Höhe von rund 159 Gulden gegenüber 90 Gulden Unkosten.

Eine wichtige Rolle spielten damals bereits die als »Grundbirnen« bezeichneten Kartoffeln, auf deren Pflege und Veredlung man viel Mühe verwandte. Der Major und Kammerherr am badischen Hof Wilhelm Ludwig Schilling von Canstatt[39] hatte sich im Herbst 1781 von seinem am Bayreuther Hofe als Landoberjägermeister amtierenden Bruder Franz Georg[40], der auch ein passionierter Landwirt und Gärtner war, Auskunft darüber für die Markgräfin erbeten. In seinem Bericht unterstrich Franz Georg die eminente Bedeutung der Kartoffel, die einmal ein vorzügliches Futter für die Tiere abgebe, »in den schauervollen Jahren der Theuerung und des Getraidmangels 1771/72/73 aber auch vielen Tausenden das Leben gerettet« habe; ohne sie wäre Deutschland damals wahrscheinlich ausgestorben und in eine Wüste verwandelt worden. Ausführlich beschreibt er seine Züchtungsversuche, vor allem die Kreuzungen verschiedener Sorten und deren Ergebnisse; als beste Qualität aller Grundbirnen erscheint ihm und wird allgemein angesehen »die weißblühende aus England importierte Kartoffel«. Der Ansbacher Schilling von Canstatt dedizierte der Markgräfin während dieser Jahre auch manche sie interessierende Neuigkeit für ihre Gemüse- und Obstgärten[41], etwa zwei »Bäumlein tirolische Zwetschgen«, »Sybirische Linsen«, eine bestimmte Sorte von Zwiebeln und »Kürbsen-Kerne«, von denen er meinte, es handle sich dabei vielleicht um »Astracanische Arburen«, eine Art von Wassermelonen.

Wie genau Karoline Luise alle Details ihrer vielen Unternehmungen im Auge behielt und wie sie überall für Ordnung sorgte, mag abschließend ein Briefchen belegen, das sie am 6. September 1779 ihrem Verwalter in Gondelsheim schickte, eines von gewiß ungezählten Schreiben solcher Art, die nicht mehr auf uns gekommen sind[42]: »Unseren Gruß, lieber Getreuer. Es befremdet Uns nicht wenig, daß ihr Unsren durch den Camerdiener Vierort von Steinbach aus übergebenen Befehle, das heuere Crapp erst auf den 20. September zu überliefern, nicht befolget; für was glaubt ihr denn, daß man euch Befehle gibt? Wir werden also eher als den 20ten September wie andrer Jahr keinen mehr annehmen, welches ihr auch gehalten word, allen Einwohnern in Gundelsheim ebenfalls bekand zu machen, indeme der am vergangenen Sonnabend überstellte Crapp uns noch würcklich zum Schaden auf der Straße lieget. Wir versehen Uns also eine genauere Beobachtung dieses Unsres Befehls, wie auch daß ihr ohnverzüglich den Menzinger Dinckel durch unsrer frohn fuhren nach Gondelsheim, zu dessen Abholung hierher, bringen lasset, auch sobald ein transport parat, dessen benachrichtiget, und verbleiben auch in Gnade wohlgewogen Carolina Louisa Von Gottes Gnaden Marggräfin z. Baden.«

60 Karoline Luise, um 1774 – Ausschnitt aus dem Gemälde von J. W. Hauwiller Abb. 51 (S. 292) – Privatbesitz

Kunst- und Bildungsreisen

Offen für alles Neue, seien es fremde Länder, deren Zustände und Menschen, seien es Kunstwerke oder Naturphänomene aller Art, hätte Karoline Luise gewiß nichts lieber getan, als jedes Jahr längere Zeit auf Reisen zu gehen. Doch während der ersten beiden Jahrzehnte ihres Lebens in Karlsruhe konnte sie sich solche Wünsche nur selten erfüllen. Reisen führte sie wohl gelegentlich für wenige Tage nach Mannheim, Darmstadt, Mainz oder Frankfurt; mit dem Gatten zusammen war sie 1763 drei Wochen in Holland gewesen, ein Jahr später in Sachsen und 1771 schließlich mit der ganzen Familie in Paris. Doch fehlten ihr immer noch England, die österreichischen Niederlande, Frankreichs Provinzen und vor allem das klassische Ziel aller Bildungsreisenden im 18. Jahrhundert, Italien. Unternehmungen solcher Art bedeuteten nicht nur jedesmal eine große körperliche Anstrengung, sondern auch ein finanzielles Problem. Solange nämlich Karoline Luise gleichsam offiziell den Markgrafen begleitete, hatte dieser für die nicht unbeträchtlichen Kosten aufzukommen, während sie für andere Reisen auf ihre privaten Einkünfte angewiesen war. Während der sechziger Jahre, als der Aufbau ihrer Sammlungen sie finanziell stark beanspruchte, und seit dem Februar 1771, als der Kauf von Gondelsheim ihr jährlich hohe Ratenzahlungen abnötigte, blieb für größere Reisen nichts mehr übrig.

Eine gemeinsame Fahrt des markgräflichen Paares nach England war für das Jahr 1774 in Aussicht genommen. Johann Sebastian Claiß[1], der sich in London aufhielt, machte Karoline Luise zu Anfang des Jahres diesen Vorschlag; sie griff ihn sofort auf und konnte auch den Gatten dafür gewinnen. Als Termin der Abreise bestimmte Karl Friedrich alsbald die letzte Juniwoche und ließ Claiß bitten, für diese Zeit schon ein Haus in London zu besorgen und alles Nötige vorzubereiten. Ein längeres Manuskript in Karoline Luises Papieren, betitelt »The Chief Observations occurring in England«[2], vielleicht von Cramond verfaßt, zählt alles an Sehenswürdigkeiten auf, was ein Besucher der englischen Hauptstadt und ihrer Umgebung besichtigen sollte. Warum sich der Plan schließlich zerschlug, wird nicht deutlich; vermutlich war es der Markgraf, der sich nicht freimachen konnte.

Vielleicht um seine Frau für diese Enttäuschung zu entschädigen, schenkte Karl Friedrich ihr im März 1775 hundert Louisdors für eine zwölftägige Reise nach Düsseldorf[3]. Schon seit langer Zeit war es Karoline Luises Wunsch gewesen, die dort bewahrte bedeutende Gemäldesammlung der kurpfälzischen Wittelsbacher kennenzulernen. Außerdem lag ihr daran, sich ein wenig Bewegung zu verschaffen, denn während der letzten Jahre war sie recht korpulent geworden. Begleitet von

Prinz Friedrich, dem Oberstallmeister von Üxküll und zwei Bedienten sowie dem Kutscher brach die Markgräfin am 20. März um Mitternacht in Rastatt auf; dort residierte der Hof gerade in diesen Wochen. Nachmittags trafen die Reisenden in Wiesbaden ein, wo sie über Nacht blieben. Nach zwei weiteren Stationen in Bad Ems und Bonn erreichte man am 24. März Düsseldorf; dort stieg die Gesellschaft im Hotel »Hof von Holland« ab. Unterwegs hatte man bei verschiedenen Sehenswürdigkeiten kurz Halt gemacht, in der Nähe von Koblenz etwa eine »Sauerkrug-Fabrique« besichtigt, in Ems die Bäder und ein privates Naturalienkabinett. Überall machte sich Karoline Luise kurze Aufzeichnungen über das, was ihr bemerkenswert vorkam. Dazu gehörten auch Lage und Einrichtung der kurfürstlichen Schlafzimmer im Schloß zu Bensberg. Um diese Zeit war sie selbst noch mit der Ausstattung ihrer neuen Appartements im Karlsruher Schloß beschäftigt und deshalb lebhaft daran interessiert, zu sehen, wie man sich andernorts einrichtete. Im Bensberger Parade-Schlafzimmer der Kurfürstin notierte sie sich: »boisée grau, Füllungen grün, bett en niche grün moiré mit gelben Bouquets.« Täglich erstattete sie dem Gatten ausführlichen Bericht von ihren Reiseerlebnissen. Karl Friedrich hatte ihr nicht nach Düsseldorf geschrieben, weil Post sie dort kaum mehr erreicht hätte, schickte ihr aber, als er sie auf der Rückfahrt wußte, eigens einen Kurier entgegen, der zwischen Koblenz und Mainz zu ihr stoßen und sie bis Schwalbach oder Mainz begleiten sollte. Wegen des stürmisch-regnerischen Wetters und der gerade auf dieser Strecke bekannt schlechten Straße fühlte er sich beunruhigt, es könnte seiner Frau etwas zustoßen. Daß seine Sorge nicht ganz unbegründet war, zeigt eine kurze Ausgabenotiz Karoline Luises: man verteilte Trinkgelder unter »die Leute, so geholfen, wie das Rad aus der Gutsche gegangen«. Tags darauf setzte Karl Friedrich nochmals einen langen Brief an seine Frau auf, den ihr ein weiterer Kurier unmittelbar vor der Rückkehr in Mannheim überreichen sollte[4]: »den 30ten Merz 1775. So eben empfanget dein Diener deinen Brief No. 5 vom 25 Mertz. Ich freue mich von Hertzen daß deine Reise deiner Gesundheit vorträgliche Würckungen herfor bringe, ich hoffe und wünsche, der dicke Leib werde auch wegfallen, wenn die Ursachen seines Daseins durch die Bewegung follends gehoben und weggeschafft sein werden, und jetzo, und als dann noch mehr wollen wir von Hertzen Gott danken.

Ich hätte dir nach Düßeldorf geschrieben, aber das hätte ich am Dienstag oder Mittwoch nach deiner Abreise thun müßen, sonst hättest du meinen Brief nicht bekommen. Aber was konnt ich dir damahl schreiben: daß die Marggräfin verreiset seye, daß der Marggraf sie bald wieder zu sehen wünsche, doch nicht ehr, als bis der haubt Zweck ihrer Reise erfüllt seye, ihre wieder Herstellung, daß er da zu allen allen Segen wünsche; aber das wüßtest du alles, ohne daß ich es schreibe! nun aber hätte ich doch schreiben sollen, denn du hättest einen Brief gegriegt und der hätte dir einiges Vergnügen gemacht, und so wäre schon ein guter Zweck erreicht gewesen.

Ich fühle es gantz, welch ein Vergnügen es seye, von jemand den mann liebt Nachricht zu bekommen; ich fühle es gantz, meine Beste, wann ich deine Briefe lese, die du mir so fleißich, und in Stunden da du ermüdet bist, so zärtlich schreibst;

als dann fällt es mir gantz schwer auf, es seye Undank (o wie heßlich Undank) dir nicht geschrieben zu haben. Tröste mich doch, meine Beste! Nun heute hoffe ich solst du meinen Brief von gestern durch meinen Courrier empfangen! Wann ich dich nur einmahl durch die bösen Weege durch wüßte, da von kann ich aber vor Morgen Abend die Nachricht nicht haben. Nun sitze ich und rechne aus, wo du nun sein kanst, jetzo da ich schreibe schlägt es 10 Uhr, da hoffe ich, du bist zu Neuß, wenn du nur auch Gestern bey dem sehr schlimmen Wetter zu Coblentz angekommen bist, in 2 Stunden kanst du, zwischen Neuß und Radstetten, meinen gesterichen Brief haben. Diesen bekömst du am Sonnabend in Mannheim, und in derselben Nacht umarme ich dich hier, und nenne dich mein Beste Beste Beste Frau. Gott gebe es und daß du recht gesund wiederkommst, und viel gute folgen von der Reise noch nachspürst . . .«

Weitere Fahrten unternahm Karoline Luise während der nächsten Monate nicht mehr. Sie fühlte sich leidend, durch die Reise nach Düsseldorf offenbar auch nicht in dem Maße erfrischt, wie sie es sich erhofft hatte; es war eben zu dieser Zeit, daß sie wiederum schwanger zu sein glaubte. Daher mochte sie auch die Anstrengungen langer Wagenfahrten nicht mehr auf sich nehmen. Sonst hätte sie vielleicht Karl Friedrich begleitet, der im Juli mit dem Erbprinzen für zwei Wochen eine Rundfahrt durch die Schweiz unternahm, wobei er Basel, Lausanne, Genf und Bern besuchte[5].

Ende Januar des folgenden Jahres reiste der Markgraf bei großer Kälte wiederum zusammen mit dem Erbprinzen für zwei bis drei Wochen nach Paris[6]. Es ging dabei in der Hauptsache um gewisse Gespräche politischer Natur und um ein Wiedersehen mit Du Pont und anderen Physiokraten. Doch besuchten die beiden Herren auch alle Freunde, welche sie 1771 in Paris gewonnen hatten, und überbrachten diesen Briefe von der Markgräfin; nur Madame Geoffrin, welche erkrankt war, konnte die Besucher zu ihrem Bedauern nicht empfangen.

Was Karl Friedrich und der Erbprinz nach ihrer Rückkehr von den Pariser Erlebnissen erzählten, scheint Karoline Luise, die sich inzwischen besser fühlte, Lust gemacht zu haben, nun auch ihrerseits der französischen Hauptstadt wieder einmal einen Besuch abzustatten. Am 2. März 1776 schrieb sie dem bewährten Maelrondt[7], er möge unter strengster Diskretion für sie vom 16. bis zum 24. März ein passendes Logis mieten, vier Einzelzimmer und zwei »garderobes«, doch nicht in einem der üblichen großen Hotels; dort stiegen zuviele Leute ab, die sie vielleicht erkennen könnten. Ihr Logis solle aber auf jeden Fall »décent« und gut möbliert sein, so daß sie allenfalls doch auch einen Besuch dort empfangen könne. Sie beabsichtigte, zuerst nach Brüssel und Antwerpen zu fahren und auf der Rückreise den Weg über Paris zu nehmen, wo sie dann nur zwei bis drei Tage bleiben wollte. Da die Straßen vermutlich ziemlich schlecht seien, meinte sie, daß die für den 17. März geplante Ankunft sich leicht um zwei Tage verzögern könnte; daher sei es geraten, sich gegen alle Eventualitäten zu rüsten und für neun Tage zu mieten. Als Grund ihres Besuchs gibt sie Maelrondt an, sie wolle gern einige im neuesten Geschmack möblierte Häuser besichtigen, vor allem das Palais Bourbon, und wäre

»charmée«, wenn Maelrondt das für sie arrangieren könnte, wohlgemerkt für »Fremde, welche Sie erwarten«, ohne irgendeinen Namen zu nennen. Besonders interessiere sie noch das Haus der Tänzerin Mademoiselle Guimard; doch werde es wohl große Schwierigkeiten machen, dort Einlaß zu finden. »Es wird mir ein Fest sein, Sie wiederzusehen« schloß sie ihren Brief, »und ich verbleibe in Hochachtung und Freundschaft als Ihre gute Freundin . . .« Immer noch arbeitete die Fürstin an der Ausstattung ihres neuen Quartiers im Schloß, so daß man ihren Wunsch versteht, sich in der europäischen Kapitale des guten Geschmacks noch einmal über das Neueste auf diesem Gebiete zu orientieren.

Das Reiseprogramm wurde in der Folge geändert; man verzichtete auf Brüssel und Antwerpen und fuhr nur nach Paris. Prinz Friedrich, der Reisemarschall von Üxküll und dessen Schwester, Hofdame der Markgräfin, waren die Begleiter. Das Fräulein von Üxküll[8], nur ein Jahr älter als Karoline Luise selbst und deren Hofdame seit 1751, scheint im Laufe der Zeit etwas seltsam und schrullig geworden zu sein. In ihren Memoiren schreibt Karoline von Freystedt über sie: »Diese Hofdame verließ nie ihr Zimmer, begleitete die Markgräfin bloß auf Reisen und, nur durch den Reisewagen abgeholt, schloß sie sich ihrer Fürstin an und wurde bei der Zurückkunft ebenso abgesetzt.« Die Etikette verlangte für die Markgräfin bei öffentlichem Auftreten eine Ehrendame; so bedeutete das Fräulein von Üxküll, das zwar präsent war, doch mehr oder weniger schwieg und keinerlei Ansprüche stellte, für Karoline Luise vermutlich eine bequeme und nicht störende Reisegenossin.

Am 19. März trafen die Reisenden nachmittags um drei Uhr in Paris ein und stiegen in dem von Maelrondt ausgesuchten Hotel d'Angleterre in der Rue des Filles de St. Thomas ab, am Ende der Rue de Richelieu gelegen[9]. Zwei Lohndiener, welche Maelrondt engagiert hatte, standen außer der eigenen Dienerschaft für Aufträge aller Art zur Verfügung. Vier volle Tage vergnügte sich die Gesellschaft nun in Paris, ohne irgend jemandem von den Freunden ihre Anwesenheit zu entdecken. Man besuchte die königliche Gemäldesammlung, die Gärten der Herzöge von Chartres und Orléans sowie das Palais Bourbon; zwölf Livres Trinkgeld für den »garçon de chambre« vermerkt das Ausgabenbuch dafür, einen ziemlich hohen Betrag.

Dank seiner Beziehungen war es Maelrondt gelungen, auch eine Besichtigung des Hauses von Mademoiselle Guimard zu arrangieren[10] Der Architekt Claude-Nicolas Ledoux hatte es 1771/72 im neuen Stil eines strengen Klassizismus für diese berühmteste Tänzerin ihrer Generation und ungekrönte Königin der Opéra erbaut. In einer halbrunden Nische über den vier antikischen Säulen des Portikus wies eine große Skulpturengruppe mit Terpsichore, der antiken Muse des Tanzes, auf die Besitzerin und deren Ruhm. Bezahlt hatte das Palais ein langjähriger Freund der Diva, Jean-Benjamin de La Borde, Komponist, Kämmerer des Königs und Gouverneur des Louvre. Vom Prinzen de Soubise, Maréchal de France, der seit 1768 als »entreteneur officiel« die Rolle des zweiten Liebhabers spielte – es gab auch noch andere –, bezog Mademoiselle monatlich noch zweitausend Taler für ihren Unterhalt, so daß sie sich in allem den größten Luxus leisten konnte. In ihrem Hause, das in einem der Seitenflügel sogar einen eigenen Theatersaal besaß, traf sich Tout-Paris, die Welt der Aristokratie ebenso wie die des Großbürgertums und Theaters zu glanzvollen Soupers und Bällen. Die Innenausstattung der Villa galt als eine »merveille de goût décoratif«; alles war kostbar im Material und erlesen in der Form. Den großen Salon hatte Fragonard mit Wandgemälden geschmückt, in deren einem ein Porträt der Herrin des Hauses als antike Muse des Tanzes den Mittelpunkt bildete.

Es entbehrt nicht einer gewissen Komik, stellt man sich die seriöse deutsche Fürstin vor, wie sie mit dem Notizbuch in der Hand von Zimmer zu Zimmer das luxuriöse Haus der Ballerina von leichten Sitten durchstreift, sich einen Grundriß skizziert und, so gut es in der Eile geht, stichwortartig die Einrichtung der Räume notiert, Möbel, Tapeten und Gardinen mit ihren verschiedenen Formen und Farben. Selbst vor dem Schlafzimmer und der zugehörigen »garderobe« der Dame machte Karoline Luise nicht Halt. Im Schlafzimmer fielen ihr als besonders neu und elegant die kompliziert gerafften Übergardinen vor den großen Fenstern auf; auch von ihnen fertigte sie eine rasche Skizze, um das Modell in Karlsruhe später kopieren zu können. Dort wußten die Handwerker dann freilich mit ihrer Zeichnung nichts Rechtes anzufangen, konnten sich jedenfalls nicht vorstellen, wie das Ganze mit dem Auf- und Zuziehen der Vorhänge dahinter überhaupt funktionieren sollte. Daher mußte Karoline Luise einige Monate später Maelrondt noch einmal bitten[11], sich durch einen Angestellten Mademoiselle Guimards darüber informieren zu lassen, ob die Stoffpartie über den Fenstern eigentlich aus einem besonderen Stück Tuch bestehe und wie dieses dann zugeschnitten sei. Selbst mit einer ausführlichen Auskunft darüber kamen die heimischen Handwerker nicht zurecht, denn im Dezember wandte die Markgräfin sich erneut an Maelrondt und bat nun um ein richtiges, aus billigem Stoff gefertigtes Modell des Überhangs samt zugehörigen Quasten und Troddeln. Da sie sich dafür am 22. Januar 1777 bedankte, dürfen wir annehmen, daß ein Abglanz von Mademoiselles elegantem Boudoir schließlich auch das Karlsruher Schloß noch verschönt hat. Übrigens heiratete die berühmte Tänzerin, als sie sich 1789 sechsundfünfzigjährig von der Bühne zurückzog, einen um fünfzehn Jahre jüngeren Schriftsteller, mit dem sie nach der stürmischen Epoche ihrer großen Triumphe noch lange in bürgerlicher Ehe lebte; erst 1816 ist sie gestorben.

Verschiedene bei den Papieren der Markgräfin erhaltene Rechnungen geben zu erkennen, daß Karoline Luise während der Pariser Tage trotz ihrer vielen Unternehmungen auch noch Zeit fand, umfangreiche Einkäufe zu machen. Beim Coiffeur Brousel versah sie sich mit allerlei Sorten von Pomade und Puder – »à la Duchesse« und »millefleurs« –, auch mit Haarnadeln verschiedenster Art. Im Modegeschäft »à la Mantille galante« auf der Rue St. Honoré suchte sie Häubchen, Krawatten, Mäntel, Fichus in Tüll und Spitze sowie Garnituren für Roben aus, davon eine in »couleur des cheveux de la Reine«. Eine ganze Reihe von Adressen eleganter Geschäfte, welche sie aufsuchen wollte, hatte sie sich schon vor der Reise notiert, darunter das von Marie-Antoinettes berühmter Modistin Mademoiselle Bertin in der Rue St. Honoré.

Zusammen mit Maelrondt, der sich dann aller Transportprobleme annahm, machte Karoline Luise die Runde bei einigen Möbelhändlern, erstand bei Géricourt einen Schreibtisch und eine Kommode, bei anderen Sessel und Tische mit Marmorplatten. Zum Schmuck der neuen Appartements im Schloß erwarb sie auch verschiedene wertvolle Porzellane, die darauf spezialisierte Händler anzubieten hatten: zwei lapislazuliblaue Vasen und einen seladongrünen Karpfen in vergoldeter Metallfassung. Für eine Garnitur von drei königsblauen Sèvres-Vasen mit Widderköpfen hatte sie den stattlichen Preis von 924 Livres zu entrichten. Diese kostbare Gruppe war vermutlich für einen der Gesellschaftsräume im Karlsruher Schloß bestimmt.

Im Hotel d'Angleterre hatten die Reisenden eine recht bequeme Bleibe gefunden. Der Besitzer Monsieur Berthier bemühte sich, nach Möglichkeit alle Wünsche seiner illustren Gäste zu erfüllen, ließ ihnen die durch einen Traiteur gelieferten Mahlzeiten auf den Zimmern servieren, besorgte Süßigkeiten und eine Loge für die Oper, vermittelte auch die Besichtigung des Palais Bourbon. Die Agentur Barreau & Mercier erledigte weitere Aufträge für kleinere Einkäufe, beschaffte Eintrittskarten für die königliche Menagerie sowie für die Comédie Française, nahm sich sogar der Trinkgelder für die »aboyeurs« an, welche nach den Vorstellungen die wartenden Kutschen der Besucher herbeizurufen hatten. Alle anfallenden Rechnungen gingen zunächst an Maelrondt, der die Beträge auslegte. Seine Gesamtabrechnung in Höhe von 5222 Livres zuzüglich drei Prozent Kommissionsgebühr schickte er dann mit sämtlichen Belegen nach Karlsruhe; von dort wurde alles mit einer Bankanweisung bezahlt. In Paris hatte er bereits ein »douceur« in Höhe von vier Louisdors in bar erhalten.

Am 24. März brachen die Reisenden auf und trafen schon nach weniger als vier Tagen wieder in Karlsruhe ein. Maelrondt konnte es kaum fassen, denn nicht einmal Kuriere, meinte er, schafften die Reise in so kurzer Zeit. Karoline Luise war etwas beunruhigt durch den Gedanken, daß vielleicht doch irgend jemand von den Freunden, mit denen sie in Korrespondenz stand, trotz aller Vorsichtsmaßregeln von ihrem Aufenthalt in Paris erfahren haben könnte. Maelrondt schrieb aber einige Monate später dazu, ihr Inkognito sei so gewahrt worden, daß bis jetzt niemand etwas von der Reise wisse. In der Tat findet sich auch weder in der Korrespondenz der Markgräfin noch in der späteren Literatur bis zum heutigen Tage irgendein Hinweis darauf.

Es ist wohl dieser geglückte Ausflug gewesen, der in der Fürstin den Wunsch nach weiteren Unternehmungen solcher Art geweckt hat. Ihr fehlten ja noch viele Reise-Erfahrungen, welche für die männliche Jugend aus adligen Häusern bereits seit langem zur standesgemäßen Erziehung gehörten. Dieses Thema dürfte den Inhalt mancher Gespräche mit dem Gatten gebildet haben. Karl Friedrich, der seiner Frau niemals einen begründeten Wunsch abgeschlagen hat, gewährte ihr jedenfalls mit Beginn des Rechnungsjahrs im April 1777 eine offizielle Erhöhung ihrer jährlichen Apanage um zweihundert neue Louisdors »zur Bestreitung ihrer jährlichen Reisen, zahlbar zu je einer Hälfte im Frühjahr und im Herbst[12]«. Diesen Betrag hat Karoline Luise anscheinend selbst in Vorschlag gebracht, denn ein Notizzettel[13], auf welchem sie die Kosten ihrer Reisen vom März 1775 bis zum März 1776 zusammengestellt hat, – also nach Düsseldorf, Frankfurt und Paris –, vermerkt als Gesamtsumme einen Betrag von 2545 Gulden, die etwa 231 neuen Louisdors entsprechen.

Auf finanziell so gesicherter Grundlage konnte sie nun jährlich mindestens eine wirklich große Reise unternehmen und hat diese Möglichkeit auch genutzt. Ihr erstes Ziel waren die österreichischen Niederlande mit Brüssel und Antwerpen als den beiden bedeutendsten Städten. Über diese Fahrt unterrichten Aufzeichnungen der Markgräfin, die in Stichworten die wesentlichen Vorkommnisse festhalten[14]. Am 7. März 1777 war die Gesellschaft, wie üblich vor Tau und Tag, aufgebrochen und – nachdem man den Rhein zwischen Lauterburg und Aue überquert hatte – zunächst bis Lemberg unweit Zweibrücken gefahren. Dort wurde übernachtet; am nächsten Tage besichtigte man Pirmasens, Residenz und Garnisonsstadt von Karoline Luises Bruder Ludwig, dem Darmstädter Landgrafen. Dieser selbst war gerade nicht anwesend. Über Saarbrücken, Metz, Luxemburg, Malmaison und Namur erreichten die Reisenden dann am 12. März Brüssel, wo sie drei Tage blieben. Abgesehen von den üblichen Sehenswürdigkeiten ließ sich Karoline Luise Bildersammlung und Naturalienkabinett eines Herrn van der Heusten zeigen, besichtigte das Komödienhaus, eine Gobelinfabrik und das Kloster der Apostolinerinnen, wo man offenbar die berühmten Brüsseler Spitzen herstellte. Die nächste Station war Antwerpen. Dort absolvierte die Fürstin in anderthalb Tagen ein recht umfangreiches Programm: nicht weniger als acht Kirchen und Klöster, Rathaus, Theater und Kunstakademie wurden besucht. Besondere Erwähnung finden wegen der Trinkgelder, die Üxküll notierte, der Hochaltar der Kathedrale St. Walpurgis mit der berühmten Kreuzaufrichtung von Rubens und desselben Meisters große Kreuzabnahme. Auch bei Kunsthändlern schaute die Markgräfin herein und suchte sogar noch zwei Maler in deren Ateliers auf, den Landschafter Hendrik Jozef Anthonissen und Martin Jozef Geeraerts; letzterer besaß als Spezialist für illusionistisch gemalte Wiedergaben von Steinreliefs in Grisaille einen Namen. Da Karoline Luise an allen technischen Neuerungen interessiert war, wundert man sich nicht, in der Aufzählung der Antwerpener Sehenswürdigkeiten auch die »Wassermaschine der Bierbrauer« vermerkt zu finden.

Am 18. März trat man die Rückreise an; über Tirlemont und Lüttich ging es zunächst nach Aachen, wo man über Nacht blieb. Das Tagebuch vermerkt ein Extra-Trinkgeld für die Postknechte, weil sie den Weg über Schloß Caron genommen und unterwegs auch noch bei einem Steinkohlenbruch gehalten hatten. In Aachen ließ man sich eine Nadelfabrik zeigen, kaufte auch für fünf Schillinge ein Paket von deren Produkten. Am 22. März traf die Gesellschaft in Karlsruhe ein.

Im folgenden Jahre 1778 fühlte sich Karoline Luise lange Zeit nicht wohl genug, um die Strapazen einer größeren Reise auf sich nehmen zu können. Im Januar schrieb Prinz Friedrich an Kammerrat Binninger in Straßburg[15]: ». . . Ein Fluß, mit dem meine Mutter auf der ganzen rechten Seite behafdet, verhindert solche, nicht einmal ihren Namen schreiben zu können . . .« Von diesem Schlaganfall scheint die Fürstin sich nach einigen Wochen doch soweit wieder erholt zu haben, daß sie Anfang April die Verwandten in Zweibrücken besuchen und Ende Juni auch eine zweitägige Fahrt nach Frankfurt unternehmen konnte, um den botanischen Garten zu besichtigen. Die Rechnung des Wirts Aubin vom »Weißen Schwan« verzeichnet eingehend alle Kosten für Logis und Verpflegung, auch »ein Kalten Bratten, 4 Brod und Sallad« für die Rückfahrt.

Von einer fast drei Wochen dauernden Reise, welche die Markgräfin dann im Februar des kommenden Jahres 1779 nach Südfrankreich unternahm, erfahren wir nur aus der trocken penibel geführten Aufstellung, in welcher Üxküll als Reisemarschall und Organisator die von Tag zu Tag anfallenden Ausgaben notiert hat[16]. Mit von der Partie waren Prinz Friedrich, der seine Mutter in diesen Jahren auf allen ihren Reisen begleitete, und wiederum Fräulein von Üxküll als Hofdame. Über Straßburg, Colmar, Besançon und Bourg-en-Bresse ging es zunächst nach Lyon, wo man zwei Tage blieb. Üxküll erstand dort eine »Description von Lyon, was alles da zu sehen«, nach deren Angaben die Stadt besichtigt wurde. Drei Livres zahlte man »vor über die Brücken zu fahren, wo die Plantage von die Maulbeer ist«.

Auf der Weiterfahrt nach Thain machten die Reisenden Mittagspause in St. Rambert. Beim Aufbruch scheint es dort einen kleinen Zwischenfall gegeben zu haben, möglicherweise durch einen Geistesgestörten. Üxküll notierte nämlich: »1 Livre zu St. Rambert einem Menschen, so ausgeben, als seyn er bestohlen worden, auf Befehl gegeben.« Sorgsam werden überall und immer wieder Trinkgelder für alle möglichen Dienstleistungen vermerkt, etwa: ». . . dem Knecht so bey der Chaise gewachet« oder »aux Temple de Diane, dem Kerl so die Thür aufgeschloßen.« Das war dann in Nîmes, wo die Gesellschaft anderthalb Tage verweilte, um gründlich die antiken Baudenkmäler zu studieren; der berühmten »Maison Quarrée« widmete man sogar zwei ausführliche Besuche. Im Schlößchen Bouillargues, nur wenige Kilometer südöstlich der Stadt gelegen, lebte Baron Le Cointe de Marillac, »ancien Capitaine de Cavalerie au Régiment de Conty«, ein alter Freund Karl Friedrichs. Karoline Luise kannte ihn schon aus Paris, wo er 1771 die markgräfliche Familie des öfteren bei ihren Fahrten begleitet hatte. Die Verbindung mit ihm blieb auch weiterhin bestehen, denn ein Sohn dieses Edelmannes war während der frühen siebziger Jahre Page am Karlsruher Hofe und wurde dann vom Markgrafen als Offizier in das Militär übernommen. Der Vater, dem Karoline Luise nach der Ankunft in Nîmes einen Boten geschickt hatte, um ihn von ihrer Anwesenheit in Kenntnis zu setzen, war entzückt, die Karlsruher Besucher zu sehen und sich ihnen als nützlich erweisen zu können. Zusammen besuchte man Monsieur de Séguier, den ständigen Sekretär der Akademie, um dessen berühmte Naturaliensammlung zu besichtigen. Noch anderthalb Jahre später schrieb Le Cointe an Karl Friedrich[17]: ». . . keine Woche vergeht, daß Mr. de Séguier nicht hohen Herrschaften und Gelehrten, welche ihn besuchen kommen, davon erzählt, wie überrascht er von den ausgebreiteten Kenntnissen dieser großen Fürstin gewesen sei.«

Mit einem Leihwagen machten die Reisenden dann einen zweitägigen Ausflug an die Mittelmeerküste. Ihre erste Station war Montpellier, wo sie für zwei Nächte

Quartier nahmen. Hier wurden Kathedrale und Karmeliterkirche besichtigt, vor allem aber der Botanische Garten. Schon unter Heinrich IV. 1593 gegründet, war er der älteste Frankreichs und seiner seltenen Pflanzen und Bäume wegen weithin berühmt. Zu größerer Bequemlichkeit bei der Besichtigung des weitläufigen Geländes ließen die Besucher sich auf »Porte-Chaisen« herumtragen. Von Montpellier aus unternahm man dann einen Ausflug nach dem nah gelegenen Städtchen Sète, dessen Hafen unter Ludwig XIV. einen großen Aufschwung genommen hatte und zu den wichtigsten an Frankreichs Mittelmeerküste zählte. Auf dem Rückweg nach Montpellier ließen die Reisenden sich die Anlagen des kleinen Badeortes Balaruc zeigen, nordöstlich von Sète auf einer Halbinsel am Ufer des lagunenartigen Etang de Thau gelegen; schon die alten Römer hatten in den dortigen Quellen Heilung von mancherlei Leiden gesucht.

Am 19. Februar wurde von Nîmes aus die Rückreise angetreten. In Straßburg traf die Gesellschaft den Markgrafen, der mit den Söhnen und Minister von Edelsheim seiner Frau hierher entgegengefahren war. In seinen Papieren findet sich noch die Rechnung, welche der Wirt Weis vom »Hôtel de l'Esprit« am 26. Februar für »Monseigneur le Margrave de Bade et Famille« ausgestellt hat: 72 Livres betrug die Forderung für ein Diner mit der ganzen Suite, »Heizung inbegriffen«[18].

Ein Jahr später konnte Karoline Luise sich endlich einen lang gehegten Wunsch erfüllen. Am 18. April 1780 vermerkt der Fourier J.H. Epple in seinem Hofdiarium[19]: »Heute nach der Nachttafel Seyn Ihro Hfürstl. Durchl. Frau Marggrafin verreyßt nacher Italien – in der Suite waren S.H.D. Prinz Friederich, Hf Dame von Uxkull, Oberstallmeister von Uxkull, 1 Cammer Diener Vierordt, 1 Geschirrmeister Neukomm als Courier, 1 Frißeur Horst, 1 Laufer Baduano.« Als wichtigste Städte standen auf dem Programm Verona, Vicenza, Bologna, Florenz und Venedig. In Venedig wollte Karoline Luise die alljährlich am Himmelfahrtstage stattfindende große Zeremonie der Vermählung des Dogen mit dem Meere sehen.

Schon seit fast zwanzig Jahren hatte sie sich mit dem Plan dieser Reise beschäftigt. Im Herbst 1758 besorgte ihr Fleischmann eine damals gerade erschienene dreibändige Reisebeschreibung des Malers und Stechers Charles Nicolas Cochin, »Voyage d'Italie ou Recueil des notes sur les ouvrages d'Architecture, de Peinture et de Sculpture[20]«. Mit recht ausführlichen persönlichen Wertungen aller wesentlichen Kunstdenkmäler behandelt dieses Werk die wichtigsten Städte Italiens. Cochin hatte 1749 den kunstverständigen Marquis de Marigny, Bruder der Madame de Pompadour und damals seit drei Jahren Generaldirektor aller königlichen Bauten, auf dessen Reise durch Italien begleitet und dabei die Unterlagen für seine Publikation gesammelt. Weitere Reisegefährten waren der Architekt Soufflot, der später das Pantheon in Paris errichtet hat, und der angesehene Kenner und Kunstkritiker Abbé Le Blanc. Aus den Unterhaltungen dieser vier gebildeten und interessierten Männer dürfte manches in Cochins Werk eingeflossen sein, das rasch zu einem der beliebtesten Reisehandbücher der Zeit geworden ist. Die Rechnung eines Karlsruher Buchbinders vom Mai 1761 gibt zu erkennen, daß Karoline Luise sich damals die drei Bände durchschießen und neu binden ließ, um Platz für Lesefrüchte und Ergänzung durch eigene Notizen zu bekommen. Im Sommer 1770 lieh sie sich dann vom Basler Stecher Christian von Mechel dessen Exemplar des Cochin, das er während einer Italienreise benutzt und ebenfalls mit allerlei Anmerkungen und Beobachtungen versehen hatte[21]. Diese »judicieuses notes« wollte sie gern in ihr eigenes Exemplar übertragen: ». . . Sollte ich jemals das große Glück haben, Italien zu sehen«, schrieb sie ihm, »werden sie einen ausgezeichneten Führer für mich bilden und mir ungemein nützlich sein.« Auch Minister von Edelsheim, ein Kenner und Verehrer Italiens, konnte gute Ratschläge geben, und Maelrondt hatte in Paris noch die neuesten praktischen Handbücher besorgt[22]: »Manuel de l'Etranger qui voyage en Italie« und »Livret des Postes d'Italie«. So trat Karoline Luise denn im April 1780 wohl vorbereitet endlich die Fahrt in den Süden an.

Was die Reisenden in Italien unternommen und welche Kunstwerke sie gesehen haben, hielt Hofrat Ring später in einer ausführlichen Darstellung fest, für die er mündliche Angaben und Tagebuchaufzeichnungen Prinz Friedrichs verwenden konnte[23]. Aus letzteren geht übrigens hervor, daß man sich in der Auswahl der Sehenswürdigkeiten weithin durch Cochin und dessen Geschmack bestimmen ließ. Was der Prinz sich über einzelne Kunstwerke notiert hat, ist nämlich in der Regel fast wörtlich aus Cochins »Voyage d'Italie« abgeschrieben. Den Autor kannte die markgräfliche Familie persönlich; während ihres Pariser Aufenthalts war sie ihm 1771 im Hause von Madame Geoffrin des öfteren begegnet; Karoline Luise, deren Porträt er damals zeichnete, hatte sein Urteil in künstlerischen Fragen schätzen gelernt.

Am Nachmittag des achten Reisetages – am 20. April also – erreichte die Gesellschaft Verona, wo sie im Hotel »Due Torri« abstieg, das damals schon, wie heute noch immer, das erste Haus am Platze war. Bei einer Rundfahrt durch die Stadt fand das Amphitheater keinen großen Beifall. Es erschien den Reisenden im Vergleich mit der »Maison Quarrée« in Nîmes nicht so schön und prächtig, eher rauh in der Ausführung, wenn auch wohl erhalten und von imponierender Größe, künstlerisch jedoch kaum bedeutend. Im Palazzo Bevilacqua bewunderte man unter vielen antiken Skulpturen besonders einen schlafenden Endymion »de grande beauté«, weiter zahlreiche Kaiserbüsten, welche für die in der antiken Historie gebildeten Reisenden des 18. Jahrhunderts immer besondere Anziehungskraft besaßen, sowie ein dem Paolo Veronese zugeschriebenes Porträt einer Dame mit einem Kind. Unter den Sehenswürdigkeiten, welche Karoline Luise sich für Verona notiert hatte, erscheinen auch der Dom mit einem Gemälde der »Himmelfahrt Mariens« von Tizian und die Kirche San Giorgio Maggiore mit Bildern von Paolo Veronese; da an dieser Stelle ihrer Aufzeichnungen mit anderer Tinte Farbnotizen eingetragen sind, darf man annehmen, daß die Fürstin das große Hochaltarbild des Meisters mit dem Martyrium des heiligen Georg recht ausgiebig studiert hat.

Die nächste Station war Vicenza. Auf einer Fahrt durch die Stadt betrachtete man die von Palladio gebauten Paläste, »toujours un aspect noble et grand«. Den Monte Berico mit seinem Heiligtum bestieg Prinz Friedrich allein, um dort Veroneses berühmtes »Gastmahl Papst Gregors des Großen« zu betrachten. Es war an diesem Tage sehr heiß, und die steile, schlecht gehaltene Straße ließ eine Fahrt mit der Kutsche hinauf nicht zu; daher wartete Karoline Luise lieber unten im Wagen auf die Rückkehr des Sohnes. Begeistert waren die Besucher von der berühmten Villa Rotonda Palladios, die ein paar Jahre später auch Goethe so sehr entzückt hat, und von Tiepolos Fresken in der benachbarten Villa Valmarana; von diesen notierte sich Karoline Luise: ». . . ils sont de couleurs les plus aimables et d'une grande fraîcheur.« Wie Veronese, Tizian und Tintoretto gehörte auch Tiepolo zu den von Cochin vor allen anderen bewunderten und beredt gepriesenen Künstlern. Er hält ihn für das »plus beau génie« der modernen italienischen Malerei, rühmt die Leichtigkeit seines Schaffens und die einschmeichelnde Schönheit seiner Pinselführung. Man spürt, daß die Lektüre von Cochins Reisebeschreibung Karoline Luise angeregt hat, sich gerade mit diesen Meistern besonders zu beschäftigen. Bei allem guten Willen waren auch gebildeten Kennern dieses 18. Jahrhunderts die Augen für ganze Epochen abendländischer Kunst noch verschlossen. Nur »vieilles mosaiques mauvaises« vermochte Cochin beispielsweise in Ravennas großen Mosaikzyklen zu sehen, und in Vicenza, wo die Reisenden auch die Kirche Sta. Corona besuchten, findet er für die dort bewahrte »Anbetung der Könige« Veroneses zwar bewundernde Worte, gönnt der großen »Taufe Christi«, einem Spätwerk Giovanni Bellinis von hoher malerischer Schönheit und poetischer Stimmungskraft, aber nur ein halbherziges Lob, findet den Christus gut gezeichnet, dessen Kopf schön, die Pinselführung geschmeidig: ». . . doch im übrigen ist dieses Stück trocken und von gotischem Geschmack.« Wahre Kunst beginnt für Cochin und die meisten seiner Zeitgenossen erst mit Raffael.

Es waren im übrigen nicht Werke der Kunst allein, welche Karoline Luises Wißbegier in Italien suchte, sondern auch »Naturprodukte«. Wo immer sich die Möglichkeit bot, Naturalienkabinette und mineralogische Sammlungen zu sehen oder einheimische Spezialitäten dieser Art selbst zu erwerben, griff sie zu. Auch in Vicenza gab es etwas Derartiges, nämlich die sogenannten »lumagi«, auch »pierres de Vicence« genannt: »Steine, die man ganz helle schleifen kann und in der Mitte einen sich hin und her bewegenden Tropfen Wassers enthalten. Serenissima haben vor 8 oder 10 Zechinen einige noch ungeschliffene ›pierres brutes‹ mit der völligen Kruste, andre die angeschliffen und andre, die ganz geschliffen sind, des Prinzen Friedrichs Durchl. aber für 4 Zechinen einen ganz geschliffenen, der die Form eines Herzens hat und groß und ungemein schön ist, eingehandelt, man kann ihn nicht genug betrachten.«

In Padua blieb man kurz, warf einen Blick in die Kirche des heiligen Antonius und besichtigte Sta. Giustina. Hier fielen den Reisenden die schönen Proportionen des großen Baus und der geschmackvolle Dekor in verschiedenen Marmorsorten auf. Weniger ansprechend fand Karoline Luise dagegen die große barocke Marmorgruppe Filippo Parodis mit der Trauer um den vom Kreuz genommenen toten Christus: ». . . im großen und ganzen schön; doch ist die Faltengebung zu kleinlich, vor allem im Kleid der Magdalena; ein Teil flattert um sie herum, ein andrer am Arm ist steif und ziemlich unnatürlich.« Weder die von Giotto ausgemalte Arenakapelle noch Mantegnas großartige Fresken in der Kirche der Eremitani werden erwähnt.

Über Monselice und Rovigo, wo man über Nacht blieb – »Posthaus Sehr schlecht«, notierte sich Karoline Luise –, ging es weiter gen Süden. In Ferrara und der um die alte Residenz der Este sich breitenden Ebene gefiel Prinz Friedrich, wie er in sein Tagebuch schrieb, »die schöne Einsamkeit, in der eine große Stille und zarte Melancholie herrscht . . . Die Farben dieser Landschaft sind im allgemeinen ganz einheitlich und harmonisch, lassen sich auf wenige vorherrschende Töne zurückführen. Man könnte, so scheint mir, mit nur drei oder vier verschiedenen Nuancen ein Bild davon malen. Der Himmel ist wunderschön, von einem Blau, so hoch und leuchtend, wie ich es noch nie gesehen habe. Er scheint fast immer nur aus einer einzigen Farbe zu bestehen; nur gegen Abend kommen zarte Zwischentöne auf. Eine solche Farbe sieht man bei uns tagsüber niemals, Italien scheint unter einem ganz anderen Sonnenlicht zu liegen.«

Einen kleinen Umweg nahm man auf der Fahrt nach Bologna, um Cento, die Geburtsstadt des Malers Guercino, zu besuchen und verschiedene dort noch bewahrte Werke von seiner Hand zu besichtigen. Prinz Friedrich vermerkt eigens das heute in der Vatikanischen Pinakothek befindliche Gemälde des »Ungläubigen Thomas«, der seinen Finger in die Seitenwunde Christi legt. Cochin, sonst ein großer Bewunderer des Künstlers, nennt das Städtchen Cento in seinem Reisewerk nicht, daher muß Karoline Luise ihre Informationen über diesen Ort aus anderen Quellen bezogen haben. Da Guercino sich während des 18. Jahrhunderts großer Beliebtheit erfreute, scheinen Kunstfreunde seinetwegen das Städtchen öfters aufgesucht zu haben. Jedenfalls wurde Karoline Luise dort von einem anderen deutschen Reisenden, der sich auf dem Wege nach Venedig befand, beobachtet und erkannt. Ihre Erscheinung selbst, die sie begleitende Suite und Dienerschaft sowie die stattliche Kutsche verrieten auf den ersten Blick, daß es sich bei dieser Gruppe um Fremde von Distinktion handeln müsse. Ring berichtet dazu nach Prinz Friedrichs Erzählungen: ». . . in großen und kleinen Städten war der Wagen beym Aussteigen immer von vielen Menschen, die Neugierde oder Betteley herbeilockten, umgeben, daß man immer alle Taschen zuhalten mußte, um nicht bestohlen zu werden.«

Für das an Kunstschätzen reiche Bologna hatte Karoline Luise sich einen umfangreichen Wunschzettel aufgestellt, doch bleibt ungewiß, ob die Reisenden wirklich Zeit genug fanden, alle darauf vermerkten Kirchen und Institute wirklich anzusehen. Im »Institut des Sciences« waren sie jedenfalls, denn der Prinz notierte sich, daß man den Anatomiesaal besichtigt und dort große wächserne Demonstrationsmodelle von der Hand einer Signora Messalini gesehen habe, die ihrer Genauigkeit wegen Bewunderung erregten. Was Karoline Luise als sehenswürdig vermerkte, sind vor allem Werke von Guido Reni, Domenichino und Guercino, also der Vertreter eines klassisch-akademischen, sich auf Raffaels und Correggios Vorbild gründenden Barocks, wie er dem Empfinden des Frühklassizismus um 1780 am nächsten stand. Eines der Hauptwerke Raffaels, seine jetzt in der Pinakothek zu Bologna bewahrte »Heilige Cäcilie« befand sich damals noch auf einem Altar der Kirche San Giovanni in Monte, und Karoline Luise, in deren Notizbuch dieses Bild ausdrücklich genannt ist, wird es nicht versäumt haben, das hochberühmte Werk aufzusuchen.

Nächstes Ziel der Reisenden war Florenz. Auf dem Wege dahin hatte man die Berge der Appenninen und den Futapaß zu überwinden. Im Europa des 18. Jahrhunderts waren die Straßen überall schlecht, – erträglich allenfalls in Frankreich und gewissen Teilen Hollands –, doch die Strecke zwischen Bologna und Florenz galt als besonders unbequem und war bei allen Reisenden in Verruf. Der Engländer Thomas Nugent, der sie auf seinem »grand tour« 1752 ebenfalls zu überwinden hatte, schreibt darüber[24]: »Diese Straße ist für Kutschen so unbequem, daß die Reisenden Maulesel oder Sänften vorziehen, weil sie sonst immer wieder gezwungen sind, auszusteigen und zu Fuß zu gehen.« Meist gab es dazu auch noch Ärger mit den »Postillionen. Sie forderten, oder wenn dies nicht glückte, bettelten immer noch was, soviel man auch auf jeder Poststation, für drei Postknechte und einen Vorreuther, jedem einen großen Thaler gegeben haben mochte«. Nichts verlautet darüber, wie die Karlsruher Reisenden all diese Schwierigkeiten überwanden, doch gelangten sie jedenfalls nach Florenz, ohne Schaden genommen zu haben. In einem dem Doktor Vanini gehörenden Hotel in der Nähe des Ponte alla Carraia am Arnoufer fanden sie bequeme Unterkunft.

Zwei Besuche galten den Großherzoglichen Gemäldesammlungen in den Uffizien und im Palazzo Pitti[25]. Im Salon der Maler-Selbstbildnisse gefielen Karoline Luise vor allem die Porträts von Reynolds, Mengs und Zoffany. Als ein größter Bewunderung würdiges Werk erschien ihr Tizians »Venus von Urbino«; in Übereinstimmung mit Cochin fand sie die zweite »Liegende Venus mit Amor« dagegen in der Farbe »moins agréable«. An Raffaels »Madonna della Sedia« im Palazzo Pitti lobt sie die frische, weiche und transparente Farbigkeit, findet den Typus der Madonna aber merkwürdigerweise nicht »edel« genug und meint, als Mutter eines Jesusknaben sei sie viel zu jung. Mit besonderem Interesse betrachtete sie natürlich die damals in der Tribuna der Uffizien aufgehängten holländischen Bilder, van der Werffs »Anbetung der Hirten«, mehrere Gemälde von Gerard Dou und ein »Mädchen mit einer Kerze« von Frans van Mieris, die auch Cochin ausdrücklich lobt. Nachdem sie so manches Bild dieser Künstler für ihre eigene Sammlung erworben hatte, mit deren Stil also vertraut geworden war, fühlte sie sich bei den holländischen Meistern in Florenz unmittelbar zu Hause.

Gemälde des florentinischen Quattrocento existierten für sie nicht, dagegen findet sie lobende Worte für die antiken Skulpturen, insbesondere für die berühmte »Medicäische Venus«, die ihr als ein »chef d'oeuvre« vorkam. Von den Werken neuerer Bildhauer machte ihr Giovanni Bolognas »Raub der Sabinerin« in der Loggia dei Lanzi den größten Eindruck. Nach drei ausgefüllten Florentiner Tagen wandten sich die Reisenden wieder nach Norden. In Padua, wo sie am 30. April eintrafen und in der »Stella d'Oro« übernachteten, standen ihnen am nächsten Morgen nur einige Stunden zur Verfügung, die Karoline Luise zum Besuch der wissenschaftlichen Sammlungen und des berühmten Botanischen Gartens der Universität benutzte; all dies hatte sie beim ersten Aufenthalt in der Stadt nicht sehen können, weil der Vorlesungen wegen Besucher nicht zugelassen wurden. Nun erschien sie bereits morgens um acht Uhr im großen Saal des Naturalienkabinetts, wo sie sich allerlei Notizen über die dort bewahrten Versteinerungen und Laven machte. Die Art der Präsentation gefiel ihr allerdings nicht, sie fand die Anordnung der Objekte zu unsystematisch.

Am späteren Vormittag bestieg man dann das Schiff, um die Brenta hinab nach Venedig zu fahren. Es war der übliche Weg für die Reisenden dieser Zeit, sich Venedig zu nähern, und sicher der schönste. Schon vorher hatte Karoline Luise in ihrem Büchlein alle Villen verzeichnet, welche sich zu beiden Seiten des Flusses reihen, auch Notizen über die vier Schleusen gemacht, die man zu passieren hatte und deren Konstruktion sie interessierte. Prinz Friedrich notierte sich: ». . . ein sehr schönes Gewässer, ganz klar und ruhig, das alle Gegenstände wie ein Spiegel zurückwirft«; die Fahrt kam ihm wie ein Spaziergang vor. Als man gegen Abend die offene Lagune erreichte, lag plötzlich auf den im Sonnenglanz »wie ein elektrisches Feuerwerk« glitzernden Wellen Venedig vor den Augen der entzückten Besucher, als sei es »ein großes Schiff, das mitten im Meere Anker geworfen hat und bei dem die Reisenden wie in Schaluppen anlegen«.

Im Gasthof zur »Königin von England«, unweit des Markusplatzes im Ramo dei Fuseri gelegen, stieg die Gesellschaft ab. Sechs Jahre später fand sich auch Goethe hier »gut logiert – Meine Fenster gehen auf einen schmalen Kanal zwischen hohen Häusern«, schreibt er, »gleich unter mir eine einbogige Brücke, und gegenüber ein schmales belebtes Gäßchen«. Auf den deutschen Dichter weist heute noch eine Tafel an der modernisierten Fassade des aus dem 15. Jahrhundert stammenden Gebäudes, das einst der patrizischen Familie Molin als Wohnsitz diente. Den kurzen Notizen nach zu urteilen, welche sich Karoline Luise gemacht hat, waren die Karlsruher Besucher während der fünf Tage, die ihnen in Venedig zur Verfügung standen, wirklich eifrige und beflissene Touristen, die nicht nur das monumentale Zentrum um Markusdom und Dogenpalast besuchten, sondern sich – ihren Cochin in der Hand – von Gondolieri auch in die entfernteren Teile der Stadt bringen ließen.

Während seiner damals bereits mehr als tausendjährigen Geschichte hatte Venedig niemals einen Feind in seinen Mauern gesehen. Daher waren seine Kirchen, Oratorien und Paläste voll von Reichtümern und Kunstschätzen aller Art. Kaum zwanzig Jahre später, 1797, brach der bereits morsch gewordene Bau des ehrwürdigen Staatswesens unter den Schlägen von Napoleons Revolutionsarmeen zusammen, und im folgenden Jahrzehnt begann dann der große Ausverkauf, durch welchen sich Venedigs Kunst über die Museen und privaten Sammlungen der ganzen Welt verbreitet hat. Mehr als die Hälfte seiner Kirchen wurde geschlossen, dem Kultus entfremdet oder gar abgebrochen. Von den mehr als dreihundert »Scuole«, jenen für die Stadt so bezeichnenden Laienbruderschaften, deren Häuser mit bedeutenden Kunstwerken gefüllt waren, haben nur wenige den Zusammenbruch der Republik überlebt. All das war noch unversehrt und unberührt, als die Karlsruher Reisenden die Stadt besichtigten. In Karoline Luises Notizen werden immer wieder Bilder

Tizians, Tintorettos und Veroneses genannt, gelegentlich auch Deckenbilder Tiepolos, des Zeitgenossen. Zu Veroneses großer, heute im Louvre bewahrter »Hochzeit zu Kana« im Refektorium der Mönche von San Giorgio Maggiore, welche Karoline Luise so gerne gesehen hätte, wurde ihnen der Zutritt verweigert. Ring schreibt in seinem nach Prinz Friedrichs Notizen redigierten Reisebericht, er wisse wohl den Grund, dürfe ihn aber nicht sagen. Vielleicht war Damen der Zutritt zu diesem Ort verboten, vielleicht hatten die Mönche aber auch gemerkt, daß die Fremden protestantische Ketzer waren. Dagegen konnte man einige private Sammlungen besichtigen, im Palazzo Farsetti etwa, wo sehr viele niederländische Bilder zu sehen waren, oder im Hause der Pisani, wo man Veroneses große, jetzt in London befindliche Darstellung der »Frauen des Darius vor Alexander« und Piazzettas jetzt im Palazzo Rezzonico zu Venedig bewahrtes Gemälde »Alexander in Betrachtung der Leiche des Darius« bewunderte. Für Cochin, der beide Bilder ausdrücklich bespricht, ist neben Tiepolo Piazzetta der bedeutendste italienische Maler seiner Zeit. Wenn ihm dessen Farbigkeit der stark rötlichen und schwärzlichen Schatten wegen auch nicht so zusagt, erscheint ihm dieser Mangel durch die großzügige Malweise des Künstlers und durch die vielen Schönheiten, welche man in seinen Bildern finden kann, doch mehr als ausgeglichen zu sein. Angesichts der Bilder im Palazzo Pisani hat Prinz Friedrich mit seiner Mutter über diese Bemerkungen, die er in seinem Tagebuch notiert hatte, wahrscheinlich diskutiert. Karoline Luise wird Cochins Vorbehalte geteilt haben, denn Piazzettas stark expressive malerische Ausdrucksweise lag ihrem auf eine mehr akademisch bestimmte Klassik festgelegten Geschmack wohl nicht sonderlich. Mit Fug wird man auch bezweifeln dürfen, daß sie sich von Cochins Begeisterung für Tintoretto mitreißen ließ: »Unglaublich ist der Schwung seines Geistes, die Wildheit seines Pinsels. Wenn er auch alle von der Vernunft gesetzten Grenzen überschreitet, kann man sich doch dem Gefühl der Bewunderung, das er erregt, nicht entziehen.« Das waren Anschauungen, welche die überzeugte Schülerin Liotards gewiß nicht zu teilen vermochte.

Während der letzten Jahrzehnte des 18. Jahrhunderts war Venedig nicht nur das Mekka der europäischen Bildungsreisenden, dazu mit seinen dreizehn Theatern auch der Musikfreunde, sondern ebenso ein Ort, wo Spieler und Abenteurer aus allen Ländern der Erde ihr Glück zu machen suchten, wo der Karneval sechs Monate im Jahr dauerte und alle Welt sich maskiert auf den Straßen bewegte. Gerade die Woche, in welche das Fest der Himmelfahrt Christi fällt – »la Sensa« –, zog eine ungeheure Masse von Fremden jeder Art in die Stadt. An diesem Tage wurde seit fast achthundert Jahren die berühmte Vermählung des Dogen mit dem Meere gefeiert; dieses farbenprächtige Schauspiel zu sehen, hatte ja auch Karoline Luise verlockt.[26] Auf dem großen, über und über vergoldeten und mit rotem Samt ausgeschlagenen Bucintoro, dem Staatsschiff, ließ sich der Doge, von den höchsten Würdenträgern umgeben und von zahllosen Barken und anderen Schiffen begleitet, in das offene Meer hinausrudern, um dort in feierlicher Zeremonie einen goldenen Ring in die Wogen zu werfen: »Wir vermählen uns dir, o Meer, zum Zeichen unserer wahren und ewigen Herrschaft über dich«; so lautete die altüberlieferte lateinische Formel, mit welcher der Doge als Repräsentant der »Serenissima Repubblica di Venezia« deren Anspruch auf ihre Herrschaft über die Adria und das östliche Mittelmeer vor den Augen der ganzen Welt verkündete. Was jahrhundertelang gelebte, symbolisch überhöhte Wirklichkeit gewesen war, bedeutete nun nur noch eine große Geste, hinter welcher keine Realität mehr stand.

Auf der Rückfahrt vom Lido legte der Bucintoro bei der Kirche San Niccolò di Lido an. Hier wurde zu Ehren des heiligen Nikolaus, dessen Leib unter dem Altar begraben lag, eine feierliche Messe zelebriert. Auf den Besitz der Reliquien gerade dieses Heiligen war die Republik besonders stolz, sprach man ihm als einem »christlichen Poseidon« doch die Macht zu, das Meer aufregen und besänftigen zu können. Nach der Messe kehrte der Bucintoro zum Palazzo Ducale zurück. In dessen Bankettsaal gab der Doge anschließend den fremden Gesandten, den höchsten Vertretern der Staatsbehörden sowie einer jährlich wechselnden Anzahl von Senatoren und anderen Würdenträgern ein Bankett, zu dessen erstem Teil auch Zuschauer zugelassen waren.

Auf der Piazza San Marco fand anläßlich der Festlichkeiten die »Fiera della Sensa« statt, eine zwei Wochen andauernde große Verkaufsmesse; Waren aller Art und aus aller Welt wurden hier feilgehalten. Karoline Luise und ihre Begleiter konnten die aufwendige neue Dekoration bewundern, welche der Architekt Bernardino Maccaruzzi drei Jahre zuvor im Auftrag der Signorie für diese Veranstaltung entworfen hatte: eine hohe, eingeschossige Anlage, deren vier Einzelteile die Form einer gestreckten Ellipse mit vier breiten Durchlässen bildete, war in die Piazza hineingestellt. An ihrer Außen- und Innenseite reihten sich die Läden, in der Mitte blieb reichlich Platz für Kauflustige und Zuschauer zum Promenieren, zum Sehen und Gesehenwerden. Das ganze Gebilde war aus Holz und Gips, Pappmachee, Papier und Farbe leicht zusammengezimmert, in wenigen Tagen auf- und wieder abzubauen, eine ins Freie versetzte Theaterdekoration für das große Schauspiel, das Venedig sich hier selbst und den aus aller Welt zusammenströmenden Fremden bot. Francesco Guardi hat uns in verschiedenen Gemälden den opernhaften Zauber all der Veranstaltungen überliefert, welche die »Sensa« zu einem Anziehungspunkt für ganz Europa machten: Ausfahrt und Rückkehr des Bucintoro, Bankett des Dogen, Dekoration der Piazza.

Eine Enttäuschung bildete es für die Karlsruher Reisenden, daß einer der Höhepunkte der Veranstaltungen ausfallen mußte, nämlich die Ausfahrt des Bucintoro am Himmelsfahrtstage. Morgens hatte sich nämlich ein derartig starker Sturm erhoben, daß man es nicht wagen wollte, das schwerfällige Schiff mit all seinen hohen Würdenträgern dem offenen Meer anzuvertrauen. So wurde dieser Teil der Festlichkeit auf den folgenden Sonntag verschoben, an dem sich die Karlsruher Gäste schon auf der Heimfahrt befanden. Doch hatte Karoline Luise wenigstens Gelegenheit gehabt, das prunkvolle Fahrzeug ganz aus der Nähe zu betrachten, denn bereits am Vorabend des Himmelfahrtstages wurde es aus seinem Schuppen im Arsenal an die Riva gebracht und beim Dogenpalast vor Anker gelegt. Alle anderen Veranstaltungen zu Ehren des Festtages nahmen jedoch ihren gewohnten Verlauf. Abends fand auf dem Canale della Giudecca eine allgemeine öffentliche Promenade

61 Francesco Guardi, Die Piazza San Marco in Venedig mit den Aufbauten zur „Sensa" – Wien, Kunsthistorisches Museum

statt, zu welcher sich eine Unzahl geschmückter Gondeln und aller nur möglicher anderer Fahrzeuge einfand. »Die Schiffe der fremden Gesandten«, schreibt Prinz Friedrich, »sind an diesem Tage stark vergoldet und machen einen schönen Effekt; es gibt sogar Schiffe, auf denen musiziert wird. Die Fiera auf dem Markusplatz bietet ein anderes ganz ungewöhnliches Vergnügen. Dahin begibt man sich erst spät am Abend; um elf Uhr ist es dann an der Zeit, in die Oper zu gehen, die bis zwei Uhr morgens dauert. Ich fand sie nicht besser als erwartet, ausgenommen die berühmte Gabrielli, deren Stimme und Gesangsmethode überraschen.« Caterina Gabrielli gehörte zu den in ganz Europa berühmten Stars der italienischen Oper ihrer Zeit[27]; ihre Stimme wurde ebenso bewundert, wie ihre Primadonnen-Allüren und ihre Geldgier gefürchtet waren. Mozart fand, sie singe zwar mit Kunst, doch ohne Intelligenz. Die Karlsruher Reisenden durften sie in der Titelpartie der Oper »Nitteti« von Pasquale Anfuso bewundern.

Natürlich versagte Karoline Luise es sich nicht, auch das Schauspiel der öffentlichen Tafel zu genießen, welche der Doge – es war der siebzigjährige Paolo Renier – den Gesandten der fremden Mächte und den höchsten Funktionären des venezianischen Staates bot. In vollem Ornat mit der Stola aus Silberstoff und der Dogenmütze auf dem Haupte thronte er unter einem Baldachin in der Mitte der hufeisenförmigen Tafel an einem kleinen Tisch für sich und speiste als einziger von goldenem Geschirr. Der französische Gesandte de Vergennes, der in seiner Nähe saß, entdeckte im Publikum plötzlich die Markgräfin von Baden und machte den Dogen unauffällig auf die deutsche Fürstin aufmerksam. Dieser ließ einen Pagen herbeirufen, legte eine schöne Nelke, welche er angesteckt hatte, auf einen Teller und befahl dem jungen Mann, sie der im Saale sitzenden fremden Dame zu präsentieren. Als der Markgräfin diese Aufmerksamkeit überreicht wurde, erhob sich Paolo Renier ein wenig von seinem Sitz und verneigte sich tief vor ihr. »Ihro Durchlaucht haben diese Blume in Wasser und frischer Erde zu erhalten gesucht und sie mit bis hierher gebracht«, schrieb Ring später in seinem Reisebericht.

Trotz des streng gewahrten Incognito wurde »Frau von Halden aus dem Mecklenburgischen«, als welche sich Karoline Luise in Italien ausgab, doch von verschiedenen Personen in Venedig erkannt, etwa vom kurpfälzischen Kammerherrn Graf Savioli, der im Jahr zuvor sehr freundliche Aufnahme am Karlsruher Hofe gefunden hatte und von ihr selbst durch Malereikabinett und Naturaliensammlung geführt worden war, dann vom Mannheimer Kupferstichhändler Domenico Artaria, dem die markgräflichen Sammlungen manches Blatt verdankten. Auch ein italienischer Aristokrat, der sich während seines »grand tour« einmal in Karlsruhe hatte vorstellen lassen, erkannte die Markgräfin wieder. Rätselhaft blieb zunächst ein maskierter Herr, »der Serenissimam etlichemal auf teutsch complimentirte, von ihr aber nicht erkannt wurde, auch sich nicht zu erkennen geben wollte; nachher mutmaßte man, es möchte der in Karlsruhe so lange gewesene Seler seyn, der einstmal von hier verschwunden war und ziemliche Schulden hinterlassen hatte«. Erst viel später stellte sich dann durch einen Zufall heraus, daß der geheimnisvolle Fremde niemand anderer als der Maler Wilhelm Tischbein gewesen war. Es gehörte zur gesellschaftlichen Konvention der Zeit, das von allen durchschaute Spiel eines Incognito hochgestellter Persönlichkeiten mitzumachen und deren Wunsch nach Freiheit von drükkender Etikette zu respektieren.

Karoline Luise trug selbst keine Maske, doch scheint sie unter dem Schutz des von ihr angenommenen Namens in der allgemein gelockerten Atmosphäre Venedigs an der unverpflichtenden Begegnung mit fremden Menschen großes Vergnügen empfunden zu haben. Als sie dem Bankett des Dogen zuschaute, kam sie mit einem neben ihr sitzenden jungen Franzosen in ein offenbar lebhaftes Gespräch. Nachdem dieser von sich erzählt und ihr gesagt hatte, in Deutschland besitze er einen nahen Freund am Hofe zu Karlsruhe, nämlich den Prinzenerzieher Hofrat Ring, wußte Karoline Luise, die ihr Incognito nicht preisgab, daß der geistvolle junge Mann niemand anderer als Jean-Baptiste d'Ansse de Villoison war, trotz seiner erst dreißig Jahre bereits als einer der bedeutendsten Gräzisten der Zeit eine europäische Berühmtheit. Mit einem Stipendium seines Königs hielt er sich damals für drei Jahre in Venedig auf, um die dort bewahrten griechischen Handschriften zu studieren. Mit keinem Wort ließ Karoline Luise es sich anmerken, daß sie nicht nur manches über ihn wußte, sondern sogar einen von Ring geschriebenen Einführungsbrief an ihn besaß und überdies sogar schon zweimal mit ihm in Korrespondenz getreten war.[28] Im Januar 1776 hatte er ihr nämlich ein gerade erschienenes Buch von Antoine Portal geschickt, das eine neue Methode behandelte, solchen Menschen, welche dem Anschein nach ertrunken, durch Gas vergiftet oder tot geboren waren, durch Massage und Beatmung wieder zum Leben zu verhelfen. Villoison hoffte, dieses durch die Pariser Akademie der Wissenschaften veröffentlichte Werk, das in Frankreich größtes Aufsehen erregt hatte, werde der Markgräfin bei ihren philan-

62 Francesco Guardi, Öffentliches Festmahl des Dogen am Tage der „Sensa“ – Nantes, Museum

thropischen Bemühungen von Nutzen sein können. Im Oktober 1779 wandte er sich noch einmal an sie, um sie zu fragen, ob sie die Widmung einer von ihm besorgten kritischen Edition eines Traktats des spätantiken Schriftstellers Cornutus über »Mythologie und Natur der Götter« anzunehmen geneigt sei. Niemanden wisse er, so schrieb er damals, der einer solchen Widmung würdiger sei als sie, »Deutschlands Minerva«. Durch ihre seltenen Kenntnisse auf dem Gebiet der Naturwissenschaften und der Botanik verdiene sie den Titel einer »Dolmetscherin und Vertrauten der Natur selbst«, denn deren sämtliche Schätze seien ihr bekannt, und man dürfe sie selbst als ein Wunder der Natur ansehen. Etwas überwältigt von so eloquentem und überschwänglichem Lob hatte Karoline Luise damals freundlich abgelehnt: sie halte sich einer Widmung dieser Art nicht für würdig, denn der Gegenstand seiner Abhandlung verdiene es, mit dem Namen einer Kaiserin geschmückt zu werden. Damit wollte sie ihn wohl an die russische Zarin, vielleicht auch an Maria Theresia verweisen.

Der junge Gelehrte, sehr beeindruckt von der Begegnung mit der Fremden, schrieb seinem Freunde Ring eine Woche später von dieser deutschen Dame, deren Bekanntschaft er gemacht hatte: ». . . in höchstem Maße gebildet, voller Liebenswürdigkeit, Anmut und Güte. Ich habe keine Ahnung, wer sie ist, doch ihre Manieren, ihre Haltung, der Ausdruck von Größe und Adel auf ihrem Gesicht scheinen mir auf eine Persönlichkeit höchsten Ranges zu deuten.« Ein Bekannter habe ihn wissen lassen, eine Prinzessin von Darmstadt halte sich in Venedig auf, doch welche, habe dieser auch nicht zu sagen gewußt. Inzwischen sei er auf einem

Ball einem deutschen Herrn aus Leipzig begegnet, der ihm erzählt habe, die Markgräfin von Baden sei unter strengstem Incognito in Venedig gewesen und habe die Stadt vor einigen Tagen wieder verlassen; dieser Herr zweifle nicht daran, daß sie es gewesen sei, mit welcher Villoison gesprochen habe. Bereits in Cento und anderen Städten habe man ihm von ihr erzählt, voller Bewunderung für ihre Kenntnisse und ihren ebenso feinen wie sicheren Geschmack in künstlerischen Fragen. »Sollte es nicht doch die Markgräfin selbst gewesen sein, die ich das Glück hatte, kennenzulernen? Ihre Kenntnisse, ihre Güte, ihre Leutseligkeit, ihre ganz ungewöhnliche Bescheidenheit deuten darauf hin, daß sie es gewesen ist . . . Nach dem Abendessen hatte ich das Glück, sie noch einmal auf dem Markusplatz zu treffen. Niemals habe ich eine so bescheidene, so liebenswürdige, so geistreiche Dame kennengelernt. Erklären Sie mir dieses Rätsel, mein Freund, war es Ihre Fürstin oder die Prinzessin von Darmstadt, was soll ich glauben?«

Dieser Brief traf in Karlsruhe ein, als die Reisenden bereits zurückgekehrt waren. Mit Vergnügen nahm Karoline Luise von ihm Kenntnis und bat Ring, seinem Freunde mitzuteilen, sie wiederhole ihre bereits in Venedig ausgesprochene Einladung zu einem Besuch. Dort hatte sie allerdings behauptet, sie lebe auf ihren Gütern bei Straßburg, und sein Freund Ring werde ihm schon ihre Adresse geben. Villoison antwortete begeistert und schrieb, nur ein früher Tod könne ihn davon abhalten, diese Reise nach Karlsruhe zu unternehmen: »Um eine so vollendete Dame wiederzusehen, würde ich sogar nach China reisen!«

Schon kurz nach dem ereignisreichen Tag der »Festa della Sensa« mußten Karoline Luise und ihre Begleiter wieder zur Heimkehr aufbrechen. Der Rückweg führte sie über Treviso und Bassano durch die Valsugana nach Trient, von dort dann auf der Brennerstraße gen Norden. Die Fahrt durch das Gebirge war recht beschwerlich, auch nicht ungefährlich. Streckenweise brauchte man nicht weniger als acht Pferde, um voranzukommen, und außerdem mußten einige Männer die Kutsche noch stützen, um sie vor dem Umfallen zu bewahren. Nachdem die Reisenden in Steinach nördlich des Brenner über Nacht geblieben waren, ging es in der Frühe des nächsten Tages über Innsbruck, Hall und Garmisch nach Reutte, das man am Abend des fünften Reisetages erreichte. Karoline Luise hatte dem Gatten versprochen, am 13. Mai wieder in Karlsruhe zu sein, und wollte ihn durch längere Abwesenheit nicht beunruhigen. Daher legte man die letzte Strecke von Reutte ab in drei Tagen und zwei Nächten ununterbrochener Fahrt zurück und traf dann auch wirklich zum versprochenen Termin am 13. Mai nachmittags um drei Uhr wohlbehalten zu Hause ein. Allerlei Geschenke hatte die Fürstin den Daheimgebliebenen zugedacht. Die frischen Pomeranzen aus Italien waren unterwegs allerdings verdorben, doch »vom allerbesten Caffee de Mocca haben Serenissima auch ein paar Pfund zur Probe mitgebracht und ihn hier wiederum zu 18 und 20 Lothen verschenkt, um mehrere Personen ihn versuchen zu machen; er ist sehr stark, man braucht aber auch weniger«.

Späte Jahre

»Baadendurlach gehört seit der weisen Regierung seines itzigen Fürsten unter die glücklichsten und besteingerichtetsten Staaten der Welt, auf den andre Provinzen mit nachahmender Eifersucht blicken. Was der Spekulative Weise bey der nächtlichen Lampe wünscht und niederschreibt, ist hier realisiert. Welche Anstalten zur Glückseeligkeit des Volks! Welche Ermuntrungen zur Gewerbsamkeit, zum Kunstfleiße! Welche aufs kleinste ausgearbeitete Polizey!« Mit diesen Worten zeigte Christian Friedrich Daniel Schubart am 10. Oktober 1774 in seiner Zeitung »Teutsche Chronik« eine soeben im Druck erschienene »Sammlung aller Baadendurlachischen Anstalten und Verordnungen« an[1]. Der genialische Dichter des Sturm und Drang ist gewiß mehr als jeder andere über den Verdacht serviler Schmeichelei erhaben, hat er doch sein »in tyrannos«, seine leidenschaftliche Kritik an Lebensführung und Regierung Herzog Karl Eugens von Württemberg bald darauf mit zehnjähriger Haft auf der Festung Hohenasperg büßen müssen. Wenn Schubart »die aufs kleinste ausgearbeitete Polizey« in Baden rühmt, so mag dieser Ausdruck bei einem Leser unserer Tage leicht die unangenehme Vorstellung vom »Polizeistaat« im heutigen Sinne des Wortes hervorrufen. Das wäre freilich ein sehr irreführendes Mißverständnis, mit den revolutionären Intentionen des Autors auch nicht in Einklang zu bringen. »Polizey« wird im 18. Jahrhundert noch ganz allgemein als Ordnung des gesamten Staatswesens durch Gesetze und Vorschriften verstanden.

Zu den Bewunderern des badischen Markgrafen gehört auch der aus alter schwäbischer Familie stammende Wilhelm Ludwig Weckhrlin, ein zu seiner Zeit viel gelesener, den Gedanken der Aufklärung verpflichteter Journalist und Reiseschriftsteller. Unter dem Pseudonym Anselmus Rabiosus veröffentlichte er 1778 ein Buch mit dem Titel »Reise durch Ober-Deutschland«. Darin schildert er seine Eindrücke vom »Provinzialgeist der Baader« und von Karl Friedrichs Regierungstätigkeit[2]: ». . . Wie lang wird man den Deutschen vorwerfen, daß sie keinen Nationalcharakter besäßen? Es ist wahr, wenn Tacitus wiederkäme, so würde er seine Geschichte ins Feuer werfen. Aber kann man ihnen den Provinzialgeist absprechen: jenen Sittenzug, woran sich ein Land von seinen Nachbarn unterscheidet? diese einzelnen Proprietäten, wodurch ein Volk das andere im Fleiße, in der Mäßigkeit, in der Achtung für sich selbst, in der Liebe gegen seine Gesetze übertrifft? Dieß ist der Provinzialgeist der Baader. Man kann unmöglich den Fuß in dieses Land setzen, so fällt einem die Betrachtung Marc-Aurels auf die Brust: Glücklich ist das Land, wo die Weltweisen Könige sind, oder die Könige die Weltweisheit treiben.«

Über den Karlsruher Hof heißt es weiter: »... diejenigen Kosten, welche sich andere Prinzen machen, Kunststücke in Europa aufzukaufen, hat der Markgraf aufgewendet, eine Sammlung Männer von Talent anzulegen. Indem man solchergestalt dem Verdienste zu Karlsruhe die Thüre geöfnet hat, so haben sich fähige und geschickte Ausländer von allen Seiten eingefunden, und der Markgraf hat das Genie an seine Regierung geheftet. Die Folgen hievon sind herrschendes Licht in der Staatsverwaltung, Resonanz zwischen den Departements, ein thätiger, erleuchteter und wirkender Wetteifer unter den Dienern, Rath und That im Kabinete.«

Schon unter Karl Friedrichs Regierung ist Baden zu jenem »Musterländle« geworden, als welches es im 19. Jahrhundert weithin Anerkennung fand. Die im Vergleich zu anderen Höfen verhältnismäßig einfache Lebensweise in Karlsruhe haben viele Beobachter als ungewöhnlich vermerkt. In seinen 1780 anonym erschienenen »Briefen eines reisenden Franzosen« über Deutschland schreibt Kaspar Riesbeck sogar[3]: »... Der Hof ist wegen seiner Oeconomie in den benachbarten Gegenden sehr verschrieen.« Vor allem sei es die Markgräfin, welche hier auf äußerste Sparsamkeit dringe; sie habe es angeblich ihren Prinzen sogar verboten, sich Sträuße im Schloßgarten zu pflücken, denn mit den Blumen und dem dort gezogenen Obst treibe man »einen kleinen Handel«. Der Hof lebe so eingeschränkt, weil er die großen Schulden, welche dem Lande durch das Baden-Badener Erbe aufgebürdet worden waren, möglichst rasch tilgen wolle. Riesbeck war ganz überzeugt davon, daß der Karlsruher Hof »ohne die äußerste Sparsamkeit verloren gewesen wäre. Die Schulden hätten sich von selbst noch mehr gehäuft; nun sind sie aber größtenteils schon getilgt. Auch fand ich bei genauer Untersuchung, daß das Geschrey hauptsächlich durch einige Schöngeister entstanden war, die sich durch Verbreitung solcher Anekdötchen rächen wollten, daß ihnen der Hof zu Karlsruhe nicht den Hunger gestillt.« Weckhrlin hat die bürgerlich haushälterische und verantwortungsvolle Vorsicht des Markgrafen und seiner Regierung auch in diesem Sinne verstanden: »... In der That der Karlsruherhof ist einer der ehrgeizigsten Höfe. Er besitzt die Ambition, keine Schulden zu haben. Diß wäre hinlänglich, ihn von den Sitten Deutschlands zu unterscheiden. Allein er fügt noch die Kapriz hinzu, keine Prachtfeste, keine Opern, keine Kastraten, keine Tänzerinnen zu haben. Diß ist zu viel!«

Für die Markgräfin empfindet er großen Respekt: »Die Prinzessin, die im Reiche der Unsterblichkeit einst an der Seite der Semiramiden und einer Sophie Charlotte von Hanover blühen wird, hat ihren Hof zu einem Tempel gemacht, in welchem der Vestalinin heiliges Feuer unterhalten wird.« Solches für ihre Ohren gewiß zu überschwängliche Lob nahm Karoline Luise vermutlich mit einem Lächeln zur Kenntnis; sie wußte, daß Weckhrlin hier in poetischer Überhöhung ihren Hof als eine Stätte bürgerlicher Ordnung und Sittlichkeit zu rühmen suchte. Im 18. Jahrhundert gehörte es zur gesellschaftlichen Konvention, Komplimente in antikischer Verkleidung darzubringen, so wie die Maler schöne Frauen mit entsprechenden Attributen als Flora, Diana, Muse oder Vestalin zu porträtieren liebten.

Auch über die Grenzen Deutschlands hinaus fand die Persönlichkeit der Markgräfin Anerkennung. Im Sommer 1776 etwa ernannte die römische Kunstakademie – »Accademia di San Luca« – sie zum Ehrenmitglied[4]. Ob das nun auf Karoline Luises eigenes Betreiben geschah, wie seinerzeit, als die Kopenhagener Akademie ihr die gleiche Ehrung zuteil werden ließ, oder ob Freunde und Verehrer die Anregung dazu gegeben haben, läßt die Korrespondenz nicht erkennen. Als Vermittler betätigte sich dabei ein gewisser Leopoldo Mazzoni; ähnlich wie Maelrondt in Paris, nahm er die Interessen des Karlsruher Hofes in Rom wahr[5]. Er hatte seine Hände auch bei einer anderen Ehrung im Spiel, welche Karoline Luise im Frühling desselben Jahres zuteil wurde, als nämlich die berühmte römische »Arcadia« sie feierlich in die Reihe ihrer Mitglieder aufnahm.

Diese Institution[6] war aus einem Kreise von Literaten, Dichtern und Wissenschaftlern hervorgegangen, welchen die schwedische Königin Christine nach ihrer Abdankung in Rom um sich zu sammeln gewußt hatte. Nach dem Tode Christines konstituierte sich diese Gruppe 1690 als eine Art Akademie, in deren Namen das ideale Land der Hirtenpoesie Vergils und des italienischen Renaissancedichters Sannazaro nachklingt. Ziel der Mitglieder war es, die durch Verwilderung und barocken Schwulst des 17. Jahrhunderts entstellte italienische Sprache zu reinigen, sie wieder auf die Ausdrucksformen ihrer Klassiker zurückzuführen und vor neuer Entartung zu bewahren. Pindar und Anakreon waren ihre Leitsterne ebenso wie Petrarca und Sannazaro. Die unter gewählten Präsidenten tätige kleine »République des Lettres« versammelte sich zu ihren Vorträgen, Lesungen und Festen, arkadischen Idealen folgend, unter freiem Himmel im »Parrhasischen Hain«, so genannt nach einer im südlichen Arkadien gelegenen Landschaft. Diese neue Akademie fand großen Zulauf; in zahlreichen Städten Italiens entstanden »Kolonien«, so daß man nach wenig mehr als einem Jahrzehnt bereits an tausend Mitglieder zählen konnte. Ihr eigentlicher Mittelpunkt blieb jedoch der heute noch in Rom bestehende »Bosco Parrasio«, den die Arkadier dank einer Stiftung des Königs von Portugal, der auch zu ihren »Schäfern« zählte, 1725 auf dem Gianicolo erwerben konnten. Hier errichteten sie sich ihr »Serbatoio« – Stall – genanntes Haus, in welchem das Archiv und ein Versammlungsraum für Zusammenkünfte der Mitglieder bei schlechtem Wetter Platz fanden. Wie einer ihrer späteren Historiker schreibt, war die Arcadia »die erste wirkliche italienische Akademie; sie hat viel dazu getan, nicht nur die verschiedenen Regionen Italiens einander anzunähern, sondern auch die Klassenunterschiede ihrer Mitglieder aufzuheben. Unter Pans Syrinx, dem Zeichen der Akademie, waren alle gleich.« Um die Mitte des 18. Jahrhunderts hatte die Arcadia ihren eigentlichen Zweck einer Befreiung der italienischen Sprache von barockem Pomp zwar bereits mehr oder weniger erreicht, doch blieb sie als einer der Mittelpunkte künstlerischen und gesellschaftlichen Lebens in Rom weiter bestehen, bis in unsere Zeit hinein. Alle großen Dichter Italiens und viele Ausländer haben ihr in der Folge angehört, unter ihnen auch Goethe. Während des 19. Jahrhunderts verlor sie allmählich an Bedeutung und ist 1925 schließlich in der Italienischen Akademie für Literatur aufgegangen.

Während des 18. Jahrhunderts erhielten die Mitglieder bei ihrem Eintritt in die Vereinigung eigene arkadische Namen, wobei der Nachname sich jeweils auf eine antike Stadt oder Landschaft bezog. In einer feierlichen Sitzung, an welcher sie selbst nicht teilnehmen konnte, wurde Karoline Luise am Abend des 11. April 1776 durch den »Custode Generale« Gioacchino Pizzi in die Arcadia aufgenommen. Zwei Tage später schickte Mazzoni nicht nur einen ausführlichen Bericht über die gelungene Veranstaltung, sondern auch alle Unterlagen, die Karoline Luise interessieren konnten: eine der gedruckten Einladungskarten, das Programm mit den Namen der Sprecher, welche Lobreden auf das neue Mitglied hielten, und die der Rezitatoren; unter diesen befanden sich auch zwei geistliche Herren von Rang, die als Professoren der Eloquenz am Collegio Romano und Collegio Clementino in literarischen Kreisen Roms eine Rolle spielten. Auf einem schön geschriebenen Blatt war dann der Wahlakt dokumentiert worden; es enthält den Text der Laudatio auf Karoline Luise, ». . . die mit souveräner Herablassung eingewilligt hat, unsere einfachen Sitten anzunehmen, ihre Majestät unter grober Schäferkleidung zu verbergen, die sich damit zufrieden gibt, unter ungepflegten Landleuten im Pferch zu hausen. Zu gutem Glück sind die Felder von Delos noch frei, berühmt als Geburtsstätte Dianas und Apollos, so daß die hochgemute Fürstin durch hochfeierliche öffentliche Akklamation den Namen Cleonice Delia führen wird.« Dann wurden alle Anwesenden aufgefordert, der »illustren königlichen Schäferin« und Protektorin der Künste »den ihr zustehenden Applaus zu spenden«. Mazzoni berichtet, außer den Mitgliedern der Arcadia, dem hohen römischen Adel, vielen Prälaten und Schriftstellern hätten auch alle zur Zeit in Rom weilenden Ausländer von Rang an dieser Zeremonie teilgenommen. Seinen krönenden Abschluß fand der Abend durch einen Auftritt der gefeierten römischen Sängerin und Improvisatorin Corilla. Der Philosoph und Schriftsteller Melchior Grimm, ebenfalls Mitglied der Arcadia, der den jungen Grafen Nikolaus Romanzow, späteren russischen Staatsmann, auf dessen Italienreise begleitete und sich mit diesem gerade in Rom aufhielt, hatte das Thema dazu gestellt: »Ob dieses Jahrhundert, in welchem die Frauen gelehrter und höher geehrt sind, auch ein für die Männer glückliches und rühmliches sei.« Mazzoni berichtet darüber: »Harmonisch von Harfe und Violine begleitet, sang die angekündigte Hirtin nun in dichterischen Versen zur größten Überraschung der vornehmen Versammlung über dieses Thema, feierte die gloriosen Taten der beiden erhabenen Regentinnen Maria Theresia, der Kaiserin und apostolischen Königin, sowie Katharinas II. von Rußland. Zwischen beiden, die zu den Wundern unseres Jahrhunderts zählen, finde auch Eure Erlauchte Hoheit ihren leuchtenden Platz.« Mit großem Vergnügen habe der Papst von dieser feierlichen Akklamation vernommen, dies um so mehr, als ihm bereits viele Ausländer von den seltenen Tugenden der Markgräfin von Baden erzählt hätten. Alle Reden und Gedichte, welche bei dieser Veranstaltung vorgetragen wurden, erschienen in einem hübschen kleinen Gelegenheitsdruck der Arcadia, der heute zu den großen Seltenheiten gehört[7]. Ein in dunkelroten Samt gebundenes und mit goldgesticktem Wappen verziertes Exemplar des Bändchens wurde dem Papst überreicht. Für die nicht unbeträchtlichen Kosten der ganzen Veranstaltung mußte natürlich das dadurch geehrte Mitglied aufkommen. Einen Vorschuß in Höhe von fünfzig Golddukaten hatte Mazzoni bereits im voraus erhalten, doch reichte diese Summe gerade für die gedruckten Einladungskarten, die fünfstündige Beleuchtung des Serbatoio, das Honorar der Improvisatorin und die Entlohnung des Personals; dieses war durch fackeltragende Soldaten im Garten noch verstärkt worden. Mit zusätzlichen 250 Golddukaten mußte dann der Druck der bereits genannten Publikation bezahlt werden. Außerdem war es Brauch, bei solchen Gelegenheiten den »Custode Generale« der Arcadia mit einem Ehrengeschenk zu bedenken; so erhielt Pizzi denn eine goldene Taschenuhr und eine Zeichnung von der Hand Karoline Luises[8]. Schließlich wurde auch Mazzoni für seine Mühewaltung noch mit einem angemessenen Honorar entlohnt. Das Vergnügen an diesem literarischen Spiel und an der Anerkennung, welche eine internationale Gesellschaft ihr damit in Rom zollte, dürfte dem neuen Mitglied die Ausgabe wert gewesen sein.

Obgleich nun in das Reich arkadischer Schäferpoesie aufgenommen, stand Karoline Luise, die am 11. Juni 1778 ihren 55. Geburtstag feierte, doch nach wie vor fest auf dem Boden der Wirklichkeit, mit ihren Interessen den Naturwissenschaften ebenso wie den Erfordernissen und Problemen des Tages zugewandt. Von Cleonice Delias poetisch einfacher Schäferkleidung etwa war im prosaischen Karlsruher Alltag natürlich keine Rede, denn den Anspruch, stets nach neuester Pariser Mode gekleidet zu sein, hatte die Fürstin auch jetzt nicht aufgegeben. Regelmäßig mußte Maelrondt sie noch immer über das informieren, was »man« gerade in Paris trug[9]; sie wollte sogar wissen, ob für die als Geschenke damals so beliebten Golddosen zur Zeit eckige, runde oder ovale Form modern sei. Im Oktober 1774 bestellte sie eine »garniture«, die vier bis fünf Louisdors kosten dürfe und zu einer Robe passen sollte, von der sie eine Stoffprobe beifügte. In Straßburg, so schrieb sie, trage man jetzt viel eine Garnitur aus Gaze, also einem durchsichtigen leichten Seidenstoff; falls das auch für Paris zutreffe, hätte sie gern etwas derartiges: ». . . immer möchte ich aber etwas vom Neuesten, denn vielleicht habe ich Gelegenheit, diese Robe in Straßburg zu tragen, und deshalb brauche ich etwas vom ›dernier goût‹.« In der Nachschrift heißt es dann noch einmal: ». . . Sollte ich Ihnen für den Preis vielleicht zu enge Grenzen setzen, sagen Sie es mir. In erster Linie möchte ich etwas ganz Neues; es muß nicht ›magnifique‹ sein, doch auf jeden Fall ›honnête‹; auf den Preis soll es dabei nicht so sehr ankommen.« Weder zu aufwendig noch zu jung möchte sie sich kleiden, sondern ihrem Alter entsprechend. Als sie Maelrondt im März 1775 beauftragte, ihr beim »marchand de modes« Roland ein Fichu »à la princesse« zu besorgen, wünschte sie es sich entweder mit Blumen aus Gaze oder auch ganz ohne Blumen, denn »les fleurs ne sont que pour les jeunes personnes«. Im übrigen, so ließ sie ihn später im Sommer wissen, seien seine modischen Vorschläge leider sowieso hinfällig geworden, denn verschiedener Todesfälle wegen habe man wieder monatelang Trauer tragen müssen.

Für eine modebewußte Dame war es nach wie vor wichtig zu wissen, welche Farben man jeweils trug. In einem langen Brief, welchen der französische Oberst d'Espie[10], einer der Ritter des badischen »Ordens der Treue«, im Dezember 1775 an die

Markgräfin schrieb, heißt es dazu, neuerdings seien die bisher allgemein getragenen bräunlichvioletten Töne, welche der König geschätzt und als flohfarben – »couleur de puce« – bezeichnet hatte, ganz außer Mode gekommen; jetzt gebe es neue, ein Aschgrau »cheveux de la Reine« sowie ein »erstickte Seufzer« benanntes, stark changierendes Bläulichgrau in der Art des Kehlgefieders von Tauben, ». . . aussi changeante que la tête de mes compatriotes«.

Problemen solcher Art erkannte Karoline Luise durchaus Bedeutung zu. Im Hinblick auf kommende Reisen fragte sie im Dezember 1777 etwa bei Maelrondt an, wie denn die Pelzmäntel der Damen in diesem Winter beschaffen seien: hat sich die Form geändert?, sind sie »à l'hongroise« oder »à la polonaise»?, welchen Stoff trägt man außen, und wie ist der Mantel garniert?, ist er weit oder eng im Pelz?, tragen Damen auf Reisen weite Ärmel wie die Herren? Dann möchte sie noch wissen, was für die Damen jetzt als »Déshabillé« Vorschrift ist, ob die von ihr geschätzten »Polonaises« noch Mode sind und woraus sie bestehen; oder trägt man jetzt Unterrock mit Mantille? Wie wohl gefüllt ihre Garderobenschränke waren, läßt sich dem 1784 aufgestellten Nachlaßinventar entnehmen, in welchem der ganze, mehr als fünfhundert Nummern umfassende Bestand an unverarbeiteten Stoffen, an Kleidern, Pelzen, Garnituren, Bändern, Spitzen und Nähzeug verzeichnet ist[11].

Die Hoftagebücher des Fouriers Epple[12], glücklicherweise für die Jahre von 1779 bis 1783 vollständig erhalten und trotz der lakonischen Kürze ihrer Mitteilungen eine reizvolle Lektüre, geben Aufschluß über das gesellschaftliche Leben im Schloß während der letzten Jahre Karoline Luises. Alle Familienfeste sind darin verzeichnet, alle Empfänge, Bälle, Soupers, Konzerte und Theatervorstellungen. Vermerkt wird auch, an welchen Tagen das markgräfliche Paar der Hoftafel fernblieb, um sich in den privaten Gemächern servieren zu lassen, oder wann die »Hochfürstlichen Herrschaften« selbst eingeladen waren und auswärts speisten, etwa beim Bruder des Markgrafen im Schlößchen zu Mühlburg, beim Minister von Edelsheim oder Kammerpräsidenten von Gayling.

Wie immer spielte die Kapelle zur wöchentlichen Cour, gab gelegentlich auch eigene Konzerte oder begleitete fremde Solisten. Als Leiter des Orchesters war dem 1765 verstorbenen Johann Melchior Molter zunächst der Italiener Giacomo Sciatti gefolgt. Als 1772 dann die Rastatter Kapelle aufgelöst wurde, beschäftigte man auch deren Dirigenten Josef Alois Schmittbauer für einige Jahre mit wechselnden Aufgaben als Konzertmeister und Dirigenten in Karlsruhe. Man mußte ihn 1775 zwar als Domkapellmeister nach Köln gehen lassen, holte ihn aber zwei Jahre später, nachdem Sciatti gestorben war, endgültig wieder an den Hof zurück. Im Juli dieses Jahres gab Schmittbauer hier ein Konzert auf der damals neuen und viel Aufsehen erregenden Glasharmonika, die er anscheinend virtuos beherrschte. Karoline Luise berichtete dem Gatten, der sich gerade in den badischen Oberlanden aufhielt, ausführlich und offenbar voller Begeisterung darüber, denn er antwortete am 1. August[13]: ». . . ich kann mir keinen rechten Begriff von dieser Glas-Music machen, ich verlaß mich aber gantz auf deinen Geschmack und glaube, daß sie recht schön gewesen seye.«

Im Sommer 1781 gab es zwei musikalische Ereignisse von ganz besonderer Art: zwei der berühmtesten Sängerinnen dieser Zeit ließen sich kurz nacheinander am Karlsruher Hofe hören. Anläßlich eines Besuchs, welchen das Herzogspaar von Pfalz-Zweibrücken den Karlsruher Verwandten abstattete, trat »hier bei der Cammer Music« am 6. Juli die berühmte, schon in Paris und London bejubelte Madame Todi auf. Die geborene Portugiesin galt als unübertroffen im dramatisch-pathetischen Ausdrucksgesang. Auch in Karlsruhe muß sie auf ihre Zuhörer einen aufwühlenden Eindruck gemacht haben, denn der würdige Hof- und Kirchenrat Böckmann verfaßte nach diesem Abend ein langes, empfindsam pathetisches Gedicht über die große Künstlerin: »Der Jüngling und sein Freund nach Todi's Abreise von Carlsruhe.« Es beginnt mit der Zeile: »Jüngling!, was thränet dein Aug?«, um dann in bewegten Worten Klage darüber zu führen, daß »Sie, Philomelens schöne Siegerinn«, Karlsruhe wieder verlassen mußte: »Nun ist mir Rosenhain und Feld und Wiese/Und alles, alles kalt und öd und tod!/Die Seele floh! – Freund, Diß thränet mein Aug! – Jüngling! Ich weine mit Dir!« Dieses Poem, von dem nur noch wenige gedruckte Exemplare bekannt sind[14], wurde vom Hofkapellmeister Schmittbauer für zwei Soprane und kleines Kammerorchester – zwei Violinen, Viola, Baß sowie je zwei Flöten, Oboen und Hörner – in Musik gesetzt und vermutlich bei einem der nächsten abendlichen Konzerte am Hofe zu Gehör gebracht. Auf ein längeres, in Es-Dur gehaltenes Rezitativ folgt ein »Arioso« überschriebenes Andantino con moto, in welchem sich die Stimmen beider Freunde vereinen: »Fließt zur Todi, süße Thränen, Die so mächtig uns bezwang!/Mahlt des Scheidens tiefe Wunde!/Bringt der Holdin unsern Dank!« Auch am Karlsruher Hofe, der so sehr den exakten Wissenschaften zugetan war, hat man dem Zeitgefühl der Empfindsamkeit seinen Tribut gezollt.

Nur knapp sechs Wochen später erschien Madame Mara[15], die zweite große Sängerin dieser Jahrzehnte. In Berlin hatte sie als Gertrud Schmeling lange an der Oper geglänzt, war aber von dort entwichen, als Friedrich der Große ihre Eheschließung mit dem Cellisten Mara mißbilligte. Sie gab Gastspiele in verschiedenen Städten Deutschlands, hielt sich schließlich auch einige Wochen am Fürstenbergischen Hofe zu Donaueschingen auf. Fürst Joseph Wenzel gab ihr einen Einführungsbrief an seinen Vetter Karl Friedrich mit, denn Madame Mara wollte gern auch ein Konzert am Karlsruher Hofe geben. Erbprinz Karl Ludwig berichtete seiner Frau Amalie, die wegen ihrer Augenoperation damals gerade in Straßburg lag, über die Künstlerin[16]. Diese blieb eine ganze Woche in Karlsruhe und freundete sich hier offenbar besonders mit Karl Friedrichs Bruder an. Am 13. August heißt es: ». . . Madame Mara ist hier, gestern hat sie in Mühlburg gratis beim Prinzen gesungen. Wir werden sie an einem der nächsten Tage hören, allerdings nicht umsonst; denn man sagt, ohne Honorar habe sie es nur dem Prinzen zuliebe gemacht. Sonst soll sie sehr schwierig sein.« Vier Tage später berichtet er: ». . . Heute abend werden wir Madame Mara hören; aus lauter Widerspruchsgeist muß sie ausgerechnet heute singen, damit wir nicht in die Komödie gehen können.« Wie nun dieser Abend ausfiel und auf die Zuhörer gewirkt hat, wird leider nicht gesagt. Madame Mara, von der es einige Jahre später in London heißt, sie sei

»beyond comparison the best singer in the world«, war eine Virtuosin des Ziergesangs, die vor allem in Bravourarien dieser Art exzellierte. Im folgenden Jahre trafen die Damen Todi und Mara übrigens in Paris aufeinander, wo sie in heftiger Rivalität um die Gunst des Publikums rangen. Die Pariser »Melomanen« teilten sich alsbald in »Todisten« und »Maratisten«, die einander lautstark bekämpften. Wie nicht anders zu erwarten, hat Mozart der Todi den Vorzug gegeben.

Schon im Dezember 1780 war auch der bekannte Abbé Georg Vogler mit drei Konzerten am Karlsruher Hof »abends bei der Capell« aufgetreten. Seit 1771 in Mannheim ansässig, hatte er dort nach einem Studium in Italien 1775 eine eigene Tonschule gegründet. Seine Musikerkollegen, unter ihnen auch Mozart, schätzten ihn nicht besonders, doch stand er beim Kurfürsten in Gunst und genoß als Klavier- und Orgelspieler Ansehen. In späteren Jahren machte er Konzertreisen durch ganz Europa, wobei er sich auf einer Orgel produzierte, die nach einem von ihm erdachten »Simplificationssystem« erbaut war. Damit bot er einem staunenden Publikum selbst komponierte Programmusik, Schlachtengemälde, Gewitterstürme, Nationalcharaktere und anderes darstellend. Am 9. Januar schrieb Epple in sein Hofdiarium: ». . . sämtliche Herrschaften fahren mittags nach der Tafel nach Durlach, um den Herrn Abbé Vogler in der Stadtkirche auf der Orgel spielen zu hören.«

Eine eigene Operntruppe mit fest besoldeten Künstlern wollte man sich in Karlsruhe zwar nicht leisten, kam aber reisenden Ensembles, die hier kürzere oder längere Zeit bleiben wollten, dadurch entgegen, daß man auf fällige Konzessionsgebühren und Mieten verzichtete[17]. So wurde es im Sommer 1781 mit der Bernerschen »Teutschen Comoedien-Truppe« gehalten, die sich schon einige Monate vorher erboten hatte, Opern von Grétry, Monsigny und Philidor aufzuführen, auch Glucks »Pilgrime von Mekka« und Goethes Singspiel »Erwin und Elmire«. Epples Diarium vermerkt insgesamt drei Vorstellungen, die erste am 17. August, eben jenem Tage, auf welchem Madame Mara für ihr Auftreten bestanden hatte; sie wollte es den wandernden Komödianten vermutlich zeigen, wer hier die wahre Diva sei. Immerhin erhielt sie damals aus Karl Friedrichs Privatschatulle das stattliche Honorar von 220 Gulden für ihren Auftritt – soviel hatte auch die Todi bekommen –, während Berner sich mit 150 begnügen mußte[18]. Gespielt wurde im »Comödien-Hauß«, einem früheren Holzschuppen des fürstlichen Bauhofs, der in den fünfziger Jahren notdürftig als Theater hergerichtet worden war; er stand dort, wo sich heute die hundert Jahre später von Hübsch erbaute Orangerie befindet. Erst der bekannte Straßburger Schauspieldirektor Simon Friedrich Koberwein, der für die Monate Juli und August 1782 mit seiner Truppe zu Gastspielen nach Karlsruhe gekommen war, sorgte für eine halbwegs angemessene Bühneneinrichtung. Auch ihm erließ man die Gebühren, weil er in einem »herrschaftlichen Gebäude« spielte und »hiernächst die ganze Einnahme für ein Schauspiel in die hiesige Armen-Caße gegeben«.

Wie es an anderen Höfen üblich war, taten sich die jüngeren Damen und Herren der Hofgesellschaft auch in Karlsruhe gelegentlich zusammen, um selbst Theater zu spielen. So wurden anläßlich der Hochzeit Karl Augusts von Weimar mit Luise von

Darmstadt im Oktober 1775 die »Horaces« von Corneille gegeben. Man wundert sich, daß es gerade diese blutige Tragödie altrömisch strenger Bürgertugend des Kampfes der Horatier gegen die Curiatier sein mußte, mit welcher man das junge Paar und die Hochzeitsgesellschaft unterhalten wollte. Prinz Friedrich schrieb darüber am 9. September seinem Bruder Karl Ludwig[19]: ». . . Sie haben gewiß schon durch Herrn von Edelsheim erfahren, daß die Hofdamen und jungen Kavaliere zur Hochzeit von Prinzessin Luise eine Tragödie aufführen wollen. Die Fräulein von Rathsamhausen und Welwart, die Herren von Münzesheim, de Montperny und Cramond spielen die Hauptrollen. Beinahe hätte ich noch Frau von Ebing und Herrn Le Cointe vergessen. Das Stück heißt ›Les Horaces‹. Alle Rollen sind schon verteilt, und man wartet nur noch auf die Genehmigung von ›Cher Papa‹, um die weiteren Arrangements zu treffen. Fräulein von Sternefels will absolut nicht mitspielen, obgleich man sie überall verfolgt, um sie doch noch herumzubringen . . .«

Epples Diarium verzeichnet natürlich getreu auch alle Reisen, welche die verschiedenen Mitglieder der Familie während dieser Jahre unternahmen[20]. Von Karoline Luises Studienfahrten nach Frankreich und Italien war schon die Rede. Eine mehrtägige Reise, welche das markgräfliche Paar im Juni 1779 nach München unternahm, läßt sich aus einem Brief Karoline Luises vom 4. August an ihren Kammerrat Binninger erschließen und durch Epples Angaben auf die Zeit vom 11. bis zum 21. Juni datieren. Etwas später verbrachte die Familie einige Wochen im kleinen Badeort Langensteinbach zur Erholung. Mit dem ältesten Sohn zusammen fuhr Karl Friedrich, begleitet von Minister Edelsheim, dem Hauptmann und Ingenieur Peter Burdett sowie dem Hofmedikus Dr. Buch im Herbst für vier Wochen nach Holland; den ausführlichen Berichten nach zu schließen, welche der Arzt an Karoline Luise schickte, war es eine Studienreise allgemeiner Art, vielleicht zu weiterer Ausbildung des Erbprinzen unternommen[21].

Im Frühjahr des folgenden Jahres 1780 begab sich die ganze Familie dann nach Sachsen und Thüringen, und zwar merkwürdigerweise in zwei Partien[22]. Die Markgräfin verließ Karlsruhe am 24. März zusammen mit dem jüngsten, jetzt achtzehnjährigen Sohn Louis, der Hofdame Fräulein von Sternefels und dem Reisemarschall von Üxküll; Karl Friedrich folgte eine Woche später mit dem Erbprinzen und Edelsheim. Der Markgraf fuhr »offiziell«, denn er wollte in Dessau das berühmte Philanthropin besuchen, jene damals als vorbildlich gerühmte Erziehungsanstalt, welche der Dessauer Herzog dort gegründet hatte. Karl Friedrich und seine Begleiter schliefen also bei Hof und hatten sich demgemäß den Forderungen der Etikette zu unterwerfen. Karoline Luise reiste dagegen auf Wunsch des Gatten in strengstem Inkognito. Ihr Reiseprogramm war von dem seinen in gewissen Punkten verschieden, enthielt aber auch Dessau. Zufällig traf sie dort am selben Tage wie Karl Friedrich ein, den sie eigentlich erst einige Tage später in Eisenach wiedersehen wollte. Da er im Schloß logierte, sie aber im Gasthof abgestiegen war, konnte er seine Frau in ihrem »Cabaret« erst nach Mitternacht besuchen, nachdem sich der Hof zurückgezogen hatte. Dann verließen die Gatten einander wieder, und Karoline Luise folgte ihrer eigenen Route, die sie nach Dresden und ihrer mineralogischen Interessen wegen in die Sammlungen der Bergakademie nach Freiberg führte. Immer wieder traf man sich während der folgenden Tage – in Naumburg, Erfurt und Eisenach –, um sich dann am nächsten Morgen wieder zu trennen. Ganz offensichtlich sparte Karoline Luise mit Absicht Weimar aus, um eine Begegnung mit ihrer dort verheirateten Nichte Luise und dem jungen Herzog Karl August zu vermeiden. Die gegenseitige Abneigung scheint auf beiden Seiten gleich groß gewesen zu sein. Trotz des komplizierten Reiseprogramms kehrte die Familie, die sich zuletzt in Frankfurt wieder vereinigt hatte, gemeinsam in der Nacht zum 9. April wohlbehalten nach Karlsruhe zurück.

Des öfteren traf man sich mit den pfälzischen Verwandten aus Zweibrücken[23]. Herzog Karl II., mit einer Tochter des Kurfürsten von Sachsen vermählt und ein Neffe der inzwischen verstorbenen Großen Landgräfin von Hessen-Darmstadt, war seinem Vater dort 1775 in der Regierung gefolgt. Was die kleine Residenz Zweibrücken für Karoline Luise besonders anziehend machte, war zweifellos die berühmte dort bewahrte Gemäldesammlung, welche bereits der Vorgänger des jungen Herzogs zusammengebracht hatte. In der Bevorzugung betimmter holländischer und flämischer Meister, auch französischer Künstler wie Claude Lorrain, Boucher, Chardin und Vernet, war sie Karoline Luises eigener Sammlung im Charakter so nah verwandt, daß es ihr ein besonderes Vergnügen bereitet haben muß, diese Bilder immer wieder studieren zu können. Die an tausend Gemälde umfassende Zweibrücker Galerie ist später nach München überführt worden, nachdem Pfalzgraf Max Joseph, Karls II. jüngerer Bruder und Nachfolger, 1799 die bayerische Kurwürde geerbt hatte; heute gehören diese Werke zum Grundbestand der Bayerischen Staatsgemäldesammlungen in der Alten Pinakothek.

Erschienen die Zweibrücker Verwandten zum Gegenbesuch in Karlsruhe – es geschah mehrmals für jeweils acht bis zehn Tage –, so hatte man sich anzustrengen, um die Gäste, welche immer eine große Suite bis zu zwanzig Personen mitbrachten, standesgemäß unterzubringen und zu unterhalten. Es gab Ausfahrten in die verschiedenen Schlösser; man speiste im Chinesischen Haus des Fasanengartens oder auch in Scheibenhardt, Mühlburg, Stutensee und Schröck. Abends gab es wechselnd Gala und Cour oder ein Konzert, einmal auch eine Illumination im Fasanengarten, »wozu sämtliche Dames invitirt worden«. Den Gastgebern blieb während solcher Tage wohl kaum eine freie Stunde.

All das war jedoch nur ein Kinderspiel gegen die Anstrengungen und Kosten, welche der Karlsruher Hof auf sich nehmen mußte, um im September 1782 zwei illustre Gäste für eine einzige Nacht unterzubringen und festlich zu bewirten. Dabei ging es um das russische Thronfolgerpaar Großfürst Paul Petrowitsch und dessen junge Gemahlin Maria Feodorowna, die sich auf einer fast ein Jahr währenden Reise durch Europa befanden[24]. Die große Katharina hatte ihren Sohn gern auf diesen »grand tour« geschickt, um ihn für ein Jahr aus den Augen zu haben, denn das Verhältnis zwischen Mutter und Sohn war gespannt. Von jeder Einflußnahme und allen Regierungsgeschäften ferngehalten, war der Zarewitsch gegenüber den mächtigen Günstlingen der Zarin-Mutter zu völliger Bedeutungslosigkeit verurteilt. Während Katharina ihren wechselnden Liebhabern oft bestimmenden Einfluß auf die Politik zugestand und sie dazu mit Millionen beschenkte, stellte sie den eigenen Sohn beiseite und hielt ihn auch finanziell äußerst kurz. Unter all dem litt er um so mehr, als er mit gewissem Recht in seiner Mutter eine Usurpatorin des Thrones, sich selbst aber als den eigentlich rechtmäßigen Nachfolger des durch Katharina und ihre Mitverschworenen vom Throne gestoßenen Vaters sehen mußte. Aber war Zar Peter wirklich sein Vater? Zweifel daran mögen die Unsicherheit des jungen Mannes verstärkt haben, denn ein nicht unbegründetes Gerücht, das Katharinas erstem Liebhaber Graf Saltykow die Vaterschaft zusprach, dürfte auch ihm schon früh zu Ohren gekommen sein.

Seine erste Frau, offenbar der erste Mensch, dem er sich wirklich verbunden fühlte und vertrauen konnte, war nach kurzer Ehe im Kindbett gestorben. Durch Vermittlung Friedrichs des Großen, dem daran gelegen war, sich durch eine deutsche Prinzessin wiederum eine Verbindung zum russischen Hofe zu schaffen, wurde dem Großfürsten schon einige Monate später mit der siebzehnjährigen Sophie Dorothea von Württemberg-Mömpelgard, einer Nichte des Herzogs Karl Eugen von Württemberg, eine neue Ehekandidatin vorgestellt. Die beiden jungen Leute – der Thronfolger war damals zweiundzwanzig Jahre alt – gefielen einander auf den ersten Blick. So wurde alsbald Hochzeit gefeiert, nachdem die Braut zur orthodoxen Kirche übergetreten war und in der Taufe den Namen Maria Feodorowna empfangen hatte. Abseits vom Petersburger Hofe lebte das Paar zurückgezogen in Pawlowsk, für dessen Bau Katharina nach der Geburt des ersten Enkels die Gelder gestiftet hatte.

Unter dem angenommenen Namen Comte und Comtesse du Nord ließen der Großfürst und seine Frau die sie bedrückende Atmosphäre des Petersburger Hofes im Herbst 1781 gern hinter sich und genossen für ein Jahr in Freiheit, wenn auch ständig durch die Agenten der Zarin beobachtet, alle Festlichkeiten und Ehrungen, mit welchen man das zukünftige Herrscherpaar allerorten überhäufte. Wien, wo Kaiser Joseph II. sie freundlich aufnahm, Venedig und Florenz waren die ersten Stationen. Dann ging es weiter nach Rom und an den bourbonischen Hof nach Neapel, von dort zurück in den Norden nach Paris und Flandern, schließlich zu den Eltern der Braut nach Mömpelgard. Von dort traten sie die Rückreise nach Rußland an. Als Verehrer Friedrichs des Großen hätte Großfürst Paul gern den Weg über Berlin und Potsdam genommen, allein die Zarin, deren Außenpolitik inzwischen auf Joseph II. setzte, untersagte den Besuch; so mußte man von Stuttgart aus, wo der Onkel der Großfürstin das Paar erwartete, die Route über Nürnberg und Prag einschlagen. Da die Strecke von Straßburg nach Stuttgart nicht an einem Tage zu bewältigen war, ließen sich die Reisenden für eine Nacht in Karlsruhe ansagen.

Für den badischen Hof bedeutete dieser Besuch ein großes, auch politisch wichtiges Ereignis. Man wußte sich mit Rußland, das eine der Garantiemächte für den Erbvertrag mit Baden-Baden gewesen war, im Bunde, und Karoline Luise war als Dame des exklusiven russischen Katharinenordens der Zarin in besonderem Maße verpflichtet. Demnach mußte man dem Großfürstenpaar einen standesgemäßen

Empfang bereiten, nicht nur der Zarin-Mutter wegen, sondern auch im Hinblick auf die Zukunft, wenn Großfürst Paul einmal als Nachfolger Katharinas den russischen Thron besteigen sollte. Über alles, was den Comtes du Nord in Paris und Versailles sowie in den Schlössern der Großen Frankreichs wochenlang an rauschenden Festen geboten wurde, war man in Karlsruhe natürlich informiert. Damit konnte der bescheidene badische Hof nicht konkurrieren; für einen Besuch so hohen Ranges gab es hier überhaupt keinen Präzedenzfall.

Etwa Mitte April scheint die Nachricht des ursprünglich für den 2. September in Aussicht gestellten Besuchs – der Termin verschob sich später um zwei Wochen – in Karlsruhe eingetroffen zu sein. Die Suite des großfürstlichen Paares bestand aus fünfzehn Kavalieren und Damen, die ebenfalls unterzubringen waren; dazu hatte man mit der gesamten Darmstädter und Zweibrücker Verwandtschaft zu rechnen, die sich dieses Ereignis nicht entgehen lassen würde. Als umsichtige Hausfrau machte Karoline Luise zunächst einen Plan, wie die beiden Schlafzimmer für die hohen Herrschaften im Schloß auszustatten seien. Auf einem dreigeteilten Bogen[25] vermerkte sie in der Mitte die für das Paar in Aussicht genommenen Räume samt dem dafür benötigten Mobiliar, rechts dann, »was wir schon haben« und aus anderen Zimmern nehmen können, links »was noch beschafft werden muß«. Da heißt es etwa für das nach vorn heraus gelegene Schlafzimmer des Thronfolgers: »Bett, 6 Fauteuils von holtz, 2 Trumeaux, 1 ›frisir-Stuhl‹, 1 ›bonheur du jour‹ « – ein kleines Schreibtischchen mit Aufsatz –, »1 Pendule, 2 Tabourets«. Beim »bonheur du jour« ist rechts vermerkt: »Fritz«; es konnte also aus Prinz Friedrichs Zimmern beigesteuert werden. Beim Frisierstuhl steht dagegen: »moy«, ihn stellte Karoline Luise selbst zur Verfügung. Für das »Cabinet de propreté« benötigte man Nachtstuhl und Pot de chambre, Spiegel, einen weißen Tisch, ein Waschbecken aus Silber oder Fayence, dazu eine Laterne als Nachtlicht. Alle Wandbespannungen und Gardinen sollten erneuert werden.

Am 23. April ging ein dringender Brief in dieser Sache an Maelrondt nach Paris[26]. Man sei dabei, heißt es, die Appartements »aufzufrischen«, und brauche dafür möglichst rasch verschiedene Stoffe: 123 Ellen in Blau, 120 in Karmin, 36 Ellen in zartem Grün und weitere 60 in dunklerem Grün, dieses entsprechend einer beigelegten Probe aus Damast. Auch zwei große Lüster aus böhmischem Kristallglas vom letzten »goût« standen auf dem Wunschzettel. Zum Befestigen der Wandbespannung wurden weiter vergoldete Leisten gebraucht. Sehr hübsche »baguettes« dieser Art hatte man kürzlich bereits aus Paris bezogen, mit aufmontierten Relieffriesen aus Zinn, dann vergoldet. Karoline Luise bat Maelrondt, ihr raschestens verschiedene weitere Entwürfe dafür zu schicken. Schon am 10. Mai bestätigte sie deren Empfang und konnte ihre Wahl treffen. Dann ging es um die Garnierung der Paradebetten: muß diese von der gleichen Farbe sein wie der Damast – eine Probe legte sie bei –, und in welcher Form garniert man jetzt in Paris? Weitere Bestellungen werden im Juli aufgegeben; nun geht es um Lüster, Girandolen sowie Leuchter für Kommoden und Toilette. Immer wieder betont die Fürstin, spätestens am 20. August müßten alle Dinge in Karlsruhe eingetroffen sein, sonst könne sie nichts mehr damit anfangen. Alles wurde dann auch pünktlich zur Zufriedenheit geliefert.

Karl Friedrich bestellte für sich neue Galagarderobe in Paris, wie sein Ausgabenbuch zu erkennen gibt; und für ein Konzert zu Ehren der hohen Gäste wußte man sogar Madame Todi wieder zu gewinnen, um auch verwöhntestem Geschmack etwas bieten zu können.

Die Russen reisten mit nicht weniger als einunddreißig Kutschen. Daher mußte auch dafür gesorgt werden, daß an den entsprechenden Tagen auf allen Relaisstationen zwischen Straßburg und Karlsruhe sowie von dort bis zur württembergischen Grenze insgesamt 177 Pferde mit dem nötigen Personal zum jeweiligen Wechseln bereit stehen würden. Alles in allem brachte also der Besuch dem kleinen, an gesellschaftliche Ereignisse solchen Ausmaßes nicht gewöhnten Karlsruher Hof zahlreiche organisatorische Probleme.

Am 16. September war der große Tage dann gekommen. Baronin Oberkirch, eine Freundin der Großfürstin aus Mömpelgarder Jugendtagen, die das Paar seit dessen Aufenthalt in Paris begleitete, hat in ihren Memoiren anschaulich über die nicht abreißende Kette üppiger Festlichkeiten aller Art berichtet, durch welche der Hof von Versailles und die Großen Frankreichs die Comtes du Nord feierten. Sie war auch dabei, als die Reisegesellschaft sich auf den Weg nach Karlsruhe machte[28]: ». . . wir fuhren nach Bischofsheim, einer Stadt in Deutschland, wo wir dinieren sollten, um schließlich in Karlsruhe, der reizenden Residenz des Markgrafen von Baden, zu übernachten. Als wir durch Rastatt fuhren, waren wir sehr überrascht, dort den Markgrafen und die Markgräfin vorzufinden. Sie waren den Kaiserlichen Hoheiten entgegengefahren, um sie mit einem charmanten Imbiß zu begrüßen. Das ganze Land ist wunderschön, wir hätten es gern genauer in Augenschein genommen. In Karlsruhe, wo uns eine gewaltige Menge erwartete, trafen wir alle Prinzen und Prinzessinnen aus dem Hause Darmstadt an, das Herzogspaar von Zweibrükken und eine Menge anderer Menschen, ›tout un congrès‹.«

»Zunächst mußte man sich nach der Reise erfrischen und Toilette machen. Die Großfürstin legte ein bezauberndes Kleid an und trug dazu die hübscheste Frisur, die man sich vorstellen kann; der Friseur der Königin, Leopold, hatte sie eigens entworfen und aus Paris geschickt. Um elf Uhr abends hörte man in einem Konzert die berühmte Todi, von der alle illustren Zuhörer begeistert waren . . . Sie ist eine schöne Erscheinung, von ernsthaftem Wesen, bezeigt viel Empfindung, rührt die Herzen und ist bewundernswert in der lyrischen Tragödie. Um zwei Uhr nachts soupierte man und zog sich dann gegen drei Uhr zurück, erschöpft durch die Überfülle der gebotenen Vergnügungen.« Epple vermerkt in seinem Diarium trokken, daß an vier Tafeln mit insgesamt 180 Gedecken gespeist wurde; fünfzig Personen saßen allein an der »fürstlichen Tafel«. Der ganze »Circul wie auch der Vordere und hintere Schloßgarten wurde illuminiert«.

In ihrer ziemlich kritiklosen Bewunderung für die Kaiserlichen Hoheiten schreibt die Baronin kein Wort darüber, wie sehr das brüske und unhöfliche Benehmen des Großfürsten seine Karlsruher Gastgeber, vor allem aber die Markgräfin, verletzt hatte. Karoline von Freystedt, Hofdame der Erbprinzessin Amalie, berichtet in ihren Memoiren ganz offen darüber[29]: »... Der Großfürst war nicht zu bewegen, eine Wohnung im Schloß anzunehmen; er war nicht artig gegen die Markgräfin, schien sie nicht zu beachten und ihren Hof beinahe zu verspotten. Seine ganze Aufmerksamkeit war auf die Erbprinzessin, Schwester seiner ersten Gemahlin, gerichtet, deren Anblick wohltuend auf ihn zu wirken schien; er hatte noch viele Liebe für das Andenken der so früh Verstorbenen. Meine Fürstin war zu gut, als daß die Art, wie ihre Schwiegermutter bei dieser Gelegenheit behandelt wurde, ihr nicht weh gethan hätte; sie drückte diese Gefühle aus und fand Anerkennung, welche ihr Verhältnis besserte.«

Großfürst Paul war in der Tat gleich nach dem Konzert aufgebrochen. Er hatte es strikt abgelehnt, noch an der Tafel teilzunehmen und im Schloß zu wohnen, ließ sich vielmehr in den Gasthof zur Post fahren und dort ein Zimmer geben. »Ihro Hoheit die Frau Großfürstin blieben aber bey der Nacht-Tafel«, schreibt Epple, »nebst der ganzen Suite.« Es dürfte alle Beteiligten viel Selbstbeherrschung gekostet haben, ihre Betretenheit über solchen Affront und den eklatanten Verstoß gegen alle gesellschaftliche Form zu überspielen. Für das Benehmen des jungen Fürsten ist schwer eine Erklärung zu finden; er mag müde, gelangweilt und schlechter Laune gewesen sein. Da er aber spontan eine Antipathie gegen Karoline Luise gefaßt zu haben scheint, ließe sich auch denken, daß deren »gesetzgebieterische Erscheinung«, wie Lavater es ausdrückte, ihn allzusehr an die verhaßte Mutter erinnerte. So oft gekränkt und zurückgesetzt, ließ er nun am Karlsruher Hofe, wo niemand es wagen durfte, ihm entgegenzutreten, mühsam unterdrückten Aggressionen freien Lauf. Minister von Edelsheim, der den hohen Gast mit kritischen Augen betrachtete, schrieb einige Wochen später an Herzog Karl August nach Weimar[30]: »Schade, daß mir sein Haupt nicht geschaffen zu sein scheinet, um eine Krone anders als im Sarge zu tragen. Wenn der glücklich Kaiser wird und bleibt, so trügt mich die Physiognomik ganz. Ein recht contradictorisch Menschenkind. Gutes und Böses, Verstand und Thorheit, Trotz, Schwachheit und Selbstheit, alles keimt, grünt und blüht in ihm und steht auf seinem Gesicht.« Prophetische Worte des guten Beobachters und Menschenkenners: nach nur fünfjähriger Herrschaft fiel der Großfürst und spätere Zar Paul I. 1801 einer Verschwörung zum Opfer.

Am Morgen nach der so unerfreulich verlaufenen Gala im Schloß fuhren die russischen Gäste nach Stuttgart weiter, wo ihnen Herzog Karl Eugen eine Woche voll glänzender Feste bereitete. Vor der Abreise aus Karlsruhe machte Großfürst Paul »den Herrschaften aber noch eine Abschiedsvisite«, wie Epple notierte, und bedankte sich tags darauf auch mit einem kurzen Brief beim Markgrafen für die gastliche Aufnahme, welche man ihm in Karlsruhe gewährt hatte[31]. Von Karoline Luise selbst ist keine persönliche Äußerung über sein Verhalten bekannt geworden. Vielleicht dachte der Durlacher Chronist Siegmund Friedrich Gehres an diesen Vorfall, als er in seiner Biographie des Prinzen Friedrich das Wesen der Markgräfin zu charakterisieren suchte[32]: »... Sie hatte einen unerschütterlichen Gleichmut. Keine Beleidigung konnte sie treffen oder nur in Bewegung setzen. Alles glitt ab an ihrer Größe, ohne eine Spur zu hinterlassen.«

Die letzte Reise der Markgräfin

Das Jahr 1783 begann für Karoline Luise unter bedrohlichen Vorzeichen. In den ersten Januartagen – möglicherweise auch schon während des vorhergehenden Monats Dezember – war sie auf einer der schmalen inneren Treppen des Schlosses schwer gestürzt. Wochenlang konnte sie sich von den Folgen dieses Unfalls nicht erholen, fühlte sich matt und gedrückter Stimmung, litt auch unter schwindender Sehkraft. In seiner Biographie des Prinzen Friedrich schreibt Gehres dazu[1]: ». . . Durch ihre medizinischen Kenntnisse war es ihr wahrscheinlich, daß ihr Tod nicht mehr ferne sey. Oft sprach sie mit dem geliebten Prinzen über diesen Gegenstand, um ihn vorzubereiten auf diesen, wie sie wußte, für ihn sehr schrecklichen Fall.« Ihre melancholische Stimmung vertiefte sich noch durch den Tod der Hembergerin, ihrer alten Sekretärin, die unerwartet am 9. Februar starb. Ein Enkel der Verstorbenen, der junge Heinrich Vierordt, war durch eine gründliche Ausbildung in allen Zweigen der markgräflichen Verwaltung zu Emmendingen mit anschließendem Studium in Lausanne bereits darauf vorbereitet worden, einmal das Amt seiner Großmutter im Dienste der Markgräfin zu übernehmen; so anstellig er war, hätte er Karoline Luise die vertraute Nähe ihrer alten Hembergerin, mit der sie eine aus langer Gemeinsamkeit erwachsene Freundschaft verband, doch kaum ersetzen können. Um die Fürstin von ihren trüben Gedanken abzulenken, rieten die Ärzte in der letzten Märzwoche zu Luftveränderung und einer kurzen Reise nach Paris. Karoline Luise kam der Vorschlag gelegen; sie entschloß sich, ihm sofort zu folgen, und bat Maelrondt am 28. März, ihr für eine Woche, beginnend mit dem 4. April, ein »Logement« zu besorgen[3]. Wenn er der Meinung sei, Herr Berthier, in dessen Hôtel d'Angleterre sie 1776 so gut untergebracht war, werde Diskretion genug besitzen, nichts von ihrem Kommen verlauten zu lassen, wolle sie gern wieder bei ihm absteigen. Prinz Friedrich, Oberstallmeister von Üxküll und dessen Schwester sollten sie begleiten; man brauche also nicht mehr Zimmer als damals, jedenfalls keinen Repräsentationsraum, denn sie wolle während der Tage dort niemanden empfangen.

Die Abreise wurde für die Nacht vom 31. März zum 1. April festgesetzt. Vorher hatte Karoline Luise noch das unerwartete Vergnügen, Herrn d'Ansse de Villoison zu empfangen, jenen jungen Gräzisten, mit dem sie drei Jahre zuvor in Venedig bekannt geworden war. Sein Versprechen, nach Karlsruhe zu kommen, hatte er wirklich gehalten[4]. In seiner Begleitung befand sich der französische Schriftsteller Leroy de Lozembrune, österreichischer Hofrat und Erzieher der jungen Erzherzöge in Wien. Beide Herren verweilten einige Tage, wurden bei Hof sehr freundlich aufgenommen und an die Fürstentafel geladen. Ring zeigte seinem Studienfreund Villoison die Bibliothek und deren Kostbarkeiten, wobei man – der Würde des Ortes entsprechend – dort nur lateinisch miteinander sprach. Auch Karoline Luise unterhielt sich, wie es heißt, »sehr gnädig« mit den Gästen und führte sie selbst durch ihr Malereikabinett. »Leider war es«, so schreibt Ring, »das letztemal, daß Sie es selbst gesehen haben. Kaum waren die Herren abgereist, so verreiseten auch Serenissima.«

Die Aussicht, Paris wiederzusehen, scheint Karoline Luises Stimmung ein wenig gehoben zu haben. »Ich freue mich«, sagte sie beim Abschied, »einen Sage und Lavoisier zu sehen, und werde hübsche Sachen mitbringen«; so berichtet Erhard, ihr Helfer beim Aufbau der Mineraliensammlung. Das gute Befinden hielt an. Jeden Abend erstattete Karoline Luise dem Gatten Bericht von ihren Erlebnissen während der Fahrt, etwa von den Schikanen der Zöllner in St. Dizier, wo man zwei Stunden lang gezwungen wurde, wirklich alles auszupacken und sämtliche Silbersachen, Betten, Kerzen, ja sogar die mitgenommenen Medizinen zu verzollen, all das angeblich auf Grund einer neuen Anordnung aus Paris. In Ligny, wo die Reisenden am 2. April über Nacht blieben, setzte sich Karoline Luise nur zu einem kurzen Briefchen nieder, denn »in diesem Zimmer raucht es so grausam, daß ich nicht sehen kann, was ich schreibe«. Karl Friedrich bewahrte diese Berichte gesondert in seinen Papieren und heftete ihnen später einen Zettel mit der Aufschrift an: »Letste Briefe der besten Frau.«[5]

Als die Reisenden am 4. April, einem Freitag, gegen Abend endlich in Paris eintrafen, stellte sich heraus, daß dort niemand von ihrem Kommen wußte und die Zimmer im Hotel für die Nacht bereits vergeben waren. Die Markgräfin schickte rasch einen Boten zu Karl Friedrichs Freund Du Pont de Nemours, dessen offizielle Ernennung zum badischen »Chargé d'affaires« in Paris gerade bevorstand[6]. Du Pont befand sich an diesem Tage jedoch in Versailles, sein Haus war verschlossen, und niemand antwortete auf das Klopfen. Karoline Luise meinte, er befinde sich auf dem Lande, und hinterließ deshalb keine Nachricht von ihrer Ankunft. Nun mußten sich die Reisenden also selbst auf die Suche nach einem Hotel machen. Erst nach dreistündigem Herumfahren fanden sie schließlich Unterkunft. Am nächsten Tage konnten sie dann offenbar die von ihnen gewünschten Räume im Hôtel d'Angleterre beziehen. Merkwürdigerweise ist von dem seit fünfunddreißig Jahren als so zuverlässig und hilfsbereit erprobten Maelrondt nicht mehr die Rede. Sein letzter erhaltener Brief an die Markgräfin trägt das Datum des 12. Februar 1783. Seitdem war keine Nachricht mehr von ihm gekommen, so daß man annehmen muß, er sei in der Zwischenzeit gestorben.

Am Sonntag – so berichtete Ring später nach den Erzählungen der Augenzeugen – besichtigte Karoline Luise »ein Gebäude«; vermutlich war es die Oper im Palais Royal, die nach einem großen Brande im Jahre 1781 inzwischen wieder aufgebaut worden war. Unter den Papieren der Markgräfin finden sich nämlich ausführliche, während dieser Reise niedergeschriebene, mit kleinen Illustrationen versehene Notizen über die Anlage des neuen Theaters, über Ausschmückung und Beleuchtung des Zuschauerraums sowie den Vorhang[7]. Nachmittags erging man sich dann im Tuilerien-Garten und besuchte anschließend den vor der Kirche Saint Germain-des-Prés gehaltenen Jahrmarkt. Als die Domestiken der Markgräfin bei der Heimkehr ins Hotel den Arm reichten, um beim Treppensteigen behilflich zu sein, bemerkten sie, daß ihr plötzlich die Knie versagten und sie nicht mehr imstande war, aus eigener Kraft hinaufzugehen; sie mußte in ihr Zimmer getragen werden. Ehe sie sich dort zum Abendessen setzen konnte, erlitt sie in der Garderobe einen Schlaganfall[8]. Zwei Ärzte, die nach einer dreiviertel Stunde eintrafen, fanden die Kranke, der man die Kleider vom Leibe hatte schneiden müssen, halbseitig gelähmt, blaß und kraftlos, mit starkem Brechreiz kämpfend. Nachdem man ihr mit Erfolg Laxantien und einen mit Brechmitteln versetzten Trank verabreicht hatte, gewann sie das Bewußtsein soweit wieder, daß sie »mit einiger Ordnung« zu sprechen vermochte. An das, was geschehen war, konnte sie sich nicht erinnern, erzählte aber den Ärzten von ihrer Konstitution und der Notwendigkeit, sich des öfteren zur Ader lassen zu müssen, um der »Fülle des Blutes« entgegenzuwirken. Der Puls war noch immer beschleunigt, das Gesicht inzwischen stark gerötet. Nach einiger Zeit der Beobachtung meinten die Doktoren jedoch eine gewisse Besserung des Zustands der Kranken wahrnehmen zu können. Man ließ sie also zur Ader, was ihr offenbar auch gut tat. Da nun keine unmittelbare Gefahr mehr zu bestehen schien, verabschiedeten sich die Ärzte und versprachen, am nächsten Morgen wiederzukommen. Ein Kurier mit der Nachricht von der Erkrankung der Markgräfin wurde sofort nach Karlsruhe geschickt.

Der Montag verlief zufriedenstellend. Die Patientin gewann ihre Sprache zurück und war voller Zuversicht, ganz zu genesen. Zu Prinz Friedrich, der keinen Augenblick von ihrem Lager gewichen war, sagte sie[9]: »Wie unglücklich wärst du doch gewesen, wenn ich hier in Paris gestorben wäre!« Sachverständig unterhielt sie sich auch mit den Ärzten, die ihre medizinischen Kenntnisse bewunderten, über die ihr verabreichten Mittel; sie hielt diese ihrem Zustand für durchaus angemessen und war mit ihnen zufrieden.

Am Dienstag, dem 8. April, fand man die Markgräfin bei der Visite am frühen Morgen noch weiter gebessert. Sie war gelassen, geistig ganz klar, sprach über ihre Krankheit und die dabei einzuhaltende Diät, pries sich auch glücklich, gerade jetzt in Paris zu sein und sich in so guten Händen zu wissen. Die Ärzte konstatierten sogar einen gewissen Rückgang der Lähmung. Zwar konnte die Kranke ihren Arm noch nicht heben, doch das Bein bereits ein wenig bewegen und den Ärzten mit solcher Kraft die Hand drücken, daß eine Hoffnung auf vollständige Gesundung durchaus begründet erschien. »Mit dieser guten Nachricht gingen wir zum Prinzen, ihrem Sohn«, heißt es im Gutachten der Doktoren, »der in tiefe Trauer versunken war. Er hatte sehr gelitten und war völlig erschöpft, einmal durch den Kummer und dann, weil er seine Frau Mutter keinen Augenblick allein gelassen und ihr alle nur denkbare rührende Fürsorge zugewandt hatte. Wir beeilten uns, ihm die erfreuliche Mitteilung zu machen, es werde gewiß möglich sein, Ihre Hoheit in den Schoß der Familie zurückzuführen, wo sie dann die Behandlung erfahren könne, welche die

Folgen dieser Erkrankung erforderlich machten.« Jedenfalls glaubte man, einen glücklichen Ausgang des Schlaganfalls vorhersagen zu können. Um zehn Uhr verließen die Ärzte das Krankenzimmer. Nach kurzem Schlaf erwachte die Fürstin einige Minuten nach zwölf Uhr mit einem Gefühl starker Beklemmung und bat, man möge sie in die Garderobe bringen. Dort überraschte sie ein zweiter Schlaganfall, dem sie innerhalb von Sekunden erlag.

Erst am frühen Nachmittag des folgenden Tages traf Geschirrmeister Neukomm, der sich als Kurier mit der Nachricht vom ersten Schlaganfall der Markgräfin auf den Weg nach Karlsruhe gemacht hatte, dort ein. Schon einige Stunden später brach Karl Friedrich mit beiden Söhnen auf, um seine Frau heimzuholen. Mit ihnen fuhren Minister Edelsheim, die beiden Ärzte Troxel und Leuchsenring sowie elf Bediente, darunter die Ramboldin, Karoline Luises Garderobenmagd, und der junge Sekretär Vierordt. Dessen Mutter hatte ebenfalls mitfahren wollen und dazu auch schon alles gepackt, erlitt aber im letzten Augenblick einen Herzanfall und mußte zurückbleiben. In drei Kutschen machte sich die Gesellschaft eiligst auf den Weg. Edelsheims Kammerdiener ritt als Kurier voraus, um ihr Kommen in Paris anzukündigen. Auf der ersten Poststation hinter Straßburg traf man dann am nächsten Morgen um sieben Uhr den zweiten aus Paris kommenden Kurier, der mit einem an Edelsheim gerichteten Brief Üxkülls die Nachricht vom Ableben der Markgräfin überbrachte[10]. Völlig verzweifelt hatte Prinz Friedrich dem Schreiben nur eine flüchtige Zeile hinzugefügt: »Pour l'amour de Dieu, venez me voir à Paris. Je baise les mains à mon père et embrasse mes frères.«

Karl Friedrich kehrte mit den Söhnen und den meisten der Begleiter sofort nach Karlsruhe zurück, wohin ihnen ein Kurier mit der traurigen Nachricht für die Erbprinzessin vorauseilte. Dieser überbrachte gleichzeitig den Befehl, bei Serenissimi Ankunft möge sich niemand sehen lassen. Gegen fünf Uhr nachmittags trafen die Reisenden ein. Karl Friedrich zog sich sofort zurück, ohne ein Wort mit irgend jemandem zu sprechen. Auch am nächsten Tage ließ er niemanden vor und gab nur bekannt, er wolle sich für einige Zeit nach Stutensee zurückziehen; alle anfallenden Geschäfte werde der Erbprinz erledigen. Edelsheim war inzwischen mit kleiner Suite nach Paris weitergereist.

Dort und in Versailles hatte sich die Nachricht vom Tode der Markgräfin von Baden rasch herumgesprochen. Einer der ersten, die sich einfanden, um ihr Beileid auszusprechen, scheint der sächsische Gesandte gewesen zu sein. Er bot dem niedergeschlagenen Prinzen alle Hilfe bei der Erledigung der nun erforderlich gewordenen Formalitäten an, benachrichtigte auch Du Pont de Nemours und den Außenminister de Vergennes. Dieser hatte in Aktion zu treten, da für die Überführung eines in Frankreich Verstorbenen ins Ausland eine persönliche Genehmigung des Königs erforderlich war. Du Pont, völlig überrascht von der für ihn ganz unerwarteten Anwesenheit Karoline Luises in Paris, mußte allerlei unerfreuliche Auseinandersetzungen mit der Bürokratie der Steuerpächter bestehen, denn diese behaupteten, ein königlicher Freigabeerlaß gelte nur für die Militärbehörden, nicht jedoch für sie; sie verlangten daher, der Sarg müsse auf ihre Behörde gebracht und dort plombiert werden. Erst auf Du Ponts Drohung, daß er gute Beziehungen in Versailles besitze und sowohl den Minister des Äußeren als auch den Finanzminister selbst in Bewegung setzen werde, gelang es ihm, die Steuerbehörde von ihrer Forderung abzubringen. Dem Außenminister ließ er gleichwohl einen ausführlichen Bericht über diesen Vorfall zugehen, der mit den Worten schließt: ». . . Beachten Sie bitte, Herr Graf, daß es für die Ausfuhr von Toten kein Gesetz gibt, daß die Steuer daran nicht interessiert ist und der von Ihnen gegengezeichnete Erlaß des Königs sowie Ihr Brief genügen müßten, festzustellen, daß der Sarg einer regierenden Fürstin, gefolgt von deren Oberstallmeister und einer Ehrendame, kein Warenballen ist. Dann mögen Sie sehen, ob es ein Vergnügen bedeutet, sich mit Leuten solchen Kalibers herumschlagen zu müssen.«

Sobald die Nachricht vom Tode Karoline Luises in Versailles bekannt geworden war, schickte Marie-Antoinette den Herzog Maximilian von Pfalz-Zweibrücken, um Prinz Friedrich ihr und des Königs Beileid zum Ausdruck zu bringen und alle gewünschte Hilfe anzubieten. Ring schreibt dazu: ». . . alle fremden Gesandten waren vorgefahren, alle bemühten sich, den trostlosen Prinzen zu trösten und zu zerstreuen; manch andere Personen, die hier und in Paris die gnädigste Fürstin gekannt hatten, der Marquis de Vivray, M. du Pont, der schwedische Gesandtschaftsprediger Herr von Baer, alles drängte sich herbei und nahm Anteil.«

Eine Erlösung für Prinz Friedrich und die anderen Begleiter der Markgräfin war es, als am 12. April Edelsheim endlich in Paris eintraf und nun alles Weitere in die Hand nehmen konnte. Am 13. April schrieb dieser dem Markgrafen: ». . . Der Printz ist seit meiner Ankunft gantz ungleich ruhiger. Ich habe ihn gestern nicht einen Augenblick verlassen. Die Nacht hat er zum erstenmal in seinem Bett zugebracht und schläft Gottlob noch ruhig. Seine gantz ausnehmend gerührte Seele suchte recht mit Fleiß alle Gedanken auf, die sie nur immer mehr betrüben und beunruhigen konten. Der alte Oberstallmeister ist aus Mitleid um 10 Jahr älter. Das Frl. von Uxkühl ist bey dem Sterbfall so geschäftig geworden, daß ich so viel activitaet gar nicht in ihr gesucht hätte. Sie bewacht Tag und Nacht den Leichnam. Der gute kleine Vierordt ist vor Schmertz gantz ohnkentlich. Zu seinem und seines Herren zukünftigem Glück kan es vielleicht dienen, daß der Printz Ihn bey dieser Gelegenheit recht hat kennen lernen. Kein Freund und kein Diener hätte besser handlen können. Er wird als Courrier die Leiche führen. Auf den Leichenwagen folge ich dem Courrierer. Horst, der recht ehrlich und brav gehandlet hat, bleibt bey dem Waagen des Oberstallmeisters und der Fräulein, die immediate mit der Leiche fahren und wohl 5 Tage unterwegs seyn werden. Ich gehe mit dem Printzen. Die Tränen lassen mich nicht eine Seite schreiben, ohne absetzen zu müssen.«

Gegen den anfänglichen Widerstand Prinz Friedrichs hatten die Ärzte darauf bestanden, eine Obduktion vorzunehmen, wobei sie einen »dépôt« im Gehirn feststellten. Im Bericht heißt es: ». . . also ist klar, daß Ihre Hoheit an diesem gestorben ist, daß dessen Wirkung durch die Stöße, welche das Gehirn während der Reise im Wagen erlitt, beschleunigt wurde; doch hätte er auch sonst unfehlbar zum Tode führen müssen.« Der Text des Obduktionsprotokolls läßt sich in manchem zwar nicht ganz eindeutig interpretieren, erlaubt aber aus heutiger medizinischer Sicht mit einiger Sicherheit doch folgenden Schluß: verursacht durch eine Gehirnsklerose hatte Karoline Luise 1778 einen Schlaganfall erlitten, dessen äußere Folgen sie verhältnismäßig rasch überwand. Es blieb im Gehirn jedoch ein Erweichungsherd. Die Anstrengungen der Reise nach Paris, vor allem wohl die mehrere Tage dauernde Fahrt in schlecht gefederter Kutsche, führten dann zu einem Gefäßverschluß in der Umgebung des früher entstandenen Herdes und damit zu einem tödlichen Gehirnödem[11].

Nach der Untersuchung wurde der Leichnam für den Transport einbalsamiert. Dank der Bemühungen Du Ponts und des vom König ausgestellten Dekrets konnte der Trauerkondukt unbeanstandet alle Post- und Grenzstationen passieren. Von der Rückreise gab Edelsheim dem Markgrafen am 16. April aus Saarburg Nachricht: ». . . Eine jede Stunde ist jetzo dem Printz einer Strafe gleich, wenn er solche ohne Sie zubringt. Darf ich unterthänigst erinnern, daß man sich mit dem Mittag Essen dergestalt darnach richte, daß die Digestion vollkommen vorbey ist. Des Printzen Gesundheit ist paßlich. Sein Gemüth aber dermaßen noch starck gerührt, daß es wohl nötig seyn wird, Ew. Durchlaucht zu bitten, daß die erste Umarmung nur in Ihrem hinteren Zimmer zu Stutensee ohne andere Gesellschaft als die der Herren Brüder oder unten in des Herrn Erbprintzen Zimmer geschehe. Der Printz ist weit empfindlicher, wenn Er fremde Persohnen zu sehen bekommt.«

Während der Trauerkondukt seinen langsamen Weg durch das Land nahm, fuhr Prinz Friedrich voraus, um Vater und Geschwister in Stutensee aufzusuchen. Im Karlsruher Schloß bereitete man inzwischen alles zum Empfang der toten Markgräfin vor. Die beiden ersten rechts vom Vestibül im Erdgeschoß gelegenen Räume des Corps de Logis wurden schwarz tapeziert; im zweiten errichtete man einen niedrigen Podest für den Sarg, umstellt von schwarz bezogenen Gueridons mit Kerzen. Vier weitere große Leuchter nahmen die Ecken des Raumes ein. Im ersten Zimmer wurden vierundzwanzig schwarz bezogene Sessel aufgestellt; große silberne, mit schwarzen Florstreifen verzierte Lichtstöcke zu je vier Kerzen sollten den Raum erhellen. Links vom Vestibül versammelten sich am 18. April schon mittags um zwölf Uhr alle Damen und Kavaliere der Stadt, um die Ankunft der Wagen zu erwarten. Es dauerte jedoch wesentlich länger, als man gedacht hatte, so daß den Gästen abends um acht Uhr noch ein aus der Hand zu nehmender Imbiß gereicht wurde.

Unter dem Geläut aller Glocken der Stadt traf der Kondukt endlich eine Viertelstunde vor Mitternacht ein. In der Kutsche, welche dem Leichenwagen folgte, saßen Edelsheim, Herr von Üxküll und dessen Schwester. Zwölf Sekretäre und Kanzlisten der Verwaltung hoben den Sarg herab und brachten ihn, begleitet von allen Gästen, in das zweite Trauergemach, wo er niedergesetzt und mit einem großen Tuch aus schwarzem Samt bedeckt wurde. Darauf legte man den russischen Katharinenorden der Verstorbenen. Die vier Damen vom Dienst, zwölf dazu bestellte Kavaliere, zwei Kammerjungfern und zwei Diener nahmen zu seiten des Sarges Aufstellung. Dann hielt Kirchenrat Waltz den Trauersermon.

Während dieser Zeremonie ließ einer der Hofbeamten abseits im Schloß das Gefäß, welches die einbalsamierten Eingeweide barg, mit schwarzem Wachstuch beziehen und die kleine Bleikapsel mit dem Herzen in schwarzen Flor hüllen. Nach dem Trauergottesdienst, als alle Teilnehmer den Raum verlassen hatten, nahm man Maß für die Anfertigung eines Prunksarges und einer Silberkapsel für das Herz. Inzwischen war vor dem Portal der mit sechs Pferden bespannte, ganz mit schwarzem Tuch verhangene und von zwei Dienern geführte Leichenwagen vorgefahren, auf dem nun »in gehöriger Zeremonie« die sterblichen Überreste der Markgräfin niedergesetzt wurden. Zur Überführung in die Pforzheimer Familiengruft folgten ihm in vier mit je sechs Pferden bespannten schwarzen Wagen die hohen Hofchargen. Unter dem Geläut aller Glocken setzte sich der Zug langsam über den von Pechpfannen erleuchteten Schloßplatz durch die Waldhornstraße zum Durlacher Tor in Bewegung, auf dem ganzen Wege flankiert von Soldaten der Garnison. Viele Menschen folgten ihm zu Fuß bis zur Stadtgrenze. Die Angehörigen blieben im Schlosse zurück.

Von der ersten Brücke bei Durlach bis an das Tor der Stadt säumten Bürger die Straße, geführt von einem Offizier. Drei Kompanien waren in Durlach selbst von einem Tor zum anderen aufgestellt. In allen weiteren Ortschaften, welche der nächtliche Zug auf dem Wege nach Pforzheim berührte, standen Einwohner, Magistrate und Geistliche an der Straße, die Glocken läuteten, Trauermusik wurde geschlagen. Überall an der Straße loderten große Feuer. Kurz nach sechs Uhr morgens erreichte der Kondukt Pforzheim, wo wieder Bürger und eine Kompanie Soldaten die Straße bis zur Schloßkirche säumten. Im schwarz ausgeschlagenen, von Trauernden dicht gefüllten Gotteshaus wurde der Sarg niedergestellt, mit schwarzem Tuch und dem Katharinenorden bedeckt, dann in die Gruft verbracht und dort auf vier Steine gesetzt. Auf das Kopfende legte man die Bleikapsel mit dem Herzen, während das Gefäß mit den Eingeweiden in einer dafür ausgehobenen, mit einem Deckel zu schließenden Vertiefung im Boden seinen Platz fand. Aus der alten Gruft wurden die Särge der früh verstorbenen oder totgeborenen Kinder der Markgräfin herbeigeholt und zu Füßen des Sarges der Mutter niedergesetzt. Dann verschloß man die Gruft wieder. Ein Trauersermon des Kirchenrats Pochelt beendete die Zeremonie.

Erst viel später, im März 1785, war der Prunksarg aus Zinn vollendet, welchen der Gießer Heidenreich in Auftrag bekommen hatte, und wurde auf marmornem Podest in der Gruft aufgestellt. Silberschmied Ernst Friedrich Deimling in Durlach fertigte die Silberkapsel für das Herz.

Tief getroffen durch den Verlust der geliebten Frau, hatte Karl Friedrich mit der Familie unmittelbar nach der nächtlichen Trauerfeier im Schloß die Stadt verlassen und sich nach Stutensee zurückgezogen. Außer den nächsten Angehörigen wollte er hier nur wenige, auch der Verstorbenen vertraute und ergebene Mitarbeiter um sich sehen. So begleiteten ihn denn Hofrat Schlosser, der Ingenieur Burdett und Edelsheim, auch Kirchenrat Böckmann, der Karoline Luise während der letzten Monate ihres Lebens täglich Unterricht erteilt hatte. Eine freudige Überraschung bedeutete allen einige Wochen später ein Besuch Lavaters, der sich zusammen mit seinem Sohn Heinrich auf einer Reise nach Offenbach befand und am Morgen des 18. Juni in Stutensee erschien. In seinem Tagebuch berichtet er von dem Empfang durch Karl Friedrich[12]: ». . . Sie kommen mir wie vom Himmel gesandt! Mit diesen Worten führte er mich auf sein Zimmer . . . Lange hatt' ich nie so offen mit dem Markgrafen sprechen dürfen. So ernsthaft, so christlich wie möglich, waren unsere Unterredungen vom Tod, vom Leben nach dem Tode, vom Gericht, von den Stufen der Seeligkeit, vom Unterschiede der Begnadigung und Belohnung, vom Bitten für die Sterbenden und Todten, vom Wiedersehen . . . Nachher traten die Prinzen ins Zimmer. Der Marggraf that, stehenden Fußes, mit vieler Einfalt und Würde, auf Veranlassung unserer vorangegangenen Gespräche hin eine kurze, schöne väterliche Ermahnung an sie, begleitete mich noch zur Erbprinzessin, deren ich Heinrichen präsentierte.«

Von Offenbach fuhr Lavater nach Bad Steinbach, um dort eine zweiwöchige Kur zu gebrauchen, und machte auf dem Wege dahin am 24. Juni abends einen kurzen Besuch bei Karl Friedrich, der am selben Tage aus Stutensee in die Residenz zurückgekehrt war. Der Markgraf bat Lavater erneut dringend, ihn nach seiner Kur im Juli noch einmal in Bad Steinach aufzusuchen, wo die markgräfliche Familie einige Wochen zur Erholung zubringen wollte. Am 4. Juli traf Lavater auch dort ein und vermerkte folgenden Tags: ». . . 6 Uhr aufgestanden. Böckmann ersuchte mich, morgen einen kleinen Gottesdienst zu halten, unter ein Porträt der Marggräfin einige Verse zu schreiben.« Wohl eine Stunde lang wandelte Karl Friedrich beim Brunnentrinken mit seinem Besucher auf und ab. In Stichworten notierte Lavater später die Themen ihrer Gespräche: ». . . von Zeitsparsamkeit, Elektrisierung durch Gegenwart weiser und besserer Menschen; von Diskretion – Beyspiele der höchsten Diskretion von Jesus an der Hochzeit von Kana – gegen alle zu ihm kommenden Sünder – gegen Petrus – von Vergütung unwillkürlicher Indiskretionen . . .« Alle Mitglieder der Familie suchten Hilfe und Zuspruch bei ihrem Züricher Gast. Für Prinz Friedrich, der nicht darüber hinwegkommen konnte, daß die geliebte Mutter ohne Kommunion und Zuspruch eines Geistlichen gestorben war, schrieb er einige tröstliche Zeilen:

»Aus meinen Armen, ach, entrissen
Ward schnell das beßte Mutterherz!
Wie viel der Wehmuth Thränen mir entfließen,
Erschöpfen all' nicht meinen Schmerz!
Doch fließt auch, Freudenthränen, fließet!
In jener Nachtentfernten Höhe,
Wo Tugend sich an Tugend schließet,
Nichts leidet, alles nur genießet –
Werd ich Sie Todesfrey und schön –
Wie Licht und schmerzlos wiederseh'n.«

Das Profilporträt Karoline Luises aus ihren letzten Jahren, unter welchem diese Zeilen stehen, wird heute in der Karlsruher Kunsthalle bewahrt.

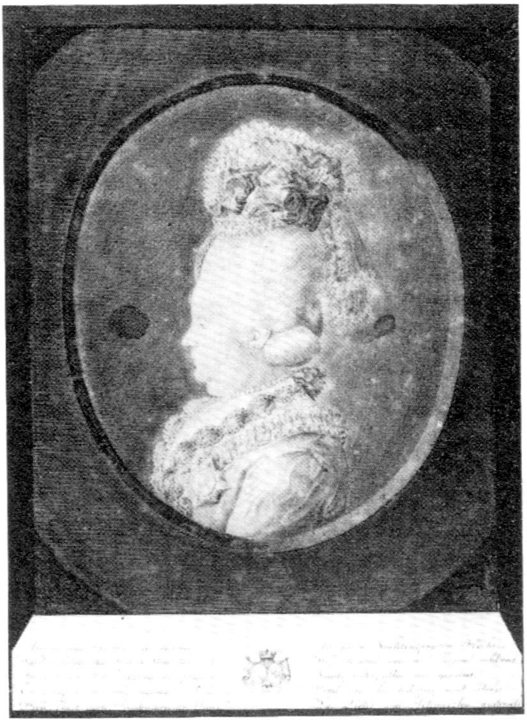

63 Karoline Luise – Zeichnung eines Unbekannten um 1780 – Karlsruhe, Staatliche Kunsthalle

Der ungelöste Konflikt, an welchem der Erbprinz seit Jahren zwischen den Ansprüchen des Vaters und Amaliens zu tragen hatte, verschärfte sich durch den Tod der Mutter erneut bis zu einer Art seelischer Krise. Ohne die seit Jahrzehnten vertraute Gefährtin und Beraterin plötzlich wie entwurzelt, erwartete Karl Friedrich vom Sohne, daß dieser nun an die Stelle der Verlorenen trete und ihm uneingeschränkt zur Seite stehe. Auf der anderen Seite sah Amalie, jetzt erste Dame des Hofes, die Gelegenheit gekommen, sich und dem Gatten endlich eine gewisse Selbständigkeit und Unabhängigkeit von ständiger Bevormundung zu erringen. Der einflußreiche Minister Edelsheim, seiner Verdienste um das markgräfliche Haus wohl bewußt und in mancher Hinsicht auch empfindlich, fühlte sich durch Amalies anspruchsvolles Auftreten irritiert und gab seine Verstimmung offenbar auch deutlich zu erkennen. Zwischen allen stehend, unternahm Lavater es nun, zu vermitteln und nach Möglichkeit die Spannungen auszugleichen. Über eine Unterredung mit Amalie berichtet er in seinem Tagebuch: ». . . Um 10 Uhr zur Erbprinzessin beschieden. Sie war sogleich natürlich. Sie ist weder schön, noch reizend – Ihre Nonchanlance gränzt an Saloperie: auch ihr Gang hat etwas Schlampiges. Sie schielt sehr stark – und dessen ungeachtet war sie mir recht sehr und reinlieb geworden. Wir sprachen wohl

64 Staatsminister Wilhelm v. Edelsheim – Gemälde von A. R. Mengs, um 1772 – Karlsruhe, Staatliche Kunsthalle

anderthalb Stunden auf dem vertraulichsten Fuß von 3 oder 4 Kirschenessenden Prinzessinnen umgeben – vom Marggrafen und ihrem Verhältnisse – von der Marggräfin sel. und ihrer Härte und des Marggrafen vormaliger Kälte gegen Sie – von dem Erbprinzen, seiner innerlichen Gutherzigkeit, und Liebenswürdigkeit, alles seines sinnlichen und Kindischen Wesens ungeachtet; von Edelsheim und wie der behandelt werden müsse, Zutrauensvoll und determinirt, von Prinz Friedrich; von ihrer Pflicht und Kraft. ich! diese Epoche nicht unbenutzt vorbeygehen zu lassen – von der sanften Festigkeit und ihrer Übermacht über blasse Sanftheit oder blasse Festigkeit – von dem Zeitgebrauch des Erbprinzen – vom Entgegengehen gegen den Marggrafen – von der Nothwendigkeit, sich Ihm geltend zu machen, vom Reden, Urtheilen, Theilnehmen an Gesprächen; . . . Ich woll' Ihr von Zeit zu Zeit schreiben und Ihr was senden, daß Sie Stoff habe, sich mit Ihm zu unterhalten, und Beweise Ihres Zutrauens zu geben; von der Herzhaftigkeit und Kraft reiner Absichten; von der Unwiderstehlichkeit bescheidener und Zutrauensvoller Bitten; Sie solle gerade zu dann und wann den Marggrafen um dieß und jenes bitten – und den Edelsheim – durch zutrauliche unbittliche Erwartung stimmen.«

Auch Karl Ludwig hatte ein Gespräch mit Lavater. Das läßt sich einem Schreiben entnehmen, welches Edelsheim am 12. Juli aus Haslach an den Erbprinzen richtete. Darin zeigt sich der Minister nicht nur als guter Psychologe, sondern als wirklich väterlicher Freund, welcher dem um achtzehn Jahre jüngeren Thronerben ungescheut den Spiegel vorhält[13]: »... Lavaters Brief werde ich Ew. Hochfürstliche Durchlaucht lesen lassen, sobald wir uns sehen. Er enthält aber nichts, was Sie mir nicht in Ihrem Brief gesagt hatten, außer die nähere Veranlassung zu seiner Unterredung. Heil dem Mann, der Frieden stiftet! Doppelt Heil dem, der an der Richtung des Verhältnisses zwischen Ihnen, Ihrem Herrn Vater und Ihren Herrn Brüdern so arbeitet, daß Glück, Vergnügen, selbst Genuß und Wirksamkeit für jeden daraus entspringen könnte und so viele unnötige Sorgen, Vorsichten, Rücksichten, Vermutungen und Lästigkeiten auf ewig vergraben, verbannt und vernichtet würden! Alles kömmt auf Vorsatz, Richtung, Mut und NB. Festigkeit an. Der Grundstein scheint mir gelegt zu sein, aber nur mit großer Geduld und Festigkeit ausgeharret! Die Liebe, die Sie zu Ihrem Herrn Vater und Brüdern haben, ist, ich weiß es wohl, rein. Die Ihres Herrn Vaters gegen Sie ist von der zärtlichsten Art, die zwischen Vater und Sohn je Bestand haben. Sie sind gewiß von Ihren Herrn Brüdern geliebt. Aber die reinste Liebe ist, wie die köstlichsten Sachen in der Natur, aus denen ein Gift entstehet, sobald sie verdorben sind. Um sie in ihrer Vollkommenheit zu erhalten, muß man Aufrichtigkeit, Nachsicht, Geduld ausüben und ja alle Furcht, auch selbst die kindliche, und alles Mißtrauen, ja selbst das von einem Liebhaber, verbannen. Beides sind, – Sie erlauben mir, gnädiger Herr, diese ewige Leier –, die Klippen, woran das Vergnügen bei Ihnen so oft scheitert und die Sie vorzüglich aus dem Weg räumen müssen, es koste, was es wolle; denn es muß ganz unumgänglich doch sein, wenn Sie nicht aus Ihrem ganzen Leben eine Höllenpein machen wollen, die Ihnen sicher Ihr Leben verkürzen wird. Denn die paradiesischen Augenblicke, die Sie bei Ihrer Frau Gemahlin nach dem Maße des glücklichen Verhältnisses zubringen, in welchem Sie mit Ihr stehen, wiegt das Ungemach der übrigen Stunden nicht auf, und wenn das Unkraut überhand nimmt, so erstickt es auch den schönsten Rosenstock. Gott stärke und Segne E. H. D. in Ihrem Vorhaben!«

Lavater selbst vermerkte in seinem Tagebuch über den Aufenthalt in Langensteinbach[14]: »Ich hatte herrliche Stunden bei dem edeln Markgrafen, mit dem ich viel vom frohen Wiedersehen unserer vorangegangenen Geliebten, von Begnadigung und Reinigung, von den Verhältnissen des gegenwärtigen und zukünftigen Lebens sprach.« Der Erbprinzessin dankte er am 16. Juli für die freundliche Aufnahme und schloß dann: »Küssen Sie dem vortrefflichen Markgrafen in meinem Namen die Hand. Sagen Sie ihm: Lavater liebt sie und freut sich, nicht von dem Fürsten von Baden, sondern auch von dieser Gestalt, diesem treuen Gesichte geliebt zu werden.»

Während der Wochen stiller Zurückgezogenheit und Sammlung hatte Karl Friedrich es unternommen, eine bedeutende Reform der Staatsverfassung, die ihn schon seit langem beschäftigte und auch immer wieder Gegenstand seiner Gespräche mit der Verstorbenen gewesen war, nach ihrem Sinne in die Tat umzusetzen. Es ging um die Aufhebung der Leibeigenschaft in all jenen Teilen des Landes, welche der alleinigen Oberhoheit des Markgrafen unterstanden. Verbunden damit war die Gewährung völliger Freizügigkeit für alle Bürger und der Wegfall verschiedener, durch den Status der Leibeigenschaft bis dahin bedingter Abgaben. Drais schreibt dazu[15]: ». . . Jener Rest einer alten Rohheit war zwar längst im Badischen gemäßiget worden. Die Leibeigenen wurden bei uns nicht verkauft, noch aus ihren Gemeinen vertrieben. Sie besaßen ihre Grundstücke eigenthümlich, konnten sie veräußern, auch testamentlich vererben, ihre Kinder ungefragt Handwerker werden und Studien treiben lassen; sie hatten überhaupt bürgerliche Genüsse; nur fehlte es an der rechtlichen Vergewißerung. Danebst waren die, aus der alten Leibeigenschaft fließenden Staatseinkünfte, und das Verbot, daß der Unterthan seinem Herrn nicht den Leib entziehen dürfe, samt dem erniedrigenden Namen – zurückgeblieben. Carl Friedrich aber – der oft von den natürlichen Rechten, als dem Grund zu allen heilsamen Staatseinrichtungen, sprach – wollte zuvörderst über freie Menschen regieren.«

Sein Edikt, am 23. Juli 1783 verkündet, fand begeisterten Widerhall nicht nur im Lande selbst, sondern darüber hinaus in ganz Deutschland. Deputierte aus allen Teilen des Landes brachten dem Fürsten ihre Dankbarkeit zum Ausdruck, allerorten wurden feierliche Gottesdienste gehalten und Feste gefeiert. Bald folgten auch andere Fürsten und Standesherren seinem Beispiel. Sehr bewegt durch das Echo, welches er gefunden hatte, verfaßte Karl Friedrich ohne jede Mitwirkung seiner Berater ein Flugblatt, welches das Datum des 13. September trägt und überall verteilt wurde: »Meine Antwort auf die Danksagungen des Landes nach Aufhebung der Leibeigenschaft.« In würdiger Bescheidenheit erwartet er für das, was er zum Besten des Landes und seiner Bürger tut, keinen Dank, denn sein eigenes Wohl und das des ganzen Landes sind ja Eines: ». . . Was Mich selbst vergnügt, Mir Beruhigung gibt, Mich der Erfüllung Meiner Wünsche – ein freies, opulentes, gesittetes, christliches Volk zu regieren – nähert, dafür kann man Mir nicht danken. Ich aber habe dem Höchsten zu danken, der Mich die Erfüllung Meiner Wünsche hoffen läßt.« Er betrachtet die Gesamtheit des Landes, all der in ihm lebenden Menschen in ihrem Verhältnis zueinander sowie zum Fürsten und dessen Regierung als »eine große Familie«. Zu deren Wohl soll jeder nach Maßgabe seiner Kräfte und Verhältnisse einen Beitrag leisten: ». . . Will Jemand Antheil an der Freiheit haben: so muß er jeden andern in dem Genusse der seinigen ungestört lassen, weil die Freiheit in dem gesellschaftlichen Leben nichts anders ist, als der freie Genuß unseres Eigenthums unter dem Schutz der Gesetze. Es ist also keine Freiheit ohne Gesetze, welche den Boshaften einschränken, wenn er schaden und dadurch der Freiheit seiner Mitbürger zu nahe treten will. Die Freiheit kann also nur für den guten Menschen seyn, die Boshaften können sie nicht genießen, weil Böses thun nicht frei heißen kann. Wenn aber auch die Gesetze den Boshaften nicht erreichen könnten, so würde er doch, wenn er seine Vernunft gebrauchen wollte, einsehen, daß er sich selbst schadet, wenn er Zerrüttungen in seinen Verhältnissen anstiftet. Ein jedes Laster, ein jedes Verbrechen ist Irrthum, ist Thorheit; eine jede Tugend ist Weisheit. Wer Gesetze, Ordnung, Tugend und Religion liebt, und zur Richtschnur nimmt, der ist weise, ist frei! Denn er wünscht nur, was ihm Niemand verbieten, hingegen was ihn und Andere glücklich machen kann; nichts schränket ihn ein; er fesselt seinen Nächsten mit Banden der Liebe und des Vertrauens; er fühlt seinen Werth,

65 Karl Friedrich und Erbprinz Karl Ludwig in Trauer um den Tod Karoline Luises – Gemälde von H. Freudweiler, 1783 – Privatbesitz

seine Würde, als Mensch, als Christ, als Vaterlands-Freund.« Beide Dokumente stellen eine Charta des aufgeklärten, paternalistischen Absolutismus dar, getragen von der gefühlsbetont moralischen Zuversicht dieser Epoche. Manche Ideen und Erwartungen der Französischen Revolution haben an ihrem Vorabend hier bereits eine erste Formulierung gefunden.

Schon wenige Wochen nach der Verkündung des Edikts reiste die markgräfliche Familie, von Edelsheim begleitet, in die Schweiz, um ihrer aller Beichtvater und Seelenfreund Lavater zu besuchen. Auch das Dessauer Herzogspaar, das sich gerade in Baden zur Kur befand, stieß zu ihnen. Gemeinsam hörte man Lavater am 10. August in der Zürcher Peterskirche über die Stelle aus dem dritten Kapitel des Philipper-Briefs predigen: »Unser Wandel aber ist im Himmel, von dannen wir auch warten des Heilands Jesu Christi, des Herrn, welcher unsern nichtigen Leib verklären wird . . .« Noch ganz unter dem Eindruck des Gehörten schrieb Prinz Friedrich dem verehrten Meister: ». . . ich sehe Sie, ich höre Sie mit der überzeugenden Stimme die Wahrheit verkündigen, die Sehnsucht beschreiben, die Sie in die Herzen übertrugen nach dem Heiland, auf welchen wir warten zur Verklärung unseres schlechten nichtigen Leibes . . .«

In diesen Tagen malte der Schweizer Heinrich Freudweiler sein bekannt gewordenes Doppelporträt des Markgrafen mit dem Erbprinzen. Drais schreibt 1818 darüber[16]: ». . . Ein Gemälde, das noch in vielen Familien gefunden wird, stellt den fürstlichen Witwer und Seinen Erbprinzen in verkleinerter ganzer Leibesgestalt Beide in grauseidenem Sommerkleid mit schwarzen Unterkleidern dar; der Vater lehnt den Arm auf die Schulter des Sohnes, mit dem Ausdruck der Thränen auf Beider Antlitz; sie stehen im Schatten der Buchbäume. – Es ist die Abbildung eines Spaziergangs im Hardwalde, wo in jener Stellung der Vater zum Sohne sprach: ›O Carl! auf dir ruht jetzt mein Trost für den Rest meiner kummervollen Tage!‹ «

Während der kommenden Jahre blieb Karl Friedrich in regem, vor allem religiöse Fragen behandelndem Briefwechsel mit Lavater. Der schwärmerische, zum Mystizismus neigende Glaube des beredten Freundes gewann mehr und mehr Einfluß auf ihn. Damit wurden offenbar religiöse Erlebnisse aus Kindertagen, als die fromme Großmutter des Knaben Erziehung leitete, wieder wach. Eine gewisse Neigung zu Empfindsamkeit, durch Karoline Luises eher rational und intellektuell bestimmtes Wesen zurückgedrängt, ist Karl Friedrich wohl immer eigen gewesen und sah sich nun durch Lavater ebenso wie durch die allgemeine Seelenlage dieser Jahrzehnte bestätigt.

Die Erben

Überliefertem Brauch entsprechend, wurden nach dem Tode der Markgräfin deren private Räume alsbald versiegelt. Nun waren sie nur noch dem Hofrat Wielandt zugänglich, der mit der Anfertigung des Nachlaßinventars beauftragt worden war, seinem Adlatus, dem »Meubles Verwalter« Vierordt, den Prinzen, soweit sie bei der Abfassung behilflich waren, und der Rätin Vierordt, die sich aus langer Vertrautheit mit der Verstorbenen am besten in deren Besitz auskannte. Am 30. Juli, wenig mehr als drei Monate nach dem Tode der Mutter, schlossen die Söhne einen Teilungsvertrag[1]. Karoline Luise hatte kurz nach der Hochzeit 1751 ein Testament aufgesetzt, in welchem sie generell ihre Kinder, falls sie welche bekommen sollte, zu Erben ihres privaten Besitzes bestimmte[2]. Weiter ins einzelne gehende schriftliche Dispositionen traf sie später nicht mehr, doch kannten die Söhne ihre Absichten, denen entsprechend der Vertrag nun abgefaßt wurde[3]. Danach waren die geschlossenen Sammlungsbestände – Malereikabinett, Naturalienkabinett samt zugehöriger Bibliothek und Porzellansammlung – ungeteilt für den Erbprinzen bestimmt, dem aufgegeben wird, sie »ohnzertrennt« als Fideikommiß auf ewig einem regierenden Markgrafen mit Ausschluß aller anderen Nachkommen weiterzugeben. In alles übrige Eigentum der Mutter sollten sich die beiden anderen Söhne teilen. Allerdings verpflichteten sich diese, dem jeweils regierenden Markgrafen dafür aus ihrem Vermögen jährlich eine Leibrente von tausend Gulden zu zahlen, auch alle auf der Erbschaft – dem Grundbesitz sowie den verschiedenen Wirtschaftsbetrieben – ruhenden Schulden und Lasten zu tilgen. Das galt insbesondere für Gondelsheim, dessen Abzahlung sich verzögert hatte. Beim Tode Karoline Luises betrug die offenstehende Forderung immer noch 154 000 Gulden, die nun in jährlichen Raten von 15 000 Gulden abzutragen war. Wie die Brüder wußten, war es der Wille der Mutter gewesen, daß all das aus den einkommenden Revenuen gezahlt werden sollte. Daher verpflichteten sie sich, ihren Einkünften, auch den aus dem elsässischen Besitz kommenden, bis zum April 1791 für sich persönlich nicht mehr als tausend Gulden jährlich zu entnehmen und alles übrige zur Tilgung der Schulden zu verwenden.

Ebenso wie das Naturalienkabinett und die Porzellansammlung blieb auch das Malereikabinett vorerst an seinem Platze. Karoline Luises alter Lehrer Joseph Melling, der schon 1774 nach Straßburg übersiedelt war, sich 1784 aber in Karlsruhe aufhielt, stellte zusammen mit Wielandt und Vierordt ein genaues Verzeichnis der darin bewahrten 205 Gemälde auf. Mit deren Pflege wurde dann ein junger Maler, Philipp Jacob Becker, betraut[4]. Als besonderer Schützling des Ministers von Edelsheim, vermutlich auch Karoline Luises selbst, hatte dieser ein markgräfliches Stipendium erhalten und war – spätestens im Herbst 1777 – als Achtzehnjähriger nach Rom geschickt worden, um sich dort bei Anton Raphael Mengs, später bei dessen Schwager und Schüler Anton Maron ausbilden zu lassen. Als Becker dann 1784 zurückkehrte, erhielt er alsbald die freie, für ihn offengehaltene Stelle eines Hofmalers sowie die Leitung einer neu einzurichtenden Zeichenschule[5]. Diese wurde zunächst in zwei Räumen der Hofbibliothek untergebracht, welche sich jedoch sehr bald als unzulänglich für solchen Zweck erwiesen. Karl Friedrich ließ deshalb, wie Becker es von Anfang an gewünscht hatte, ein eigenes Gebäude errichten, das auch die bereits 1768 von Keßlau gegründete fürstliche Schule für Baumeister und Bauhandwerker aufnehmen sollte. Diese sogenannte »Zeichenakademie«, ein schlichtes Haus, nach welchem die heutige Akademiestraße in Karlsruhe noch ihren Namen trägt, war 1786 vollendet und ist als westlicher Flügel der in den vierziger Jahren des 19. Jahrhunderts errichteten Kunsthalle erst 1944 den Brandbomben des Krieges zum Opfer gefallen.

Die Akademie enthielt Unterrichtsräume verschiedener Art, ein Atelier für Becker und mehrere Zimmer, in welchen Studienmaterial für die jungen Kunstadepten aufbewahrt wurde. Außer Gipsabgüssen, Modellen und Zeichnungen gehörten dazu die zwei Zimmer einnehmende Kupferstichsammlung des Markgrafen sowie in weiteren vier Räumen auch zahlreiche Gemälde aus dem Karolinischen Kabinett, die man nach Vollendung des Gebäudes aus dem Schlosse hierher geschafft hatte. Dazu kamen ergänzend Bilder aus der nur noch selten besuchten Residenz der Markgrafen in Basel, die 1808 ganz aufgegeben und an die Stadt Basel verkauft wurde. Am 5. Juli 1811, wenige Wochen nach dem Tode Karl Friedrichs, war alles, was sich bis dahin von Karoline Luises Malereikabinett noch im Schloß befunden hatte, in die Akademie überführt worden. Seit 1803 trug Becker bereits den Titel eines Galeriedirektors; schon damals mag man sich mit dem Gedanken getragen haben, die fürstlichen Kunstsammlungen, wie es dann später geschah, auch der Öffentlichkeit zugänglich zu machen. So ist diese »Zeichenakademie« zur Vorläuferin der heutigen Kunsthalle geworden, in welcher Karoline Luises Gemäldesammlung zum wichtigsten Grundbestand gehört. In gleicher Weise sind aus dem Naturalienkabinett der Markgräfin im Laufe des 19. Jahrhunderts die jetzigen Landessammlungen für Naturkunde erwachsen. Einzig die Bestände des heute im Neuen Schloß zu Baden-Baden bewahrten »Porzellankabinetts« gehören als Fideikommiß noch zum privaten Besitz des markgräflichen Hauses.

Nach achtmonatiger Vorbereitung konnte Hofrat Wielandt dem Markgrafen am 11. Mai 1784 endlich auch das 29 Faszikel umfassende vollständige Verlassenschaftsinventar der verstorbenen Markgräfin vorlegen, in dem für jede Sachrubrik genau der jeweilige Anteil der beiden Prinzen Friedrich und Ludwig vermerkt ist. Wohl in Rücksicht auf den Vater waren diese übereingekommen, die privaten Appartements der Mutter im Schloß vorerst möglichst unverändert zu lassen und alle Gegenstände darin, »so ins Gewicht fallen und in Dero Ordinari Schlafzimmer, Wohnzimmer und Anbei-Cabinet seyn an Mahlereyen, Uhren und anderen Effecten«, nicht in das Inventar aufzunehmen, »sondern haben solche zu Weiterm Gebrauch in diesen Zimmern ohne weitere Ansprache gelaßen, damit solche keineswegs im Ansehen derangirt werden«. Noch 1787, vier Jahre nach dem Tode der Markgräfin, beschreibt das damals aufgestellte Inventar des ganzen Schlosses diese Zimmer daher mit aller wünschenswerten Genauigkeit. Unverteilt beließ man am alten Platze auch die 3315 Nummern umfassende Bibliothek der Verstorbenen; nur die zum Naturalienkabinett gehörende wissenschaftliche Spezialliteratur ging an den Erbprinzen.

Wie es üblich war, fiel die persönliche Garderobe der Markgräfin an die Damen ihres Hofstaats. Fräulein von Üxküll und Fräulein von Geusau erhielten als Ehren- und Hofdamen einige der wertvolleren Stücke; in den gesamten Rest teilten sich die Rätin Vierordt und Kammerjungfer Herzbergin. Nur was Karoline Luise viele Jahre zuvor an Weißzeug und anderen Wäschestücken einmal vorsorglich für die eventuelle Geburt einer Tochter angeschafft hatte, wurde der Erbprinzessin zur Verfügung gestellt, die gerade ein Kind erwartete.

Was die übrigen Gegenstände anging, suchten die Brüder in gütlicher Übereinkunft eine ausgewogene Verteilung vorzunehmen. Der Kunstbesitz war, das Malereikabinett nicht gerechnet, immer noch beträchtlich. An Bildern, Pastellen und Miniaturen verzeichnet das Inventar insgesamt mehr als 440 Nummern. Die Zahl der Zeichnungen läßt sich nicht so genau ermitteln. Die einzeln oder in Gruppen aufgeführten Blätter ergeben 1367 Nummern; in Wirklichkeit waren es jedoch wesentlich mehr, denn ganze Konvolute erscheinen hier unter einer einzigen Nummer mit der Bezeichnung »eine Partie« oder »allerley«. Gleiches gilt für die Zahl 1821 bei Kupferstichen und Radierungen. Prinz Friedrich interessierte sich offensichtlich mehr für die Zeichnungen; von ihnen übernahm er den größeren Teil, überließ dafür dem Bruder einen entsprechend umfangreicheren Bestand an Stichen.

Karoline Luises eigene Arbeiten, ihre Zeichnungen, Bilder und Kopien gingen offenbar großenteils an Prinz Friedrich, welcher der Mutter am nächsten gestanden hatte und auf diese Dinge wohl vor allem Wert legte. Darüber hinaus erhielt er als Ausgleich für seinen Verzicht auf eine Sammlung von Rubin- und anderen Gläsern sowie auf den größten Teil der nicht zum Porzellankabinett gehörigen Stücke solcher Art verschiedene Gegenstände, welche für ihn besondere Bedeutung besaßen, nämlich ein Kästchen mit »Vermischten Sachen von der letzten Reise«. Darin befanden sich allerlei Uhren, Berloques, Bücher, Bestecke, »ein mößingen Thee-Seyerlein« und was die Mutter auf ihren gemeinsam mit ihm unternommenen Reisen sonst noch zu täglichem Gebrauch um sich zu haben gewohnt war.

Auch die gesamte schriftliche Hinterlassenschaft persönlicher Art fiel Prinz Friedrich zu, mit Ausnahme nur solcher Papiere, welche sich auf den Besitz Karoline Luises an Grundstücken, Handelsunternehmungen und Kapitalien bezogen; diese wurden der markgräflichen Vermögensverwaltung überstellt. Hofrat Ring ordnete alles andere und ließ es binden. Diese 137 Bände vermachte Prinz Friedrich später seinem Bruder Ludwig, der 1818 als Großherzog die Regierung übernahm. Nach dessen Ableben fanden sie ihren endgültigen Platz im Familienarchiv. Einiges Material, das sich noch ungeordnet im Besitz der gräflichen Familie Douglas als der Nachkommen von Großherzog Ludwig auf Schloß Langenstein befand, kam in den Jahren 1901 und 1903 hinzu; damit erreichte der Bestand schließlich die Zahl von insgesamt 154 Bänden.

Nur weniges läßt sich heute noch von den Gemälden, Zeichnungen, druckgraphischen Blättern und Objekten anderer Art nachweisen, welche aus Karoline Luises Nachlaß an die beiden jüngeren Söhne fielen. Einiges kam durch Erbgang über die Angehörigen der kinderlos verstorbenen Witwe Prinz Friedrichs im 19. Jahrhundert an die Schweizer Familie Wille und wird heute in deren verschiedenen Zweigen bewahrt. Manches von dem, was das Nachlaßinventar an Stichen und Radierungen als Anteil des späteren Großherzogs Ludwig aufführt, gelangte über die Zeichenakademie in den Bestand des Kupferstichkabinetts der Karlsruher Kunsthalle, läßt sich dort im einzelnen allerdings nicht immer identifizieren, da auch Karl Friedrich persönlich eine große Sammlung druckgraphischer Blätter besessen hat, welche ebenfalls zum Grundstock des Museums gehört.

Karoline Luises Wunsch, man möge ihr Malereikabinett »ohnzertrennt« als Fideikommiß für spätere Generationen bewahren, hat keine Erfüllung gefunden. Nachdem die Gemälde in die Zeichenakademie überführt und damit Bestandteil des späteren Museums geworden waren, geriet der Wunsch der Stifterin in Vergessenheit. Während des 19. Jahrhunderts, zu einer Zeit als die Kunstwissenschaft noch in den Anfängen stand und Maler das Amt des Galeriedirektors innehatten, doch auch noch in den zwanziger Jahren unseres Jahrhunderts hat man aus diesem Erbe manches, was als geringfügig und überflüssig erachtet wurde, im Tausch abgegeben oder verkauft. Dabei befanden sich Werke von Chardin, Hercules Seghers, Willem van de Velde und David Teniers – um nur einige Namen zu nennen –, welche der Karlsruher Sammlung heute noch zur Ehre gereichen würden.

Die Nachfahren

Als Karoline Luise starb, war Karl Friedrich fünfundfünfzig Jahre alt, im Vollbesitz seiner geistigen und körperlichen Kräfte. Nur langsam wich die Betäubung des Schmerzes um den unerwarteten Verlust der Gefährtin, die drei Jahrzehnte lang einzig für ihn dagewesen war, all seine Interessen geteilt, all seine Entscheidungen maßgeblich beeinflußt hatte. Erbprinz Karl Ludwig und Amalie lebten im Kreis ihrer eigenen Familie, Friedrich erfüllte seinen Dienst in der holländischen Armee, Ludwig – im Februar 1783 zwanzig Jahre alt geworden – bereitete sich auf eine militärische Laufbahn vor und strebte aus Karlsruhe fort.

Durch das Gefühl seiner Einsamkeit mehr und mehr bedrückt, begann Karl Friedrich nach einiger Zeit, den Gedanken einer Wiederverheiratung zu erwägen. Er war es gewohnt, sich über das Für und Wider wichtiger Entscheidungen, seien sie politischer oder persönlicher Art, durch schriftliche Fixierung seiner Überlegungen Klarheit zu verschaffen. So tat er es auch jetzt. Das mitten im Text abbrechende Blatt, dem er seine Gedanken anvertraut hat, ist ein bewegendes menschliches Dokument[1]. »Es kommt mir schwer an«, so beginnt es, »Entwürfe einer zweyten Ehlichen Verbindung zu machen; der Verlust, den ich erlitten habe, war so groß, und in meinen Augen und meinem Gefühl so unersetzlich, daß ich bis jetzo, durch die Erneuerung dieser Schmertzhaften Empfindung den Trieben der Natur und der Einbildungskraft zu widerstehen hoffte. Diese Art von Kampf, unterstützet durch Moralität und Religion, hoffte ich bis an mein Ende fortzusetzen.« Doch fürchtet er, trotz aller guten Vorsätze dabei doch zu unterliegen: ». . . Ich haße nichts mehr als Heucheley; auch vor den Menschen will ich nicht für das gelten, waß ich nicht bin! ich spüre Triebe nach dem weiblichen Geschlecht, und denen mögte ich auf eine erlaubte, mir, meinem Hauße und dem Lande unschädliche Art genüge thun. Eine Fürstinn kann ich nicht ins Hauß bringen. Maitreßen sind mir, dem Hauß, und Lande schädlich, mir eine Person zur linken Hand trauen zu laßen ist der Einzige Weg, den ich vor mir sehe! Noch ist mein Hertz frey, oder viel mehr meine Seele liebt die Freundin, die ich hatte, und mit der ich wieder zu leben wünsche. Möchte sie selbst auf die Zeit, die ich hienieden zu wandeln habe, mir eine Stadthalterinn wählen können . . .« Von Charakter soll diese »freymüthig, offen und munter, doch ohne Frechheit« sein, bescheiden und zurückhaltend, religiös »ohne Kopfhängerei«, wahrheitsliebend und von gesundem Menschenverstand, »mehr Wißbegierde als Neugierde, keine Herrschsucht« besitzen, aber »Freude an Gutem und Schönem, besonders an der Schönen Natur«.

Im Sommer 1786 meint er die Verkörperung des idealen Bildes, das er sich gemacht hatte, plötzlich vor sich zu sehen: die junge Luise Karoline Geyer von Geyersberg, Tochter eines verstorbenen Offiziers aus schwäbischem Adel. Ihre Mutter, geborene Gräfin von Sponheim, die durch den frühen Tod des Mannes in Not geraten war, hatte den Markgrafen schon 1783 gebeten, für eine standesgemäße Erziehung ihrer Tochter finanzielle Hilfe zu gewähren und das Mädchen nach der Ausbildung in den Dienst der Erbprinzessin zu übernehmen. Beides sicherte Karl Friedrich damals zu. Nach dreijährigem Aufenthalt im angesehenen Mädchenpensionat Titols in Colmar trat das achtzehnjährige Fräulein von Geyersberg dann am 1. Juli 1786 ihre Stelle als dritte Hofdame in Karlsruhe an. Die finanziellen Verhältnisse der Familie waren immer noch so beengt, daß Hofrat Drais als Vormund den Markgrafen bitten mußte, auch die Schulden zu bezahlen, welche Luise hatte machen müssen, um sich mit einigermaßen zureichender Garderobe für den neuen Dienst versehen zu können. Karl Friedrich scheint dem Charme und unbeschwert heiteren Temperament des Mädchens – »Madame Sanssouci« nannte er sie später – alsbald verfallen zu sein. Schon am 24. November des folgenden Jahres wurde sie ihm zur linken Hand angetraut[2]. Minister von Edelsheim schrieb vier Wochen später an Du Pont de Nemours[3]: ». . . Wir haben in unserem Staat jetzt eine sehr angenehme Zeit. Der Herr Markgraf hat sich gerade mit einer aus sehr gutem adligem, wenn auch nicht fürstlichem Haus stammenden jungen Dame vermählt. Da sie auf Grund unserer Gesetze seinen Titel nicht führen darf, hat sie den Namen einer Frau von Hochberg angenommen. Nur seine Liebe und die Wahl der Hochfürstlichen Familie haben ihn zu diesem Schritt veranlaßt. Er genießt sein Glück, das ihn um wenigstens zehn Jahre verjüngt hat, in vollen Zügen. Frau von Hochberg ist jung, hübsch, fröhlich, sanft, höflich und von angenehmen Umgangsformen; sie fühlt sich sehr glücklich, weil die ganze Familie sie liebt.«

Die Familie war zufrieden, den Vater von seinem Kummer abgelenkt zu sehen. Der Erbprinz fühlte eine Last von seinen Schultern genommen, und die ehrgeizige Amalie brauchte für ihre Stellung als erste Dame des Hofes in Frau von Hochberg keine Konkurrentin zu befürchten. Nach fünf Töchtern hatte die Erbprinzessin 1784 auch den lange ersehnten Sohn geboren, der zum großen Kummer der Familie allerdings nach wenigen Monaten schon starb. Doch zwei Jahre später, am 8. Juni 1786, ein Jahr vor der neuen Ehe des Schwiegervaters, brachte sie wiederum einen Sohn zur Welt, der in der Taufe den Namen Karl erhielt. Durch ihre Töchter, von denen drei die Throne von Rußland, Schweden und Bayern bestiegen, zwei nach Braunschweig und Hessen heirateten, wurde Amalie später zur »Schwiegermutter Europas« mit nicht unbeträchtlichem politischem Einfluß.

Auch Frau von Hochberg – 1796 durch den Kaiser zur Reichsgräfin erhoben – hat dem um vierzig Jahre älteren Karl Friedrich während der neunziger Jahre noch fünf Kinder geboren, vier Söhne – Leopold, Wilhelm, den nach wenigen Tagen schon wieder verstorbenen Friedrich Alexander und Maximilian – sowie eine Tochter Amalie, später Gemahlin des Fürsten Karl Egon II. von Fürstenberg. Alle Kinder aus dieser zweiten Ehe waren jünger als des Vaters Enkel aus der ersten.

Seit der Mitte der achtziger Jahre bis zum Ende der Befreiungskriege 1814/15 wurde Baden, das bis dahin abseits der weltgeschichtlichen Ereignisse verharrt hatte, mehr und mehr in die Konflikte der großen europäischen Mächte hineingezogen. Eine ausführliche Schilderung der Geschehnisse während dieses Zeitraums würde den Rahmen unserer Darstellung überschreiten, denn Karoline Luises Leben gehört ganz der Epoche des »Ancien Régime« an. Doch soll hier wenigstens der wichtigsten Ereignisse gedacht werden, soweit sie für die Geschichte des Landes Baden und der markgräflichen Familie wichtig wurden und Personen, welche der Leser inzwischen kennengelernt hat, handelnd oder leidend dabei eine Rolle spielten[4].

Im Bestreben, bestehende Zustände zu erhalten, alle das Gleichgewicht des Reiches bedrohenden Neuerungen abzuwehren und den Frieden zu bewahren, hatte Karl Friedrich durch seinen Minister Edelsheim schon 1783 den Entwurf eines gegen Österreichs Hegemoniestreben gerichteten Bundesvertrags ausarbeiten lassen, den er verschiedenen Höfen, darunter auch dem preußischen, zur Kenntnis gab. Obwohl seine Gedanken gewissen Intentionen Friedrichs des Großen entgegenkamen, empfand man den badischen Vorschlag in Berlin als verfrüht. Doch ein neuer Versuch, welchen Österreich im Jahre darauf unternahm, sich Bayern im Tausch gegen die Niederlande anzueignen, veranlaßte Friedrich den Großen, einen Deutschen Fürstenbund ins Leben zu rufen, dem auch Karl Friedrich beitrat.

Durch den Ausbruch der französischen Revolution im Jahre 1789 entstand eine völlig veränderte Situation, die alle früheren Kombinationen hinfällig machte. Mit ihr hebt eine neue Epoche der Weltgeschichte an, denn sehr bald begannen die zunächst auf Frankreich beschränkten Ereignisse auch auf benachbarte Staaten, ja auf ganz Europa überzugreifen. Im Abkommen von Pillnitz erklärten sich Österreich und Preußen 1791 bereit, Schritte zum Schutz der bedrohten französischen Monarchie zu unternehmen, falls andere eingeladene Mächte daran teilnehmen würden. In Frankreich fühlte man sich nun aufgerufen, nicht nur die ersten Errungenschaften der Revolution gegen das Ausland und die Emigranten des eigenen Landes zu verteidigen, sondern gleichzeitig auch die schon von der alten Monarchie erstrebte »natürliche Grenze« am Rhein zu sichern. Im April 1792 erklärte die Gesetzgebende Versammlung Österreich den Krieg, eine französische Armee besetzte das Elsaß. Die im Norden unter preußischer Führung bis Verdun vorgedrungenen Alliierten wurden geschlagen und mußten sich zurückziehen; Revolutionsarmeen eroberten Speyer, Worms, Mainz und besetzten die österreichischen Niederlande, das heutige Belgien. Nach der Hinrichtung Ludwigs XVI. am 21. Januar 1793 schlossen sich auch England, Holland, Spanien, Sardinien, Neapel und das Deutsche Reich dem Bündnis gegen Frankreich an; sehr gegen seinen Willen war Karl Friedrich dadurch gezwungen, Badens traditionelle Neutralität aufzugeben und der Allianz ebenfalls beizutreten. Trotz zahlreicher royalistischer Aufstände in Frankreich und aller Wirrnisse der »Schreckensjahre« gelang es der Revolutionsregierung, die Masse des Volkes zur Verteidigung der »belagerten Festung Frankreich« aufzurufen und diese nicht nur zu halten, sondern nach dem Ende Robespierres sogar neue Initiativen zu ergreifen und Holland zu erobern.

Im April 1795 verließ Preußen die Koalition, schloß zu Basel einen Sonderfrieden und zog seine Truppen zurück. Frankreich blieb im Besitz des linken Rheinufers und trat nun zum Kampf gegen Italien, Österreich und die mit diesem verbündeten süddeutschen Reichsstände an. Im Juni 1796 drangen französische Truppen unter General Moreau erfolgreich in Baden ein. Die markgräfliche Familie floh und fand Zuflucht in dem ihr vom preußischen König als Asyl angebotenen Schloß Triesdorf bei Ansbach. Noch ehe die Franzosen durch Erzherzog Karl bei Amberg und Würzburg geschlagen worden waren und sich wieder über den Rhein zurückziehen mußten, schloß Karl Friedrich durch seinen Beauftragten Sigismund von Reitzenstein am 22. August zu Paris einen Sonderfrieden mit Frankreich und konnte in sein Land zurückkehren. Er war jedoch gezwungen worden, auf alle linksrheinischen Gebiete zu verzichten, zu denen auch die seinen Söhnen aus dem Erbe Karoline Luises zugekommenen Besitzungen gehörten. Dazu mußte er versprechen, keiner Macht gegen Frankreich Hilfe zu leisten, selbst wenn die Mitglieder des Deutschen Reiches dazu aufgefordert werden sollten. Zuerst wollte Karl Friedrich den ihm vorgelegten Text des Vertrags nicht unterzeichnen und rief aus: »Ich bin ein freier deutscher Fürst und will in dieser Ehre sterben!« Doch hatte er keine Wahl, denn weder von Preußen noch von Österreich war in der Folge wirksame Hilfe zu erhoffen, schon gar nicht vom ohnmächtigen, immer mehr zerfallenden Deutschen Reich. Wollte er die Selbständigkeit seines Landes erhalten, blieb ihm nichts, als den Forderungen Frankreichs zu entsprechen und sich von dessen Wohlwollen abhängig zu machen.

Nach Napoleons siegreichem Feldzug in Italien mußte Österreich im Frieden von Campoformio die Niederlande im Austausch gegen Venedig an Frankreich abtreten und für das Deutsche Reich endgültig auf die linksrheinischen Territorien verzichten. Den geschädigten deutschen Fürsten sollte in Deutschland selbst Ersatz dafür geboten werden. Der von 1797 bis 1799 zu Rastatt tagende Kongreß befaßte sich mit solchen Fragen, gelangte jedoch zu keiner Einigung. Nachdem Napoleon von seinen Feldzügen im südlichen Italien, in Ägypten und Syrien im Herbst 1799 nach Frankreich zurückgekehrt war, stürzte er durch den berühmten Staatsstreich des 18. Brumaire am 9. November das Direktorium der Revolutionsregierung, löste den Rat der Fünfhundert auf und trat als Erster Konsul seine diktatorische Herrschaft über Frankreich an.

Im Frieden von Lunéville, der am 9. Februar 1801 geschlossen wurde, mußten Österreich und das Deutsche Reich die französische Republik mit allen Eroberungen, welche diese inzwischen gemacht hatte, formell anerkennen. Unter dem Druck Napoleons wurde nun die bereits in Campoformio geforderte große Reichsreform unternommen, um die deutschen Fürsten für ihre verlorenen Territorien durch kirchlichen Besitz, dessen Enteignung Napoleon gefordert hatte, zu entschädigen. Wie der deutsche Historiker Ludwig Häußer 1854 schrieb[5], »begann nun das Wettrennen der deutschen Fürsten, um sich mit erlaubten und unerlaubten Künsten die französische Protektion bei dem bevorstehenden Menschenhandel zu sichern«. Karl Friedrichs Minister Georg Ludwig von Edelsheim – ein jüngerer Bruder des

1793 verstorbenen Wilhelm von Edelsheim – und Sigismund von Reitzenstein vertraten dabei Badens Interessen; die Bewohner der betroffenen Gebiete selbst fragte man nicht nach ihrer Meinung.

Am 25. Februar 1803 wurde zu Regensburg, dem Sitz des Ständigen Reichstags, mit dem Reichsdeputationshauptschluß das Ergebnis der Verhandlungen verkündet: alle geistlich regierten Staaten – Kurfürstentümer, Bistümer, reichsunmittelbare Abteien und Stifte – wurden aufgehoben; auch zahlreiche bis dahin freie Reichsstädte verloren ihren unabhängigen Status. Mit wenigen Ausnahmen schlug man diese Gebiete den größeren Reichsständen zu. Dank der Fürsprache des russischen Zaren, der mit einer Enkelin Karl Friedrichs vermählt war, erhielt Baden nun ein Vielfaches von dem, was es westlich des Rheins verloren hatte: das Bistum Konstanz, alle rechtsrheinischen Territorien der Bistümer Basel, Straßburg und Speyer sowie zahlreiche ehemals reichsunmittelbare Abteien. Aus weltlichem Besitz kamen hinzu die kurpfälzischen Ämter Ladenburg, Bretten und Heidelberg mit den Städten Mannheim und Heidelberg, ferner einige Reichsstädte wie Überlingen und Offenburg. Die Markgrafschaft Baden wurde zum Kurfürstentum erhoben.

Das Gefühl der Genugtuung, in den Stürmen dieser Jahre die Unabhängigkeit seines Landes nicht nur erhalten, sondern dessen Gebiet noch erheblich vergrößert zu haben, war für Karl Friedrich durch einen schweren Schicksalsschlag verdunkelt worden. Im Dezember 1801 starb der älteste Sohn Karl Ludwig, an dem er so sehr gehangen und auf den er große Hoffnungen gesetzt hatte, durch einen Unglücksfall. Zusammen mit Amalie und zwei Töchtern hatte der Erbprinz die beiden in St. Petersburg und Stockholm verheirateten Töchter besucht. Die Gesellschaft befand sich in mehreren Wagen bereits auf der Rückreise, als bei Arboga nördlich des Mälarsees plötzlich die Pferde der Kutsche scheuten, in welcher der Erbprinz saß. Der Wagen begann zu schleudern und stürzte um; dabei erlitt der recht korpulent gewordene und offenbar an hohem Blutdruck leidende Prinz durch den Schock einen Schlaganfall, an dessen Folgen er alsbald starb. Erbe des Thrones war sein einziger, damals erst fünfzehn Jahre alter Sohn Karl. Für den bereits vierundsiebzigjährigen Großvater muß es ein beunruhigender Gedanke gewesen sein, in diesen Jahren vollkommenen Umsturzes aller bestehenden Verhältnisse als seinen Nachfolger einen jungen Mann zu sehen, der für diese Aufgabe weder vorbereitet noch geeignet war. Die Eltern hatten der Erziehung des vielleicht begabten, doch trägen und arbeitsunlustigen Sohnes nicht genug Aufmerksamkeit zugewendet, ihn vor allem von jeder eigenen Verantwortung und Initiative ferngehalten. So blieb es auch in den folgenden Jahren. Manche Beobachter glaubten, darin eine bewußte Absicht der ehrgeizigen Mutter erkennen zu können, welcher nach dem Tode des Gatten Rang und Titel einer Markgräfin zuerkannt worden war. Karl August Varnhagen von Ense, der 1815 als preußischer Gesandter nach Karlsruhe kam und mit den Verhältnissen des badischen Hofes aus eigener Anschauung vertraut war, schreibt darüber in seinen »Denkwürdigkeiten«[6]: »Diese karakterfeste, starksinnige Frau, voll Ehrgeiz und Selbstgefühl, hatte nur mit größtem Schmerz ihre eigenen Aussichten zum Thron durch den unglücklichen frühen Tod ihres Gatten vernichtet gesehen und daher ihren ganzen Eifer darauf gewendet, in der Regierung ihres Sohnes sich den Antheil zu sichern, der in der Regierung ihres Gemahls ihr nicht hätte fehlen können. Sie war demnach früh bedacht gewesen, den Sohn zu kindlichem Gehorsam zu gewöhnen, ihren Rath, ihre Leitung ihm unentbehrlich zu machen; sie hatte ihm das Leben angenehm zu machen gesucht, mancherlei Vergnügungen ihm gern nachgesehen, dafür ihn aber sorgfältig von allen Geschäften entfernt gehalten, und alle Lust und Fähigkeit zu ernsten Arbeiten in ihm erstickt. Dies letztere war in hohem Grade gelungen.« Große Hoffnungen für die Zukunft konnte der Kurprinz nach all dem nicht erwecken.

Die geistigen Kräfte Karl Friedrichs, der nun in der Mitte des achten Lebensjahrzehnts stand, begannen allmählich nachzulassen. Wie der österreichische Gesandte Schall seinem Ministerium berichtete, fühlte sich der Kurfürst durch die schwierigen Probleme, welche die Eingliederung so vieler neuer Territorien mit sich brachte, ermüdet und überfordert. Nach dem Tode des Erbprinzen gewann der jüngste Sohn Ludwig einen entscheidenden, nicht immer guten Einfluß auf den Vater. Amalie schrieb ihrer Tochter Elisabeth, deren Gatte Alexander nach der Ermordung des Zaren Paul den russischen Thron bestiegen hatte, im September 1804 über den alten Herrn: ». . . er wird alle Tage mehr zur Maschine, handelt nur noch nach den Plänen anderer. Und er ist von schlechten Menschen umgeben. Prinz Louis steht an der Spitze der Finanzen, der Forsten, des Militärs usw.; er versteht von nichts etwas, außer von letzterem. So geht alles zum Teufel, selbst der Staatskredit sinkt täglich. Und man gibt Ländereien, die bis zu zehntausend Gulden jährlich einbringen, an Frau von Hochberg und deren Kinder.« Auch der österreichische Gesandte übte herbe Kritik an den im Vergleich zur früheren Zeit schlechten Regierungs- und Finanzverhältnissen des Landes sowie an dem seiner Meinung nach unangemessenen Aufwand des Hofes: ». . . Diese für Baden so glückliche Epoche, wo Landesherr und Diener mit vereinten Kräften an dessen Wohl arbeiteten, ging, obwohl sie fast 30 Jahre ununterbrochen währte, nur zu geschwind vorüber. Karl Friedrich, der vermöge seiner Anlagen und Kenntnisse, mit mehr Beharrlichkeit und Zutrauen in seine Kräfte, vielleicht einer der ersten Regenten Deutschlands geworden wäre, verlor zu frühe für ihn und sein Land eine Gattin, die gerade in den Augenblicken der Unentschlossenheit ihn mit ihrem fast männlichen Geiste unterstützte und ihn dadurch zur Ausführung von ihm entworfener Pläne vermögte.«

Karl Friedrich war inzwischen ganz dem verhängnisvollen Einfluß der ehrgeizigen Gräfin Hochberg erlegen, die sich zu einer Intrigantin und pathologischen Verschwenderin entwickelt hatte. Geschickt wußte sie seine wachsende Schwäche auszunutzen, um nicht nur ihre persönliche Geldgier zu befriedigen, sondern auch ihren aus der Ehe zur linken Hand entsprossenen Kindern finanzielle Vorteile aller Art zu verschaffen. Ihr höchstes, gegen den erbitterten Widerstand Amaliens mit allen Mitteln verfolgtes Ziel war es, diesen Kindern zur Anerkennung der Ebenbürtigkeit und damit zum Recht auf die Thronfolge zu verhelfen. Der französische Geschäftsträger Nicolas Massias schrieb darüber an Napoleons Außenminister Talleyrand: ». . . Die gegensätzlichen Interessen der Gräfin Hochberg und Ihrer

Hochfürstlichen Durchlaucht der Markgräfin Amalie sind der wesentliche Grund für alle Zwistigkeiten und Parteiungen sowie den Unfrieden, welcher am kurfürstlichen Hofe herrscht.«

Ohnmächtig hatte man es im März 1804 hinnehmen müssen, daß französische Häscher den emigrierten Herzog von Enghien auf neutralem badischem Gebiet bei Ettenheim verhafteten und zur Hinrichtung nach Frankreich verschleppten; dieser eklatante Bruch des Völkerrechts erregte in ganz Europa Empörung. Im Herbst des Jahres war Karl Friedrich dazu gezwungen, zusammen mit dem Erbprinzen und anderen Reichsfürsten Napoleon öffentlich in Mainz zu huldigen.

Auf Grund eines Senatsbeschlusses und einer Volksabstimmung war in Frankreich die erbliche Monarchie eingeführt worden, und am 2. Dezember 1804 krönte sich Napoleon in der Kirche Notre-Dame zu Paris zum Kaiser der Franzosen. Am 17. März des folgenden Jahres ließ er das von den französischen Armeen unterworfene und zu einer Republik erklärte Italien in ein Königreich umwandeln und sich selbst durch eine Verfügung des Staatsrats zu dessen Herrscher ausrufen. Dann begab er sich nach Mailand, wo er sich am 26. Mai die ehrwürdige eiserne Krone der Lombardei aufs Haupt setzte. Die neue Regelung sah vor, diese Krone solle später auf einen natürlichen oder Adoptivsohn Napoleons übergehen und dann nicht mehr mit der Krone Frankreichs vereinigt bleiben. Zunächst ernannte Napoleon seinen Stiefsohn Eugen Beauharnais zum Vizekönig in Italien. Um ihm zum neuen Rang auch die entsprechende Frau zu verschaffen, wünschte er, ihn mit Prinzessin Auguste, einer Tochter des ebenfalls von Frankreich abhängigen Kurfürsten Max Joseph von Bayern zu vermählen. Den badischen Hof wollte Napoleon dagegen durch eine andere Ehe an sich binden: Kurprinz Karl sollte nach seinem Wunsch Stephanie heiraten, eine Tochter des Grafen Claude de Beauharnais, mit dem die nunmehrige Kaiserin Josephine durch ihre erste Ehe verwandt war. Ein gewichtiges Hindernis stand solchen Plänen allerdings entgegen, denn Auguste von Bayern war bereits dem Kurprinzen von Baden versprochen worden. Markgräfin Amalie, deren Tochter Karoline Max Joseph nach dem Tode seiner ersten Frau 1797 geheiratet hatte, betrieb diese Verhandlungen schon seit geraumer Zeit; auch die jungen Leute waren damit einverstanden. Karl Friedrichs anfänglicher Widerstand gegen eine Prinzessin katholischen Glaubens war schließlich mit Hilfe der Gräfin Hochberg, die Prinz Ludwig durch Geschenke gewann, überwunden worden. Zwar hatte man den Pakt noch nicht unterschrieben, doch empfanden beide Seiten sich als gebunden.

Napoleon schickte den Kammerherrn Baron de Thiard nach Karlsruhe und München, um die widerstrebenden Höfe durch Versprechungen aller Art und mehr oder weniger versteckte Drohungen seinen Wünschen gefügig zu machen. Prinz Ludwig war während eines Aufenthalts in Paris anläßlich der Krönung Napoleons dazu bewogen worden, seine anfangs ablehnende Haltung gegen die vom Kaiser erstrebte Verbindung aufzugeben. Talleyrand schrieb an Thiard: »Zu dieser Zeit haben stärkere Interessen die Ansichten des Prinzen geändert;« man hatte ihm in Aussicht gestellt, seine hohen Schulden zu bezahlen, wenn er sich für Napoleons Pläne einsetzen würde. »Man muß ihm mit lebhaften Farben die Konsequenzen vor Augen führen«, schrieb Talleyrand, »welche eine schiefe neutrale Haltung seinerseits unter den augenblicklichen Umständen bedeutet. Seine Majestät ist jetzt darauf angewiesen, Zeugnisse einer völligen, spontanen Ergebenheit zu erhalten. Also muß sich Prinz Louis aktiv als das zeigen, was er wirklich ist, nämlich als Freund Frankreichs, Orakel seines Vaters, Mentor seines Neffen.« Zu dieser Zeit befand sich Napoleon auf dem Wege zum Höhepunkt seiner Macht. Siegreich drangen Frankreichs Armeen in Österreich vor, dessen baldige Niederlage abzusehen war. Mit Druckmitteln verschiedener Art, einem Versprechen auf weiteren Gebietszuwachs und die Erhebung Bayerns zum Königreich wurde zunächst Max Joseph dazu bewogen, auf das Verlöbnis seiner Tochter mit Karl von Baden zu verzichten. Den Lohn für solche Gefügigkeit erhielt er umgehend. Wenig mehr als drei Wochen nach der Schlacht bei Austerlitz, in welcher Napoleon am 2. Dezember 1805 die vereinigten Truppen der Russen und Österreicher entscheidend geschlagen hatte, mußte Österreich im Frieden zu Preßburg zugunsten Bayerns auf Tirol, Vorarlberg, Eichstätt, Brixen und Trient verzichten; als Entschädigung dafür erhielt es Salzburg. Am 27. Dezember wurde die Verlobung der Prinzessin Auguste mit Eugen Beauharnais bekanntgegeben; drei Tage später traf Napoleon selbst in München ein, und am Neujahrstag 1806 wurde Bayerns Erhebung zum Königreich feierlich verkündet. Dem württembergischen Vasallen wurde diese Ehre am selben Tage zuteil. In Karlsruhe war man enttäuscht, denn Karl Friedrich hätte sich auch gern mit einem Königstitel geschmückt, doch blieb er ihm im Hinblick auf die Kleinheit seines Landes vorenthalten.

Zwei Wochen nach dem Sieg von Austerlitz hatte Napoleon den erprobten Thiard bereits auf die Reise nach Karlsruhe geschickt: »Sie haben den Prinzen ›entheiratet‹, jetzt müssen Sie ihn wieder ›verheiraten‹ «, gab er ihm als Auftrag dahin mit. Außer Stephanie de Beauharnais stand, wenn auch in zweiter Linie, noch ein Fräulein Tascher de la Pagerie zur Auswahl, eine junge Verwandte der Kaiserin Josephine. Als Mitgift sollte die erwählte Braut den Breisgau bekommen. Napoleon wolle nicht drohen, lautete Thiards Instruktion, und keine Gewalt anwenden, Karlsruhe habe freie Wahl. Nur solle man dort gut bedenken, daß es ohne Allianz mit dem Kaiser für Baden keinen Breisgau gebe, mit welchem Napoleon auch einen seiner verdienten Marschälle belohnen könne. Den Markgrafen Ludwig sollte Thiard wieder mit der Aussicht auf die Begleichung seiner Schulden für den Plan gewinnen, Frau von Hochberg durch Anerkennung der Sukzessionsfähigkeit ihrer Söhne. Kurprinz Karl, so meinte Thiard selbst, werde bei der notorischen Unentschlossenheit seines Wesens keinen großen Widerstand leisten, vielleicht sogar gern die Gelegenheit wahrnehmen, auf diese Weise das unbequeme Joch seiner herrschsüchtigen Mutter und damit auch des russischen Zaren abschütteln zu können. »Dann hatte ich immer noch die Schlacht von Austerlitz in Reserve«, schrieb Thiard. Am Abend des 21. Dezember traf er in Karlsruhe ein und sprach zuerst beim Prinzen Ludwig vor, um diesen auf die von ihm verlangte Rolle bei den Unterhandlungen vorzubereiten. Am folgenden Morgen wurde er von Karl Friedrich in Audienz empfangen und bot diesem nun, nachdem das Hindernis der Verlobung mit der bayerischen Prinzessin aus dem Wege geräumt war, offiziell das Fräulein von Beauharnais als Braut des Kurprinzen an; noch vor der Hochzeit sollte das junge Mädchen durch den Senat zu einer »Princesse d'Empire« erhoben werden. Der Unterhändler verlangte rasche Entscheidung. Bestürzt über dieses Ansinnen, das einem erpresserischen Überfall glich, ließ Karl Friedrich Thiard wissen, er werde durch den Minister von Edelsheim Bescheid erhalten: Karl, der mit seinem Onkel Ludwig an der Audienz teilgenommen hatte, bat um Bedenkzeit, erklärte sich aber noch am selben Abend bereit, unter gewissen Voraussetzungen das von ihm verlangte Opfer zu bringen. Auf Wunsch Karl Friedrichs und seiner Minister bedang er sich aus, die Heirat dürfe erst nach der Vermählung Augustes mit Eugen Beauharnais stattfinden, die zu erwartenden Kinder müßten im lutherischen Bekenntnis erzogen werden, außerdem seien noch weitere Gebietswünsche Badens zu erfüllen. Dazu forderte der Prinz, man müsse ihn auch gegen die zu erwartenden heftigen Vorwürfe seiner Mutter in Schutz nehmen. Markgraf Ludwig befürwortete, wie verlangt, die Heirat, ebenso Frau von Hochberg, die sich private Vorteile erhoffte. Einzig Markgräfin Amalie, die krank zu Bette lag, setzte dem Plan flammenden Widerstand entgegen, allerdings vergeblich. Ihrer Tochter in St. Petersburg schrieb sie am 31. Dezember, Karl habe nachgegeben, und die Verlobung sei nun beschlossene Sache. Niemand wage es, Napoleons Wünschen irgendwelchen Widerstand entgegenzusetzen; dabei sei ihr klar, daß Prinz Ludwig sich vom Kaiser habe kaufen lassen. Sie selbst werde nun bitten, sich vom Hofe zurückziehen zu dürfen, »denn wenn es mir nicht glückt, Karl von dieser unwürdigen Heirat abzubringen, ist nicht mehr damit zu rechnen, daß ich überhaupt noch irgendwelchen Einfluß auf ihn nehmen kann«. Damit gab sie offen zu, worum es ihr vor allem ging. Badens Wünsche hinsichtlich einer Erweiterung seiner Gebiete wurden schon einige Tage später im Preßburger Frieden erfüllt: auf Kosten Österreichs erhielt es nun den größten Teil des Breisgau mit der Landvogtei Ortenau und der Stadt Konstanz sowie die Deutschordenskommende Mainau mit der Herrschaft Blumenfeld.

Napoleon, der von der bayerischen Königin Karoline erfahren hatte, ihr Bruder Karl sei durch die Aufhebung des Verlöbnisses mit Prinzessin Auguste tief getroffen und ihre Mutter widerstrebe entschieden einer Verbindung mit Stephanie Beauharnais, gab vor, gegen den ausdrücklichen Willen der Markgräfin nichts erzwingen zu wollen. Offenbar empfand er, wenn auch widerwillig, einen gewissen Respekt vor dieser Frau, die es als einzige wagte, sich seinen Befehlen zu widersetzen. Er nahm sich vor, sie selbst umzustimmen, und ließ mitteilen, die definitive Entscheidung über das Eheprojekt solle bis zu seinem bevorstehenden Besuch in Karlsruhe verschoben werden; dort wolle er mit der Markgräfin persönlich über die Sache sprechen.

Am 20. Januar 1806 traf das Kaiserpaar in der durch Friedrich Weinbrenner mit Obelisken und antikischen Triumphbögen festlich geschmückten badischen Hauptstadt ein. Ein Tempel mit Opferaltären Frankreichs und Deutschlands für den »Friedensbringer« war auf dem Schloßplatz errichtet worden. Anfangs unliebenswürdig und überheblich – er richtete kein einziges Wort an die Gräfin Hochberg –, sprach Napoleon zuerst mit Karl Friedrich über den Breisgau und die geplante Heirat, scheint unverbindlich auch Hoffnungen auf eine spätere Rangerhöhung, vielleicht sogar die Königswürde, geweckt zu haben. In seiner dann unter vier Augen mit Markgräfin Amalie geführten Unterredung gab er sich betont liebenswürdig und charmant. Sie trug ihm ihren Wunsch vor, der einzige Sohn möge eine in ihren Augen ebenbürtige deutsche Prinzessin heiraten, vielleicht Charlotte, die jüngere Schwester der bayerischen Auguste. Napoleon sicherte ihr zu, er wolle natürlich keinen Zwang ausüben, falls sie auf der bayerischen Heirat bestehe, gab aber warnend alle Vorteile zu bedenken, welche Baden bisher durch sein Entgegenkommen bereits erhalten und bei näherer Verbindung mit seinem Hause auch in Zukunft noch zu erwarten habe; die endgültige Entscheidung des Kurprinzen verlangte er noch am selben Abend zu erfahren. Um den Kaiser nicht allzusehr zu reizen und ihm nun auch etwas Verbindliches zu sagen, meinte Amalie, die Standesunterschiede, welche sie als wesentlichen Grund für ihre Ablehnung der Partie ins Feld geführt hatte, ließen sich allenfalls übersehen, wenn Stephanie nicht nur eine angeheiratete Nichte des Kaisers, sondern ein Mitglied seiner eigenen Familie wäre. Damit hatte sie ihr Spiel verloren, denn Napoleon antwortete sofort: »Eh bien, je l'adopte.« Als unmittelbare Angehörige eines herrschenden Hauses mußte die Braut nun ohne weitere Widerworte akzeptiert werden. Sofort ernannte Napoleon seinen Großmarschall Duroc zum Beauftragten für die Abfassung des Ehepakts.

Schon eine Woche vorher hatte Markgraf Ludwig, der überzeugt war, die Verlobung werde nicht mehr verhindert werden können, ungescheut den Lohn für sein Wohlverhalten bei der Vermittlung gefordert. Dem Kammerherrn Thiard schrieb er am 13. Januar, man möge bei den Verhandlungen über den Ehepakt von seinem Vater, dem Kurfürsten, verlangen, daß er die privaten Schulden des Sohnes übernehme: »Die Sache ist außerordentlich einfach, denn man braucht nur Herrn von Reitzenstein« – den badischen Beauftragten in Paris – »aufzufordern, diese Belohnung für mich von meinem Vater zu verlangen.« Allerdings dürfe niemand etwas davon erfahren, »denn Sie wissen ja, ich habe hier viele Feinde«.

Am 8. April wurde dann in Paris unter großer Entfaltung höfischen Prunks die Hochzeit Karls mit Stephanie gefeiert. Vergeblich hatte der badische Hof darauf aufmerksam gemacht, dies sei der Jahrestag des Todes der 1783 in Paris verstorbenen Markgräfin Karoline Luise, und man bitte um einen anderen Termin für das Fest. Napoleon nahm den Hinweis nicht zur Kenntnis. Wie der österreichische Gesandte Schall berichtet, empfand Karl Friedrich die Brüskierung als sehr schmerzlich. Auf Wunsch des Kaisers mußte das junge Paar noch fast drei Monate in Paris bleiben, wo dem Kurprinzen Gelegenheit gegeben werden sollte, sich auf seine späteren Aufgaben und Pflichten vorzubereiten. Während dieser Zeit beobachtete Napoleon, den seine Späher über alles auf dem laufenden hielten, aus der Ferne aufmerksam den Karlsruher Hof. Was ihm von dort über eine schlechte Verwaltung und hemmungslose Schuldenwirtschaft berichtet wurde, erregte seinen heftigen Zorn. In erster Linie verantwortlich für diese Zustände hielt er den Prinzen Ludwig. Er verlangte, dieser solle nach Paris kommen, um sich vor ihm zu verantworten. Das konnte zwar abgewendet werden, doch trat Ludwig auf Grund der Vorwürfe vom Finanzreferat zurück, von dem er nichts verstand, nach dem er sich aber auch nicht gedrängt hatte. Offenbar war nicht so sehr seine Unfähigkeit auf diesem Gebiet Ursache der gerügten Zustände, sondern die Geldgier und Verschwendungssucht der Gräfin Hochberg, welche den gealterten Karl Friedrich völlig beherrschte. Auf Befehl Napoleons mußte Reitzenstein ihr im Mai einen Brief schicken, der sie zur Ordnung rufen sollte und mit unangenehmen Deutlichkeiten nicht sparte. Über die Sukzessionsfähigkeit ihrer Söhne, so hieß es unter anderem darin, sei bei solchem Verhalten überhaupt nur noch zu diskutieren, wenn sie selbst tätig daran mitarbeite, die Finanzlage zu verbessern. Er habe nichts dagegen, ihre Söhne pekuniär gut auszustatten, doch müsse sich alles in Grenzen und den Ressourcen des Landes entsprechend halten. Bis zum Jahre 1805 hatte Frau von Hochberg bereits eine Million Gulden verbraucht; im März 1806 gab Karl Friedrich Anweisung, ihr noch einmal »ohne Aufsehen« einen Betrag von sechshunderttausend Gulden aus der Staatskasse zukommen zu lassen. Reitzenstein äußerte sich sehr bestürzt darüber, daß keinerlei Unterlagen über die Verwendung dieser Gelder vorhanden seien und daß so etwas bei bereits völlig zerrütteten Finanzen des Landes vor sich gehe, dazu noch in einem Augenblick, da am Hungertuch nagende Pensionäre bei Reichsgerichten wegen ausbleibender Zahlungen Klage anhängig machten. Markgraf Ludwig schrieb seinem Neffen Karl nach Paris, der Großvater befinde sich völlig in der Hand der Gräfin; nur das, was diese wolle, werde getan, »aller Einsicht und Vorstellungen ehrlicher Leute ungeachtet«. Aufgeschreckt durch die offenen Drohungen Napoleons, sich direkt in die Affären des badischen Hofes einzumischen, unternahm man nun doch ernsthafte Bemühungen, wieder Ordnung in die Finanzen zu bringen.

Am 13. Juli traf das neuvermählte Paar in Karlsruhe ein, am Schloßportal von der kurfürstlichen Familie empfangen. Nur Markgräfin Amalie fehlte. Sie war vorher nach Darmstadt gereist und gab vor, ihre dort verheiratete Tochter Wilhelmine bei deren verzögerter Niederkunft nicht allein lassen zu können. Zwei Wochen später übersiedelten Karl und Stephanie nach Mannheim, dessen Schloß ihnen als Residenz angewiesen worden war. Hier empfing die Kurprinzessin kurz darauf auch den ersten Besuch der Markgräfin-Mutter. Amalie hatte es auf diese Weise erreicht, die unerwünschte Schwiegertochter mit dem Titel einer Kaiserlichen Hoheit, der ihr in jedem Falle die Präzedenz sicherte, nicht als erste in Karlsruhe begrüßen zu müssen, sondern von ihr selbst am Fuß der Treppe des Schlosses in Mannheim erwartet zu werden. Der in St. Petersburg verheirateten Tochter gestand sie hinterher allerdings, Stephanie habe ihr doch einen wesentlich besseren Eindruck gemacht, als sie erwarten konnte. Auch in Karlsruhe war man von der Anmut und Liebenswürdigkeit der erst siebzehnjährigen jungen Frau sehr eingenommen.

Der nächste Monat brachte für Baden und dessen Herrscherhaus ein bedeutsames Ereignis. Noch am Tage von Napoleons Besuch in Karlsruhe war Karl Friedrich jenem berüchtigten Geheimbund beigetreten, in dem sich sechzehn süddeutsche Fürsten, zu denen später noch zwanzig andere traten, unter Napoleons Führung gegen Österreich zusammenschlossen und der im Juli des Jahres 1806 als »Rheinbund« vor die Öffentlichkeit trat. »Gebildet aus drei köstlichen Bestandteilen«, sagte Friedrich Gentz dazu, »einem Sklavenvolk unter einem doppelten Herrn: Despoten in erster Potenz, selbst Sklaven eines höheren Gebieters, und einem selbstgeschaffenen, Alles verschlingenden Oberdespoten.« Am 1. August gaben die Fürsten des Rheinbunds demonstrativ ihren Austritt aus dem Verband des Deutschen Reiches kund. Kaiser Franz II. – seit 1804 als österreichischer Kaiser Franz I. – beantwortete die Herausforderung dadurch, daß er die deutsche Kaiserwürde niederlegte. Nach einer Dauer von fast tausend Jahren hatte das Heilige Römische Reich deutscher Nation damit nun auch formell aufgehört, zu bestehen.

Am 13. August wurde Baden auf Veranlassung Napoleons zum Großherzogtum erhoben. Zwar wurmte es Karl Friedrich, daß er nicht auch, wie die Nachbarn und Vettern in Württemberg und Bayern, König geworden war, sondern nur mit dem Titel einer »Königlichen Hoheit« abgespeist wurde, doch erhielt er dafür reichlichen Lohn: wiederum wurde das badische Gebiet erweitert, diesmal um die früher reichsunmittelbaren, nun mediatisierten kleinen Fürstentümer – etwa der Fürstenberg, Leiningen, Löwenstein-Wertheim und anderer –, sowie um die Gebiete der ehemaligen Reichsritterschaft dieser Region, der österreichischen Ordensherrschaften und noch ausstehender Reste des Breisgaus.

Die Ehe des kurprinzlichen Paares hatte sich schlecht angelassen. Karl kümmerte sich wenig um seine junge Frau, ließ sie bald allein in Mannheim zurück und führte das gewohnte ausschweifende Leben in Karlsruhe weiter. Dabei scheint nicht nur sein engerer Freundeskreis, sondern auch der Onkel Ludwig eine zweideutige Rolle gespielt zu haben. Massias schrieb im Juli 1806 über Karls Charakter an Napoleons Obersthofmeister Duroc: »Beherrschender Zug seines Wesens ist die Furcht davor, man könnte glauben, daß er sich durch eine Frau beherrschen lasse. Die Personen, mit denen er bisher gelebt hat und die unter seinem Namen zu regieren hofften, fürchten, seine Mutter oder Frau könnten ihnen die Herrschaft streitig machen. Um seine Eitelkeit anzustacheln, haben sie ihm gesagt, er werde wie sein Vater und Großvater sein, die beide unter der Herrschaft ihrer Frauen standen.« Mit solchen Reden hätten sie einen unerwartet großen Erfolg gehabt und Karls tiefes Mißtrauen gegenüber allen geweckt, die nicht zu diesem Kreise gehörten. Zwei Jahre später kam es über Karls Lebenswandel zu einem ernstlichen Zerwürfnis mit Napoleon. Im Januar 1808 überbrachte ein Bote aus Paris drohende Briefe des Kaisers. Dem Schwiegersohn schrieb er: »Hätte ich Deinen Charakter gekannt, wie ich ihn jetzt kenne, hätte ich mich wohl gehütet, Dir ein mir so teures Wesen zur Frau zu geben. Willst Du Dich weiterhin so benehmen, dann schicke mir meine Tochter zurück, Du bist ihrer nicht würdig . . .« In einem Brief an Karl Friedrich erhebt Napoleon die gleichen Vorwürfe: ». . . ich setze dabei voraus, Ihre körperliche Schwäche ist schuld daran, daß Sie die Niedrigkeiten nicht kennen, welche man begeht.« An allem gibt er dem korrumpierenden Einfluß des Markgrafen Ludwig die Schuld:

». . . Sein schlechter Charakter war mir bekannt, doch dachte ich, er besitze soviel Verstand, mich nicht zum Eingreifen in die inneren Verhältnisse des Hofes zu zwingen.« Mündlich überbrachte der Bote die Forderung des Kaisers, den Markgrafen Ludwig vom Hofe zu verbannen und auch die unwürdigen Vertrauten Karls zu entfernen. In der Tat mußte Ludwig zum großen Schmerz seines Vaters Karlsruhe verlassen und sich nach Salem zurückziehen. Mit entschuldigenden Briefen und dem Versuch einer Rechtfertigung wurde General von Harrant nach Paris geschickt. Zwar erklärte sich Napoleon dadurch zufriedengestellt, tadelte dem Boten gegenüber aber den Hochmut deutscher Fürsten, insbesondere der Markgräfin Amalie; diese habe es nicht einmal für nötig befunden, ihre Schwiegertochter zu besuchen, welche einen Nervenzusammenbruch erlitten hatte, nachdem ihr Karls Ausschweifungen zu Ohren gekommen waren: ». . . Wenn sie es schon nicht aus Liebe und Zuneigung für ihre Schwiegertochter tun will, sollte sie es doch wenigstens aus Gründen politischer Klugheit tun.« Und der Gräfin Hochberg soll General Harrant ausrichten: ». . . wenn sie nicht von sich aus Schluß mache mit ihren Umtrieben und ihrem schamlosen Lasterleben, dann werde er, der Kaiser, es tun und sie in ein Kloster sperren.« Stephanie schrieb in ihren Lebenserinnerungen später über diese Frau: »Die Heirat war das größte Unglück, das einem bis dahin gut regierten Lande und einem wegen seiner Tugenden, seiner Kenntnisse und seiner Herrschergabe hochgeachteten Fürsten widerfahren konnte. Frau von Hochberg soll schön gewesen sein. Als ich sie kennenlernte, sah man nur noch Spuren davon. Sie war groß, hager, dunkel, von gewöhnlichem Aussehen, mit Puder und Schminke bedeckt. Ihre Stimme war heiser, und sie sah mehr wie ein Grenadier aus als wie eine Dame, die einen immerhin ziemlich hohen Rang einnahm. Ihren armen Gatten behandelte sie hart; er schien Furcht vor ihr zu haben.« Mit allen Mitteln verfolgte die Gräfin weiter das Ziel, ihren Kindern finanzielle Vorteile und eine Standeserhöhung zukommen zu lassen. Schon bei der Heirat 1787 hatte Karl Friedrich in Aussicht gestellt, Kinder aus seiner neuen Ehe sollten zur Thronfolge berechtigt sein, wenn der Mannesstamm aus seiner ersten Ehe erloschen wäre. Eine solche Regelung setzte damals allerdings noch die Genehmigung des Deutschen Kaisers voraus. Nachdem nun das Reich 1806 aufgehört hatte zu bestehen, regelte Karl Friedrich am 10. September des Jahres die Sukzession durch ein Hausgesetz. Mit Zustimmung seiner Söhne sowie des Enkels und kraft seiner »durch die Fügung der allwaltenden göttlichen Vorsehung« erlangten Souveränität setzte er fest, die Hochberger Linie solle im obengenannten Falle erbberechtigt sein. Eine Standeserhöhung wurde diesen Kindern jedoch noch nicht gewährt, sehr zum Ärger der Gräfin. Karl unterzeichnete den Akt nur zögernd, die adelsstolze Markgräfin Amalie, Mutter einer Zarin und zweier Königinnen, lehnte ihn ab. Das anstößige Leben des Kurprinzen, die Intrigen der Damen und die ungeklärte Stellung der Hochberger Söhne vergifteten die Atmosphäre des Karlsruher Hofes weiter.

Während seiner letzten Lebensjahre war Karl Friedrich recht gebrechlich geworden. Im Herbst des Jahres 1804 erlitt er einen leichten Schlaganfall, von dem er sich jedoch einigermaßen erholen konnte. Doch 1806 mußte er Stephanie bei ihrer

Ankunft bereits im Rollstuhl begrüßen; und als vier Jahre später Napoleons zweite Gemahlin Erzherzogin Marie Louise auf ihrer Reise nach Paris in Karlsruhe Station machte, konnte er sie nicht mehr empfangen, denn er hatte völlig das Gedächtnis verloren. Beim Essen, welches anläßlich dieses Besuches stattfand, wurden die Hochberger Prinzen übrigens nicht zur Familientafel zugezogen. Seit 1808 überließ der alte Herr die Geschäfte mehr und mehr dem Enkel. Nach einer Regierungszeit von 65 Jahren ist er, vierundachtzig Jahre alt und Patriarch der deutschen Fürsten, am 10. Juni 1811 in Karlsruhe gestorben.

Die kurze Regierungszeit, welche seinem Enkel Karl vergönnt war, gehört nicht zu den rühmlichen Perioden in der Geschichte Badens. Nach Napoleons russischem Feldzug, in welchem das badische Truppenkontingent schwere Verluste erlitt, und nach der Niederlage der napoleonischen Armeen in der Völkerschlacht bei Leipzig gelang es dem jungen Großherzog, sich auf Grund der veränderten politischen Lage von der französischen Fessel zu befreien. Im November 1813 trat er aus dem Rheinbund aus und nahm dann auf seiten der Verbündeten an den Befreiungskriegen teil.

Der Wiener Kongreß von 1814/15, durch den Europa nach der napoleonischen Ära eine neue Ordnung erhielt, setzte an die Stelle des untergegangenen Deutschen Reiches einen Deutschen Bund selbständiger Souveräne unter Österreichs Führung, mit dem Bundestag in Frankfurt als oberster Behörde. Im Artikel 18 der neuen Bundesakte heißt es: »In allen Bundesstaaten wird eine landständische Verfassung stattfinden.« Nach dem, was die Französische Revolution erreicht hatte, konnten die alten Regierungsformen des Absolutismus in Deutschland nicht mehr unverändert weiterbestehen; das Volk verlangte, an den Entscheidungen beteiligt zu werden. Vor allem war es Freiherr vom Stein, der auf solche Änderung drängte und den Zaren Alexander I. in Wien dafür zu gewinnen suchte. Besonders wichtig sei eine solche Verfassung gerade für Baden, schrieb er ihm am 25. November 1814, denn hier drohten »Willkür und Nachlässigkeit« des Fürsten einen Zustand völliger Auflösung herbeizuführen; dieser kontrastiere so auffällig mit den früheren ordentlichen, gesetzlich geregelten Verhältnissen, daß es selbst der russischen Kaiserin, des Großherzogs Schwester, zu ihrer schmerzlichen Bestürzung aufgefallen sei, als sie einmal wieder ihre alte Heimat besuchte. Doch zeige sich der Großherzog zu einer solchen Maßnahme nicht geneigt: ». . . Widerwille gegen Geschäfte, Hang zu Willkür und durch subalterne Einwirkungen unterhaltenes Mißtrauen des Regenten sind die Quellen der Zerrüttung des schönen Landes und der Leiden seiner Bewohner.« Dem könne nur abgeholfen werden, wenn man den Großherzog dazu bringe, wenigstens einen Teil seiner Verantwortung einem Ersten Minister zu übertragen, ». . . und wenn er Stände bildet mit den wesentlichen Attributen der Teilnahme an Gesetzgebung, Abgabenverwilligungen usw., die der Willkür der obersten Gewalt Grenzen setzen«. Schon Karl Friedrichs Minister hatten früher Schwierigkeiten gehabt, ihrem Herrn Entscheidungen abzuverlangen, und Gleiches galt auch für den Erbprinzen Karl Ludwig. Diese Anlage erscheint beim Enkel Karl ins fast Krankhafte gesteigert. Der französische Geschäftsträger Massias nannte schon 1806 in anderem Zusammenhang als kennzeichnende Eigenschaften des jungen Prinzen: ». . . aus dem Verkehr mit seinen Vertrauten entstandener tiefwurzelnder Argwohn und eine gewohnheitsmäßige Unentschlossenheit, Frucht einer auf mangelhafter Erziehung beruhenden Unwissenheit.« Widerwillig ließ sich Großherzog Karl schließlich den Entwurf einer Verfassung abringen, für deren Redaktion vor allem Staatsrat Nebenius verantwortlich war; am 22. August 1818 wurde sie verkündet.

Stephanie, die erst nach dem Tode Karl Friedrichs ihre Residenz in Mannheim aufgeben und nach Karlsruhe übersiedeln konnte, bemühte sich, ihren Pflichten als Landesmutter gerecht zu werden, soweit man ihr die Möglichkeit dazu gab. Ihre Stellung innerhalb der Familie war nach Napoleons Abdankung, mit der sie den Titel einer Kaiserlichen Hoheit verlor, noch schwerer geworden. Vor allem ihre Schwägerin, die Zarin Elisabeth, begegnete ihr mit bewußt hochmütiger Kälte. Dagegen scheint sich das Verhältnis der Ehegatten zueinander im Laufe der Jahre ein wenig gebessert zu haben. Jedenfalls widerstand Karl den Einflüsterungen seiner Mutter und Schwester, die ihm nach Napoleons Sturz rieten, sich von seiner Frau zu trennen und eine neue, standesgemäße Ehe einzugehen.

Seit 1816 fühlte sich der Großherzog leidend, seine Kräfte begannen rasch zu verfallen. Ein russischer Leibarzt diagnostizierte Brustwassersucht. Da unter diesen Umständen mit seinem baldigen Ableben zu rechnen war, stellte sich von neuem die Frage der Thronfolge. Von fünf Kindern, welche Stephanie ihm geboren hatte, waren nur drei Mädchen am Leben geblieben, die beiden Söhne jeweils kurz nach der Geburt gestorben. Mit dem am 29. September 1812 geborenen ersten Sohn hat man sechzehn Jahre später jene ganz Europa beschäftigende, niemals wirklich geklärte Affäre in Zusammenhang gebracht, welche das überraschende Auftreten und der geheimnisvolle Tod des Kaspar Hauser genannten Findlings bedeutete. Der Verdacht kam auf, er sei jener erste Sohn der Großherzogin Stephanie, den man auf Anstiften der Frau von Hochberg heimlich mit einem toten Kinde vertauscht und dann verborgen gehalten habe. Dem Ehrgeiz und der Unbedenklichkeit der Gräfin glaubte man jedenfalls Machenschaften solcher Art zutrauen zu können. Da der leidende Großherzog nach dem Tode des zweiten Sohnes keinen männlichen Erben mehr erwarten konnte, wurde durch Hausgesetz am 4. Oktober 1817 der Anspruch der Hochbergischen Prinzen auf die Thronfolge noch einmal bekräftigt und ihnen jetzt auch mit der Verleihung des Markgrafentitels die seit langem ersehnte Standeserhöhung gewährt. Wohl waren sie damit den anderen Prinzen nun nominell gleichgestellt, doch tat die Partei um Markgräfin Amalie alles, ihnen vor Augen zu führen, daß man sie trotzdem nicht für ebenbürtig ansehe. Varnhagen von Ense entwirft ein wenig erfreuliches Bild von den Spannungen und Intrigen am Karlsruher Hofe während dieser Jahre[7]: ». . . Es blieb den neuen Markgrafen aus diesen Kleinlichkeiten lange Zeit ein gedrücktes Verhältniß, in welchem sie die neue Würde tragen mußten und doch nicht hervorheben durften, immer in ängstlicher Besorgniß, anzustoßen und zu mißfallen. Es ist wahr, ihr Naturell kam ihnen zu Hülfe, und so leisteten sie in dieser traurigen Rolle des sich Unterduckens und Vernichtens das Unglaubliche. Das ganze Hofleben in Karlsruhe bestand ohnehin fast nur in kleinlichen Eifersuchten und Rücksichten. Die verschiedenen Höfe und ihre vornehme und geringe Dienerschaft thaten fast nichts, als einander gegenseitig beobachten, über jede Handlung und Rede Gericht halten, die vermeinten oder wirklichen Abweichungen von der Regel tadeln, die Lächerlichkeiten hervorheben. Da keine Seite den Stoff dazu fehlen ließ, so lebte man unausgesetzt in kleinem Krieg, der indeß, weil er sorglichst im Stillen geführt wurde, nicht einmal die Lustigkeit eines offenen Geplänkels haben konnte. Man fand überall Auflaurer, ausgestellte Netze und Fallen, kleine Listen und Tücken, denen allen zu entgehen fast nicht möglich war, und freilich auch kaum der Mühe werth, denn was schadete es am Ende, wenn man einigen Abfall in den Händen der Leute ließ, den sie gierig erschnappten, und den man selber doch nur zum Wegwerfen bestimmt hatte? Die Fremden nun erst recht brauchten sich gar nicht um dies Wesen zu kümmern, sobald sie nur den Muth hatten, sich darüber wegzusetzen. Aber angenehm konnte die Hofgesellschaft unter diesen Umständen nie werden.« Einig waren sich alle außenstehenden Beobachter nur in ihrer Sympathie für die junge Großherzogin Stephanie, die nicht nur geduldig ihren schwierigen Gatten in seinen Leiden pflegte, sondern bemüht war, sich durch gleichbleibende Freundlichkeit nach allen Seiten aus den Parteiungen und Intrigen herauszuhalten.

Seit dem Tode Karl Friedrichs hatte die Gräfin Hochberg selbst ihre verhängnisvolle Rolle mehr oder weniger ausgespielt, wenn sie auch weiterhin vom Schuldenmachen nicht lassen konnte. Im Jahre 1814 kam es zu Bankrott und Zwangsversteigerung; zwei Jahre später, am 5. September 1816, brachte die Karlsruher Zeitung eine Bekanntmachung über die Entmündigung der Gräfin. Niemand sollte ihr nun ohne Genehmigung des Pflegers mehr Geld leihen, da sonst für eine Rückzahlung nicht garantiert wurde. Trotzdem betrugen ihre Schulden zwei Jahre später wieder fast 672 000 Gulden, von denen zunächst 523 000 getilgt werden konnten. Am 23. Juli 1820 ist diese beim Volke verhaßte Frau gestorben, erst zweiundfünfzig Jahre alt.

Großherzog Karls Leben war bereits am 8. Dezember 1818 in Rastatt erloschen. Seine Witwe hat ihn um mehr als vierzig Jahre überlebt. Den Thron bestieg zunächst Markgraf Ludwig, Karl Friedrichs jüngster Sohn aus der Ehe mit Karoline Luise. Stephanie nennt ihn in ihren Memoiren einen Mann von Verstand, wenn auch ohne sittliche Grundsätze: »Wohl deshalb waren über ihn ungünstige Gerüchte im Umlauf, deren Tatsächlichkeit ich nicht bestätigen möchte, die ich aber erwähnen muß, um in meiner Schilderung wahrheitsgemäß zu bleiben, so peinlich es auch für mich ist.« Nach Napoleons Sturz war er aus der Salemer Verbannung wieder an den Karlsruher Hof zurückgekehrt. Markgräfin Amalie, vorher seine entschiedene Gegnerin, hatte sich mit ihm ausgesöhnt, als er in Ungnade gefallen war, und die Verbindung aufrecht erhalten. Ganz in den Anschauungen des fürstlichen Absolutismus aufgewachsen, geriet Ludwig nach seiner Thronbesteigung alsbald in Konflikt mit dem Landtag, welcher auf Grund der von seinem Vorgänger erlassenen Verfassung zum ersten Mal im April 1819 zusammentrat. Dank des hohen Niveaus der Volksvertreter fand er in ganz Deutschland Beachtung, wurde in seiner Arbeit jedoch durch den Regenten und dessen Ratgeber stark behindert und bald mehr oder weniger ausgeschaltet. Großherzog Ludwig ist ein Vertreter jener politischen Reaktion, die mit dem Namen des österreichischen Kanzlers Metternich verbunden und für die deutschen Staaten des Vormärz bis zur Revolution von 1848 bestimmend gewesen ist.

Zugute halten mag man ihm die Förderung, welche er der Freiburger Universität angedeihen ließ – sie trägt nach ihm den Namen Ludovico-Albertina –, und die vor allem auf Betreiben von Nebenius 1825 erfolgte Gründung einer Polytechnischen Schule in Karlsruhe, der späteren Technischen Hochschule und heutigen Universität. Großherzog Ludwig war bereits fünfundfünfzig Jahre alt, als er den Thron bestieg, und noch unvermählt. Um die verhaßten Hochbergs nach deren Standeserhöhung vielleicht doch noch von der Thronfolge ausschließen zu können, hatte Markgräfin Amalie einen letzten, aberwitzigen Versuch unternommen und dem Schwager Ludwig vorgeschlagen, ihre älteste, bisher unvermählt gebliebene und nun dreiundvierzigjährige Tochter Amalie als standesgemäße Partie zu heiraten. Beide – Onkel ebenso wie Nichte – lehnten das Ansinnen jedoch ganz entschieden ab. Zugunsten seiner Hochbergischen Halbbrüder verzichtete Ludwig auf eine standesgemäße Heirat und ging dafür eine langwährende glückliche Verbindung mit Katharina Werner ein, die ihn als »Figurantin« des Karlsruher Theaters an sich zu fesseln gewußt hatte und ihm 1820 einen Sohn Ludwig Wilhelm August gebar. Drei Jahre später legitimierte er Sohn und Mutter dadurch, daß er sie als Graf und Gräfin von Gondelsheim in den erblichen Adelsstand erhob, welcher auch der 1825 geborenen Tochter Luise zuerkannt wurde. Zwei Jahre später – am 24. Januar 1827 – erhielt die Familie zusätzlich noch den gräflichen Titel von Langenstein nach einer im Hegau gelegenen, »seither von Uns als freyes Eigenthum acquirierten Herrschaft«, wie es in der Urkunde heißt[8]. Durch Heirat der allein überlebenden Tochter ist dieser Besitz später an die gräfliche Familie Douglas gefallen.

Nach dem Tode Großherzog Ludwigs gelangte mit seinem Stiefbruder Leopold, dem ältesten der Söhne aus Karl Friedrichs zweiter Ehe, 1830 schließlich die jüngere Linie des Hauses an die Regierung. Markgräfin Amalie, die ihrer Schwiegertochter Stephanie nach dem Tode Großherzog Karls nähergekommen war, den Söhnen der Gräfin Hochberg jedoch nach wie vor mit unverminderter Abneigung gegenüberstand, starb am 21. Juli 1832 in dem ihr als Witwensitz zugewiesenen Schloß Bruchsal, wo sie seit vielen Jahren die Sommermonate zu verbringen pflegte.

Zuletzt bleibt noch des Prinzen Friedrich zu gedenken, des zweiten Sohnes aus Karl Friedrichs Ehe mit Karoline Luise. In der badischen Geschichte dieser Zeit hat er keine Rolle gespielt und wird – falls seiner überhaupt Erwähnung geschieht – meist als »politische Null« abgewertet. Von schwächlicher Konstitution, vielleicht auch gehemmt durch einen leichten Sprachfehler, lebte er am liebsten in selbstgewählter Zurückgezogenheit. Trotz seines Widerwillens gegen alles Militärische mußte er auch nach dem Tode der Mutter, der ihn tief getroffen hatte, weiter in der holländischen Armee dienen und noch elf Jahre, unterbrochen immer wieder durch längeren Krankheitsurlaub, auf dem ungeliebten Posten ausharren. Seines leidenden

Zustandes wegen durfte er 1794 endlich den Abschied nehmen und in die Heimat zurückkehren. Drei Jahre vorher hatte er, damals fünfunddreißigjährig, die um zwanzig Jahre jüngere Prinzessin Christiane Luise geheiratet, eine Tochter des Fürsten, späteren Herzogs von Nassau-Usingen. Seit der Rückkehr nach Karlsruhe lebte das Paar in der Karlsburg zu Durlach, während der Sommermonate des öfteren auch in Schloß Eberstein über dem Murgtal; Friedrich hatte die Ruine 1798 von seinem Vater zum Geschenk erhalten und durch Weinbrenner in mittelalterlichem Sinne wieder aufbauen lassen.

Als das neue Direktorium des Murg- und Pfinzkreises 1809 seinen Sitz im Durlacher Schloß erhielt, übersiedelte Markgraf Friedrich nach Karlsruhe, wo er unweit des Marktplatzes in der heutigen Karl-Friedrich-Straße ein Haus besaß[9]. Dem gesellschaftlichen Treiben des Hofes blieb er nach Möglichkeit fern, ließ sich auch in keine von dessen Intrigen verwickeln. Markgraf Wilhelm, zweiter Sohn der Gräfin Hochberg – daher gewiß kein ganz unvoreingenommener Beobachter –, schreibt in seinen Memoiren, Friedrich sei geizig gewesen und seine Frau habe ein ziemlich freudenleeres Leben führen müssen: ». . . auch die unschuldigsten Genüsse waren ihr versagt, da der Markgraf in dem Glauben befangen war, er käme mit dem Seinigen nicht aus, und er ihr nicht einmal gestattete, über ihr eigenes Vermögen zu verfügen[10].« Inwieweit diese Behauptung richtig ist, steht dahin. Jedenfalls muß der Stiefbruder dann zugeben, daß Markgraf Friedrich doch sehr viel Gutes tat und bemüht war, das Los der zahlreichen Armen und Bedürftigen in seiner Umgebung nach Möglichkeit zu lindern. Als Freund Lavaters, mit dem er in Korrespondenz stand, war er stark durch dessen gefühlsbetontes, pietistisch gefärbtes Christentum geprägt worden. »Menschenliebe war der Grundzug des Charakters unseres Prinzen«, schreibt sein Biograph Gehres 1827[11]. »Sie äußerte sich nicht nur im Leidenwegnehmen, sondern im Freudenmachen, was allerdings ein feinerer Ausfluß der Menschenliebe ist. Aus dieser Liebe quoll denn auch seine Mildthätigkeit, die sich in seinem ganzen Leben aussprach, besonders aber in dem letzten Jahre der Noth sich so deutlich zeigte.« Mit 36 000 Gulden, welche er sich erst leihen mußte, ließ Markgraf Friedrich 1816, als das Land von schwerer Hungersnot heimgesucht wurde, durch einen Mittelsmann, um selbst nicht in Erscheinung zu treten, Korn und andere Lebensmittel kaufen und die Dörfer der Hardt damit versorgen. Nach langem und schwerem, im Geiste seines christlichen Glaubens ertragenem Leiden ist er am 28. Mai 1817 in Karlsruhe gestorben. Von allen Persönlichkeiten, welche das während dieser Zeit für die Nachwelt gewiß nicht anziehende Bild des Karlsruher Hofes geprägt haben, erweckt die seine – ein wenig blaß vielleicht, doch integer, ohne Anmaßung und Eitelkeit – neben jener der jungen Großherzogin Stephanie die größte Sympathie. Nicht ohne Grund ist er der Lieblingssohn seiner Mutter Karoline Luise gewesen.

Anmerkungen

Die in den Anmerkungen zitierten Signaturen von Dokumenten beziehen sich auf Bestände des Großherzoglichen Familienarchivs in Karlsruhe (vgl. dazu nähere Angaben beim Verzeichnis der benutzten Quellen auf S. 445), sofern nicht folgende, der Signatur vorgesetzte Abkürzungen auf andere Lokalisierung weisen:

DaH = Großherzoglich Hessisches Hausarchiv, bewahrt im Hessischen Staatsarchiv Darmstadt

GHFK Hds = Großherzogliches Haus Fideikommiß, Katalog der Handschriften (bewahrt im Generallandesarchiv Karlsruhe)

GLA = Generallandesarchiv Karlsruhe

Lit. = Literaturverzeichnis S. 447 ff., in welchem die abgekürzt zitierten Titel vollständig aufgeführt sind.

Prinzessin aus dem Hause Hessen-Darmstadt (Seite 1)

1 GLA 41-1964 – Glückwünsche zur Geburt von seiten des Karlsruher Hofes: DaH D4, 501/4
2 Zur Geschichte der Landgrafschaft Hessen-Darmstadt und der landgräflichen Familie: Lit. Diehl (1910), Knetsch (1931), de la Fontaine (1950), Demandt (1972), Knodt (1976)
3 Zur Baugeschichte des Darmstädter Schlosses: Lit. Haupt (1952)
4 Lit. G. Siebert (1969 u. 1972)
5 Zur Geschichte der Grafschaft Hanau-Lichtenberg: Lit. Rathgeber (1876) – Suchier (1894) – Ludwig (1898) – Esselborn (1917) – K. Siebert (1918/19)
6 Zu Erziehung und Unterhalt der Töchter Landgraf Ludwigs VIII.: DaH D4, 414/1
7 5A Corr. 126
8 DaH Abt. VII, Nr. 92/1 – Zum Quedlinburger Damenstift: Lit. Lorenz (1922)
9 Zu J.P. Job: DaH D4, 414/1 – 5A Corr. 26 (Briefwechsel mit Karoline Luise 1736–1765) – Lit. G. Mayer (1978)
Schulhefte Karoline Luises und Aufzeichnungen aus dem Unterricht in 5A Corr.: 52 (Religion), 61 (Geschichte), 74 Stundenpläne, Geographie, Rechnen, Naturwissenschaften, Poesie, Algebra, Jus, Allegorien, 78 (Französisch), 80 (Latein), 87 (Lesefrüchte, Fénelon, Boileau, La Motte; Notizen über Unterrichtsstunden, französische Schulhefte mit Korrekturen des Lehrers, Listen zur deutschen Orthographie, Exzerpte zur hessischen Geschichte), 95 (eigenes Gedicht; weitere in Corr. 86), 151 (deutsche Orthographie).
Weitere Aufzeichnungen zum Unterricht in GHFK Hds 434 (Zeichenhefte, Zeichnungen)
10 DaH D4, 559/4
11 Zu J.Ph. Fresenius: 5A Corr. 11 (Briefwechsel mit Karoline Luise), 52 und 53 (von Karoline Luise mitgeschriebene Predigten, Religiöses)

12 Zur Konfirmation: DaH D4, 502/1
13 5A Corr. 27
14 5A Corr. 61
15 5A Corr. 82

Kaiser, Könige und Freier (Seite 21)

1 Zur Geschichte des Österreichischen Erbfolgekrieges: Lit. Arneth (1863) Bd. I – F. Wagner (1938) – Tagebuch Kaiser Karls VII. (1883)
2 DaH D4, 402/6
3 Lit. v. Hardenberg (1918), S. 53 f.
4 Heiratspläne Duke of Cumberland und Erbprinz zu Schwarzburg-Rudolstadt: DaH D4, 502/2 u. 3
5 5A Corr. 5
6 5A Corr. 26
7 Lit. Markgräfin Wilhelmine (1923), S. 527
8 Zur Person der Schwester Auguste Wilhelmine: DaH D4, 503/3
9 5A Corr. 11
10 Die Identifizierung der Stelle bei Cornelius Nepos verdankt der Verf. einem frdl. Hinweis von Herrn O.Stud.Rat Dr. U. Staffhorst, Karlsruhe
11 5A Corr. 89 u. 90
12 5A Corr. 5
13 DaH D4, 402/6
14 Zur Krönung Franz Stephans 1745: Lit. Arneth (1863) I, S. 104 ff.; (Erizzos Bericht: S. 430 f., Anm. 24) – Olenschlager (1746), S. 53 f., 61
15 5A Corr. 51
16 Corr. 5 (Abschrift: GLA GHFK/Hds 435)
17 5A Corr. 20/232
18 5A Person 68/II Rubrum 29
19 Zu Karoline Luise und Liotard: Lit. Kircher (1933 u. 1934) – Lauts (1977) mit ausführlicher Dokumentation und älterer Literatur – Loche-Roethlisberger (1978), S. 96, Nrn. 82 u. 83, Abb. Taf. XVII
20 5A Corr. 40
21 5A Corr. 65

Der junge Markgraf von Baden-Durlach (Seite 43)

1 Zur Geschichte der Jugend Karl Friedrichs: Lit. Drais (1816, 1818, 1829), – Nebenius (1868), – Kleinschmidt (1878)
2 Zu Erbprinzessin Anna Charlotte Amalie: 4A Person 25 u. 33 (Krankheit)
3 Zur Erziehung Karl Friedrichs: 5 Person 4–14 – Zur Hohen Schule in Lausanne: Lit. Meylan (1937)
4 5 Person 5
5 Briefe Wilhelms von Oranien an Karl Friedrich: 5 Corr. 17
6 Briefe Geheimrat Üxküll an Karl Friedrich: 5 Corr. 41
7 Zur Reise Karl Friedrichs nach Holland und England 1747: 5 Person 43

Ein zögernder Bräutigam (S. 57)

1 DaH D4, 402/06 – Der Verf. verdankt die Kenntnis dieses Briefes einer frdl. Mitt. von Prof. Dr. E. Franz, Darmstadt

2 Angaben zur Person von C.F. von Wartensleben verdankt der Verf. einer frdl. Mitt. von Herrn W.W. van Driel, Algemeen Rijksarchief, den Haag
3 5A Corr. 58
4 Korrespondenz Karl Friedrichs mit Landgraf Ludwig VIII.: 5 Corr. 15
5 Karoline Luise an Karl Friedrich während der Brautzeit: 5 Corr. Nachtragsband I
6 Karl Friedrich an Karoline Luise während der Brautzeit: 5A Corr. 1
7 5 Person 34
8 5 Corr. 41
9 Zur Italienreise Karl Friedrichs: 5 Person 43
10 Lit. Hazard, Krise (1964), S. 289
11 GHFK Hds 425
12 5A Corr. 146
13 DaH D4, 523/1
14 5 Person 34/I
15 5A Corr. 43
16 5A Person 58
17 5 Person 34/I–III
18 GHFK Hds 145
19 5A Corr. 46 und DaH D4, 502/4
20 5 Person 34/I

Die ersten Jahre in Karlsruhe (Seite 69)

1 Zur Geschichte Karlsruhes vgl. Lit. Fecht (1887) und Valdenaire (1931, 1933, 1943)
2 Lit. Björnståhl (1781) Bd. 5, S. 118
3 Zur Baugeschichte des Karlsruher Schlosses: Lit. Gutman (1911) und Valdenaire (Anm. 1)
4 5 Person 46/47
5 6 Person III/1
6 5A Corr. 52 – Gedruckte Hochzeitscarmina aufgeführt bei Lautenschlager (Lit. 1930), Nr. 4648–4652
7 5A Corr. 36
8 5A Corr. 20/236
9 5 Corr. 17
10 5 Corr. 41
11 5A Person 86–88
12 Für freundlichst erteilte Auskunft über die Persönlichkeit Ludolfs dankt der Verf. Frau Prof. Dr. Irmgard Wirth (Berlin Museum, Berlin) und Prof. Dr. Dr. Rolf Winau vom Institut für Geschichte der Medizin an der Freien Universität Berlin – Korrespondenz Karoline Luises mit Ludolf: 5A Corr. 12
13 Lit. Bader (1881)
14 GHFK Hds 418
15 Karoline Luise an Karl Friedrich: 5 Corr. Nachtragsband I – Karl Friedrich an Karoline Luise: 5A Corr. 1
16 6 Person II/1 und III/1
17 5A Corr. 144
18 Deutsche Übersetzung von W. Willige, in: Jean Racine, Dramatische Dichtungen und Geistliche Gesänge, Luchterhand 1956, Bd. II, S. 277 f.

Markgraf Karl Friedrich als Regent (Seite 85)

1 Zum Folgenden vgl. Lit. Lenel (1913) u. Liebel (1965), passim
2 Lit. Liebel (1965), S. 54 ff. mit älterer Literatur
3 Lit. Drais I (1816), Beilagen S. 8

4 Lit. Lenel (1913), S. 177 ff.
5 Zitiert nach Lenel (1913), S. 185, Anm. 344
6 5A Corr. 19/236
7 Lit. Drais II (1818), S. 134 f.

Höfisches Leben in Karlsruhe (Seite 89)

1 GLA 55/66
2 Instruktionen für Oberhofmarschall E.L. von Gayling 1747, Oberschenk E.F. von Stetten 1763, Reisemarschall von Münzesheim 1776: GLA 56/453
3 4A Person 25
4 Lit. Björnståhl (1781) V, S. 121
5 GLA 47/784
6 5 Corr. 12
7 5 Corr. 38
8 5A Corr. 8 – Den Hinweis auf Graf Leopold Neipperg als Korrespondenten Karoline Luises verdankt der Verf. einem freundlichen Hinweis von Graf J.H. Neipperg, dem auch an dieser Stelle dafür herzlich gedankt sei
9 5A Corr. 44
10 5A Corr. 13
11 5 Person 24
12 5A Corr. 144
13 Lit. Schulze-Kummerfeld (1915), S. 133–139
14 Lit. Meyer, F.L. Schröder (1819), S. 99 u. 106
15 5A Corr. 11
16 5A Corr. 43–45
17 Firmenprospekte in 5A Corr. 46–51, 63, 65
18 Zitiert nach H. Honour, Neo-Classicism, London 1968, S. 27
19 DaH D4, 413/1
20 Generalia 18
21 Lit. Fritz-Schwarzmaier (1977), S. 206

»Die Frau Markgräfin ist eine Minerva . . .« (Seite 103)

1 5A Corr. 50 u. 147
2 5A Corr. 40
3 5A Corr. 19/108
4 5A Corr. 19/215
5 Lit. Kattermann (1942/43)
6 5A Corr. 58 (Richardson), 89 (Gleim, Lessing)
7 5A Corr. 16
8 5A Corr. 50
9 5A Corr. 20/332
10 5A Corr. 20/93
11 5A Corr. 13
12 5A Corr. 67
13 5A Corr. 68
14 5A Corr. 67–73
15 5A Corr. 56 – Lit. Schoepflin (1906)
16 5A Corr. 40
17 5A Corr. 54
18 5A Corr. 43 u. 144

19 5A Corr. 144
20 5A Corr. 144
21 5A Corr. 12, 46, 97 – Corr. 18/79, 19/186 r. und v., 103, 218; Corr. 20/86, 203, 296, 333
22 5A Person 68
23 5A Corr. 50
24 5A Corr. 13 und 50 – Lit. Kircher, Pastell (1940), S. 115
25 Lit. Funck, Goethe und Stolberg (1920)

Die Herrin von Kutzenhausen (Seite 117)

1 Testament Gräfin Dorothea Friederike von Hanau-Lichtenberg: Da 7,19/5 – Zur Herrschaft Kutzenhausen gehörten die Dörfer Nieder- und Oberkutzenhausen, Feldbach, Haelsloch, Merckweiler und eine Hälfte von Lusan, alle im Bereich der Pfarrei Niederkutzenhausen, ferner Mattstatt oder Niedermattstatt im Bereich der Pfarrei Lembach – Zur Geschichte der Herrschaft vgl.: Histoire par ordre des seigneuries, des villes, villages et hameaux de la Basse Alsace, Bd. 3 selon Schoepflin. Strasbourg 1829
2 5A Corr. 27
3 Zu Ch.W. Koch vgl. Lit. Rathgeber (1876), S. 202 ff.
4 Karoline Luise an Binninger: 5A Corr. 21 (1755–1762), 22 (1763–1770), 23 (1771–1775), 24 (1776–1783); ferner 5A Corr. 18 (1775 an Binninger) und 20/114 (1756? an Barth)
5 5A Corr. 144
6 5A Person 68/I

Baden-Durlach im Siebenjährigen Kriege (Seite 123)

1 Zur Darstellung der Politik Baden-Durlachs während des Siebenjährigen Krieges: Lit. Gerspacher (1934)
2 ein Exemplar in GLA 56/898
3 5 Corr. 1
4 5A Corr. 64, 85–88
5 5A Corr. 46
6 GHFK Hds 409; für Karl Friedrichs Gedicht auf Friedrich den Großen vgl. Lit. Obser (1911)
7 5 Person 46
8 5A Corr. 68

Voltaires Besuch in Karlsruhe (Seite 129)

1 Zum Briefwechsel Karoline Luises mit Voltaire: Lit. Obser (1902; mit Nachtrag aus demselben Jahr)
2 5A Corr. 12; zur Persönlichkeit vgl. Lit. Obser (1902), S. 64 ff.
3 5A Corr. 16
4 Nach frdl. Mitteilung von M. Charles Wirz, Direktor des Institut et Musée Voltaire in Genf (8. 3. 1979), ist über Art und Verbleib des von Karoline Luise an Voltaire geschickten Pastells nichts bekannt. Im Inventar des Schlosses Ferney, das nach Voltaires Tod aufgestellt wurde, ist es nicht nachzuweisen.
5 Deutsche Übersetzung:
»Kniend küsse ich die Hand,
Die dieses seltne Werk gezeichnet hat.
Göttlich erscheint mir Euer Bild,
Noch mehr doch hätte mich der Künstlerin Porträt bezaubert.

Ach, warum kann ich nicht für die Nachwelt malen:
Größe ohne Überhebung, Milde ohne Schwäche!
Und der Schönheit Zauber,
Wie er der Weisheit Schläfe ziert.
Ich kenne mein Modell: man sähe Zug für Zug
Die Grazien im Verein mit Tugenden und Geistesgaben.
Was würde man von diesem Bildnis sagen?
Daß es wohl schwach, doch ähnlich sei!«

6 Deutsche Übersetzung:
»Alles an Ihnen gefällt mir, alles berührt mich,
Ob Sie reden, schöne Prinzessin, ob Sie schreiben oder malen.
Die Grazien, durch welche Sie regieren,
Führen Ihre Hand und reden durch Ihren Mund.«

7 5A Corr. 7: zur Persönlichkeit und Familie vgl. Lit. Obser (Anm. 1), S. 69 ff.

8 J. Orieux, Das Leben des Voltaire Bd. II, Frankfurt a. Main 1968, S. 248 – Vgl. dazu auch Lit. Gagnebin (1978)

9 J. Orieux, a. a. O. (Anm. 8), S. 323 ff.

10 DaH D4, K 559/3

Im Kreise der Familie (Seite 139)

1 5A Corr. 12, 125, 126, 154

2 5A Corr. 126

3 Undatiertes Briefkonzept (Ende Juli/Anfang August 1761) in 5A Corr. 17

4 Briefkonzept an Baron von Kageneck auf Munzingen 1766: 5A Corr. 7

5 5A Corr. 44

6 DaH K 559/5

7 Wiegezettel in 5A Corr. 110

8 Lit. Meyer, Schröder (1819), S. 106

9 Lit. Boswells Große Reise (1955), S. 209

10 Lit. Gehres II (1827), S. 113

11 5 Corr. 19 und 27 – Hirsch II (1932), S. 185 ff. (mit ausführlicher Dokumentation auch der weiteren Geschichte der Familie von Freystedt) – Blankenhorn (1942), S. 259

12 5 Corr. Nachtragsband I

13 Briefwechsel Große Landgräfin II (1877), Nr. 73

14 5 Corr. 37 – 6 Person 2 – Lit. Fries (1926)

15 5A Corr. 52

16 5A Corr. 148

17 Kinderbriefe der Söhne an Karl Friedrich: 5 Corr. 2, 7 und Nachtragsband I

18 5 Corr. 7

19 Lit. Gehres II (1827), S. 213

20 5A Corr. 37

21 5A Corr. 18/103

22 5A Corr. 34

23 5A Corr. 40

24 Generalia Fideikommisse 36: Zession der Herrschaft Gondelsheim durch Karl Friedrich an Karoline Luise zu seinerzeitiger Übertragung auf die beiden jüngeren Söhne nach Maßgabe der Erbbestimmungen Karoline Luises und unter Beibehaltung des fideikommissarischen Charakters

25 5A Corr. 23

26 5A Corr. 39

27 Lit. Schwarz (1921)
28 5A Corr. 5
29 Briefe Karoline Luises an Landgraf Ludwig IX.: 5A Corr. 5
30 5A Corr. 23
31 Lit. Knodt (1976), S. 42
32 5A Corr. 37
33 Lit. Ségur (1897)
34 5A Corr. 44
35 Lit. Briefwechsel Große Landgräfin II (1877), Nr. 90

Das Malerei-Kabinett (Seite 155)

1 Die erste zusammenfassende Behandlung des Themas bei Lit. Kircher (1933)
2 Briefe Eberts' an Karoline Luise: 5A Corr. 41, 42, einzelne in 96 und 98 – Karoline Luise an Eberts: 5A Corr. 19, 20, 41
Zur Persönlichkeit von Eberts: Lit. Girodie (1927) – Kircher (1933) – Haug (1947) – Dacier (1950) – Eriksen-Watson (1963) – Lauts (1978)
3 zur Sammlung Bötticher: Lit. Trautscholdt (1957)
4 Vgl. dazu Lit. Gerson (1942)
5 Marquis d'Argens, Réflexions critiques sur les différentes écoles de peinture, Paris 1752.
6 Schmettow an Karoline Luise: 5A Corr. 14 – Karoline Luise an Schmettow: 5A Corr. 20
7 Treuer an Karoline Luise: 5A Corr. 35, 36 – Karoline Luise an Treuer: 5A Corr. 37 (die ziemlich vollständig erhaltenen Briefe Karoline Luises an Treuer wurden nach dem Tode Treuers von dessen Tochter 1780 an die Markgräfin zurückgegeben) – Zur Persönlichkeit Treuers vgl. Lit. Kircher (1933), S. 61 f.
8 5A Corr. 99
9 Über Karoline Luise als Schülerin Liotards vgl. Lit. Lauts (1977)
10 5A Corr. 6
11 Goll an Karoline Luise: 5A Corr. 34 – Karoline Luise an Goll: 5A Corr. 18, 19, 20 – Zur Persönlichkeit Golls vgl. Lit. Knoef (1948/49)
12 Reiffenstein an Karoline Luise: 5A Corr. 13 – Karoline Luise an Reiffenstein: 5A Corr. 17
13 5A Corr. 17
14 Abgedruckt bei Kircher (Lit. 1933), S. 187 ff.
15 Fleischmann an Karoline Luise: 5A Corr. 40 – Karoline Luise an Fleischmann: 5A Corr. 19, 20, 148
16 von Häckel an Karoline Luise: 5A Corr. 7, 12, 50 und 98 (letzteres Schreiben Baron von Berberich vom 16. 10. 1761 über die Versteigerung der Sammlung von Häckel)
17 de la Guêpière an Karoline Luise: 5A Corr. 11 – Karoline Luise an de la Guêpière: 5A Corr. 20
18 Vgl. dazu Pierre Rosenberg, Katalog der Ausstellung Chardin, Paris/Cleveland/Boston 1979, Nr. 108 u. 109
19 Die Erwerbung der Pastelle und Gemälde Bouchers ausführlich dargestellt durch Obser (Lit. 1902)
20 5 Corr. 23 – Überschrieben »Pro 1759«, gilt für das Rechnungsjahr 1759, beginnend im Juni, fortgeführt bis November 1760
21 Diderot, Salons, ed. J. Seznec u. J. Adhémar, Oxford 1957 ff.; Bd. I; S. 112
22 5A Corr. 152
23 5A Corr. 148
24 5A Corr. 19/106
25 5A Corr. 12
26 Rechnung in 5A Corr. 15
27 Eintrag im Ausgabenbuch Karoline Luises: 5A Corr. 144
28 5A Corr. 39

29 Quittierte Rechnung in 5A Corr. 50
30 Lit. Wille I (1857), S. 154 f.
31 Die Bronzen sind heute nicht mehr nachweisbar. Weitere Exemplare dieser Gruppen u. a. New York, Sammlung Wrightsman
32 Vgl. Lit. Lauts (1977)
33 Zur Erwerbung des Porträts von van Dyck und der Landschaft von Rubens sowie zum Verkauf dieser und anderer Gemälde aus der Sammlung Karoline Luises vgl. ausführlicher Lit. Lauts (1978)
34 5A Corr. 11; dazu ausführlich Lit. Lauts (1978)
35 5 Person 44
36 5A Corr. 111
37 Vgl. dazu Lit. Liebel (1965)
38 Zu Karoline Luises Aufnahme in die Königliche Kunstakademie Kopenhagen: Brief Graf Moltke an Schmettow: 5A Corr. 12 – Protokoll der Sitzung und Brief des Sekretärs Biel an Karoline Luise: 5A Corr. 10 – Brief des Direktors Saly an Karoline Luise: 5A Corr. 14 – die Urkunde: 5A Person 68 a
39 GLA 46/6866
40 5A Corr. 99 – Zur Persönlichkeit Agdollos: Lit. Haskell (1967) – Corti (1978)
41 5A Corr. 7 – Angebot des Bailli de Breteuil an Graf Kageneck mit Zeichnung einer Wand, auf welcher die vom Conte Cardelli abzugebenden Bilder skizziert sind: 5A Corr. 97
42 5A Corr. 25
43 5A Corr. 39
44 5A Corr. 69

Das Naturalienkabinett (Seite 213)

1 Encyclopédie ou Dictionnaire raisonné II, 175 (Neudruck Stuttgart 1966/67), S. 225 ff.
2 Lit. Valdenaire (1943)
3 4 Person 20 – Lit. Mayer (1978)
4 5A Corr. 20/200
5 5A Corr. 115
6 Vgl. dazu die zahlreichen Einzelpublikationen von G. Mayer (Lit. seit 1955)
7 Straßburg 1722–1783 – Spielmann an Karoline Luise: 5A Corr. 14, 115 – Karoline Luise an Spielmann: 5A Corr. 18 – Zur Persönlichkeit Spielmanns: E. Sitzmann in Dictionnaire de biographies des hommes célèbres de l'Alsace II, Paris 1973, S. 807 f.
8 5A Corr. 15 – Der aus savoyischem Adel stammende Marquis Eugène de Bellegarde war Oberst und Kommandeur des von Karl Friedrich errichteten, im Dienste der holländischen Generalstaaten stehenden 2. Regiments Oranien-Nassau.
9 Lit. Drais II (1818), S. 146 ff.
10 Lit. Reinhard (1766/67) und Mayer (1977)
11 Lit. Mayer, Karlsruher Sammler (1966) und »Steinschränkchen« (1979) – Wittmann (1979): beide Autoren mit ausführlichen Angaben älterer Literatur – Über die nicht immer zutreffende Benennung der gefundenen Gesteine als »Marmor« oder »Granit« vgl. Lit. Mayer, Steinschränkchen (1979), S. 487
12 5A Corr. 50
13 Lit. Böckmann (1787)
14 5A Corr. 20/258 – Lit. Mayer (1975)
15 5A Corr. 29
16 Lit. Briefwechsel Große Landgräfin (1877), S. 268 f., Nr. 123
17 Wilhelm von Edelsheim an Karoline Luise: 5A Corr. 25 – Maria Theresia an Karoline Luise: 5A Corr. 5 – Mayer (Lit. 1972) nennt in diesem Zusammenhang irrtümlicherweise Georg Ludwig von Edelsheim, den jüngeren Bruder Wilhelms, der aber erst 1784 in badische Dienste getreten ist

18 5A Corr. 7 und 12 – Lit. Mayer (1977)
19 5A Corr. 113
20 5A Corr. 41
21 5A Corr. 47 (Laforgue, 6. 12. 1778)
22 5A Corr. 35 – Karoline Luise an Treuer, 2. 7. 1764: 5A Corr. 37
23 Teile der Sammlungskataloge: 5A Corr. 108, 111, 114, 115
24 5A Corr. 115
25 Lit. Erhard (1802)
26 5A Corr. 20/256 ff.
27 Lit. Böckmann (1787)
28 5A Corr. 20/146
29 5A Corr. 19/266
30 Lit. Kircher (1933); das von der Autorin aufgeführte Blatt Autenrieths ist im Kupferstichkabinett der Kunsthalle Karlsruhe nicht mehr nachzuweisen
31 5A Corr. 42
32 Lit. Erhard (1802), S. 112 f.
33 Lit. Weber (1968)
34 D. Ring: GLA Hdschrft 1293 – Später sind die Schränke offenbar weiß gestrichen worden (Lit. Valdenaire, 1943)
35 5A Corr. 16
36 5A Corr. 28 – Über verschiedene Stücke, welche der Jesuitenpater Christian Mayer in Heidelberg, Hofastronom des Kurfürsten von der Pfalz, Karoline Luise von seiner Reise nach Dänemark und Rußland 1769/70 mitgebracht hat, vgl. Lit. Mayer (1979)
37 5A Corr. 14
38 5A Corr. 19/318 – Briefkonzept Karoline Luises an einen nicht genannten Herrn; der Empfänger war M. de Vaugué, da sich andere Mitteilungen darin auf dessen Brief an die Markgräfin vom 27. 7. 1770 beziehen (5A Corr. 9)
39 5A Corr. 19/100
40 5A Corr. 20/274
41 Lit. Björnståhl (1781) III, S. 328
42 Mayer, Gaston, Beiträge zur Geschichte der Badischen Landessammlungen für Naturkunde in Karlsruhe . . . Chronik des Naturalienkabinetts unter der Direktion Carl Christian Gmelins 1785–1837; unveröffentlichtes Manuskript, Anm. 5 – Der Verf. ist Herrn Mayer für seinen Hinweis auf diese Briefstelle zu aufrichtigem Dank verpflichtet.
43 6 Person 12, Verlassenschaft II – Das Verzeichnis entspricht dem Zustand der Sammlung bei Karoline Luises Tod 1783, ist nur ergänzt durch einige besonders kenntlich gemachte Stücke, welche der Erbprinz Karl Ludwig nach 1784 erworben hat.
44 Ausgabenbücher Karoline Luises in 5A Corr. 75 und 138; dazu Korrespondenz mit Gräfin Dallwitz in Dresden 1776: 5A Corr. 6 – Rechnung von Gottlob Börner vom 3. 3. 1770: 5A Corr. 51 – Karoline Luise an P. Beck, Frankenthal, 20. 2. 1774: 5A Corr. 20/153
45 Inventar von 1717: 2A Person 32 und 33
46 Inventar von 1743: 4A Person 27
47 4A Person 28
48 Lit. Erhard (1802)
49 5A Corr. 8 – Karoline Luises Antwort: 5A Corr. 20/263
50 5A Corr. 42
51 2A Person 35
52 5 Person 28/I

Die Reise nach Paris 1771 (Seite 233)

1 5A Corr. 44
2 Marquise de Langalerie an Karoline Luise, 19. 11. 1771: 5A Corr. 7
3 Lit. Karl Friedrich, Brief.Verkehr . . . Mirabeau (1892), S. 43, Nr. 13

4 5A Corr. 15
5 5A Corr. 76
6 Zu Paris im 18. Jahrhundert: Lit. Gaxotte (1968)
7 Zu Madame Geoffrin: Lit. Lebrun (1857), Ségur (1894), Kamenskaja (1934), Glotz & Maire (1949), Scott (1967)
8 Lit. Oberkirch I (1853), S. 282 f.
9 Briefe an Karoline Luise: 5A Corr. 38
10 Briefe an Karoline Luise: 5A Corr. 38
11 Lit. Lauts (1977)
12 Zettel mit Angabe der Tage von Juli bis September 1771, an welchen in den drei Theatern gespielt wurde: 5A Corr. 149 – Zu den Aufführungen während dieser Zeit: Abbé Aubert in der Literarischen Korrespondenz mit Karoline Luise: 5A Corr. 71
13 5A Corr. 8
14 Ausführlicher Bericht über das Colisée in Melchior Grimms »Corréspondance Littéraire (ed. Tourneux) II, Paris 1892, S. 10 ff.
15 Lit. Oberkirch I (1853), S. 20 f.
16 Ausführliche Berichte von Gaylings über die verschiedenen Audienzen und Besuche in Versailles: 5A Corr. 76
17 Lit. Dufort de Cheverny (1909), I, S. 103 f.
18 5A Corr. 43; der Katalog, aus Karoline Luises Bibliothek stammend, jetzt in der Badischen Landesbibliothek Karlsruhe
19 5A Corr. 11
20 5 Corr. 32
21 5A Corr. 43
22 Lit. Procès-Verbaux de l'Académie Royale de Peinture . . . VIII, Paris 1888, S. 83 f.
23 D. u. G. Wildenstein, J.-L. David, Recueil de Documents complémentaires au Catalogue complet de l'œuvre, Paris 1973, S. 5
24 Zu Watelet vgl. Lit. Nouvelle Biographie Générale Bd. 45 (1866), Sp. 591–593 – Henriet (1922)
25 Vgl. Lit. Lauts (1971), S. 48 ff.
26 Faksimile-Ausgabe für die Teilnehmer der 66. Jahreshauptversammlung der Bibliophilen in Stuttgart 1966, herausg. v. Werner R. Deusch.
27 Vgl. L. Guimbaud, Saint-Non et Fragonard, Paris 1928
28 Zu »Moulin-Joli« vgl. Lit. Lauts (1971) mit Abbildungen
29 Lit. Mangelsdorf (1913)
30 5A Corr. 38
31 Karoline Luise an den Marquis d'Estampes, 5. 10. 1776: 5A Corr. 18
32 5A Corr. 38
33 5A Corr. 39 – Madame de Marsan an Karl Friedrich: 5 Corr. 37
34 5A Corr. 9
35 5A Corr. 19
36 Lit. Briefe Große Landgräfin (1877), S. 104, Nr. 21

Der Heimfall der Markgrafschaft Baden-Baden (Seite 261)

1 Zum Heimfall der Markgrafschaft Baden-Baden vgl. die Darstellungen Lit. Drais I (1816), S. 249 ff., II (1818), S. 6 ff. – Weech (1863) – Nebenius (1868), S. 112 ff. – Kleinschmidt (1878), S. 47 ff. – Windelband (1912), passim – Dold (1922), passim
2 5 Corr. 14
3 GLA 47/503–510
4 5 Corr. 20 und GLA 47/470
5 5A Corr. 27

6 Lit. Zimmermann (1920)
7 Zu Markgräfin Maria Viktoria: GLA 46/4472–4490
8 Lit. Dold (1920), S. 80
9 5A Corr. 19/185
10 Zu Markgräfin Maria Josepha: GLA 46/4298–4314
11 Zu Markgräfin Elisabeth: GLA 46/4315–4345 und 5 Corr. 14

Die neuen Appartements im Karlsruher Schloß (Seite 271)

1 Lit. Gutman (1911) – Valdenaire (1931 und 1943)
2 GLA Hdschr. 1293
3 Als Quellen für den im Folgenden beschriebenen Rundgang durch die Repräsentationsräume des Schlosses und die Wohnquartiere der markgräflichen Familie wurden benutzt:
a) W.J. Müllers nach Entwürfen von de la Guêpière angefertigter Entwurf für die drei Stockwerke des Westflügels mit den Wohnquartieren der markgräflichen Familie (Lit. Bialek 1955; veröffentlicht von Kircher, Lit. 1959). Die endgültige Ausführung wich in Einzelheiten von Müllers Plan ab; z. B. wurde der Musiksalon um eine Fensterachse verlängert.
b) die Inventare des Schlosses von 1759 (GLA 56/4096) und vor allem 1787 (GLA 56/4097), veröffentlicht von Kircher, Lit. 1959.
c) das in diesem Zusammenhang bisher noch nicht benutzte Nachlaßinventar Karoline Luises von 1784 (5A Person 68/II)
d) eine Reihe von Notizen Karoline Luises für die Einrichtung ihrer Räume (5A Corr. 139 u. 140), großenteils auch von Kircher benutzt (Lit. 1959); zu berichtigen ist, daß die in Corr. 140 erhaltene Liste der in verschiedenen Zimmern aufzustellenden Pendülen sich nicht auf die Ausstattung der Räume von Karoline Luises Wohnquartier bezieht, wie Kircher annimmt, sondern auf die Ausstattung der Räume für den Besuch des russischen Thronfolgerpaars im Jahre 1782.
e) Akten der »Bau Direction Carlsruhe«, betr. Maler- und Vergolderarbeiten in den fürstlichen Wohnquartieren des Karlsruher Schlosses von 1772–1778 mit z. T. genauen Angaben über Zweckbestimmung und Ausstattung der einzelnen Zimmer: GLA 206/190
4 5A Corr. 20/204
5 5A Corr. 43
6 De la Guêpière an Karoline Luise: 5A Corr. 11 – Karoline Luise an de la Guêpière: 5A Corr. 20/308 u. 310 – Madame Forestier an Karoline Luise: 5A Corr. 48
7 5A Corr. 39
8 GLA 56/4129
9 Karoline Luise an Fuchs: 5A Corr. 20/250 – Fuchs an Karoline Luise: 5A Corr. 49
10 Katalog Ausstellung »Durlacher Fayencen 1733–1847«, Badisches Landesmuseum Karlsruhe 1975, Nr. 58–60 mit Abbildungen
11 5A Corr. 34 – Eine »Description de la figure chinoise« in 5A Corr. 154
12 5A Corr. 19/264
13 5A Corr. 149; vgl. Anm. 3
14 5A Corr. 10
15 5A Corr. 18
16 5A Corr. 11
17 5A Corr. 34
18 5A Corr. 139
19 5A Corr. 42
20 5 Corr. 7
21 GLA 47/165
22 5A Corr. 104, 105 (u. a. Mittel gegen Wanzen), 127–135, 145
23 Lit. Himmelheber (1964)

Eltern und Kinder (Seite 289)

1 Lit. Brunn (1791), S. 62 ff.
2 5 Person 24
3 5A Corr. 31–33 und 82 – GLA 46/6817
4 Lit. Funck, Goethe und Lavater (1890)
5 5A Corr. 1
6 5 Corr. 1
Deutsche Übersetzung:
»Liebe Gattin,
Die ich liebe, die mein ganzes Volk verehrt,
Und die von Tag zu Tag ich mehr zu schätzen weiß,
Empfangt von einem Ort, den alle Künste zieren,
Von mir die Wünsche, meine Sehnsucht und aufrichtige Verehrung.
Paris, das an Vergnügungen so reich sich unseren Augen bietet,
Paris, so überreich an Großem, Wunderbarem,
Paris, das man zu Recht ein Universum nennt,
Trotz all des Seltnen, all der Reize, die es bietet,
Ersetzt es keinen Augenblick, den ich in Eurer Gegenwart verbringe.
Der Pracht, die mich erfreut, bin ich schon wieder müde.
Bald wird mein Herz, das überall und immer Euch allein gehört,
Vor Eure Augen wieder treten und zufrieden sein.«
7 Lit. Weech (1872), S. 18
8 Lit. Vierordt (1858)
9 5A Corr. 14
10 Lit. Weech (1872), S. 17
11 5A Corr. 38
12 Lit. Schaible (1855), S. 231
13 5A Corr. 2
14 Lit. Karl August v. Sachsen-Weimar, Briefe an seine Mutter (1938), S. 19, Nr. 21
15 5A Corr. 7, 8
16 Lit. Karl Friedrich Briefl. Verkehr. Mirabeau (1892), S. 135
17 Lit. Briefwechsel Große Landgräfin (1877), 13. 5. 1753
18 Lit. Knodt (1976)
19 Lit. Freystedt (1902), S. 4 und 7
20 Lit. Funck, Goethe u. Lavater (1901), S. 215 f.
21 6A Corr. 1
22 Lit. Gehres II (1827), S. 212 ff.
23 Lit. Funck, Landolt (1917)
24 6 Corr. Nachtragsband V
25 5 Corr. 5
26 Eheversprechen in 5 Person 12
27 Lit. Sachs V (1773), S. 195 – Lit. Gerspacher (1934), S. 9 f.
28 5 Corr. 1

Besuche und Begegnungen (Seite 305)

1 Lit. Fecht (1887, Neudruck 1978), S. 296
2 Lit. Boswell, Große Reise (1955), S. 168 ff. (englische Ausgabe 1953)
3 Lit. Daschkowa (1970), S. 108 ff. u. 259 – Lit. Schlegelberger (1935)
4 5A Corr. 16
5 Lit. Herder, Briefe (1977), Nr. 88 und 139

6 5 Corr. 29
7 Lit. Funck (1890, 1893, 1901) – Zur Persönlichkeit Lavaters vgl. Lit. Lavater-Sloman (1950)
8 Lit. Lavater, Physiognomische Fragmente (1776–1778)
9 Lit. Brunn (1791), S. 121 ff.
10 5A Corr. 46
11 Zu Klopstocks Aufenthalt in Karlsruhe: Lit. Kleinschmidt (1878) – Obser (1891) – Funck (1923)
12 Lit. Briefe von und an Klopstock (1867), Nr. 140
13 Lit. Schubart (1774), S. 518
14 Lit. Einstein, Gluck (1954), S. 181 f. – Einstein gibt irrtümlich an, Gluck habe auf der Reise nach Paris im Frühjahr Klopstock in Karlsruhe getroffen. Das Konzert fand jedoch erst im November statt, als sich Gluck auf der Rückreise nach Wien befand.
15 5 Person 24
16 5A Corr. 138
17 Lit. Karl August, Briefe . . . (1938), S. 5 ff., Nrn. 4 u. 5
18 Lit. Bode (1913) – Andreas (1953)
19 Brief Ring an Oberlin, Rastatt, 27. 3. 1775: ». . . le Chevalier Glück et sa charmante Nièce ont encore donné trois jours . . .« (Abschrift in GLA Hdschr. 1293)
20 Lit. Briefe von und an Klopstock (vgl. Anm. 12), Nr. 143
21 Lit. Briefwechsel Klopstock-Stolberg (1964), Nr. 31 u. 32
22 Goethe, Dichtung und Wahrheit, Buch IV, Kap. 18
23 Lit. Oeftering (1938) – Der Autor gibt an, Karoline Luise habe die Ettlinger Papiermühle erst 1776 erworben. Die Erwerbung geschah jedoch bereits im April 1774 (vgl. hier Kap. 22), doch mußte der »in vollem Zerfall befindliche« Betrieb erst umgebaut und neu eingerichtet werden; er hat seine Produktion vermutlich nicht vor dem Frühling oder Sommer 1775 aufgenommen.
24 Goethe, Briefe an Charlotte von Stein, herausg. J. Fränkel, Jena 1908, Nr. 368
25 Lit. Gehres II (1827), S. 173 – Als sich der Kaiser auf der Rückreise von Paris in Basel aufhielt, machte ihm Karl Friedrich, begleitet von zweien seiner Söhne, dort am 19. Juli seine Aufwartung (vgl. Lit. Wüthrich 1956, S. 139 ff.)

»In der Botanik ist sie so starck wie ein Professor. . .« (Seite 323)

1 Lit. Oeftering (1920) – Hannemann (1967) – Stamm (1978)
2 5A Corr. 35
3 5A Corr. 47
4 5A Corr. 40
5 Lit. Behrens (1894) – Reinöhl (1942)
6 5 Corr. 43
7 5A Corr. 112
8 Lit. Obser (1908): erste zusammenfassende Darstellung dieses Themas nach den Dokumenten. Ergänzungen und Korrekturen in Lit. Lauts (1979)
9 5A Corr. 14
10 5A Corr. 20/90 f.
11 Vgl. dazu ausführlich Lit. Lauts (1979), Anm. 11
12 5A Corr. 45
13 5A Corr. 97
14 Zu den einzelnen Stechern der Familie Gautier Dagoty: Lit. Singer (1917) – Bouchard (1936) – Bibliothèque Nationale Paris, Inventaire du Fonds Français, X. Graveurs du 18ième siècle, Paris 1968, S. 34–94
15 5A Corr. 138 – Karoline Luise legte die sechs Louisdors persönlich aus, welche Karl Friedrich dem Künstler überreichte, und ließ sich diesen Betrag von der Landschreiberei rückerstatten.

16 Lit. Björnståhl (1781), Bd. 3/2, S. 327 ff.
17 5A Corr. 13
18 5A Corr. 13 (= Obser, Lit. Anm. 8, S. 30 ff.)
19 5A Corr. 13
20 5A Corr. 18
21 5A Corr. 97
22 5A Corr. 36 – 5A Corr. 13 (Linné)
23 5A Corr. 11
24 5A Corr. 20/299
25 5A Corr. 43
26 5A Corr. 36 – Die zu den Malvazeen gehörende, in Südamerika vorkommende Pflanze wird jetzt unter dem Namen »Pachyra aquatica AUBL« geführt (frdl. Mitt. Dr. G. Philippi, Landessammlungen für Naturkunde, Karlsruhe)
27 5A Corr. 9 – Nach einer militärischen Laufbahn in der französischen Armee hatte sich Marquis Maximilien-Henri de Saint-Simon um 1758 in Utrecht niedergelassen, um sich dort ganz der Schriftstellerei und Blumenzucht zu widmen.
28 Lit. Lauts (1979) mit Abbildung

»Die Vielwisserin und Vielfragerin von Baden« (Seite 337)

1 5A Corr. 14
2 Zu Boerhave und van Swieten: Biographisches Lexikon der hervorragenden Ärzte aller Zeiten und Völker, 2. Aufl. 1929 – Boerhave: Bd. 1, S. 597 ff. (M. Salomon) – van Swieten: Bd. 5, S. 488 f. (C.E. Daniels)
3 5A Corr. 46
4 5A Corr. 104, 105, 116–135
5 5A Corr. 116–135
6 5A Corr. 46
7 5A Corr. 101, 106, 110
8 5A Corr. 39
9 Lit. Cassini de Thury (1763)
10 Lit. Böckmann (1787) – Wucherer (1803) – Drais II (1828) – Vierordt (1858)
11 Zum Schulwesen in Karlsruhe: Lit. Fecht (1887), S. 279 ff.
12 Lit. Wucherer (1803)
13 Lit. Schubart (1776), S. 166
14 GLA GHFK Hds 432
15 5A Corr. 95, 101–103, 110, 153
16 Lit. Funck (1890), S. 215
17 Abschrift in 5A Person 66/III

Die Markgräfin als Geschäftsfrau und Unternehmerin (Seite 345)

1 Zur Geschichte der Manufaktur vgl. Lit. Liebel, Enlightened Bureaucracy (1965) – Rummer (1967) – Zier (1980)
2 5A Corr. 47, 48
3 Lit. Scheifele (1910)
4 Lit. Gehres II (1827), S. 138 f.
5 Lit. Drais I (1816), Cap. X, S. 130 f.
6 Lit. Sachs V (1773), S. 357 f.
7 5A Corr. 141
8 5A Corr. 50
9 5A Corr. 25 – Lit. Krebs (1951)

10 5A Corr. 19/111
11 5A Corr. 20/275
12 5A Corr. 20/273
13 5A Corr. 32 – Zum Betrieb von Karoline Luises »Seidenplantage« vgl. Akten von 1767–1777: GLA 148/318
14 5A Person 68/I – Schätzung von 1779 und 1781 für das »Kühle Feld« in 5A Corr. 136
15 5A Corr. 15
16 5A Corr. 142
17 Lit. Drais II (1818), S. 232 ff. – Karoline Luises Buchhaltung über den Krapp-Anbau von 1766: 5A Corr. 136
18 5A Corr. 19/111
19 5A Corr. 49
20 5A Corr. 24
21 5A Corr. 47 – Weitere Korrespondenz zum Krapphandel: Ador, 5A Corr. 48 – de Chevigny, 5A Corr. 10 – von Dietrich, Straßburg: 5A Corr. 16 – Jeremias Hofer: 5A Corr. 47 – Leroy de Lozembrune: 5A Corr. 12 – von Ried, Offenburg: 5A Corr. 8 – Rossillon: 5A Corr. 48 – Geh.Rat Schüle, Augsburg: 5A Corr. 15 – Weitere Offerten der Krapp-Produktion in 5A Corr. 136
22 5A Corr. 49
23 GLA GHFK Hds 423
24 5A Corr. 137
25 5A Corr. 34
26 5A Person 62 a
27 5A Corr. 48
28 Zur Papiermühle in Ettlingen: GLA 199/465 – 5A Corr. 136 – Lit. Springer (1928) – Oeftering (1938)
29 5A Person 68/I
30 5A Corr. 22
31 5A Person 61
32 Kieffer über Neuvermessung usw.: 5A Corr. 97
33 5A Corr. 144
34 6 Corr. Nachtragsband I
35 5 Corr. 23
36 5A Corr. 75 und 137
37 5A Corr. 136
38 5A Corr. 141 – Andere, ähnliche Zettel für 1770/71 (Gondelsheim?) in 5A Corr. 144
39 5A Corr. 8
40 5A Corr. 135 – Zur Persönlichkeit: Lit. Mayer (1975)
41 5A Corr. 103 – Weitere Dinge, welche Wilhelm Ludwig von Schilling von seinem Bruder für Karoline Luise erhielt: Spinatsamen aus Estland, Samen »roter Hirse« aus Amerika, Muster von russischem Flachs usw.
42 5A Corr. 19/25

Kunst- und Bildungsreisen (Seite 357)

1 5A Corr. 32
2 5A Corr. 76
3 5A Corr. 75
4 5A Corr. 1
5 Karl Friedrich an Karoline Luise aus der Schweiz: 5A Corr. 2
6 Karl Friedrich an Karoline Luise aus Paris 1776: 5A Corr. 2
7 5A Corr. 43
8 Lit. Freystedt (1902)

9 Zur Pariser Reise Karoline Luises 1776: Korrespondenz mit Maelrondt: 5A Corr. 43 u. 45 – Teile eines Ausgabenbuchs, Beschreibung des Hauses der Guimard, Adressen von Händlern: 5A Corr. 149 – Liste der Sehenswürdigkeiten: 5A Corr. 75

10 Zu Mademoiselle Guimard: Lit. Goncourt (1893) – H.F.Ch., Artikel Guimard in Enciclopedia dello Spettacolo VI, 1959, S. 54 ff.

11 5A Corr. 43

12 5A Person 60 a

13 5A Corr. 111

14 5A Corr. 75 u. 77

15 5A Corr. 74

16 5A Corr. 77

17 5 Corr. 32

18 5 Person 36

19 5 Person 40

20 Fleischmann an Karoline Luise: 5A Corr. 40 – Rechnung für Cochins Reiseführer in der Korrespondenz mit Kammerrat Koch: 5A Corr. 27 – Zur Persönlichkeit Cochins und über dessen Reiseführer: Lit. Cust (1916) – Karoline Luise besaß auch Albrizzis Reiseführer »Forestiere illuminato« für Venedig in der Ausgabe von 1740 (5A Corr. 58), vielleicht schon in Darmstadt erworben.

21 5A Corr. 19

22 5A Corr. 45

23 Das Original dieses Manuskripts ist verschollen. Ring verfaßte nach seinen Entwürfen ein zweites, zu eigenem Gebrauch bestimmtes Exemplar, das sich in seinem Nachlaß befindet (Freiburg, Universitätsbibliothek); davon eine Abschrift in Karlsruhe (GLA, Hds 1293)

24 Lit. Mead (1972), S. 48

25 Abschriften von Katalogen der Florentiner Galerien und eine in Latein abgefaßte der Medicäischen Antikensammlungen: 5A Corr. 99

26 Zu den Festen in Venedig anläßlich der »Sensa« vgl. Bianca Tamassia Mazzarotto, Le feste veneziane, Firenze 1961, Cap. XI, S. 180–205

27 Vgl. Artikel Gabrielli in Enciclopedia dello Spettacolo V, 1958, Sp. 805 ff.

28 Zur Persönlichkeit von d'Ansse de Villoison vgl. Nouvelle Biographie Générale Bd. 13, 1855, S. 1–18 – Lit. F.H. (1883)

Späte Jahre (Seite 377)

1 Lit. Schubart (1774), S. 447 f.

2 Lit. Weckhrlin (1778), S. 76 f.

3 Lit. Riesbeck (1783/84) und P.F. Zimmermann (1920)

4 Prospekt der Accademia di San Luca: 5A Person 68 b

5 5A Corr. 13

6 Zur Arcadia: Lit. Carini (1891) – G.N. in Enciclopedia Italiana IV, (1949), S. 8 f. – W. Binni, in Storia della Letteratura Italiana VI, Roma 1972, S. 326 ff.

7 »Adunanza/Tenuta dagli Arcadi/Per l'Acclamazione di S.A.S./Carolina Luisa/Margravia regnante/di Baden Baden e Baden Durlach/&&&/Col Nome di/Cleonice Delia – In Roma MDCCLXXVI (1776). – Exemplare u. a. in der Biblioteca Hertziana Rom und in Karlsruher Privatbesitz

8 Dankbrief Pizzis an Karoline Luise: 5A Corr. 17

9 5A Corr. 45

10 5A Corr. 11

11 5A Person 68/II

12 5 Person 40

13 5A Corr. 1

14 Benutzt wurden zwei voneinander abweichende gedruckte Exemplare:
1) 5A Corr. 88: ohne Text des Arioso und Namen des Verfassers und Komponisten
2) Badische Landesbibliothek Karlsruhe (042 B62, 7, Nr. 60) vollständig – Von den ehemals in der Hessischen Landesbibliothek Darmstadt bewahrten Noten (im Kriege vernichtet) dort nur noch der alte Katalogzettel erhalten (frdl. Mitt. Dr. G. Bill, Landes- und Hochschulbibliothek Darmstadt, 25. 1. 1979) – Zu Maria Luigia Todi vgl. Enciclopedia dello Spettacolo IX, Roma 1962, Sp. 943 f.
15 Zu Madame Mara vgl. Enciclopedia dello Spettacolo VII, Roma 1960, Sp. 83 f.
16 6A Corr. 1
17 Zum Auftreten der Truppen Berner und Koberwein in Karlsruhe: Lit. Schiedermair (1913)
18 Honorare für Todi, Mara und Berner in: 5 Person 24
19 6 Corr. Nachtragsband V
20 Zur Reise Karl Friedrichs in die Markgrafschaft Sponheim vgl. Lit. G. Mayer (1974)
21 Vgl. Lit. Mayer (1978)
22 Zur Reise nach Thüringen und Sachsen vgl. die Briefe Karoline Luises an Prinz Friedrich: 8 Corr. Nachtragsband I und Lit. G. Mayer (1978)
23 5A Corr. 97 – Briefe Herzog Karls II. an Karl Friedrich: 5 Corr. 16
24 Zu Großfürst Paul (später Zar Paul I.) vgl. Lit. Zubov (1963)
25 5A Corr. 140 – Dort auch Listen der »Suite Russe«, »Suite de Wurtenberg«, »Suite de Holstein«, sowie Liste der an der »Fürstentafel« zu placierenden Gäste und der im Schloß unterzubringenden Personen
26 5A Corr. 45
27 GLA 56/1733
28 Lit. Oberkirch I (1853), S. 377 ff.
29 Lit. Freystedt (1902), S. 9 f.
30 Lit. Karl Friedrich, Politische Korrespondenz I (1888), S. 239, Anm. 2
31 5 Corr. 20
32 Lit. Gehres II (1827), S. 213

Die letzte Reise der Markgräfin (Seite 391)

1 Lit. Gehres II (1827), S. 214
2 5A Corr. 47 u. 49 – Heinrich Vierordts Mutter Margarete Elisabeth Sophia, geb. Hemberger (1746–1790), Frau des in der Geheimen Registratur tätigen, 1777 zum Hofrat ernannten Friedrich Matthäus Vierordt, versah das Amt einer Beschließerin für die gesamte Hofhaltung, verwaltete also die Wäschekammer im Karlsruher Schloß.
3 5A Corr. 45
4 Rings Bericht: GLA Hds 1293, S. 90 f. – Lit. Funck (1883)
5 5 Corr. Nachtragsband I
6 Brief Duponts an den Außenminister de Vergennes: Lit. Karl Friedrich, Politische Korrespondenz I (1888), S. 241 f., Nr. 218
7 5A Corr. 149
8 Alle auf die Reise Karoline Luises nach Paris, auf ihren Tod und die Überführung nach Karlsruhe bezüglichen Dokumente: 5A Person 66/I–III
9 Lit. Gehres II (1827), S. 215
10 5A Person 66
11 Für eine eingehende Interpretation dieses Textes (briefl. Mitt. vom 10. 9. und 30. 9. 1979) ist der Verf. Herrn Dr. med. A. Schwartzkopf in Karlsruhe und Herrn Dr. med. Philipp Graf zu Solms-Rödelheim, Wien, zu besonderem Dank verpflichtet.
G. Kircher (Lit. 1933, S. 3) zitiert aufgrund einer Mitteilung von Kuno Graf Hardenberg einen undatierten Brief der Markgräfin Amalie, in welchem diese über den Tod ihrer Schwiegermutter berichtet. Danach gab man in Karlsruhe dem Sturz auf der Treppe, bei

welchem Karoline Luise auf den Kopf gefallen war, die Schuld am »dépôt de matière«, den das Obduktionsprotokoll feststellt; dieser hätte innerhalb weniger Wochen den Verlust des Verstandes zur Folge haben müssen. Das an einen ungenannten Adressaten gerichtete Schreiben läßt sich laut frdl. Mitt. von Prof. Dr. E.G. Franz vom 8. 2. 1979 in den Beständen des Darmstädter Archivs jedoch nicht mehr nachweisen.

12 Lit. Funck (1905)

13 Lit. Karl Friedrich, Politische Korrespondenz I (1888), S. 6 f., Nr. 5

14 Lit. Funck (1890), S. 6 f.

15 Lit. Drais I (1816), S. 138 ff.

16 Lit. Drais I (1816), S. 136

Die Erben (Seite 405)

1 Generalia 33, Fideikommisse

2 5A Person 67

3 Alle die Verteilung des Nachlasses betreffenden Akten: 5A Person 68/I–II

4 Zu Ph.J. Becker: Lit. Obser (1930) – Mellings Juventar des Malereikabinetts abgedruckt bei Kircher (Lit. 1933, S. 182 ff.)

5 Vgl. Lit. Kircher, Zeichenschulen (1924)

6 Zum schriftlichen Nachlaß Karoline Luises: Lit. Kircher (1933), S. 8–12

Die Nachfahren (Seite 409)

1 5 Person 35

2 5 Person 69, 74, 79

3 Lit. Karl Friedrich, Politische Korrespondenz I (1888), S. 23, Nr. 254

4 Zum Folgenden vgl. Lit. Häußer (1854) – Weech (1863) – Karl Friedrich, Politische Korrespondenz I–VI (1898–1915) – Thiard (1900) – Brunner (1904) – Walter (1949)

5 Lit. Häußer, Bd. 2 (1855), S. 360

6 Lit. Varnhagen (1871) Bd. 5, S. 43 f.

7 Lit. Varnhagen (Anm. 6), S. 201 f.

8 GLA 233, Nr. 27–105

9 Lit. Hirsch II (1932), S. 800 ff.

10 Lit. Markgraf Wilhelm, Denkwürdigkeiten (1906), S. 458

11 Lit. Gehres II (1827), S. 218

Quellen

Großherzogliches Familienarchiv Karlsruhe

Generalia: 18–20, 33–36, 45, 87

Zu einzelnen Persönlichkeiten:

2A (Markgräfin Magdalene Wilhelmine, Großmutter Karl Friedrichs) Personalia 15, 28
4 (Erbprinz Friedrich, Vater Karl Friedrichs) Personalia 2–5, 20
4A (Erbprinzessin Anna Charlotte Amalie, Mutter Karl Friedrichs) Personalia 25–28, 33–37
4B (Markgraf Wilhelm Ludwig, Bruder Karl Friedrichs) Personalia 38–47
5 (Markgraf Karl Friedrich)
Personalia 4–18, 23–25, 28, 34–36, 39–40, 46–48, 50–51, 56–57,
Korrespondenz: 1, 2, 5, 7–9, 12, 14–20, 22–25, 27–33, 35–43, Nachtragsband I
5B (Markgräfin Karoline Luise)
Personalia 58–68, 86–87
Korrespondenz: 1–154
6 (Erbprinz Karl Ludwig, ältester Sohn Karl Friedrichs)
Personalia 1, 2
Korrespondenz: Nachtragsbände I–III, V–IX
6A (Erbprinzessin Amalie, Gemahlin Karl Ludwigs)
Korrespondenz: 1
8 (Markgraf Friedrich, zweiter Sohn Karl Friedrichs)
Personalia 1, 2
Korrespondenz: Nachtragsbände I–II
5B (Luise Karoline, Reichsgräfin von Hochberg, zweite Gemahlin Karl Friedrichs) Personalia 69–72, 74

Badisches Generallandesarchiv Karlsruhe

Soweit dort bewahrte Dokumente zitiert werden, sind die Nummern der Repositorien jeweils in den Anmerkungen angegeben.

Großherzogliches Familienarchiv Darmstadt

Wichtigste benutzte Quellen:

4 402/6 (Briefe Karoline Luises an den Vater Landgraf Ludwig VIII.)
4 414/1 (Erziehung und Unterhalt der Darmstädter Prinzessinnen)

4 502/2–4 (Heiratsprojekte)
4 543/7 (Korrespondenz Karl Friedrichs mit Landgraf Ludwig VIII.)
4 543/8 (Korrespondenz Karoline Luises mit ihrem Bruder Landgraf Ludwig IX.)
4 559/4–5 (Briefe der »Großen Landgräfin« an Karoline Luise)
VII K 92/1 (Kanonikat Quedlinburg)

Literaturverzeichnis

Abkürzungen:

Die Pyramide	Sonntagsbeilage des Karlsruher Tagblatts
ZGO	Zeitschrift für die Geschichte des Oberrheins

Andreas, Willy, Badische Politik unter Karl Friedrich. In: ZGO 65, 1911, S. 415 ff.

Andreas, Willy, Ausklang der Schweizerreise: Goethe und Carl August an den südwestdeutschen Höfen. In: ZGO 100, 1952, S. 321 ff. (vor allem S. 324 f.).

Andreas, Willy, Carl August von Weimar, Ein Leben mit Goethe 1757–1783, Stuttgart 1953.

Arneth, Ritter von, Alfred, Geschichte Maria Theresias Bd. 1–10, Wien 1863–1879.

Bader, Josef, Die Residenzstadt Karlsruhe, ihre Geschichte und Beschreibung, Karlsruhe 1858.

Bader, Josef, Licht und Schatten, Bilder aus der Hof- und Landesgeschichte Badens, Karlsruhe 1881 (ungedrucktes Manuskript im Badischen Generallandesarchiv Karlsruhe).

Balet, Leo, Die Verbürgerlichung der deutschen Kunst, Literatur und Musik im 18. Jahrhundert, Straßburg-Leipzig-Zürich 1936.

Bauer, W., Das Karlsruher Schauspiel im 18. Jahrhundert. In: Die Pyramide 1925, Nr. 4, S. 26 ff.; Nr. 5, S. 32 ff.

Behrens, Johann, Joseph Gottlieb Koelreuter, Ein Karlsruher Botaniker des achtzehnten Jahrhunderts, Karlsruhe 1894.

Benedikt, Ernst, Kaiser Joseph II. (2. Aufl.), Wien 1947.

Benisovich, Michel E., Liotard et sa collection de tableaux. In: Genava 29, 1951, S. 149 ff.

Bialek, Paul, W. Jeremias Müller, der Baumeister des Louis XVI in Karlsruhe, Ms. Dissertation der Technischen Hochschule Karlsruhe 1955 (1956).

Bignon, E.L.P., Über die Zwistigkeiten der Höfe von Baiern und Baden, Frankfurt a. M. 1818.

Bille, Clara, De Tempel der Kunst of het Kabinet van den Heer Braamcamp, Amsterdam 1961.

Björnståhl, Jacob Jonas, Briefe auf (Bd. 5 u. 6: Nachrichten von) seinen ausländischen Reisen an . . . C.C. Gjörwell, aus dem Schwedischen übersetzt von J.E. und Chr.H. Großkurd, Leipzig und Rostock 1781 (hier Bd. 3 und 5).

Blankenhorn, Erich, Carl Friedrich Herrmann von Freistedt, Wegbereiter der allgemeinen Wehrpflicht (Badische Köpfe, Folge V). In: Mein Heimatland 29, 1942, S. 258 ff.

Bode, Wilhelm, Karl August von Weimar, Jugendjahre, Berlin 1913.

Böckmann, Johann Lorenz, Carolina die Geliebte, ein Muster würdiger Fürstinnen . . . Carolsruhe 1765.

Böckmann, Johann Lorenz, Welche Fortschritte machten Mathematick und Naturlehre in den Badischen Ländern? In: Abhandlungen bey der Jubelfeier der Carlsruher Fürstenschule wegen ihrer vor zweyhundert Jahren 1586 zu Durlach geschehenen Stiftung, Durlach 1787.

Boswell on the Grand Tour, Germany and Switzerland 1764 (The Yale Editions of the Private Papers of James Boswell), ed. Frederick A. Pottle, Melbourne-London-Toronto 1953 (S. 168–179, 183). (Deutsche Ausgabe Stuttgart-Konstanz o. J. [1955]).

Both von, Wolf u. Vogel, Hans, Landgraf Wilhelm VIII. von Hessen-Kassel, Ein Fürst der Rokokozeit, München-Berlin 1964.

Bouchard, M.A., Une famille d'artistes français du XVIIIe siècle, Les Gautier d'Agoty. In: Mémoires de la Commission des Antiquités du Département de la Côte-d'-Or 21, 1936, S. 135 ff.

Braunreuther, Kurt, Über die Bedeutung der physiokratischen Bewegung in Deutschland in der 2. Hälfte des 18. Jahrhunderts, Ein geschichtlich-politökonomischer Beitrag zur »Sturm-und-Drang-Zeit«. In: Wissenschaftliche Zeitschrift der Humboldt-Universität in Berlin, Gesellschafts- und sprachwissenschaftliche Reihe 5, 1955/56, Nr. 1, S. 15 ff.

Bridel, G.-A., Les pastels de Lausanne. In: Association du Vieux Lausanne, Rapport 1944, S. 10 ff.

Brookner, Anita, Greuze. The rise and fall of an eighteenth-century phenomenon, London 1972.

Brunn, Friedrich Leopold, Briefe über Carlsruhe, Berlin 1791.

Brunner, Karl, Badische Geschichte (Sammlung Göschen), Leipzig 1904.

Buri, Heinrich Wilhelm Anton, Vollständiges Diarium von den ... Begebenheiten, die sich vor, in und nach der ... Crönung ... Carl des VII., erwehlten Römischen Kaysers ... im heil Reich, sonderlich in dieser Wahl-Stadt Franckfurt am Mayn zugetragen ..., Franckfurt a. M. 1742/43.

Carini, I(sidoro), L'Arcadia dal 1690 al 1890, Memorie storiche Bd. I., Roma 1891.

Cassini de Thury, César-François, Relation de deux voyages faits en Allemagne par Ordre du Roi, Paris 1763 (S. XXIII/XXIV und 51/52).

Conrad, Hermann, Staatsgedanke und Staatspraxis des aufgeklärten Absolutismus. In: Vorträge der Rheinisch-Westfälischen Akademie der Wissenschaften, I. Geisteswissenschaften, Vorträge G 173, Opladen 1971.

Corti, Gino, The Agdollo Collection of Paintings: an inventory of 1741. In: The Burlington Magazine 120, 1978, S. 441 ff.

Courboin, François, Essais ... graveurs et marchands, Bruxelles-Paris 1914.

Cust, Lionel, A French artist in Italy in the 18th century. In: The Burlington Magazine 29, 1916, S. 3 ff.

Dacier, Emile, La curiosité au XVIIIe siècle: Choiseul collectionneur. In: Gazette des Beaux-Arts 1949/2, S. 47 ff.

Dacier, Emile, La mort et l'inventaire après décès de Jean-Henri Eberts. In: Bulletin de la société de l'histoire de l'art français 1950, S. 167 ff.

Dacier, Emile, L'Athénienne et son inventeur. In: Gazette des Beaux-Arts 1932, S. 112 ff.

Daschkowa, Fürstin Katharina, Erinnerungen, Katharina die Große und ihre Zeit, Herausg. Irene von Lossow, München 1970.

Demandt, Karl E., Geschichte des Landes Hessen, 2. Aufl., Kassel-Basel 1972.

Deusch, Werner R., Der Kupferstecher Johann Georg Wille und sein Pariser Tagebuch, Ein Beitrag zu den deutsch-französischen Kunstbeziehungen im 18. Jahrhundert. In: Imprimatur, Ein Jahrbuch für Bücherfreunde N.F.2, 1960, S. 100 ff.

Deville, Etienne, Index du Mercure de France 1672–1832. Paris 1910 (Reprint Genève 1973).

Dezallier d'Argenville, Anton-Joseph, Lettre sur le choix et l'arrangement d'un cabinet curieux, écrite par M. Des-Allier d'Argenville, Secrétaire du Roy en la Grande Chancellerie, à M. de Fougeroux, Trésorier-Payeur des Rentes de l'Hôtel de Ville. In: Mercure de France, Juni 1727/II, Sp. 1295 ff.

Diehl, Wilhelm, Bilder aus der hessischen Vergangenheit, 2. Reihe: Aus der Zeit des Landgrafen Ernst Ludwig, Hessische Volksbücher 6, Darmstadt 1910.

Dieterich, Julius Richard, Landgraf Ernst Ludwig und die Goldmacher. In: Hessische Heimat 1, 1919, S. 15 ff.

Dold, Richard, Maria Viktoria, die letzte Markgräfin von Baden-Baden, Karlsruhe o. J. [1922].

Drais von, Karl Wilhelm Friedrich Ludwig, Geschichte der Regierung und Bildung von Baden unter Carl Friederich Bd. I und II, Carlsruhe 1816 und 1818.

Drais von, Karl Wilhelm Friedrich Ludwig, Gemälde aus dem Leben Karl Friederichs, des ersten Großherzogs von Baden, Mannheim 1829.

Dufort de Cheverny, Jean-Nicolas, Comte, Mémoires; Herausg. R. de Crèvecœur, 2 Bände, Paris 1909.

Eberlein, Kurt Karl, Caroline Louise, die Kunstsammlerin des Rokoko. In: Kunst- und Antiquitäten-Rundschau 1936, S. 141 ff.

Einstein, Alfred, Gluck – Sein Leben, sein Werk, Zürich-Stuttgart o. J. [1954].

Emmerling, Ernst, Die Geschichte der Darmstädter Malerei, 1. Die Hofmaler, 19. Jahresgabe der Gesellschaft hessischer Bücherfreunde, Darmstadt 1936.

Erhard, Carl Friedrich, Badisches Mineralreich, Erster Bericht. In: Magazin von und für Baden I/1, Karlsruhe 1802.

Ericksen, S. u. Watson, F.B.J., The »Athénienne« and the revival of the classical tripod. In: The Burlington Magazine 105, 1963, S. 108 ff.

Esselborn, Karl, Darmstadt und sein Hof zur Zopfzeit in zeitgenössischen Schilderungen bearb. u. herausg. von K. Esselborn, Hessische Volksbücher 21–22, Friedberg-Darmstadt 1915.

Esselborn, Karl, Pirmasens und Buchsweiler, Bilder aus der Hessenzeit der Grafschaft Hanau-Lichtenberg, Hessische Volksbücher 28–30, Friedberg-Darmstadt 1917.

Ewald, Johann, Der fürstliche Menschenfreund, Friedrich Markgraf von Baden, Karlsruhe 1818 (S. 9 ff.).

Fauchier-Magnan, Adrien, Les petites cours d'Allemagne au XVIIIième siècle, Paris 1947.

Fecht, Karl Gustav, Geschichte der Haupt- und Residenzstadt Karlsruhe, Karlsruhe 1887.

Fischel, Lilli, Notizen zur Geschichte des Karlsruher Kupferstichkabinetts. In: ZGO 105, 1957, S. 265 ff.

Fontaine de la, H., Aus der Jugendzeit Landgraf Ludwigs IX. von Hessen-Darmstadt. In: Archiv für hessische Geschichte und Altertumskunde N.F. 23, 1950, S. 55 ff.

Fosca, François, Un pastel de Liotard retrouvé à Genève. In: La Tribune de Genève, 30. 11. 1945.

Fosca, François, La vie, les voyages et les œuvres de Jean-Etienne Liotard, Lausanne-Paris 1956.

Freystedt, Karoline von, Erinnerungen aus dem Hofleben, Herausg. K. Obser, Heidelberg 1902.

Fries, Johann L., Persönliches über Friedr. Dom. Ring. In: Die Pyramide 1926, Nr. 33, S. 152 f.

Fritz, Johann Michael, und Schwarzmaier, Hansmartin, Die Kroninsignien der Großherzoge von Baden (Krone, Zepter, Zeremonienschwert), Kap. II. Ältere Juwelen aus Durlachischem Besitz. In: ZGO 125, 1977, S. 201 ff. (hier: S. 205 ff.).

F.(unck), H.(einrich), Die Markgräfin Karoline Luise von Baden und der Philologe Villoison. In: Karlsruher Zeitung 1883, Nr. 15 und 16.

Funck, Heinrich, J.K. Lavater und der Markgraf Karl Friedrich von Baden, Freiburg i. B. 1890.

Funck, Heinrich, Karl Friedrich von Baden in Lavaters Physiognomischen Fragmenten. In: ZGO 47, 1893, S. 132 ff.

Funck, Heinrich, Lavaters Besuche bei Karl Friedrich von Baden im Jahr 1783. In: ZGO 59, 1905, S. 422 ff.

Funck, Heinrich, Die Schweizerreise des Markgrafen Karl Friedrich von Baden im Jahre 1783 und sein biblischer Diskurs mit Lavater. In: ZGO 68, 1914, S. 646 ff.

Funck, Heinrich, Karl von Knebels Aufzeichnungen über seinen Aufenthalt in Karlsruhe im September 1780. In: Die Pyramide 1916, Nr. 49, S. 200.

Funck, Heinrich, J.H. Landolts Aufzeichnungen über seinen Aufenthalt in Karlsruhe im September 1782. In: Die Pyramide 1917, Nr. 39, S. 159 f.

Funck, Heinrich, Goethes und der beiden Grafen Stolberg Aufenthalt in Karlsruhe auf ihrer gemeinsamen Reise in die Schweiz 1775. In: Die Pyramide 1920, Nr. 6, S. 21 f. .

Funck, Heinrich, Goethes Besuch am Karlsruher Hof im Jahr 1779. In: Die Pyramide 1921, Nr. 41, S. 333.

Funck, Heinrich, Was verleidete Klopstock den Aufenthalt in Karlsruhe? In: Die Pyramide 1923, Nr. 2, S. 6 f.

Gagnebin, Bernard, La gravure de »La malheureuse famille Calas«. In: Gazette des Beaux-Arts 120, 1978, S. 197 ff.

Gaxotte, Pierre, Paris au XVIIIe siècle, Paris 1968.

Gehres, Siegmund Friedrich, Kleine Chronik von Durlach, Teil II, Mannheim 1827.

Gerson, Horst, Ausbreitung und Nachwirkung der holländischen Malerei des 17. Jahrhunderts, Haarlem 1942.

Gerspacher, Hans, Die badische Politik im Siebenjährigen Kriege, Heidelberger Abhandlungen zur mittleren und neueren Geschichte Heft 67, Heidelberg 1934.

Geschichte der Hofgärten in Karlsruhe (ohne Verf.). In: Gartenflora 1902, S. 212 ff.

Gielly, Louis, Le portrait de la comtesse de Coventry par J.-E. Liotard. In: Genava 9, 1931, S. 225 f.

Girodie, André, Jean-Frédéric Schall, un peintre de fêtes galantes (S. 10 f. über J.-H. Eberts), Strasbourg 1927.

Glotz, Marguerite, und Maire, Madeleine, Salons du XVIIIe siècle, Paris 1949.

Goethe und Lavater, Briefe und Tagebücher, Herausg. H. Funck, Schriften der Goethe-Gesellschaft Bd. 16, Weimar 1901.

Goncourt de, Edmond, La Guimard, Paris o. J. [1893].

(»Große Landgräfin«), Briefwechsel der »Großen Landgräfin« Caroline von Hessen, Herausg. Ph.A.F. Walther, 2 Bände (hier vor allem Bd. 2, S. 173 ff.: Briefe an Karoline Luise von Baden), Wien 1877.

Guimbaud, Louis, Saint-Non et Fragonard, Paris 1928.

Gutman, Emil, Das Großherzogliche Residenzschloß zu Karlsruhe. Zeitschrift für Geschichte der Architektur, Beiheft 5, Heidelberg 1911.

Haebler, Rolf Gustav, Die Schwiegermutter Europas, Markgräfin Amalie von Baden. In: Die Pyramide 1935, Nr. 32, S. 125 f.; Nr. 33, S. 131 f.; Nr. 34, S. 133 ff.

Hannemann, Kurt, Karl Wilhelms Tulpenbücher in der Badischen Landesbibliothek – Dichtung und Wahrheit. In: Welt am Oberrhein 1967, S. 148 f. und 162 f.

Hardenberg Graf von, Kuno, Das Jagdschloß Kranichstein und die Jagdmaler des Landgräflichen Hofes zu Darmstadt, Vorläufiger Führer durch Schloß und Sammlungen, Darmstadt 1918.

Hardenberg Graf von, Kuno, Herkunft Leben und Wirken . . . des Hofmalers Johann Christian Fiedler, Darmstadt 1919.

Hartung, Fritz, Der Aufgeklärte Absolutismus. In: Historische Zeitschrift 180, 1955, S. 15 ff.

Haskell, Francis, Some collectors of Venetian art at the end of the eighteenth century. In: Studies to the Renaissance and Baroque, presented to Anthony Blunt on his 60th birthday, New York 1967, S. 173 ff. (zu Agdollo: S. 177).

Haug, Hans, Deux Strasbourgeois qu'il faut sauver de l'oubli (J.-H. Eberts und dessen Bruder). In: Les Dernières Nouvelles d'Alsace 1947, Nr. 113 (15. Mai).

Haupt, Georg, Die Bau- und Kunstdenkmäler der Stadt Darmstadt (Die Bau- und Kunstdenkmäler des Landes Hessen, Regierungsbezirk Darmstadt) I. Textband, II. Bildband, Darmstadt 1952 u. 1954.

Hazard Paul, Die Herrschaft der Vernunft, Das europäische Denken im 18. Jahrhundert, Hamburg 1949.

Hazard, Paul, Die Krise des europäischen Geistes, 5. Aufl. Hamburg o. J. [1964].

Henriet, Maurice, Un amateur d'art au XVIIIe siècle: l'académicien Watelet. In: Gazette des Beaux-Arts 1922/II, S. 173 ff.

Herder, Johann Gottfried, Briefe, Erster Band April 1763–April 1771, Bearb. W. Dobbek u. G. Arnold, Weimar 1977.

Himmelheber, Georg, Beobachtungen an unbekannten Roentgen-Möbeln. In: Jahrbuch der Staatlichen Kunstsammlungen in Baden-Württemberg 1, 1964, S. 217 ff.

Hirsch, Fritz, 100 Jahre Bauen und Schauen, 2 Bände, Karlsruhe 1928 u. 1932.

Humbert, Edouard – Revilliod, Alphonse – Tilanus, J.W.R., La vie et les œuvres de Jean-Etienne Liotard, Amsterdam 1897 (der Traktat Liotards S. 51 ff.).

Japikse, Nicolas, Die Oranier, Statthalter und Könige in den Niederlanden, München 1939.

Joannidès, A., La Comédie-Française de 1680 à 1920, Tableau des représentations par auteurs et par pièces, Paris 1921.

Just, Leo, Der Aufgeklärte Absolutismus. In: Brandt-Meyer-Just, Handbuch der Deutschen Geschichte Band II, Abschnitt 4, Konstanz o. J. [1961].

Kamenskaja, T., Greuze et Mme Geoffrin. In: Gazette des Beaux-Arts 1934/II, S. 221 ff.

(Karl VII.) Das Tagebuch Kaiser Karls VII. aus der Zeit des Österreichischen Erbfolgekrieges, Herausg. K.Th. Heigel, München 1883.

(Karl August von Sachsen-Weimar) Briefe des Herzogs Carl August von Sachsen-Weimar an seine Mutter, die Herzogin Anna Amalia, Oktober 1774–Januar 1807, Herausg. A. Bergmann, Jena 1938.

Karl Friedrich von Baden, Brieflicher Verkehr mit Mirabeau und Du Pont, Bearb. u. Herausg. Carl Kniess, 2 Bände, Heidelberg 1892.

Karl Friedrich von Baden, Politische Correspondenz 1783–1806, Bearb. E. Erdmannsdörfer u. K. Obser, Band I–VI, Heidelberg 1888–1915.

Kattermann, Gerhard, Exlibris und Supralibros badischer Markgrafen und Markgräfinnen, Nach den Beständen der Badischen Landesbibliothek. In: Gutenberg-Jahrbuch 1942/43, S. 219 ff.

Kiefer, Ludwig Albert, Steuern, Abgaben und Gefälle in der ehemaligen Grafschaft Hanau-Lichtenberg, Straßburg 1891.

Kircher, Gerda, Alt-Karlsruher Kunstschulen. In: Volk und Heimat, Beilage der Badischen Presse vom 24. und 31. August 1924.

Kircher, Gerda, Johann Friedrich Reiffenstein und die Markgräfin Caroline Louise von Baden. In: ZGO 81, 1929, S. 84 ff.

Kircher, Gerda, Karoline Luise von Baden als Kunstsammlerin, Schilderungen und Dokumente zur Geschichte der Badischen Kunsthalle in Karlsruhe, Karlsruhe 1933.

Kircher, Gerda, Markgräflicher Besuch in Karlsruhe Anno 1760. In: Die Pyramide 1933, Nr. 11, S. 41 f.

Kircher, Gerda, Un nouveau pastel de Liotard. In: Gazette des Beaux-Arts 76, 1934, S. 46 ff.

Kircher, Gerda, Wittelsbacher Bildnisse von Georg Desmarées im Neuen Schloß zu Baden-Baden. In: Münchner Jahrbuch für bildende Kunst N.F. 12, 1937/38, S. XL ff.

Kircher, Gerda, Beiträge zur Geschichte der Malerei an den badischen Fürstenhöfen, I. Berühmte Pastellmaler des 18. Jahrhunderts in badischen Diensten. In: Oberrheinische Kunst 9, 1940, S. 110 ff.

Kircher, Gerda, Badische Hofporträtisten des 18. Jahrhunderts. In: ZGO 95, 1943, S. 451 und 503.

Kircher, Gerda Franziska, Neue Forschungen zur Porträt- und Sammlungsgeschichte der Zähringer. In: ZGO 97, 1949, S. 498 ff. (vor allem S. 532 ff.).

Kircher, Gerda Franziska, Die Einrichtung des Rastatter Schlosses im Jahre 1772, Ein Beitrag zur Kulturgeschichte der deutschen Residenzschlösser der Barockzeit. In: ZGO 103, 1955, S. 177 ff.

Kircher, Gerda Franziska, Das Karlsruher Schloß als Residenz und Musensitz, bearbeitet aus dem Schloßinventar von 1787 und aus der Korrespondenz der Markgräfin Karoline Luise. Veröffentlichungen d. Kommission für geschichtliche Landeskunde in Baden-Württemberg, Reihe B Forschungen, 8. Band, Stuttgart 1959.

Kircher, Gerda Franziska, Die Zähringer Bildnissammlung im Neuen Schloß zu Baden-Baden, Karlsruhe 1958.

Kistner, Adolf, Die Pflege der Naturwissenschaften in Mannheim zur Zeit Karl Theodors (Geschichte der Kurpfälzischen Akademie der Wissenschaften in Mannheim I), Mannheim 1930.

Klaiber, Hans Andreas, Der Württembergische Oberbaudirektor Philippe de La Guêpière, Ein Beitrag zur Kunstgeschichte der Architektur am Ende des Spätbarock, Stuttgart 1959.

Kleinschmidt, Arthur, Karl Friedrich von Baden, zum 150. Geburtstage, Heidelberg 1878.

(Klopstock, Friedrich Gottlieb), Briefe von und an Klopstock, Ein Beitrag zur Literaturgeschichte seiner Zeit, Herausg. J.M Lappenberg, Braunschweig 1867.

(Klopstock, Friedrich Gottlieb), Briefwechsel zwischen Klopstock und den Grafen Christian und Friedrich Leopold zu Stolberg, Herausg. J. Behrens, Neumünster 1964.

Knetsch, Carl, Das Haus Brabant, o. O. 1931.

Knodt, Manfred, Die Regenten von Hessen-Darmstadt, Darmstadt 1976.

Knoef, J., De Verzamelaars Goll van Frankenstein. In: Nederlandsch Kunsthistorisch Jaerboek 1948/49, S. 268 ff.

Kohlschmidt, Werner, Geschichte der deutschen Literatur vom Barock bis zur Klassik, Stuttgart 1965.

Krebs, Manfred, Wilhelm von Edelsheim in Italien (1770–1772), Reisebriefe an die Markgräfin Karoline Luise von Baden. In: ZGO 99, 1951, S. 240 ff.

Kruedener Frhr. von, Jürgen, Die Rolle des Hofes im Absolutismus (Forschungen zur Sozial- und Wirtschaftsgeschichte), Stuttgart 1973.

Lautenschlager, Friedrich, Bibliographie der badischen Geschichte Bd. I/2, Karlsruhe 1930, Nrn. 4648–4656.

Lauts, Jan, Meisterwerke der Staatlichen Kunsthalle Karlsruhe, Honnef 1958 (2. erweiterte Auflage: Die Staatliche Kunsthalle Karlsruhe, Hanau 1968).

Lauts, Jan, Französische Bildnisse des 17. und 18. Jahrhunderts (Bildhefte der Staatlichen Kunsthalle Karlsruhe Nr. 8), Karlsruhe 1971.

Lauts, Jan, Jean-Etienne Liotard und seine Schülerin Markgräfin Karoline Luise von Baden. In: Jahrbuch der Staatlichen Kunstsammlungen in Baden-Württemberg 14, 1977, S. 43 ff.

Lauts, Jan, Einiges über Markgräfin Karoline Luise von Baden als Gemäldesammlerin. In: Jahrbuch der Staatlichen Kunstsammlungen in Baden-Württemberg 15, 1978, S. 43 ff.

Lauts, Jan, Arnauld-Eloi Gautier Dagoty, »graveur de la Cour de Bade«, Zum botanischen Sammelwerk der Markgräfin Karoline Luise von Baden. In: Jahrbuch der Staatlichen Kunstsammlungen in Baden-Württemberg 16, 1979, S. 95 ff.

Lavater, Johann Caspar, Physiognomische Fragmente zur Beförderung der Menschenkenntniß und Menschenliebe, Erster Versuch, Leipzig und Winterthur 1775–78 (Neudrucke Berlin 1908, Zürich 1968).

Lavater-Sloman, Mary, Genie des Herzens, Die Lebensgeschichte Johann Caspar Lavaters, Zürich 1950.

Lebrun, Camille, Artikel Geoffrin, Marie-Thérèse. In: Nouvelle Biographie Générale Bd. 20, Sp. 1 ff., Paris 1857 (Neudruck Kopenhagen 1966).

Le Camus de Mézières, Nicolas, Le génie de l'architecture ou l'analogie de cet art avec nos sensations, Paris 1780.

Lenel, Paul, Badens Rechtsverwaltung und Rechtsverfassung unter Markgraf Karl Friedrich 1738–1803, Karlsruhe 1913.

Liebel, Helen P., Enlightened Bureaucracy versus Enlightened Despotism in Baden, 1750–1792. In: Transactions of the American Philosophical Society N.S. 55, Part 5, S. 1 ff. (Philadelphia 1965).

Liebel, Helen P., Laissez faire vs. Mercantilism: The Rise of Hamburg and the Hamburg Bourgeoisie vs. Frederick the Great in the Crisis of 1763. In: Vierteljahrsschrift für Sozial- und Wirtschaftsgeschichte 52, 1965, S. 207 ff.

Liermann, Hans, Untersuchungen zum Sakralrecht des protestantischen Herrschers. In: Zeitschrift der Savigny-Stiftung für Rechtsgeschichte 61 (Kanonistische Abt. 30), 1941, S. 311 ff.

Liotard, J.-E., Traité des principes et des règles de la peinture, Préf. de P. Courthion, Vésenaz-Genève 1945.

Loche, Renée u. Roethlisberger, Marcel, L'opera completa di Liotard (Classici dell'Arte), Milano 1978.

Lorenz, Hermann, Quedlinburgische Geschichte. Bd. 1 Werdegang von Stift und Stadt Quedlinburg, Quedlinburg 1922.

Ludwig, Theodor, Der badische Bauer im 18. Jahrhundert (Abhandlungen aus dem Staatswissenschaftlichen Seminar Straßburg, Heft 16), Straßburg 1896.

Ludwig, Theodor, Die deutschen Reichsfürsten im Elsaß und der Ausbruch der Revolutionskriege, Straßburg 1898.

Lübbecke, Fried, Hanau, Stadt und Grafschaft, Köln 1951.

Lugt, Frits, Répertoire des Catalogues de Ventes Publiques vol. I, La Haye 1938.

Mangelsdorf, Robert, Die Belagerung Freiburgs durch die Franzosen im Jahre 1744. In: Schauinsland 40, 1913, S. 1 ff.

Mayer, Gaston, Zur Geschichte der geologischen, mineralogischen und paläontologischen Erforschung des Turmberggebietes. Eine Bibliographie. In: So weit der Turmberg grüßt 7, 1955, S. 37 ff., 59 ff., 74 ff.

Mayer, Gaston, Karlsruher Liebhaber und Interessenten der Geologie, Mineralogie, Paläontologie und des Bergbaus im 18. und 19. Jahrhundert. In: Der Aufschluß 17, 1966, S. 42 ff.

Mayer, Gaston, Ein Koniferenstammstück (Dadoxylon sp.) aus dem Rotliegenden der Pfalz als Relikt des Naturalienkabinetts der Markgräfin Caroline Louise von Baden. In: Der Aufschluß 22, 1971, S. 69 ff.

Mayer, Gaston, Bechtold Gottlieb Deimling (1711–1773), Prorektor in Pforzheim, als Lieferant von Mineralien und Fossilien an die Markgräfin Caroline Louise von Baden. In: Der Aufschluß 22, 1971, S. 191 ff.

Mayer, Gaston, Mineralienlieferungen der Kaiserin Maria Theresia an die Markgräfin Caroline Louise von Baden (1769–1777). In: Der Aufschluß 23, 1972, S. 261 ff.

Mayer, Gaston, Fossilien- und Mineraliensammler im südlichen Baden und in der Schweiz als Lieferanten und Tauschpartner der Markgräfin Caroline Louise von Baden. In: Der Aufschluß 23, 1972, S. 342 ff.

Mayer, Gaston, Ein verschollenes Fossilien-Tafelwerk des Direktors der Zeichnungsakademie in Mannheim Johann Franz von der Schlichten (1725–1795). In: Der Aufschluß 23, 1972, S. 369 f.

Mayer, Gaston, Eine Reise des Markgrafen Carl Friedrich von Baden in die Grafschaft Sponheim 1775. In: Der Aufschluß 25, 1974, S. 234 f.

Mayer, Gaston, Badische Paläontologen, vorzüglich Liebhaber (Sammler, Popularisatoren, Förderer), die im Catalogus bio-bibliographicus von Lambracht & Quenstedt (1938) fehlen. In: Der Aufschluß 25, 1974, S. 477 ff.

Mayer, Gaston, Domherr Joseph Anton Sigismund von Beroldingen als Mineralien- und Fossilienlieferant der Markgräfin Caroline Louise von Baden (1763). In: Berichte der Naturforschenden Gesellschaft Freiburg i. Br. 64, 1974, S. 175 ff.

Mayer, Gaston, Bergrat Archenholtz und Regierungsrat Tux, zwei württembergische Mineralien- und Fossiliensammler als Lieferanten der Markgräfin Caroline Louise von Baden. In: Jahrbuch der Gesellschaft für Naturkunde Württemberg 129, 1974, S. 55 ff.

Mayer, Gaston, Die Mineralien- und Fossilienlieferungen des Freiherrn Carl Friedrich Reinhard von Gemmingen in Ansbach an die Markgräfin Caroline Louise von Baden (1769–1778). In: Geologische Blätter für NO-Bayern 25, 1975, S. 46 ff.

Mayer, Gaston, Mineralien- und Fossilienlieferanten der Markgräfin Caroline Louise von Baden im südlichen Baden und in der Schweiz (1764–1781). In: Das Markgräfler Land, Beiträge zur Geschichte und Kultur des Landkreises Lörrach und seiner Umgebung N.F. 6 (37), 1975, S. 316 ff.

Mayer, Gaston, Ornithologische Beobachtungen des Oberjägermeisters Franz Georg Schilling von Cannstatt in Ansbach und dessen Naturalienlieferungen an die Markgräfin Caroline Louise von Baden 1781–1782. In: Bericht der Naturwissenschaftlichen Gesellschaft Bayreuth 15, 1975, S. 225 ff.

Mayer, Gaston, Rudolph Erich Raspe, Naturalienlieferant der Markgräfin Caroline Louise von Baden 1769. In: Zeitschrift des Vereins für hessische Geschichte und Landeskunde 85, 1975, S. 185 ff.

Mayer, Gaston, Der Ökonom Daniel Gottfried Schreber in Leipzig als Mineraliensammler und Tauschpartner der Markgräfin Caroline Louise von Baden (1768/69). In: Der Aufschluß 27, 1976, S. 325 ff.

Mayer, Gaston, Die Naturaliensammlung des Apothekers Johannes Zorn (1739–1799) in Kempten. In: Das schöne Allgäu 39, 1976, S. 61 ff.

Mayer, Gaston, Johann Heinrich Edenberger (1743–?) aus Pforzheim, Miniaturmaler in Karlsruhe, in den Niederlanden und in England. In: Pforzheimer Geschichtsblätter Folge IV, 1976, S. 159 ff.

Mayer, Gaston, Prorektor Bechtold Gottlieb Deimling (1711–1773), ein Pforzheimer Liebhaber der Mineralogie und Geologie, Mineralien- und Fossilienlieferant der Markgräfin Caroline Louise von Baden. In: Pforzheimer Geschichtsblätter Folge IV, 1976, S. 163 ff.

Mayer, Gaston, Ein illustrierter Fossilienkatalog des Stadtgerichtsassessors Johann Bernhard Keller in Heilbronn im Nachlaß der Markgräfin Caroline Louise von Baden (1723–1783). In: Der Aufschluß 28, 1977, S. 21 ff.

Mayer, Gaston, Friedrich Wilhelm von Leysser (1731–1815) als Mineraloge und Mineralienlieferant der Markgräfin Caroline Louise von Baden (1773). In: Der Aufschluß 28, 1977, S. 157f.

Mayer, Gaston, Geologisch-mineralogische Notizen des markgräflich baden-durlachischen Geheimen Rates J.J. Reinhard (1765). In: Der Aufschluß 28, 1977, S. 261 ff.

Mayer, Gaston, Baron Hüpsch in Köln als Naturalienlieferant und Tauschpartner der Markgräfin Caroline Louise von Baden 1769–1783. In: Der Aufschluß 28, 1977, S. 417 ff.

Mayer, Gaston, Eine Reise des Markgrafen Carl Friedrich von Baden in die Niederlande 1780, Briefe des Hofmedikus Dr. Johann Christoph Buch an die Markgräfin Caroline Louise. In: Badische Heimat 58, 1978, S. 113 ff.

Mayer, Gaston, Johann Christian Neubers »Klein Cabinets-Tabatiere«. In: Der Aufschluß 29, 1978, S. 154 ff.

Mayer, Gaston, Naturkundliche Mitteilungen des Pfarrers Johann Peter Job (1713–1791) in Dornheim an die Markgräfin Caroline Louise von Baden (1723–1783). In: Der Aufschluß 29, 1978, S. 331 ff.

Mayer, Gaston, Beiträge zur Geschichte der Badischen Landessammlungen für Naturkunde in Karlsruhe, X. Das Naturalienkabinett des Erbprinzen Friedrich (1708–1732), die älteste markgräfliche Naturaliensammlung in Karlsruhe. In: Beiträge zur naturkundlichen Forschung in Südwestdeutschland 37, 1978, S. 31 ff.

Mayer, Gaston, Ein Steinschränkchen aus dem markgräflichen Schloß zu Karlsruhe. In: Badische Heimat 59, 1979, S. 485 ff.

Mayer, Gaston, Die von dem kurfürstlich-pfälzischen Hofastronomen Christian Mayer SJ von seiner Rußlandreise 1769–1770 mitgebrachten Naturalien für die Naturalienkabinette in Mannheim und Karlsruhe. In: Badische Heimat 50, 1979, S. 491 ff.

Mayer, Gaston, Beiträge zur Geschichte der Badischen Landessammlungen für Naturkunde in Karlsruhe XI. Pfarrer Ludwig Gottlieb Scriba, ein naturkundlicher Korrespondent und Naturalienlieferant der Markgräfin Caroline Louise von Baden 1768–1782. In: Beiträge zur naturkundlichen Forschung in Südwestdeutschland 38, 1979, S. 5 ff.

Mayer, Gaston, Die Briefe und Mineraliensendungen des Geometers Carl Friedrich Erhardt an die Markgräfin Caroline Louise von Baden 1774/75. In: ZGO 127 (88), 1979, 295-ff.

Mayer, Gaston, Johann Sebastian Clais (1742-1809), Mechaniker, Montanist, Salinist, Unternehmer und Naturalienlieferant der Markgräfin Caroline Louise von Baden. In: Badische Heimat 60, 1980, 315 ff.

Mayer, Gaston, Mineralogische Mitteilungen des großbritannischen Hauptmanns und Unternehmers Georg Friedrich Gaupp in Lörrach und Pforzheim an die Markgräfin Caroline Louise von Baden 1763/64 und 1772. In: Aufschluß 32, 1981, 37 ff.

Mayer, Gaston, Geologisch-Mineralogisches in Briefen Cosimo Alessandro Collinis an die Markgräfin Caroline Louise von Baden. In: Aufschluß 33, 1982, 245 ff.

Mayer, Gaston, Naturkundliche Korrespondenten und Lieferanten der Markgräfin Caroline Louise von Baden in Frankreich und Dänemark. In: ZGO 130 (91), 1982, 263 ff.

Mayer, Gaston, Briefe des Johann Rudolf und Carl Friedrich Iselin in Basel und Kopenhagen an die Markgräfin Caroline Louise von Baden 1765/66, ihr Naturalienkabinett betreffend. In: Badische Heimat 63, 1983, 585 ff.

Mayer, Gaston, Beiträge zur Geschichte der Badischen Landessammlungen für Naturkunde in Karlsruhe, XXII. Papiere aus dem Nachlaß der Markgräfin Caroline Louise von Baden im Archiv des Museums, Karlsruhe 1985 (Xeroskopie, 16 Seiten)

Mayer, Gaston, Beiträge zur Geschichte der Badischen Landessammlungen für Naturkunde in Karlsruhe, XII. Die Briefe und Mineraliensendungen des Geometers Carl Friedrich Erhardt an die Markgräfin Caroline Louise von Baden 1774/75. In: ZGO (im Druck).

Mead, William Edward, The Grand Tour in the Eighteenth Century, New York 1972.

Melling, Richard, Der Karlsruher Hofmaler Joseph Melling (1724–1796) und seine Familie. In: Badische Heimat 30/31, 1950/51, S. 31 ff.

Melling, Richard, Der Karlsruher Hofbildhauer Ignaz Lengelacher (1698–1780). In: Badische Heimat 34, 1954, S. 18 ff.

Meyer, Friedrich Ludwig Wilhelm, Friedrich Ludwig Schröder, Hamburg 1819.

Meylan, Henri, La Haute Ecole de Lausanne 1537–1937, Lausanne 1937.

Mez, Walter, Johann Daniel Schöpflin, der Altmeister der badischen Geschichtsschreibung. In: Die Pyramide 1921, Nr. 38, S. 308 f.

Mönch, Walter, Melchior Grimm und die Correspondance littéraire. In: Formen der Selbstdarstellung, Analekten zu einer Geschichte des literarischen Selbstportraits, Festgabe für Fritz Neubert, Berlin 1956, S. 261 ff.

Nebenius, Carl Friedrich, Karl Friedrich von Baden, Karlsruhe 1868.

Oberkirch, Mémoires de la Baronne de . . ., publiés par le comte de Montbrison, Paris o. J. [1853].

Obser, Karl, Klopstocks Beziehungen zum Karlsruher Hofe. In: ZGO 45, 1891, S. 235 ff.

Obser, Karl, Zur Erinnerung an Wilhelm von Edelsheim. In: Karlsruher Zeitung, 6. 12. 1893, Beilage zu Nr. 336.

Obser, Karl, Zur Geschichte der Karlsruher Gemäldegalerie, François Boucher und Markgräfin Karoline Luise. In: ZGO 56, 1902, S. 331 ff.

Obser, Karl, Voltaires Beziehungen zu der Markgräfin Karoline Luise von Baden-Durlach und dem Karlsruher Hofe. In: Festschrift zum fünfzigjährigen Regierungsjubiläum S.K.H. des Großherzogs Friedrich von Baden . . . gewidmet vom G.G. Landesarchiv in Karlsruhe, Heidelberg 1902, S. 57 ff.

Obser, Karl, Markgräfin Karoline Luise von Baden und ihr botanisches Sammelwerk. In: ZGO 62, 1908, S. 41 ff.

Obser, Karl, Lettres sur les salons de 1773, 1777 et 1779 adressées par Du Pont de Nemours à la margrave Caroline-Louise de Bade. In: Archives de l'art français N.P. tome 2, 1908, S. 1 ff.

Obser, Karl, Aus Karl Friedrichs hinterlassenen Papieren, Eigenhändige Aufzeichnungen. In: ZGO 65, 1911, S. 443 ff.

Obser, Karl, Ein Tagebuch des Markgrafen Karl Friedrich vom Jahre 1764. In: Neues Archiv für die Geschichte der Stadt Heidelberg 9, 1911, S. 224 ff.

Obser, Karl, Ein Gedicht Karl Friedrichs auf Friedrich den Großen. In: ZGO 65, 1911, S. 546 f.

Obser, Karl, Das älteste Karlsruher Anzeigenblatt. In: Die Pyramide 1927, Nr. 13, S. 51 f.

Obser, Karl, Galeriedirektor Philipp Jacob Becker und sein künstlerischer Nachlaß. In: Oberrheinische Kunst 8, 1939, S. 154 ff.

Oeftering, Wilhelm Engelbert, Celindo oder Karl Wilhelm und seine Gartenkunst, Ein Kapitel markgräflich-badischer Kunstgeschichte. In: Badische Heimat 5/6, 1920, S. 74 ff.

Oeftering, Wilhelm Engelbert, Goethe und der Verleger Macklot in Karlsruhe. In: Ekkhart, Jahrbuch für das Badner Land 19, 1938, S. 60 ff.

Ogg, David, Europe of the Eighteenth Century, London 1965.

Olenschlager, Johann Daniel von, Vollständiges Diarium von der . . . Erwehlung des . . . Herr Franciscus . . . zum Römischen König und Kayser . . ., Frankfurt a. M. 1746.

Orieux, Jean, Das Leben des Voltaire, 2 Bände, Deutsche Ausgabe Frankfurt a. M. 1968.

Pichard du Page, R., Un financier dilettante: Jean-Benjamin de La Borde. In: Revue de l'histoire de Versailles et de Seine-et-Oise 28, 1926, S. 106 ff. u. 191 ff.

Quennell, Peter, Caroline of England, New York 1940.

Rabiosus, Anselmus siehe Weckhrlin, Wilhelm Ludwig

Rathgeber, Julius, Die Grafschaft Hanau-Lichtenberg, Eine elsässische Volksschrift, Straßburg 1876.

Reidemeister, Leopold, Die Porzellankabinette der brandenburgisch-preußischen Schlösser. In: Jahrbuch der Preußischen Kunstsammlungen 54, 1933, S. 262 ff. und 55, 1934, S. 42 ff.

Reinhard, Johan Jacob, Historisch-physikalische Abhandlung von dem Marmor und verschiedenen anderen in das Mineralreich gehörigen Dingen, so in denen Baden-Durlachischen Landen gefunden werden. In: Johan Jacob Reinhards Marggrävl. Baden-Durlach. würkl. geheimden Raths vermischte Schriften 4, S. 441 ff., Frankfurt a. M. und Leipzig 1766; 6, 1767, S. 897 ff.

Reinöhl, Friedrich, Joseph Gottlieb Kölreuter. In: Schwäbische Lebensbilder Bd. 3, Stuttgart 1942, S. 355 ff.

Riemsdijk, Jhr.B.W.F., Schilderijen-Kabinetten in de XVIIIe eeuw. In: Oud Holland 10, 1892, S. 219 ff.

Riesbeck von, Johann Kaspar, Briefe eines reisenden Franzosen an seinen Bruder zu Paris, o. O. 1783/84.

Riva, Francesco, Il carteggio di Michele Enrico Sagramoso, diplomatico cosmopolita veronese, Firenze 1961.

Rommel, Gustav, Geschichte des Karlsruher Fasanengartens I und II. In: Die Pyramide 1925, Nr. 5, S. 36 ff.; Nr. 6, S. 43 ff.

Rummer, Jolande Elisabeth, Die Uhren- und feine Stahlwarenfabrik im Pforzheimer Waisenhaus. In: Die Pforzheimer Schmuck- und Uhrenindustrie, Beiträge zur Wirtschaftsgeschichte der Stadt Pforzheim, Herausg. E. Maschke, Pforzheim 1967.

Sachs, Johann Christian, Einleitung in die Geschichte der Markgrafschaft und des markgräflich altfürstlichen Hauses Baden V. Theil, Karlsruhe 1773.

Schaible, Joseph, Geschichte des badischen Hanauerlandes nebst einer medizinisch-statistischen Topographie des großh. badischen Amtsbezirks Kork, Karlsruhe 1855.

Scheifele, Bernhard, Seidenbau und Seidenindustrie der Kurpfalz. Ein Beitrag zur Industriepolitik des Merkantilismus. In: Neue Heidelberger Jahrbücher 16, 1910, S. 193 ff.

Schelle, Gustave, Du Pont de Nemours et l'école physiocratique, Paris 1888.

Schiedermair, Ludwig, Die Oper an den badischen Höfen des 17. und 18. Jahrhunderts (Sonderdruck aus »Sammelbände der Internationalen Musikgesellschaft« 14), Leipzig 1913.

Schlegelberger, Guenter, Die Fürstin Daschkowa, eine biographische Studie zur Geschichte Katharinas II., Berlin 1935.

Schmidt, Adolf, Baron Hüpsch und sein Kabinett, Ein Beitrag zur Geschichte der Hofbibliothek und des Museums zu Darmstadt, Darmstadt 1906.

Schmitt, Anselm M., Karlsruher Bürgerleben von 175 Jahren. In: Die Pyramide 1933, Nr. 13, S. 49.

Schoepflin, Johann Daniel, Brieflicher Verkehr mit Gönnern, Freunden und Schülern, Herausg. R. Fester, Tübingen 1906.

Schubart, Christian Friedrich Daniel, Deutsche Chronik auf die Jahre 1774 bis 1778. Deutsche Neudrucke, Reihe Goethezeit, Herausg. A. Henkel, Bd. I (1774), Bd. III (1776). Stuttgart 1975 ff.

Schulze-Kummerfeld, Karoline, Lebenserinnerungen Bd. 1, Herausg. Emil Benczé, Berlin 1915 (S. 133 ff.: Karlsruhe).

Schwarz, Benedikt, Hofzeremoniell vor 150 Jahren. In: Die Pyramide 1921, Nr. 10, S. 77.

Scott, Barbara, Madame Geoffrin, a patron and friend of artists. In: Apollo 85, 1967, S. 98 ff.

Ségur de, Pierre, Le royaume de la rue Saint-Honoré, Madame Geoffrin et sa fille, Paris 1897.

Siebert, Gisela, Kranichstein, Jagdschloß der Landgrafen von Hessen-Darmstadt, Amorbach 1969.

Siebert, Gisela, Jagd und Jagdhäuser in Hessen-Darmstadt, Stuttgart o. J. [1972].

Siebert, Karl, Die Grafen von Hanau-Lichtenberg und das Hanauerland. In: Badische Heimat 5/6, 1918/19, S. 91 ff.

Singer, Hans Wolfgang, Der Vierfarbendruck in der Gefolgschaft Christoffel Le Blonds (für die verschiedenen Mitglieder der Familie Gautier Dagoty). In: Monatshefte für Kunstwissenschaft 10, 1917, S. 177 ff.

Springer, Karl, Ettlinger Wasserzeichen, Ein Beitrag zur Geschichte der Papiermacherei. In: Badische Heimat 15, 1928, S. 232 ff.

Stamm, Gerhard, »Wahre Abbildungen nach der Natur . . .«, Pflanzenmalerei am badischen Markgrafenhof. In: Baden-Württemberg 25, 1978, S. 32 ff.

Staring, A., Hollandse werken van Liotard en Perronneau. In: Oud Holland 74, 1959, S. 225 ff.

Stratmann, Rosemarie, Schloß Karlsruhe, München 1976.

Subleyras, Louis, Nella venuta in Roma di Madama Le Comte e dei Signori Watelet et Copette Rinomatissimi Letterati Francesi Componimenti Poetici di Luigi Subleyras P.A. colle Figure in Rame di Stefano della Vallée (Roma) 1764 (Faksimiledruck für die Teilnehmer der 66. Jahreshauptversammlung der Gesellschaft der Bibliophilen in Stuttgart 1965, Herausg. Werner R. Deusch, 1965).

(Suchier, Reinhard) Genealogie des Hanauer Grafenhauses, Verzeichnis der Portraits (mit Abb.). In: Festschrift des Hanauer Geschichtsvereins zu seiner fünfzigjährigen Jubelfeier am 27. August 1894, Hanau 1894.

Tenner, Helmut, Mannheimer Kunstsammler und Kunsthändler bis zur Mitte des 19. Jahrhunderts, Heidelberg 1966.

Terhalle, Hermann, Seidenbauversuche in Südwestdeutschland mit besonderer Berücksichtigung des kurpfälzischen Oberamtes Alzey. In: Alzeyer Geschichtsblätter 7, 1970, S. 90 ff.

Thiard, Auxonne Marie Théodore, Souvenirs diplomatiques et militaires, Herausg. L. Lex, Paris 1900.

Trautscholdt, Eduard, Zur Geschichte des Leipziger Sammelwesens. In: Festschrift für Hans Vollmer, Leipzig 1957, S. 221 ff.

Valdenaire, Arthur, Das Karlsruher Schloß (Vom Bodensee zum Main Nr. 39), Karlsruhe 1931.

Valdenaire, Arthur, Karlsruhe, die klassisch gebaute Stadt, Augsburg o. J. [1929]

Valdenaire, Arthur, Theorien über die Karlsruher Stadtanlage. In: Die Pyramide 1933, Nr. 36, S. 142 f.

Valdenaire, Arthur, Stadt Karlsruhe, Inventar der Kunstdenkmäler Badens (nur teilweise in Korrekturfahnen erhalten, 1943 verbrannt; Fahnen im Besitz des Landesdenkmalamts Baden-Württemberg, Außenstelle Karlsruhe).

Varnhagen von Ense, Karl August, Ausgewählte Schriften, Teil 1 Denkwürdigkeiten des eigenen Lebens, Band 5 und 6 (3. Aufl.), Leipzig 1871.

Vierordt, Karl Friedrich, Geschichte der im Jahre 1724 aus Durlach nach Karlsruhe verpflanzten Mittelschule, Beilage zu dem Programm des Karlsruher Gymnasiums, Karlsruhe 1858.

Vierordt, Leopold u. Heinrich, Chronik der Familie Vierordt bis etwa 1870, Maschinenschriftl. Exemplar um 1900 (Badische Landesbibliothek Karlsruhe, 070 B/82).

Vogel, Hans, siehe von Both, Wolf u. Vogel, Hans

Wagner, Fritz, Kaiser Karl VII. und die Großen Mächte 1740–1745, Stuttgart 1938.

Walter, Friedrich, Stephanie Napoleon, Lebensweg und Weggenossen, Baden-Baden, o. J. [1949].

Weber, Ulrich, Der Bibliothekssaal im östlichen Nebengebäude des Schlosses, ein Vorläufer des modernen Büchermagazins. In: Veröffentlichungen der Kommission für Landeskunde in Baden-Württemberg, Reihe B Forschungen 46. Bd., Beiträge . . . Festgabe für Ruthardt Oehme, Stuttgart 1968, S. 194 ff.

(Weckhrlin, Wilhelm Ludwig) = Rabiosus, Anselmus, Reise durch Ober-Deutschland, Salzburg-Leipzig 1778.

Weech von, Friedrich, Baden unter den Großherzogen Carl Friedrich, Carl, Ludwig 1738–1830, Freiburg i. B. 1863.

Weech von Friedrich, Die Markgräfinnen Maria Victoria und Caroline Luise von Baden, Carlsruhe 1872.

Weech von, Friedrich, Artikel Karl Friedrich von Baden. In: Allgemeine Deutsche Biographie 15, Leipzig 1882, S. 241 ff.

Weech von, Friedrich, Eine Schweizerreise des Markgrafen Karl Friedrich von Baden im Juli 1775, Aufzeichnungen des Professors Johann Lorenz Böckmann, mitgeteilt von F.v.W. In: Festschrift zum fünfzigjährigen Regierungsjubiläum S.K.H. Großherzogs Friedrich von Baden . . . gewidmet vom G.G. Landesarchiv in Karlsruhe, Heidelberg 1902, S. 1 ff.

Wegner, Wolfgang, Kurfürst Carl Theodor von der Pfalz als Kunstsammler, Zur Entstehung und Gründungsgeschichte des Mannheimer Kupferstich- und Zeichnungskabinetts (Schriften der Gesellschaft der Freunde Mannheims und der ehemaligen Kurpfalz, Mannheimer Altertumsverein von 1859, Heft 6), Mannheim 1960.

Wielandt, F., u. Zeitz, J., Die Medaillen des Hauses Baden, Denkmünzen des zähringenbadischen Fürstenhauses aus der Zeit von 1499 bis 1871, Karlsruhe 1980.

Wilhelm Markgraf von Baden, Denkwürdigkeiten Bd. I (1792–1818), Herausg. K. Obser, Heidelberg 1906.

Wilhelmine Markgräfin von Bayreuth, Memoiren, Leipzig 1923.

Wille, Johann Georg, Mémoires et Journal, 2 Bände, Herausg. G. Duplessis, Paris 1857.

Wilson, Arthur M., Diderot, New York, Oxford Press 1972.

Windelband, Wolfgang, Die Religionsbestimmungen im Erbvertrag von 1765 zwischen Baden-Durlach und Baden-Baden. In: ZGO 66, 1912, S. 70 ff.

Wittmann, Otto, Marmorsuche im Markgräflerland in der Mitte des 18. Jahrhunderts. In: Das Markgräflerland N.F. 10, 1979, S. 86 ff.

Wucherer, Friedrich Wilhelm, Dem Angedenken des verewigten Herrn Geheime Hofrath Böckmann gewidmet . . . In: Magazin von und für Baden 1803/I, S. 1 ff.

Wüthrich, Lukas Heinrich, Christian von Mechel, Leben und Werk eines Basler Kupferstechers und Kunsthändlers (1737–1817), Basel und Stuttgart 1956.

Ziegler, Gilette, Les Coulisses de Versailles, Louis XV et sa cour, Paris 1965.

Zier, Hans Georg, Goldstadt Pforzheim (Schnell, Kunstführer Nr. 996), München-Zürich 1974.

Zier, Hans Georg, Geschichte der Stadt Pforzheim, Stuttgart 1980.

Zimmermann, Paul Friedrich, Die Markgrafschaft Baden, ihre Hauptstadt und ihr Hof im Jahre 1780 (Nach den »Briefen eines reisenden Franzosen über Deutschland«). In: Die Pyramide 1920, Nr. 47, S. 356 f.

Zubov, Valentin Graf, Zar Paul I., Mensch und Schicksal, Stuttgart 1963.

Verzeichnis der Abbildungen

16 (Seite 165) Jan Davidsz de Heem (1606–1684), Frühstücksstilleben – Eichenholz, 37 : 47,3 cm; bez. links an der Tischplatte: J. D. De Heem f. – Karlsruhe, Staatliche Kunsthalle

17 (Seite 166) Rachel Ruysch (1664–1750), Fruchtstilleben mit Hirschkäfer und Buchfinkennest – Leinwand, 65,2 : 54,5 cm; bez. links oben: Rachel Ruysch 1717 – Als Gegenstück zugehörig ein 1715 datierter Blumenstrauß – Karlsruhe, Staatliche Kunsthalle

18 (Seite 167) Jean-Baptiste Siméon Chardin (1699–1779), Stilleben mit totem Rebhuhn – Leinwand, 92 : 74 cm; bez. rechts unten: J S chardin – Als Gegenstück zugehörig ein ebenfalls signiertes und 1728 datiertes Stilleben mit totem Kaninchen – Karlsruhe, Staatliche Kunsthalle

19 (Seite 169) François Boucher (1703–1770), Schäferszene – Leinwand, 64, 5 : 81 cm; bez. links unten: F. Boucher/1760 – Als Gegenstück zugehörig eine Schäferszene mit zwei Mädchen – Karlsruhe, Staatliche Kunsthalle

20 (Seite 171) Pieter Claesz (1596 oder 1597–1660), Frühstücksstilleben mit Silberpokal – Eichenholz, 44 : 63,5 cm – Karlsruhe, Staatliche Kunsthalle

21 (Seite 172) Nicolas de Largillière (1656–1746), Stilleben mit Pfirsichen und Trauben – Leinwand auf Holz, 73,5 : 61 cm – Karlsruhe, Staatliche Kunsthalle

22 (Seite 174) Hendrik Verschuring (1627–1690), Straßenszene in italienischer Stadt – Eichenholz, 35,5 : 47,2 cm; bez. links unten (nicht authentisch: J Lingelbag. f: 1669; rechts unten Reste einer originalen Signatur: . . . ring fe 168. . – Karlsruhe, Staatliche Kunsthalle

23 (Seite 176) Jan van Huysum (1682–1749), Blumenstrauß – Eichenholz, 79 : 60,3 cm; bez. links unten auf der Steinplatte: Jan Van Huysum fecit 1714 – Karlsruhe, Staatliche Kunsthalle

24 (Seite 178) Jean-Baptiste Greuze (1725–1805), Bildnis des Kupferstechers Johann Georg Wille, 1763 – Leinwand, 59 : 48,1 cm; bez. J. B. Greuze 1763 – Paris, Musée Jacquemart-André

25 (Seite 180) Nicolaes Berchem (1620–1683), Furt im Gebirge – Eichenholz, 43,2 : 38,5 cm; bez. links unten: Berghem – Karlsruhe, Staatliche Kunsthalle

26 (Seite 181) Caspar Netscher (1635 oder 1636–1684), Tod der Kleopatra – Leinwand, 53,5 : 44 cm; bez. rechts an der Tischkante: C Netscher f; links unten: 1673 – Karlsruhe, Staatliche Kunsthalle

27 (Seite 183) Rembrandt (1606–1669), Selbstbildnis – Eichenholz, 69 : 56 cm; rechts im Hintergrunde Reste einer Signatur – Karlsruhe, Staatliche Kunsthalle

28 (Seite 185) Jean-Baptiste Siméon Chardin (1699–1779) Stilleben mit Glasflasche und Früchten – Leinwand, 55,5 : 46 cm; bez. links unten: J. S. chardin – Als Gegenstück zugehörig ein Stilleben mit Zinnkrug und Früchten – Karlsruhe, Staatliche Kunsthalle.

29 (Seite 188) Anthonis van Dyck (1599–1641), Bildnis einer Dame mit ihrem Kind – Leinwand, 173 : 117,5 cm – Washington, National Gallery of Art (Andrew W. Mellon Collection) – Von 1762–1769 im Besitz Karoline Luises

30 (Seite 192) Jan Weenix (1642–1719), Stilleben mit totem Hasen – Leinwand, 101 : 78 cm; bez. rechts unten: J Weenix f 1682 (oder 1683; letzte Ziffer unleserlich) – Als Gegenstück zugehörig ein Stilleben mit einem toten weißen Hahn – Karlsruhe, Staatliche Kunsthalle

31 (Seite 195) Willem van Aelst (1625 oder 1626–1683), Stilleben mit Jagdgeräten und toten Vögeln – Leinwand, 68 : 54 cm; bez. unten Mitte: Guill. mo van Aelst 1668 – Karlsruhe, Staatliche Kunsthalle

32 (Seite 198) Claude Joseph Vernet (1714–1789), Die Toilette der Türkin – Eichenholz, 27 : 34 cm; bez. rechts unten: J. Vernet f. – Als Gegenstück zugehörig eine Darstellung »Vornehme Türken, beim Fischfang zuschauend« – Karlsruhe, Staatliche Kunsthalle

33 (Seite 199) Karoline Luise, Brustbild eines jungen Mädchens, das einen Brief liest –

Rötelzeichnung auf Papier, 14,9 : 11,8 cm; unten beschriftet: Dessiné par S. A. Ser. Mad. La Margr. de Baden-Dourlah neè (sic!) Princesse de Hesse – Wohl eine der beiden Zeichnungen, welche Karoline Luise zusammen mit dem Rezeptionsstück (vgl. folgende Abb. 34) 1764 der Kunstakademie in Kopenhagen zuschickte – Kopenhagen, Königl. Kunstakademie

34 (Seite 200) Karoline Luise, Tod der Kleopatra, Kopie nach dem Gemälde Caspar Netschers, Abb. 26 – Pastell auf Pergament, 55,2 : 44,5 cm; unten bez: Fait par Caroline Louise Margrave de Bade Dourlac 1764 – Kopenhagen, Königl. Kunstakademie

35 (Seite 202) Rosalba Carriera (1675–1757), Die Poesie – Pastell auf Papier (auf Leinwand aufgezogen), 63 : 50 cm – Karlsruhe, Staatliche Kunsthalle

36 (Seite 208) Gerrit Dou (1613–1675), Die Köchin – Eichenholz, 33 : 23,8 cm; bez. auf der Fensterbrüstung: G. Dov (G und D verbunden) 1652 – Karlsruhe, Staatliche Kunsthalle

37 (Seite 211) Gérard de Lairesse (1641–1711), König Seleukos übergibt seinem Sohn Antiochos die Königsherrschaft und seine zweite Gemahling Stratonike – Leinwand, 88,5 : 103,5 cm; bez. links an der Tischplatte: G. Lairesse inv. f. 1676 – Karlsruhe, Staatliche Kunsthalle

38 (Seite 215) Das Bibliotheksgebäude neben dem Ostflügel des Karlsruher Schlosses (Zustand vor 1944) – Der Eingang befand sich an der Südseite und führte zunächst in einen Vorsaal, an den sich rechts der Saal des Naturalienkabinetts anschloß. Die Fenster des früheren Zwischenstocks sind jetzt zugemauert

39 (Seite 237) L. N. de Lespinasse (1734–1808), Blick auf die Place Louis XV (heute Place de la Concorde) und das Tuilerienschloß – Aquarellierte Zeichnung, bez. und 1771 datiert – Paris, Musée Carnavalet

40 (Seite 239) Louis Marteau (um 1715– um 1805), Bildnis Madame Geoffrin – Gemälde, entstanden 1766 in Warschau – Krakau, Museum

41 (Seite 244) Gabriel de Saint-Aubin (1724–1780), Der große Festsaal des Colisée in Paris – Gouache, 16,3 : 22,2 cm – London, The Wallace Collection

42 (Seite 252) Jacques-Louis David (1748–1825), Minerva kämpft gegen Mars, dem Venus zu Hilfe kommt, 1771 – Leinwand, 114 : 140 cm – Paris, Louvre

43 (Seite 253) Maurice-Quentin de La Tour (1704–1788), Bildnis Claude-Henri Watelet, 1752/53 – Pastell auf Papier, 62 : 52 cm – Privatbesitz

44 (Seite 254) Maurice-Quentin de La Tour (1704–1788), Bildnis Marguerite Le Comte, 1752/53 – Pastell auf Papier, 64,8 : 52,5 cm – Karlsruhe, Staatliche Kunsthalle

45 (Seite 255) Claude-Henri Watelet, Bildnis des Grafen René de Baudouin – Radierung, 17 : 12,2 cm – Karlsruhe, Staatliche Kunsthalle

46 (Seite 257) Ansicht von Moulin Joli – Radierung von F. D. Née nach einer Zeichnung von Daubigny (Aus »Description générale de la France«, Bd. I, Paris 1781)

47 (Seite 272) Blick auf das Karlsruher Schloß von Osten (Zustand vor 1944); im ersten und zweiten Stock der westlichen Hälfte des Corps de Logis sowie des anschließenden Flügels das ehemalige Wohnquartier Karoline Luises

48 (Seite 274) Der ehemalige Marmorsaal des Karlsruher Schlosses; 1944 zerstört

49 (Seite 276) Grundriß des Wohnquartiers der Markgräfin Karoline Luise im Westteil des Karlsruher Schlosses, 1. Obergeschoß – Nach einem Plan, den Jeremias W. Müller auf Grund eines Entwurfs von de la Guèpière anfertigte (jetzt Sammlung des Lehrstuhls für Baugeschichte an der Universität Karlsruhe), gezeichnet von Frau Annelis Schwarzmann, Karlsruhe

50 (Seite 286) Grundriß des Wohnquartiers der Markgräfin Karoline Luise, 2. Obergeschoß; vgl. Bemerkung zu Abb. 49

51 (Seite 292) Joseph Wolfgang Hauwiller (seit 1749 Meister in Straßburg, 1764 in Rastatt, gest. etwa 1787), Markgräfin Karoline Luise mit dem Pflanzenbuch, um 1775 – Leinwand, 124 : 95 cm – Privatbesitz – Das geöffnete Buch zeigt Darstellungen exotischer Pflanzen, von rechts nach links: »346 Figuier des Indes«; »398 (?) Plante Marine«; »540 Plante Marine«; »350 Cerisier de Perou«

52 (Seite 299) Joseph Wolfgang Hauwiller (Vgl. Bemerkung zu Abb. 51), Bildnis der Erbprinzessin Amalie, um 1775 – Leinwand, 21 : 15,9 cm – Privatbesitz – Der im Hintergrunde dargestellte Knabe ist der Kalmücke Fedor Iwanowitsch, den Katharina die Große der Landgräfin Karoline von Hessen-Darmstadt bei deren Besuch in St. Petersburg 1773 schenkte und den Amalie nach dem Tode der Mutter mit nach Karlsruhe brachte. Hier wurde er später zum Maler ausgebildet.

53 (Seite 300) Christian von Mechel (1737–1817), Bildnis des Prinzen Friedrich, um 1775 – Kupferstich – Privatbesitz

54 (Seite 311) Bildnis Johann Caspar Lavater, 1774 – Schabkunstblatt von Johann Elias Haid nach einer Zeichnung von G. F. Schmoll (Ausschnitt) – Größe der Darstellung mit dem Ovalrahmen: 13,4 : 11,7 cm – Karlsruhe, Staatliche Kunsthalle

55 (Seite 314) Friedrich Gottlieb Klopstock – Kupferstich von L. G. Sichling nach einem Gemälde von Jens Juel – Größe der Darstellung 14,6 : 11,9 cm – Karlsruhe, Staatliche Kunsthalle

56 (Seite 329) Arnaud-Eloi Gautier Dagoty, »Veronica arvensis«; Probetafel für das von Karoline Luise geplante Linné-Werk; von Björnståhl 1774 an Linné geschickt – London, The Linnean Society

57 (Seite 330) Karoline Luise, Werbeprospekt für das von ihr geplante Linné-Werk, 1774 – Karlsruhe, Großherzogliches Familienarchiv

58 (Seite 335) »Carolinea Louisa«, Zeichnung einer von Linné zu Ehren Karolines Luises so benannten neu entdeckten Pflanze; diese erhielt später den Namen »Carolinea princeps«, jetzt »Pachyra aquatica AUBL« – Linné schickte die Zeichnung an Treuer, den badischen Residenten in den Haag; dieser leitete sie weiter an die Markgräfin (Großherzogliches Familienarchiv, 5A Corr. 36)

59 (Seite 347) Undatiertes Briefkonzept Karoline Luises an Hauptmann – später Oberst – Georg Adam Gmelin in Frankfurt (5A Corr. 19, S. 41). Der Text lautet: »à Mr./Mr. Gmelin Capitaine/dans Royal Americaine/au Service de S.M./Britannique/à Francfort – Hochedelgebohrner/besonders lieber Herr Haubtmann. Ich bin recht beschämet daß dem Hn. Haubtmann gegen meinen Willen so viele verdrießliche Bemühungen mit meiner Seide zugezogen habe. Die neue u. überzeugende Proben aber welche mir derselbe von deßen wahren Freundschaft auch in dieser Gelegenheit geben wollen, rühren mich auf das empfindlichste u. vermehren je mehr u. mehr in mir die aufrichtige Estime mit welcher ich ohnausgesetzet verbleibe. . .«

60 (Seite 356) Ausschnitt aus Abb. 51

61 (Seite 373) Francesco Guardi (1712–1793), Die Piazza San Marco in Venedig mit den Aufbauten zum Fest der »Sensa« – Leinwand, 29,5 : 45 cm – Wien, Kunsthistorisches Museum

62 (Seite 375) Francesco Guardi (1712–1793), Das öffentliche Bankett des Dogen für Signorie und Senat anläßlich der »Festa della Sensa« im Dogenpalast – Leinwand, 67 : 100 cm – Nantes, Musée des Beaux-Arts

63 (Seite 399) Bildnis Karoline Luise, 1783 – Schwarze Kreide, Maße (im Passepartout, ohne die unter die Darstellung geklebten Verse Lavaters) 38,9 : 29,2 cm – Die Zeichnung ist nicht signiert, stammt aber wohl von der Hand des Karl Friedrich Autenrieth (1750–1824), der seit 1774 die Karlsruher Zeichenschule leitete (frdl. Hinweis von Dr. R. Theilmann).

64 (Seite 400) Anton Raphael Mengs (1728–1779), Bildnis des Staatsministers Wilhelm von Edelsheim, um 1772 – Nußbaumholz, 66 : 55,5 cm – Karlsruhe, Staatliche Kunsthalle

65 (Seite 403) Heinrich Freudweiler (1755–1795), Markgraf Karl Friedrich und Erbprinz Karl Ludwig, über den Tod Karoline Luises trauernd, 1783 – Kupfer, 51 : 36 cm – Privatbesitz

Personenregister

(Angehörige regierender Häuser sind in alphabetischer Folge unter dem Namen des von ihnen beherrschten Landes aufgeführt, deutsche Kaiser und deren Gemahlinnen unter Deutsche Kaiser)

Markgrafen von Baden-Durlach und Großherzoge von Baden (1677–1907)

Friedrich VII. (1647–1709), seit 1677 Markgraf,
∞ 1670 Auguste Marie, Tochter d. Herzogs Friedrich III. von Holstein-Gottorp (1649–1728)

Karl Wilhelm (1679–1738)
folgt 1709
∞ 1697 Magdalene Wilhelmine, Tochter d. Herzogs Wilhelm Ludwig von Württemberg (1677–1742)

Karl Magnus
(1701–1712)

Friedrich
(1703–1732)
∞ 1727 Anna Charlotte Amalie, Tochter d. Prinzen Johann Wilhelm Friso von Nassau-Dietz-Oranien (1710–1777)

Karl Friedrich (1728–1811) folgt als Markgraf 1738, selbständig seit 1746, Kurfürst 1803, Großherzog 1806

∞ 1) 1751 **Karoline Luise,** Tochter d. Landgrafen Ludwig VIII. von Hessen-Darmstadt (1723–1783)

2) 1787 Luise Karoline, Tochter d. Freiherrn Ludwig Heinrich Geyer von Geyersberg (1768–1820)

Auguste Magdalene
(1706–1709)

Christoph (1684–1723)
∞ 1711 Marie Christine Felicitas, Tochter d. Grafen Karl August von Leiningen-Heidesheim (1692–1734)

Karl August
(1712–1786)

Karl Wilhelm Eugen
(1713–1783)

Christoph
(1717–1789)
∞ 1779 Katharina Höllischer „von Freydorf" (1745–1811)

Karl Friedrich (1728–1811) folgt als Markgraf 1738, selbständig seit 1746, Kurfürst 1803, Großherzog 1806

∞ 1) 1751 **Karoline Luise,** Tochter d. Landgrafen Ludwig VIII. von Hessen-Darmstadt (1723–1783)

2) 1787 Luise Karoline, Tochter d. Freiherrn Ludwig Heinrich Geyer von Geyersberg (1768–1820)

1
Karl Ludwig
(1755–1801)
∞ 1774 Amalie, Tochter d. Landgrafen Ludwig IX. von Hessen-Darmstadt (1754–1832)

1
Friedrich
(1756–1817)
∞ 1791 Christiane Luise, Tochter d. Herzogs Friedrich von Nassau-Usingen (1776–1829)

1
Ludwig
(1763–1830)
seit 1818 Großherzog
∞ Katharina Werner, „Gräfin von Langenstein" (gest. 1850)

2
Leopold
(1790–1852)
seit 1830 Großherzog
∞ 1819 Sophie, Tochter d. Königs Gustav IV. von Schweden (1801–1865)

Friedrich I.
(1826–1907)
1852 Regent,
seit 1856 Großherzog
∞ 1856 Luise, Tochter Kaiser Wilhelms I. (1838–1923)

2
Wilhelm
(1792–1859)
∞ 1830 Elisabeth, Tochter d. Herzogs Ludwig von Württemberg (1802–1864)

2
Friedrich Alexander
(1793)

2
Amalie
(1795–1869)
∞ 1818 Karl Egon II., Fürst von Fürstenberg (1796–1854)

2
Maximilian
(1796–1882)

Kinder von Karl Ludwig:

Amalie
(1776–1823)

Karoline
(1776–1841)
∞ 1797 Maximilian I., König von Bayern (1756–1825)

Luise
(1779–1826)
∞ 1793 Alexander, Großfürst, seit 1801 Kaiser von Rußland (1777–1825)

Friederike
(1781–1826)
∞ 1797 Gustav IV., König von Schweden (1778–1837)

Marie
(1782–1808)
∞ 1802 Friedrich Wilhelm, Herzog von Braunschweig-Wolfenbüttel (1771–1815)

Karl Friedrich
(1784–1785)

Karl
(1786–1818) seit 1811 Großherzog
∞ 1806 Stephanie de Beauharnais, Adoptivtochter Napoleons I. (1789–1860)

Wilhelmine
(1788–1836)
∞ 1804 Ludwig II., Großherzog von Hessen (1777–1848)

Markgrafen von Baden-Baden (1677–1771)

Ludwig Wilhelm, »Türkenlouis« (1655–1707)
folgt 1677
∞ 1690 Sibylla Augusta, Tochter d. Herzogs Julius Franz von Sachsen-Lauenburg (1675–1733)

5 früh verstorbene Kinder

Ludwig Georg Simpert (1702–1761)
folgt 1707
∞ 1) 1721 Maria Anna, Tochter d. Fürsten Adam Franz von Schwarzenberg (1706–1755)
2) 1755 Maria Josepha, Tochter Kaiser Karls VII. (1734–1776)

- 1 **Elisabeth** (1726–1789)
- 1 **Karl Ludwig Damian** (1728–1734)
- 1 **Ludwig Georg** (1736–1737)

Auguste (Marie Johanna) (1704–1726)
∞ 1724 Ludwig, Herzog von Orléans (1703–1752)

August Georg Simpert (1706–1771)
folgt 1761
∞ 1735 Maria Viktoria, Tochter d. Herzogs Leopold von Arenberg (1714–1793)

Landgrafen von Hessen-Darmstadt

Ernst Ludwig (1667–1739)
folgt 1678, selbständig 1688
∞ 1) 1687 Dorothea Charlotte, Tochter d. Markgrafen Albrecht von Brandenburg-Ansbach (1661–1705)
2) Luise Sophie, Tochter d. Hermann Wilhelm von Spiegel, »Gräfin von Epstein« (1690–1751)

Dorothea Sophie
(1689–1723)
∞ 1710 Johann Friedrich Graf von Hohenlohe-Öhringen
(1683–1765)

Ludwig VIII.
(1691–1768)
folgt 1739
∞ 1717 Charlotte, Tochter d. Grafen Johann Reinhard III. von Hanau-Lichtenberg
(1700–1726)

Karl Wilhelm
(1693–1707)

Franz Ernst
(1695–1716)

Friederike Charlotte
(1698–1777)
∞ 1720 Maximilian, Landgraf von Hessen-Kassel
(1689–1753)

Kinder Ludwigs VIII.:

Ludwig IX.
(1719–1790)
folgt 1768
∞ 1) 1741 Karoline, die »Große Landgräfin«, Tochter d. Pfalzgrafen Christian III. von Zweibrücken-Birkenfeld
(1721–1774)

Charlotte Wilhelmine
(1720–1721)

Georg Wilhelm
(1722–1782)
∞ 1748 Luise, Tochter d. Grafen Christian Karl von Leiningen-Heidesheim
(1729–1818)
7 Kinder

Karoline Luise
(1723–1783)
∞ 1751 Karl Friedrich Markgraf von Baden-Durlach
(1728–1811)

Luise Auguste Magdalene
(1725–1742)

Johann Friedrich Karl
(1726–1746)

Kinder Ludwigs IX.:

Karoline
(1746–1821)
∞ 1768 Friedrich V., Landgraf v. Hessen-Homburg (1748–1820)

Friederike
(1751–1805)
∞ 1769 Friedrich Wilhelm, seit 1786 König von Preußen
(1744–1797)

Ludewig X.
(1753–1830)
folgt 1790
1806 Großherzog
∞ 1777 Luise, Tochter d. Landgrafen Georg Wilhelm von Hessen-Darmstadt
(1761–1829)

Amalie
(1754–1832)
∞ 1774 Karl Ludwig, Erbprinz von Baden
(1755–1801)

Wilhelmine
(1755-1776)
∞ 1773 Paul, Großfürst, seit 1796 Kaiser von Rußland
(1754–1801)

Luise
(1757–1830)
∞ 1775 Karl August, Großherzog von Sachsen-Weimar
(1757–1828)

Friedrich
(1759–1802)

Christian
(1763–1830)

Stundenbuch des Markgrafen Christoph I. von Baden, 1488

Das Stundenbuch des Markgrafen Christoph I. von Baden

ist die wertvollste spätmittelalterliche Prachthandschrift der Badischen Landesbibliothek Karlsruhe. Solche Gebetbücher großer Persönlichkeiten deutscher Vergangenheit sind rar. Dieses ist sicher eines der schönsten: auf feinstem Pergament in zierlicher Schrift geschrieben, mit reichem Randdekor versehen und mit herrlichen Bild-Miniaturen, die das Leben Jesu, das Jüngste Gericht und Heilige darstellen.

Als historisches Dokument, besonders aber als kunstvolles, in Schrift und Illustration bemerkenswert gestaltetes Buch, hebt sich das Stundenbuch des Markgrafen Christoph I. von Baden von vergleichbaren Werken des ausgehenden Mittelalters ab.

Die Faksimile-Ausgabe

ist eine bibliophile Rarität und war bereits lange vor Erscheinen ein begehrtes Sammlerobjekt. Kaum eine der 214 Seiten ist ohne vielfältigen Schmuck. Glanzpunkte sind die 42 Bild-Miniaturen mit den sie umrahmenden Bordüren. Sechs Farben und zweimaliger Golddruck in insgesamt 9 Druckgängen bilden die Grundlage. Dies verdeutlicht, mit welch hohem technischen Aufwand die vollständige Faksimilierung erreicht wurde.

Eine wichtige Besonderheit stellt die buchbinderische Verarbeitung dar: Im Original befinden sich in die Lagen eingearbeitete Einzelblätter. Diese wurden auch bei der Faksimile-Ausgabe originalgetreu eingebunden.

Die Faksimile-Ausgabe wird zusammen mit einem wissenschaftlichen Kommentarband von Dr. E. König geliefert, der umfangreiche Untersuchungen historischen, kodikologischen, liturgischen, kultur- und kunstgeschichtlichen Inhalts bringt.

Einmalige Weltauflage:

900 numerierte Exemplare. Format 10,6 x 14,7 cm. Einband: Leder mit zeitgenössischer Prägung der Werkstatt des Klosters Lichtental. Lieferung erfolgt in besonderer Kassette.

CFM

Verlag C. F. Müller
Postfach 43 20
7500 Karlsruhe 1